KB275815

완역（完譯）

麻衣相法

완역(完譯)

麻衣相法
마의상법

진희이(陣希夷) 저
최인영(催仁映) 편역

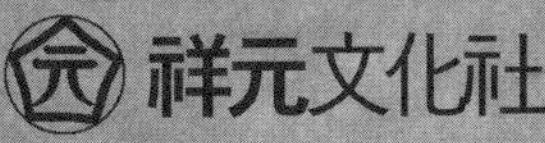

祥元文化社

이 세상에는 많은 책들이 존재하고 있습니다.

그 중에서도 종교 서적과 성인들의 말씀만큼은 오늘날까지 세월을 넘어 변함이 없습니다만 이 시대의 젊은이들 사이에는 공자 왈 맹자 왈에 숨막혀하는 단순한 생각들이 얼마나 많이 지배하고 있습니까.

그러므로 우리가 살고 있는 오늘의 시대에서 고전을 생각할 때 알지 못하는 사이에 시대에 맞지 않는 내용이라고 가볍게 다루어 혹여 오류를 범하고 있지는 않은지 깊이 새겨 보아야 할 때라고 생각합니다.

아침저녁으로 달라져가는 빠른 변화 속에서 옛 말씀들은 고리타분한 이미지로 퇴색되어 별 의미 없는 잔소리로 잊혀 져야 한다는 분들의 말도 더러는 들어 본 적이 있습니다만 이것처럼 정말로 우리에게 더 이상의 위험한 말은 없을 것입니다.

저는 처음 쉽게 생각하고 다가간 상법이 '면상비급'과 '마의상법'을 번역하면서 저 깊은 내면으로부터 저절로 벅차오르는 감동을 의식하지 않을 수 없었습니다.

예사로이 생각하고 흘려보내는 우리의 일상생활 속에서 삶을 좌우하는 지혜와 마무리되는 결과를 읽을 수 있다는 것이 매우 두려워지기도 하였으며 옛 사람들의 말씀들이 말하기를 좋아하여 그냥 만들어 낸 헛된 소리가 아니라는 사실을 저는 여실히 깨달을 수 있었습니다.

생긴 모습이 모자라면 어떻습니까. 그것은 가꾸어 나가는 자신의 소신 속에서 자신의 삶이 만들어져 간다는 사실이 절망 속에서 희망이 되는 진리가 상법에 쓰여져 있는 것을 찾아 낼 수 있었다는 말과 다르지 않을 것입니다.

상법은 생긴 모양새를 보고 이러쿵저러쿵 흠을 잡아내는 학문이 아니라 자신의 모습을 다듬고 유지하는 품격 높은 지성을 말하고 있었습니다.

그것은 바로 상법을 배우면 덕을 숭상하지 않을 수 없으며 정직해지지 않을 수 없으며 남을 원망하기에 앞서 자신의 행동을 바로 세울 수밖에 없다는 것입니다.

즉 자신으로부터 나오는 모든 일거수일투족(一擧手一投足)이 자신의 운명을 가른다는 자명한 이치에 스스로를 엄하게 단속하고 삼가지 않을 수 없다는 것입니다.

이것은 한 치의 오차도 없이 엄정하게 돌아가는 자연의 이치이며 보이진 않지만 사람과 사람사이의 오고가는 숨결 속에서 자라나는 우리의 미래를 말하는 것이었습니다.

두 집안의 어울림으로 만난 부모님의 자식으로 태어나 자식 된 도리를 다하며 본인이 인간적인 사람으로서의 사회적인 도리와 국가에 대한 책임과 의무를 다하며 또 한 부모로서 자식에 대한 도리를 다하며 끝으로 하늘과 땅의 은혜를 잊지 않고 감사하며 그동안 도리를 다하게 하였던 자신의 소중한 몸을 한군데의 상함도 없이 잘 관리하였다 온전한 모습으로 자연의 품으로 돌아가게 하는 순리적인 이치를 역설하고자 사람이 갖고 있는 모든 모양의 예를 들어가며 쉽게 설명하려 무던히도 애를 쓰셨던 것 같습니다.

그래서 저는 옛 선조들께서 부모로부터 받은 몸을 함부로 하여 상하게 하는 것은 바로 불효를 하는 것이라는 의미를 이제야 진실로 깨달을 수 있었습니다.

흔히 주역을 "학문의 제왕"이라고 하며 상법은 "제왕의 학문"이라고 합니다.

쉽게 풀이해서 말해 본다면 주역은 모든 학문과 통하고 지배하는 우두머리 격으로 최고의 가치를 부여하고 있는데서 비롯된 말이라면 상법은 제왕의 인품으로 다듬어 갈 수 있는 기준이 마련되는데서 비롯된 말이라 여겨집니다.

그 말은 어쩌면 모자라면 모자라는 바탕 위에 과욕을 하지 않는 승부의 삶을 당당하게 영위해 나갈 수 있는 인품으로 갖추게 하는 학문이 상법(相法)이라는 의미가 되기도 합니다.

　오늘날의 우리는 언제 어디서나 각자가 중심이 되는 사회에 살고 있으므로 더욱 더 요구되는 것이 인품일 것입니다.
　언제나 말과 행동이 일치하는 인품은 정직하고 신용 있는 성실한 사회를 추구해 나가는데 꼭 필요하고 모두가 바라는 바로 그런 사람일 것입니다.
　상법은 바로 그런 사람을 위하여 존재한다고 할 수 있는 것입니다.

　마의상법을 완역하도록 가르쳐 주신 신 기원 선생님, 한 중수 선생님, 유 방현 선생님께 깊은 감사의 말씀을 먼저 드립니다.
　함께 공부하며 이끌어 주신 황 규태 회장님을 빠뜨릴 수 없으며 책을 내느라 고심이 많았던 상원출판사 대표와 관계자 여러분 그리고 그림을 그리느라 수고를 아끼지 않았던 김 혜성 선생님 진심으로 고맙습니다.
　끝으로 자신의 일은 스스로 하며 엄마를 도와주었던 우리 아이들 서진과 용진에게 고맙다는 말과 함께 사랑을 전하고 싶습니다.
　....사랑해....

庚寅年 3월에　최 인 영

20세기와 21세기의 문명은 오늘날의 인간에게 첨단의 세대를 이룩했지만 거대한 자연 앞에선 한낱 물거품에 지나지 않는다.

일렁이는 파도 아래 보이지 않는 무거운 침묵은 오만한 문명을 앞세운 인간을 언제나 겸손하게 만들어 버리고 과학이 극도로 발달한 오늘날에도 우주의 공간 속에는 우리가 상상할 수도 없는 힘의 세계가 있음을 부정할 수 없도록 언제나 인간을 깨우치고 있는 것이다.

또한 물질문명의 풍요로움은 의외로 인간 자신의 소외감을 더욱 조장하는 원인이 되어 정신분야의 쇠퇴를 가속화시키고 있기도 하다.

이것은 어쩌면 앞으로만 가고자 하는 인간의 욕망이 불러오는 필연인지는 모르지만 그나마 옛 선인들의 지혜로운 말씀이 있어 가끔 뒤돌아보게 하는 것은 바로 나를 찾는 시간이 되고 타인에게 배려하는 시간이 되어 여유를 갖게 하고 있는 것은 아닌가 생각되기도 한다.

우리가 과학을 좋아하는 이유는 아마 보이고 보여주기 때문일 것이지만 보이는 것은 극소수이나 보이지 않는 것이 두텁게 인간을 덮고 있어 언제나 두렵게 만들고 있는 것이므로 불안함을 떨치고 안정된 바탕을 이루기 위해 하늘을 보고 연구하고 복된 삶을 누리기 위해 땅을 보고 연구하고 사람에게 미치는 하늘과 땅의 은혜로움을 헤아리기 위해 사람을 연구한다는 것은 자연스러운 섭리라 할 수 있을 것이다.

그러한 연유에서 보면 관상학이 이천년이 넘도록 지금까지 소멸되지 않고 면면히 이어져 내려왔다는 것이 당연한지도 모른다.

관상은 심상만 못하다고 하여 외형적인 생김새보다는 인격을 우위에 두는 생각은 더없이 훌륭할 뿐 아니라 내면의 인격이 결국 관상으로 나타나기에 마음가짐에 따라 관상이 변할 수 있다는 생각 역시 성숙한 논리일 것이므로 앞으로 관상학은 더욱 정신적이고도 윤리적인 방향으로 나아가야 될 것이다.

이번에 최 인영 선생이 번역한 마의상법은 지금으로부터 송나라 진희이선생이 마의선사로부터 전수받은 상법의 고전으로서 인간 골격의 바탕을 이루는 정(精) 기(氣) 신(神)을 중심으로 하여 엮어진 참으로 기묘한 책이라 아니할 수 없으며 어려운 여건 속에서도 책을 번역하여 펴내느라 수고하신 최 인영 선생의 무한한 발전과 학문에 대한 열정이 식지 않기를 바라며 특히 역학이나 정치 · 경제 · 교육에 종사하시는 분들에게 꼭 필요한 책을 번역하신 성과를 높이 평가 드리며 앞으로 학계의 별이 되어 빛날 것이라 의심하지 않는 바이다.

2010년 4월 13 · 15대 국회의원, 변호사 조 친 형자미두수(紫薇斗數)의 저자로 알려진 희이 진박(希夷陳搏)은 당(唐)나라 말에서 송(宋)나라 초기의 인물이다. 그는 당시 화산석실(華山石室)에서 은둔하고 있던 마의선생(麻衣先生, 麻衣仙翁)에게서 말이 아닌 꺼진 화롯불의 재 위에 글씨로써 상법을 전수받았다고 전해지고 있으나 그 진부(眞否)는 미상이다.

상리형진, 면상비급, 달마상법(達磨相法)등의 상법책자와 더불어 널리 알려진 책자가 다름 아닌 마의상법(麻衣相法)으로 이 중 어느 글이 더 잘 되었는가는 외람된 일이라 평가를 아니하겠다.

마의상법 앞부분을 보면 이런 글귀가 있다. "무릇 상(相)이란 차라리 신(神)이 충만하고 생김새(形)가 모자랄지라도 형체만 그럴 듯하게 생기고 신(神)이 모자란 것은 좋지 않다.(凡相에 寧可神有餘而形不足, 不可形有餘而神不足也라.)"하였다.

신(神)이란 그 사람의 인격이요, 지혜요, 상대를 말이나 모습으로 압도하는 카리스마가 아닌가 생각된다.

상법의 저술이나 번역은 쉽지 않다. 무슨 뜻인지는 알아도 글에 수록한 뜻을 알맞게 표현하기가 어렵기 때문이다.

이미 면상비급(面上秘?)을 오역 없이 성공적으로 출간 한 바 있는 최인영 교수가 이번에는 마의상법을 완역하여 책을 내놓게 되었다. 한문원전에 충실한 해석과 더불어 현대적 풀이를 도입한 젊은 학자의 노고가 느껴진다. 이렇게 어려운 글을 번역한 효명 최 인영(效明 崔 仁榮)교수의 지혜와 탁월한 재주에 아낌없는 칭찬을 보낸다.

상(相)을 아는 이는 절대로 상대방에게 지지 않는다. 지피지기(知彼知己)의 방법은 상법을 아는 것보다 효과적인 방법이 없다. 복잡한 사회에서는 도전해 오는 상대를 이겨야 하고 이기려면 힘도 필요하지만 우선 아는 것이 많아야 한다. 상법에 관심을 두지 않았던 분이라도 이 책자(麻衣相法)을 만나 보시면 인간사 관계의 지혜와 함께 타인을 알게 하는 혜안을 얻게 될 것으로 보인다.

2010년 4월　백우당 한 중 수

세월을 거슬러 지나온 일천년의 삶을 어찌 다 알 수 있겠습니까만은 종족보존을 위해 치열하게 살아 온 선인들의 심오한 지혜와 행적을 알려주는 것은 오직 문헌들뿐이라고 생각합니다.

공자탄생 일백여년 전 노나라 문공 때 숙복으로부터 시작된 관상학은 당거, 허부, 달마, 일행선사등을 거쳐 송나라의 은자 麻衣선사까지 일천년이 지났고 제자 진희이에게 침묵으로 가르치신지 오늘날까지 또 일천년이 넘었습니다.

상법이 생겨난 지 이천년이 되었으나 麻衣相法은 관상학의 백미로 이를 떠나서는 상법을 논할 수 없을 만큼 매우 귀중한 문헌으로 알려져 있습니다. 그렇게 중요하다보니 비전으로 전해져 왔고 漢字풀이가 모호한 점도 있어 가르치는 사람이나 배우는 사람 모두 어려움을 겪었으며 때로는 아는 부분만을 번역하여 발행되었으므로 그 불편함이 이루 헤아릴 수 없었다고 합니다.

상법에서 중요한 것은 생긴 모습을 통해 정신 상태를 가늠하는 것인데 이 마의상법은 생긴 모습의 바탕을 파악할 수 있도록 精, 神, 氣에 대한 설명이 잘 되어 있다는 점이 특징입니다. 오늘날의 관상학도 단순히 형상적 시각에서가 아니라 정신적 시각에서 자신과 상대를 관찰하는데 있어 우선적으로 자신의 모습부터 온전하게 갖추어야 한다는데 의미를 둔다면 그 가치는 이루 말할 수 없을 것입니다.

요즈음 우리사회는 지식정보화 시대를 맞아 매우 분주하게 중요한 일들을 처리하고 있습니다. 매일 많은 사람들과 만나서 정보를 교환하고 책임도 공유하며 크고 작은 거래도 하면서 주위 사람들에세 대해 좀 더 전문적인 분석을 하는 것이 생활화되고 있습니다. 반듯한 몸매로부터 단정한 행위를 중요하게 다루고 있는 麻衣相法에서 상법의 진수를 배울 수 있는 동시에 여러분들의 사회생활을 향상시키는데 필요한 기회가 마련될 것입니다.

이번에 출간되는 麻衣相法은 그간 대가들도 해결하지 못한 난제였으나 최 인영 교수가 국내 최초로 완역하여 역학계의 숙원사업을 해결하는 대업을 이루었습니다. 이와 같이 어렵게 발간된 麻衣相法이 여러분께 특히 많은 사람들을 만나는 분, 많은 직원들을 관리하는 분, 인적 네트워크가 필요하신 분 그리고 자신이 몸담은 분야에서 최고가 되고 싶은 분이라면 어느 누구에게나 꼭 필요한 지침서가 될 것입니다.

많은 관심과 애독을 부탁드립니다.

2010년 4월   의학박사 한 동 관

관상학이라고 한다면 우리는 먼저 얼굴을 쳐다봅니다.

얼굴을 보면서 잘생기고 못생기고를 하염없이 따지며 상대의 좋고 나쁨을 알려고만 하는데 활용되어 왔습니다.

그러나 이제부터는 상대의 장단점을 알기 위하여 관상학이 존재하는 것이 아니라 자신의 바람직한 모습을 유지하고 가꾸어 나가기 위하여 관상학을 배워야 한다고 생각합니다.

일반적인 견해에서의 의미가 아니라 이 복잡한 사회 속에서 부모로부터 물려받은 소중한 몸을 잘 간직하고 또 우리의 후세들에게는 그렇게 하도록 가르쳐야 할 사명이 있기 때문입니다.

그리고 무엇보다 중요한 것은 자신들의 삶을 보람된 삶으로 가꾸어 나가기 위한 당당한 모습이 출발선이 되도록 하는데 관상학의 의미는 더욱 크다고 하겠습니다.

이번에 완역으로 출간되는 최 인영 선생의 麻衣相法 속에는 우리가 얼굴을 안이하게 생각하고 비판하는 시각에서의 관상학이 아니라 정신을 반듯하게 세우게 하는 칼날같은 선인의 말씀들로 자신의 행위를 고치지 않을 수 없도록 우리의 가슴들을 하염없이 긴장되게 할 것입니다.

보편적으로 생각할 때 예의바른 젊은이가 보기 좋고 또 예의를 차린다는 것은 당연한 것입니다. 관상학에서의 예의는 필수적이라 하겠습니다. 왜냐하면 바로 길과 흉의 갈림길에서 길과 흉으로 이어지기 때문입니다. 그러면 상학을 배운다면 예의를 지키지 않을 사람이 몇이나 되겠습니까. 옛 어른들의 잔소리가 바로 상학의 핵심이며 공자와 맹자의 말씀들이 바로 우리의 모습을 결정짓게 만드는 중심이 되게 하는 것입니다.

지구촌 65억 인구에 65억 가지 얼굴이 존재하고 있습니다. 그러므로 사람을 알아본다는 것은 얼마나 어려운 일입니까!

많은 사람들의 분분한 말들로 생긴 모습을 이러쿵저러쿵 흠집 내는데 열을 올리는 시대는 이제 막을 내려야 합니다.

정신과 육체의 관계를 분석하고 정(精) 기(氣) 신(神)을 철저하게 인식할 때 잘 생긴 사람은 잘살고 못생긴 사람은 못사는 차원에서 벗어나 상학을 관(觀)하는 자세가 바로 잡혀 나갈 수 있을 것입니다.

언제 어디서나 사람의 모습은 중요한 이미지로 관철되고 있으며 앞으로도 사회가 발달하면 할수록 사람들 사이에서 더욱 인식되어

갈 것입니다.

지금 시중에 많은 관상학 책들이 나오고 있고 날로 배우고자 하는 학도들이 늘어가고 있는 시점에서 마의상법을 탐독하지 않고는 상법의 이론이 바로 설 수가 없다는 점에서 최 인영 선생의 역할이 지대하다고 평가해도 모자람이 없을 것입니다.

이번에 마의상법을 완역한 최 인영 선생은 25년이 넘도록 역학을 공부하면서 명리·주역·육효·구성·육임·성명·자미두수 그리고 관상학까지 두루두루 거쳐 왔고 또 불교 교리도 조금은 공부한 터라 큰 무리 없이 완역을 할 수 있었다고 생각합니다.

마의상법을 많은 학자들이 완역할 수 없었던 주요 이유가 폭넓은 학문연구를 하지 않았다는데 원인이 있을 수 있으나 최 인영 선생은 항상 모자라고 부족하다는 겸손한 마음으로 학문에 임해 왔기에 역학계에서 지금까지 이루지 못해 아쉬웠던 부분을 속시원히 해결함으로써 위대한 업적을 남겼다고 해도 지나치지 않을 것입니다.

역학인은 물론이요 일반인들 중에서도 관상학에 관심을 가지신 분이나 또는 자기가 몸담고 있는 분야에서 전문가가 되고자 하는 분들에게는 꼭 필요한 지침서가 될 수 있는 이유는 이목구비의 생김새보다 더 중요한 내용들이 마의상법에는 들어 있기 때문입니다.

얼굴의 모양에 집중된 관상학이 이제부터는 정(精) 기(氣) 신(神)이 위주가 되는 가르침으로 펼쳐야 할 시대가 온 것입니다. 많은 애독 바랍니다.

2010년 庚寅年 3월　한국 전통과학 아카데미 원장 유 방 현

■ 일러두기

* 읽다가 중간에 포기하면 왜곡되게 이해할 수 있습니다. 그러므로 끝까지 읽어 보시기 바랍니다.

* 한 글자가 여러 가지 의미로 쓰일 때에는 이해하기 쉬운 말로 풀이하였습니다.

* 저자의 생각과 의미를 존중하여 저의 편견이 섞이지 않도록 노력하였습니다.

* 일반적인 차원에서 상식적으로 이해가 가지 않는 부분이라 하여 고치지 않았으며 우리가 따라갈 수 없는 지혜로움이 들어 있을지도 모른다는 염려로 그대로 수용하였습니다. 살아가면서 어느 순간 책 속의 그 모양이 우리 앞에 우뚝 서 있을지도 모르는 것이기 때문입니다.

* 처음부터 알고자 하는 부분만 찾아서 본다면 오류를 낳을 수 있으므로 처음 한 번은 전체적으로 읽고 난 후에 원하는 부분 부분을 찾아보시며 연구해 나가시길 간절히 부탁드립니다.

* 耳 目 口 鼻 眉(귀 눈 입 코 눈썹)의 그림은 원전과 참조 두 가지를 실었습니다. 참고 부분은 소통천저면상비급의 내용을 위주로 하여 본인의 연구 부분이 함께 포함되어 있습니다.

* 이해하기 어려운 부분은 저의 나름대로 설명을 붙여 보았습니다. 널리 양지하여 주시기 바라며 모쪼록 도움이 되었으면 하는 마음 간절합니다.

마의상법전편서

麻衣相法全編序

相人之術이 故矣라 孔孟觀人之法이 著於論孟者 豈無權輿
상인지술   고의   공맹관인지법   저어논맹자   기무권여

리오마는 然이나 以人之吉凶壽夭富貴貧賤이 盡係於相者도
　　　　　연　　　이인지길흉수요부귀빈천　　진계어상자

非也며 以吉凶壽夭富貴貧賤이 不係於相者도 亦非也니라 相
비야　　이길흉수요부귀빈천　　불계어상자　　역비야　　　상

有定理而相之者 不能以盡窮也니 以不能盡窮之見으로 而苟同
유정리이상지자 불능이진궁야　　이불능진궁지견　　　　이구동

如此者난 吉하고 如此者난 壽夭富貴貧賤也면 豈能皆中哉리오
여차자　　길　　　여차자　　　수요부귀빈천야　　기능개중재

究之컨되 相은 外也오 心은 內也라 所以로 聖賢은 言心코 不
구지　　　상　　외야　　심　　내야　　소이　　성현　　언심　　불

言相하나니 若曰 凶人이라도 言其 吉하고 吉人이라도 言其 凶
언상　　　　약왈　흉인　　　　언기　길　　　길인　　　　언기　흉

하면 相烏足知之哉리오 然則是書를 學者 不可以不知也며
　　　상오족지지재　　　연즉시서　　학자　불가이부지야

不可以盡非也며 亦不可以深泥也일새 是爲序하노라
불가이진비야　　역불가이심니야　　　시위서

賜進士出身翰林院經筵講官武英殿協修倪岳譔 民國四年乙卯
사진사출신한림원경연강관무영전협수예악선 민국사년을묘

夏五月嘯傲山人書于滬上
하오월소오산인서우호상

　사람을 보는 방법은 참으로 옛날부터 있었던 것으로 공자와 맹자가 자세하게 사람을 살피던 방법이 논어와 맹자에 뚜렷하게 나타나 있으니 어찌 시작이라 할 수 있으리오만 자연적으로 주어지는 수명의 길고 짧음과 부귀빈천의 길흉이 지금까지 이어져 오면서 사람을 보고 판단하는 사람들의 잘못도 있었으며 이러한 내용이 사람을 보고 판단하는 사람들의 관계에서 제대로 이어지지 않았음 또한 잘못이 있는 것이다.

　사람을 자세히 살피고 관찰하는 방법에는 정해진 이치가 있으니 매우 가난하다는 것은 능력이 없는 까닭으로 매우 가난하므로 능력이 없게 보이는 것이니 진실로 이런 정도의 것이라면 잘 볼 수 있지만 이런 사람 가운데 수명의 길고 짧음과 부귀빈천이 있으니 어찌 모든 것을 능히 헤아릴 수 있으리오

　깊게 생각하건대 상은 겉모양이요 마음은 속내라 이러한 까닭으로 성현들은 마음을 말하는 즉 보이는 모양을 말하는 것이 아니니 만약 나쁜 사람에게도 그 말을 좋게 하고 착하고 좋은 사람에게 흉한 말을 한다면 어찌 상을 잘 안다고 할 수 있으리오. 그러한즉 공부하는 학자로서 알지 못한다는 것은 가하지 못하며 아는 것을 다할진대 틀린다는 것도 가하지 못하며 또 깊은 늪처럼 혼탁한 것도 가하지 못할새 이어서 순서대로 바로 잡으려 하노라.

　한림원에 나아가 강의하던 선비출신으로서 무영전에서 어린아이들과 함께 닦으며 큰 인물이 되도록 가르치던

　민국 4년 을묘년 여름 5月 소오산인이 상해부근에서 쓰다.

신인교정증석 합병마의선생 신상편목록
新印校正增釋合倂麻衣先生神相編目錄

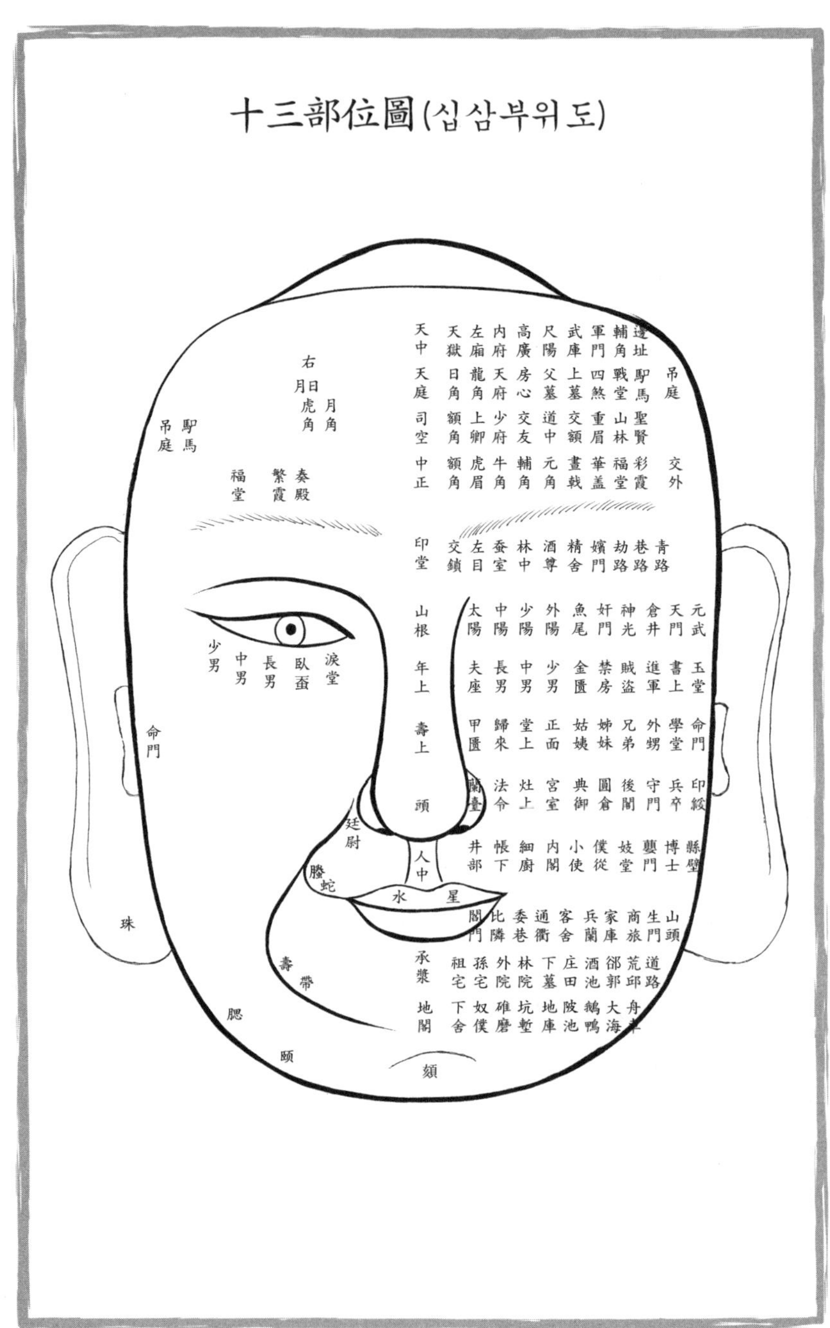

天中 天庭 司空 中正
天獄 日角 額角 額角
左廂 龍角 上卿 虎眉
内府 天府 少府 牛角
高廣 房心 交友 輔角
尺陽 父墓 道中 元角
武庫 上墓 交額 畫載
軍門 四煞 重眉 華蓋
輔角 戰堂 山林 福堂
邊址 駅馬 聖賢 彩霞
吊庭 交外
右月 日虎 月角 角
福堂 繁霞 奏殿
吊庭 駅馬
印堂
交鎖 左目 蚕室 林中 酒尊 精舍 嬪門 劫路 巷路 青路
山根 太陽 中陽 少陽 外陽 魚尾 奸門 神光 倉井 天門 元武
年上 夫座 長男 中男 少男 金匱 禁房 賊盗 進軍 書上 玉堂
壽上 甲匱 歸來 堂上 正面 姑姨 姉妹 兄弟 外甥 學堂 命門
頭 蘭臺 法令 灶上 宮室 典御 圓倉 後閣 守門 兵卒 印綬
井部 帳下 細廚 内閣 小使 僕從 妓堂 藜門 博士 縣壁
淚堂 臥蚕 長男 中男 少男
命門
珠
廷尉 螣蛇
人中
水 星
閣門 比隣 委巷 通衢 客舍 兵蘭 家庫 商旅 生門 山頭
承漿 祖宅 孫宅 外院 林院 下墓 庄田 酒池 邵郭 荒邱 道路
地閣 下舍 奴僕 碓磨 坑塹 地庫 陂池 鵝鴨 大海 舟車
壽帶
腮
頤
頦

流年運氣部位圖(유년운기부위도)

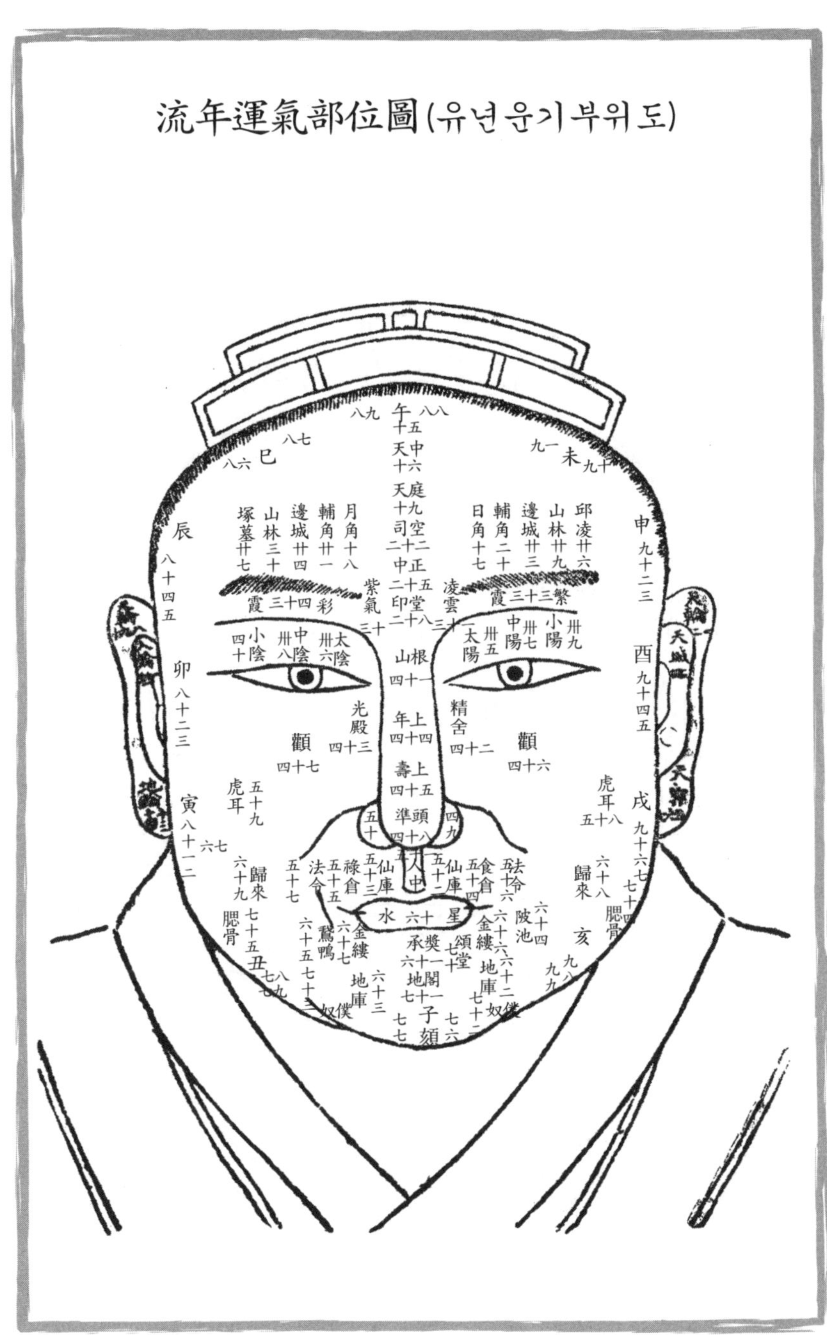

25

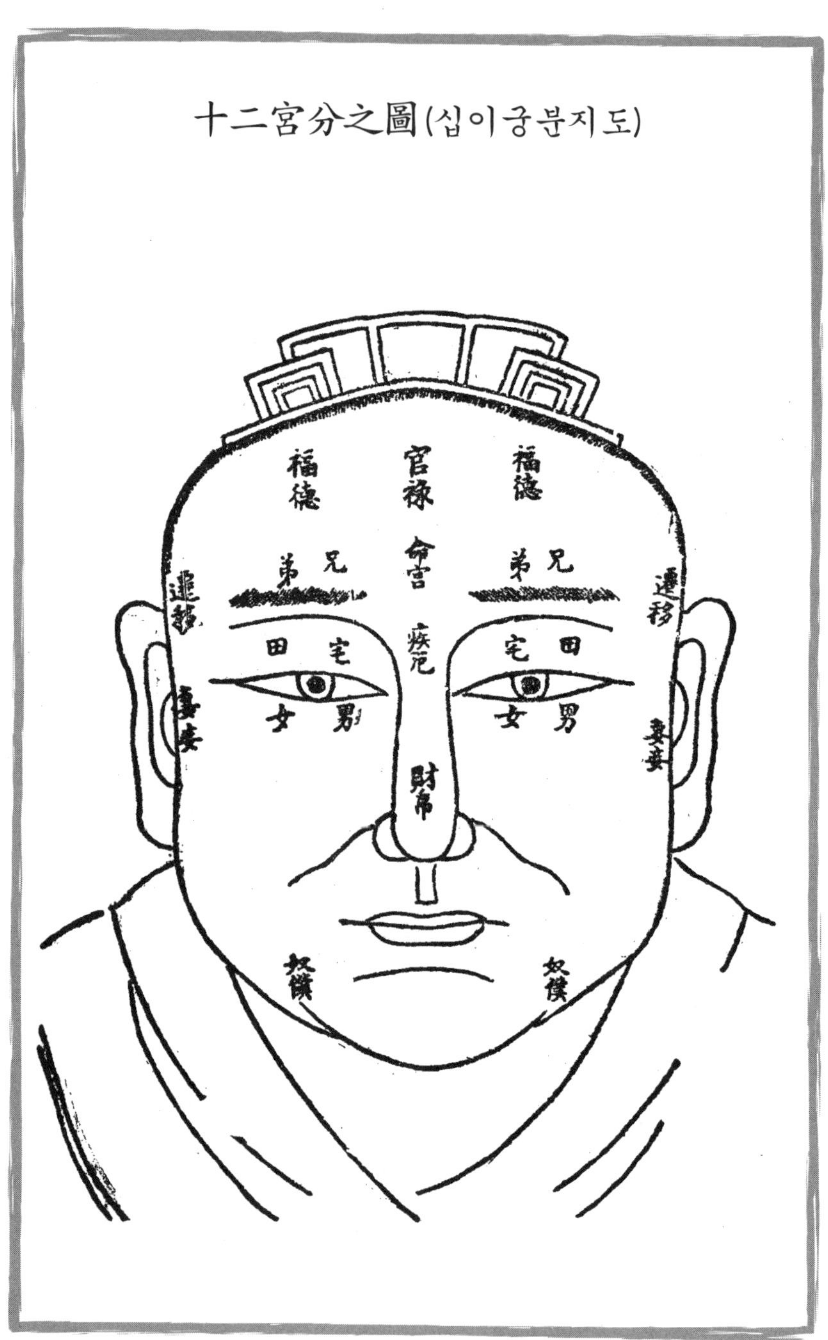

福德
官祿
福德
命宮
弟 兄
疾厄
弟 兄
遷移
遷移
田 宅
宅 田
妻妾
妻妾
女 男
女 男
財帛
奴僕
奴僕

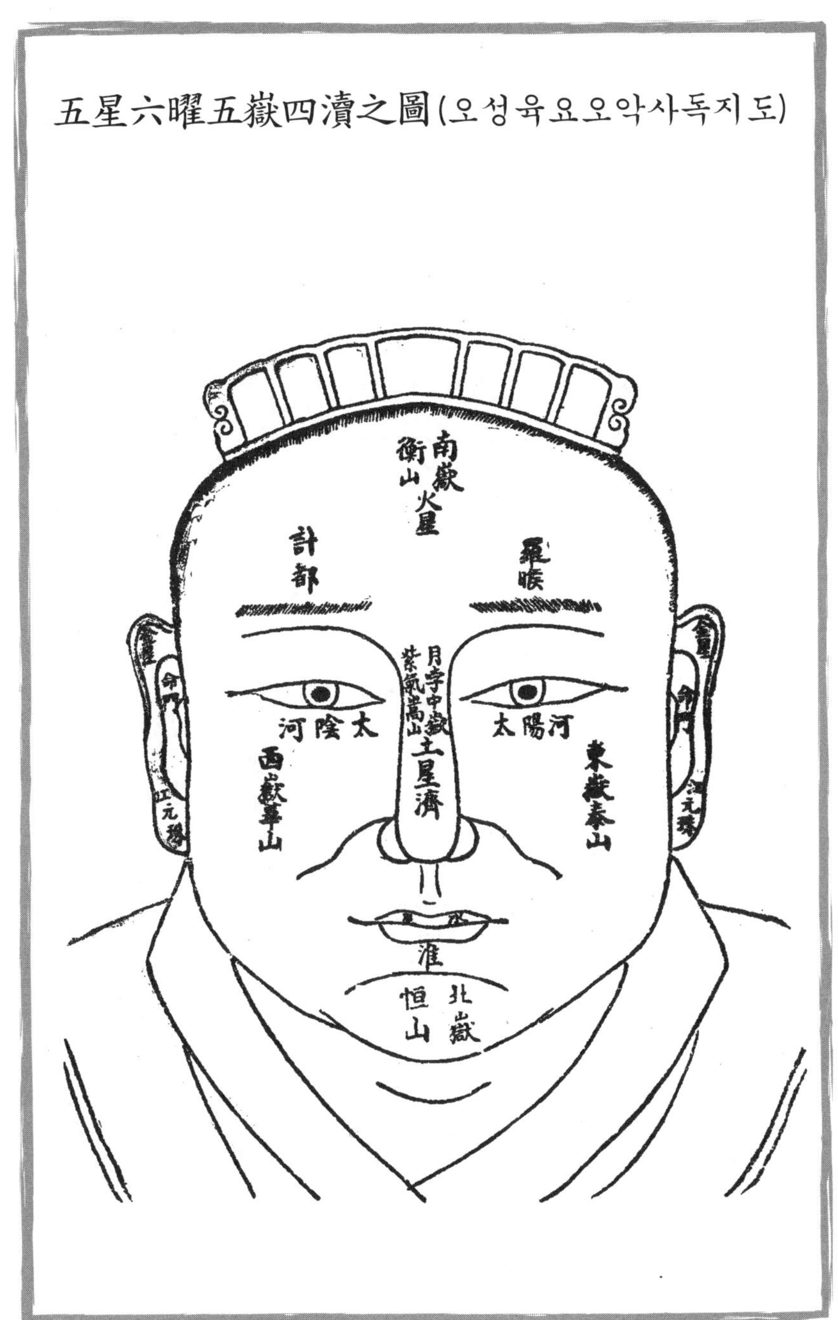
南嶽
衡山
火星
計都
羅睺
金星
命門
太陰
河
西嶽華山
月孛中嶽
紫氣嵩山
土星濟
太陽
河
東嶽泰山
金星
命門
江元務
淮
恒山
北嶽

六府三才三停之圖 (육부삼재삼정지도)

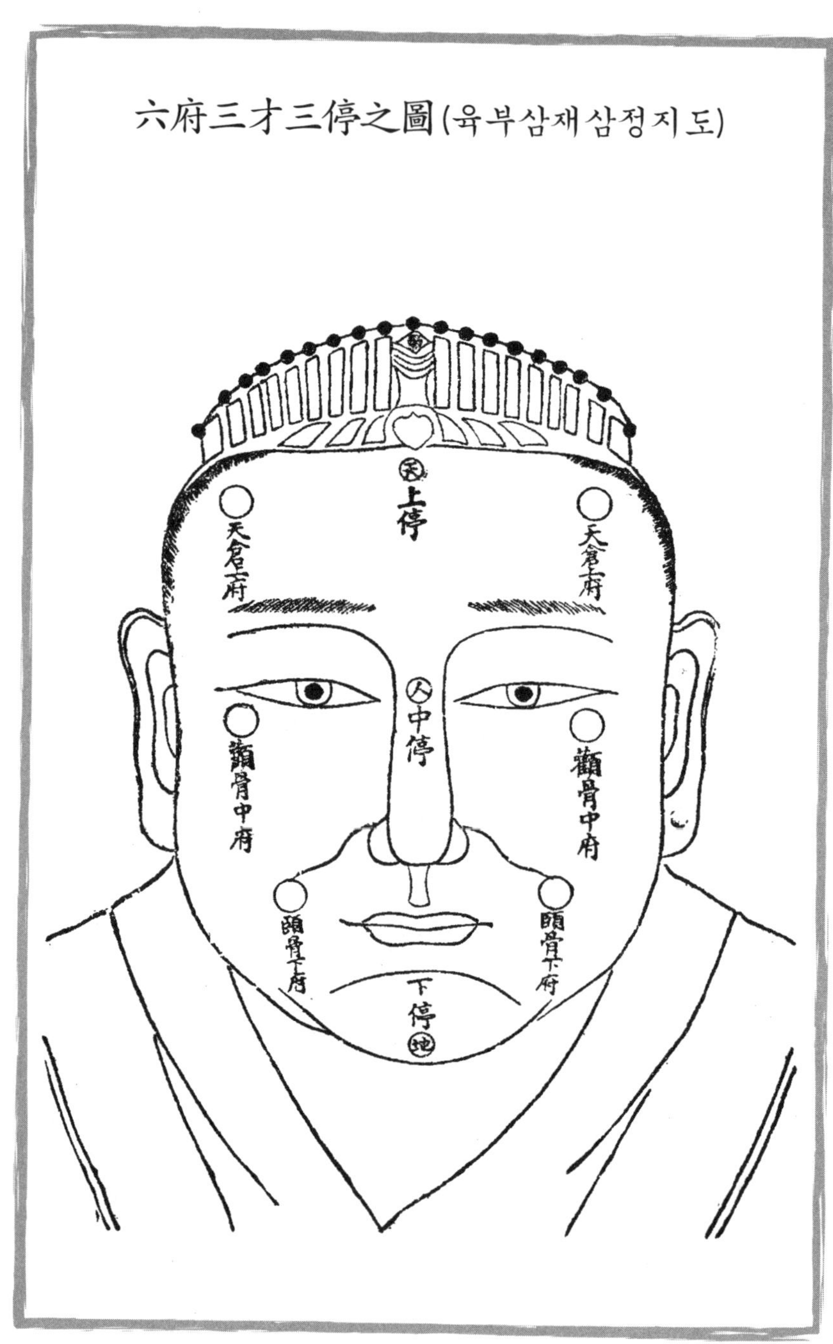

九州八卦干支之圖 (구주팔괘간지지도)

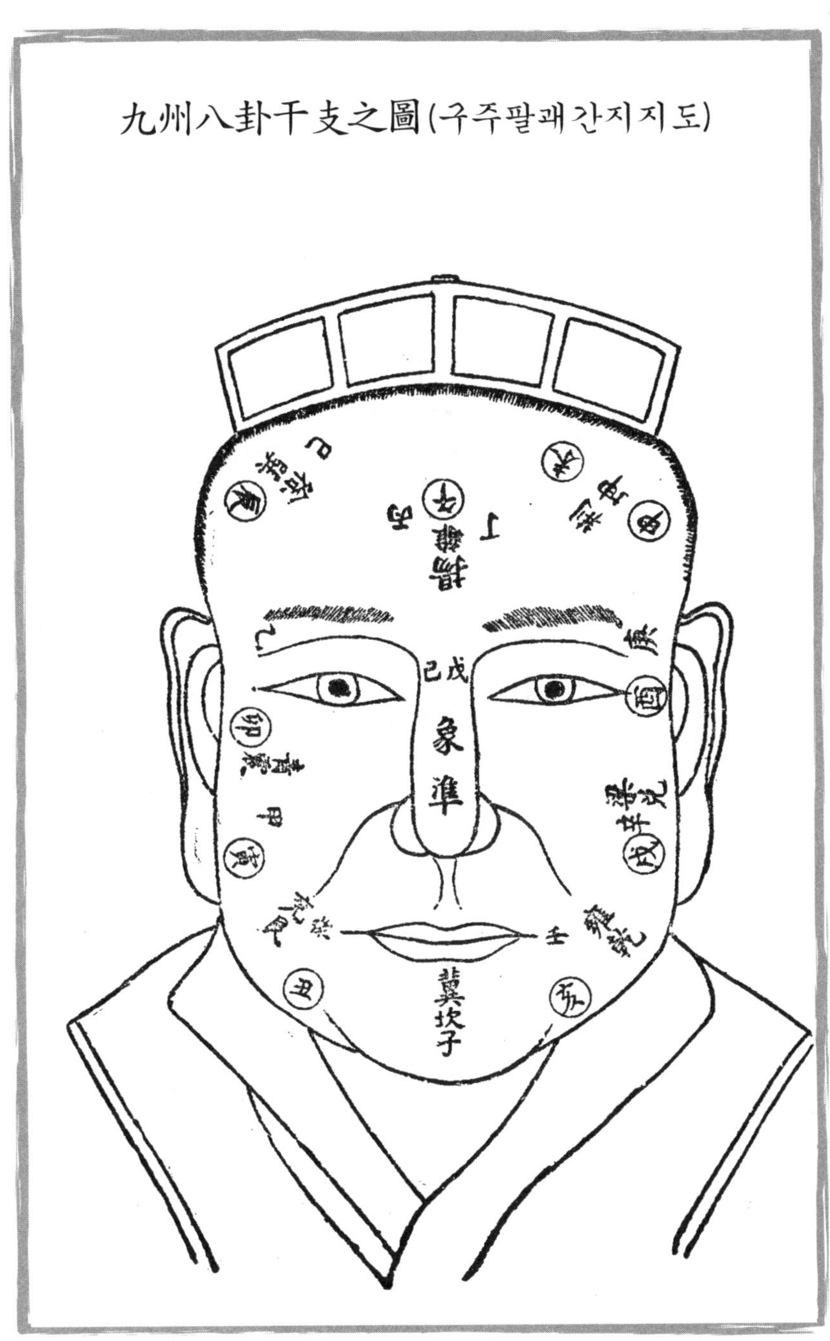

四學堂八學堂之圖 (사학당팔학당지도)

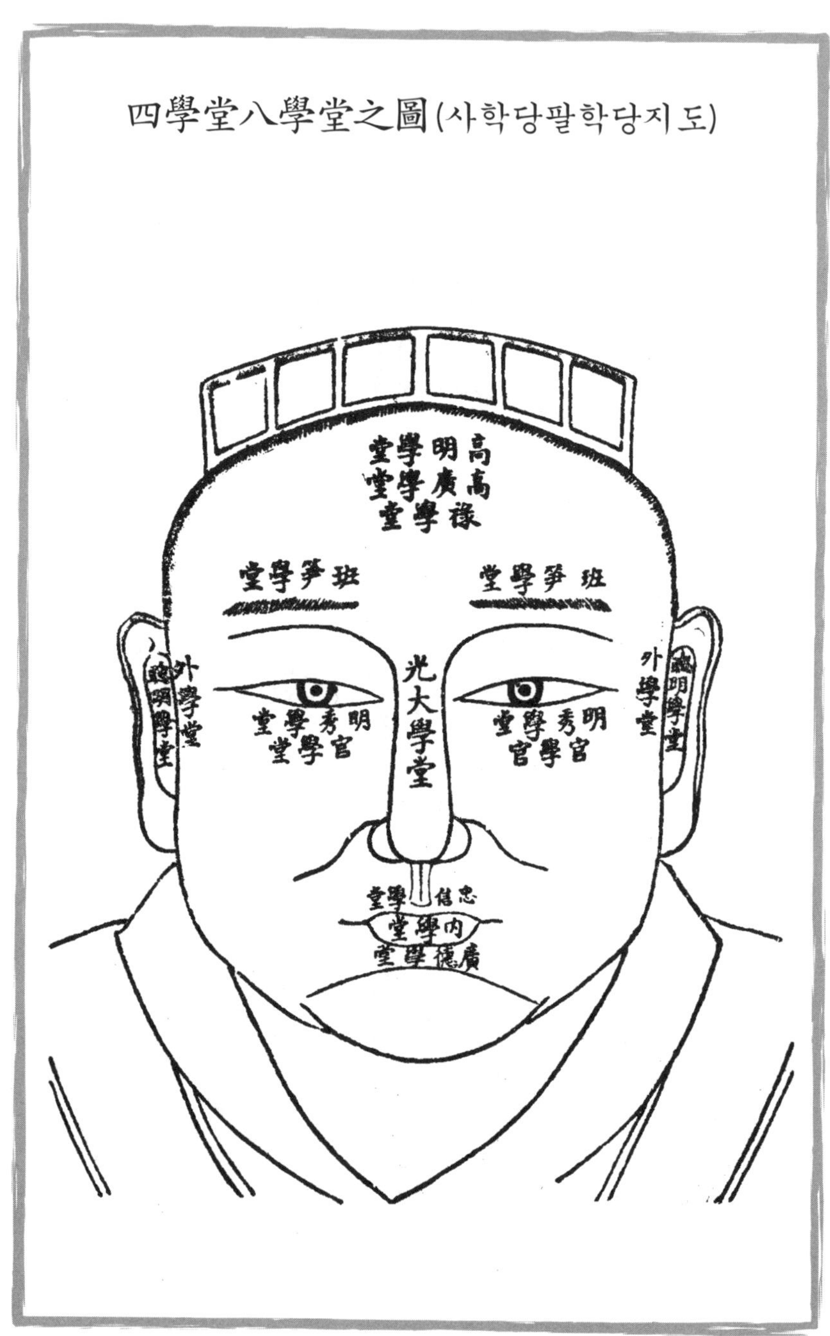

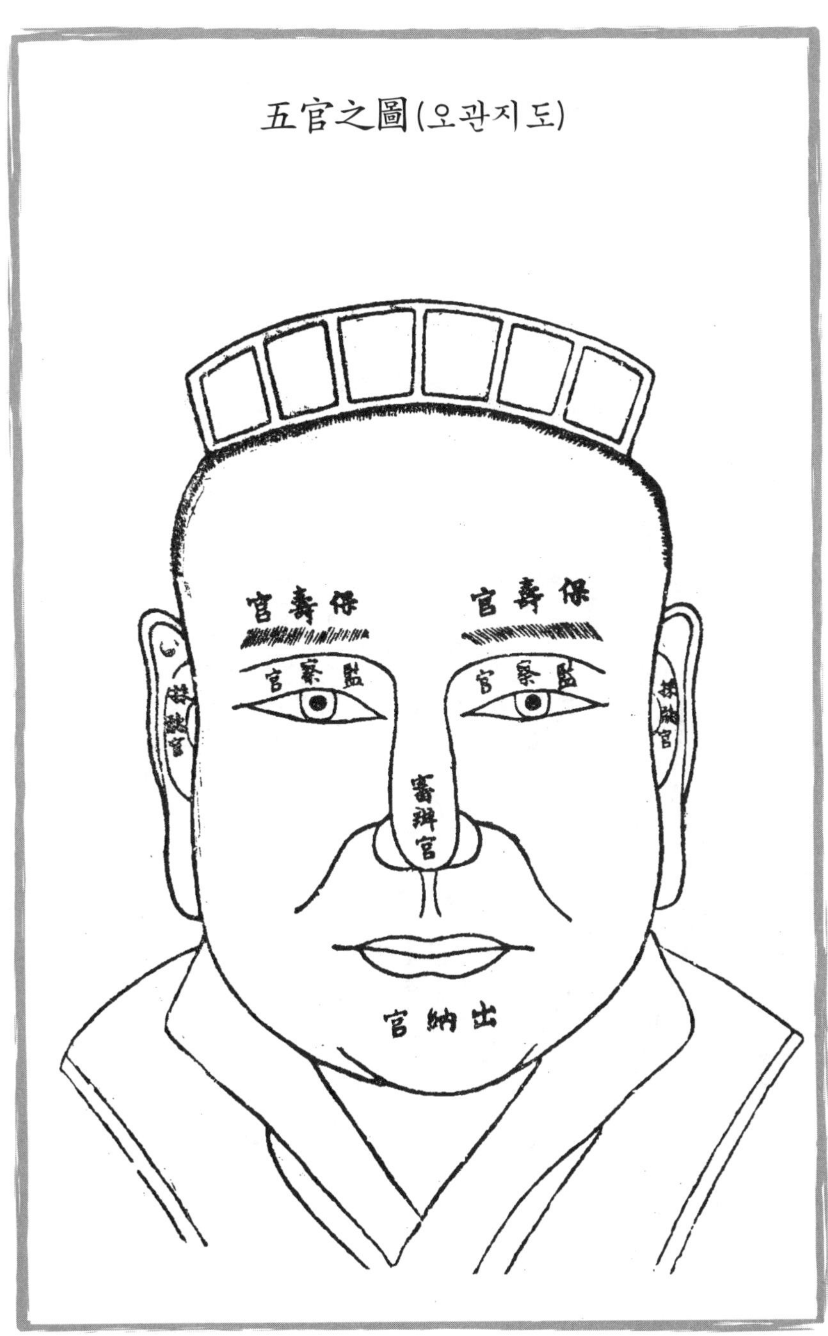

保壽官
保壽官
監察官
監察官
探聽官
探聽官
審辨官
出納官

論人面痣之圖(논인면지지도)

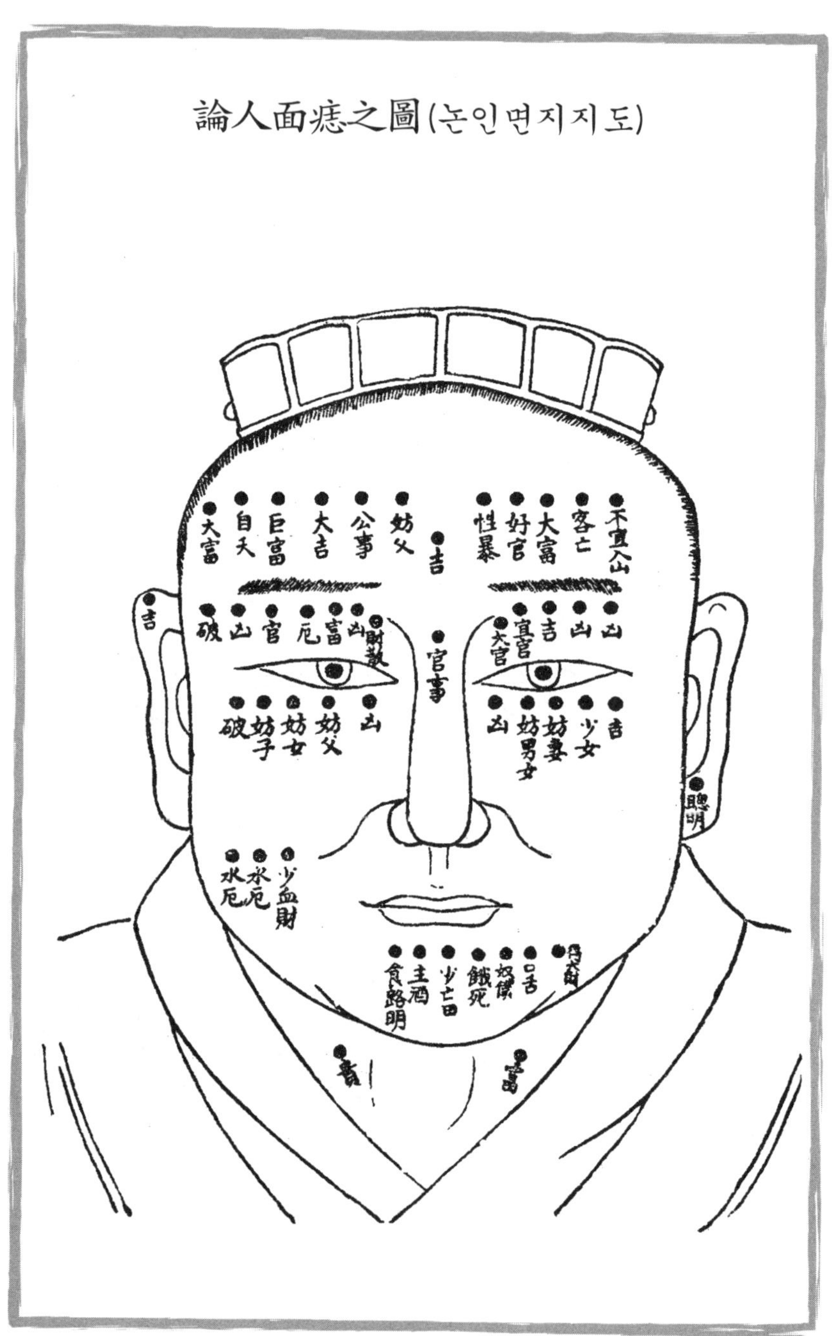

男人面痣之圖(남인면지지도)

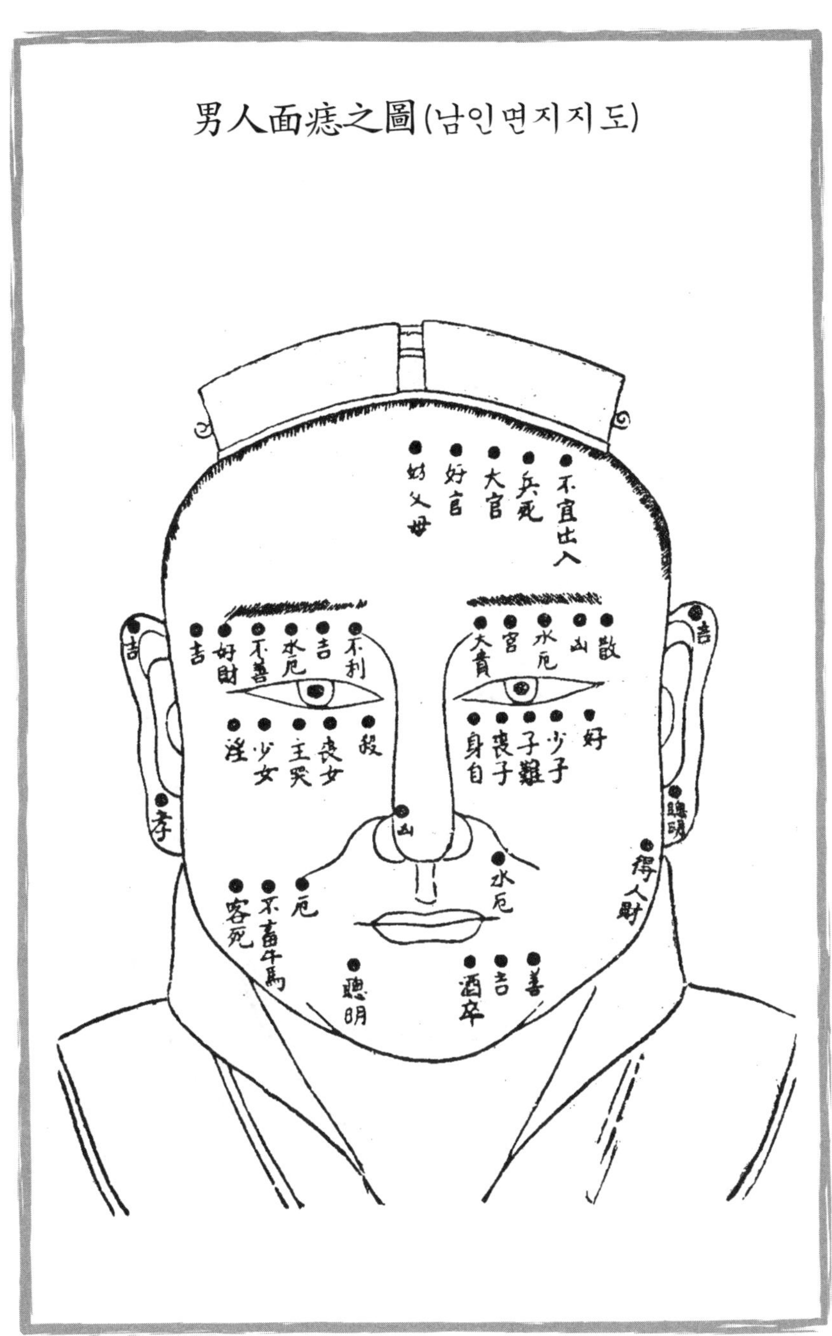

論痕紋(논흔문)

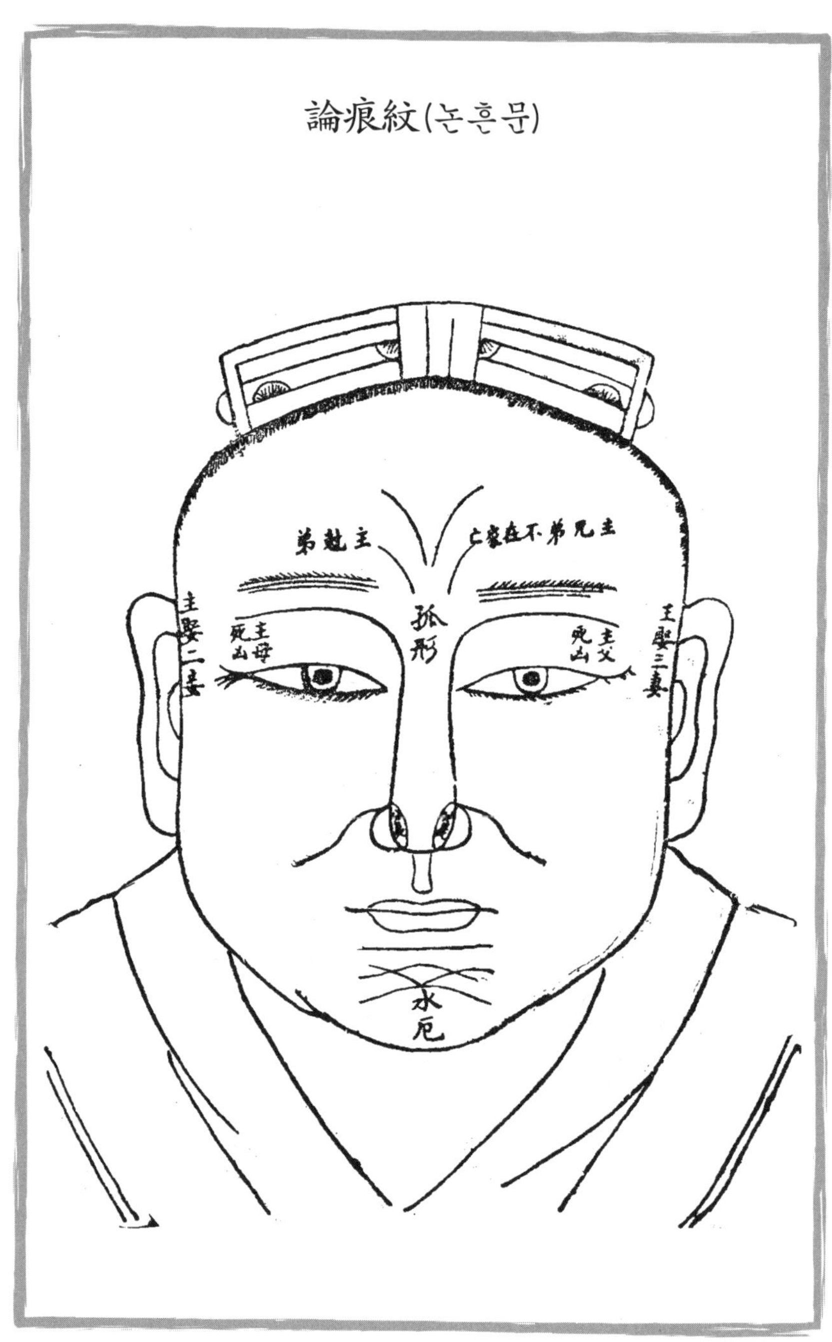

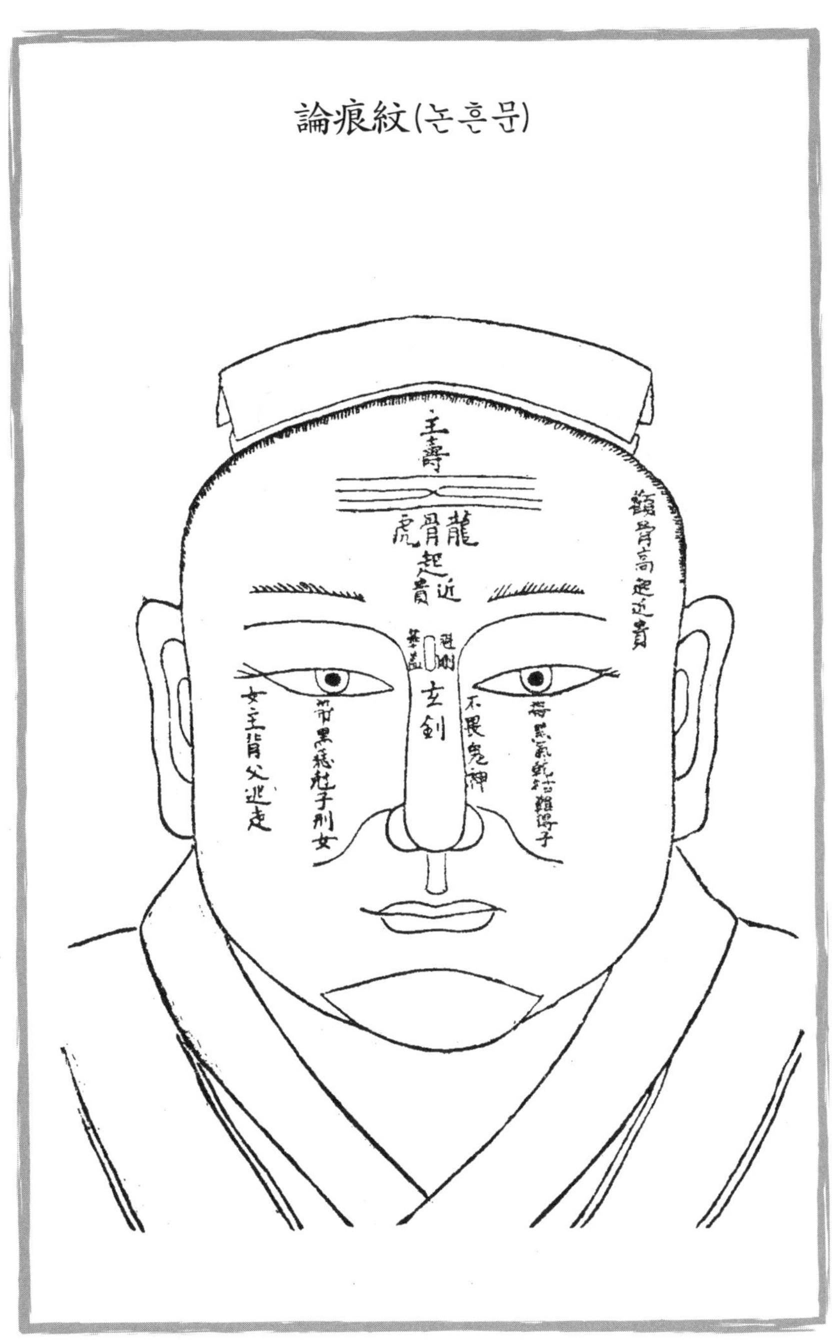

論痕紋(논흔문)
主壽
龍虎骨起近貴
顴骨高起近貴
左劍
不畏鬼神
帶黑氣乾枯難得子
帶黑痣尅子刑女
女主背父逃走

玉枕之圖(옥침지도)

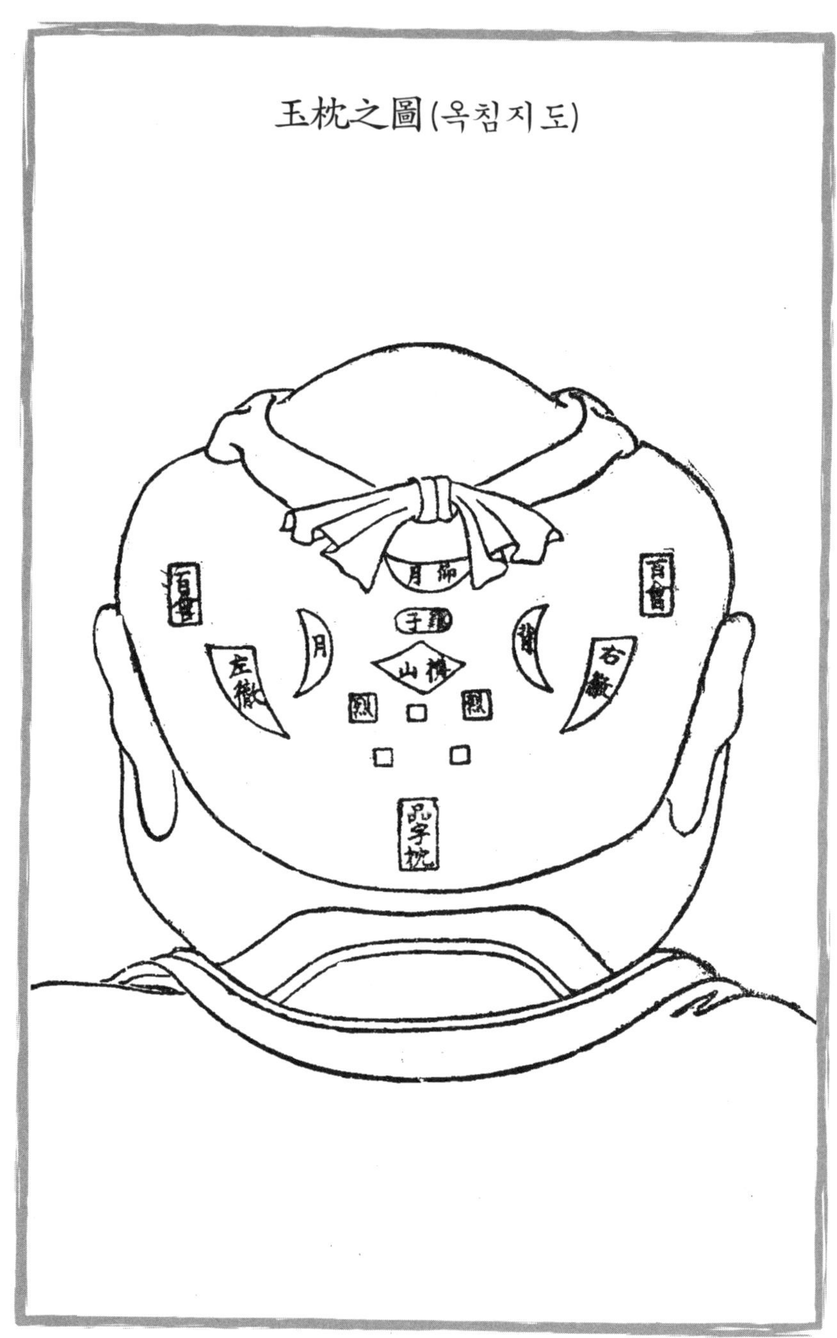

女人面痣之圖(여인면지지도)

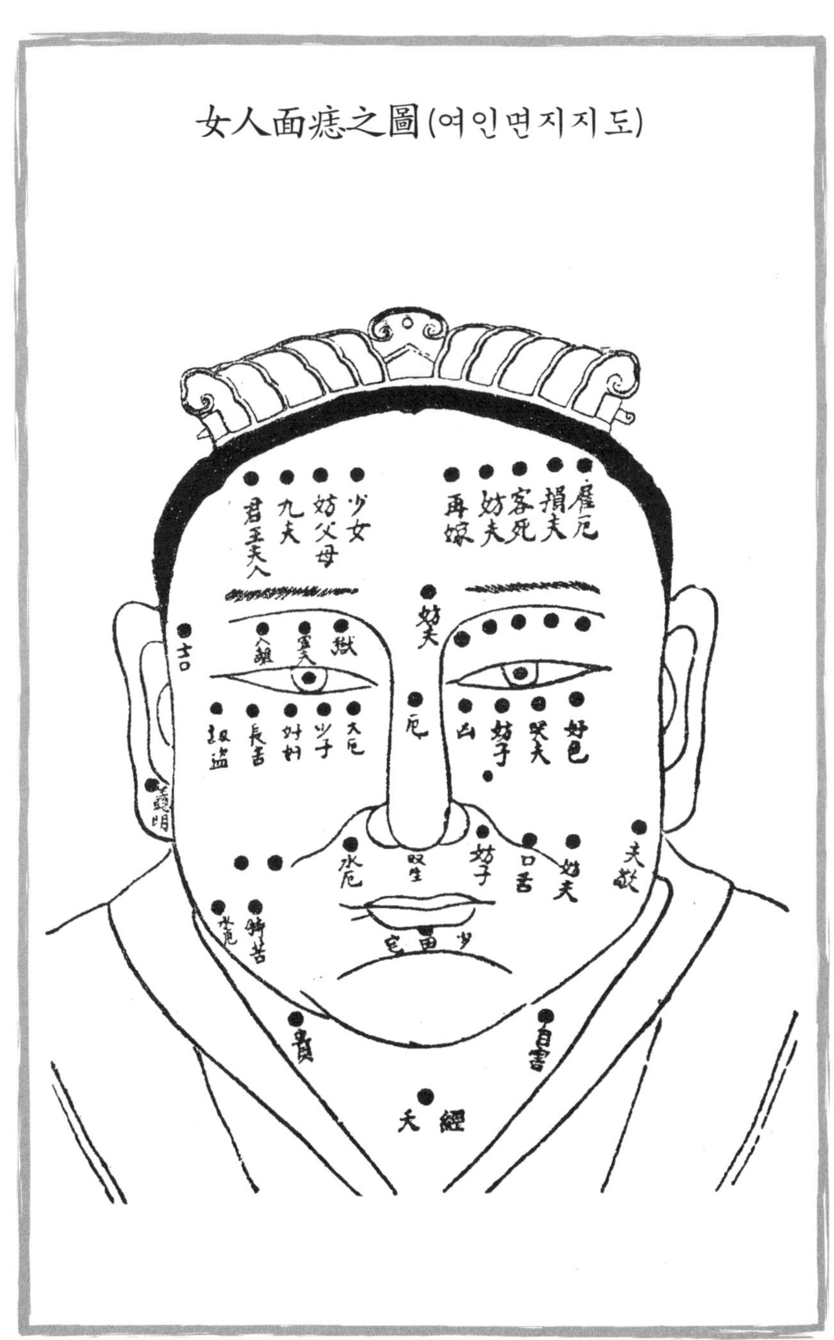

威猛之相(위맹지상)

觀人八法 一日威 尊嚴可畏를 謂之威니 主權勢也라　如豪鷹
관인팔법 일왈위 존엄가외　위지위　주권세야　여호응

搏兎而百鳥自驚하고 如怒虎 處山而百獸自戰이니 蓋神色
포토이백조자경　여노호 처산이백수자전　개신색

嚴肅하야 人自畏也라
엄숙　인자외야

　관인팔법중 하나는 위엄을 말하는 것으로써 높고 엄숙하게 하여
권세를 주재한다. 토끼를 사로잡는 매의 가는 털만 봐도 모든 새들이
스스로 놀라는 것과 같고 모든 짐승들이 싸우는 산에 성낸 호랑이가
있어 꼼짝 못하게 하는 것과 같으니 심기와 안색 모든것이 가차 없이
단호하여 사람 스스로 두려워하게 하는 것이다.

二日厚　體貌敦重을 謂之厚니　主福祿也라　其量이　如滄海하고
이왈후　체모돈중　위지후　　주복록야　　기량　　여창해

其器　如萬斛之舟하야　引之不來而搖之不動也라
기기　여만곡지주　　　인지불래이요지부동야

　두 번째는 두터운 것을 말하는데 몸이 도탑고 무거운 모양을 두텁다고 이르니 복록을 주재한다.

　일을 할 수 있는 재능은 넓은 바다와 같고 역량은 만곡을 실은 배와 같아 끌어도 오지 않고 흔들어도 움직이지 않을 무게가 있다.

清秀之相(청수지상)

三曰淸 淸者란 精神翹秀를 謂之淸니 如桂林 一枝와 崑崙片
삼 왈 청 청 자 　 정 신 교 수 　 위 지 청 　 여 주 림 일 지 　 곤 륜 편

玉하야 灑然高麗에 一塵不染이니 或淸而不厚則 近乎薄也라
옥 　 쇄 연 고 려 　 일 진 불 염 　 혹 청 이 불 후 즉 근 호 박 야

　세 번째는 맑음을 말하는데 맑음이란 것은 꼬리 긴 깃털처럼 빼어
난 정신을 맑음이라 이르니 많은 줄기 가운데 빼어난 한가지와 같고
아주 귀한 보석에 물 뿌린 듯 저절로 높고 아름다워 한 티끌도 오염
되지 않았으니 혹 맑고 두텁지 않은 즉 낮은 지위에 가까운 것이다.

古怪之相(고괴지상)

四日古 古者는 骨氣岩稜을 謂之古니 古而不淸則
사 왈 고 고 자   골 기 암 릉   위 지 고   고 이 불 청 즉

近乎俗矣라
근 호 속 의

　네 번째는 기이함을 말하는데 기이하다는 것은 능선으로 이어진 바위와 같은 뼈대에서 우러나오는 기질을 기이하다고 이르니 기이하고 맑지 않은즉 천하고 비속한 것이다.

五日孤 孤者는 形骨孤寒而項長 肩縮하고 脚斜軆偏하야 其坐
오왈고 고자　　형골고한이항장　견축　　　　각사체편　　　기좌

如搖하고 其行如攫하며 又如水邊獨鶴과 雨中鷺鷥하야
여요　　　기행여확　　　우여수변독학　　우중로자

生成孤獨이라
생성고독

　다섯 번째는 외로움을 말하는데 외로움이란 것은 뼈대의 형상이 너무 외로워 추운듯하고 목이 길고 어깨가 쫄아 들고 다리가 비뚤어 진 듯 몸이 한쪽으로 기울어지고 앉아서는 가만히 있지 못하고 그 움직임은 빼앗아 움켜쥘 듯 하며 물가의 외로운 한 마리 학과 같고 비 맞은 새처럼 육친이 없는 듯 한 외로움으로 이루어져 있다.

薄弱之相(박약지 상)

六日薄　薄者는　體貌劣弱하고　形輕氣怯하야　色昏而暗하고
육왈박　박자　체모열약　　　형경기겁　　　색혼이암

神露不藏하야　如一葉之舟而泛重波之上이라
신로불장　　　여일엽지주이범중파지상

見之에　皆知其薇薄이니　主貧下賤이라　縱有食이나　必夭라
견지　　개지기미박　　　주빈하천　　　종유식　　　필요

　여섯 번째는 얇은 것을 말하는데 얇다는 것은 겁내는 듯 한 가벼운 모양의 기운으로서 여러 가지의 색이 섞여 어두우며 눈빛이 드러나 넘치는 파도에 떠있는 낙엽과 같은 배와 같다. 보기에 알고 있는 모든 것을 깊이 알지 못하고 올바르지 못하니 주로 가난하고 천하여 식록이 있을 때는 꺾이고 만다.

七日惡 惡者는 體貌兇頑하야 如蛇鼠之形하고 豺痕之聲하야
칠 왈 악 악 자 는   체 모 흉 완   여 사 서 지 형   시 흔 지 성

或性暴神驚하고 骨傷節破니 皆主其兇暴라 不足爲美也니라
혹 성 폭 신 경   골 상 절 파   개 주 기 흉 포   부 족 위 미 야

　일곱 번째는 악한 모습을 가로대 악이란 것은 거칠고 사나움으로 그 신체의 모양이 흉폭하고 욕심이 뭉쳐 고집스러워 뱀과 쥐와 같은 모양에 승냥이처럼 사나운 짐승의 소리를 내며 놀라면 참지 못하고 나타나는 흉폭한 성정이 뼈를 부수는 상함으로 모든 것을 주재하니 아름답고 선량함이 부족한 것이다.

八日俗 俗者는 形貌昏濁하야 如塵中之物而淺俗이라 縱有衣
팔왈속 속자　형모혼탁　　여진중지물이천속　　　종유의

食이나 亦多迍也라
식　　　역다둔야

　여덟 번째는 속물과 같은 형상을 말하는데 속이란 것은 소견이
얕고 비속한 것이 물체에 먼지가 낀 것처럼 신체의 모양과 색이 혼
잡스러워 탁하기 그지없다.
　의식은 있다하나 역시 막힘이 많다.

신간교정증석합병
마의선생신상편권지일

新刊校正增釋合倂麻衣先生神相編卷之一

蘭谿 斗南 陸位崇 校編(난계 두남 육위숭 교편)
金陵 錦池 唐鯉耀 繡梓(금릉 금지 당리요 수재)

▣ 十三部位總圖歌 ▣
십삼부위총도가

第一天中對天嶽하니　左廂內府相隨續이라　高廣尺陽武庫同
제일천중대천악　　　좌상내부상수속　　　고광척양무고동

이오 軍門輔角邊地足이라
　　　군문보각변지족

第二天庭連日角하니　龍角天府房心墓라　上墓四殺戰堂連이면
제이천정연일각　　　용각천부방심묘　　　상묘사살전당연

驛馬弔庭分善惡이라
역마조정분선악

第三司空額角前에　上卿少府更相連이라　交友道中交額好오
제삼사공액각전　　상경소부경상연　　　교우도중교액호

重眉山林看聖賢이라
중미산림간성현

第四中正額角頭에　虎眉牛角輔骨遊라　元角畫戟及華蓋는
제사중정액각두　　호미우각보골유　　　원각주극급화개

福堂彩霞郊外求라
복당채하교외구

第五印堂交鎖裏에　左目蠶室林中起라　酒樽精舍對嬪門하고
제오인당교쇄리　　좌목잠실림중기　　　주준정사대빈문

刧路巷路靑路尾라
겁로항로청로미

第六山根對太陽이니　中陽少陽并外陽이라　魚尾奸門神光接
제육산근대태양　　　중양소양병외양　　　어미간문신광접

하고 倉井天門元武藏이라
　　　창정천문원무장

第七年上夫座參이니　長男中男及少男이라　金櫃禁房併盜賊
제 칠 년 상 부 좌 참　　장 남 중 남 급 소 남　　금 궤 금 방 병 도 적

이오 遊軍書上玉堂庵이라
　　유 군 서 상 옥 당 암

第八壽上甲櫃依오　歸來堂上正面時라　姑姨姊妹好兄弟는
제 팔 수 상 갑 궤 의　귀 래 당 상 정 면 시　고 이 자 매 호 형 제

外甥命門學堂基라
외 생 명 문 학 당 기

第九準頭蘭臺上에　法令竈上宮室盛이라　典御園倉後閣連
제 구 준 두 난 대 상　법 령 조 상 궁 실 성　전 어 원 창 후 각 연

이오 守門兵卒記印綬라
　　수 문 병 졸 기 인 수

第十人中對井部하니　帳下細廚內閣附라　小使僕從妓堂前
제 십 인 중 대 정 부　　장 하 세 주 내 각 부　소 사 복 종 기 당 전

이오 嬰門博士懸壁路라
　　영 문 박 사 현 벽 로

十一水星閣門對하니　比隣委巷通衢至라　客舍兵蘭及家庫는
십 일 수 성 각 문 대　　비 인 위 항 통 구 지　객 사 병 란 급 가 고

商旅生門山頭寄라
상 여 생 문 산 두 기

十二承漿祖宅安이오　孫宅外院林苑看이라　下墓田庄酒池上
십 이 승 장 조 택 안　　손 택 외 원 임 원 간　하 묘 전 장 주 지 상

이오　郊郭荒邱道路傍이라
　　　교 곽 황 구 도 로 방

十三地閣下舍隨하니　奴僕碓磨坑塹危라　地庫陂池及鵝鴨은
십 삼 지 각 하 사 수　　노 복 대 마 갱 참 위　지 고 피 지 급 아 압

大海舟車無憂疑라
대 해 주 차 무 우 의

• 첫 번째는 천중이라 말하고 하늘 가운데의 산악으로서 잘 발달된 가운데 이어져야하며 왼쪽으로는 내부로부터 이어져 고광 척양 무고가 함께 잘생겨야 하며 군대(직업)에 들어가려면 변지와 보각이 함께 갖추어 져야 한다.

상법에서는 천지의 이치에 준하여 이마를 하늘로 턱 부위를 땅으로 비유한다. 그래서 이마 맨 윗부분(발제부분)을 천중이라 말하며 가장 중요하게 생각하였다.

* 우측 부분도 함께 살펴야 마땅하다.

• 두 번째는 천정이라 말하고 일각 용각 천부 방심 부묘 상묘 사살 전당으로 이어져 역마 조정까지 좋고 나쁨을 세밀하게 살펴보아야 한다.

천중 아래의 부분을 천정이라 말하며 천정을 중심으로 좌측편으로 이어져 발제부분(머리털이 시작되는 부분)까지 잘 살펴 잘생기고 못생김을 살펴야 한다.

* 우측편도 함께 살펴야 함이 마땅하다.

• 세 번째의 시공은 액각 앞부분이며 상경 소부를 시나 이어지는 교우 도중 교액이 좋고 중미 산림이 잘 생기면 지덕이 뛰어난 사람이다.

이마의 정중앙 부분에서 약간 위의 부분에 속하며 이어서 좌측으로 이어지는 부분이 잘 생긴 것을 말한다. * 우측편도 함께 살펴야 함이 마땅하다.

• 네 번째는 중정으로서 액각 근처의 부분이며 호미 우각 보골을 돌아 원각 주극을 지나 화개 복당 채하 교외까지 취해서 살펴야한다.

중정은 정중앙 부분에 속하며 주위의 부분을 두루두루 취한다.

• 다섯 번째는 인당으로서 인당은 교쇄 속에 함께하고 좌목 잠실 임중이 일어나고 주준 정사 빈문을 말하며 겁로 항로 청로 끝까지이다.

인당은 눈썹 아래 부분의 선을 따라 이어지는 부분들을 함께 한다.

* 눈썹과 눈이 가까운 사람들은 이 부분이 부족해지기 마련이다.

• 여섯 번째 산근은 태양 중양 소양 과 함께 연관되어 있으며 어미 간문 신광과 접하고 천창, 천정, 천문 원무를 품고 있다.

산근은 눈두덩이로 이어지는 부분을 모두 아우르고 있음을 말한다.

• 일곱 번째는 년상으로서 년상은 부좌와 나란히 장남 중남 소남에 미쳐 금궤 찰방을 아울러 도적 유군 서상 옥당의 집이다.

년상은 눈의 하파를 따라 이어지는 아랫부분을 말한다.

• 여덟 번째는 수상으로써 수상은 갑궤에 기대어 귀래 당상 정면의 부분과 같으며 고이 자매 형제가 좋으면 외생 학당 명문의 바탕이 된다.

수상은 코 끝 부분 조금 위의 위치를 말하며 더불어 좌측으로 이어지는 부분을 말한다.

• 아홉 번째는 준두로써 준두는 난대 위의 위치를 말하며 법령 조상 궁실을 지나 전어 원창 후각으로 이어져 수문 병졸 인수에 새겨진다.

코끝에서 왼쪽 콧구멍으로 내려와 이어지는 부위가 인수까지 이른다.

* 오른쪽도 함께 살피는 것이 마땅하다.

• 열 번째는 인중을 말하는데 인중은 정부를 거쳐 장하 세주 내각에 의지하며 소사 복종 기당을 지나 영문 박사 현벽까지이다.

인중은 코 끝 아래 길게 생긴 홈을 말하며 인중을 기준하여 좌측으로 이어지는 부분으로서 현벽까지 이른다. * 인충(人沖)이라고도 한다.

• 열한 번째는 수성을 말하는데 수성은 각문을 지나 비린 위항 통구에 이르고 객사 병란을 거쳐 가고와 상여 생문 산두까지 의존한다.

수성은 입을 말하며 입을 중심으로 하여 좌측으로 이어지는 부분 끝까지이다.

* 오른쪽도 함께 살피는 것이 마땅하다.

• 열두 번째는 승장으로써 승장은 조택이 편안하여야하며 손택 외원 임원을 살펴야한다. 하묘 전장 주지 윗부분과 교곽 황구 도로 옆까지이다.

승장은 아랫입술 밑 살짝 꺼져있는 부분을 말하고 그 옆으로 이어져 있는 부분 끝까지이다.

• 열세 번째는 지각으로써 지각은 아래에 속하는 모든 부분을 함께 이르고 노복 대마 갱참이 똑바르게 있어야 하고 지고 피지를 지나 아압 대해 주차까지 엉기거나 막히지 않아야 한다.

지각은 승장 아래 모든 부분으로써 바로 턱이 된다. 즉 턱이 짧거나 끊기거나 양 옆이 깎이지 않아야 된다는 것이다.

🔳 流年運氣部位歌 🔳
유년운기부위가

欲識流年運氣行인대　男左女右各分形이라　天輪一二初年運
욕식유년운기행　남좌여우각분형　천륜일이초년운

이오　三四周流至天城이라
삼사주류지천성

天郭垂珠五六七이오　八九天輪之上停이라　人輪十歲及十一
천곽수주오육칠　팔구천륜지상정　인륜십세급십일

이오　飛輪郭反必相刑이라
비륜곽반필상형

十二十三併十四는　地輪朝口壽康寧이라　十五火星居正額이오
십이십삼병십사　지륜조구수강녕　십오화성거정액

十六天中骨格成이라
십육천중골격성

十七十八日月角이오　運逢十九應天庭이라　輔角二十二十一
십칠십팔일월각　운봉십구응천정　보각이십이십일

이오　二十二歲至司空이라
이십이세지사공

二十三四邊城地오　二十五歲逢中正이라　二十六上主邱陵이오
이십삼사변성지　이십오세봉중정　이십육상주구릉

二十七年看塚墓라
이십칠년간총묘

二十八遇印堂平이오　二九三十山林部라　三十一歲凌雲程이오
이십팔우인당평　이구삼십산림부　삼십일세능운정

三十二遇紫氣生이라
삼십이우자기생

三十三行繁霞上이오　三十四有彩霞明이라　三十五上太陽位오
삼십삼행번하상　　　삼십사유채하명　　　삼십오상태양위

三十六上會太陰이라
삼십육상회태음

中陽正位三十七이오　中陰三十八主亨이라　少陽年當三十九오
중양정위삼십칠　　　중음삼십팔주형　　　소양년당삼십구

少陰四十看須眞이라
소음사십간수진

山根路遠四十一이오　四十二造精舍宮이라　四十三歲登光殿
산근로원사십일　　　사십이조정사궁　　　사십삼세등광전

이오 四十有四年上增이라
　　　사십유사년상증

壽上又逢四十五오　四十六七兩顴宮이라　準頭喜居四十八이오
수상우봉사십오　　　사십육칠양관궁　　　준두희거사십팔

四十九入蘭台中이라
사십구입난대중

廷尉相逢正五十이오　人中五十一人驚이라　五十二三居仙庫오
정위상봉정오십　　　인중오십일인경　　　오십이삼거선고

五十有四食倉盈이라
오십유사식창령

五五得請祿倉米오　五十六七法令明이라　五十八九遇虎耳오
오오득청록창미　　　오십육칠법령명　　　오십팔구우호이

耳順之年遇水星이라
이순지년우수성

承漿正居六十一이오　地庫六十二三逢이라　六十四居陂池內오
승장정거육십일　　　지고육십이삼봉　　　육십사거피지내

六十五歲鵝鴨鳴이라
육십오세아압명

六十六七穿金縷오　歸來六十八九程이라　踰矩之年逢頌堂이오
육십육칠천금루　귀래육십팔구정　유구지년봉송당

地閣頻添七十一이라
지각빈첨칠십일

七十二三多奴僕이오　腮骨七十四五同이라　七十六七尋子位오
칠십이삼다노복　시골칠십사오동　칠십육칠심자위

七十八九丑牛耕이라
칠십팔구축우경

太公之年添一歲면　更臨寅虎相偏靈이라　八十二三卯兎宮이오
태공지년첨일세　경임인호상편영　팔십이삼묘토궁

八十四五辰龍行이라
팔십사오진룡행

八十六七巳蛇中이오　八十八九午馬輕이라　九十九一未羊明
팔십육칠사사중　팔십팔구오마경　구십구일미양명

이오　九十二三猴結果라
구십이삼후결과

九十四五聽鷄聲이오　九十六七犬吠月이라　九十八九亥猪吞
구십사오청계성　구십육칠견폐월　구십팔구해저탄

이니　若問人生過百歲면
약문인생과백세

順數朝上保長生이라　週而復始輪於面이라　紋痣缺陷禍非輕
순수조상보장생　주이부시륜어면　문지결함화비경

이라　限運併衝明暗辨하니
한운병충명암변

更逢破敗屬幽冥이라　又兼氣色相刑剋하면　骨肉破敗自伶仃
갱봉파패속유명　우겸기색상형극　골육파패자영정

이라　倘若運逢部位好하면
당약운봉부위호

유년의 운기를 알고자 원하는 사람을 위하여 열거하였다.

몸을 좌우로 나누어 남자는 좌측 여자는 우측을 우선으로 하라.

천륜(귀바퀴윗부분)은 일세 이세의 운이고 귀바퀴를 두루 흘러 천성이 삼, 사세의 운이라.

천곽에서 수주까지 오 육 칠세요 다른 쪽 귀 천륜에 팔 구세의 운이 머물고 인륜에서 십, 십일세이며 비륜곽이 뒤집어지면 반드시 벌을 받는 상이라.

남자를 위주로 하여 왼쪽 귀부터 시작하고 여자는 오른쪽 귀부터 시작한다.

십이 십삼 십사세를 아우르는 지륜은 입을 도와 건강하고 편안한 수명이 되게 하며십 오세는 이미의 정중앙의 맨 윗부분인 화성에 머물며 천중의 골격은 십 육세를 이룬다. 십칠 십 팔세는 일각과 월각이요 십 구세의 운을 만나면 천정에 응함이라.

보각은 이십 이십일(좌우)이오 이십 이세는 사공에 이른다.

이십 삼, 사세는 변성지에 이르며 이십 오세는 중정을 만나고 이십 육세는 구릉이 주재하고 이십 칠세는 총묘를 살펴야 한다.

이십 팔세는 고르고 풍륭한 인당에서 만나고 이십구 삼십 세는 산림 부위라.

삼십 일세는 능운에 나타나고 삼십 이세는 자기에 살아있다.

삼십 삼세는 번하 위를 지나가고 삼십 사세는 채하의 밝음에 있다.

삼십 오세는 태양의 자리이고 삼십 육세는 태음에 모여 합쳐진다.

삼십 칠세는 중양 정중앙의 자리이고 삼십 팔세는 중음이 주재하여 형통하게 한다.

삼십 구세는 소양이 주관하고 사십 세는 모름지기 소음의 생김새를 잘 살펴야 한다.

사십 일세는 산근의 심오함을 지나가고 사십 이세는 정사궁에 이르고 사십 삼세는 광전에 오른다.

사십 사세는 년상에 겹쳐지며 사십 오세는 수상을 만나고 사십 육 칠세는 양 관골에 머문다.

사십 팔세에는 준두에 즐거이 앉으며 사십 구세는 난대 가운데로 들어간다.

오십 세는 정위에서 서로 만나고 인중은 오십 일세를 놀라게 한다.

오십 이 삼세는 선고에 머물고 오십 사세는 식창에 퍼진다.

오십 오세는 녹창에서 식록을 얻고 오십 육 칠세는 밝은 법령에 있다.

오십 팔 구세는 호이를 지나고 육십세는 수성을 만난다.

승장 한가운데 육십 일세가 머물고 육십이 삼세에 지고를 거쳐 육십 사세는 피지 안에 머문다.

육십 오세는 아압을 찾아 울리고 육십 육 칠세는 금루를 뚫어 통한다.

육십 팔 구세는 귀래를 지나고 법을 어기지 않는 칠십 세는 송당을 만난다.

칠십 일세는 지각에 잦아들고 칠십 이 삼세는 노복 궁에 머물게 된다.

노복 궁이 생겨 있으면 아랫사람(노복)이 많다.

칠십 사 오세는 시골에 머물며 노복궁과 같다.

칠십 육 칠세는 시골에 있으며 子의 위치를 찾아보고

칠십 팔 구세는 丑(축)궁에 나타나고 팔십 세에 일세를 더하면 윗어른이 되어 존경받는 팔십 일세가 시골(턱의측면)이 되는 寅宮에 이른다. 팔십 이 삼세는 卯궁에 오고 팔십 사 오세는 辰(진)궁을 지난다. 팔십 육 칠세는 巳궁을 가운데 하고 팔십 팔 구세는 午궁을 빠르게 지나고 구십 구십 일세는 未궁이 밝아야 하고 구십 이 삼세는 申궁에서 열매를 맺게 되고 구십사 오세는 酉궁을 살펴야 하고 구십 육 칠세는 戌궁을 지나고 구십 팔 구세는 亥궁이 감추고 있다.

만약 사람이 백세를 지나도록 수명을 이어간다는 것은 조상으로부터의 도움으로 긴 생이 얼굴을 두루 돌아 지켜져 왔으므로 다시 처음부터 시작하면된다.

얼굴의 주름과 사마귀 결함으로부터 재난이 일어나므로 가볍게 여기지 말 것이며 운의 한계는 밝고 어두움으로 나누어 함께 돌아가니 다시 깨어지고 패하면 죽음이라 또 기색의 상이 교차되어 마찰되고 골육이 깨어지고 패하면 저절로 고독하게 되지만 혹시라도 좋은 부위의 운을 만나면 안락한 때의 기색으로 맑고 밝을 것이다. 오악사독이 서로서로 도우면 힘차게 움직여 일어나 높이 뛰어 오르며 누구든지 신선이 되는 진실된 묘한 비결을 알고자 찾아오는 세인들을 만나 담소를 나누며 놀라게 할 것이다.

🀫 運氣口訣 🀫
운기구결

水形一數金三歲오　土厚惟將四歲推라　火起五年求順逆하니
수형일수금삼세　　토후유장사세추　　화기오년구순역

木形二歲復何疑오　金水兼之從上下하니　若云水火反求之라
목형이세부하의　　금수겸지종상하　　약운수화반구지

土自準頭初主限하니　週而復始定安危라
토자준두초주한　　주이부시정안위

　水형은 1세. 金형은 3세이고, 두터운 土형은 장차 4세를 헤아려 생각하게 한다. 火형은 구하고 취하는 좇고 그스름이 5세를 기준으로 일어나므로 木형이 2세를 이행하게 되는것을 어찌 의심하리요.

　金형과 水형을 겸하였을때는 상체와 하체로 이루어져야 하나 만약 水형과 火형으로 이루어져 있으면 구하는 것이 반대로 될 것이다.

　土형은 준두에서 처음 시작하도록 주로 결정되어져 있으니 편안함과 위험함이 두루 돌면서 머무르고 시작하는 것이 대체로 정해져 있다.

🀫 識限歌 🀫
식한가

八歲十八二十八은　下至山根上至髮이라　有無活計兩頭消하니
팔세십팔이십팔　　하지산근상지발　　유무활계양두소

三十印堂莫帶殺이라
삼십인당막대살

三二四二五十二는　山根上下準頭止라　禾稼祿馬要相當이니
삼 이 사 이 오 십 이　산 근 상 하 준 두 지　화 가 록 마 요 상 당

不識之人莫亂指하라
불 식 지 인 막 난 지

五三六三七十三은　人面排來地閣門이라　逐一推詳看禍福하니
오 삼 육 삼 칠 십 삼　인 면 배 래 지 각 문　축 일 추 상 간 화 복

火星百歲印堂添이라　上下兩截分貴賤하니　倉庫平分定有無라
화 성 백 세 인 당 첨　상 하 양 절 분 귀 천　창 고 평 분 정 유 무

此是神仙眞秘訣이니　莫將胡亂教庸夫하라
차 시 신 선 진 비 결　막 장 호 난 교 용 부

　팔 십팔 이십팔세는 산근위에서 발제 아래에 이르러 양 머리에 숨
어 있으니 생활의 방도를 알 수 있으며 삼십 세의 인당은 깨끗하고
흠이 없어야 된다.

　삼십 이 사십 이 오십 이세는 산근 위에서 준두 아래까지이며 전답
과 곡식 가축의 실상을 알 수 있으니 어지럽게 나타나도 알 수 없는
사람은 없는 것이다.

　오십 삼 육십 삼 칠십 삼세는 얼굴에 있어서 지각으로 밀치고 들어
오는 문이므로 삐뚤어지지 않도록 바로잡아야 할 것이며 하나라도
빠르게 옮아가며 헤아려 자세히 재난과 복록을 잘 살펴야 하니 백세
에는 인당과 화성을 함께 보아야 한다. 상격과 하격을 나누어 귀천으
로 하니 창고가 바르고 고른 정도를 나누면 있고 없는 것을 알 수 있
다. 이것을 말한 것은 진실로 신선의 비결인 것이니 보통 사람에게
대충대충 적당하게 가르키면 정말로 안될 것이다.

▦ 十二宮 ▦

십이궁

─ 命宮(명궁)

命宮者는 居兩眉間山根之上하니 光明如鏡하면 學問皆通하고
명궁자　거 양 미 간 산 근 지 상　　광 명 여 경　　학 문 개 통

山根平滿이면 乃主福壽오 土星聳直하면 扶拱財星이오
산 근 평 만　　내 주 복 수　　토 성 용 직　　부 공 재 성

眼若分明하면 財帛豊盈하고
안 약 분 명　　재 백 풍 영

額如川字하면 命逢驛馬라 官星이 果若如斯하면 必保雙全富貴나
액 여 천 자　　명 봉 역 마　　관 성　　과 약 여 사　　필 보 쌍 전 부 귀

凹沈하면 必定貧寒이오 眉接相交하면 成下賤이오
요 침　　필 정 빈 한　　미 접 상 교　　성 하 천

亂理면 離鄕又剋妻오 額窄眉枯하면 破財迍邅이라
난 리　　이 향 우 극 처　　액 착 미 고　　파 재 둔 전

詩曰　眉眼中央是命宮이니 光明瑩淨學須通이라
시 왈　미 안 중 앙 시 명 궁　　광 명 형 정 학 수 통

若還紋理多迍滯니 破盡家財及祖宗이라
약 환 문 리 다 둔 체　　파 진 가 재 급 조 종

　명궁이란 것은 양 눈썹 사이 산근 윗부분에 있으니 밝고 맑은 것이 거울과 같으면 학문을 통하고 산근이 고르고 꽉 찼으면 복과 수명을 누린다.

　토성이 바르게 솟으면 서로 도와 재물이 일어나고 눈까지 분명하다면 재물이 풍영하고 이마에 내 천자(川)가 생겨 있다면 다른지방과의

운명을 만나 벼슬을 한다. 관성이 만약 아름답게 생겼다면 반드시 부와 귀를 함께 누릴 것이며 꺼지거나 가라앉으면 몹시 가난할 것이오 양 눈썹이 서로 이어져 있으면 이룸이 어려우며 주름이 어지럽게 있으면 고향을 떠나고 처를 극한다.

이마가 좁고 눈썹이 마르면 재물이 깨어지고 머뭇거림으로 지체된다.

시로 가로대 눈썹과 눈의 가운데가 명궁이니 밝고, 맑고 깨끗하게 빛나면 학문을 통하고 만약 도리어 주름이 있으면 많은 일들이 지체되고 머뭇거리니 조상으로부터 물러 받은 재산을 모두 털어먹게 된다.

二 財帛(이 재백)

鼻乃財星이라 位居土宿니『天倉, 地庫, 金甲, 二陰, 井竈를
비내재성   위거토수   천창 지고 금갑 이음 정조

總日 財帛이니 須要豊滿 明潤이라야 財帛有餘오
총왈 재백   수요풍만 명윤   재백여유

忽然枯削昏黑하면 財帛乏消이라.』
홀연고삭혼흑   재백핍소

截筒懸膽이면 千倉萬箱이오 聳直豊隆하면 一生財旺富貴오
절통현담   천창만상   용직풍륭   일생재왕부귀

中正이 不偏하면 須知永遠滔滔며 鷹嘴尖峰이면 破財貧寒이니
중정 불편   수지영원도도 응취첨봉   파재빈한

莫敎孔仰하라 主無隔宿之糧이오 廚竈若空하면
막교공앙   주무격숙지량   주조약공

必是家無所積이니라.
필시가무소적

코를 재성이라 한다. 오행중 土의 기운이 머무는 곳으로 『천창 지고 금갑 이음 정조를 망라하여 재백이라 하니 모름지기 풍만하고 밝고 맑아야 재물이 넉넉하며 갑자기 깎인 듯 마르고 혼탁한 듯 어두우면 재물이 사라져 가난해진다.』

절통비나 현담비이면 하늘이 주는 창고가 만 상자나 되고 바르게 솟아 풍륭하면 일생동안 재물이 풍부하여 귀를 누린다.

중정이 한쪽으로 치우치지 않으면 모름지기 그 부귀가 도도하게 영원할 것이며 코끝이 산봉우리처럼 뾰족한 매부리 코이면 재물이 깨어져 매우 가난할 것이니 콧구멍이 위로 우러르면 말을 하지마라. 주로 하룻밤 묵는 양식도 없을 것이오 난대 정위가 만약 뻥 뚫렸으면 틀림없이 집안에 쌓은바가 없는 것이니라.

시로 가로대 코는 재물을 주재하는 별로써 풍성하게 빛나고 양측 난대 정위가 허공을 바라보지 않아야 한다. 콧구멍이 드러나 우러르면 집안에 재물은 커녕 좁쌀도 없고 지각과 갑궤가 서로 도우면 풍족할 것이다.

兄弟位居兩眉라　屬羅計하니　眉長過目하면　三四兄弟無刑하고
형제위거양미　　속나계　　　미장과목　　　삼사형제무형

眉秀而疎하고　枝幹이　自然端正하야　有如新月하면
미수이소　　　지간　　자연단정　　　유여신월

和同永遠超群이오　若是短粗하면　同氣連枝見別이오
화동영원초군　　　약시단조　　　동기연지견별

眉環塞眼하면　鴈行必疎며　兩樣眉毛면　交須異母오　交連黃薄
미환색안　　　안행필소　　양양미모　　교수이모　　교연황박

하면　自喪他鄉이오　旋結回毛　하면　兄弟蛇鼠니라
　　　자상타향　　　선결회모　　　형제사서

詩曰　眉爲兄弟軟輕長하면　兄弟生成四五强이라　兩角不齊須
시왈　미위형제연경장　　　형제생성사오강　　　양각부제수

異母오　交連黃薄喪他鄉이라
이모　　교연황박상타향

　형제궁의 위치는 양 눈썹이 되고 라후(왼 눈썹)와 계도(오른 눈썹)가 이에 속하며 눈썹이 길어 눈을 지나면 삼 사형제가 풍파 없고 눈썹이 성기고 빼어나 털과 털이 단정하여 초생 달과 같이 수려하면 형제 모두가 출세하여 함께 화평 할 것이다.

　만약 짧고 거칠면 함께하던 형제들이 떨어져서 살게 된다.

　눈썹이 고리와 같아 눈을 막으면 사이좋게 함께 나르던 기러기 흩어지듯 형제가 반드시 흩어지며 눈썹 모양이 두 개이면 모름지기 서로 다른 어머니이다.

　서로 이어진 눈썹이 누렇게 빛이 없이 적으면 타향에서 별도리 없이 부모의 죽음을 애타게 그리게 된다. (부모의 임종을 보지 못한다.)

눈썹털이 꼬여 돌면 형제가 뱀이나 쥐와 같으니라.

시로 가로대 눈썹은 형제를 이르며 부드럽고 가볍고 길면 사 오형제는 족히 이루며 모두가 강하다.

양 눈썹의 위치가 같지 못하면 모름지기 다른 어머니가 있으며 엇갈리게 이어져 누렇고 빛이 없이 흩어지면 타향에서 상복을 입는다.

四　田宅(사 전택)

田宅者는 位居兩眼이니　最怕赤脉侵睛이라　初年破盡家園하고
전택자　위거양안　　　최파적맥침정　　　초년파진가원

到老無糧作藥이오　眼如點漆하면　終身産業이　榮昌하고
도노무량작벽　　　안여점칠　　　종신산업　영창

鳳目高眉하면　稅置三州五懸이오　陰陽枯骨하면　莫保全園이오
봉목고미　　　세치삼주오현　　　음양고골　　　막보전원

火眼氷輪은　家財傾盡이라.
화안빙륜　　가재경진

詩曰　眼爲田宅主其宮하니　淸秀分明一樣同이라　若是陰陽枯
시왈　안위전택주기궁　　　청수분명일양동　　　약시음양고

更露하면　父母家財總是空이라.
갱로　　　부모가재총시공

전택궁이란 것은 양쪽 눈에 있으며 최고로 두려운 것은 붉은 실핏줄이 눈동자를 침범하는 것이다. 초년에 일족을 멀리 보내고 재물을 죄다 깨뜨리며 늙을 때까지 살 터전과 양식도 없다.

눈동자가 옻칠을 한 듯 검고 빛나면 일신이 끝날 때까지 산업이 넓게 펼쳐져 창성하고 봉(상서로운 새)의 눈에 눈썹이 높이 떠 있으면 삼주 오현(넓은 지방)을 잘 다스리고 베풀어 편안하게 바꾸어 버린다.

음양(양 눈)이 뼈가 드러나도록 옴팡하게 마르면 토지를 지키지 못하고 달처럼 동그랗고 불같은 눈은 집안의 재물이 다할 때까지 기울어진다.

시로 가로대 눈은 집과 토지를 주재하는 마음이니 흑백이 분명하고 맑고 빼어나며 양쪽의 모양이 똑같아야 한다.

만약 음양(양 눈)이 파리하게 마르거나 드러나면 부모와 집안의 재물이 모두 텅 비어버린다.

五 男女(오 남녀)

男女者는 位居兩眼下하니 名曰淚堂이라 三陽平滿하면 兒孫福
남 녀 자　위 거 양 안 하　　명 왈 누 당　　삼 양 평 만　　아 손 복

祿榮昌이오 隱隱臥蠶이면 子媳還須淸貴오 淚堂이 深陷하면
록 영 창　　은 은 와 잠　　자 식 환 수 청 귀　　누 당　　심 함

定爲男女無緣이오 黑痣斜紋이면 到老兒孫有尅이오.
정 위 남 녀 무 연　　흑 지 사 문　　도 노 아 손 유 극

口如吹火하면 獨坐蘭房이오 若是平滿人中이면
구 여 취 화　　독 좌 난 방　　약 시 평 만 인 중

難得兒孫送老니라.
난 득 아 손 송 노

詩曰 男女三陽起臥蠶이니 瑩然光彩好兒郞이라 懸針理亂來
시 왈 남 녀 삼 양 기 와 잠　　영 연 광 채 호 아 랑　　현 침 이 난 래

侵位하면 宿債一生不可當이라.
침 위　　숙 채 일 생 불 가 당

남녀 궁이란 것은 양쪽 눈아래에 있으니 이름 하여 누당 이라 한다.

왼쪽 눈(남자를 중심)이 고르고 평평하면 복록 있는 자손으로 영화롭게 번창하고 와잠이 은은하면 모름지기 맑고 귀한 아들과 함께 영위하게 된다.

누당이 깊게 꺼지면 남녀가 인연이 없으며 검은 사마귀나 비뚤어진 주름이 있으면 늙어서까지 자손(손자)을 이기게 된다.

입이 불부는 모양과 같으면 난초와 함께 방에 홀로 앉아 있을 것이오 만약 인중이 넓고 평평하게 잘 생겼으면 어렵게 자손을 얻어 노년을 보낼 것이다.

시로 가로대 남녀 모두 삼양의 기운이 와잠에서 일어나 저절로 아름다운 광채가 나면 아주 건강한 젊은이이라 그러나 현침문(어긋나는 주름)이 어지럽거나 그 부위가 가라앉아 있으면 전생에 빚이 많아 일생동안 감당하지 못한다.

六　奴僕(육 노복)

奴僕者는 位居地閣하니　重接水星하고　顔圓豊滿하면　侍立成
노 복 자　　위 거 지 각　　　중 접 수 성　　　안 원 풍 만　　　　시 립 성

群이오　輔弼星朝면　一呼百諾이오　口如四字하면　主呼聚喝散
군　　　보 필 성 조　　일 호 백 낙　　　구 여 사 자　　　주 호 취 갈 산

之權이오　地閣尖斜하면　受恩深而反成怨恨이오
지 권　　　지 각 첨 사　　　수 은 심 이 반 성 원 한

紋痕敗陷하면　奴僕不周하고　墻壁低傾하면　恩成讐隙이니라
문 흔 패 함　　　노 복 부 조　　　장 벽 저 경　　　은 성 수 극

노복 궁이란 것은 지각에 위치하고 수성과 아주 밀접하게 이어져 있으며 얼굴이 모나지 않고 둥글고 풍륭 하면 임금을 섬기며 무리를 다스릴 것 이오 얼굴의 각 부위가 서로 도우면 한번 호령에 백사람이 승낙할 것 이오 입이 사자구(넉사자(四)로 생긴 입)이면 불러서 모으고 꾸짖어서 흩뜨리는 권세가 있을 것이다.

지각이 비뚤고 뾰족하면 깊은 은혜를 받고도 원한으로 돌릴 것이오 주름이나 상처가 있어 깨어지고 꺼지면 담장의 벽이 낮고 기울어 진것과 같아 노복궁이 두루 흐르지 못하여 은혜가 틈만 나면 원수가 되느니라.

시로 가로대 지각은 풍륭한데 모름지기 노복이 되놀아가는 것은 수성(입)의 양 각이 서로 같지 못한 것이라 만약 그 자리에서 세 번을 말하여도 대답이 없으면 비뚤고 꺼지고 주름과 흉터로 모든 것이 한 결같지 못한 탓이다.

妻妾者는 位居魚尾하니 號曰 奸門이라 光潤無紋하면 必保
처 첩 자　　위 거 어 미　　　　호 왈　간 문　　　광 윤 무 문　　　　필 보

妻全四德이오 豊隆平滿하면 娶妻에 財帛盈箱하고 顴星이
처 전 사 덕　　　풍 륭 평 만　　　취 처　재 백 영 상　　　관 성

侵天하면 因妻得祿하고 奸門이 深陷하면 常作新郞하고
침 천　　　인 처 득 록　　　간 문　심 함　　　상 작 신 랑

魚尾紋多하면 妻防惡死하고 奸門이 黯黲하면 自號生離오
어 미 문 다　　　처 방 악 사　　　간 문　암 참　　　자 호 생 이

黑痣斜紋이면 外情好而心多淫慾이니라.
흑 지 사 문　　　외 정 호 이 심 다 음 욕

詩曰 奸門光澤保妻宮하면 財帛盈箱見始終이오 若是奸門生
시 왈　간 문 광 택 보 처 궁　　　재 백 영 상 견 시 종　　　약 시 간 문 생

黯黲하고 斜紋黑痣蕩淫奔이라.
암 참　　　사 문 흑 지 탕 음 분

　　처첩 궁이란 것은 어미에 위치하니 이름 하여 간문이라 부른다.

　　윤택하면서 빛나고 주름이 없으면 반드시 사덕을 갖추어 처를 지
킬 것이다.

　　고르게 꽉 차서 풍요로우면 장가들어 처를 맞이한 후부터 재물이
상자마다 가득 차고 관골이 우뚝 솟으면 처로 인하여 벼슬을 하고 간
문이 깊게 꺼지면 항상 새신랑이 되고 어미에 주름이 많으면 처가 좋
지 못하게 죽는 것을 예방하여야 하고 간문이 검고 푸르면 스스로 이
별을 부른다.

　　검은 사마귀가 있거나 비뚤어진 주름이 있으면 바깥의 정이 좋고

그 마음이 매우 음욕 하니라.

시로 가로대 간문이 윤택하고 밝으면 처와 가정을 지키고 재물이 끝이 없이 상자에 가득가득 찰 것이오 만약 간문이 검고 푸르고 비뚤어진 주름이나 검은 사마귀가 있으면 방탕한 음란함으로 분주할 것이다.

八 疾厄(팔 질액)

疾厄者는 印堂之下라 位居山根하니 隆而豊滿하면 祖祿無窮
질액자　인당지하　　위거산근　　융이풍만　　조록무궁

하고 連接伏犀하면 定主文章이오 瑩然光彩하면 五福俱全하고
연접복서　　정주문장　　형연광채　　오복구전

年壽高平하면 和鳴相守하며 痕紋底陷하면
년수고평　　화명상수　　흔문저함

連年宿疾沈疴오 枯骨尖斜하면 未免終身受苦오 氣如烟霧하면
연년숙질침아　고골첨사　　미면종신수고　　기여인무

災厄纏身이니라 詩曰 山根疾厄起平平하면 一世無災禍不生
재액전신　　시왈　산근질액기평평　　일세무재화불생

이오 若值紋痕幷枯骨하면 平生辛苦却難成이라.
약치문흔병고골　　평생신고각난성

질액 궁이란 것은 인당 아래에 있으며 산근에 위치 한다. 풍만하게 솟아 있으면 아낌없는 조상의 도움이 있으며 인당과 바로 이어진 복서비(伏犀鼻)는 주로 문장이 탁월하다.

자연스럽게 빛이 밝고 빛나면 오복이 갖추어지고 년상과 수상이 높고 고르면 새들이 화합하여 지저귀며 조화를 이루듯 서로 지키며

흉터나 주름이나 그리고 낮게 꺼지면 해마다 질병에 시달리고 뼈가 뾰족하고 기울고 마르면 일생동안 수고로움에서 벗어나지 못하고 기색이 그을음에 덮여있는것과 같은 색이면 재난의 어려움으로 몸을 동여매게 된다.

시로 가로대 질액궁인 산근이 고르고 평평하게 일어나면 한평생 재난이 없고 불행이 일어나지 않을 것이오 만약 주름이나 흉터가 지어지거나 아울러 말라서 윤택하지 못하면 평생 매운 고생으로 극복하려하니 이룸이 어려운 것이다.

九　遷移(구 천이)

遷移者는 位居眉角하니 號曰天倉이라 隆滿豊盈하면 華彩無
천 이 자　위 거 미 각　　호 왈 천 창　　융 만 풍 영　　화 채 무

憂하고 魚尾位平하면 到老得人欽羨하고 騰騰驛馬면
우　　어 미 위 평　　도 노 득 인 흠 선　　등 등 역 마

須貴遊宦四方이오 額角이 低陷하면 到老住場難覓이오.
수 귀 유 환 사 방　　액 각　저 함　　도 노 주 장 난 멱

眉連交接하면 此人은 破祖離家오 天地偏斜하면 十居九變이라
미 연 교 접　　차 인　파 조 이 가　　천 지 편 사　　십 거 구 변

生相如此는 不在移門이면 必當改墓니라.
생 상 여 차　부 재 이 문　　필 당 개 묘

詩曰 遷移宮分在天倉하니 低陷平生少住場이라 魚尾末年不
시 왈 천 이 궁 분 재 천 창　　저 함 평 생 소 주 장　　어 미 말 년 불

相應하면 定因遊宦却尋常이라.
상 응　　정 인 유 환 각 심 상

천이 궁이란 것은 눈썹의 모양에서 꺾인 부분에 위치하고 있으며 이름하여 천창이라고도 부른다.

풍만하게 솟아 밝게 빛나면 아무런 근심이 없고 어미가 고르고 평평하면 늙도록 공경하며 부러워하고 역마궁이 완만하면 귀하여 모름지기 사방을 다스리는 벼슬을 할 것이다.

이마의 모양(이마에 머리가 나있는 선)을 이루는 곳이 낮거나 꺼지면 늙도록 자기 집이나 토지를 찾기가 어려울 것이오 양 눈썹이 서로 이어져 있는 이러한 사람은 가정을 깨뜨리고 조상을 떠나며 이마와 지각이 한쪽으로 치우쳐 기울면 아홉 번 변하여 열 번을 옮겨 살게 된다.

이러한 모습과 같은 생김새는 여러 번 옮겨도 있을 곳이 없어 반드시 무덤을 고쳐 살고자 한다.

시로 가로대 천이궁은 천창을 나누어 맡으며 낮게 꺼지면 평생 집과 토지가 적을 것이다.

어미와 서로 맞게 어울리지 못하면 늙도록 벼슬에 뜻을 두어도 언제나 찾기만 할 것이다.

十 官祿(십 관록)

官祿者는 位居中正하니 上合離宮하고 伏犀頂貫하면 一生에
관록자　　위거중정　　상합이궁　　복서정관　　일생

不到公庭이오 驛馬朝歸하면 官司退擾하고 光明瑩淨하면
부도공정　　역마조귀　　관사퇴요　　광명형정

顯達超群이오 額角堂堂하면 犯着官司貴解오 紋痕理破하면
현달초군　　액각당당　　범착관사귀해　　문흔이파

常招橫事하고 眼如赤鯉하면 決死徒刑이니라
상 초 횡 사   안 여 적 리   결 사 도 형

詩曰 官祿榮宮仔細詳하라 山根倉庫要相當이니 忽然瑩淨無
시 왈 관 록 영 궁 자 세 상   산 근 창 고 요 상 당   홀 연 형 정 무

痕點하면 定主官榮久貴長이라.
흔 점   정 주 관 영 구 귀 장

    관록 궁이라는 것은 중정에 위치하니 위쪽과 자연스레 서로 보기 좋게 합하면 벼슬을 하고 복서골(伏犀骨)이 정수리를 통하면 한평생 법정에 끌려가지 않을 것이다.

    아침이 되어 역마가 빛나면 관청에서 벼슬을 하고 물러나 돌아오면 편안하게 지낼 것 이오 밝게 빛나고 깨끗하면 무리에서 뛰어나 크게 발달할 것이다.

    이마의 모양을 이룬 양 옆 부분이 빼어나게 잘 생겼으면 관직의 옷을 입고 법을 어겨도 귀하여 풀릴 것이나 주름이나 흉터로 깨어지면 항상 뜻밖의 일을 불러들이고 눈이 잉어의 눈(잉어의 빨간눈, 붉은 실핏줄이 있는 눈)과 같으면 형벌을 받게되고 결단코 죽게 된다.

    시로 가로대 벼슬을 하여 봉록을 받아 영화를 누릴 수 있는 관록궁을 자세히 살펴라. 산근, 천창, 지고가 서로 적합하게 잘 어울려야 하는 것이 중요하니. 흉터나 점이 없이 홀연히 깨끗하고 밝게 빛나면 주로 벼슬을 하여 귀한 신분으로 영화로움을 오랫동안 누릴 수 있을 것이다.

---

* 離宮: 천자의 별장

福德者는 位居天倉하니 牽連地閣하고 五星이 朝拱하면
복덕자　　위거천창　　　견연지각　　　오성　　조공

平生福祿이 滔滔하고 天地相朝하면 德行須全五福이오
평생복록　　도도　　　천지상조　　　덕행수전오복

頦圓額窄하면 須知苦在初年이오 額活頦尖하면 迍否還從晚景
해원액착　　　수지고재초년　　　액활해첨　　　둔부환종만경

이오 眉高目聳하면 尤且平平하고 眉壓耳掀하면 休言福德하라
미고목용　　　우차평평　　　미압이흔　　　휴언복덕

詩曰 福德天倉地閣圓하고 五星光照福綿綿이라.
시왈 복덕천창지각원　　　오성광조복면면

若還缺陷并尖削하면 衣食平平更不全이라.
약환결함병첨삭　　　의식평평경부전

　복덕궁이란 것은 천창에 위치하여 있으며 지각을 당겨 끌어매고 오성이 서로 도우면 평생 복록이 두루 돌아 흐르고 이마와 지각이 서로 도우면 모름지기 오복이 온전하게 갖추어져 덕으로 행할 수 있을 것이다.

　이마가 좁고 턱이 모나지 않고 둥글면 모름지기 초년의 고달픔을 알아야 할 것이오 이마가 살아있고 턱이 뾰족하면 지체되어 늙어서의 말년을 보상받지 못한다.

　눈썹뼈가 솟고 눈이 나오면 또 더하여 넓게 펴지고 눈썹이 눈을 누르거나 귀가 치켜 덜려있으면 복이나 덕이란 말은 아예 하지를 마라.

　시로 가로대 복덕은 천창 지각이 원만하게 둥글고 오성이 밝게 비추면 복이 이어져 끊이지 않을 것이다. 만약 운기가 돌아가는 부위가

이지러지거나 꺼지거나 아울러 뾰족하게 깎여 있으면 의식이 고르게
부족함이 없다가도 다시 온전하지 못하게 된다.

十二 相貌(십이 상모)

相貌者는 先觀五嶽이 盈滿이니 此人은 富貴多榮하고
상모자　　선관오악　　영만　　　차인　　부귀다영

次辯三停俱等이니 永保平生顯達이라 五嶽이 朝聳하면
차변삼정구등　　　영보평생현달　　　오악　　조용

官祿遷榮하고 行坐威嚴하면 爲人이 尊重이라 額主初運이오
관록천영　　　행좌위엄　　　위인　존중　　액주초운

鼻主中年이며 地庫水星이 是爲末主니 若有剋陷하면 爲凶惡
비주중년　　　지고수성　　시위말주　　약유극함　　위흉악

이니라　詩曰 相貌須敎上下停이니 三停平等更相生이라
　　　　시왈　상모수교상하정　　　삼정평등경상생

若還一處無均等하면 好惡中間有改更이라
약환일처무균등　　　호악중간유개경

　상모 궁이라는 것은 먼저 오악을 보고 낮거나 꺼진데 없이 원만하
게 꽉 차 있는 이러한 사람은 영화롭게 부귀를 누리고 다음은 삼정이
균등하게 갖추어졌다면 평생 동안 벼슬과 덕망이 높아 이름이 세상
에 드러날 것이다.

　오악이 솟아 서로 도우면 관록이 바뀌어가며 융성하게 일어나고
앉고 움직임에 위엄이 있으면 위인이 지위가 높고 권세가 많다.

　이마는 주로 초년 운이요 코는 주로 중년이며 지고 수성은 주로 말년
이 되는 것이니 만약 꺼지고 극함이 있으면 흉하게 못생긴 것 이니라.

시로 가로대 상모는 모름지기 상정에서 하정까지 가리키는 것이니 삼정이 평등하면 서로 살아 있는 것이다. 만약 한 곳이라도 균등하지 못하여 흐르지 못하고 돌려보내면 좋고 나쁜 가운데 번갈아 바꾸어질 것이다.

▦ 十二 宮秘訣 ▦
십이 궁비결

父母宮은 論日月角이니 須要高圓이라 明淨則 父母長壽康寧
부모궁　　논일월각　　수요고원　　명정즉　부모장수강녕

하며 低陷하면 幼失雙親이오 暗昧하면 主父母有疾이라
　　저함　　유실쌍친　　암매　　주부모유질

左角은 偏妨父오 右角은 偏放母라 或同父異母며
좌각　편방부　우각　편방모　혹동부이모

或隨母嫁父하고 出祖成家라 重重災異니 只宜假養이라야
혹수모가부　　출조성가　　증증재이　　지의가양

方免刑傷이라 又云重羅疊計면 父母重拜하고 或父亂母淫하야
방면형상　　우운증라첩계　부모중배　　혹부난모음

與外奸通이며 又主妨父害母라 頭側額窄은 多是庶出이며
여외간통　　우주방부해모　두측액착　　다시서출

或因奸而得이라 又云左眉高右眉低하면 父在母先歸하고
혹인간이득　　우운좌미고우미저　　부재모선귀

左眉上右眉下하면 父亡母去嫁오 額削眉交하면 父母早抛라
좌미상우미하　　부망모거가　액삭미교　　부모조포

是爲隔角이니 反面無情이오 兩角入頂하면 父母雙榮하고
시위격각　　반면무정　　양각입정　　부모쌍영

更受祖廕하며 父母聞名하고 氣色靑하면 主父母憂疑오
경수조음　　부모문명　　기색청　　주부모우의

又有口舌傷刑하고 黑白하면
우유구설상형　흑백

主父母雙亡하고 紅黃하면 主雙親喜慶이니라
주부모쌍망　　홍황　　주쌍친희경

부모궁은 일 월각을 말한 것이니 모름지기 원만하게 둥글고 높아야 하는 것이 중요하다.

밝고 깨끗한즉 부모가 건강하게 오래 살며 낮거나 꺼지면 어려서 부모를 잃어버리고 어둡고 칙칙하면 부모에게 질병이 있다.

왼쪽은 아버지를 방해하는 것이요 오른쪽은 어머니를 방해하는 것이라. 혹 다른 어머니가 있다거나 혹 시집간 어머니를 따라와 살면서 아버지라 하고 조상을 떠나 가정을 이루게 된 것이다.

재난이 다르게 겹치고 겹쳐지니 다만 자랄 때 임시적으로 처소를 바꾸어 사는것이 마땅하며(다른집에 양자로 가는 것) 다치고 벌 받는 어려움을 면할 것이다.

그리고 또한 눈썹이 진하거나 겹쳐지면 부모에게 거듭 절하거나 혹 어머니가 음란하여 여러 사람과 밖에서 정을 통하여 아버지가 어지러운 것과 같으니 바로 아버지가 죽거나 하여 어머니를 방해하는 것이다.

머리 옆 부분의 이마가 좁은 사람은 칩의 자손이 많으며 혹 밖에서 정을 통하여 얻은 자식이다. 그리고 왼쪽 눈썹이 높고 오른쪽 눈썹이 낮으면 아버지보다 어머니가 먼저 돌아가시고 왼쪽 눈썹이 위를 향하고 오른 눈썹이 아래를 향하면 아버지가 돌아가시고 난 뒤 어머니는 시집을 간 것이다.

이마가 깎이고 눈썹이 서로 사귀면 부모를 일찍 버리게 된다. 이러한 것을 격각이라 하니 아버지나 어머니나 어느 한쪽은 무정한 것이다.

이마 양각이 정수리와 이어지면 부모 두 분이 함께 영화롭고 다시 말하면 조상이 감싸주고 도와주며 훌륭하여 부모의 이름을 묻는다.(좋은 가문의 자손임을 인정 받는다.)

　기색이 푸르면 주로 부모에게 우환이 의심되고 또 구설 시비의 마찰로 상처받고 검거나 하야면 주로 부모의 사망이며 붉은 홍색이거나 밝은 황색이면 부모의 기쁜 경사이니라.

▨ 五官總論 ▨
오관총론

五官者는 一曰 耳니 爲採聽官하고 二曰 眉니 爲保壽官하고
오관자　일왈 이　위채청관　이왈 미　위보수관

三曰 眼이니 爲監察官하고 四曰 鼻니 爲審辨官하고 五曰 口니
삼왈 안　위감찰관　사왈 비　위심변관　오왈 구

爲出納官이라 大總賦에 云一官이 成十年之貴顯하고
위출납관　대총부　운일관　성십년지귀현

一府　就十載之富豊이라 但 於五官之中에 倘得一官이면
일부　취십재지부풍　단 어오관지중　당득일관

可亨十年之貴也오 如得五官이 俱成이면 其貴老終이라
가향십년지귀야　여득오관　구성　기귀노종

耳須色鮮이니 高聳過於眉하고 輪郭이 完成하며 貼肉敦厚하고
이수색선　고용과어미　윤곽 완성　첩육돈후

命門寬大者는 謂 採聽官成이오 眉須要寬廣淸長하야
명문관대자　위 채청관성　미수요관광청장

雙分入鬢하고 或如懸犀하며 如新月之樣하고 首尾豊盈하야
쌍분입빈　혹여현서　여신월지양　수미풍영

高居額中이면 乃爲保壽官成이오 眼須要含藏不露하고 黑白이
고거액중　내위보수관성　안수요함장불로　흑백

分明하며 瞳子 端正하고 光彩射人하며 或細長極寸하면
분명　　동자　단정　　광채사인　　혹세장극촌

乃爲監察官成이오 鼻須要梁柱端正하고 印堂이 平濶하며
내위감찰관성　　비수요양주단정　　인당　평활

山根이 連印年壽 하야 高隆準하고 圓庫起하야 形如懸膽하고
산근　연인년수　　고융준　　원고기　　형여현담

齊如截箇하며 色鮮黃明하면 乃爲審辨官成이오 口須方大脣紅
제여절개　　색선황명　　내위심변관성　　구수방대순홍

하고 端厚角弓하야 開大合小하면 乃爲出納官成이라
단후각궁　　개대합소　　내위출납관성

오관이라는 것은 하나는 귀이니 채청관이라 이르고 둘은 눈썹이니 보수관이라 이르고 셋은 눈이니 감찰관이라 이르고 네 번째는 코이니 심변관이라 이르고 다섯 번째는 입이니 출납관이라 이른다.

대총부에서 말하기를 하나의 관은 십년동안 누릴 수 있는 귀(貴)를 나타내고 한 개의 부위는 열 가지의 풍부한 물량을 실어와 취하게 한다.

바로 오관 가운데 혹 한 개의 관이라도 잘 생기면 십년의 영화를 누릴 수 있을 것이요 다섯 개의 오관을 모두 갖추었으면 그 귀한 영화로움이 늙어서 마칠 때까지 이어질 것이다.

귀는 모름지기 그 색이 깨끗하여야 하며 높이 떠 눈썹을 지나야 하고 윤곽이 뚜렷하고 분명하여야 하며 겹쳐진 살비듬이 두텁고 명문이 넓고 큰 사람은 채청관의 모습이 제대로 갖추어진 것이다.

눈썹은 모름지기 너그러운 듯 넓고 길며 맑아야 하며 두 눈썹이 빈 발까지 이어지고 혹여 뚜렷하게 나타나 신월미의 모양과 같고 눈썹

머리와 끝부분이 풍영하고 높이 떠 이마의 중앙에 있으면 보수관으로서의 눈썹을 이루었다고 할 수 있다.

눈은 모름지기 감추어진 듯하여야 하고 빛은 머금고 있는 듯 드러나지 않아야 하고 흑백이 분명하여야 하며 눈동자가 단정하여야 하고 사람을 볼 때 빛이 있어야 하며 혹 한껏 가늘고 손가락 마디 하나 더 길면 감찰관으로서의 눈을 이루었다고 할 수 있다.

코는 모름지기 콧대가 단정하고 인당이 평평하고 넓으며 산근이 인당과 년상 수상을 이어서 높고 바르게 풍륭하며 난대 정위가 둥글게 일어나 현담비의 형상과 같거나 절통비와 같이 가지런하며 색이 깨끗하고 누렇게 밝으면 심변관으로서의 코를 이루었다고 할 수 있을 것이다. 입은 모름지기 모가 나며 크고 입술이 붉어야 하고 활 처럼 자로 각이 지고 두텁고 단정하여 열면 크고 다물면 작아야 출납관으로서의 입을 이루었다고 할 수 있을 것이다.

🁢 五嶽 🁢
오악

額爲衡山하고(南岳) 顙爲恒山하고(北岳) 鼻爲嵩山하고(中岳)
액위형산　　남악　해위항산　　북악　비위숭산　　중악

左顴이 爲華山하고(西岳) 右顴이 爲泰山이라(東岳)
좌관　위화산　　서악　우관　위태산　　동악

中嶽은 要得高隆이오 東嶽은 須聳而朝應이니 不隆不峻則無勢
중악　요득고융　　동악　수용이조응　　불융불준즉무세

하야 爲小人하고 亦無高壽니 中嶽薄而無勢則四嶽無主라
위소인　역무고수　중악박이무세즉사악무주

縱別有好處나 不至大貴하고 無威嚴重權하며 壽不甚遠이니
종별유호처　　불지대귀　　무위엄중권　　수불심원

中嶽이 不及且長者는 止中壽오 如尖薄하면 晚年見破하고
중악　불급차장자　지중독　여첨박　만년견파

到頭少稱意하며 南嶽이 傾倒則主見破하야 不宜長家하며
도두소칭의　남악　경도즉주견파　불의장가

北嶽이 尖陷하면 末主無成하며 終亦不貴하고 東西嶽이
북악　첨함　말주무성　종역불귀　동서악

傾側無勢則心惡毒無慈愛하나니 五嶽은 須要相朝니라
경측무세즉심악독무자애　오악　수요상조

　　이마는 남악 형산이 되고 턱은 북악 항산이 되고 코는 중악 숭산이 되고 왼쪽 관골은 서악 화산이 되고 오른쪽 관골은 동악 태산이 된다.

　　중악은 꼭 높고 풍륭함의 모양을 얻어야 하는 것이 중요한 것이요 동악은 뚜렷하게 솟아서 도움을 화답하듯 주고받아야 하니 높지 않고 크지 않은 즉 세력이 없어 사람 됨됨이가 작고 역시 오래 살지 못하며 중악이 약하고 힘이 없은즉 네 개의 산악에 주인이 없는 것이다.

　　좋은 듯 머물지만 벗어나 유별나면 대귀에 이르지 못하고 위엄과 권세가 없으며 수명도 진실로 오래하지 못하므로 중악(코)의 길이가 미치지 못하는 사람은 수명이 중간에서 그치게 되는 것이다.

　　얇고 깎인 듯하여 뾰족하면 늙어서 깨어짐을 보게 되고 필경 쇠약해지는 것을 의미하며 남악(이마)이 기울거나 넘어져도 깨뜨려지니 화목한 가정을 오래하지 못한다.

---

* 到頭 : 필경, 끝내

북악이 뾰족하거나 모자라면 말년에 이룸이 없으며 끝내는 역시
귀히되지 못하고 동 서악(양 관골)이 기울거나 양 쪽이 같지 않으면 마
음이 악독하여 사랑하는 마음이 없은즉 기회가 없으니 오악은 모름
지기 서로서로 도울 수 있는 형상이 제일 중요한 것이다.

四瀆
사독

耳爲江하고 目爲河하고 口爲淮하고 鼻爲濟니라
이 위 강　　　목 위 하　　　구 위 회　　　비 위 제

四瀆은 要深遠成就而涯岸不走則財穀이 有成하고 財物이
사 독　　요 심 원 성 취 이 애 안 불 주 즉 재 곡　　유 성　　　재 물

不耗하며 多蓄積이니라 耳爲江瀆이니 竅闊而深하야
불 모　　　다 축 적　　　　이 위 강 독　　　규 활 이 심

有重城之副緊而聰明하면 家業不破니라 目爲河瀆이니
유 중 성 지 부 긴 이 총 명　　　가 업 불 파　　　목 위 하 독

深而壽하고 小長則貴하며 光則聰明하고 淺則短命하고 昏濁
심 이 수　　　소 장 즉 귀　　　광 즉 총 명　　　천 즉 단 명　　　혼 탁

이면 多滯하며 圓則多夭하나니 不大不小라야貴니라
　　　다 체　　　원 즉 다 요　　　불 대 불 소　　　귀

口爲淮瀆이니 要方闊而脣吻이 相覆이니 上薄則不覆하고
구 위 회 독　　　요 방 활 이 순 문　　상 복　　　상 박 즉 불 복

下薄則不載하나니 則無壽無晚福이오 不覆則家業破니라
하 박 즉 부 재　　　즉 무 수 무 만 복　　　불 복 즉 가 업 파

鼻爲濟瀆이니 要豊隆光圓이라 不破不露則家必富니라
비 위 제 독　　　요 풍 륭 광 원　　　불 파 불 로 즉 가 필 부

귀는 강독이 되고 눈은 하독이 되고 입은 회독이 되고 코는 제독이 된다.

사독은 곡식과 재물이 달아나지 않는 물가에서 헤아릴 수 없이 많은 것을 취하고 이룰 수 있으니 재물이 줄지 않으며 갈수록 쌓이고 쌓여 많아지느니라.

귀는 강독이 되니 귓구멍이 넓고 깊어야 하며 중첩된 성곽이 단단하게 오그라들면 총명하여 대대로 이어온 집안이 깨어지지 아니한다.

눈은 하독이 되니 깊으면 오래 살고 길고 작은 듯하면 귀하며 밝은즉 무슨 일에도 잘 통하여 알고 얕은즉 수명이 짧고 어둡고 흐리면 많은 일들이 막히며 동그란 모양인 즉 많이 꺾이는 것이니 크지도 않고 작지도 않아야 귀한 눈이 되는 것이다.

입은 회독이라 하며 도량이 넓은 듯 모가 난 입술이 서로 겹쳐 잘 맞아야 하니. 윗 입술이 짧아 아랫 입술을 덮지 못하거나 아랫 입술이 얇아 윗 입술을 받들지 못하는 즉 수명도 길지 못하고 늙어서는 복이 없는 것이다. 집안이 깨어져 흩어지는 것은 바로 입술이 닫히지 않는 것이다.

고는 제독이라 하며 풍륭하게 둥글고 밝아야 한다. 그러므로 깨어지지 않고 드러나지 않은즉 반드시 집안이 부자이니라.

三主 三柱
삼주 삼주

額尖이면 初主災하고 鼻尖이면 中主逃니 欲知晚景事인대
액 첨   초 주 재   비 첨   중 주 도   욕 지 만 경 사

地閣喜方高니라 頭爲壽柱하고 鼻爲梁柱하고 足爲棟柱니라
지 각 희 방 고   두 위 수 주   비 위 양 주   족 위 동 주

이마가 뾰족하면 주로 초년에 재난이 있고 코가 뾰족하면 중년에 주로 패하여 달아나며 말년에 좋은 일을 구하고자 원한다면 지각이 모가 난 듯 훌륭하게 잘 생겨야 한다.

머리는 수명의 줄기가 되고 코는 들보(두기둥 사이를 가로지르며 이어주는 것. 마룻대와는 十자 모양을 이룸.)의 줄기가 되며 풍족한 턱은 마룻대(용마루 밑에 서까래가 걸리게 되는 도리)를 이어주는 줄기가 된다.

🔳 五星六曜 🔳
오성육요

火星은 須得方이니 方者는 有金章이오 (額) 紫氣는 須得圓이니
화성　수득방　　　방자　유금장　　액　자기　수득원

圓者는 有高官이오 (印堂) 土星은 須要厚니 厚者는 有長壽오
원자　유고관　　인당　토성　수요후　후자　유장수

(鼻) 木星은 須要朝니 五福並相饒오 (右耳) 金星은 須得白이니
비　목성　수요조　오보병상요　우이　금성　수득백

官位終須獲이오 (左耳) 羅睺는 須得長이니 長者는 食天倉하고
관위종수확　좌이　라후　수득장　장자　식천창

(左眉) 計都는 須得齊니 齊者는 有妻兒오 右眉 月孛는 須得直
좌미　계도　수득제　제자　유처아　우미　월패　수득직

이니 直者는 有衣食하고 (山根) 太陰은 須得黑이니
직자　유의식　산근　태음　수득흑

黑者는 有官職하고 (右眼) 太陽은 須得光이니 光者는 福祿强
흑자　유관직　우안　태양　수득광　광자　복록강

하고 (左眼) 水星은 須得紅이니 紅者는 必三公이니라(口)
좌안　수성　수득홍　홍자　필삼공　구

火星은 是額이니 如見額潤廣髮隆深者는 有祿位衣食及子息
화성　　시액　　　여견액활광발융심자　　유록위의식급자식

四五人이라 其人이 有藝學하고 父母尊貴하고 是生命宮이라
사오인　　기인　　유예학　　　부모존귀　　　시생명궁

得火星之力하야 人命有田宅하고 壽九十九오 如尖
득화성지력　　　인명유전택　　　수구십구　　여첨

陋有多紋理者는 是陷了火星이라 乃不貴無子息하고 一二人
루유다문리자　　시함료화성　　　내불귀무자식　　　일이인

이나 至老不得力하며
　　　지노부득력

衣食이 平常하고 又不得兄弟力하며 三方無主하야 損壽破財
의식　　평상　　　우불득형제력　　　삼방무주　　　손수파재

하며 紫氣星은 印堂下是니 印堂이 分明無直紋하고 圓如珠
　　　자기성　　　인당하시　　인당　　분명무직문　　　원여주

하면 主人必貴하고 白色如銀樣하면 主大富貴하고
　　　주인필귀　　　백색여은양　　　주대부귀

黃者는 有衣食하며 如窄不平하고 內有隱紋者는 不吉이라
황자　　유의식　　　여착불평　　　내유은문자　　　불길

子息 二三人이나 不得力하고 無厚祿損田宅니이라
자식　이삼인　　　부득력　　　무후록손전택

羅睺星은 眉 是니 二星이 粗黑過目入鬢際者는 此는 衣祿之相
라후성　미시　　이성　　조흑과목입빈제자　　　차　　의록지상

이라 子息父母皆貴하고 親眷亦貴하나니 此는 二星入命이오
　　　자식부모개귀　　　친권역귀　　　　차　　이성입명

如眉相連하고 黃赤色하며 更短이면 主骨肉子息이
여미상연　　　황적색　　　갱단　　　주골육자식

多犯惡死니라
다범악사

太陰太陽은 眼이 是니 要黑白이 分明하고 長細雙分入鬢하며
태음태양   안 시 요흑백   분명   장세쌍분입빈

黑睛多白睛少하고 光彩者는 其人이 當生得陰陽二星이 照命
흑정다백정소   광채자   기인   당생득음양이성   조명

이라 大貴오 星辰이 俱順하면 骨肉이 俱貴하고
     대귀   성진 구순   골육 구귀

如黑少白多하며 黃赤色이면 其人이 陷了二星이라 損父母害
여흑소백다   황적색   기인   함료이성   손부모해

妻子하고 破田宅하며 多災短命이니라.
처자   파전택   다재단명

月孛星은 山根이 是니 從印堂直下分破者는 其人이 當遭月孛이
월패성   산근 시 종인당직하분파자   기인   당조월패

照命이오 陷了山根이면 主子孫이 不吉하고 定多災厄하며
조명   함료산근   주자손 불길   정다재액

修讀無成하고 破産業剋妻害子媳하나니라
수독무성   파산업극처해자식

土星은 鼻 是니 須要準頭豊厚하고 兩孔不露하며 年上壽上이
토성 비 시 수요준두풍후   양공불로   년상수상

平滿하야 (直)生而不偏하면 其人이 當 陷了土星入命이오
평만   직생이불편   기인   당 함료토성입명

并滿三方하면 主福祿壽하고 如中嶽土星이 不正하고
병만삼방   주복록수   여중악토성   부정

準頭尖露하며 更準頭高하면 其人이 陷了中嶽土星이라
준두첨로   갱준두고   기인   함료중악토성

主貧賤少家業하고 心性이 不直이니라
주빈천소가업   심성 부직

金木은 耳 是니 須要輪郭이 分明하고 其位紅白色하며
금목 이 시 수요윤곽   분명   기위홍백색

不拘大小하고 如門濶하고 生得端正하야 不反不尖하고
불구대소　　　여문활　　　생득단정　　　불반불첨

大小一般이오 更是高過眉眼하며 白色如銀樣이면 大好라
대소일반　　　경시고과미안　　　백색여은양　　　대호

其人이 當生得金木二星이 照命이라 發祿定早오 若反側窄하고
기인　　당생득금목이성　　조명　　　발록정조　　약반측착

或大或小하면 爲陷了 二星이라 其人이 損田宅財帛하고
혹대혹소　　　위함료 이성　　　기인　　손전택재백

無學識이니라
무학식

水星은 口 是니 名爲內學堂이라 須脣紅濶四角하고 人中이
수성　　구 시　　명위내학당　　　수순홍활사각　　　인중

深하며 口齒端正하면 有文章하고 爲官食祿이오 若脣齒粗口
심　　　구치단정　　　유문장　　　위관식록　　　약순치조구

角垂하며 黃色이면 主貧賤이니라
각수　　　황색　　　주빈천

　화성(火星)은 모름지기 모가 나야 하니 모가 난 사람은 문장이 뛰어나며(이마) 둥글둥글한 이마에 맑고 깨끗한 상서로운 빛이 있는 사람은 높은 벼슬을 할 것이다. (인당)

　토성(土星)은 모름지기 두터워야 하는 것이 중요하며 두터운 사람은 오래 살 것이다. (코)

　목성(木星)은 모름지기 도울수 있어야 하는 것이 중요하며 계속 넉넉하게 하여 오복을 아우른다. (오른 귀)

　금성(金星)은 모름지기 깨끗하여야 하니 마침내 벼슬을 손에 잡을 것이다. (왼 귀)

라후(왼 눈썹)는 길어야 하며 긴 사람은 천창에 식록이 있고 계도(오른 눈썹)는 가지런하여야 하니 가지런한 사람은 처와 자식이 있다.

* 눈썹은 오른쪽이나 왼쪽 똑같이 천창을 향하여 길어야 하며 가지런하여야 한다.

월패는 곧게 생겨야 하니 곧은 사람은 옷과 음식이 있고 (산근) 태음은 모름지기 검어야 하고 검은 사람은 공직의 벼슬을 하고 (오른 눈) 태양은 밝아야 하니 밝은 사람은 복록이 성하고 (왼 눈)

* 오른쪽 눈과 왼쪽 눈은 함께 그 눈동자가 검어야 하며 밝게 빛나야 한다.

수성(水星)은 모름지기 붉어야 하니 붉은 사람은 반드시 삼공의 대열에 들어가게 된다.

화성(火星)은 이마로써 이마는 관대한 듯 넓게 보여야 하며 머리카락이 짙고 많은 사람은 자식이 4 ~ 5명이 되어도 옷과 음식을 넉넉하게하는 지위의 봉급이 있다.

그러한 사람은 학문을 사랑하고 부모가 높고 귀하므로 생명 궁이 되는 인당이 잘생기게 되는 것이다. 힘이 있는 화성(火星)이 이루어져야 사람이 살아가는데 집과 토지가 있고 수명도 구십 구세까지 이어질 것이다.

이마가 뾰족하고 좁으며 많은 주름이 있는 것은 꺼지고 생기다 만 듯한 잘 못생긴 화성(火星)이 되어 사람은 귀하지 못하고 자식도 없다.

한두 명이 있다 하여도 늙도록 힘을 얻지 못하고 의식은 조금 작은 듯 보통이고 더불어 형제간에도 힘이 없으니 도움을 얻지 못하며 이마와 양 관골의 주인이 없으면 수명을 덜고 재물이 흩어지며 자기성은 인당 아래에 있으니 인당이 분명하고 일직선의 주름이 없고 구슬처럼 둥근 것 같으면 그 본인은 반드시 귀한 사람이고 하얀색이 은색과 같으면 그 본인은 큰 부자로서 귀한 사람이며 밝은 황색의 사람은 옷과 음식을 넉넉하게 소유하며 고르지 못하고 좁은 사람에게 사이 사이 숨은 주름이 있으면 길하지 못하다.

자식 2~3인이 있어도 힘을 얻지 못하며 집이나 토지를 덜어먹게 되고 두터운 녹봉도 없을 것이다.

라후(왼 눈썹)성은 눈썹이 되니 검고 힘 있는 두 개의 눈썹이 빈발을 향하여 눈을 지나는 이러한 사람은 옷과 넉넉한 녹봉이 있는 상이다.

자식과 부모 가 모두 귀하고 가까운 친척까지 역시 귀하니 이러한 사람은 두 눈썹에 하늘의 뜻이 들어있는 것이다.

눈썹이 서로 이어져 있고 누리거나 붉은 색으로 또 짧으면 주로 뼈와 살을 나눈 자식이 매우 거칠고 법을 어기다 죽느니라.

태음(오른 눈) 태양(왼 눈)은 두 눈을 이르니 흑백이 분명해야 하고 두 눈이 빈발을 향하여 가늘고 길게 이어지며 검은 눈동자가 많고 흰 자위가 적은 눈이 빛나는 사람은 생명이 있는 삶을 주관하는 두 개의 눈이 나면서부터 갖추어져 평생을 비추고 있으므로 큰 귀(貴)를 누리게 되는 것이다.

별들의 무리(상법에서는 각 부위를 별성으로 보고있다)가 순리대로 갖추어지면 뼈와 살을 나눈 친지가 함께 귀함을 갖추고 검은 빛이 적고 하얀 빛이 많으며 누렇거나 적색의 빛을 가지면 생기다 만 듯한 꺼진 눈을 가진 사람과 같아서 부모를 비난하고 처자를 상하게 하고 집과 토지를 흩뜨리는 재난을 많이 당하게 되고 생명도 짧으니라.

월패성은 산근을 이르니 인당 바로 아래에 있으며 나누어 (흉터나 주름) 지거나 쪼개진것은 그 사람이 해당하는 나이를 만났을 때 흠이 있는 월패성이 주관하는 삶을 알리고 있는 것이다.

산근이 꺼진 듯 제대로 생기지 못하면 주로 자손이 좋지 못하고 많은 재난과 나쁜 액이 예정되어 있어 설명하고 다듬어도 이룸이 없으며 살기 위하여 하는 일도 깨뜨리게 되고 처를 극하고 자식을 해롭게 하느니라.

토성(土星)은 코를 이르니 모름지기 준두가 넉넉하게 두터운 것이 중요하고 두 개의 콧구멍이 드러나지 않아야 하며 년상과 수상이 고르고 이지러짐이 없어야 하며 한쪽으로 치우침이 없이 곧고 바르게 생긴 사람은 마땅히 잘생긴 토성(土星)의 삶을 살 것이다.

생기다 만듯하여 꺼지거나 부족한 토성(土星-코)은 부족한 삶이 될 것이고 아울러 세 곳(년상, 수상, 준두)의 모양이 잘 생기면 복록과 수명을 주재하고 여성의 코(중악토성)가 반듯하지 못하고 준두가 뾰족하게 드러나며 또 높게 솟은 그러한 사람은 꺼진 듯 잘 생기지 못한 중악 토성의 코와 같게 되어 주로 볼품없는 가문으로서 가난하고 천하여 심성도 정직하지 못하니라.

금성(金星)과 목성(木星)은 귀(耳)를 이르니 분명한 윤곽이 마땅하고 반듯하게 자리잡은 귀가 깨끗한 붉은 색이거나 하얀색이어야 하며 크고 작은 것에 망설이지 말고 넓게 트인 문(耳門)이 단정하여 뒤집어지지 않고 뾰족하지 않고 크든 작든 똑같아야 한다.

또 눈과 눈썹을 지나 높이 떠 있어야 하며 깨끗하고 하얀 빛깔이 은색 모양과 같으면 매우 잘 생긴 것이다.

그런 사람은 밝게 비추어주는 삶을 주관하는 두 가지의 금성(金星)과 목성(木星)을 태어날 때부터 갖추고 태어난 생명으로서 봉록이 일찍부터 주어진다.

만약 반대로 좁은 것이 한쪽으로 치우치고 혹 크든지 작든지 간에 결함이 있는 제대로 생기지 못한 두 귀를 가진 사람은 모든 재물이 쇠퇴하여 지식을 배울 수 없게 되는 것이다.

수성(水星)은 입을 이르니 내학당이라 부른다.

모름지기 입술은 붉고 너그러운 듯 넉 사자(四) 모양을 하고 인중이 깊으며 입과 치아가 얌전하고 바르면 글이 빛나고 벼슬을 하여 식록이 이른다.

만약 입술과 치아가 거칠고 입의 양 각이 아래로 드리워지며 누리한 색이면 천하여 가난함을 주재한다.

* 눈썹은 간단하게 두 개의 눈썹을 한 가지씩 설명해 놓았습니다. 즉 눈썹은 똑같이 길고 가지런하여야 하며 오른 눈썹 왼 눈썹을 다르게 생각하지 말아야 합니다.

* 오른 눈은 검어야 하고 왼 눈은 밝아야 한다고하여 따로 따로 생각하지 말기 바랍니다. 눈은 한 개의 관점에서 검고 밝은 눈이어야 합니다.

▦ 五星六曜決斷 ▦
오성육요결단

耳 左金(이 좌금) 耳 右木(이 우목)

金木城雙郭有輪하고　風門容指主聰明이라　端聳直朝羅計上
금 목 성 쌍 곽 유 륜　　풍 문 용 지 주 총 명　　단 용 직 조 라 계 상

이면 富貴榮華日日新이라
　　　부 귀 영 화 일 일 신

金木開花一世貧이니　輪翻郭反有艱辛이라　於中若有爲官者나
금 목 개 화 일 세 빈　　윤 번 곽 반 유 간 신　　어 중 약 유 위 관 자

終是區區不出塵이라
종 시 구 구 불 출 진

口 水星(구 수성)

口含四字似朱紅하고　兩角生稜向上宮이면　定是文章聰俊士라
구 함 사 자 사 주 홍　　양 각 생 릉 향 상 궁　　정 시 문 장 총 준 사

少年及第作三公이오
소 년 급 제 작 삼 공

水星略綽兩頭垂하고　尖薄無稜是乞兒라　若是偏斜居左右하면
수 성 약 작 양 두 수　　첨 박 무 릉 시 걸 아　　약 시 편 사 거 좌 우

是非奸詐愛偏宜라
시 비 간 사 애 편 의

額 火星(액 화성)

火星宮分潤方平하고　潤澤無紋氣色新이라　骨聳三條川字樣
화 성 궁 분 활 방 평　　윤 택 무 문 기 색 신　　골 용 삼 조 천 자 양

이면 少年及第作公卿이오
　　　소 년 급 제 작 공 경

火星尖狹是常流니　　紋亂縱橫主配囚라　　赤脈兩條侵日月이면
화 성 첨 협 시 상 류　　문 란 종 횡 주 배 수　　적 맥 양 조 침 일 월

刃兵赴法死他州라
인 병 부 법 사 타 주

鼻 土星(비 토성)

土宿端圓似截筒하고　　竈門孔大卽三公이라　　蘭台廷尉來相應
토 숙 단 원 사 절 통　　조 문 공 대 즉 삼 공　　난 대 정 위 래 상 응

하면 必主聲名達聖聰이라
　　　필 주 성 명 달 성 총

土宿歪斜受苦辛이오　　準頭尖薄主孤貧이라　　傍觀勾曲如應嘴면
토 숙 왜 사 수 고 신　　준 두 첨 박 주 고 빈　　방 관 구 곡 여 응 취

心裏奸謀必害人이라
심 리 간 모 필 해 인

紫氣宮中闊又圓고　　拱朝帝主是英賢이라　　蘭台廷尉來相應하면
자 기 궁 중 활 우 원　　공 조 제 주 시 영 현　　난 대 정 위 내 상 응

末主官榮盛有錢이라
말 주 관 영 성 유 전

紫氣宮中窄又尖하고　　少短無腮再少髥이면　　自小爲人無實學하고
자 기 궁 중 착 우 첨　　소 단 무 시 재 소 염　　자 소 위 인 무 실 학

衣食蕭條　沒添이라
의 식 소 조　몰 첨

月孛宜高不宜低니　　瑩然光彩似琉璃면　　爲官必定忠臣相이오
월 패 의 고 불 의 저　　형 연 광 채 사 유 리　　위 관 필 정 충 신 상

末主高官有好妻라
말 주 고 관 유 호 처

月孛宮中狹又尖이면　家財早破事相煎이니　爲官豈得榮高祿이
월 패 궁 중 협 우 첨　　　가 재 조 파 사 상 전　　　위 관 기 득 영 고 록

리오　孛　當生困歲年이라
　　　패　　당 생 곤 세 년

羅計星君秀且長하고　分明貼肉應三陽이면　不惟此貌居官職
나 계 성 군 수 차 장　　　분 명 첩 육 응 삼 양　　　불 유 차 모 거 관 직

이라　恩義彰名播遠方이라
　　　은 의 창 명 파 원 방

羅計稀疎骨聳高하면　爲人性急愛凶豪라　奸邪狀似垂楊柳니
나 계 희 소 골 용 고　　　위 인 성 급 애 흉 호　　　간 사 상 사 수 양 류

兄弟同胞有旋毛라
형 제 동 포 유 선 모

日月分明似太陽하고　精神光彩一般强하면　爲官不拜當朝相
일 월 분 명 사 태 양　　　정 신 광 채 일 반 강　　　위 관 불 배 당 조 상

이라도　也合高遷作侍郞이라
　　　　야 합 고 천 작 시 랑

日月斜窺赤貫瞳하고　更兼孤露又無神하면　陰陽枯暗因刀死니
일 월 사 규 적 관 동　　　갱 겸 고 로 우 무 신　　　음 양 고 암 인 도 사

莫待長年主惡終하라
막 대 장 년 주 악 종

　귀를 오성으로 나누면 왼 귀는 금성(金星)이 되고 오른 귀는 목성(木星)이 된다.

　금성(金星)과 목성(木星)은 바퀴와 곽이 함께 있어야하고 풍감(관상학의 또다른 학명)의 원리로 들어가면 얼굴에서 귀는 주로 총명함을 가리킨다.

　단정하고 곧게 눈썹보다 높이 솟으면 처음부터 도움을 받게되어

부귀영화가 나날이 새로워질 것이다.

금성 목성(金星 木星) 두 귀가 활짝핀 꽃과 같으면 일생 가난하고 바퀴가 날아갈듯이 뒤집어지고 곽이 튀어나오면 가난하여 매운 고생을 하게 된다. 이렇게 생긴 사람 가운데에서 만약 벼슬하는 사람이 있다면 변변하지 못하여 끝내 성취하지 못한다.

입 (수성)

입은 다물면 넉 사자(四)와 같고 입술이 주홍빛으로 능선을 이루고 입술의 양 끝은 위로 향하여 각을 이루면 총명하여 문장이 뛰어난 선비가 된다.

삼공(三公)이 되기 위하여 소년 때부터 순서대로 밟아 오를 것이요 입술(수성)이 넉넉하면 너그럽게 다스릴 수 있는 지혜가 있고 얇거나 뾰족하고 능선이 없으면 어려서 구걸하러 다녔다함이 옳을것이다.

만약 오른쪽이나 왼쪽 어느 한쪽으로 기울어졌다면 옳고 그름도 간교하게 남을 속이고 사랑도 조건과 편의에 따라 좋을 대로 움직인다.

이마 (화성)

이마는 모가 난듯 평평하게 고르고 트인 듯 넓어야하고 주름과 색다른 기색이 없어야 한다.

이마의 뼈가 죽은데 없이 살아있고 삼(三)자 또는 내 천(川)자와 같은 모양을 이루었으면 공경이 되기 위해 소년 때 과거에 합격할 것이다.

이마가 좁아서 뾰족하면 언제나 한 곳에 있지 못하여 옮겨 다니니 주름이 가로 세로 어지러이 져있으면 주로 법을 어기는 사람들과 가까이 하며 붉은 실핏줄이 두 눈을 침범하면 법의 부름을 받고 병사로 나아가 다른 곳에서 사망할 것이다.

코 (토성)

토성(코)이라는 별은 대나무를 쪼갠 듯 둥글둥글 단정하고 콧구멍이 두터운 즉 삼공(높은 벼슬)을 한다.

난대 정위(콧구멍)로 내려와 서로 맞게 어울리면 반드시 이름을 세상에 날려 임금도 알게 된다.

코가 비뚤면 매운 고생을 할 것이요 콧망울이 얇고 뾰족하면 외롭고 가난할 것이며 옆에서 볼 때 갈고리처럼 매의 부리와 같으면 마음속은 술수를 부려 해치려고 하는 사람일 것이며 건강한 붉은 빛으로 보기 좋게 윤택하고 또 둥글둥글하면 임금을 받들어 도우는 영특하고 현명한 사람일 것이며

난대 정위로 내려온 코가 서로 맞게 어울리면 마침내 관직으로 나아가고 넉넉하게 일어나 재물이 가득찰 것이다.

건강하고 보기 좋은 붉은색이 감돌아도 코가 뾰족하고 좁은 가운데 짧고 부족하여 없는 듯한 턱에 수염이 듬성 듬성 없는 듯이 나있으면 배움이 익지 못하여 진실로 됨됨이가 작은 사람으로서 살아가는 행색은 초목이 말라 시들어가듯 빠르게 사라져 갈 것이다.

월패(산근)성이 낮으면 마땅하지 못하고 당연히 높아야 할 것이며

맑은 유리와 같이 저절로 빛이 나면 반드시 충성스런 신하로 벼슬을
하게 되며 늘그막에는 좋은 처를 둔 고관(높은 벼슬)이 될 것이다.

월패(산근)성 가운데가 좁아서 뾰족하면 마음을 졸이는 상으로서 일
을 그르쳐 가문의 재물을 일찍부터 깨뜨리게 되니 어찌 벼슬을 하여
봉록을 받으며 번창하게 일어날 수 있으리오. 월패가 주관하는 나이
의 삶은 고단하여 지치는 세월이 될 것이다.

눈썹이 빼어나게 잘 생기고 길어서 얼굴의 우두머리가 되고 눈썹
털 사이로 살비듬이 알맞게 드러나 삼양을 이루면 생각할 것 없이 이
러한 사람은 관직에 있으니 은혜와 의리가 멀리 있는 곳 까지 그 이
름이 빛날 것이다.

눈썹이 성기어 드물고 뼈가 높이 솟으면 사람의 됨됨이가 급하게
변하고 용감함이 지나쳐 크게 흉한 사람이다.

옳지 못함을 범하는 형상들은 수양버들 늘어져 일렁이는 것과 같
으니 같은 민족 형제에도 곱슬머리가 있는 이치와 같을 것이다. (옳고
바른 사람이 많은 가운데 옳지 못한 사람이 꼭 섞여있음을 말함)

흑백이 분명하여 태양과 같고 흰자위와 검은 동자가 태양과 같이
빛이 곱고 강하면 아침에 만나도 절을 하지 않는 벼슬을 하더라도 잇
달아 높이 올라 시랑에 이를 것이다.

두 눈의 모양이 비뚤고 붉은 실핏줄이 눈동자를 꿰뚫으며 다시 겸
하여 눈이 드러나고 또 빛이 없으면 음양이 마르고 어두운 연고로 칼
에 죽게 되니 노년이 되도록 살지 못하고 주로 끝이 좋지 못하다.

* 시랑 : 중국의 관직 이름. 고려 때 육부 육조에 버금가는 벼슬.

▣ 六府三才三停 ▣
육부삼재삼정

六府者는 兩輔骨 兩顴骨 兩頤骨이니 欲其充實相輔오 不欲支
육부자　양보골 양관골 양이골　　욕기충실상보　불욕지

離低露나 靈臺秘訣에
이저로　영대비결

云上二府는 自輔角至天倉이오 中二府는 自命門至虎耳오
운상이부　자보각지천창　　중이부는　자명문지호이

下二府는 自頤骨至地閣이니
하이부　자이골지지각

六府 充直하고 無缺陷瘢痕者는 主財旺이라 天倉峻起하면
육부 충직　　무결함반흔자　　주재왕이라　천창준기

多財祿하고 地閣이 方正
다재록　　지각　방정

하고 萬頃田缺者不合이라 三才者는 額爲天이라 欲潤而圓이니
　　　만경전결자불합　　삼재자　액위천　　욕활이원

名曰 有天者는 貴하고
명왈 유천자　귀

鼻爲人이라 欲正而齊니 名曰有人者는 壽하고 頦爲地라
비위인　　욕정이제　명왈유인자　수　　해위지

欲方而潤이니 名曰有地者는
욕방이활　　명왈유지자

富라 三停者는 髮際至印堂이 爲上停이오 (主初) 自山根至準
부　삼정자　발제지인당　위상정이오　주초　자산근지준

頭 爲中停이오 (主中)
두 위중정　　주중

自人中至地閣이 爲下停이라 (主末) 又自髮際至眉 爲上停이오
자 인 중 지 지 각　위 하 정　　　　주 말 우 자 발 제 지 미　위 상 정

眉至準頭 爲中停이오
미 지 준 두　위 중 정

主中 自人中至地閣이 爲下停이라 (主末)
주 중　자 인 중 지 지 각　위 하 정　　　주 말

準頭至地閣이 爲下停이니 訣에 曰 上停長하면 少吉昌하고
준 두 지 지 각　위 하 정　　결　왈　상 정 장　　　소 길 창

中停長하면 群王하고 下停長하면 老吉祥이니 三停이 平等하면
중 정 장　　　군 왕　　　하 정 장　　　노 길 상　　　삼 정　평 등

富貴榮顯하고 三停이 不均하면 孤夭貧賤이니라
부 귀 영 현　　　삼 정　　불 균　　　고 요 빈 천

詩曰 面上三停仔細看하라 額高須得耳門寬이니 學堂三部奚
시 왈　면 상 삼 정 자 세 간　　　액 고 수 득 이 문 관　　　학 당 삼 부 해

堪定고 空有文章恐不官이라
감 정　　공 유 문 장 공 불 관

　육부라는 것은 양쪽 보골과 양쪽 관골과 양쪽 턱이니 그 부위가 알차고 가득하여 서로 도울 수 있도록 생겨야 할 것이요 낮거나 드러나서 자연스런 얼굴의 흐름을 벗어나면 안 된다.

　영대비결(정신과 육체에 대하여 적어 놓은 책)에 말하기를 위의 부위에 속하는 양쪽 두 부위는(上 二府) 보각을 중심으로 천창까지 이르며 중간 두 부위는(中 二府) 명문을 중심으로 호이까지 이르며 아래 두 부위는(下 二府) 시골을 중심으로 지각까지 이르니 육부는 반듯하고 가득하며 흉터나 꺼지거나 이지러지지 않은 사람은 주로 재물이 왕성하다.

천창이 높게 일어나면 녹봉과 재물이 많고 지각이 모가 난듯 단정하면 만 이랑의 밭을 가지는데 빠지지 않는 사람이다.

삼재(三才)라는 것은 이마는 하늘이라 트인 듯 넓고 둥글어야 하니 이름 하여 하늘이라 부르니 귀를 주장하고 코는 사람이라 반듯하고 가지런하게 생겨야 하니 이름 하여 인(人)이라 부르는 것은 수명을 주장하고 턱은 땅이라 모가 난 듯 넉넉하고 넓게 생겨야 하니 이름 하여 땅이라 하는것은 많은 재물의 넉넉함을 주장하기 때문이다.

삼정이라는 것은 발제에서 인당까지 상정이라 하고 (초년을 주재한다.)

산근에서 준두까지 중정이라 하고 (중년을 주재한다.)

인중에서 지각까지 하정이라 한다. (말년을 주재한다.)

또 발제에서 눈썹까지 상정이라 하고 눈썹에서 준두까지를 중정이라 하고 준두에서 지각까지 하정이라 하니 말하기를 상정이 길면 초년이 창성하여 좋고 중정이 길면 군왕의 권위가 가까이있고 하정이 길면 노년에 복이 많아 좋으니 삼정이 고르고 같으면 재물이 넉넉하고 귀함이 드러나 꽃을 피우고 삼정이 고르지 못하면 가난하고 천하며 외로워 일찍 꺾이니라.

시로 가로대 얼굴의 삼정을 자세히 살펴라. 높은 이마는 모름지기 귀의 문이 넓어야 할 것이니 학당 삼부를 어찌 견디어 다스릴 수 있을지 문장은 있되 모자라서 벼슬을 못할까 두려워지노라.

四學堂
사학당

一日 眼爲官學堂이니 眼要長而淸이라 主官職之位하고 二曰
일왈 안위관학당　　안요장이청　　주관직지위　　이왈

額爲祿學堂이니 額濶而
액위록학당　　액활이

長하면 主官壽하고 三曰 當門兩齒爲內學堂이니 要周正而密
장　　주관수　　삼왈 당문양치위내학당　　요주정이밀

이라 主忠信孝敬하고 疎
주충신효경　　소

缺而小하면 主多狂妄하고 四曰 耳門之前이 爲外學堂이니
결이소　　주다광망　　사왈 이문지전　　위외학당

要耳前이 豊滿光潤이오 若
요이전　　풍만광윤　　약

昏沉하면 愚魯之人也니라
혼침　　우노지인야

　　하나를 말해보면 눈은 관학당이 되니 눈은 길고 맑아야 하는 것이 중요하며 주로 신분의 등급을 이른다.

　　둘을 말해보면 이마는 녹학당이 되니 이마는 넓고 길어야 하며 관직과 수명을 주관한다.

　　셋을 말해보면 입은 내학당이 되니 윗니와 아랫니를 지키는 문으로서 치아가 두루 반듯하고 빽빽하여야 한다.

　　진심을 다하고 거짓이 없이 어버이를 섬기고 윗사람을 공경하는 마음을 한결 같이 주재하며 성기고 결함이 있고 자잘하면 주로 망령

되어서 이치에 맞지 않는 것을 주장한다.

넷을 말해보면 귀는 외학당이 되니 귀의 어귀에서 앞까지 이르고 귀의 앞 부분은 마르지 않은 깨끗한 모습으로 빈약하지 않고 밝아야 한다.

만약 어두운 기운이 깔려 있으면 어리석은 사람이니라.

八學堂

팔학당

第一은 高明部學堂이니 頭圓或有巽骨昻이오 第二는 高廣部
제일　　고명부학당　　　두원혹유손골앙　　　제이　　고광부

學堂이니 額角明潤骨起
학당　　　액각명윤골기

方이오 第三은 光大部學堂이니 印堂平明無痕傷이오 第四는
방　　제삼　　광대부학당　　　인당평명무흔상　　　제사

明秀部學堂이니 眼光黑多人隱藏이오
명수부학당　　　안광흑다인은장

第五는 聰明部學堂이니 耳有輪郭紅白黃이오 第六은 忠信部
제오　　총명부학당　　　이유윤곽홍백황　　　제육　　충신부

學堂이니 齒齊周密白如霜이오
학당　　　치제주밀백여상

第七은 廣德部學堂이니 舌長至準紅紋長이오 第八은 斑笋部
제칠　　광덕부학당　　　설장지준홍문장　　　제팔　　반순부

學堂이니 橫紋中節彎合雙이라
학당　　　횡문중절만합쌍

제 一은 고명부 학당이니 머리가 원만하게 둥글고 보통과 달리 뛰어난 골격이 덕스럽게 솟아오르고

제 二는 고광부 학당이니 이마의 양쪽 모가 난 부분이 밝고 마르지 않은 골격이 일어나야 할것이요.

제 三은 광대부 학당이니 인당이 고르고 밝으며 흉터나 상처가 없어야 할것이며

제 四는 명수부 학당이니 눈이 밝고 흑정이 많고 빛이 감추어진 것이요.

제 五는 총명부 학당이니 귀의 윤곽이 뚜렷하고 붉거나 하얗거나 누렇더라도 깨끗하여야 한다.

제 六은 충신부 학당이니 치아가 가지런하고 빈틈없이 빽빽하여 서리처럼 맑고 깨끗하게 짜여있어야 한다.

제 七은 광덕부 학당이니 혀가 길어 준두에 이르고 건강미있는 붉은 색이어야 하며 주름이 있어야 한다.

제 八은 반순부 학낭이니 가로무늬로 이루어진 가운데 완만하게 마디가 지고 두 개의 눈썹이 똑같아야 한다.

人面總論
인면총론

天庭欲起司空平이오 中正廣潤印堂淸이라 山根不斷年壽潤이오
천정욕기사공평　　　중정광활인당청　　　산근부단년수활

準頭齊圓人中正이라
준두제원인중정

口如四字承漿潤이오 地閣朝歸倉庫應이라 山林圓滿驛馬豊이오
구 여 사 자 승 장 활　　지 각 조 귀 창 고 응　　산 림 원 만 역 마 풍

日月高兮邊地靜이라
일 월 고 혜 변 지 정

陰陽肉多魚尾長이오 正面顴骨有神光이라 蘭臺平滿法令正이오
음 양 육 다 어 미 장　　정 면 관 골 유 신 광　　난 대 평 만 법 령 정

金匱海角生徽黃이라
금 궤 해 각 생 휘 황

三陰三陽不枯焦하면 龍藏虎伏仍相當이오 五嶽四瀆無剋破하면
삼 음 삼 양 불 고 초　　용 장 호 복 잉 상 당　　오 악 사 독 무 극 파

便是人間可相郎이라
편 시 인 간 가 상 랑

　천정은 일어나야 하고 사공은 고르게 평평하여야 하고 중정은 도량이 넓은 듯 틔어야 하며 인당은 맑아야 한다. 산근은 끊어지지 않아야 하고 년상과 수상은 넓어야하고 준두는 둥근 듯 가지런하여야 하며 중정은 반듯하여야 한다. 입은 넉 사자처럼 생겨야 하고 승장은 넓어야 하며 지각은 천창과 지고를 돌아보며 도움에 응할 수 있어야 한다.

　산림은 꽉 차서 둥근 듯해야 하고 역마는 넉넉하게 풍요로워야 하며 일각과 월각은 구슬 같은 모양이 감춰져 있는 것처럼 뚜렷하여야야 하고 변지는 반듯하게 맑고 온화하여야 한다. 태음, 태양의 눈은 (오른 눈, 왼 눈) 위 눈두덩이와 아래 누당의 살비듬이 넉넉하여야 하고 어미는 길어야 하며 바로 보았을 때 관골은 현묘하면서도 헤아릴수 없는 빛이 감돌아야 한다. 난대 정위는 두터운 듯 팽팽하게 이루어져

있어야 하며 금궤 갑궤는 아름다운 황색으로 입의 양 끝과 함께 살아 있어야 한다.

삼음삼양은 불에 타서 마른 듯 하지 않아야 하며 용이 숨겨져 있는 듯 호랑이가 업드려 있는 듯한 형상을 품고 있는 모습이 적합하다.

오악과 사독이 서로 꺾는 깨뜨림이 없다면 인간의 규격에 서로 잘 맞는 좋은 모양으로 구분함이 옳을 것이다.

* 상랑(相郞) : 서로 맞음 적합함.

五行形
오행형

木瘦金方水土肥오　土形敦厚背如龜라　上尖下濶名爲火이니
목 수 금 방 수 토 비　토 형 돈 후 배 여 귀　상 첨 하 활 명 위 화

五樣人形仔細推하라
오 양 인 형 자 세 추

목(木)형은 여윈듯 수척하여야 하고 금(金)형은 모가 난 듯하여야 하며 수(水)형과 토(土)형은 살이 쪄야한다. 토(土)형은 두텁고 등이 거북이 등과 같아야 하며 위가 뾰족하고 아래가 넓으면 화(火)형이라 이르니 사람을 오행(五行)의 모양으로 자세히 헤아려야 한다.

五行色
오행색

木色靑兮火色紅이오　土黃水黑是眞容이라　只有金形原帶白
목색청혜화색홍　　　토황수흑시진용　　　지유금형원대백

이니　五般顔色不相同이라
　　　오반안색불상동

　　木의 색은 푸른색이오 火의 색은 붉은색이오 土의 색은 누런 황색이오 水의 색은 검은색이 자연그대로 본래의 색인 것이다. 다만 금형은 백색을 띠어야 원래의 색을 소유한 것이니 일반적으로 다섯 종류의 얼굴색은 서로 같지 않다.

　　* 보통 金이라 하면 누런 황금색을 떠올리는 경우가 많습니다.

五形象說
오형상설

夫人은　受精於水하고　稟氣於火而爲人이라　精合而後에　神生
부인　　수정어수　　　품기어화이위인　　　정합이후　　신생

하고　神生以後에　形全하
　　　신생이후　　　형전

나니　是知全於外者는　有金木水火土之相하고　有飛禽走獸之
　　　시지전어외자　　유금목수화토지상　　　유비금주수지

相이라　金不嫌方하고　木不嫌瘦하고　水不嫌肥하고
상　　　금불혐방　　　목불혐수　　　수불혐비

火不嫌尖하고 土不嫌濁하나니 似金得金이라야 剛毅深이오
화 불 혐 첨　　노 불 혐 탁　　　사 금 득 금　　　강 의 심

似木得木이라야 貲財足이오 似水得水라야 文學貴오 似火得
사 목 득 목　　　자 재 족　　사 수 득 수　　　문 학 귀　　사 화 득

火라야 見機果오 似土得土라야 厚櫃庫라 故로 豊厚嚴謹者는
화　　견 기 과　　사 토 득 토　　　후 궤 고　　고　　풍 후 엄 근 자

不富則貴하고 淺薄輕燥者는 不貧則夭하나니 如子女之氣는
부 부 즉 귀　　　천 박 경 조 자　　불 빈 즉 요　　　여 자 여 지 기

欲其和媚오 形貌는 欲其嚴整이니 若此者는 不富則貴라
욕 기 화 미　　형 모　　욕 기 엄 정　　　약 차 자　　부 부 즉 귀

金形은 淸小而堅하고 方而正이니
금 형　　청 소 이 견　　　방 이 정

形短謂之不足이오 肉堅謂之有餘니라
형 단 위 지 부 족　　　육 견 위 지 유 여

詩曰 部位要中正이니 三停又帶方이라 金形人入格이면
시 왈　부 위 요 중 정　　　삼 정 우 대 방　　금 형 인 입 격

自是有名揚이라
자 시 유 명 양

木形은 昂藏而瘦하고 挺而直長하며 露節頭隆이額聳이니
목 형　　앙 장 이 수　　　정 이 직 장　　　노 절 두 융　　액 용

或骨重而肥하고 腰背匾薄하면 非木之善이라
혹 골 중 이 비　　　요 배 편 박　　　비 목 지 선

詩曰 稜稜形瘦骨이오 凜凜更脩長이라 秀氣生眉眼이면 須知
시 왈　능 능 형 수 골　　　름 름 갱 수 장　　　수 기 생 미 안　　　수 지

晩景光이라 水形은 起而浮하고 濶而厚하며 形俯而趨下는
만 경 광　　　수 형　　기 이 부　　　활 이 후　　　형 부 이 추 하

其形이 眞也라 詩曰 眉粗並眼大하고 城郭要團圓이라
기 형　　진 야　　시 왈　미 조 병 안 대　　　성 곽 요 단 원

此相名眞水니 平生福自然이라
차 상 명 진 수　　평 생 복 자 연

火形은 上尖下濶하고 上銳下豊하며 其性이 燥急하고 騰上色
화 형　　상 첨 하 활　　상 예 하 풍　　기 성　　조 급　　등 상 색

赤이 火之形也라 詩曰 欲識火形貌인대 下濶上頭尖이라
적　　화 지 형 야　　시 왈 욕 식 화 형 모　　하 활 상 두 첨

擧止全無定하고 頤邊更少髥이라
거 지 전 무 정　　이 변 경 소 염

土形은 肥大敦厚而重實하고 背隆而腰厚하야 其形如龜라
토 형　　비 대 돈 후 이 중 실　　배 융 이 요 후　　기 형 여 귀

詩曰 端厚仍深重하고 安詳若大山이라 心謀難測度하고 信義
시 왈 단 후 잉 심 중　　안 상 약 대 산　　심 모 난 측 도　　신 의

重人間이라
중 인 간

　　사람은 水에서 정(精)을 받아 따뜻한 체온에서 기운을 품부 받아 사
람이 되는 것이다.

　* 남녀의 교합을 말한다. 즉 여성이 받아들인 정자는 남성의 수기(水氣)에서 비롯되
　　며 그 정자는 여성의 따뜻한 체온에서 보존 되어온 난자와 결합되는 순간 가문의
　　유전 인자를 내려 받아 비로소 사람의 형상을 이루어 나가게 되는 것입니다.

　정자와 난자가 합한 이후에 정신이 생겨나고 정신이 생겨난 이후
에 온전한 모양이 이루어지나니 온전하게 갖추어 바깥세상에 나온
모습을 보고 비로소 알 수 있게 되는 것으로 金 木 水 火 土(오행형을
말한다.) 의 모양과 나는 새나 달리는 짐승의 모양인 것이다.(物形을 말
한다.)

金형은 모가 난 것을 싫어하지 않고 木형은 수척하게 여윈 것을 싫어하지 않으며 水형은 살찐 것을 싫어하지 않고 火형은 뾰족한 것을 싫어하지 않으며 土형은 탁한것을 싫어하지 않는다.

金형이라면 金의 기운을 얻어야 굳세고 강할 것이다.

木형이라면 木의 기운을 얻어야 재물이 풍족할 것이요 水형이라면 水의 기운을 얻어야 학문이 뛰어나 존경받을 것이요 火형이라면 火의 기운을 얻어야 기회를 얻어 결실을 맺을 것이요 土형이라면 土의 기운을 얻어야 커다란 함과 같은 금고에 재물이 가득찰 것이다.

그런고로 넉넉하고 풍요로우며 삼가고 엄숙한 사람은 부자가 아닐 진대 귀인이며 얕고 얇아서 안절부절 침착하지 못한 사람은 가난하지 않은 즉 일찍 꺾이느니라. 자녀의 기운도 마찬가지로 순종하고 따르면 사랑받아 화평하고 더불어 엄숙하고 가지런하게 정돈된 모습일 것이니 만약 이러한 사람은 부자가 아닌 즉 귀인인 것이다.

金형은 작은 듯한 체구가 맑고 단단하고 모가 난듯 반듯하여할 것이요 모양이 짧다년 부족한 것이요 살비늠은 단단하고 넉넉하게 여유가 있어야 한다. 시로 가로대 부위에서 가장 중요한 것은 가운데가 반듯하여야 하니 삼정을 갖추고 모가 나면 金형의 체격을 갖추었으니 스스로 그 이름을 드날릴 것이다.

* 사람의 몸을 삼정으로 나누면 상정(머리-목), 중정(어깨-배꼽), 하정(엉덩이-발)
  이 된다. 金형은 삼정 가운데 중정(어깨-배꼽)이 한 쪽으로 치우침 없이 반듯하
  여야 한다.

木형은 파리한 모습이 높은 기상을 감추고 있는듯하고 곧고 길게 빼어나야 하며 머리가 솟아 머리길이 하나는 높아야 하나 혹 뼈가 무

겹고 살이 찌고 허리와 등이 납작하게 얇으면 잘생긴 나무가 되지 못한다. 시로 가로대 마른 모양에 뼈골이 유달리 곧고 세력 있게 보이며 의젓하고 꿋꿋하게 키가 크고 깨끗하다. 빼어난 기상이 눈과 눈썹에서 나오면 모름지기 늘그막에야 빛난다는 것을 알아야 할 것이다.

水형은 가볍게 일어나고 두터운 도량이 넓으며 위는 구부러진 것 같고 아랫도리는 짧은 모양을 한 사람이 정말 水형이다. 시로 가로대 눈썹이 거칠며 아울러 눈이 크고 전체적인 얼굴의 모양이 성곽처럼 둥근듯 단단하다. 이러한 상이 참된 水형이라 하니 평생 동안 복록이 저절로 끊이지 않을 것이다.

火형은 위는 뾰족하고 아래는 넓으며 위는 날카롭고 아래는 풍륭하며 그 성품이 참을성 없이 매우 급하게 일렁이고 붉은 색이 위를 향하여 타 오르는 듯하여야 참된 火형이다. 시로 가로대 火형의 모습을 알고자 할진대 머리 위는 좁으며 아래는 넓은 것이다. 모든 행동에 규정이 없고 턱과 변지에 털이 적게 나있다.

土형은 크고 살찌며 두텁고 가득차 무겁고 등이 솟고 허리가 두터운 그 모양이 마치 거북이와 같다. 시로 가로대 엄숙함이 깊고 두터우며 성정이 자상하고 매우 단정하여 침착하게 앉아있는 그 모습은 큰 산에 견줄만하다.

책략을 쓰는 그 마음은 헤아리기 매우 어렵고 믿음과 의리가 두터운 사람이다.

<h1 style="text-align:center">◧ 論形 ◧</h1>
논형

人稟陰陽之氣하야 肖天地之形하고 受五行之資하야 爲萬物
인 품 음 양 지 기　　　초 천 지 지 형　　　수 오 행 지 자　　　위 만 물

之靈者也라 故로 頭象天하고 足象地하며 眼象日月하고
지 영 자 야　　고　　두 상 천　　　족 상 지　　　안 상 일 월

聲音은 象雷霆하며 血脈은 象江河하고 骨節은 象金石하며
성 음　　상 뢰 정　　　혈 맥　　상 강 하　　　골 절　　상 금 석

鼻額은 象山嶽하고 毫髮은 象草木하니 天欲高遠이오
비 액　　상 산 악　　　호 발　　상 초 목　　　천 욕 고 원

地欲方厚며 日月은 欲光明이오 雷霆은 欲震響이며
지 욕 방 후　　일 월　　욕 광 명　　　뢰 정　　욕 진 향

江河는 欲潤이오 金石은 欲堅이며 山嶽은 欲峻이오 草木은
강 하　　욕 활　　　금 석　　욕 견　　　산 악　　욕 준　　　초 목

欲秀니 此皆大槪也니 郭林宗이 有觀人八法이 是也니라
욕 수　　차 개 대 개 야　　　곽 림 종　　　유 관 인 팔 법　　시 야

　　음양의 기운을 내려 받은 사람은 하늘과 땅의 모양을 닮고 오행의 타고난 품성을 부여받아 만물 가운데 신령스런 것이 사람이라 한다.

　　그런고로 머리는 하늘을 상징하고 발은 땅을 상징하며 눈은 태양과 달을 상징하고 음성은 격렬한 천둥소리를 상징하며 혈맥은 강과 하천을 상징하고 뼈마디는 금석을 상징하며 코와 이마는 산악을 상징하고 털은 초목을 상징하니 하늘은 높고 멀기를 원하고 땅은 두텁고 모가 나기를 원하며 태양과 달은 밝기를 원하며 천둥소리는 울리기를 원하며 강과 하천은 마르지 않기를 원한다. 금석은 단단하기를

원하며 산악은 준엄기를 원하며 초목은 빼어나기를 원하며 모든 것이 대체로 이러하니 대저 곽 림 종의 관인팔법이 이러하다.

論神
논신

夫形以養血하고 血以養氣하고 氣以養神故로 形全則血全하고
부형이양혈　　　혈이양기　　　기이양신고　　　형전즉혈전

血全則氣全하고 氣全則神全하나니 是知形能養神하야
혈전즉기전　　　기전즉신전　　　시지형능양신

托氣而安也니 氣不安則神暴而不安이라 能安其神은 其惟君
탁기이안야　　기불안즉신폭이불안　　　능안기신　　기유군

子乎인저 寤則神遊於眼하고 寐則神處於心하나니 是形出處
자호　　　오즉신유어안　　　매즉신처어심　　　시형출처

於神而爲形之表 猶日月之光하야 外照萬物而其神은
어신이위형지표 유일월지광　　　외조만물이기신

固在日月之內也니 眼明則神淸하고 眼昏則神濁이라
고재일월지내야　　안명즉신청　　　안혼즉신탁

淸則貴하고 濁則賤하며 淸則寤多而寐少하고 濁則寤少而寐多
청즉귀　　　탁즉천　　　청즉오다이매소　　　탁즉오소이매다

하나니 能推其寤寐者는 可以知其貴賤也라
　　　능추기오매자　　가이지기귀천야

夫夢之境界는 蓋神遊於心 覩所遊之遠컨대 亦不出五臟
부몽지경계　　개신유어심　도소유지원　　　역불출오장

六腑之間과 與夫耳目視聽之間也니 其所遊之界 與所見之
육부지간　　여부이목시청지간야　　기소유지계　여소견지

事로 或相感而成하고 或遇事而生하나니 亦吾身之所有也라
사　　혹상감이성　　　혹우사이생　　　역오신지소유야

113

夢中所見之事 乃吾身中이오 非出吾身之外也라 白眼禪師의
몽중소견지사 내오신중 비출오신지외야 백안선사

說夢이 有五境하니 一曰 靈境이오 二曰 寶境이오 三曰 過去
설몽 유오경 일왈 영경 이왈 보경 삼왈 과거

境이오 四曰
경 사왈

現在境이오 五曰 未來境이니 神慘夢生하고 神靜則境滅이라
현재경 오왈 미래경 신참몽생 신정즉경멸

夫望其形이 或洒然而淸하고 或朗然而明하고 或凝然而重하
부망기형 혹쇄연이청 혹랑연이명 혹응연이중

나니 由神發於內而見於表者也라 神淸而和하고 光明而澈者는
유신발어내이견어표자야 신청이화 광명이철자

富貴之相也오 昏而柔弱하고 濁而結者는 短薄之相也니 寒而
부귀지상야 혼이유약 탁이결자 단박지상야 한이

靜者는 其神이 安하고 虛而急者는 其神이 慘이라
정자 기신 안 허이급자 기신 참

詩曰神居內形不可見이나 養以氣神爲命根이라
시왈신거내형불가견 양이기신위명근

氣壯血和則安固오 血枯氣散神光奔이라
기장혈화즉안고 혈고기산신광분

英標淸秀心神爽하면 氣血和調神不昏이라 神之淸濁爲形表
영표청수심신상 기혈화조신불혼 신지청탁위형표

하야 能定貴賤最堪論이라
능정귀천최감론

神不欲露니 露則神遊라 則必凶也오 神貴內隱이니 隱然望之
신불욕로 노즉신유 즉필흉야 신귀내은 은연망지

有畏服之心하야 近則神喜就之則爲貴라 凡相은 審可神有餘而
유외복지심 근즉신희취지즉위귀 범상 영가신유여이

形不足이언정 不可形有餘而神不足也니 神有餘者는 貴하고
형 부 족   불 가 형 유 여 이 신 부 족 야   신 유 여 자   귀

形有餘者는 富하며 神不欲驚이니 驚則損壽하고 神不欲急이니
형 유 여 자   부   신 불 욕 경   경 즉 손 수   신 불 욕 급

急則多誤며 又須相人器識에 器宏則能容而德乃大하고
급 즉 다 오   우 수 상 인 기 식   기 굉 즉 능 용 이 덕 내 대

識高則能曉而心乃靈이며 器淺識卑하면 雖有餘貲나
식 고 즉 능 효 이 심 내 영   기 천 식 비   수 유 여 자

則君子 未免爲小人也라
즉 군 자 미 면 위 소 인 야

무릇 모양은 피를 기르고 피는 기를 기르고 기는 신을 기르는 고로
흠이 없는 모양인 즉 피가 온전하고 피가 온전한 즉 온전한 기가 갖
추어지고 기가 온전하게 갖추어지면 신이 온전하나니 이에 형은 능
히 신을 기르는 까닭에 기가 열리면 편안해지는 것이니 기가 불안한
즉 신이 사나워지고 안정되지 못한 것이다.

    * 기를 사용할 때는 급하게 생각 없이 행동으로 옮기는 것이 아니라 생각을 해서 순

서대로 행하며 기를 사용하여야 실수가 없고 피해가 생기지 않는다는 것입니다. 그

래서 가장 그릇된 못생긴 상은 기를 조절하지 못하는 경박한 상을 경계하는 것

입니다. 이러한 경박한 기운이 거듭되는 가운데 상은 경박한 상으로 만들어져

가는 것입니다.

익숙하게 안정된 신 의 힘을 가진 사람은 오직 군자라고 불리어지며
깨어 있을 때는 신 이 눈에서 놀고 잠잘 때는 신 이 심포에 머무나니
신 이 나아가고 물러나며 다스리는 모양이 겉모습의 생김새가 된다.

태양과 달은 밝아야 세상만물을 비추나니 처음부터 우리의 내면

에 태양과 달이 있었으니 눈이 밝은 즉 신 이 맑고 눈이 어두운즉 신 이 흐린 것이다.

맑은즉 귀하고 흐린즉 천하며 맑은즉 잠이 적고 깨어있음이 많아 자나 깨나 뛰어나게 헤아리는 그 사람은 귀천을 안다고 할 수 있을 것이다.

무릇 꿈이 일정한 한계를 두고 갈라져 나타나는 것은 모든 신 이 마음에서 떠돌고 있으며 떠도는 곳이 먼 곳 같이 보여도 역시 오장육부의 사이를 나가지 못한다.

더불어 무릇 귀로 듣고 눈으로 보는 것은 잠깐사이이니 사귀다가 떠도는 곳의 경계를 따라 보이는 바의 변고로서 혹 서로 마주보며 느낌을 이루고 혹 우연한 일이 나타나니 역시 내 몸이라는 곳 안에서 생겨나는 것이다.

꿈속에서 일에 대한 생각이나 의견은 내 몸 가운데 있음이요 내 몸의 밖으로 나가는 것이 아니다.

* 꿈도 하나의 신 에 의해서 생겨나고 사라지는 것을 설명하였습니다.

그러므로 신 이라는 것은 언제나 나의 몸을 떠나지 않고 오장육부를 옮겨 다니며 천변만화하는 자신을 만들어 나타나게 하는 주체인 것입니다.

신 은 나의 몸 어디에나 동시에 함께 하면서 사라지지 않는 동영상을 저장시켜 놓으며 의식의 있고 없음에 상관없이 언제나 움직이는 것입니다.

한번 본 것 또는 살짝 들은 것 또는 한번 만져본 것 등 어떤 것을 막론하고 체내의 어느 곳이든 개의치 않고 남아있게 하므로 신 이야말로 우리 인간의 지배자이니 인간 스스로 신 을 기르고 다스리고 관리하지 않으면 안 되는 것입니다.

여기서 우리는 반복의 위대성을 강조할 수밖에 없습니다. 한번 보고 두 번 보고 한번 듣고 두 번 듣고 한번 만지고 두 번 만지는 반복성은 사람 마음대로 되지 않는 마음을 곧 지배하게 되기 때문입니다. 그래서 항상 맑은 마음 유지하는 것을 끊임없이 반복하고 다스린다면 상이 맑아지는 것은 당연하지 않겠습니까. 그래서 상이 맑으면 마음이 맑은 것이라 말을 할 수 있는 것입니다.

〈여기서 신(神) 이라는 존재는 유일신 종교의 신(神)을 말하는 것이 아니니 잘 유념해서 읽으시기 바랍니다. 오로지 자신의 마음만을 다스리며 자신 안에서만 존재하는 특별하면서도 모두에게 있는 부정할 수 없지만 보이지 않아 잡기 어려운 정신인 것입니다. 〉

백안 선사가 꿈의 경계를 다섯 가지 경우로 설명하였는데 하나는 신령스러워 영묘한 경우요 두 번째는 아주 값진 진귀한 경우요 세 번째는 지나간 일의 경우요 네 번째는 현재일의 경우요 다섯 번째는 미래에 올수 있는 일의 경우이니 신(神)은 참혹하도록 어두운 꿈에도 나타나고 또한 신(神)은 고요한 즉 숨어있는 경우도 있다.

무릇 보이는 그 모양이 어쩌면 유유히 흐르는 강처럼 맑거나 밝아서 저절로 환하게 빛나며 마음이 한곳에 집중되어 단정하고 듬직하게 드리워지는 것은 안에서 피어나는 신(神)으로 말미암아 겉으로 나타나 보이는 것이다.

신(神)이 맑고 화평하게 빛이 밝아 물처럼 맑은 사람은 부귀를 누리는 상이다.

너무 부드러워 약하고 흐려서 어두운 탁함으로 뭉쳐진 사람은 짧고 얇은 상이다. 냉정하고 고요한 사람은 그 신(神)이 안정되어 있고 모자라고 급한 사람은 그 신(神)이 매우 비참한 것이다.

시로 가로대 신(神)은 안에 있어 그 모양을 볼 수 없으나 기(氣)와 신(神)으로서 길러지는 것은 목숨의 근원이 된다. 기가 씩씩하고 피는 화평한 즉 틀림없이 편안할 것이며 피가 마르고 기가 흩어지면 정신이 몸을 통하여 나오는 빛들이 달아나버린다.

눈에 뜨이게 뛰어나도록 맑고 빼어나 마음의 신(神)이 시원하면 기(氣)와 혈(血)이 화평하게 화합하므로 신(神)이 어두워지지 않는다.

겉모습의 이치에서 나타나는 신 의 맑고 탁함은 능히 귀천의 한계를 정하여 밝히는 최고로 뛰어난 말씀인 것이다.

신 은 드러나지 않아야 하니 드러난즉 신 은 떠도는 것이다. 즉 반드시 흉하다.

신(神)은 안에 숨어 있어야 귀한 것이니 그윽하고 은은하여 힘 있게 보여야 옷 속에 감춰진 마음을 두려워하니 즉 신(神)이 기쁨으로 나아가는 즉 귀에 이르게 되는 것이다.

무릇 상은 모양이 부족할지언정 신 이 넉넉함이 있으면 편안할 것이고 모양이 잘 갖추어지고 신이 부족한 것은 옳지 못하니 신이 넉넉하면 귀에 이르는 것이고 모양이 잘 갖추어진 사람은 재물이 넉넉하며 신(神)은 놀라지 않아야 하니 놀라는 즉 수명이 덜어질 것이고 신(神)은 급하지 않아야 하니 급한 즉 잘못이 많을 것이다.

모름지기 사람의 상을 볼 때 그 사람의 그릇을 알아야 하는데 그릇이 큰 즉 덕으로 두루 포용하는 기량과 식견이 크고 능히 알아서 깨닫는 신령스런 그 마음이 높으며 낮은 식견의 얕은 도량은 모름지기 재물의 여유는 있으나 즉 군자는 커녕 소인의 됨됨이를 면할 수 없는 것이다.

形之有餘者는 頭頂圓厚하고 腹背豊隆하며 額滿四方하고 脣
형지유여자　두정원후　　복배풍륭　　액만사방　　　순

紅齒白하며 耳圓成輪하고 鼻直如膽하며 眼分黑白하고
홍치백　　이원성윤　　비직여담　　안분흑백

眉秀疎長하며 肩寬臍厚하고 胸前平廣하며 腹圓垂下하야
미수소장　　견관제후　　흉전평광　　복원수하

行坐端正하고 五嶽朝起하며 三停相稱하고 肉膩骨細하며
행좌단정　　오악조기　　삼정상칭　　육니골세

手長足方하야 望之에 巍巍然而來하고 視之에 怡怡然而坐하
수장족방　　망지　　외외연이래　　시지　　이이연이좌

나니 此는 皆謂形有餘也라 形有餘者는 令人長壽無病하고
　　차　　개위형유여야　　형유여자　　영인장수무병

富貴之榮矣라
부귀지영의

　　넉넉한 모양이라는 것은 머리의 정수리가 두텁고 둥글며 배는 넉
넉하고 두툼한 등은 솟아오르며 이마는 앞·뒤·좌·우가 모가 난
듯 꽉 차고 입술은 붉고 치아는 희어야 하며 귀는 바퀴가 둥글게 이
루어져야 하고 코는 곧고 쓸개와 같아야 하며 눈은 흑백이 분명하고
눈썹은 성기며 길게 빼어나야 하며 어깨는 넓고 배꼽은 두터워야 하
고 가슴 앞은 평평하게 고르고 넓으며(남성상을 위주)배는 둥글둥글하
면서 아래로 드리워지고 움직일때와 앉은 모습이 흐트러지지 않고
반듯하며 다섯 개의 산악이 일어나 서로 도우고 삼정이 균등하고 좌

우대칭이 되어 양쪽이 똑같고 살비듬은 부드러운 융처럼 매끄럽고
윤택하며 손가락 뼈는 굵지 않고 길며 발은 모가 난 듯 두툼하여 바
라건데 보기에 높고 큰 웅장함이 앉은 뒤에도 절로 즐거워하는 이러
한 모양은 모두 넉넉하고 여유 있는 생김새이다.
  여유있는 모양을 소유한 사람은 착한 사람으로 어른이 되고 질병
이 없이 오래 살며 재물의 풍요로움과 존경을 받으며 영화를 누린다.

圖 論神有餘 圖
논신유여

神之有餘者는 眼光이 淸瑩하고 顧盼不斜하고 眉秀而長하며
신지유여자　안광　청영　　고반불사　　미수이장

精神이 聳動하고 容色이 澄澈하며 擧止汪洋하야 儼然遠視에
정신　용동　　용색　징철　　거지왕양　　엄연원시

若秋日之照霜天하고 巍然近臅에 似和風之動春花하며
약추일지소상천　　외연근족　　사화풍지동춘화

臨事剛毅하야 如猛虎之步深山하고 處衆迢遙하야 似丹鳳之
임사강의　　여맹호지보심산　　처중초요　　사단봉지

翔雲路하며 其坐也 如界石不動하고 其臥也
상운로　　기좌야　여계석부동　　기와야

如樓鴉不搖하며 其行也 洋洋然如平水之流하고 其立也
여루아부요　　기행야　양양연여평수지류　　기립야

昂昂然如孤峯之聳하며 言不怒發하고 性不妄躁하며
앙앙연여고봉지용　　언불노발　　성불망조

喜怒 不動其心하고 榮辱이 不動其操하야
희노　부동기심　　영욕　불동기조

萬態 紛錯於前而心常一則可謂神有餘也니 神有餘者는
만태 분착어전이심상일즉가위신유여야　신유여자

皆爲上貴之人이라 凶災 難入其身하고 天祿이 其永終矣라
개위상귀지인　흉재 난입기신　천록　기영종의

　신(神)이 여유가 있는 사람은 눈빛이 맑게 빛나고 바라볼 때 삐딱하게 보지 않고 눈썹이 빼어나며 정신이 침체되어있지 않고 얼굴의 색이 깨끗하고 맑으며 몸을 움직이거나 멈출 때 도량이 넓은 듯 하여 멀리서 보아도 의젓하고 엄숙하여 꼭 가을 태양이 찬 서리 기운을 머금은 하늘을 비추 듯하고 가까이 비춰보면 우뚝 솟은 산에 봄꽃을 피우는 화평한 바람과 같으며 어떤 일을 할 때는

　곧고 바르고 굳세게 하여 아득히 먼 곳에서 무리를 이루고 깊은 산을 어슬렁거리는 용맹스런 호랑이나 구름 속을 선회하며 나는 봉황과 같으며, 앉아 있을 땐 움직이지 않는 바위와 같고 누워있으면 망루에 앉아있는 까마귀처럼 흔들리지 않으며 걸을때는 물이 평평하고 도도하게 흐르듯 충만하고 서 있을 때는 뜻과 행동이 뛰어난 모습이 우뚝 솟은 봉우리처럼 높으며 화를 내서 말하지 않고 품성이 성급함으로 망령되지 않으며 기쁠 때나 화가 날 때나 그 마음에 움직임이 없고 영예와 치욕이 다가오더라도 움직임이 없다.

　만 가지 태도가 뒤섞인 혼란스러움은 뒤로하고 항상 마음이 하나로 한결같은 즉 신에 여유가 있기 때문이니 신이 충만 되어 넉넉한 자는 모두가 존경하는 귀한 사람이다.

　흉한 재난은 그 몸에 들어오기 어렵고 하늘이 주는 복록은 마칠 때까지 끊어지지 않을 것이다.

* 독자들에 따라서 매우 이해하기 힘든 부분의 내용이기도 합니다.

불가의 수행자나 선도를 수행하는 사람이라면 어떤 의미인지 잘 알 수 있는 내용이라고 생각합니다. 참고로 말씀 드리면 가볍거나 경박하지 않은 일거수일투족을 나타낸 의미이며 이러한 움직임의 소유자는 분명히 충만 되고 넉넉한 신 을 함유하고 있다는 것입니다.

충만 되어 넉넉한 신 이라는 것은 품격 높은 정신의 소유자라고 말씀드리며 자신이 자신을 다스릴 수 있는 여유를 가진 사람이라고 생각하시면 그릇되지 않을 것입니다.

* 분착 : 뒤섞이어 혼란함.

🈺 論形不足 🈺
논형부족

形不足者는 頭頂尖薄하고 肩膊狹斜하며 腰肋이 疎細하고 肘
형 부족 자　　　두 정 첨 박　　　　　견 박 협 사　　　　요 륵　　　소 세　　　　주

節이 短促하며 掌薄指疎하고 脣寒額撻하며 鼻仰耳反하고
절　단 촉　　　　장 박 지 소　　　　순 건 액 달　　　　비 앙 이 반

腰低胸陷하며 一眉曲하고 一眉直하며 一眼仰하고 一眼低하며
요 저 흉 함　　　일 미 곡　　　　일 미 직　　　　일 안 앙　　　　일 안 저

一睛大하고 一睛小하며 一顴高하고 一顴低하며 一手有紋하고
일 청 대　　　일 청 소　　　　일 관 고　　　　일 관 저　　　　일 수 유 문

一手無紋하며 睡中眼開하고 男作女聲하며 齒黃而露하고
일 수 무 문　　　수 중 안 개　　　　남 작 여 성　　　　치 황 이 로

口薄而尖하며 禿頂無絲髮하고 眼深不見睛하며 行步敧側하고
구 박 이 첨　　　독 정 무 사 발　　　　안 심 불 견 청　　　　행 보 기 측

　부족한 모양이라는 것은 머리 위 정수리가 얇고 뾰족하며 어깨는 고기를 말린 포처럼 빈약하고 수레하나 지나갈 수 없는 길처럼 매우 좁으며 허리가 가늘고 갈비뼈는 성긴 것이 가늘고 팔마디가 짧고 촉박하며 손바닥이 얇고 손가락 사이가 뜨고 아랫 입술과 윗입술이 서로 맞지 않고 이마가 풍륭하지 못하며 코가 덜리고 귀가 뒤집어지고 허리가 수그러지고 가슴이 함몰되며 눈썹 하나는 굽고 하나는 곧으며 눈 하나는 올라있고 하나는 낮으며 눈 하나는 크고 하나는 작으며 관골 하나는 높고 하나는 낮으며 손 하나는 무늬(손금)가 있고 하나는 없으며 눈 뜨고 잠자고 남자가 여자의 목소리를 하며 누런 치아가 덜려 드러나 보이고 입이 얇고 뾰족하며 머리 정수리 부분이 벗겨져 털이 없고 눈이 깊어 눈동자가 보이지 않으며 걸음걸이가 옆걸음하고 얼굴색이 겁먹은 듯 위축되며 머리가 작고 몸이 크고 상체가 짧고 하체가 긴 것이니 이러한 모양들을 부족한 형이라 한다.

　형이 부족한 사람은 질병이 많고 수명이 짧으며 복이 얇아 가난하고 신분이 낮느니라.

論神不足
논신부족

神不足者는 似醉 醉에 常如病酒하고 不愁似愁에 常如憂戚
신부족자　　사취　취　　상여병주　　불수사수　　상여우척

하고 不睡似睡에 纔睡便覺하고 不哭似哭에 忽如驚忻하고
　　불수사수　　재수편각　　불곡사곡　　홀여경흔

不嗔似嗔하며 不喜似喜하고 不驚似驚하며 不痴似痴하고
불진사진　　불희사희　　불경사경　　불치사치

不畏似畏하며 容止昏亂하고 爲濁似染하며 神色悽愴하야
불외사외　　용지혼란　　위탁사염　　신색처창

常如大失하고 恍惚張惶하야 常如恐佈하고 言語瑟縮하야
상여대실　　황홀장황　　상여공포　　언어슬축

似羞隱藏하고 體貌低摧하야 如遭凌辱하며 色初鮮而後暗하고
사수은장　　체모저최　　여조능욕　　색초선이후암

語初快而後暗하나니 此皆謂神不足也니 神不足者는 多招牢獄
어초쾌이후음　　차개위신부족야　　신부족자　　다초뢰옥

枉厄하고 官亦主失位矣니라
왕액　　관역주실위의

　신이 부족하다는 것은 마음을 빼앗긴 것과 같다. 마음을 빼앗긴다는 것은 정신을 못차리는 것으로 항상 술로 괴로워하는 것과 같고 쓸데없는 걱정에 항상 슬퍼하고 가만히 있어도 졸고 있는 것과 같아 겨우 잠든 것 같다가 다시 깨고 울지 않는데 우는것과 같고 갑자기 놀란 듯 기뻐하고 성내지 않았는데 성낸 것 같고 기뻐하는 것 같으면서 기뻐하지 않으며 놀라지 않으면서 놀란 것 같고 부끄러운 것 같으면

서 부끄러워하지 않고 두려워하는 것 같으면서 두려워하지 않으며
몸가짐(진퇴와 거동)이 어지럽고 좋지 않은 물이 든 것처럼 탁하며 얼
굴에 드러나는 느낌이 몸이 오싹할 정도로 몹시 차가우며 언제나 크
게 잃어버린 것과 같고 늘 재앙이 닥칠 것같이 허둥지둥하고 언어가
오그라져서 퍼지지 못하여 부끄러움을 숨기고 있는 것 같고 자태와
용모가 낮게 꺾인듯하며 업신여김을 당한듯하며 얼굴에 나타나는 색
이 처음에는 깨끗하다가 나중에는 암울하고 말이 처음에는 쾌활한
것 같다가 말을 끝까지 잘하지 못하나니 이러한 모든 것들은 신 이
부족한 것을 이르니 신 이 부족한 사람들은 의지가 꺾여 도리에 어긋
나는 일에 굽히게 되어 옥살이로 결박되는 재액이 자주 생기고 벼슬
을 하더라도 역시 주로 그 자리를 잃어버리게 되느니라.

論聲
논성

夫人之有聲이 如鍾鼓之有響이라 器大則聲宏하고 器小則聲短
부인지유성　　여종고지유향　　기대즉성굉　　　기소즉성단

하며 神淸則氣和하고 氣和則聲深而圓暢也오 神濁則氣促하고
　　신청즉기화　　기화즉성심이원창야　　신탁즉기촉

氣促則聲焦急而輕嘶也라 故로 貴人之聲은 多出於丹田之中
기촉즉성초급이경시야　　고　　귀인지성　　다출어단전지중

하야 與心氣로 相通하야 混然而外達하나니 丹田者는 聲之
하야　여심기　　상통　　혼연이외달　　　단전자　　성지

根也오 舌端者는 聲之表也라 夫根深則表重하고 根淺則表輕
근야　　설단자　　성지표야　　부근심즉표중　　　근천즉표경

125

하나니 是知聲發於根而見於表也라
시 지 성 발 어 근 이 견 어 표 야

若夫淸而圓하고 堅而亮하고 緩而烈하고 急而和하고 長而有
약 부 청 이 원　　 견 이 량　　 완 이 열　　 급 이 화　　 장 이 유

力하고 勇而有節하고 大如洪鍾하고 騰如鼉鼓振音하며
력　　 용 이 유 절　　 대 여 홍 종　　 등 여 타 고 진 음

小如玉水飛鳴하고 琴徽奏曲하며 見其色則粹然而後動하야
소 여 옥 수 비 명　　 금 휘 주 곡　　 견 기 색 즉 수 연 이 후 동

與其言으로 久而後에 應하면 皆貴人之相也오 小人之言은
여 기 언　　 구 이 후　　 응　　 개 귀 인 지 상 야　　 소 인 지 언

皆發舌端之上하야 促急而不達하나니 何則고 急而嘶하고
개 발 설 단 지 상　　 촉 급 이 불 달　　 하 즉　　 급 이 시

緩而澁하고 深而滯하고 淺而燥라 夫大則散하고 散則破하며
완 이 삽　　 심 이 체　　 천 이 조　　 부 대 즉 산　　 산 즉 파

或輕重不均하고 嘹喨節無하며 或眭眦而暴하고 繁亂而浮하며
혹 경 중 불 균　　 요 량 절 무　　 혹 휴 자 이 폭　　 번 난 이 부

或如破鍾之響과 敗鼓之鳴하고 又如寒鴉哺雛하고 鵝鴨哽咽
혹 여 파 종 지 향　　 패 고 지 명　　 우 여 한 아 포 추　　 아 압 경 열

하며 或如病猿求侶하고 孤鴈失群하며 細如蚯蚓發吟하고 狂如
혹 여 병 원 구 려　　 고 안 실 군　　 세 여 구 인 발 음　　 광 여

靑虫夜噪하며 如犬之吠하고 如羊之鳴은 皆賤薄之相也오
청 충 야 조　　 여 견 지 폐　　 여 양 지 명　　 개 천 박 지 상 야

男有女聲이면 單貧賤이오 女有男聲이면 亦妨害나 然이나
남 유 여 성　　 단 빈 천　　 여 유 남 성　　 역 방 해　　 연

身大而聲小者는 凶이라 或乾燥而不齊를 謂之羅網聲이오
신 대 이 성 소 자　　 흉　　 혹 건 조 이 부 제　　 위 지 나 망 성

大小不均을 謂之雌雄聲이며 或先遲而後急하고 或先急而後
대 소 불 균　　 위 지 자 웅 성　　 혹 선 지 이 후 급　　 혹 선 급 이 후

遲하며 或聲未止而氣已絕하고 或心未擧而色先變하나니 皆
지　　　혹성미지이기기절　　　혹심미거이색선변　　　　개

賤之相也라 夫神定於內하고 氣和於外然後에 可以接物이니
천지상야　부신정어내　　　기화어외연후　　　가이접물

非徒言有先後之叙而色亦不變也니 苟神不安而氣不和則其聲
비도언유선후지서이색역불변야　　가신불안이기불화즉기성

이 失先後之叙하야 辭色이 撓矣니 此는 不美之相也라
실선후지서　　　사색　　뇨의　차　　불미지상야

夫人이 稟五行之形則聲氣도 亦有五行之象也라 故로 土聲은
부인　품오행지형즉성기　역유오행지상야　고　　토성

深厚하고 木聲은 高唱하고 火聲은 焦烈하고 水聲은 圓急하고
심후　　목성　고창　　화성　초열　　수성　원급

聲은 和潤이오 又曰 聲輕者는 斷事無能하고 聲破者는 作事
성　화윤　우왈 성경자　단사무능　　성파자　작사

無成하고 聲濁者는 謀運不發하고 聲低者는 魯鈍無文하나니
무성　성탁자　모운불발　　성저자　노둔무문

淸冷如澗中流水者는 極貴하고 發聲瀏亮하야 自覺如甕中之
청냉여윤중류수자　극귀　　발성류량　　자각여옹중지

響者는 主五福全備라 詩曰 木聲高唱火聲焦오 和潤金聲最富饒
향자　주오복전비　시왈 목성고창화성초　화윤금성최부요

라 土語却如深甕裡오 水聲圓急韻飄飄라 貴人音韻出丹田이니
토어각여심옹리　수성원급운표표　귀인음운출단전

氣質喉寬響亦堅이라 貧賤不離脣舌上이니 一生奔走不堪言
기질후관향역견　빈천불이순설상　　일생분주불감언

이라 聲大無形하야 托氣而發하나니 賤者는 浮濁하고 貴者는
성대무형　　락기이발　　천자　부탁　　귀자

淸越하며 太柔則怯하고 太剛則折이오 隔山相聞에 圓長不缺
청월　태유즉겁　　태강즉절　　격산상문　원장불결

이면 斯乃貴人이라 遠見風節이니라
　　사 내 귀 인　　　원 견 풍 절

身小聲雄하면 位至三公하고 身大聲小하면 壽命折夭오 聲如
신 소 성 웅　　위 지 삼 공　　신 대 성 소　　수 명 절 요　　성 여

破鑼하면 田産消磨하고 聲如火燥하면 奔波無靠하고 男兒聲雌
파 라　　전 산 소 마　　성 여 화 조　　분 파 무 고　　남 아 성 자

하면 破却家貲하고 女人聲雄하면 夫位不寗 이니라
파 각 가 자　　여 인 성 웅　　부 위 불 녕

　　모든 사람의 음성에는 쇠로 만든 종이나 가죽으로 만든 북처럼 울림이 있어야 한다. 음성이 큰사람은 도량이 크고 음성이 짧고 빈약한즉 도량이 작으며 신이 맑은즉 기가 화평하고 기가 화평한즉 음성이 깊고 둥글게 펼쳐진다.

　　신 이 흐린즉 기가 촉박하고 기가 촉박한즉 음성이 불이 타들어가듯 급하고 가볍게 우는 듯 떨리게 된다.

　　그런고로 귀인의 음성은 단전에서 나와야 사물이나 현상에 대하여 느끼는 마음의 기본이 서로 통하고 뒤섞여 혼란스런 일들을 합리적으로 갖추게 하니 단전이라는 곳은 음성의 근원이 되는 곳이기도 하다.

　　혀끝에서 나오는 소리는 곁 표면의 소리이다.

　　무릇 근원이 깊은 즉 겉으로 들리는 소리가 무겁고 근원이 얕은 즉 겉으로 들리는 소리가 가벼우나니 바깥으로 나오는 소리를 들어보아서 우러나오는 소리의 근원을 알게 되는것이다.

　　만약 사람의 음성이 맑으면 원만하고 변하지 않으면 명석하고 늘어지면 엄하고 사나우며 팽팽하면 온화하고 길면 힘을 소유하고 있

고 강하면 절개가 있고 클 때는 큰 종이 넓게 울려퍼지는 것과 같고 악어가죽으로 맨 북소리가 울려 퍼지며 드날리는 소리와 같고 작으면 맑은 샘물이 튀기듯 맑게 울려야하고 거문고 연주하듯 아름다우며 말한 후에 나타나는 음성의 색깔이 꾸밈없이 순수하고 아름다운 여운이 오랫동안 남아 웅하는 모든 사람은 귀인의 상이다.

* 말만하고 행동은 다른 사람이 있으므로 음성을 듣고 음미한 연후에 대답을 하는 사람은 언행이 같은 사람을 분별하는데 실수가 없으므로 실패를 하지 않으니 귀인의 지혜로움을 갖춘 것입니다.

소인(됨됨이가 부족한 사람)의 말은 모두 혀 끝에서 나와 몹시 재촉하듯 급하여 매끄럽게 연결되지 못하나니 어찌 할꼬 울다 캥겨서 목이 쉰것 같아 늘어지는 부분이 꺼끌꺼끌하고 깊은 듯 막히고 얕으면서 마르면 어찌 할거나...

무릇 사람의 음성이 큰 즉 흩어지고 흩어진다면 깨어지며 혹 가볍고 무거움이 고르지 않고 소리는 맑은데 매듭이 없으며 혹 눈끝으로 사납게 흘기고 지나치게 어지러이 움직이며 혹 안정되어 있지 못하거나 소리가 깨어진 종소리와 같이 울리고 찢어진 북소리처럼 울리고 또 배고픈 갈가마귀 씹어 먹이며 새끼 기르는 소리와 같고 거위와 오리가 목이 메어 오열하는 소리와 같으며 혹 병든 원숭이 짝을 구하는 소리와 같고 무리를 잃어버린 외로운 기러기 울음 소리와 같고 지렁이가 끙끙 앓을 때 나오는 가느다란 소리와 같고 늦은 밤 벌레 무리들의 거세고 떠들썩한 소리와 같고 개가 짖어대는 소리와 같고 양의 울음소리와 같으면 모두가 생각이 얕은 하천한 사람들의 모습이다.

남자가 여인의 음성을 내면 가난하게 홀로 살며 생각이 얕은 사람이다.

여인이 남자의 음성이면 역시 하는 일마다 저절로 장애가 생기고 신체가 큰 사람이 음성이 작으면 좋지 못하고 혹 마른 사람이 음성이 가지런하지 못하면 법망에 걸리는 음성이다.

음성이 크다 작다 고르지 못한 자웅의 소리거나 처음에는 늦었다 뒤에는 급하거나 처음에 빨랐다 나중에 늦거나 혹 하는 말이 마무리되기 전에 그치면 기가 이미 끊어진 것이고 혹 마음이 철이 들지 않았다면 먼저 색이 변하나니 모두가 생각이 모자라는 모양이다.

무릇 신 이 내면에서 안정되어지고 외부의 기운이 화평해진 뒤에 물상을 가까이하는 것이 옳을 것이니 말을 할때 먼저와 나중이 있고 순서가 있는 무리들이라 하여 얼굴색이 변하지 않는 것은 아니다.

진실로 신 이 안정되어 있지 못하고 기가 화평하지 못한 즉 그 음성이 먼저와 나중 그리고 순서를 잃어버리면 말과 얼굴빛이 뒤섞이고 어지러워지니 이러한 모습은 아름답지 못한 상이다.

대개 사람들이 다섯 가지(木 火 土 金 水)의 모양중 하나를 물려받은 즉 음성의 기운도 역시 오행 가운데 하나의 상이어야 한다.

그런고로 土기운의 음성은 깊고 두터워야하고 木기운의 음성은 높고 낭랑하여야 하고 火기운의 음성은 세차게 타들어 갈 때 나타나는 소리이고 水기운의 음성은 급한 듯하면서 모가 나지 않았고 金기운의 음성은 온화하고 윤기 있는 것이다. 또 가로대 음성이 가벼운 사람은 매사를 잘라버려 무능하고 음성이 깨어지는 사람은 일은 하여도 이루어짐이 없으며 음성이 탁한 사람은 옮기면서 꾀하지만 일어나지 못하고 음성이 낮은 사람은 어리석고 둔하여 학문을 하지 못한다.

산골물이 흘러가듯 선명하고 맑은 소리의 사람은 지극히 귀하고 올라오는 음성이 관악기처럼 맑고 또록또록 하여 자기가 자신을 의식 했을 때 옹기 가운데서 울려 나오는 것과 같은 소리가 나는 사람은 주로 다섯 가지의 복록을 갖추었다고 할 수 있을 것이다. 시로 가로대 木기운의 음성은 높고 낭랑하고 火기운의 음성은 타들어가듯 하고 화평하고 윤택한 金기운의 음성은 최고로 넉넉한 부자의 음성이라.

土기운의 음성은 깊은 옹기 속에서 돌아 나오는 소리요 水기운의 음성은 빠르면서 날카롭지 않은 소리로서 날아오르는 음성이다.

귀한 사람의 음성은 단전에서 나오는 소리이니 넉넉한 기력과 체질이 넓은 목구멍을 울리면 나오는 소리 역시 단단하게 울릴 것이다.

입술과 혀 끝 위를 벗어나지 못하는 사람은 생각이 얕고 모자라서 가난한 사람이니 일생동안 몹시 바쁘게 일하여도 이룸이 없으며 하는 말에 대해서도 책임지지 어렵다.

모양이 없는 소리가 크게 나오는것은 밀어주는 기운으로 일어나니 생각이 얕은 사람은 뜨면서 탁하고 귀한 사람은 사라지는 음성이 맑으며 매우 부드러운 음성이라면 비겁하고 매우 강하면 꺾인다. 산과 산 사이 따라 들리는 소리가 길고 모나지 않으며 흠이 없으면 이에 바꾸어 말해서 바로 귀인인 것이다. 먼 장래까지 내다보이는 거룩한 몸체와 절개이니라.

신체는 작은데 음성이 크면 지위가 삼공까지 하고 몸이 크고 음성이 작으면 수명이 짧고 소리가 깨어지는 징소리와 같다면 밭에서 하는 생산업은 세월이 갈수록 소멸되어가고 음성이 마른불과 같다면 몹시 애써 고생하여도 의지할 대가 없고 남아의 목소리가 여아의 목

소리라면 집안의 재물을 깨뜨려 치워 없애고 여인의 목소리가 남성
의 목소리처럼 웅장하다면 지아비의 자리가 편안하지 못하다.

論氣
논기

夫石蘊玉而山輝하고　沙懷金而川媚하나니　此는　至精之寶
부 석 온 옥 이 산 휘　　　사 회 금 이 천 미　　　차　　지 정 지 보

見乎色而發乎氣也니　夫形者는　質也라　氣所以充乎質하야
견 호 색 이 발 호 기 야　　부 형 자　　질 야　　기 소 이 충 호 질

質因氣而宏이니　神完則氣寬하고　神安則氣靜하야　得失이
질 인 기 이 굉　　　신 완 즉 기 관　　　신 안 즉 기 정　　　득 실

不足以暴其氣하고　喜怒　不足以驚其神則於德에　爲有容이오
부 족 이 폭 기 기　　　희 노 부 족 이 경 기 신 즉 어 덕　　위 유 용

於量에　爲有度니　乃重厚有福之人也라　形猶材하야
어 량　　위 유 도　　내 중 후 유 복 지 인 야　　　형 유 재

有杞梓梗楠荊棘之異하고　神猶土하야　所以治材用其器오
유 기 재 경 남 형 극 지 이　　　신 유 토　　　소 이 치 재 용 기 기

聲猶器하야　聽其聲然後에　知其器之美惡이오　氣猶馬하야　馳
성 유 기　　　청 기 성 연 후　　지 기 기 지 미 오　　기 유 마　　치

之以道善惡之境이니　君子則善養其材하고　善御其德하고
지 이 도 선 악 지 경　　　군 자 즉 선 양 기 재　　　선 어 기 덕

又善治其器하고　善御其馬오대　小人은　反是하나니　其器
우 선 치 기 기　　　선 어 기 마　　소 인　　반 시　　　기 기

寬可以容物이오　和可以接物이오　剛可以制物이오　淸可以表物
관 가 이 용 물　　화 가 이 접 물　　강 가 이 제 물　　청 가 이 표 물

이오 正可以理物이니 不寬則隘하고 不和則戾하고 不剛懦
　　　정 가 이 리 물　　　　　불 관 즉 애　　　　　불 화 즉 려　　　　　불 강 나

하고 不淸則濁하고 不正則偏이라 視其氣之淺深하고
　　　불 청 즉 탁　　　　　부 정 즉 편　　　　　시 기 기 지 천 심

察其色之躁靜則君子小人을 辨矣라 氣長而舒하고 和而不暴
찰 기 색 지 조 정 즉 군 자 소 인　　　변 의　　　기 장 이 서　　　화 이 불 폭

하면 爲福壽之人이오 急促不均하고 暴然見乎色者는
　　　위 복 수 지 인　　　　　급 촉 불 균　　　폭 연 견 호 색 자

爲小賤之人也니 醫經에 以一呼一吸으로 爲一息하니 凡人이
위 소 천 지 인 야　　　의 경　　　이 일 호 일 흡　　　위 일 식　　　범 인

一晝夜에 計一萬三千五百息이라 今觀人之呼吸컨대 疾徐不同
일 주 야　　　계 일 만 삼 천 오 백 식　　　금 관 인 지 호 흡　　　질 서 부 동

하야 或急者는 十息而遲則尙未七八而老肥大者는 疾하고
　　　혹 급 자　　　십 식 이 지 즉 상 미 칠 팔 이 노 비 대 자　　　질

幼瘦는 差遲 故로 恐古人之言이 猶未盡理라 夫呼吸은
유 수　　　차 지　　　고　　　공 고 인 지 언　　　유 미 진 리　　　부 호 흡

發乎顔表而爲吉凶之兆也라 其散이 如毛髮하고 其聚 如黍米
발 호 안 표 이 위 길 흉 지 조 야　　　기 산　　　여 모 발　　　기 취 여 서 미

하야 望之有形하고 按之無迹하나니 苟不精意以觀之則禍福이
　　　망 지 유 형　　　안 지 무 적　　　가 불 정 의 이 관 지 즉 화 복

無憑也라 氣出入無聲하야 耳不自察하나니 或臥而不喘者는
무 빙 야　　　기 출 입 무 성　　　이 불 자 찰　　　혹 와 이 불 천 자

謂之龜息氣象也오 呼吸氣盈而身動은 近死之兆也라 孟子는
위 지 구 식 기 상 야　　　호 흡 기 영 이 신 동　　　근 사 지 조 야　　　맹 자

不顧萬鍾之錄하니 能養氣者也라 爭可欲之利하야 悻悻然厲其
불 고 만 종 지 록　　　능 양 기 자 야　　　쟁 가 욕 지 리　　　행 행 연 려 기

色而暴其氣者는 亦何論哉아 詩曰 氣乃形之本이라 察之見賢
색 이 폭 기 기 자　　　역 하 론 재　　　시 왈 기 내 형 지 본　　　찰 지 견 현

무릇 옥을 간직한 돌은 산을 빛나게 하고 금을 품고 있는 모래는 개천의 풍치를 더하니 이러한 것은 생명의 근원에서 비롯되는 가장 귀중한 것이다.

보이는 색은 일어나는 기운인 것이니 무릇 사람의 모양이라는 것은 바탕이 되는 것이다.

근본 바탕에 기운이 가득한바 충만한 기운으로 인해 바탕이 크지니 관대하고 넓은 기운인 즉 신이 온전하고 기운이 너그럽고 고요하면 신이 편안하며 얻고 잃음은 급하고 사나운 기운에서 부족해지고 기쁨과 노여움은 덕에서 비롯되는 그 신 이 부족해서 놀라 얼굴에 나타나게 되는 것이다. 이러한 사정에 따르는 상황들은 가늠하는 데 있어서 결정적인 기준이 되고있으니 중후하면 복이 있는 사람이다.

자질과 모양을 말미암아 가시가 없는 나무(쓰임이 있는 나무)와 가시가 있는 나무(쓰임이 없는 나무)는 서로 다르고 신 은 오히려 土가 되어 그릇을 다스리도록 사용되어지는 바 음성은 마치 마음의 형태와 같으므로 음성을 들은 연후에 그릇의 아름다움과 미움을 알 수 있는 것이다.

기운은 말과 같이 선악의 길을 달리고 있는 경우이니 착한 재능을 기르면 군자이고 착함은 덕을 맡아 주장하고 또 착함으로 마음의 지혜를 다스리는 것이고 착함으로 달리는 말을 지배하대 소인은 그 반대가 되나니 기국이라는 것은 얼굴과 몸체가 너그러운 것이 옳을 것이요 온화함으로 이어지는 것이 옳을 것이다.

무리들을 억제할 때는 굳셈이 옳을 것이요 겉은 맑은 것이 옳을 것이요 만물의 이치는 반듯함이 옳을 것이니 좁으면 도량이 넓지 못하고 어그러지면 화평스럽지 못하고 나약하면 의지가 굳세지 못하고 탁하면 맑지 못하고 한쪽으로 치우친 즉 반듯하지 못한 것이다.

기운의 깊음과 얕음을 보고 색을 살펴 성급함과 침착함으로 군자와 소인을 분별한다.

기운이 느긋하게 늘어나며 퍼지고 사납지 않고 온화하면 수명과 복이 있는 사람이요 몹시 성급하여 기운이 고르지 못하고 보이는 색에 또 더하여 사납기까지 하면 천한 소인이라 할 수 있으니 사람을 치료하는 말씀에 따르면 한번 내쉬고 한번 들이쉬는 것은 호흡을 한번 하는 것이니 보통 사람이 하루에 하는 호흡의 수는 일만 삼천오백번의 호흡을 하는 것이라 이제 사람의 호흡을 세밀히 살피건대 질병에 따라 호흡이 같지 않다.

급한 사람은 10번 호흡하고 느리면 7~8번 이하이며 살이 찌고 몸집이 큰 노인은 빠르고 마른 아이는 늦었다. 빨랐다. 고르지 않은 고로 마치 옛사람들이 두려워하며 하시던 말씀들의 이치를 아직까지 다하여 깨닫지 못하고 있다.

호흡은 얼굴의 겉 표면에 나타나는 길흉의 조짐이 된다.

내쉬는 호흡은 머리카락도 흩뜨리고 들이쉬는 숨은 기장쌀을 모으듯 하여야 모든 사람들이 바라는 모양을 갖추게 되며 건강하나니 진실로 자세히 그 의미를 살피지 않는다면 재난과 복을 살필 대가 없다.

기운이 나가고 들어가는 소리가 자신의 귀에 들리지 않아야 하고 혹 누워서 잠잘 때 숨 쉬는 소리가 조용한 사람은 거북이 숨(龜息)을 쉬고 있는 모양이다.

숨을 쉴 때 기운이 넘쳐 몸이 움직여지면 죽음이 가까워지는 조짐이다.

맹자는 매우 많은 녹봉을 돌아보지 않았으니 호연지기의 기운을 능히 기를 수 있었던 사람이다. 이익이라면 다투기를 좋아하여 연거푸 화를 내어 색이 내서워지는 사나운 기질의 사람에 대해 어찌 더 할 말이 있겠는가

시로 가로대 기는 형체의 근본이다. 현명함과 우둔함을 잘 살펴 보아야 하니 소인은 매우 다급하고 군자는 너그럽게 펴 나가기 때문이다.

사나워 어긋나면 재난이 미치는 상이요 생각이 깊고 빠뜨림이 없으면 넉넉한 복록의 상이다.

누가 임금을 도울 역량을 갖추고 있는지 알고 선입감 없이 남의 말을 들을 줄 아는 사람만이 끝없이 넓은 호수와 같은 도량을 갖춘 사람일 것이다.

발제에서 승장까지 좌측의 기운이 반듯하면 일백이십오 부분이 반

듯하다는 뜻이고 흑자(검은 점)는 모두 자세하게 보아서 그 골격의 기운을 도와주는 것은 참으로 묘하여 아름다운 것이다.

그런데 도와주고 방해하는 이러한 기운이 작용하는 검은 점의 이치가 알 수 없도록 신묘하다는 것이다.

爲下矣倘得有足處者則　生足用此一件亦爲中人小人矣敬斜
위 하 의 당 득 유 족 처 자 즉　생 족 용 차 일 건 역 위 중 인 소 인 의 기 사

也神者氣血所積而助也　不足主人相貌不正精神疲倦目亦少光
야 신 자 기 혈 소 적 이 조 야　부 족 주 인 상 모 부 정 정 신 피 권 목 역 소 광

氣色蹇濁爲　作事不通每事不能盡善且亦主夭　木聲多遠實嘹
기 색 건 탁 위　작 사 불 통 매 사 불 능 진 선 차 역 주 요　목 성 다 원 실 료

亮起喉間焦破應孤獨圓淸定有官　火聲焦且散亮响望中間定是
량 기 후 간 초 파 응 고 독 원 청 정 유 관　화 성 초 차 산 량 향 망 중 간 정 시

居官貴戚勳蔭子孫土聲沉重遠一响　衆人驚　若也多淫慾中年敗
거 관 귀 척 훈 음 자 손 토 성 침 중 원 일 향　중 인 경　약 야 다 음 욕 중 년 패

又興　金聲亮遠妙鑼破不堪聞貴在丹田起知君位最尊　水聲無散
우 흥　금 성 량 원 묘 라 파 불 감 문 귀 재 단 전 기 지 군 위 최 존　수 성 무 산

亂淸淨出群倫　若也微焦色中年破且傾男人聲如女人之聲則無
란 청 정 출 군 윤　약 야 미 초 색 중 년 파 차 경 남 인 성 여 여 인 지 성 즉 무

威重語不驚人終不能爲人用　女人聲如男人之聲則無柔順雄聲
척 중 어 불 경 인 종 불 능 위 인 용　여 인 성 여 남 인 지 성 즉 무 유 순 웅 성

惡人終不能爲貞靜五聲各得其正所以爲貴
악 인 종 불 능 위 정 정 오 성 각 득 기 정 소 이 위 귀

---

* 책에서는 좌측 부분이라 말을 하였지만 우측도 반듯한지 함께 살펴 보아야 함이 마땅할 것이다.
* 검은 점은 자세하게 살펴야 한다. 그것은 골격을 도와 상서로운 좋은 작용을 하는 것이 있는 반면 방해하는 검은 점도 있기 때문이다.

아래에 있는 것들 가운데 혹시 발아래 점이 있는 사람이 있다면 발을 사용하라는 한가지 조건을 갖고 태어났으나 역시 중인이나 소인에게 있는 것은 잘못된 것이다. 신 이라는것은 기혈이 쌓여 이루어진 바 부족한 사람의 생긴 모양은 정신이 피로하고 지친 듯 보이며 색깔이 윤택하지 못하고 고르지 못하여 탁한 모양이 된것이다.

일을 하여도 최선을 다하지 못하고 하는 일마다 막히고 주로 더불어 일찍 꺾이게 되는 것이다. 목구멍 사이로 올라오는 음성이 멀리까지 뻗치는 木성의 소리가 깨어지고 갈라지면 홀로 외로우며 둥글고 맑으면 벼슬을 한다.

타는듯이 흩어지는 火성의 소리가 밝게 진동하면 중간 정도의 벼슬을 살며 귀를 누리게 되고 나라에 공을 세운 음덕이 있으면 자손이 조상의 관직을 이어 받게 된다. 무겁게 가라앉은 소리가 멀리까지 진동하여 흩어지지 않고 하나로 울리면 土성의 음성이다. 만약 뭇사람들이 놀라도록 목소리가 매우 음란하다면 일어났더라도 중년에는 깨어진다.

또 金성의 소리는 악기와 같이 신기하도록 멀리까지 밝게 울리면 일어나고 깨어진 징소리가 나면 벼슬을 하여도 감당하지 못한다.

단전에서 일어나는 소리는 임금을 모시며 최고로 존경받는 사람이라는 것을 알아야 한다.

水성의 음성은 어지럽게 흩어지지 않으며 맑고 깨끗하면 많은 사람 가운데 뛰어난 사람이다. 만약 약간이라도 갈라지는 음색이라면 중년에 깨어져 기울며 남성이 만약 여성의 소리라면 위엄이 없으니 아무리 반복해서 말을 해도 두려워하지 않아 마침내 쓰이는 위인이 되지 못한다.

여인이 남성의 소리로 순하고 부드럽지 않은 웅장한 음성은 어긋나는 사람으로서 끝까지 능력이 없으므로 곧고 고요하여야 한다.

각 다섯 가지의 음성중 하나라도 갖추어 온전하게 얻었다면 반듯한 사람인 까닭으로 귀하게 될 것이다.

신간교정증석합병마의선생
신상편권지이 상골

新刊校正增釋合併麻衣先生神相編卷之二
相骨

夫骨節은 象金石하니 欲峻不欲橫이오 欲圓不欲粗라 瘦者난
부골절 상금석 욕준불욕횡 욕원불욕조 수자

不欲露骨이오 肉不輔骨而骨露이면 乃多難有禍之人也라
불욕로골 육불보골이골로 내다난유화지인야

肥者는 不欲露肉이라 沉滯之人也니 不欲滿이라 或滿而盛者
비자 불욕로육 침체지인야 불욕만 혹만이성자

는 乃是死人之相也라 骨與肉이 相稱하고 氣與血이 相應이니
내시사인지상야 골여육 상칭 기여혈 상응

骨寒而縮者는 不貧則夭라 謂背橫而體偏하고 骨寒而肩縮이니
골한이축자 불빈즉요 위배횡이체편 골한이견축

大凡物有不全하야 貧則壽하고 富則夭라 故로 曰 不貧則夭라
대범물유부전 빈즉수 부즉요 고 왈 불빈즉요

日角之左와 月角之右에 有骨直起하면 爲金城骨이니 位至三
일각지좌 월각지우 유골직기 위금성골 위지삼

公이오 印堂에 有骨이 上至天庭하면 名天柱오
공 인당 유골 상지천정 명천주

骨이 從天庭貫頂하면 名伏犀骨이라 位至公卿이오
골 종천정관정 명복서골 위지공경

雖有奇骨이나 亦須其色相稱이라야 方成其器니 苟諸位不稱
수유기골 역수기색상칭 방성기기 가제위불칭

하면 雖富貴而不堅也라
수부귀이불견야

面上에 有骨卓起를 名顴骨이니 主權勢라 顴骨이 相連入耳를
면상 유골탁기 명관골 주권세 관골 상연입이

名玉梁骨이니 主壽考오 自臂至肘를 爲龍骨이니 象君이라
명옥량골 주수고 자비지주 위용골 상군

欲長而大오 自肘至腕을 名虎骨이니 象臣이라 欲短而細라
욕장이대 자주지완 명호골 상신 욕단이세

骨欲峻而舒하고 圓而堅하고 直而應하고 節緊而不粗는 皆堅
골 욕 준 이 서　　　원 이 견　　　직 이 응　　　절 긴 이 부 조　　　개 견

實之相也오 顴骨入鬂을 名驛馬骨이오 左目上曰 日角骨이오
실 지 상 야　　관 골 입 빈　　명 역 마 골　　　좌 목 상 왈　일 각 골

右目上曰 月角骨이오 骨齊耳 爲將軍骨이오 磽曰圓을 謂龍
우 목 상 왈　월 각 골　　　골 제 이　위 장 군 골　　　교 일 원　　위 용

角骨이오 兩溝外曰 巨鰲骨이오 額中正兩邊이 爲龍角骨이오
각 골　　양 구 외 왈　거 오 골　　　액 중 정 양 변　위 용 각 골

又曰骨不聳兮且不露오 又要圓淸兼秀氣라 骨爲陽兮肉爲陰
우 왈 골 불 용 혜 차 불 로　　우 요 원 청 겸 수 기　　골 위 양 혜 육 위 음

이니 陰不多兮陽不附라 若得陰陽骨肉均하면 少年不貴면 終
　　음 불 다 혜 양 불 부　　약 득 음 양 골 육 균　　　소 년 불 귀　　종

身富라 骨聳者는 夭하고 骨露者는 無力이며 骨軟弱者는
신 부　　골 용 자　요　　　골 로 자　　무 력　　　골 연 약 자

壽而不樂하고 骨橫者는 凶하고 骨輕者는 貧賤하고 骨俗者는
수 이 불 낙　　골 횡 자　흉　　　골 경 자　빈 천　　　골 속 자

愚濁이오 骨寒者는 窮薄하며 骨圓者는 有福하고 骨孤者는
우 탁　　골 한 자　궁 박　　　골 원 자　유 복　　　골 고 자

無親이라 又云木骨瘦而靑黑色하고 兩頭粗大면 主多窮厄이오
무 친　　우 운 목 골 수 이 청 흑 색　　　양 두 조 대　　주 다 궁 액

水骨이 兩頭尖하면 富貴不可言이오 火骨이 兩頭粗면 無德
수 골　양 두 첨　　부 귀 불 가 언　　　화 골　양 두 조　　무 덕

賤如奴오 十骨大而皮粗厚면 子多而又富하고 肉骨堅硬하며
천 여 노　십 골 대 이 피 조 후　　자 다 이 우 부　　육 골 견 경

壽而不樂이라 或有旋生頭角骨者則 享晩年福祿하고 或旋生
수 이 불 낙　　혹 유 선 생 두 각 골 자 즉　향 만 년 복 록　　　혹 선 생

頤額者則 晩年至富也라 詩曰 貴人骨節細圓長이니 骨上無筋
이 액 자 즉 만 년 지 부 야　　시 왈　귀 인 골 절 세 원 장　　　골 상 무 근

　무릇 뼈는 금석과 같으니 옆으로 튀어나오지 않고 높은 듯 아름다
워야 한다.

　거칠게 크지 않고 둥글어야 하며 마른사람은 뼈가 튀어 나오지 않
아야 한다. (살비듬이 뼈를 포근하게 감싸주지 못하면 뼈가 드러났다고 하며
이러한 사람은 많은 어려움과 재난이 있는 사람이다.)

　살이 찐 사람은 살비듬이 드러나지 않아야 한다. (막혀서 가라앉은 사
람의 상이니 꽉 차면 안 된다. 혹 지나치게 비대한 사람은 수명이 길지 못한 사
람의 모양이다.)

　뼈와 살비듬이 서로 균형을 이루어야 기와 혈이 서로 주고받으니
살비듬이 적어 뼈만이 솟거나 어깨가 좁은 사람은 가난하지 않으면
일찍 꺾인다. (가로로 생기거나 몸이 한쪽으로 치우친 것을 등졌다 이르고 뼈
가 드러나서 넉넉하지 못하고 어깨가 좁은 모양을 이르니 전체적으로 이렇게 생
긴 모든 사물은 온전하지 못한 것이며 가난하면 오래살고 부유하다면 일찍 꺾이
는 고로 가로대 가난하지 않은 즉 일찍 꺾인다.)

　왼쪽의 일각과 오른쪽의 월각이 바르게 솟아 일어나면 금성골을
이루었으니 지위가 삼공(벼슬의 품계)에 이른다.

　풍륭한 인당이 위로 솟아 천정까지 이르면 이름 하여 천주 골이요

솟아 정수리와 이어진 것은 이름 하여 복서 골이며 지위가 공경에 이른다.(이러한 골격은 모름지기 보통과 다른 골격으로서 더하여 색과 빛이 조화를 이룬다면 크게 이루는 골격이나 진실로 모든 부위가 대칭을 이루지 못하면 부귀가 굳건하지 못하다.)

얼굴 위에서 탁월하게 일어나 얼굴을 살려주는 뼈를 관골이라 하며 권세를 주장한다.

관골이 서로 이어져 귀까지 이른 골격을 옥양 골이라 부르니 주로 오래 살게 된다. 팔에서 팔꿈치 까지를 용골이라 하여 크고 길어야 좋은 주군의 상이다. 팔꿈치에서 손목까지는 이름 하여 호골 이라 부르니 신하의 상으로 가늘고 짧아야 한다.

* 팔을 나누어 팔꿈치 까지를 용골이라 하고 팔꿈치에서 손목까지를 호골 이라 부릅니다. 용골을 임금이라 간주 한고 호골은 신하로 간주하였을 때 용골이 호골보다 길어야 강한 임금을 신하가 섬기는 것으로써 모든 일들이 순리적으로 돌아가겠으나 호골이 길어 신하가 강하다면 약한 임금으로서 바른 정사를 펴기 어려우니 어긋나게 되는 것입니다. 이는 용골과 호골의 조화로움을 설명한 것으로써 용골이 길어야 온전한 모양이 된다는 것을 임금과 신하의 예를 들어 설명하였습니다.

뼈는 우아하게 조화를 이루어야 하고 둥글고 단단하고 바르게 갖추어지고 마디가 거칠지 않고 굳게 결속되어져 있는 것은 모두가 미덥고 확실한 상이다.

관골을 향해 내려오는 빈발이 나 있는 부분을 이름 하여 역마골이라 부르고 왼쪽 눈 윗부분 일각 골이요 오른 눈 윗부분은 월각 골이다.

한가운데(중정부분) 풍륭하게 솟은 뼈는 장군 골이되고 태양처럼 둥글고 단단한 것은 용각골 이라 이른다.

가운데 생긴 골을 중심으로 양 가장자리의 것을 거오골이라 이르고 이마 중정을 중심으로 양 옆이 용각골과 호각골이 된다.

 * 원래 양쪽 대칭이 되도록 똑같이 생겨야 합니다.

또 더불어 말하면 뼈가 솟거나 또 드러나지 않고 맑고 둥글어야 하는 것이 중요하며 이러한 것이 갖추어져 있다면 순수하고 빼어난 기운을 가진 사람이다.

뼈를 양이라 한다면 살비듬을 음이라 하니 살비듬은 많지 않아야 하지만 뼈에 달라붙어 있으면 안 된다.

 * 즉 비쩍 말라 수척하여 피골(살비듬과 뼈)이 상접하면 안 된다는 것입니다.

만약 음양을 얻어서 뼈와 살비듬이 고르다면 어렸을 때 부터 귀하지 않으면 생을 마감할 때까지 부자로 살아간다.

뼈골이 툭 불거진 사람은 일찍 꺾이고 뼈골이 드러난 사람은 힘쓰지 못하며 뼈골이 약하여 굳세지 못한 사람은 오래 살지만 안락하지 못하고 뼈골이 가로로 솟은 사람은 흉하고 뼈골이 가벼운 사람은 천하게 가난하고 뼈골의 격이 낮아 비속한 사람은 어리석고 탁하여 지혜롭지 못하다.

살비듬이 부족하여 뼈골이 춥게 보이는 사람은 몹시 곤궁하며 원만한 골격을 가진 사람은 복이 있고 뼈골이 외로워 보이는 사람은 화목한 사람이 없는 것이다.

또 말하면 木형의 골격이 파리하고 수척하여 검푸른 색의 피부색과 머리의 양쪽 부분이 빈 듯 크면 주로 많은 재액으로 인하여 가난함으로 그친다.

水성의 골격이 양쪽 머리가 뾰족한 사람에게 부귀란 말은 옳지 않다.

火성의 골격이 양쪽 머리가 비어 있으면 덕스러움이 부족한 천한 노비이다.

土성의 골격이 크고 피부도 매우 두터우면 자손이 많고 넉넉하며 살과 뼈가 매우 단단하게 굳으면 오래 살지만 안락하지 못하다.

혹 머리가 두루 돌아 원을 그린 듯 둥글게 드러난 사람이라면 나이가 들수록 형통하여져 복록이 있고 혹 이마와 턱이 원을 그린 듯 둥글게 나타난 사람은 나이가 들수록 넉넉한 부자가 된다.

시로 가로대 귀인의 골격은 마디가 둥글고 가늘며 길게 빼어나 뼈 위에 힘줄이 없고 살비듬에서 좋은 냄새가 난다.

주군이 되는 골격과 신하가 되는 골격이 서로 도와 거두어들이면 근심이 없고 지위가 없어도 하늘이 주는 재물로 먹고 살게 된다.

* 팔을 나누어 팔꿈치까지의 길이가 손목까지의 길이보다 길 다면 관직을 갖지 못해도 의식주는 걱정이 없다는 말입니다.

뼈가 거칠고 어긋나 섬세하지 못한데 어찌 옷과 음식을 풍요롭게 얻을 수 있으리오.

봉록을 받는 지위와 인연이 없고 또 구하지도 못한다.

용골과 호골이 모름지기 서로 겨루어 속이고 빠뜨리지 않아야 하며 뼈 위의 힘줄이 노끈처럼 서로 얼켜 있으면 신분이 낮아 계속되는 근심을 참고 견디어야 한다.

* 팔의 온전한 모양새를 설명하고 있습니다.

* 팔꿈치까지의 용골이 손목까지의 호골 길이 보다 길어야 하고 또 팔뚝에 푸른 힘줄이 억세게 드러나면 거친 삶을 살게 된다는 이치를 설명 하였습니다.

* 오복(五福)이란 : 수명, 부, 강녕, 고종명, 유호덕(壽命, 富, 康寧, 考終命, 攸好德)

相肉
상육

肉所以生血而藏骨이니 其象이 猶土라 生萬物而成萬物者也
육소이생혈이장골　기상　유토　생만물이성만물자야

니 豐不欲有餘오 瘦不欲不足이라 有餘則陰勝於陽이오
풍불욕유여　수불욕불족　유여즉음승어양

不足則陽勝於陰이라 陰陽相勝을 謂一偏之相이니 肉以堅而實
부족즉양승어음　음양상승　위일편지상　육이견이실

하고 直而聳하며 肉不欲在骨之內라 爲陰不足이오 骨不欲生
직이용　육불욕재골지내　위음부족　골불욕생

肉之外라 爲陽有餘也니 故로 曰人肥則氣短하고 馬肥則氣喘
육지외　위양유여야　고　왈인비즉기단　마비즉기천

이라 是以로 肉不欲多며 骨不欲少也니 暴肥氣喘이면 速死
시이　육불욕다　골불욕소야　폭비기천　속사

之兆오 肉不欲橫이니 橫則性剛而傾이오 肉不欲緩이니 緩則
지조　육불욕횡　횡즉성강이경　육불욕완　완즉

性柔而有滯며 肥不欲亂紋露니 露滿者는 近死之兆오
성유이유체　비불욕난문로　로만자　근사지조

肉欲香而煖이며 色欲白而潤이며 皮欲細而滑이니 皆美質也오
육욕향이난　색욕백이윤　피욕세이활　개미질야

色昏而枯하고 皮黑而臭하고 疣多如塊면 非令相也라 若夫神
색혼이고　피흑이취　우다여괴　비영상야　약부신

不稱枝幹하고 筋不束骨하고 肉不居體하고 皮不包肉하면
불칭지간　근불속골　육불거체　피불포육

速死之應也라 詩曰 貴人肉細滑如苔니 紅白光凝富貴來라
속사지응야　시왈　귀인육세활여태　홍백광응부귀래

揣着如綿兼又煖하면　一生終是少凶災라　肉緊皮粗最　堪이니
췌 착 여 면 겸 우 난　　일 생 종 시 소 흉 재　　육 긴 피 조 최　감

急如繃鼓命難長이라　黑多紅少須多滯오　遍體生毛性急剛이라
급 여 붕 고 명 난 장　　흑 다 홍 소 수 다 체　　편 체 생 모 성 급 강

欲識貴人公輔相인대　芝蘭不帶自然香이라
욕 식 귀 인 공 보 상　　지 란 불 대 자 연 향

　살비듬은 뼈를 감싸고 피를 만드는바 그 바탕의 근원은 土로 말미
암는다.

　모든 만물이 태어나고 자라는 곳이 흙이니 남아돌면 안 되고 풍요
로워야 한다.

　아무리 말라서 수척하여도 부족하면 안 된다.

　남아돈다는 것은 음이 양을 이기는 것이요 부족하다는 것은 양이
음을 이기는 것이다. 음이든 양이든 어느 하나가 이기는 모양은 한쪽
으로 치우친 모양으로서 살비듬은 진실로 가득 차 튼튼하고 바르게
솟아야 하며 뼛속에 살이 있으면 음이 부족한 것이 되어 안 된다.

　살비듬 밖으로 뼈가 나와 있으면 양이 남아도는 것이 되어 고로 살
찐 사람인즉 기가 짧다고 말하고 말처럼 살이 찌면 숨을 쉴 때 헐떡
거린다.

　그러므로 살이 많지 않아야 하며 뼈가 부족하면 안 되니 갑자기 살
이 쪄 숨을 헐떡이면 죽을 날이 멀지 않을 조짐이요 살비듬이 옆으로
퍼지지 않아야 한다는 것은 가로 모양인즉 굳센 성품이 기울어진 것
이요 살비듬이 늘어지지 않아야 하니 늘어 졌다는 것은 성품이 여리
고 물러서 막힌다는 것이며 살이 찐 곳에 보잘것없는 주름이 어지러

이 드러나지 않아야 하니 어지러이 드러나 가득한 사람은 죽음이 가까워진 조짐이다.

피부가 따뜻하고 또 풍기는 냄새가 좋고 피부의 색이 희고 윤택하며 섬세하고 매끄러운 것은 모두가 아름다운 근원의 바탕이 된다.

피부가 여러 가지의 색이 섞이고 말라서 살비듬이 검고 냄새가 좋지 못하고 하나하나의 사마귀가 뭉친 것 같이 많으면 천명을 받들지 못하는 상이다.

만약 줄기와 가지가 제대로 생기지 못해서 신이 고르지 못하고 힘줄이 뼈를 감아 돌지 않고 적절한 살비듬으로 몸을 이루지 못하고 살가죽이 살비듬을 포근하게 감싸지 못하면 급속한 죽음을 맞이하게 된다.

시로 가로대 귀한 사람의 살비듬은 섬세하고 이끼와 같이 매끄러우며 건강하게 붉고 윤택한 흰 빛이 응결되어 빛나므로 부와 귀를 맞이하여 누리는 것이다.

붙어있는 살비듬이 솜을 넣은 것과 같고 또 따뜻하면 일생 끝날 때까지 흉한 재난이 적을 것이다.

살비듬이 굳게 얽힌 살가죽으로 매우 거친것은 최고로 견디어 내기 어려우니 찢어진 북을 급속하게 감아 쓰는 것처럼 목숨을 오래하기 어렵다.

피부색이 검은 기운이 많고 붉은 기운이 적으면 모름지기 많이 막히는 것이오 얇은 몸에 털이 무성하게 자라나오면 성정이 매우 굳세고 격렬하다.

공후를 도우는 귀인의 상을 알고자 하건대 지초와 난초가 풍기는 좋은 냄새가 저절로 나는 것이 아니라는 것을 알아야 할것이다.

　* 임금을 도우는 귀인의 상은 저절로 되는 것이 아니라 모든 면이 어우러져 조화를 이루었을 때만이 갖추어진다 말입니다.

　* 지란은 지초와 난초를 함께 이르는 말로써 참으로 품격과 덕을 갖춘 군자에 비유 하였습니다.

相頭
상두

頭者는 一身之尊이니 百骸之長이오 諸陽之會며 五行之宗이라
두자　일신지존　　백해지장　　제양지회　오행지종

居高而圓은 象天之德也며 其骨은 欲豊而起하고 欲峻而凸이며
거고이원　상천지덕야　기골　욕풍이기　욕준이철

皮欲厚額欲廣이라 短則欲厚오 長則欲方이니 頂凸者는 高貴
피욕후액욕광　단즉욕후　장즉욕방　정철자　고귀

하고 陷者는 夭壽하며 皮薄者는 主貧賤이오 頭有肉角者는
함자　요수　피박자　주빈천　두유육각자

主大貴하고 右陷者는 損母하고 左陷者는 損父오 耳後有骨을
주대귀　우함자　손모　좌함자　손부　이후유골

名曰 壽骨이니 起者는 長年하고 缺陷者는 壽夭하며 太陽穴에
명왈수골　기자　장년　결함자　수요　태양혈

有骨을 名曰 扶桑骨이오 又兩耳上有骨을 名曰 玉樓骨이니
유골　명왈부상골　우양이상유골　명왈옥루골

並主富貴라 行不欲搖頭오 坐不欲低首니 皆貧賤之相이라
병주부귀　행불욕요두　좌불욕저수　개빈천지상

詩曰 父母難爲左右偏이오 爲官享壽自延年이라 髮疎皮薄皆
시왈 부모난위좌우편　위관향수자연년　발소피박개

　　머리라는 것은 몸에서 제일 높은 것이니 백개의 뼈 가운데 가장 우
수하고 모든 양 기운이 이곳에서 만나게 되며 오행을 갖추어 가장 으
뜸이 되는 것이다.

　　높고 둥글게 있어야 하는것은 하늘의 덕을 닮은 모양이어야 하며
그 뼈(머리)는 풍륭하게 일어나고 아름답게 돌출되며 피부는 두텁고
이마는 넓어야 한다.

　　짧다면 두터워야 할 것이요 길 다면 모가 난듯 해야하며 정수리가
돌출된 사람은 귀함이 높고 꺼진 사람은 수명이 짧을 것이며 피부가
얇은 사람은 주로 신분이 낮고 가난할 것이다.

　　머리에 각이진 살비듬이 있는 사람은 주로 크게 귀하고 오른쪽이
꺼진 사람은 어머니를 잃어버리고 왼 쪽이 꺼진 사람은 아버지를 잃
어버리는 것이다.

　　귀 뒤의 뼈를 수골이라 이름 하니 수골이 일어난 사람은 오래살고
이지러지거나 꺼진 사람은 수명이 짧으며 태양혈에 있는 뼈는 이름
하여 부상 골이라 한다.

　　* 扶桑(부상) : 동쪽 바다의 해가 뜨는 곳을 비유하여 매우 신비로운 부위로 여겼습
　　니다.

　　또 양쪽 귀 윗부분의 뼈를 이름 하여 옥루 골이라 부르니 부와 귀를
함께 주재한다.

걸을 때는 머리를 흔들지 말아야 하고 앉아서는 머리를 낮게 숙이지 말아야 하니 모두가 신분이 낮은 가난한 상이다.

시로 가로대 왼 쪽이든 오른쪽이든 어느 한쪽으로 치우치면 부모가 어렵고 치우치지 않고 반듯하면 벼슬을 누리게 되고 수명도 매년 늘어나게 된다.

머리털이 성기고 피부가 얇으면 모두가 가난한 상이고 왼 쪽이든 오른 쪽이든 어느 한쪽으로 기울면 부모가 어렵다.

* 이 부분은 중복되는 부분이기도 합니다.

머리 위 부분에 골격이 생겨 각이져 있으면 전쟁에 임하여도 공을 세워 제후의 벼슬을 받게 된다.

뇌의 뒷부분이 볼록하게 이어지면 부와 귀가 두루 흐르고 다시 더하여 침골(뒤 목덜미 위)이 일어나 있으면 끝날 때까지 복을 누린다함이 옳을 것이요 위가 좁고 아래가 짧으면 신분이 낮은 사람의 머리 모습인 것이다.

相額
상액

額爲火星이라 天庭天中司空之位 俱在於額하니 爲貴賤之
액위화성　　　천정천중사공지위　구재어액　　위귀천지

府也라 其骨은 欲隆이나 然而起聳而潤하고 五柱入頂하면
부야　기골　욕룡　연이기용이활　　오주입정

貴爲天子오 其峻이 如立壁하고 其廣이 如覆肝하며 明而潤
귀위천자　기준　여입벽　기광　여복간　명이윤

하고 方而長者는 貴壽之相也오 左偏者는 損父하고 右偏者
방이장자　귀수지상야　좌편자　손부　우편자

는 損母也라 詩曰 額前聳起隆而厚면 決定爲官爵祿升이라
손모야　시왈 액전용기융이후　결정위관작록승

左右偏虧眞賤相이니 少年父母主分離라 髮際豊隆骨起高면
좌우편휴진천상　소년부모주분리　발제풍융골기고

能言能語性英豪라 天倉左右豊而貴오 日月角起主官曹라
능언능어성영호　천창좌우풍이귀　일월각기주관조

中正骨起二千石이오 陷時兒女主悽惶이라 女人此相須重嫁오
중정골기이천석　함시아녀주처황　여인차상수중가

男雖有祿退朝堂이라 印堂潤澤骨起高면 少年食祿掌功曹라
남수유록퇴조당　인당윤택골기고　소년식록장공조

仰月文星額上貴오 面圓光澤逞英豪라
앙월문성액상귀　면원광택령영호

이마를 화성이라 이른다. 천정 천중 사공의 자리가 함께하는 곳이
이마의 부위이니 귀하고 천함이 있는 곳이다.

그 骨(이마)는 솟아야 하나 저절로 자연스럽게 일어나 윤택하여야

하고 다섯 개의 기둥으로 이루어진 골격이 정수리와 이어지면 천자에 이르고 그 아름답게 빼어난 기운이 벽처럼 반듯하게 서서 움직이지 않고 넓으며 간을 엎어 놓은 듯 앞으로 솟아 일어나고 밝고 윤택하게 모가난듯 우수하게 잘 생긴 사람은 귀한 신분으로 오래 살 수 있는 상이다.

왼쪽으로 치우친 사람은 아버지를 여의고 오른쪽으로 치우친 사람은 어머니를 여읜다. 시로 가로대 이마 앞이 솟아 융성하게 일어나고 두터우면 벼슬과 녹봉이 오른다는 것이 이미 정해져 있다.

발제(머리가 시작된 부분)가 풍륭하게 일어나 높으면 생각이나 느낌을 음성이나 문자로 전달하는 수단과 체계에 능력이 있는 성품으로서 뛰어난 인물이다.

천창 좌 우가 풍륭하면 귀하고 일 월각이 일어나면 주로 관리가 된다.

중정의 골격이 일어나면 이천석이요 아이와 여자가 가라앉았을 때는 주로 두려움에 황급하여 경황이 없다.

여인이 이러한 모양이면 모름지기 거듭하여 시집을 가고 남자는 모름지기 조정에서 물러나도 살 수 있는 녹을 갖추고 있어야 한다. (언제나 관직에서 물러날 수 있으니 준비하고 있으라는 말입니다.)

인당이 윤이 나고 뼈가 일어나 아름다우면 어려서 맨손으로 공을 세운 관리가 되어 녹봉을 받는다.

이마에 앙월(우러른 달) 모양의 골격이 있으면 높은 벼슬에 오르고 얼굴이 원만하고 빛이 나면 용감하고 뛰어난 성품을 가진 인물이다.

列百部之靈居하고　通五腑之神路하며　推三才之成象하야　定
열 백 부 지 영 거　　　통 오 부 지 신 로　　　추 삼 재 지 성 상　　　정

一身之得失者는　面也라 故로　五嶽四瀆은　欲得相朝며
일 신 지 득 실 자　　면 야　고　　　오 악 사 독　　　욕 득 상 조

三停諸部는　欲得豊滿也니　貌端神靜氣和者는　乃富貴之基也
삼 정 제 부　　욕 득 풍 만 야　　모 단 신 정 기 화 자　　내 부 귀 지 기 야

오　若夫欹斜不正하고　傾側缺陷하며　色澤昏翳하고　氣貌醜惡者
　　약 부 의 사 부 정　　　경 측 결 함　　　색 택 혼 예　　　기 모 추 악 자

는　貧賤之相也라　是以로　面色이　白如凝脂하고　黑如漆色하며
　　빈 천 지 상 야　　시 이　　면 색　　백 여 응 지　　　흑 여 칠 색

黃如蒸栗하고　紫如絳繪者는　皆大富貴오　若面色이　赤暴如火者
황 여 증 율　　　자 여 강 회 자　　개 대 부 귀　　약 면 색　　적 폭 여 화 자

는　命短卒亡하고　毛色이　茸茸昏濁하고　枯燥無風하며　似有
　　명 단 졸 망　　　모 색　　용 용 혼 탁　　　고 조 무 풍　　　사 유

塵埃면　主貧夭死하고　面色이　怒變靑藍者는　毒害之人이오
진 애　　주 빈 요 사　　　면 색　　노 변 청 람 자　　독 해 지 인

面作三拳者는　男主剋子而貧하고　女主剋夫而賤하니　面如滿月
면 작 삼 권 자　　남 주 극 자 이 빈　　　여 주 극 부 이 천　　　면 여 만 월

하야　淸秀而神彩射人者는　謂之朝霞之面이니　男主公侯卿相
　　　청 수 이 신 채 사 인 자　　　위 지 조 하 지 면　　　남 주 공 후 경 상

이오　女主后妃夫人이며　面皮厚者는　性純而孝하고　面皮薄者
　　　여 주 후 비 부 인　　　면 피 후 자　　성 순 이 효　　　면 피 박 자

는　性敏而貧하며　身肥面瘦者는　命長性緩하고　身瘦面肥者는
　　성 민 이 빈　　　신 비 면 수 자　　명 장 성 완　　　신 수 면 비 자

命短性急이며 面白身黑者는 性易而賤하고 面黑身白者는
명단성급　　　　면백신흑자　　　성이이천　　　　면흑신백자

性難而貴라 故로 面如黃瓜者는 富貴榮華하고 面如靑瓜者는
성난이귀　　고　　면여황과자　　　부귀영화　　　면여청과자

賢哲堪誇也라 詩曰 鼻梁高起豈尋常고 紋促中年壽不長이라
현철감과야　시왈　비량고기기심상　　　문촉중년수불장

地閣豊圓田地盛이오 天庭平濶子孫昌이라 又云對面不見耳는
지각풍원전지성　　　천정평활자손창　　　우운대면불견이

問是誰家子며 (主大貴) 對面不見腮는 此人何處來오 (主大不好)
문시수가자　　주대귀　대면불견시　　차인하처래　　주대불호

又云 面粗身細人之福이오 面細身粗一世貧이라 縱有玉樓無
우운　면조신세인지복　　　면세신조일세빈　　　종유옥루무

縱髮이면 一生無義亦無親이라
종발　　　일생무의역무친

나누어진 모든 부위가 신비로운 기운에 쌓여있고 몸속 내장의 신이 통하는 길로서 천 인 지 삼재로 이루어진 모양이 밀어주는데 따라 한 몸의 얻음과 잃음이 사람에 따라 정해져 있는 것이 얼굴이다.

고로 얼굴에 있어서의 오악(다섯 개의 산악)과 사독(네 가지의 물독)은 서로서로 도울 수 있어야 하며 삼정에 속하는 모든 부위는 풍륭하게 가득 차야 하니 모양이 단정하고 신 이 고요하고 기운이 화평한 사람은 부와 귀의 바탕이 이루어져 있는 것이다. 만약 반듯하지 못하여 기울어지거나 이지러지고 꺼져서 어두운 색으로 윤택함을 가리고하여 아주 못생긴 모양의 기운을 가진 사람은 신분이 낮아 가난한 사람의 모양이다.

* 본바탕의 기운을 담고 있는 얼굴의 모양이 결함이 많아 아주 못생긴 사람을 지칭한다. (못생겼다고 생각하는 의미는 관상학적인 의미에 바탕을 둡니다.)

이로써 얼굴의 색이 지방이 응결된 것처럼 희고 옻칠을 한 것처럼 검거나 수증기에 밤을 찐 것처럼 누렇고 진홍빛 비단과 같은 자색의 사람은 모두가 큰 부자요 귀인이라 함이 옳을 것이다.

만약 불빛과 같은 사나운 적색의 사람은 목숨이 짧거나 갑자기 망하고 몸에 난 털들이 풀이 우거지듯 무성하여 어둡고 흐리며 바람 한 점 없이 뜨거운 기운에 바짝마른 듯하며 티끌과 먼지가 쌓여 때가 낀 것과 같으면 주로 가난하고 일찍 꺾이며 얼굴이 성내면 쪽빛과 같이 푸르게 변하는 사람은 독하여 해로운 사람이다.

주먹 세 개 정도로 길이가 긴 사람은 남자는 주로 자식을 이기고 가난하며 여자는 주로 남편을 이기고 몰상식하니 얼굴이 보름달처럼 둥글고 신 이 맑게 빼어나고 쏘는 빛이 고운 사람은 아침놀의 얼굴이라 이르니 남자는 주로 공 후 경(귀족이나 관직에 해당하는 직급)의 벼슬에 오르고 여인은 주로 후 비 부인(황후, 비빈, 사대부의 정경부인)이 되며 얼굴의 피부가 두터운 사람은 꾸밈이 없는 성정으로 부모에게 효도하고 얼굴의 피부가 얇은 사람은 재빠른 성정이지만 가난하며 몸이 살찌고 얼굴이 마른 사람은 목숨이 길고 성정도 느리고 신체가 마르고 얼굴이 살찐 사람은 목숨이 짧고 성정은 급하며 얼굴이 희고 몸이 검은 사람은 쉽게 변하는 성정으로 천하고 얼굴이 검고 몸이 흰 사람은 성정은 깐깐하지만 귀한 사람이다. 그런고로 얼굴이 신선한 누런 열매와 같은 사람은 부귀영화를 누릴 것이고 신선한 푸른 열매와 같은 사람은 어질고 사리에 밝으니 칭찬받아 마땅할 것이다.

시로 가로대 콧대가 높게 일어난 사람을 어찌 예사스러운 사람이라고 할 수 있겠는가. 주름이 촘촘히 있으면 중년을 재촉하여 수명을 오래하지 못한다.

지각이 원만하게 풍륭하면 많은 토지를 소유할 것이며 천정이 고르고 넓은 사람은 자손이 번창할 것이다.

또 가로대 마주보아 귀가 보이지 않는 사람은 어느 가문의 자손인지 물어올것이며(주로 아주 귀한 가문의 자손) 마주보아 턱이 보이지 않는 사람은 어디서 왔는지(주로 매우 좋지 못한 사람) 물어볼 것이다

또 가로대 얼굴이 보통이고 몸이 섬세하게 잘 생긴 사람은 복이 있는 사람이요 얼굴이 섬세하게 잘 생기고 몸이 거친 사람은 일생동안 가난한 사람이다.

이어서 옥루골에 빈발이 나지 않은 사람은 일생 예의를 모르고 역시 가까이 하는 친한 사람이 없다.

論眉
논미

夫眉者는 媚也니 爲兩目之翠蓋며 一面之儀表오 日謂目之彩
부미자　미야　위양목지취개　일면지의표　일위목지채

華라 主賢愚之辨也니 故로 眉欲淸而細하고 平而潤하고
화　주현우지변야　고　미욕청이세　평이활

秀而長者는 性乃聰明也오 若夫粗而濃하고 逆而亂하고
수이장자　성내총명야　약부조이농　역이난

短而蹙者는 性乃兇頑也오 且眉過眼者는 富貴하고 短不覆眼
단이척자　성내흉완야　차미과안자　부귀　단불복안

者는 乏財窮逼이오 昂者는 氣剛하고 卓而竪者는 性豪하며

尾垂下者는 性懦하고 眉頭交者는 貧薄妨兄弟하며 眉逆生者

는 不良妨妻子하고 眉骨稜起者는 凶惡多滯며 眉中黑子者는

聰貴而賢하고 眉高居頭中者는 大貴하고 眉中生白毫者는 多壽

하며 眉上多直理者는 富貴하고 眉上多橫者는 貧苦하며

眉上有缺者는 多姦計하고 薄如無者는 多狡佞이라 是以로

眉高聳秀하면 威權祿厚하고 眉毛長垂하면 高壽無疑며 眉毛

潤澤하면 求富易得이오 眉交不分하면 早歲歸墳하며 眉如角

弓이면 性善不雄하고 眉如初月하면 聰明超越이오 垂垂如絲

하면 貪淫無子하고 彎彎如蛾하면 好色唯多오 眉長過目하면

忠直有祿하고 眉短於目하면 心性孤獨이오 眉頭交錯하면

兄弟各屋하고 眉毛細起하면 不賢則貴오 眉角入鬢하면 爲人

聰俊하고 眉毛旋毛면 兄弟同胞오 眉毛婆娑면 男小女多하고

眉覆眉仰은 兩目所仰이오 眉若高直하면 身當淸職하고 眉頭

무릇 눈썹이라는 것은 얼굴을 아름답게 해주는 것이니 두 눈을 푸르게 덮으며 한 얼굴의 겉모양이다.

또 눈을 더욱 아름답고 빛나게 하는 무늬이다.

주로 지혜로움과 어리석음을 분별하는 고로 눈썹은 섬세하고 맑아야 하며 고르게 넓고 빼어나게 긴 사람은 무슨 일이라도 잘 통하여 아는 성품이다.

만약 눈썹이 거칠거나 짙고 거꾸로 나거나 어지럽게 흩어져 있거나 짧거나 쭈그러진 사람은 성정이 흉악하고 고집이 세어 무디고 둔하다.

또 눈썹이 눈을 지나는 사람은 부귀하고 눈을 덮지 못한 사람은 재물이 가난하고 구차하여 고달프다.

바르게 높이 떠 밝은 눈썹은 기운이 굳세고 높이 서있는 눈썹은 성품이 걸출하며 눈썹 끝이 아래로 드리워진 사람은 성품이 무기력하고 눈썹 머리가 서로 이어진 사람은 매우 가난하고 형제를 방해하며 눈썹이 거꾸로 일어난 사람은 불량스러워 아내와 자식을 방해하고 눈썹 뼈가 일어난 사람은 거칠어서 막힘이 많으며 눈썹 가운데 검은 점이 있는 사람은 영리하고 귀하며 착하고 눈썹이 높이 떠 이마 가운데 있는 사람은 큰 귀를 누리고 눈썹 가운데 하얀 털이 생겨난 사람은 오래 살며 눈썹 위에 세로 주름이 많이 있는 사람은 부귀하고 눈썹 위에 가로의 주름이 많은 사람은 가난하여 고생하며 눈썹 위가 망그러진 사람은 간사한 계략이 많고 없는 것처럼 엷은 사람은 매우 교활하여 속임이 있다.

이로써 눈썹이 높게 솟아 빼어나면 위엄과 권세가 있어 봉록이 두터울 것이며 눈썹털이 길어 드리워지면 80장수는 의심이 없으며 눈썹 털이 윤택하면 재물을 구하여도 쉽게 얻을 것이다.

눈썹이 서로 이어져 나누어지지 않으면 젊은 나이에 무덤으로 돌아갈 것이며 눈썹이 활처럼 각이 지면 성품이 착하고 거칠지 않고 눈썹이 초승달과 같으면 총명하여 뛰어넘는다.

눈썹이 길어서 아래로 실같이 드리워지면 음란함이 지나쳐 자식이 없고 활등처럼 완만하게 굽어진 눈썹이면 비록 많다 하더라도 또 색을 좋아한다.(비록 여인이 아무리 많다 하더라도 세속 여사를 취한다는 말입니다)

눈썹이 길어 눈을 지나면 바르게 공경하여 녹봉이 있고 눈썹이 눈보다 짧으면 본래의 성정이 외롭고 눈썹머리가 서로 붙어있으면 형제가 따로 살고, 눈썹이 가늘게 일어나면 어질지 않아도 귀하다.

눈썹에 각이 있고 빈발을 향하면 밝고 뛰어난 됨됨이를 이룬 위인이고 눈썹 털이 곱슬 털이면 한 어머니에게서 태어난 형제자매이다.

눈썹털이 무성하여 처져서 너울거리면 남아는 적고 여아는 많고 눈썹이 뒤집어지거나 치켜든 눈썹은 두 눈이 성낸 경우이다.

눈썹이 만약 높고 바르면 몸가짐이 당당하고 요직에 앉아 맑게 다스리고 눈썹 머리가 주름으로 깨어지면 하는 일이 석연치 않아 항상 머뭇거리게 된다.

시로 가로대 눈썹은 사람 으로써 지켜야 할 도리를 잘 지키고 있는 모양을 나타내 주는 좋은 본보기의 자기성(紫氣星)이니 눈썹의 각이 높고 성기며 짙지 않고 겸하여 맑으면 일생 명예가 따르는 상류층에서 사는 사람이요 풍요로운 생활을 누리는 훌륭한 명성의 가문이다.

눈썹이 짙고 머리털이 짙고 두꺼운 사람은 상식이 매우 모자라는 천한 사람이요 눈썹의 털이 거꾸로 나고 거칠면 말을 하지 않는 것이 옳을 것이다.

만약 긴 털이 있으면 수명이 구십은 훨씬 지날 것이요 수심이 어리듯 짧고 재촉하듯 생겼으면 논밭과 동산은 적을 것이다.

● 交加眉主貧賤(교가미주빈천): 一 二 兄弟(일이형제)

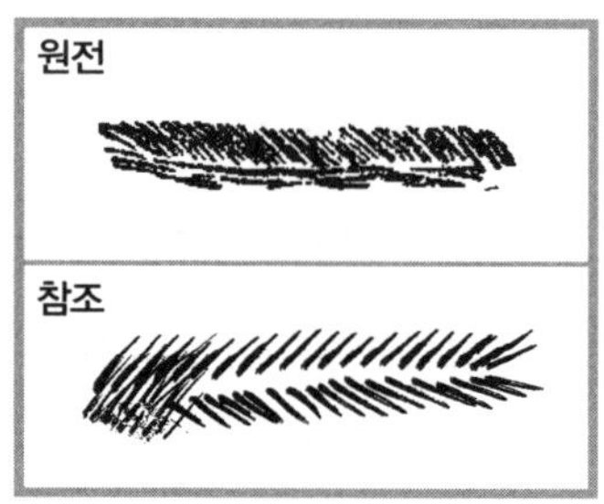

最嫌此眉主大凶하니 中年未免陷牢中
최 혐 차 미 주 대 흉　　　중 년 미 면 함 뢰 중

이라 破家累及兄和弟하고 父在西
파 가 루 급 형 화 제　　　　　부 재 서

兮母在東이라
혜 모 재 동

교가미는 주로 가난하고 천하다. - 형제 한 둘은 있다.

가장 싫어하는 눈썹으로서 주로 크게 흉하니 중년의 감옥살이를
면할 수 없으며 형제가 화애롭던 가정이 끊임없이 깨어져 아버지는
서에 있고 어머니는 동에 있다.

● 龍 眉(용미) - 大 貴(대귀): 兄弟 十二(형제십이)

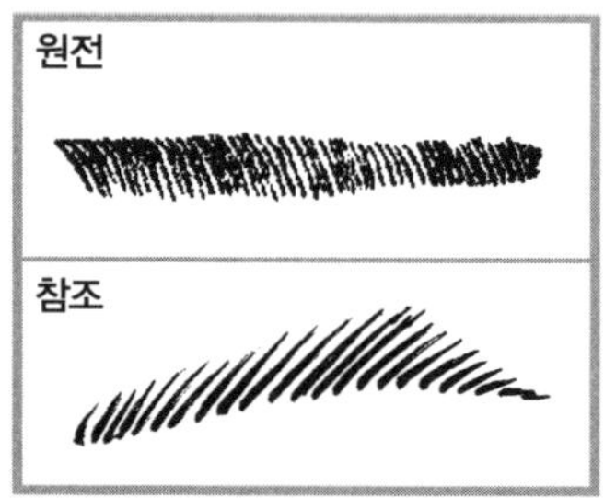

眉秀彎彎毫且稱하면 鴈行六七拜丹
미 수 만 만 호 차 칭　　　　안 행 육 칠 배 단

墀라 父母淸壽皆齊貴하야 拔萃超群
병　　부 모 청 수 개 제 귀　　　발 췌 초 군

天下奇라
천 하 기

용미는 크게 귀하다. - 열 두형제는 둔다.

눈썹이 빼어나게 완만하고 털이 고르게 아름다우면 담장처럼 휘두
른 붉은 병풍아래 열 두 형제 기러기 나르듯 42배 절을 한다.

 * 열두 형제가 병풍을 둘러친 한곳에 모여 조상님 제사를 함께 모시며 절을 하는

모양을 날으는 기러기에 비유하였습니다.

　부모가 맑게 오래 건재하는 귀한집 자손으로서 세상에서 기이하게 무리들 가운데 뽑힌 뛰어난 사람으로서 하늘 아래 특별하다.

● 鬼眉賊盜主凶(귀미적도주흉): 三 四 兄弟(삼사형제)

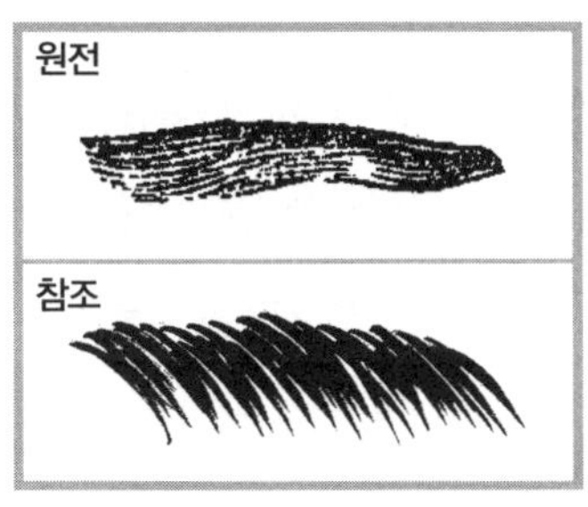

眉粗壓眼心不善하니 假施仁義暗毒
미 조 압 안 심 불 선　　　가 시 인 의 암 독

長이라 百般生活無沾染 하야
장　　　백 반 생 활 무 첨 염

常思竊盜過平生이라
상 사 절 도 과 평 생

　귀미는 도적들에게 많으며 주로 나쁘다. - 형제 세 네명은 있다.

　거친 눈썹이 눈을 누르니 마음이 착하지 못하여 거짓으로 어질고 의로움을 베풀며 음흉하게 간직된 독성이 깊어 모든 생활이 반듯하게 몸에 배이지 못하여 평생이 지나도록 항상 훔치고 도적질할 생각만 하고 있다.

● 柳葉眉(유엽미) - 無情主發達(무정주발달): 兄弟 三四(형제삼사)

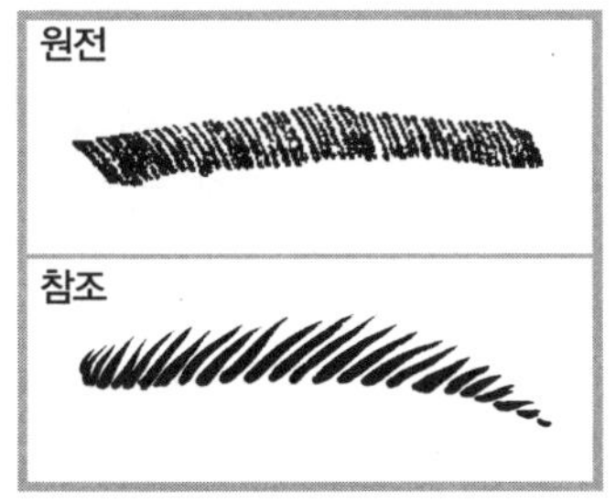

眉粗帶濁濁中淸하면 骨肉情疎生子
미 조 대 탁 탁 중 청　　　골 육 정 소 생 자

遲라 友交忠信貴人盼하야 定須發達
지　　교 우 충 신 귀 인 반　　　정 수 발 달

顯揚名이라
현 양 명

유엽미는 정이 없으며 주로 진보하여 발달한다. - 삼 사형제가 있다.

눈썹이 거칠게 생긴 것 같이 탁하며 탁한 가운데 맑으면 혈친의 정이 적으며 자식을 늦게 둔다. 친구와의 사귐과 대인 관계는 정성을 다하는 믿음이 있어 귀인과 어울리니 예전과 다르게 점점 나아져 모름지기 세상에 드러나 이름을 떨치게 된다.

* 오늘날의 큰 선생님들 중에는 유엽미라는 모양에 탁하다는 말은 해당되지 않는다고 말씀하시며 어긋난다고 지적하시는 분도 계십니다. 본문의 의미를 이해하는데 쉽도록 설명을 덧붙여 보면 유엽미의 모양새는 탁한 가운데 맑은 기운이 곁들여 있는 눈썹을 말하고 이러한 눈썹을 가진 사람은 부모의 정을 흠뻑 받지 못하고 자란다고 하며 자신 또한 사랑을 베푸는데 인색 하지만 대인관계는 매우 좋아 사회적으로는 성공한다는 것입니다.

* 특히 여성이 자주 바뀌는 경향이 있으며 본인이 속이 타는 여성의 사랑을 헤아리지 못한다는 것입니다. 왜냐하면 자신이 오붓한 육친의 정을 모르고 자랐기 때문일 것입니다.

● **疏散眉主財帛盈耗(소산미주재백영모): 一 二 兄弟聚散無常(일이형제취산무상)**

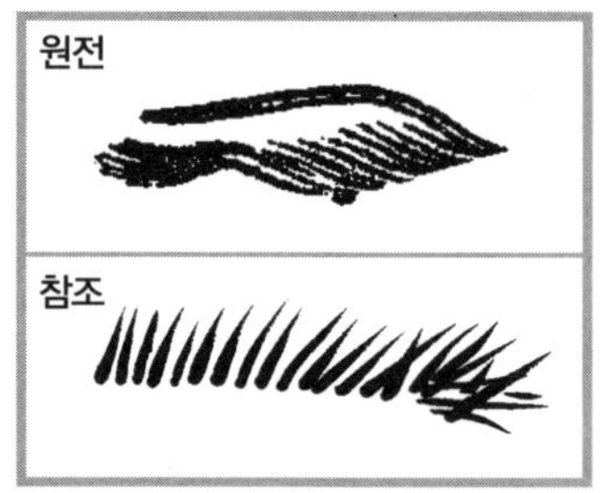

平生財帛多興廢하니 不虧我用亦無
평생재백다흥폐　　　불휴아용역무

餘라 外和內淡如無有면 始末盈虛
여　　외화내담여무유　　시말영허

更不舒라
갱불서

소산미는 주로 재물이 차는가 하면 줄어든다. 한 두형제가 있어도 흩어져 없는 것과 같다.

평생을 두고 재물의 일어남과 없어짐이 잦으니 자신이 낭비하지 않아도 역시 남음이 없다. 겉으로는 화려하여도 속으로는 담박하니 없어도 있는듯하나 처음부터 끝까지 차는가 하면 비어지니 다시 말해 펼치지 못한다.

● 劍　眉(검미) － 富貴主威權(부귀주위권): 兄弟 四五(형제사오)

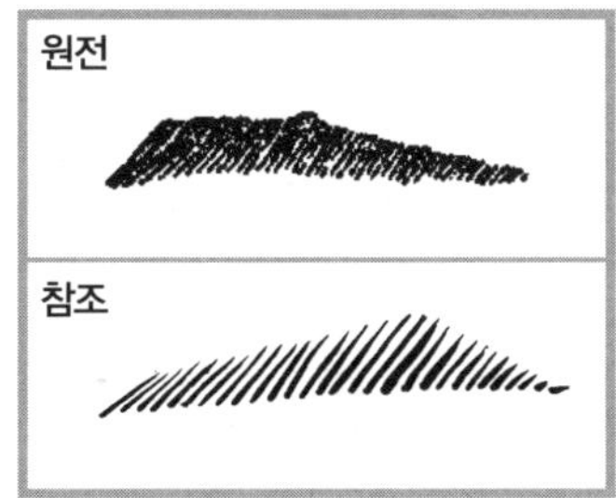

眉若山林秀且長이면 威權智識輔君
미 약 산 림 수 차 장　　　위 권 지 식 보 군

王이라 縱貧不日成淸貴하고
왕　　　　종 빈 불 일 성 청 귀

子孫行行壽且康이라
자 손 행 행 수 차 강

검미는 부귀를 누리며 주로 위엄을 부리는 권세가 있다. － 사 오명의 형제가 있다.

눈썹이 만약 빼어난 산림과 같고 또 길 다면 알고있는 지식으로 군왕을 도우니 권세와 위엄이 있다. 맑고 귀한 시절을 이루지 못하면 늘어지게 가난하고 자손이 이어져가도록 수명이 오래하고 건강하다.

* 검미의 성정은 강직함에 있습니다. 그러므로 맑은 성정이 되지 못하고 제멋대로이면 아는 것만 많았지 권세가 되지 못하므로 가난합니다. 그러나 건강하고 수명은 길다는 것입니다.

● 黃薄眉主破敗客死(황박미주파패객사): 刑兄弟主死在他鄕(형형제주사재타향)

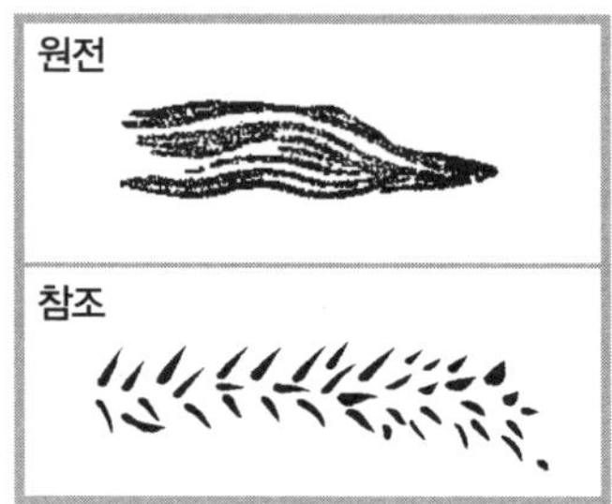

眉短疎散目且長하면 早年財帛有虛
미 단 소 산 목 차 장　　　조 년 재 백 유 허

張이라 部位雖好發不久오
장　　　부 위 수 호 발 불 구

神昏氣濁喪他鄕이라
신 혼 기 탁 상 타 향

　황박미는 주로 재물이 깨어지고 패하여 온전하게 끝나지 못한다.
– 형제가 법을 어겨 벌을 받고 타향에서 좋지 못하게 끝난다.

　눈썹이 짧고 성기고 흩어지며 길어서 눈이 비록 길더라도 이른 나이에 재물의 위세가 헛 될 것이며 비록 부위가 좋아서 일어나더라도 오래하지 못한다.

　눈빛이 어둡고 기운이 흐리면 타향에서 마치게 된다.

● 獅子眉(사자미) – 欠富和貴(흠화부귀): 四五 兄弟(사오형제)

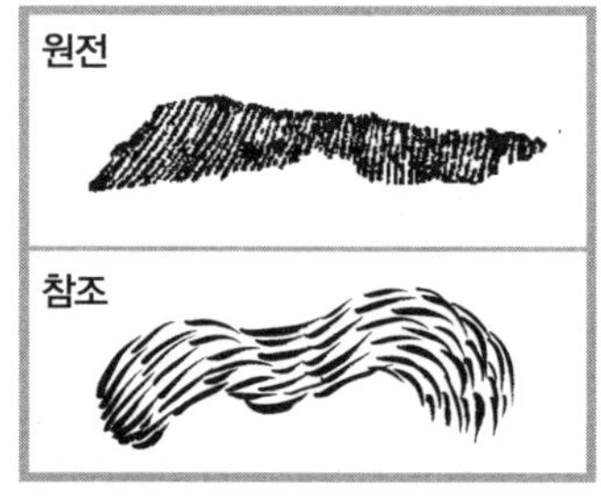

眉毫粗濁喜高眼하니 此相須當發達
미 호 조 락 희 고 안　　　차 상 수 당 발 달

遲라 得配獅形象富貴니
지　　　득 배 사 형 상 부 귀

榮華到老更光輝라
영 화 도 노 경 광 휘

　사자미는 재물은 넉넉하지 못하지만 화평한 모습의 귀인이다. – 사 오형제가 있다.

　눈썹털이 거칠고 흐리므로 눈 위 높이 있어야 좋으니 이러한 눈썹은 모름지기 늦게 발달하는 것이 마땅하며 사자미 모양의 배우자를 얻으면 부귀하고 늙도록 영화를 누리니 다시 말해 그 영예가 빛난다.

 *사자미가 재물이 모자란다는 말은 무관의 기질이 있어 움직임이 크고 용감하고 투명하다는 말이기도 합니다.

● 掃帚眉主福壽(소추미주복수): 兄弟七八主耗散(형제칠팔주모산)

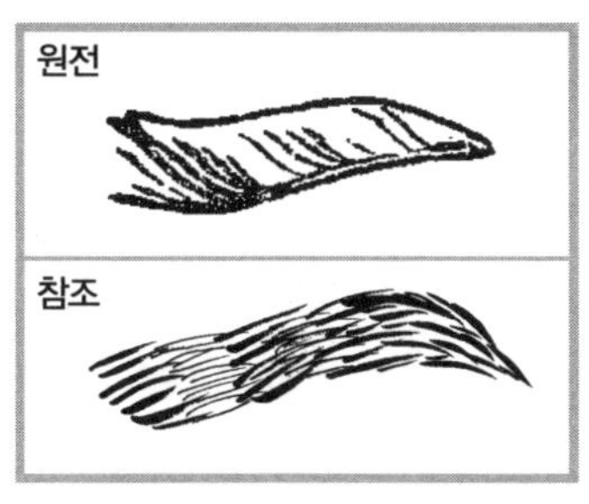

前淸後疎眉散離면 兄弟無情心妬欺
전 청 후 소 미 산 리　　형 제 무 정 심 투 기

라 定有 一 二 無後裔오 老年財帛
정 유 일 이 무 후 예　　노 년 재 백

不如之라
불 여 지

소추미는 주로 복록을 누리며 오래 산다. - 칠 팔명의 형제가 있어도 주로 흩어져 없어진다. 앞쪽은 맑고 뒤는 성기고 띄엄띄엄 떨어져 흩어지면 형제가 정이 없고 마음들이 시새움이 많아 속인다.

자식 한 두명이 있어도 후에 대를 이을 자손은 없으며 노년의 재물도 여의치 못하다.

 * 재대로 갖추어진 모양의 소추미는 복수(福壽)를 누리는 눈썹이라 하지만 성기어 흩어진 부족한 소추미는 자식과 재물이 있어도 소멸되어 없어진다는 것입니다.

● 前淸後疎(전청후소) − 富少貴睦(부소귀목): 兄弟 三四(형제삼사)

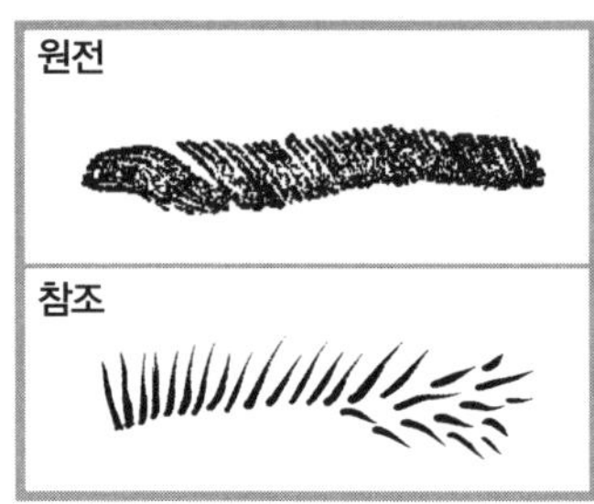

眉淸尾散散中淸이면 早歲功名財帛
미 청 미 산 산 중 청　　　조 세 공 명 재 백

平이라 中歲末年名利遂하야
평　　　　중 세 말 년 명 리 수

收成顯擢耀門庭이라
수 성 현 탁 요 문 정

　앞쪽이 맑고 끝이 성긴 눈썹은 부귀하지만 화목하지 못하다. − 삼사형제를 둔다.

　눈썹이 맑으면서 끝이 흩어지고 흩어진 가운데 맑으면 이른 나이에 공명을 얻어 재물이 넉넉해진다. 관직에 우수하게 뽑히어 뚜렷하게 드러나 성공을 하니 중년 나이에서 말년에는 명성과 지위를 얻는다.

● 尖刀眉主凶暴(첨도미주흉폭) − 蛇(사): 二三 兄弟(이삼형제)

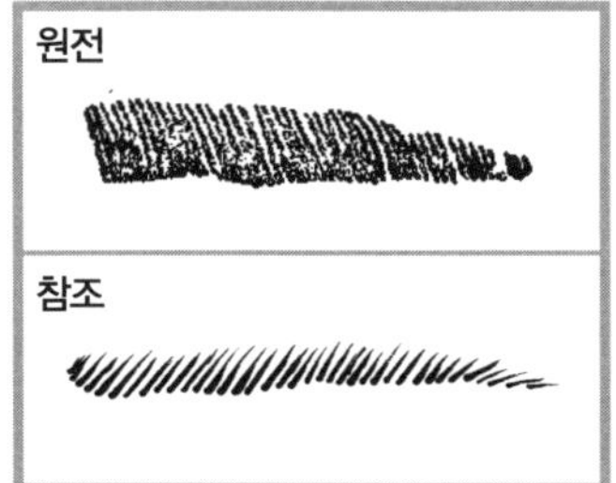

眉粗惡煞心奸險하니 見人一面假和
미 조 악 살 심 간 험　　　견 인 일 면 가 화

情이라 執拗梟雄性凶暴하야
정　　　　집 요 효 웅 성 흉 폭

典刑不免喪其身이라
전 형 불 면 상 기 신

　첨도미는 주로 사납고 흉하다. − 이 삼형제를 둔다.

　눈썹이 거칠어 나쁜 악살로 마음이 간교하고 험악하니 사람을 볼 때 평화로움은 거짓의 얼굴이라. 끈질기게 고집이 세고 수컷 올빼미처럼 성정이 흉하게 사나워 예로부터 내려오는 형벌로 그 몸에 죽음을 면하기 어렵다.

● 輕淸眉(경청미) – 早貴和睦(조귀화목): 五六 兄弟(오육형제)

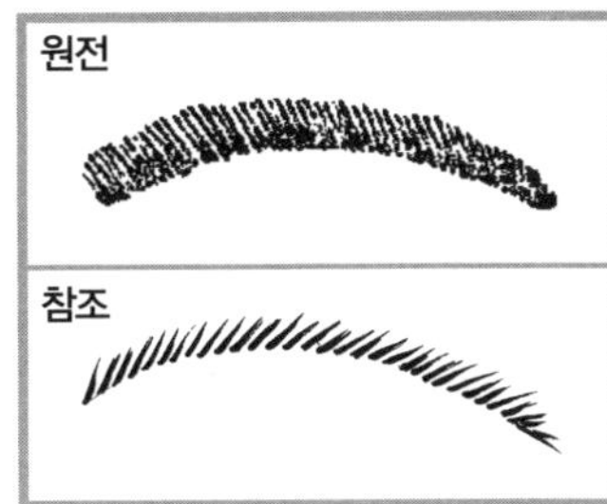

淸秀彎長尾帶疎하면 飛翔騰蹈拜皇
청 수 민 장 미 대 소　　　 비 상 등 도 배 황

都라 榮華兄弟情皆順하고
도　　　영 화 형 제 정 개 순

交結相知亦似初라
교 결 상 지 역 사 초

　경청미는 귀한 가문의 자손으로서 서로 뜻이 맞고 정다웁다. - 오육 형제는 둔다. 맑고 빼어나며 완만하게 길고 끝부분에 성긴 듯 하면 날아올라 임금이 사는 곳에서 절을 하며 따른다. 형제가 모두 정이 있고 순하여 영화로우며 서로 사귀어 맺어져 알고 지내는 사람과도 왕래함이 역시 처음과 같다.

　* 경청미는 사람을 사귐에 있어서도 변함없어 처음의 친절했던 마음이 한결같다는 말입니다.

● 八字眉主孤壽(팔자미주고수): 兄弟無 財帛有(형제무재백유)

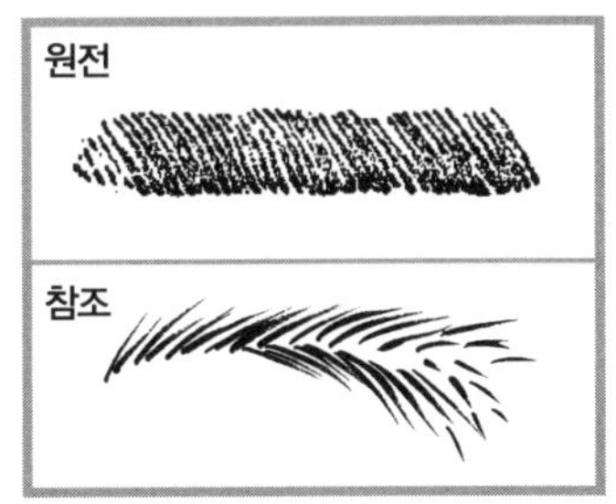

頭疎尾散壓奸門이면 到老數妻結不
두 소 미 산 압 간 문　　　 도 노 수 처 결 불

緣이라 財帛一生足我志나
연　　　재 백 일 생 족 아 지

子息終湏倚螟蛉이라
자 식 종 수 의 명 령

팔자미는 주로 외롭게 오래산다. - 형제는 없으나 재물은 있다.

눈썹 머리는 드문드문 성기며 꼬리가 흩어져 간문을 누르면 늙도록 여러 처와 맺어도 인연이 없다. 재물은 일생 자신의 의지대로 족하지만 늙어서 자식이 없다가 양자에 의지하여 마치게 된다.

● **短促秀眉(단촉수미) – 淸貴(청귀): 兄弟 一 二(형제일이)**

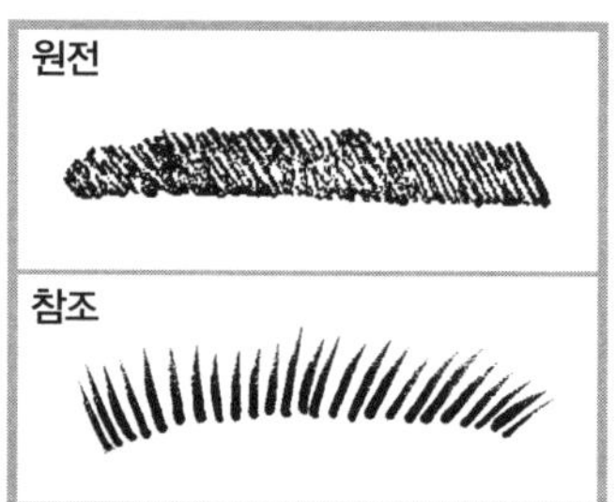

秀短之眉壽且高하니 聯芳雙桂俊英
수 단 지 미 수 차 고　　　　연 방 쌍 계 준 영

豪라 平生不違鷄黍約하고
호　　　평 생 불 위 계 서 약

忠孝仁廉子亦高라
충 효 인 렴 자 역 고

단촉수미는 맑고 귀하다 - 한 두명의 형제를 둔다.

빼어나게 아름답게 짧은 눈썹은 수명이 길고 또 품격이 높아 잇달아 꽃다운 한 쌍의 계수나무처럼 뛰어난 영웅 호걸이라.

평생 닭국과 기장밥으로 대접함을 어기지 않고 자식도 모가 나지 않아 충과 효로 인자하며 역시 높은 인격을 갖추었다.

● **羅漢眉子息遲(나한미자식지): 三兄弟(삼형제)**

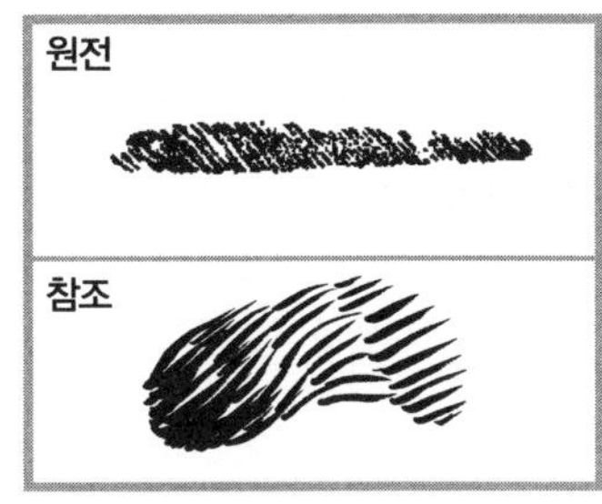

此眉相中大不歡하니 妻遲子晩早艱
차 미 상 중 대 불 환　　　　처 지 자 만 조 가

難이라 晩年娶妾方生子오
난　　　　만 년 취 첩 방 생 자

正妻不産主孤單이라
정 처 불 산 주 고 단

나한미는 자식을 늦게 둔다. - 삼형제가 있다.

　이러한 눈썹은 가운데 모양이 커서 좋아할 수 없는 눈썹이니 처를 만나도 자식은 늦게 두고 일찍부터 가난하다. 정처에게는 생산을 하지 못하니 홀로 외롭고 늦게 첩을 두어 외방에 자식을 두게 된다.

● **旋螺眉(선라미) - 福壽簡武(복수간무): 兄弟 一 二(형제일이)**

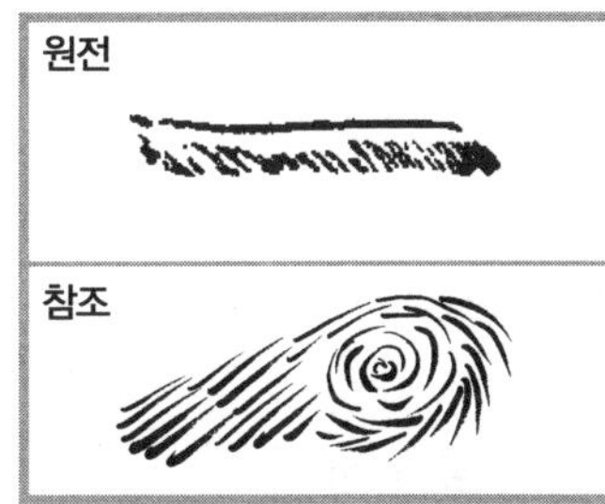

旋螺之眉世間稀하니 威權得此正相
선 라 지 미 세 간 희　　　　위 권 득 차 정 상

宜라 平常之人皆不利오
의　　　　평 상 지 인 개 불 리

英雄武職應天機라
영 웅 무 직 응 천 기

선라미는 대범한 무장이다. - 한 두형제를 둔다.

　소라처럼 돌아가는 눈썹은 세상에서 보기 드문 눈썹으로써 위엄 있는 권세를 얻으니 반듯한 모양으로 봐야 함이 마땅할 것이다.

　평범하게 사는 보통 사람은 모두가 이롭지 못하고 저절로 갖추어진 능력이 영웅이 될 수 있는 무직에 있어야 합당할 것이다.

● 一字眉(일자미) – 富貴 有必刑(부귀유필형): 無兄弟(무형제)

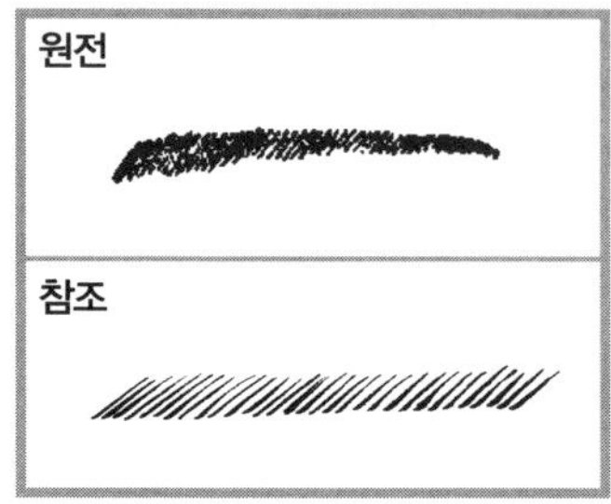

원전 / 참조

毫淸首尾皆如蓋면 富貴堪誇壽且高
호 청 수 미 개 여 개　　부 귀 감 과 수 차 고

라 少年發達登科무오
소 년 발 달 등 과 조

夫婦齊眉到白頭라
부 부 제 미 도 백 두

일자미는 부귀는 누리지만 반드시 형벌이 있다. – 형제는 없다.

가는 털이 맑고 눈썹 머리에서 꼬리까지 똑같은 크기로 눈을 덮으면 부귀를 자랑하고 삶을 즐기며 또 품격이 높다. 소년에 발달하여 일찍 과거에 오르고 가지런한 눈썹은 머리가 하얗도록 부부가 함께 한다.

* 여인이 일자미를 가졌다면 剋夫(극부) 현상을 벗어나기 어려울 것입니다.

그러므로 여기서는 여인의 경우는 다루어지지 않았지만 남성과는 다르게 해석해야 할 것입니다.

● 小掃箒眉(소소추미) – 主富無情(주부무정): 六七 兄弟(육칠형제)

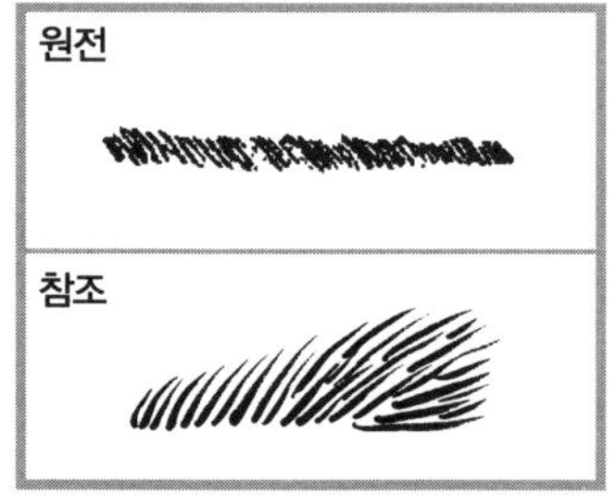

若濃若大毫不粗하고 齊拂天倉眉不
약 농 약 대 호 불 조　　제 불 천 창 미 불

枯라 兄弟背情分南北하니
고　　형 제 배 정 분 남 북

骨肉刑傷不可無라
골 육 형 상 불 가 무

소소추미는 주로 넉넉하지만 정이 없다. – 육 칠형제는 둔다.

만약 진하거나 그렇지 않으면 거칠지 않은 큰털이 가지런하게 천창을 향해 있으며 마르지 않아야 한다.

형제간의 등진 정이 남과 북으로 나누어지고 골육이 법을 어겨 상하고 벌을 받으니 없는것만 못하다.

● **臥蠶眉(와잠미) – 貴 欠和(귀흠화): 四五 兄弟(사오형제)**

眉彎帶秀心中巧하니 宛轉機關甚可
미 만 대 수 심 중 교   완 전 기 관 심 가

人이라 早歲鰲頭宜可占이나
인   조 세 오 두 의 가 점

鴈行猶恐弗相親이라
안 행 유 공 비 상 친

와잠미는 귀하지만 화목함은 모자란다. – 사 오형제가 있다.

빼어난 눈썹이 완만하게 굽어 있으며 아름다운 마음 가운데 기교스런 재치(살짝 꼬부라진 부분)가 있으니 어떤 목적을 이루기 위해 깊이 생각하는 중후한 사람이라 함이 옳으리라. 이른 나이에 장원 급제를 한다고 점을 쳐도 마땅하나 사이좋던 형제가 오히려 두려워지는 것은 서로의 친함이 갑자기 근심으로 어긋나기 때문이다.

● **大短促眉(대단촉미) – 刑 祖(형조): 八九 兄弟(팔구형제)**

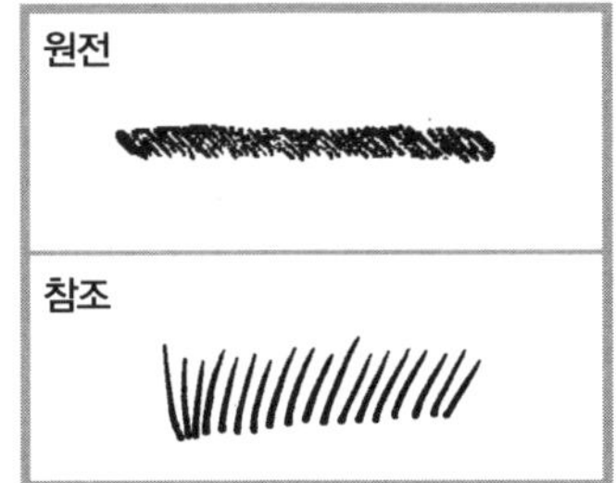

短秀毫淸尾略黃하고 眉頭竪立最爲
단 수 호 청 미 약 황   미 두 수 립 최 위

良이라 貲財來往難居積하니
량   자 재 내 왕 난 거 적

子俊妻和鴈侶强이라
자 준 처 화 안 려 강

대 단촉미는 형벌을 다스리던 조상을 두었다. – 팔 구형제를 둔다.

짧으면서도 아름답고 가는 털 하나하나가 맑으며 꼬리 부분이 약간 노란 듯 하고 눈썹 머리가 세워져있어 최고로 좋은 것이다.

금 은 보화 재물이 들어와도 성품이 검소하여 피해 갈수록 쌓여만 가고 자식이 뛰어나며 기러기와 같은 굳센 짝으로 아내와 화목하다.

● 新月眉(신월미) – 大貴 兄弟俱貴(대귀형제구귀): 六七 兄弟(육칠형제)

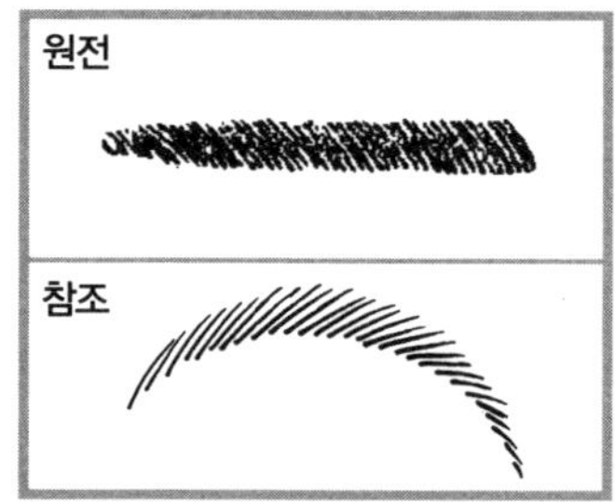

眉淸目秀最爲良하니　又喜眉尾拂天
미 청 목 수 최 위 량　　　우 희 미 미 불 천

倉이라　棠棣怡怡皆富貴니
창　　　당 체 이 이 개 부 귀

他年及第拜朝堂이라
타 년 급 제 배 조 당

신월미는 크게 귀하고 또 귀한 형제를 두게 된다. – 육 칠형제 를 둔다. 눈썹이 맑고 눈이 빼어나면 가장 좋으며 또 눈썹 꼬리가 친칭을 향해 이어지면 더욱 기쁠 것이다.

산 앵두나무 같은 즐거운 우애로 모두가 부와 귀를 누리니 미래는 과거에 합격하여 조정에 나아가 절을 할 것이다.

* 산 앵두나무 : 형제간의 우애가 산 앵두나무 꽃과 꽃받침처럼 서로 의지하고 있어 보기 좋은것을 이름.

● 淸秀眉(청수미) - 富貴 有情(부귀유정): 三四 兄弟(삼사형제)

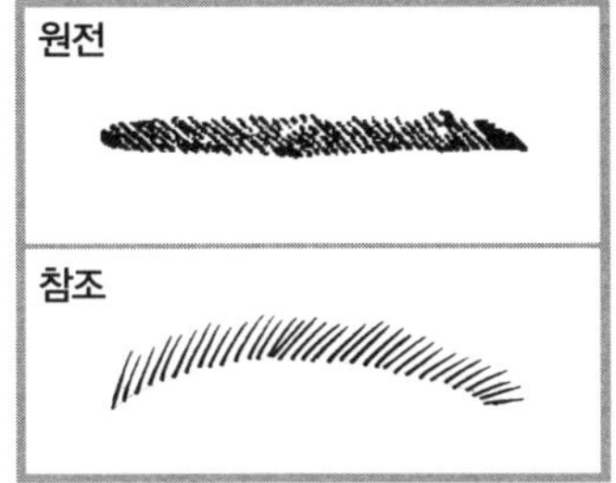

秀彎長順過天倉하고 蓋目入鬢更淸
수 만 장 순 과 천 창　　　　개 목 입 빈 경 청

長이라 聰明早歲登科第오
장　　　총 명 조 세 등 과 제

弟恭兄友姓名香이라
제 공 형 우 성 명 향

청수미는 부와 귀를 누리며 정이 있다. - 삼 사형제는 둔다.

아름답게 완만하며 길어서 천창에 다다르고 눈을 지나 빈발에 잇닿으니 다시 말해 맑고 긴 눈썹이다.

총명하여 이른 나이에 과거에 급제하여 오르고 형제와 친우들이 모두 공손하여 향기 나는 이름들이다.

● 虎 眉(호미) - 福壽無情必富(복수무정필부): 三四 兄弟(삼사형제)

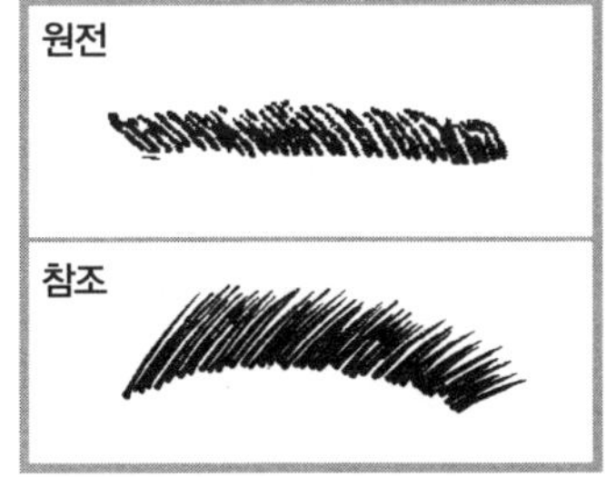

此眉須粗目有威하니 平生膽志有施
차 미 수 조 목 유 위　　　　평 생 담 지 유 시

爲라 不富終能成大貴오
위　　　불 부 종 능 성 대 귀

遐齡鶴算鴈行虧라
하 령 학 산 안 행 휴

호미는 반드시 복이 많아 넉넉하게 오래 살지만 정이 없다. - 삼 사형제는 둔다.

이러한 눈썹은 모름지기 거칠고 눈에 위엄이 있으니 평생 용감한 의지로 베풀게 된다.

능히 대귀를 이루지만 마칠 때는 넉넉하지 못하고 오래 살면 살수록 형제애가 무너진다.

● **間斷眉(간단미) – 刑 敗(형 패): 二 三兄弟(이삼형제)**

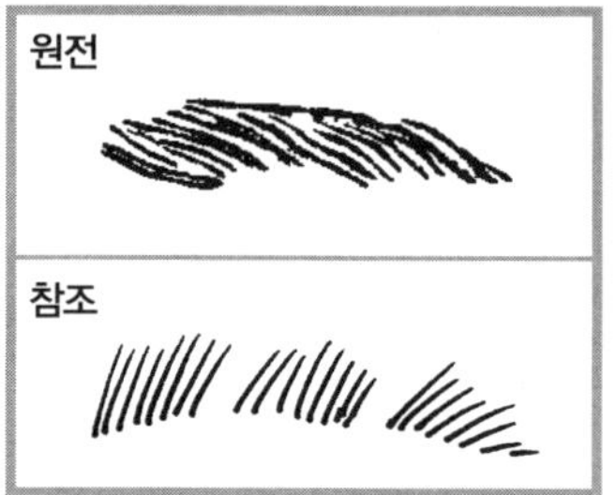

若黃若淡有勾絞하면 兄弟無緣有必
약 황 약 담 유 구 교　　　　형 제 무 연 유 필

傷이라 財帛進退多興廢오
상　　　재 백 진 퇴 다 흥 폐

先損爹兮後損娘이라
선 손 다 혜 후 손 낭

간단미는 패하여 형벌을 받는다. – 이 삼형제는 둔다.

약간 노랗거나 그렇지 않으면 약간 묽고 군데군데가 비어 눈썹이 묶인 듯 있으면 형제와 인연이 없고 반드시 상한다.

재물은 일어나고 쇠퇴함이 반복되어 먼저는 아버지가 손해이면 나중은 딸이 손해 본다.

相目
상목

天地之大도 託日月하야 以爲光일새 日月이 爲萬物之鑑하나
천지지대　탁일월　　이위광　　일월　위만믈지감

니 眼乃爲人一身之日月也라 左眼은 爲日하니 父象也오 右眼
안내위인일신지일월야　좌안　위일　부상야　우안

은 爲月하니 母象也라 寐則神處於心하고 寤則神依於眼하나
위월　모상야　매즉신처어심　오즉신의어안

니 是眼爲神遊息之宮也라 觀眼之善惡하면 可以知其神之淸
시안위신유식지궁야　관안지선악　가이지기신지청

濁也니 眼長而深하고 光潤者는 大貴하고 黑如點漆하면 聰
탁야　안장이심　광윤자　대귀　흑여점칠　총

明文章이오 含薄不露하고 灼然有光者는 富貴하고 細而深者
명문장　함박불로　작연유광자　부귀　세이심자

는 長壽하며 兼性隱僻하고 浮而露睛者는 夭死하고 大而凸
장수　겸성은벽　부이로정자　요사　대이철

圓而怒者는 促壽하고 凸暴流視者는 淫盜하며 眊然而偏怒者
원이노자　촛수　철폭류시자　음도　모연이편노자

는 不正之人이오 赤縷貫精者는 惡死하고 視定不怯하면 其
부정지인　적루관정자　악사　시정불겁　기

神이 壯하고 羊眼者는 孤而很하고 短小者는 賤愚하며 卓起
신　장　양안자　고이흔　단소자　천우　탁기

者는 性急하고 眼下臥蠶者는 生貴子하고 婦人이 黑白分明
자　성급　안하와잠자　생귀자　부인　흑백분명

者는 貌重하고 眼下赤色者는 憂産厄하고 偸視면 淫蕩이오
자　모중　안하적색자　우산액　투시　음탕

神定不流者는 福全이니 大抵眼不欲露오 黑不欲小며
신 정 불 류 자　복 전　　대 저 안 불 욕 로　흑 불 욕 소

白不欲多오 縷不欲赤이며 勢不欲堅이오 視不欲偏이며 神不
백 불 욕 다　루 불 욕 적　　세 불 욕 견　　시 불 욕 편　　신 불

欲困이오 眩不欲反이며 光不欲流니 其或圓而少하고 短而深
욕 곤　　현 불 욕 반　　광 불 욕 류　　기 혹 원 이 소　　단 이 심

은 不善之相也라 兩眼之間이 名子孫宮이니 欲豊滿이오
　 불 선 지 상 야　　양 안 지 간　　명 자 손 궁　　욕 풍 만

不欲陷이라 訣에 曰 目秀而長이면 必近群王하고 眼似鯽魚면
불 욕 함　　결 　 왈　목 수 이 장　　필 근 군 왕　　안 사 즉 어

必定家肥오 眼大面光하면 多進田庄하고 目頭破缺하면
필 정 가 비　　안 대 면 광　　다 진 전 장　　목 두 파 결

家財歇減하고 目露四白하면 陣亡兵絕이오 目似鳳鸞하면 必
가 재 헐 감　　목 로 사 백　　진 망 병 절　　목 사 봉 란　　필

定高官이오 目有三角하면 其人이 必惡이오 目短眉長하면
정 고 관　　목 유 삼 각　　기 인　　필 악　　목 단 미 장

愈益田糧이오 目眼如凸하면 必定夭折이오 赤縷侵瞳하면
유 익 전 량　　목 안 여 철　　필 정 요 절　　적 루 침 동

官事重重하고 目赤睛黃하면 必主少亡이오 目光如電하면
관 사 중 중　　목 적 정 황　　필 주 소 망　　목 광 여 전

貴不可言이오 目長一寸이면 必佐君王하고 龍睛鳳目은 必食重
귀 불 가 언　　목 장 일 촌　　필 좌 군 왕　　용 정 봉 목　　필 식 중

祿이오 目烈有威하면 萬人歸依하고 目如臥弓하면 必是奸雄
록　　목 렬 유 위　　만 인 귀 의　　목 여 와 궁　　필 시 간 웅

이오 目如羊眼하면 相刑骨肉하고 目如蜂目하면 惡死孤獨이
　　목 여 양 안　　상 형 골 육　　목 여 봉 목　　악 사 고 독

오 目如鬪鷄하면 惡死無疑오 目如蛇睛하면 狼毒孤刑이오
　　목 여 투 계　　악 사 무 의　　목 여 사 정　　낭 독 고 형

目尾相垂하면 夫妻相離하고 目尾朝天하면 福祿綿綿하고
목미상수 부처상리 목미조천 복록면면

女人이 羊目四白이면 外夫入宅하고 目色通黃하면 慈憫忠良
여인 양목사백 외부입택 목색통황 자민충량

하고 黑白分明하면 必主朝京이오 若是女子면 必主廉貞이오
흑백분명 필주조경 약시여자 필주렴정

目白長細하면 貧窮無計오 目下一字면 平所作甚分明하고 目
목백장세 빈궁무계 목하일자 평소작심분명 목

下亂理면 多女人은 多子孫하고 目下有臥蠶하면 女還少男
하난리 다여인 다자손 목하유와잠 여환소남

이오 目下光漫하면 奸淫必可歎이며 右小女怕夫오 左小男怕
목하광만 간음필가탄 우소녀파부 좌소남파

婦니 隨其男女하야 小心不虛오 目長一寸五分이면 刀筆力을
부 수기남녀 소심불허 목장일촌오분 도필력

經凌雲이라 又云紅眼金晴이면 不認六親이오 烏眼小而白睛
경릉운 우운홍안금정 불인육친 오안소이백정

多하면 不爲囚繫면 主貧破라 詩曰 眼如日月要分明이니 鳳
다 불위수계 주빈파 시왈 안여일월요분명 봉

目龍睛切要淸이라 最怕黃眼兼赤脈이니 一生凶害活無成이라
목용정절요청 최파황안겸적맥 일생흉해활무성

浮大羊睛必主凶이니 身孤無着貨財空이라 細深多是無心腹
부대양정필주흉 신고무착화재공 세심다시무심복

이오 斜視之人不可逢이라 晴目爲身主니 還同日月臺라
사시지인불가봉 정목위신주 환동일월대

群星天上伏이오 萬象鑑中開라 秀媚官榮至오 淸常富貴來라
군성천상복 만상감중개 수미관영지 청상부귀래

莫敎圓更露하라 往往見逃災라 眼內多白女殺夫오 男兒如此
막교원경로 왕왕견도재 안내다백여살부 남아여차

亦多愚라 更兼晴黃幷赤脈하면 陽人發此女妨夫라
적다우　　　경겸정황병적맥　　　양인발차여방부

眼深定是乏資糧이니 帶哭妨夫子不强이라 更多口中塵土現
안심정시핍자량　　　대곡방부자불강　　　경다구중진토현

하면 多因貧賤死他鄉이라 眼中黑厭女多奸이오 兩眼方員保
　　　다곤빈천사타향　　　안중흑염여다간　　　양안방원보

壽顔이라 若見黑晴圓更臺하면 定知賢士更多賢이라
수안　　　약견흑정원경대　　　정지현사경다현

看君左眼雖然小나 我且知君是長男이라 見有眼輪還不薄하
착군좌안수연소　　　아차지군시장남　　　견유안륜환불박

면 女人最大敢言談이라 兩眼胞下痣分明이면 家有食糧僧道
　　　여인최대감언담　　　양안포하지분명　　　가유식량승도

人이라 左眼直下還上痣면 封侯伯子至公卿이라 眼下橫肉臥
인　　　좌안직하환상지　　　봉후백자지공경　　　안하횡육와

蠶子면 知君久 遠絶子嗣라 更生紋壓多癖疵면 剋子無兒端的
잠자　　지군구　원절자사　　　갱생문압다해지　　　극자무아단적

是라 眼長一寸封侯伯이니 龍眉鳳眼人難得이라
시　　안장일촌봉후백　　　용미봉안인난득

黑白分明信義流오 雞晴鼠目總是賊이라 兩眼光明是貴人이니
흑백분명신의류　　　계정서목총시적　　　양안광명시귀인

虎觀獅視國將軍이라 牛眼多慈龜目滯오 蛇晴羊眼莫爲隣하라
호관사시국장군　　　우안다자귀목체　　　사정양안막위린

偷眼觀人賊兵死니 鼠望虎猫窺亦如此라 虎晴從來道不慈오
투안관인적병사　　　서망호묘규역여차　　　호정종래도불자

猿猴白眼顚狂死라 左眼小知君怕婦오 魚目多在兵刑死라 大小
원후백안전광사　　　좌안소지군파부　　　어목다재병형사　　대소

不同何所招오 兄弟生時異父母라
부동하소초　　　형제생시이부모

천지가 크다 해도 태양과 달에 달려있으니 그것이 바로 빛인 것으로써 태양과 달이 만물을 살피나니 눈이 사람의 몸에서 태양과 달이 된다. 왼 눈은 태양이라 하고 아버지의 상이요 오른 눈은 달이라 하니 어머니의 상이라.

잘 때는 신 이 마음에 머물고 깨어 있을 때는 신이 눈에 의지하나니 눈이란 것은 신이 떠서 머무는 집이 되는 것이다.

잘생긴 눈과 못생긴 눈을 알고자하면 신 의 맑고 흐림으로 아는 것이 옳을 것이니 눈이 길고 깊고 윤택하게 빛나는 사람은 크게 귀한 사람이고 눈의 검은 점이 옻칠을 한 듯 윤이 나면 총명하여 학문이 뛰어날 것이요 크고 탐스러운 눈이 드러나지 않고 불이 타는 듯이 빛나는 사람은 부귀하고 가늘고 깊은 사람은 오래 살며 덧붙여 성품이 사람의 왕래가 드문 곳에 혼자 있고 눈동자가 드러나 떠있는 사람은 일찍 꺾이고 크고 돌출된 둥근 눈이 성난 듯 쳐다보는 사람은 수명을 재촉하고 돌출된 눈으로 사납게 굴리며(흘겨봄) 보는 사람은 간사한 도둑이며 흐린눈이 저절로 한쪽으로 치우쳐 나무라듯 하는 사람은 반듯하지 못한 사람이다. 붉은 실핏줄이 눈동자를 꿰뚫는 사람은 좋지 못하게 죽고 당당하게 보는 사람은 그 신 이 씩씩하고 양의 눈을 가진 사람은 사납고 고독하고 짧고 작은 사람은 교양과 상식이 부족하여 우매하며 눈두덩이 높게 일어난 사람은 성질이 매우 급하고 눈 아래 와잠이 있는 사람은 귀한 자식을 두고 부인이 검은 동자와 흰자위가 분명하면 행동거지가 가볍지 않고 눈 아래가 붉은 색이면 산액(아이를 생산할 때 겪는 고통)이 있을까 걱정이 되고 훔치듯이 쳐다보면 주색에 빠져 방탕하다.

신 이 분산되지 않는 사람(눈빛이 안정된)은 온전한 복상이니 대체로 보아서 눈이 드러나지 않아야 하고 검은 눈동자가 적지 않아야 하고 흰자위가 많지 않아야 하고 붉은 실핏줄이 엉키지 않아야 하며 기세가 굳지 않아야 한다.

한쪽으로 치우쳐 보지 않아야 하며 신 이 지치지 않아야 하고 눈동자가 현기증을 일으키듯 뒤집어지지 말아야 하고 눈빛이 흩어져 흐르지 말아야 하니 혹 눈이 적으면서 둥글고 짧으면서 깊으면 참으로 못생긴 눈이다.

두 눈의 사이가 이름 하여 자손 궁이니 풍만하여야 하고 꺼지지 말아야 한다.

말씀에 가로대 눈이 길어 빼어나게 잘생기면 반드시 군왕 가까이 있고 눈이 붕어눈과 같으면 반드시 가정이 일어나고 눈이 크고 얼굴이 윤택하면 논밭이 날로 늘어나고 눈머리가 깨어지고 이지러지면 가문의 재물이 줄어들어 없어지고 눈이 튀어나오고 사백 안이면 전쟁에 병졸로 나아가 죽게 된다.

눈이 봉황의 눈이나 난새의(봉안이나 난안) 눈과 같으면 반드시 높은 관직에 오르며 눈이 삼각 안이면 그 사람은 좋은 사람은 못된다.

눈썹이 눈보다 길면 논 밭의 식량이 점점 더 많아지고 눈이 돌출되면 반드시 일찍 꺾이고 적색의 실핏줄이 엉키고 눈동자를 침범하면 관청의 말썽이 거듭되고 눈이 붉고 눈동자가 노오라면 생명과 재산을 말아먹는 낭패의 기운으로서 틀림없이 잠깐 동안에 망하고 눈이 빛나 전기와 같으면 감히 귀를 말하지 말아라.

눈이 길어 일촌이면 기필코 군왕을 가까이 모시고 도우며 봉의 눈에 용의 눈동자는 모두 두텁고 거듭되는 녹봉이요 눈이 찢어져 위엄이 있으면 만인이 돌아와 의지하고 눈이 놓여진 활과 같으면 간웅이요 눈이 양의 눈과 같으면 골육을 서로 벌 받게 하고 눈이 벌의 눈과 같으면 고독하게 살다 악하게 죽는다.

눈이 싸우는 닭의 눈과 같으면 악하게 죽는것을 의심하지 말며 눈이 뱀 눈과 같으면 독을 품은 이리와 같아 형벌 받아 외롭고 눈 꼬리 모양이 드리워지면 남편과 아내가 서로 이별하고 눈 꼬리가 천창을 향하면 복록이 끊어지지 않고 여인이 양의 눈인 사백 안이면 바깥 남자를 집안으로 끌어 들이고 눈의 색깔이 투명한 노란색이면 사랑하여 불쌍히 여기고 남의 처지를 헤아릴 줄 아는 좋은 사람이고 흑백이 분명하면 기필코 벼슬을 하며 임금을 알현한다.

만약 여인이 이러한 눈을 가지면 반드시 결백하고 곧을 것이요 하얀 눈이 길고 가늘면 계획이 없어 궁색하게 가난하고 눈 아래가 일자(一)모양이면 평소의 마음이 진실로 분명하고 눈 아래 주름이 어지러우면 많은 여인에게서 여러 자손을 얻고 눈 아래 와잠이 늘어지게 있으면 여인은 어린남자를 바꾸고

눈 아래가 질펀하게 가라앉아 빛이 나면 간음의 죄를 범하여 반드시 탄식하게 된다함이 옳을 것이며 여인이 오른 눈이 작으면 남편을 두려워하고 남자가 왼 눈이 작으면 아내를 두려워하는 바에 남녀가 함께 해당하여 마음 한 쪽이 비어있지 않으면 소심하다.

눈의 길이가 일촌 오분이면 죽간에 문자를 기록하는 힘과 세속의 명리를 초탈하여 다스리는 힘이 있다.

또 가로되 누런 눈에 붉은 눈동자이면 육친이 주어지지 않고(육친이 없다는 말) 새의 눈처럼 작은 눈에 흰 자위가 많으면 감옥에 묶이지 않

으면 주로 깨어져 가난하다.

시로 가로되 눈이 태양과 달처럼 분명하여야 하니 봉의 눈에 용의 눈동자로 모두 갖추고 맑아야 한다.

최고로 두려운 것은 누런 눈에 붉은 실핏줄이 엉기는 것이니 일생 흉한 재해로 이룸이 없는 것이다. 큰 눈에 양의 눈동자가 덩그렇게 떠 있으면 흉을 주재하니 재물이 비어 안착할 곳이 없는 고독한 몸이다.

눈이 가늘고 길면 뱃심이 없게 보여도 많이 있다 생각함이 옳을 것이다.

옆으로 비켜 보는 사람을 만나는 것은 옳지 못하다. 비 온 뒤 맑게 갠 하늘과 같은 눈은 몸의 주인이 되니 돌이켜 생각해보면 태양과 달이 얹혀 져 있는 돈대와 같은 것이다.

* 눈을 둘러싼 주위를 돈대에 비유하였고, 돈대 위에 얹혀 있는 눈을 태양과 달에 비유하였습니다. 그래서 돈대 위에 놓여 있는 태양과 달은 몸을 주재하는 주인이 된다고 두 눈을 설명하였습니다.

* 돈대란 물건을 얹어 놓기위한 조금 높직한 평지를 말합니다.

하늘 위 뛰어난 별은 무리가운데 숨어서 가운데를 열어 만상을 비추어 준다.

* 밤하늘에 펼쳐진 별들의 무리 속에서 진정으로 뛰어난 밝은 별은 말없이 어둠을 갈라 열어주고 있다는 말입니다.

빼어나게 아름다우면 관직에 올라 영화로움에 이르게 하고 맑은 기운은 항상 부귀를 부르고 있다.

동그랗게 드러난 눈은 가리키지 말라하라. 이따금 재난을 피하려다 걸려드는 실수를 한다.

눈에 흰자위가 많은 여인은 남편을 못살게 굴고 남자 아이가 이와 같으면 역시 매우 어리석다.

더불어 눈동자가 노랗기까지 하고 붉은 실핏줄이 어우러져 있으면 해치는 기운을 일으키고 여인이 이러하면 남편을 방해하게 된다.

눈이 깊으면 틀림없이 재물과 식량이 가난하니 굳세지 못한 자식과 남편을 방해하여 울음이 그칠 새가 없다.

또 식구는 많다하나 나타나는 것은 하찮은 것들뿐이라 매우 곤란하고 가난하고 상식 이 부족하여 타향에서도 살아날 수가 없다.

눈동자가 아주 검은 (윤택함이 없이 시커먼 경우) 여인은 간음을 저지르고 두 눈이 나란히 훌륭하면 수명을 보호받는 얼굴이라.

만약 크고 둥근 검은 눈동자로 본다면 반드시 지혜로운 어진 선비임을 알아야 한다. 남자의 왼쪽 눈이 어쩌다 저절로 작아지는 것이 행해져 보이면 그 남자는 장남이라는 것을 알게 되었다.

눈동자를 중심으로 돌아가는 바퀴가 멈추지 않는 눈으로 보는 여인은 최고로 담대하여 말을 거리낌 없이 한다. 눈을 싸고 있는 살비듬 아래에 점이 분명히 있으면 식구가 있는 수행자이다.

왼 눈 바로 아래를 비껴 살짝 위에 점이 있으면 귀족에 봉하여져 공경에 이른다.

눈 아래 가로로 된 살비듬인 와잠에 점이 있는 사람은 오래전에 대를 이을 자식이 멀리 떠났거나 끊겨진것을 알 수 있다.

다시 말해 와잠에 주름이나 흠이 많으면 자식을 극하니 아이가 없다고 함이 옳을 것이다.

눈의 길이가 일촌이 되면 벼슬을 하여 작위를 받으니 용의 눈썹에 봉의 눈을 가진 사람은 진귀한 사람이라 얻기 어렵다.

흑백이 분명하면 믿음과 의리가 흐르고 닭의 눈에 쥐의 눈동자를 가진 사람은 모두 도적이라 함이 옳을 것이다.

두 눈이 밝게 빛나면 귀인이라 함이 옳을 것이며 살펴보아 호랑이로 관찰되거나 사자로 보이면 나라의 장군이다.

소의 눈은 사랑하는 자애로움이 많고 거북이의 눈은 막힘이 많고 뱀의 눈동자에 양의 눈은 이웃으로 가까이 하지마라.

눈을 훔쳐보듯 살펴보는 사람은 도적의 무리로서 병사로 나아가 죽을 것이니 쥐를 기다리는 호랑이나 고양이가 구멍을 엿보듯이 하는 이러한 사람도 똑같다.

호랑이의 눈동자는 자비심이 좇아 따라와도 사랑하는 마음이 없고 원숭이 눈처럼 흰자위가 휘 번득 거리면 정신착란을 일으킬까 위험하다.

* 호안을 가진 사람은 대체적으로 인정(동정심)이 없어 냉박 하다는 말이기도 합니다.

왼 눈이 작은 사람은 아내를 두려워하는 사람이요 물고기 눈을 가진 사람은 병사로 나아가 다치거나 죽는 경우가 많다. 눈썹이나 눈이 크고 작아 같지 않은 것이 나타내는 경우는 형제간에 부모가 다른것이다.

● 龍 眼(용안) – 大 貴(대귀): 官居極品(관거극품)

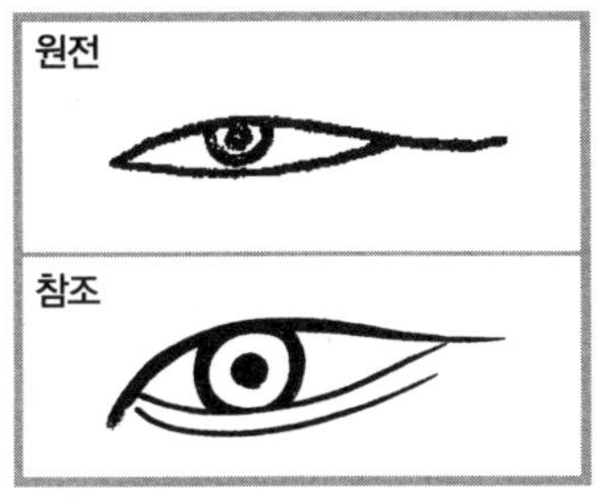

黑白分明精神强이오 波長眼大氣神
흑 백 분 명 정 신 강　　　파 장 안 대 기 신

藏이라 如此富貴非小可니
장　　　여 차 부 귀 비 소 가

竟能受祿輔明皇이라
경 능 수 록 보 명 황

용안을 가진 사람은 벼슬이 높고 지극히 귀하다.

흑백이 분명하여 정신이 강할것이오 눈이 길고 큰 기운에서 비롯되는 신을 간직하고 있다. 이러한 사람은 작은 부귀가 아니니 마침내 능히 임금을 밝게 도와 작위을 받게 된다.

● 牛眼(우안) – 巨富(거부): 粟陣貫朽(속진관오)

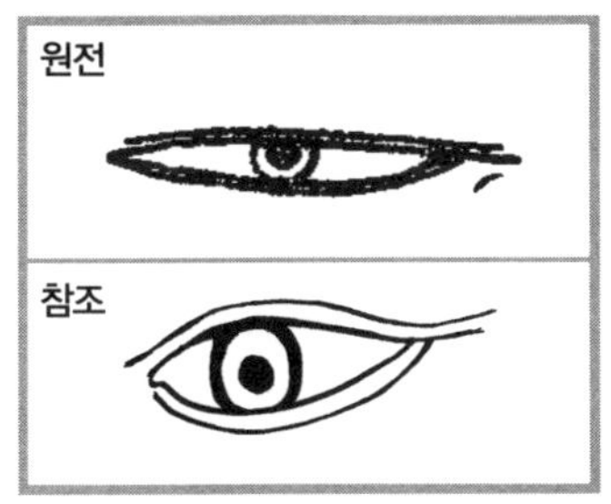

眼大睛圓視若風하니　見之遠近不
안 대 정 원 시 약 풍　　　견 지 원 근 블

相同이라 興財巨萬無差跌이오
상 동　　　흥 재 거 만 무 차 질

壽算綿長福祿終이라
수 산 면 장 복 록 종

　　우안을 가진 사람은 전쟁시 군량미를 그칠 새 없이 대어줄 만큼 큰 부자이다.

눈이 둥글고 눈동자가 크며 기세가 약한 듯 보는 것이 먼 것을 보나 가까운 것을 보나 다르지 않다. 일에 실패가 없으니 재물이 일어나 막대한 부를 이루고 수명이 마칠 때 까지 복록이 끊이지 않는다.

* 소의 눈을 생각하면 되겠습니다.

● 鳳 眼(봉안) – 大 貴(대귀): 聰明超越(총명초월)

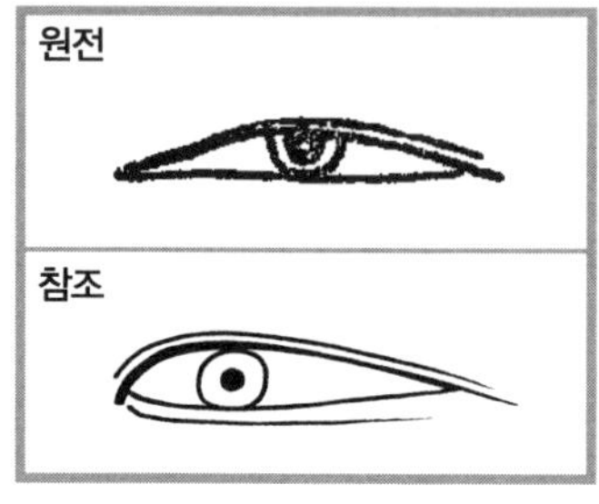

鳳眼波長貴自成이니 影光秀氣又神
봉 안 파 장 귀 자 성　　　　영 광 수 기 우 신

淸이라 聰明智慧功名遂하니
청　　　　총 명 지 혜 공 명 수

拔萃超群壓衆英이라
발 췌 초 군 압 중 영

봉안을 가진 사람은 총명함이 뛰어나 대귀를 누린다.

상파와 하파가 긴 봉안을 가진 사람은 스스로 귀를 이루니 광선처럼 비치어 나타나는 빼어난 빛의 기운이 맑은 신 으로 거듭하여 나타나는 총명지혜로 공명이 따르니 모든 무리를 누르고 선택된 뛰어난 영웅이다.

● 孔雀眼富貴(공작안부귀): 夫和婦順(부화부순)

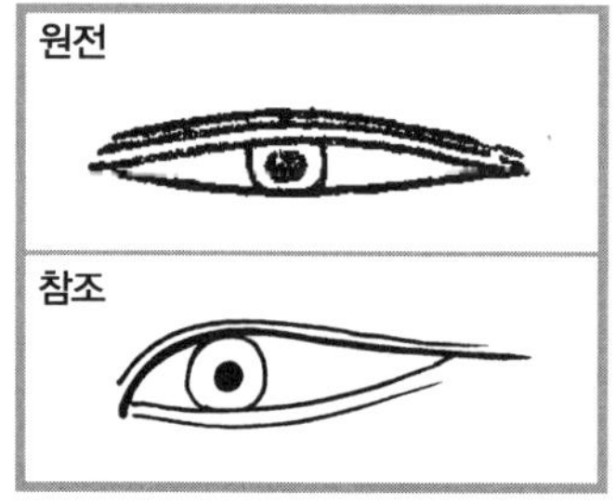

眼有波明睛黑光하니 靑多白少惡凶
안 유 파 명 정 흑 광　　　　청 다 백 소 악 흉

强이라 素廉淸潔兼和煖하야
강　　　　소 겸 청 결 겸 화 난

始末興隆姓字揚이라
시 말 흥 룡 성 자 양

공작안을 가진 사람은 부부가 서로 순하게 화평하며 부귀를 누린다.

쌍꺼풀이 있는 눈으로써 맑고 밝은 검은 눈동자가 빛나니 많은 흰 자위에 푸른 기운이 조금 돌면 강하여 악하고 흉하다. 드리워진 흰빛이 깨끗하고 따뜻하면 처음부터 끝까지 일어나 흥왕하여 이름을 드날리게 된다.

● **猴眼富貴(후안부귀): 一生多慮(일생다려)**

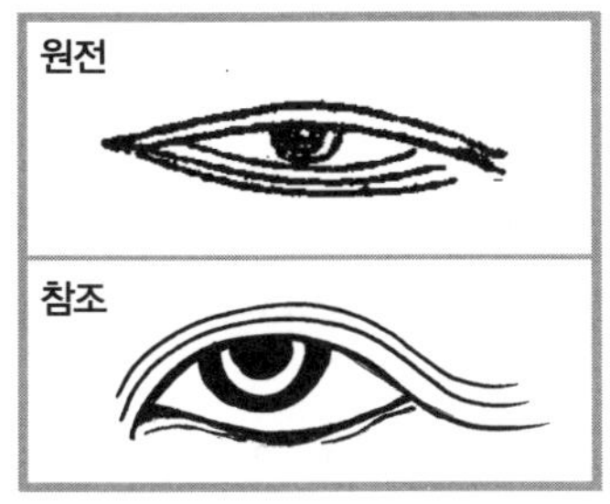

黑睛昻上波紋矗하니 轉動機關亦有
흑 정 앙 상 파 문 촉　　　　전 동 기 관 역 유

宜라 此相若全眞富貴니
의　　　차 상 약 전 진 부 귀

好食果品坐低頭라
호 식 과 품 좌 저 두

후안을 가진 사람은 부귀하나 일생 근심이 많다.

검은 눈동자가 위를 향하고 위 눈꺼풀에 주름이 겹겹이 지대 생긴 모양 안에서 꿰뚫듯 굴러 움직이는 모양이 바로 후안이다.

이러한 모양이 온전한 부귀를 갖출 수 있으며 앉으면 머리를 수그리고 달콤한 과자나 과일을 좋아하는 성품이다.

● **鴛鴦眼主富(원앙안주부): 富而且淫(부이차음)**

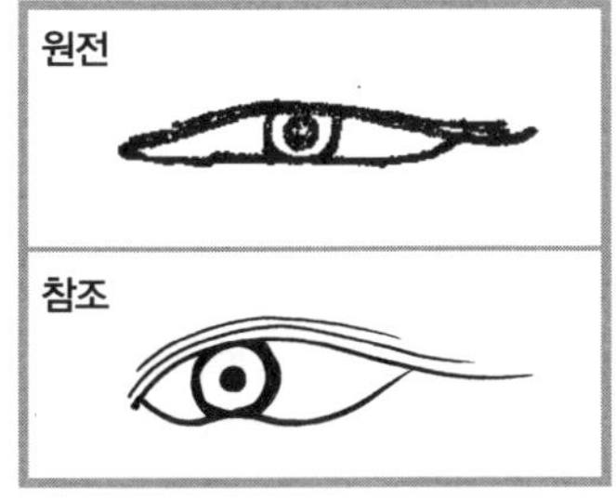

眼秀睛紅潤有紗오　眼圓略露帶桃
안 수 청 홍 윤 유 사　　　안 원 약 로 대 도

花라 夫妻情順又和美나
화　　　부 처 정 순 우 화 미

若還富貴恐淫些라
약 환 부 귀 공 음 사

원앙안을 가진 사람은 주로 부자이며 또한 음란하다.

눈이 맑게 갠 하늘처럼 맑게 빼어나며 살비듬이 비단처럼 윤택하게 붉고 드러난 둥근 눈에는 도화의 끼를 띠고 있다.

남편과 아내의 정이 순하고 화평하여 아름다우나 부귀하다면 음란해질까 약간 두려워진다.

● 龜眼有壽(구안유수): 始終享福(시종향복)

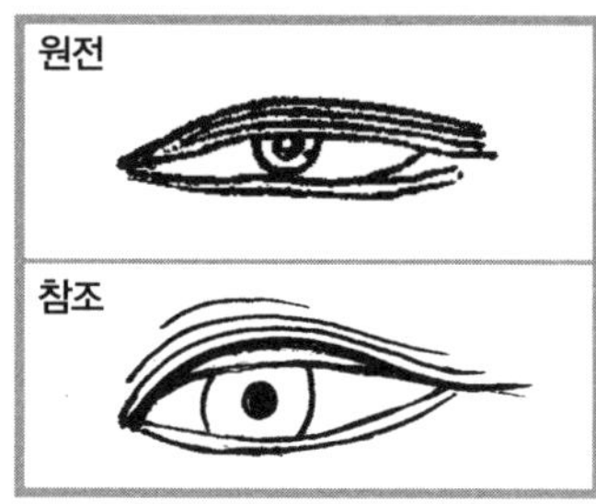

龜眼睛圓藏秀氣하니 數條上有細紋
구안청원장수기　　　수조상유세문

波라 康年福壽豊方足하니
파　　강년복수풍방족

悠遠綿綿及子孫이라
유원면면급자손

구안을 가진 사람은 수명이 길며 처음부터 끝까지 복을 누린다.

구안은 맑게 갠 둥근 눈동자에 감추어진 기운이 빼어나고 눈을 떴을 때 위 눈꺼풀에 여러 겹의 주름이 지어진다.

건강하게 수명이 길며 주변 환경의 풍족함이 자손 대대로 면면히 이어진다.

* 거북이 눈을 생각하면 되겠습니다.

● 鳴鳳眼主貴(명봉안주귀): 志高顯達(지고현달)

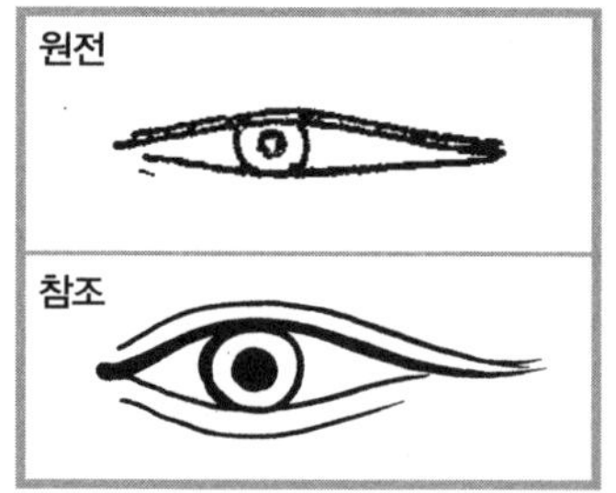

上層波起亦分明하니 視耳睜睜不露
상층파기역분명　　　시이정정불로

神이라 敢取中年而遇貴하야
신　　감취중년이우귀

榮宗耀祖改門庭이라
영종요조개문정

명봉안은 주로 귀를 누리며 벼슬과 덕망이 높아서 이름이 세상에 드러난다.

명봉안은 위 눈꺼풀에 뚜렷한 쌍꺼풀이 일어나 있으며 귀가 보이도록 싫어하는 눈빛으로 눈을 흘겨도 신 이 드러나지 않는다.

과단성이 있으며 중년에 귀인을 만나 집안을 고치고 조상을 빛내며 가문을 영화롭게 한다.

● 象眼富貴(상안부귀): 福壽延年(복수연년)

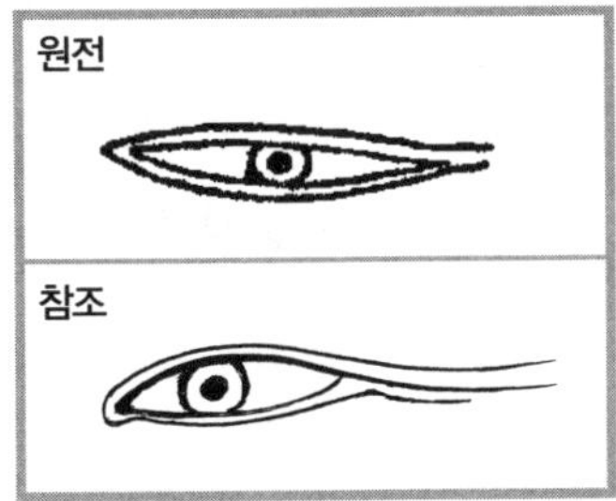

上下波紋秀氣多하니 波長眼細亦仁
상 하 파 문 수 기 다　　　　파 장 안 세 역 인

和라　及時富貴皆爲妙하니
화　　　급 시 부 귀 개 위 묘

遐算淸平樂且歌라
하 산 청 평 락 차 가

상안을 가진 사람은 부귀를 누리며 복록과 수명이 오래도록 이어진다.

위 아래의 눈꺼풀에 주름이 있으며 기운이 매우 빼어나니 눈이 가늘고 길어 역시 인자하고 화평하다.

때가 이르러 부귀가 함께하는 것이 참으로 오묘하니 오랜세월 고요하고 평화롭게 다스려 노래 부르며 즐거울 것이다.

* 코끼리 눈을 생각하면 쉽습니다.

● 睡鳳眼淸貴(수봉안청귀): 溫柔正大(온유정대)

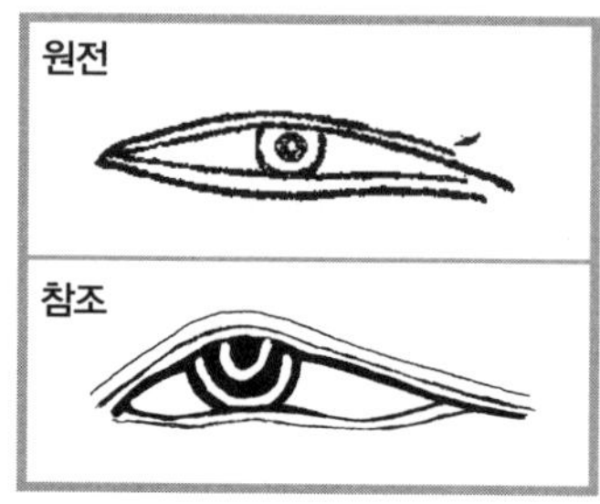

平平瞻視不偏斜하니　笑帶和容秀
평 평 첨 시 불 편 사　　　소 대 화 용 수

氣華라 天性容人而有量이라
기 화　　천 성 용 인 이 유 량

須知富貴足堪誇라
수 지 부 귀 족 감 과

　수봉안을 가진 사람은 맑고 귀하며 따뜻하고 부드러우며 바르고 훌륭하다.

　관찰하여 보면 고르고 판판하게 바라보는 눈매가 한쪽으로 기울지 않으니 미소 띤 화평한 용모의 빼어난 기운이 빛난다. 받아들이는 타고난 성품의 역량이 있어 모름지기 지혜로워 부와 귀를 충분히 감당하여 자랑할 만하다.

● 鵲眼信義(작안신의): 發達富貴(발달부귀)

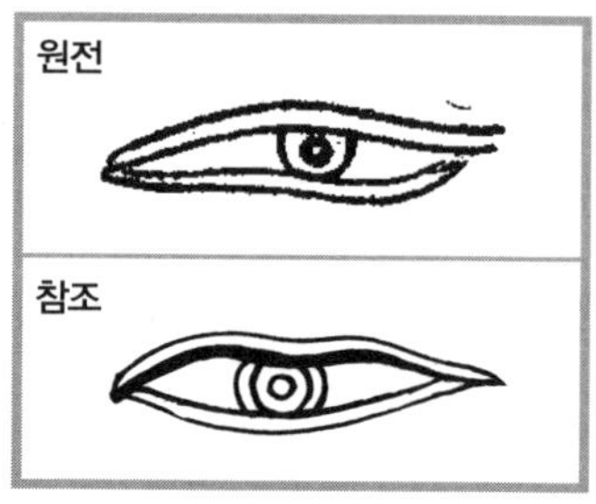

上有餘紋秀且長하니　平生信實亦
상 유 여 문 수 차 장　　평 생 신 실 역

忠良이라 少年發達猶平淡이나
충 량　　소 년 발 달 유 평 담

終末之時更吉昌이라
종 말 지 시 갱 길 창

　작안을 가진 사람은 믿음과 의리가 있어 발달하여 부귀를 누린다.

　위 눈꺼풀의 넉넉한 주름이 길고 빼어나니 평생 믿음이 튼튼하고 진심으로 어질다. 소년시절 어릴 적은 오히려 온화하고 모나지 않게 보통으로 자랐으나 생을 마칠 때 까지 잇달아 길하며 번창할 것이다.

   * 鵲 : 까치 작.

● 瑞鳳眼主貴(서봉안주귀): 和而不流(화이불류)

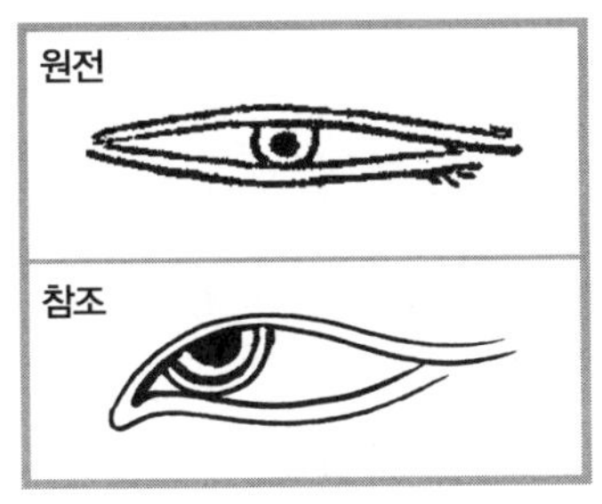

日月分明兩角齊하니　二波長秀笑
일 월 분 명 양 각 제　　　　이 파 장 수 소

微微라 流而不動神光色이면
미 미　　　유 이 부 동 신 광 색

翰苑聲名達鳳池라
한 원 성 명 달 봉 지

서봉안은 귀를 주재하며 화평하고 눈빛이 흐르지 않는다.

두 눈의 흑백이 분명하고 양쪽의 각이 가지런하다. 아래 위 눈꺼풀
에 흐르는 긴 주름의 아주 작은 미소가 빼어나다. 흐르거나 움직임
없이 신 이 빛나면 나라 안에서 이름이 높이 올라 재상이 된다.

● 獅眼富貴(사안부귀): 忠孝貞廉(충효정렴)

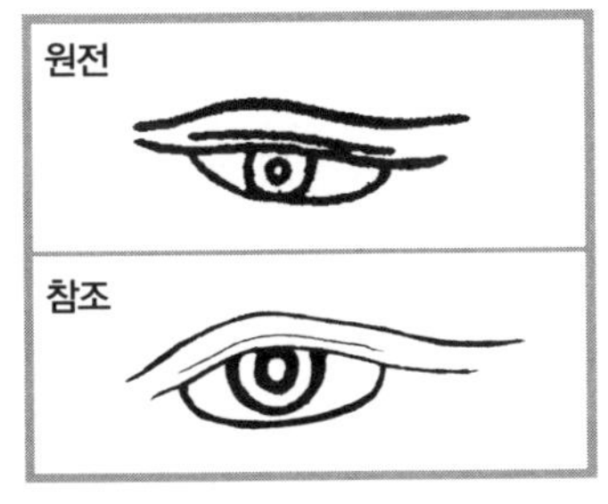

眼大威嚴性略狂하니　粗眉趁此又端
안 대 위 엄 성 약 광　　　　조 미 진 차 우 단

莊이라 不貪不酷施仁政하니
장　　　불 람 불 혹 시 인 정

富貴榮華福壽康이라
부 귀 영 화 복 수 강

사자안을 가진 사람은 부귀하며 진실로 부모에게 효도하고 국가에
충성하는 곧고 청렴한 사람이다.

눈이 크고 위엄이 있는 성품으로 거리낌 없는 기세이니 눈썹이 거

친 것 같으면 단정하고 장중함이 거듭 더한다. 탐하지 않고 잔인하지 않으며 인자하게 베풀며 다스리니 건강하게 오래살며 부귀영화를 누린다.

 * 獅 : 사자 사

● 鴈目富貴(안목부귀): 義氣蘊玉(의기온옥)

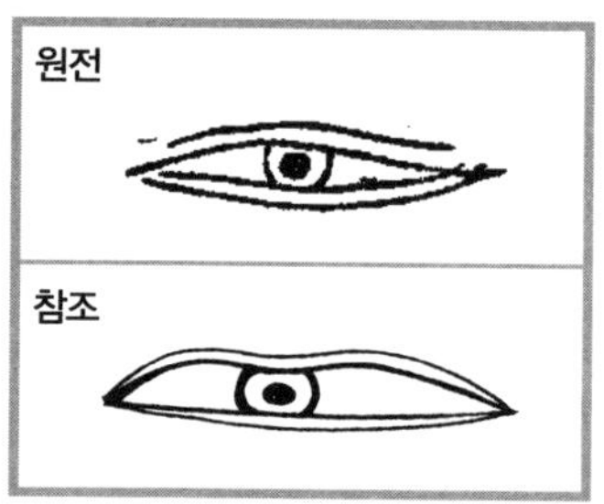

睛如黑漆帶金黃하고　上下波紋一
정 여 흑 칠 대 금 황　　상 하 파 문 일

樣長이라 八相爲官恭且蘊하야
양 장　　　팔 상 위 관 공 차 온

連枝同氣姓名香이라
연 지 동 기 성 명 향

　안목을 가진 사람은 부귀하며 의로운 기운에 보물이 쌓인다. 검게 칠한것 같은 눈동자는 누런 금색의 테두리를 하고 위 아래 눈꺼풀에 한 개씩의 주름이 길게 지어져있는 모양이다. 여덟 가지 모양(팔관인상) 중에서 공손한 관리이며 또 따뜻하여 한 뿌리에서 나서 이어진 가지와 같은 기운으로 그 이름이 향기롭다.

 * 기러기 모양을 생각하면 쉽습니다. 그러므로 눈의 모양을 잘 읽고 특히 기운을 잘 분석해보시기 바랍니다.

 * 팔상은 앞에서 다루었던 부분을 참조 p. (38~45)

 * 鴈 : 기러기 안

● **虎眼有威(호안유위): 非常富貴(비상부귀)**

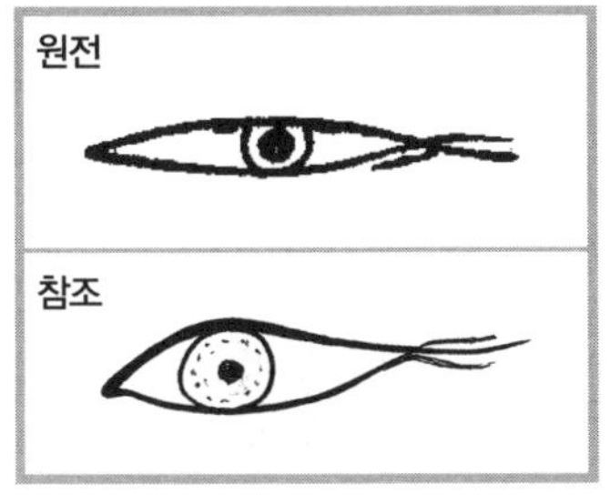

眼大晴黃淡金色하니　瞳人或短有
안 대 정 황 담 금 색　　　동 인 혹 단 유

時圓이라 性剛沈重而無患이나
시 원　　　　성 강 심 중 이 무 환

富貴終年子有傷이라
부 귀 종 년 자 유 상

　호안을 가진 사람은 위엄이 있으며 세상에 둘도 없는 부귀를 누린다.

　커다란 눈이 눈동자는 맑은 금색(투명한 노란색)을 띠고 사람을 쳐다보는 눈동자가 더러 짧아도 상황에 맞아 모가나지 않는다. 굳센 성품이 무겁게 가라앉아있어 걱정은 하지 않으나 부귀가 마칠 때까지 함께하면 자식의 상함이 있다.

　* 호랑이 눈의 색깔을 생각해 보십시오.

● **陰陽眼富貴(음양안부귀): 富而多詐(부이다사)**

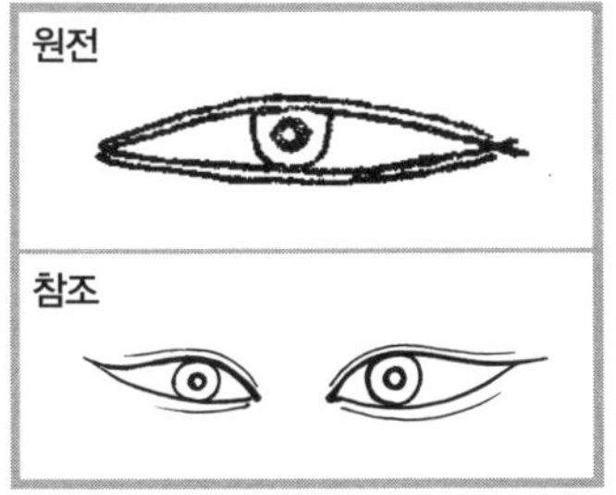

兩目雌雄晴大小하니　精神光彩視
양 목 자 웅 정 대 소　　　정 신 광 채 시

人斜라 心非口是無誠實이나
인 사　　　심 비 구 시 무 성 실

富積奸謀貴不奢라
부 적 간 모 귀 불 사

　음양안을 가진 사람은 부귀하나 속임이 많다.

　두 눈이 하나는 크고 하나는 작아서 정신을 내뿜는 눈빛이 기울어진 사람이다.

마음이 옳은 입과 다르게 성실함은 없으나 사치스럽지 않아 간사한 꾀책으로 재물은 쌓는다.

● 鸛形眼貴(관형안주귀): 中年顯輝(중년현휘)

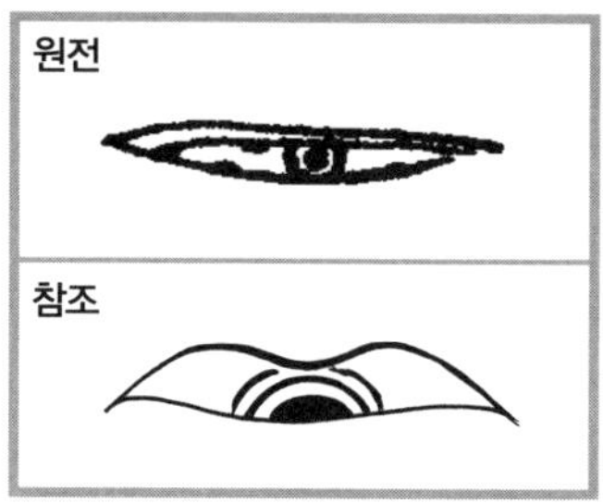

上層波秀到奸門하고　黑白分明瞳
상 층 파 수 도 간 문　　　흑 백 분 명 동

秀淸이라　正視無偏人可愛니
수 청　　　정 시 무 편 인 가 애

高明廣大貴而榮이라
고 명 광 대 귀 이 영

관형안은 귀를 주재하며 중년에는 명백하게 빛난다.

위 눈꺼풀에 진 주름이 간문까지 이르러 매우 빼어나고 흑백이 분명하여 밝은 눈동자가 더없이 맑다. 사람을 볼 때 비껴보지 않고 사랑스러운 듯 바로 보며 높이 올라 넓은 곳을 밝게 비추듯 하니 큰 귀를 누리며 번창한다.

* 鸛 : 황새 관

* 날으는 황새의 모양을 생각하면 되겠습니다.

● **猪眼凶惡(저안흉악): 死必分屍(사필분시)**

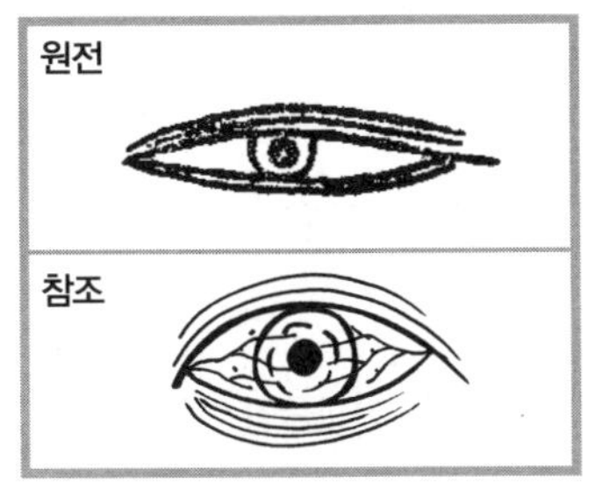

白昏睛露黑朦朧하니　波厚皮寬性
백 혼 정 로 흑 몽 롱　　　파 후 피 관 성

暴凶이라 富貴也遭刑憲罹니
폭 흉　　　부 귀 야 조 형 헌 이

縱歸十惡法難容이라
종 귀 십 악 법 난 용

저안을 가진 사람은 흉악하며 대체로 죽고 난 뒤에 시체가 나누어진다.

흰자위가 어둡고 눈동자가 드러나며 검은자위가 흐리멍덩하고 살이 쪄 두텁고 넓은 피부에 주름이 져있으며 성정이 사납고 흉하다.

부귀하나 법을 어겨 벌을 받을까 두려우니 멋대로 중죄를 지어 온전한 모습 갖추기 어렵다.

　* 십악 참조 : ① 모반(謀反), ② 모반(謀叛) ③ 모대역(謀大逆) ④ 악역(惡逆) ⑤ 부도(不道) ⑥ 대불경(大不敬) ⑦ 불효(不孝) ⑧ 불목(不睦) ⑨ 불의(不義) ⑩ 내란(內亂)

　* 돼지의 눈을 생각하면 되겠습니다.

● **鵝眼穩重(아안온중): 慈善有慶(자선유경)**

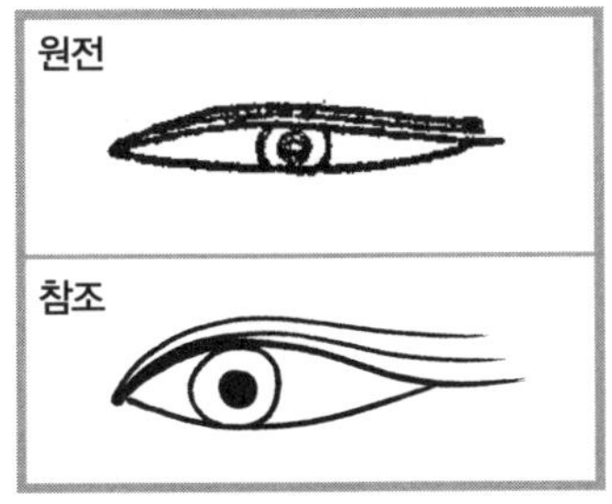

數波紋秀射天倉하니　視物分明神
수 파 문 수 사 천 창　　　시 물 분 명 신

更長이라 白少黑多心且善하야
갱 장　　　백 소 흑 다 심 차 선

綿綿福壽老安康이라
면 면 복 수 노 안 강

아안을 가진 사람은 평온함이 두터우며 불쌍히 여기는 마음으로 사람을 도와주니 상을 받는 기쁨이 있다.

위 눈꺼풀에 여러 겹으로 이루어진 빼어나게 아름다운 주름이 천창을 향하여 쏘고있으며 사물을 보는 눈의 흑백이 분명하며 또 신이 길다.

흰자위가 적고 검은 눈동자의 기운이 많아 마음이 또한 착하여 늙도록 건강하고 수명이 길어 복이 끊임없이 이어져 간다.

● **蛇眼狼毒(사안낭독): 無倫悖義(무륜패의)**

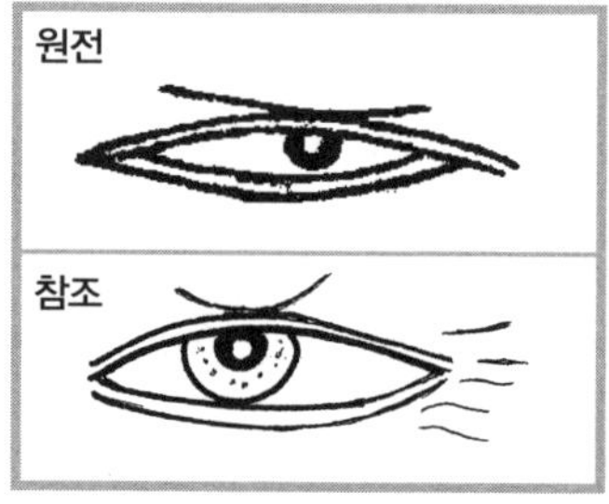

堪歎人心毒似蛇하니　睛紅圓露帶紅
감 탄 인 심 독 사 사　　　정 홍 원 로 대 홍

紗라　大奸大詐如狼虎니
사　　　대 간 대 사 여 랑 호

此眼之人子打爺라
차 안 지 인 자 타 야

뱀의 눈을 가진 사람은 이리와 같이 독하여 의리를 깨고 윤리가 없다. 인간의 마음이 하늘을 탄식하도록 뱀과같이 독하니 둥그런 붉은 눈에 눈동자가 드러나고 붉은 점이 모래알 같이 박혀있다.

크게 간사하고 크게 속이는것이 이리나 호랑이와 같으니 이러한 눈을 가진 인간은 아비를 때리는 자식이다.

* 뱀을 생각하면 되겠습니다.

● **桃花眼主淫(도화안주음): 喜媚無常(희미무상)**

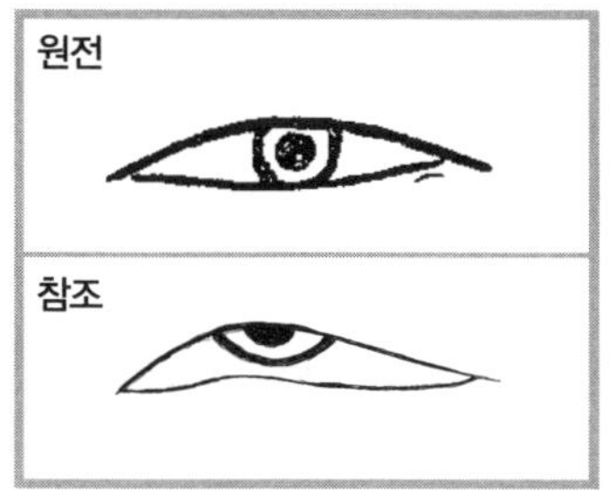

男女桃花眼不宜니　逢人媚笑水光
남 녀 도 화 안 불 의　　봉 인 미 소 수 광

微라 眼皮濕淚兼斜視면
미　　안 피 습 루 겸 사 시

自是歡娛樂且嬉라
자 시 환 오 락 차 희

도화안은 주로 음란하며 요염하고 즐거운 모습이 항상 일정하지 않다.

남자나 여자나 도화안을 가지면 마땅하지 못하니 만나는 사람에게 수면에 비치는 잔잔한 빛과 같이 아양 부리며 미소 짓는다.

촉촉한 물 기운을 머금은 눈으로 옆으로 흘겨보면 스스로 오락을 사랑하고 즐긴다고 함이 옳을 것이다.

● **鴿眼貪淫(합안탐음): 聰明小就(총명소취)**

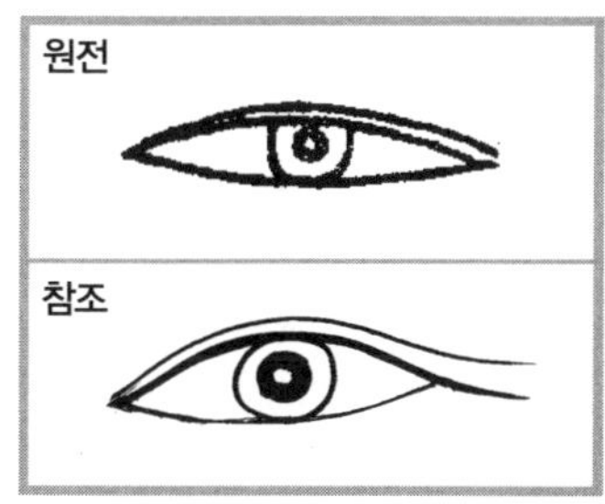

鴿眼睛黃小樣圓하니　搖頭擺膝坐還
합 안 정 황 소 양 원　　요 두 파 슬 좌 환

偏이라 不拘男女多淫亂하고
편　　불 구 남 녀 다 음 란

少實多虛心湛然이라
소 실 다 허 심 담 연

합안을 가진 사람은 음란함을 탐하여 총명하지만 이룸은 적다.

합안은 모양이 작고 둥글며 눈동자가 노라니 머리를 흔들고 무릎을 떨고 앉으며 한쪽으로 돌아간다.

남녀 구별 없이 모두 매우 음란하고 마음의 근심이 무겁게 가라앉아 있으며 이룸이 적다.

● 醉眼主淫(취안주음): 百事無成(백사무성)

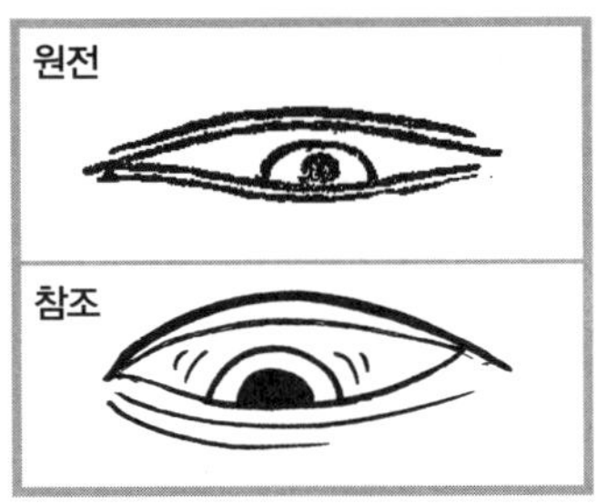

紅黃混雜却流光하니　如醉如痴心
홍 황 혼 잡 각 류 광　　여 취 여 치 심

昧昻이라 女犯貪淫男必盜오
말 앙　　여 범 탐 음 남 필 도

僧人道士亦淫荒이라
승 인 도 사 역 음 황

취안을 가진 사람은 주로 음란하며 백가지 일중에 한 가지도 이룸이 없다. 붉은 듯 노오란 색깔이 섞여 흘러나오던 빛이 멎어버리니 술에 취한 것처럼 어리석고 머리를 들면 얼굴이 어슴푸레하다.

여자는 음란함을 탐하여 간음을 범하고 남자는 틀림없는 도적이요 도가 트인 중이라도 역시 주색에는 탐닉한다.

* 술취한 사람의 눈을 생각하면 되겠습니다.

● 鸞眼精彩(란안정채): 廣博大富(광박대부)

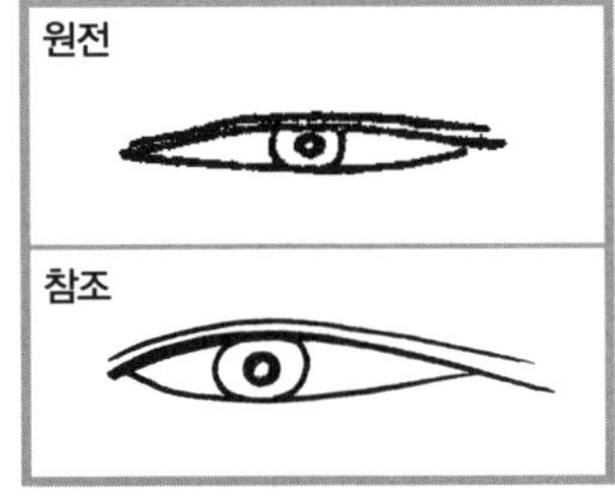

準頭圓大眼微長하니　步急言辭媚
준 두 원 대 안 미 장　　보 급 언 사 미

且良이라 身貴近君須大用이니
차 량　　신 귀 근 군 수 대 용

何愁不是雪衣娘고
하 수 불 시 설 의 낭

란안을 가진 사람은 그 기상이 발랄하고 학문과 견식 등이 넓으며 큰 부자이다.

준두가 둥글고 크며 눈은 길며 작으니 걸음이 급하고 말씨는 친절하고 또 어질다. 몸이 귀한 임금 가까이있어 모름지기 크게 쓰이나 눈처럼 깨끗한 아가씨가 될 수 없으니 근심이 얼마인고….

* 즉 란안을 가진 사람은 몸이 귀한 임금을 가까이 모시고 있지만 때묻지 않은 눈과 같은 순결한 아가씨처럼 청렴할 수 없는 것을 근심하여 시름에 젖어 산다는 것입니다.

● 鶴眼主貴(학안주귀): 志氣高明(지기고명)

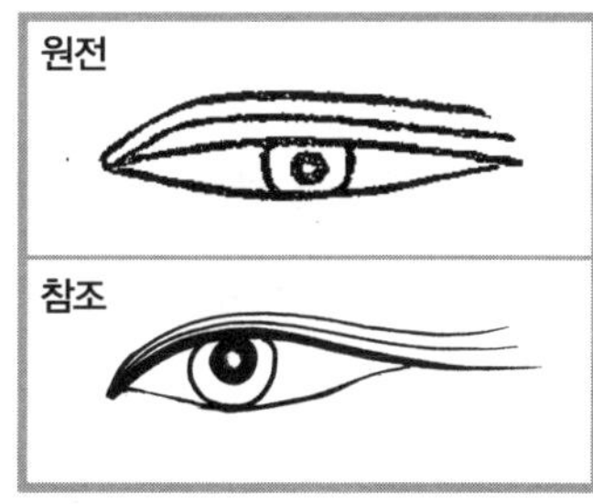

明秀精神黑白淸하니　藏神不露顯
명 수 정 신 흑 백 청　　　장 신 불 로 현

功名이라 昻昻志氣冲牛斗하니
공 명　　　앙 앙 지 기 충 우 두

富貴須當達上卿이라
부 귀 수 당 달 상 경

학안은 귀를 주재하며 의지와 기개가 높아 권세가 있다.

흑백이 분명하여 정신이 밝게 빼어나니 신 이 감추어지고 드러나지 않아 공을 세워 이름을 빛낸다. 의지와 품행이 높아 소를 찔러 떨게하는 의기로 일을 이루니 마땅히 상경(높은벼슬)까지 입신출세하여 모름지기 부귀를 누릴 것이다.

● 狼目凶暴主凶(낭목흉폭주흉): 富無善終(부무선종)

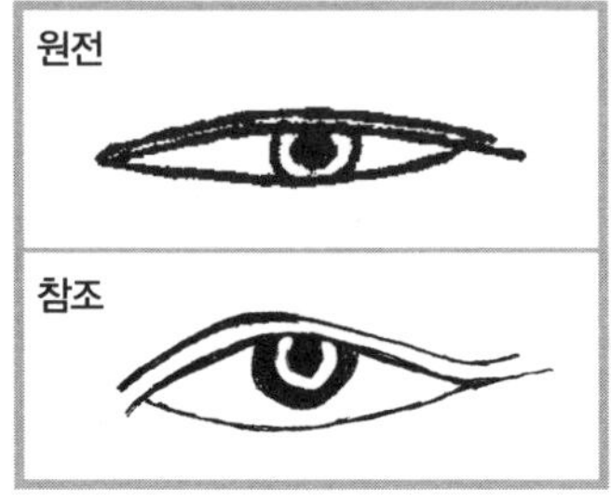

狼目睛黃視若顚하면　爲人貪鄙自
낭 목 정 황 시 약 전　　　위 인 람 비 자

茫然이라 愴惶多錯精神亂하니
망 연　　　창 황 다 착 정 신 난

空懆狂圖度百年이라
공 포 광 도 도 백 년

　이리의 눈은 흉하게 사나워 흉을 주재한다. 넉넉하지만 끝이 좋지 못하다.

　이리의 눈은 눈동자가 노랗고 만약 고개를 내리고 보면 사람 됨됨이가 욕심이 많고 비루하여 스스로 정신을 잃게 된다.

　겨를 없이 바쁘게 정신이 갈마들어 매우 어지러우니 미친 듯이 사나운 그림 백년을 헛되게 그리다 간다.

　* 사람의 일생을 백년으로 본다면 낭안을 가진 사람은 처음 태어난 하얀 도화지 같은 인생을 사납게 미친 듯이 살아가는 그림을 그리다 마감한다는 말로 비유하였습니다.

　* 이리나 늑대의 형태를 생각하면 되겠습니다. - 狼 : 이리 랑

● 羊眼凶暴(양안흉폭): 半世破祖(반세파조)

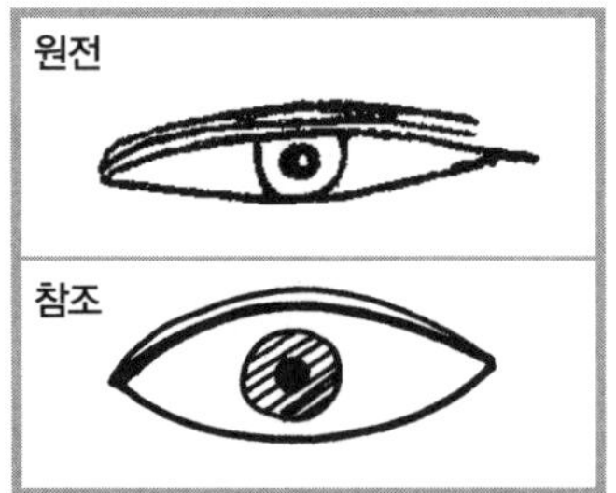

黑淡微黃神不淸하니　瞳人紗樣却
흑 담 미 황 신 불 청　　　동 인 사 양 각

昏睛이라 祖財縱有無緣享하야
혼 정　　　조 재 종 유 무 연 향

晚歲中年又且貧이라
만 세 중 년 우 차 빈

양안을 가진 사람은 흉하고 난폭하여 반평생은 조상을 깨뜨린다.

맑은 흑색에 약간 노란 기운을 띠어 눈빛이 맑지 못하니 사람을 쳐다보는 눈동자에 가느다란 외올실 같은 모양이 눈동자에 섞여 신을 흐리게 한다. 조상의 재물을 물려받아도 누리지 못하여 나이 든 중년에는 가난하게 된다.

* 양의 눈을 생각하면 되겠습니다.

● **伏犀眼慈仁(복서안자인): 淸淨大貴(청정대귀)**

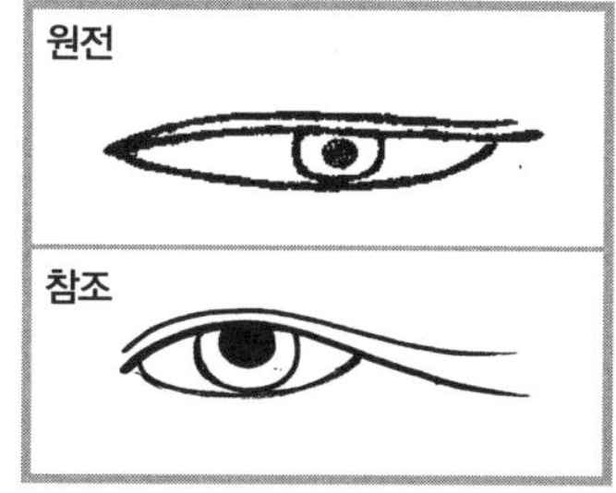

頭員眼大兩眉濃하고 耳內毫長體厚
두 원 안 대 양 미 농　　　이 내 호 장 체 후

豊이라 此目信居台鼎位니
풍　　　차 목 신 거 태 정 위

定敎富貴壽如松이라
정 교 부 귀 수 여 송

복서안을 가진 사람은 자비롭고 어질며 맑고 깨끗하여 대 귀를 누린다.

머리가 둥글고 눈이 크며 양 눈썹이 진하고 귀 안에 털이 길고 몸집이 두텁고 풍족하다. 이러한 눈은 믿음이 두터워 삼정승에 속하고 소나무처럼 장수하는 일생을 부와 귀를 누리며 산다는 것을 가리키며 일러주고있다.

● 魚眼主夭(어안주요): 速死爲期(속사위기)

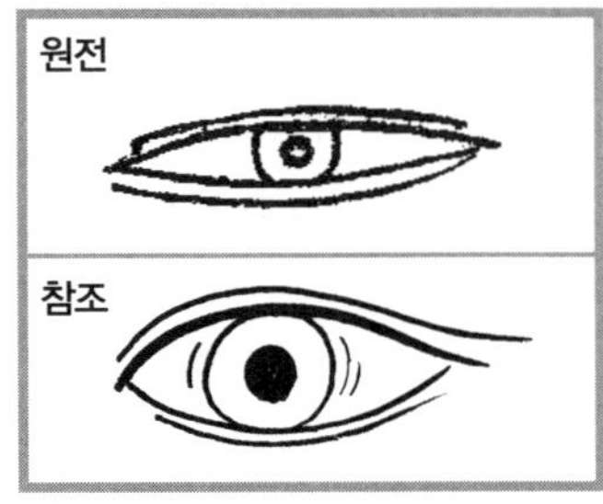

晴露神昏若水光하니　定晴遠近視
정 로 신 혼 약 수 광　　　정 정 원 근 시

汪洋이라 如逢此眼皆亡뚜니
광 양　　　여 봉 차 안 개 망 조

白日須敎嘆夭殤이라
백 일 수 교 탄 요 상

어안을 가진 사람은 주로 일찍 꺾이며 속절없이 빠르게 사라진다.

눈동자가 드러나고 신 이 어두워 수면에 비치는 빛과 같으니 멀리 있는 것을 보거나 가까운 것을 보거나 기세가 크고 좋게 보인다. 이러한 눈은 모두 일찍 망하는 기운을 만나니 하루하루가 잠깐임을 깨우치도록 백일은 모름지기 가리켜야 한다.

● 鷺鷥眼(로자안): 淸淨貧寒(청정빈한)

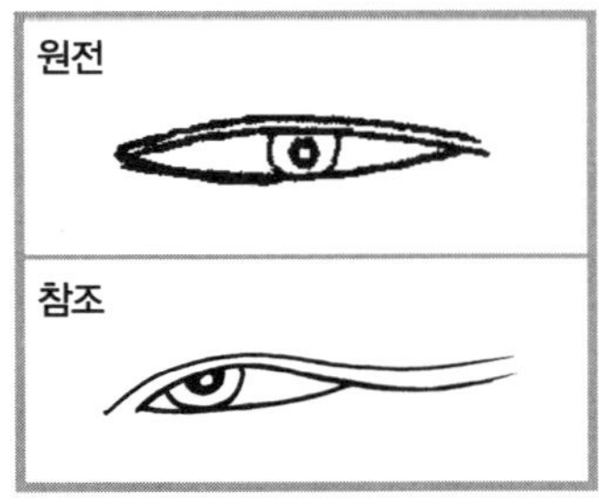

眼黃身潔不沾塵하니　行動搖縮本
안 황 신 결 불 첨 진　　　행 동 요 축 본

夭眞이라 眉縮身長脚瘦細면
천 진　　　미 축 신 장 각 수 세

終然巨富也敎貧이라
종 연 거 부 야 교 빈

로자안을 가진 사람은 너무도 맑고 깨끗하여 춥고 가난하다.

눈은 노란 황기가 있고 몸은 깨끗하여 붙어있는 먼지한점 없으니 본래의 천진스런 아이들처럼 마음을 졸이며 행동하고 움직인다.

눈썹이 오그라들고(눈썹의 부족함을 말함) 몸이 길며 다리가 수척하여 가늘면 가령 큰 부자라 하더라도 끝내 가난해진다는 것을 일러주고 깨우쳐야 한다.

 * 순수한 아이들의 수줍은 듯한 당당하지 못한 행동과 가난해지는데 너무 속을 태우지 않도록 일러주고 또한 재산 관리를 무리하게 하지 않도록 깨우쳐주어야 한다는 것을 설명 하였습니다.

● **馬眼勞碌(마안노록): 貧苦無終(빈고무종)**

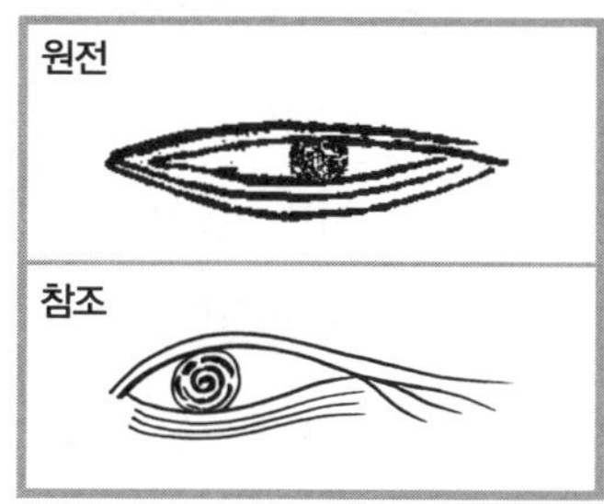

皮寬三角睛露光하니 終日無愁濕淚
피 관 삼 각 정 로 광　　　종 일 무 수 습 루

堂이라 面瘦皮繃眞可嘆이니
당　　　　면 수 피 붕 진 가 탄

刑妻剋子又奔忙이라
형 처 극 자 우 분 망

　마안을 가진 사람은 몹시 분주하게 애써 노력하여도 끝없이 매우 가난하다. 살가죽이 늘어지고 눈에 각이 지고 눈동자의 빛이 드러나니 누당에 근심어린 눈물이 마를 날이 없다. 얼굴이 수척하고 피부에는 힘줄이 감아 돌면 틀림없이 탄식한다 함이 옳을 것이니 처를 극하고 자식을 형하며 바쁘게 달아난다.

 * 말의 눈을 생각하면 되겠습니다.

● 猿目詐僞(원목사위): 虛名有義(허명유의)

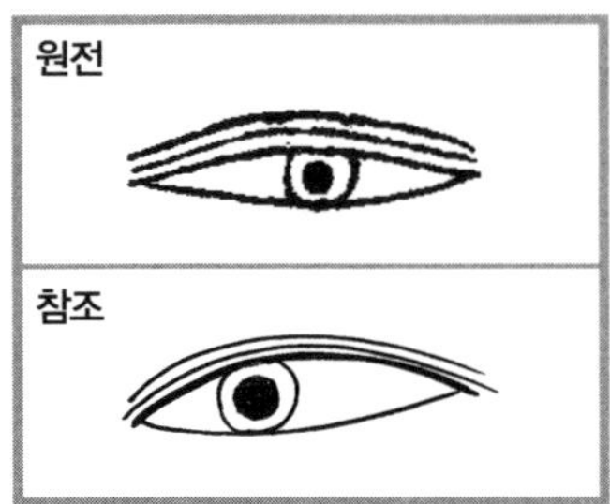

猿目微黃欠上開니　仰開心巧有疑
원 목 미 황 흠 상 개　　　앙 개 심 교 유 의

猜라 名虛多子俱靈性이나
시　　　명 허 다 자 구 영 성

終作伶人具不才라
종 작 령 인 구 불 재

　원숭이 눈을 가진 사람은 속이는 위선자이며 의리도 이름만 있지 실상은 없다. 원숭이 눈은 약간 노랗고 모자란 듯이 위로 치켜뜨며 고개를 들어 마음을 교묘하게 꾸미지만 의심과 시기가 있다.

　자식이 많고 신령스런 성품을 갖추었다는 말은 있지만 실상은 없어 결국 영리한 사람으로는 족하지만 재능 있는 사람은 못된다.

　* 원숭이 눈과 성품을 생각하면 이해하기 쉽습니다. – 猴 : 원숭이 후

● 鹿目富貴(녹목부귀): 性急疎義(성급소의)

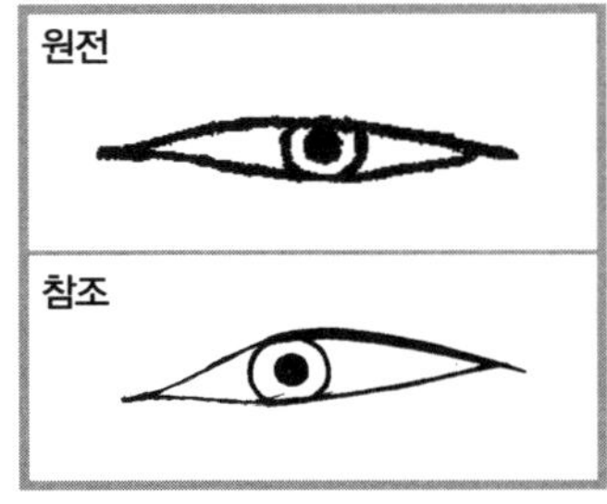

鹿目睛黑兩波長하니　行步如飛性
녹 목 정 흑 양 파 장　　　행 보 여 비 성

且剛이라 義隱山林沈映處면
차 강　　　의 은 산 림 침 영 처

自然福祿異尋常이라
자 연 복 록 이 심 상

　사슴 눈을 가진 사람은 부귀하며 성질은 급하나 트여 의롭다.

　사슴 눈은 눈동자가 검고 아래 위의 눈 길이가 길며 걸음은 나를 듯 걸으며 성품이 굳세다. 산림이 우거져 해를 가리는 곳에 숨어서 의리

를 지키면 저절로 복록이 끊이지 않으니 예사롭지 않아 흔히 있는 사
람이 아니다.

   ＊鹿 : 사슴 록

● 燕目有信(연목유신): 不得子力不豊衾(부득자력불풍금)

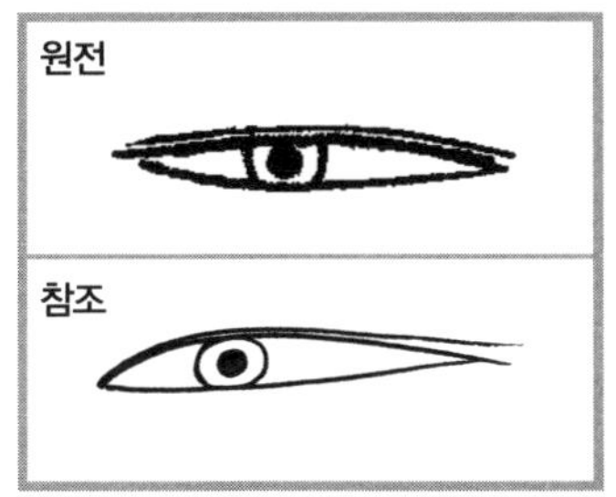

口小唇紅更擺頭오　眼深黑白朗明
구 소 순 홍 경 파 두　　　안 심 흑 백 랑 명

收라 語多準促而有信하고
수　　어 다 준 촉 이 유 신

機巧徒勞衣食週라
기 교 도 노 의 식 주

　연목을 가진 사람은 믿음은 두터우나 생활이 넉넉하지 못하고 자
식의 힘도 얻지 못한다.

　입이 작고 입술은 붉고 다시 머리를 떨며 눈은 깊고 흑백이 뚜렷하
고 맑아 밝고 환하다. 말은 빠르고 매우 많으나 믿음이 있어 보람 없
이 애써도 꾀가 교묘하여 옷과 음식은 주기적으로 조달된다.

   ＊燕 : 제비 연

● 熊 目(웅목): 必無善終(필무선종)

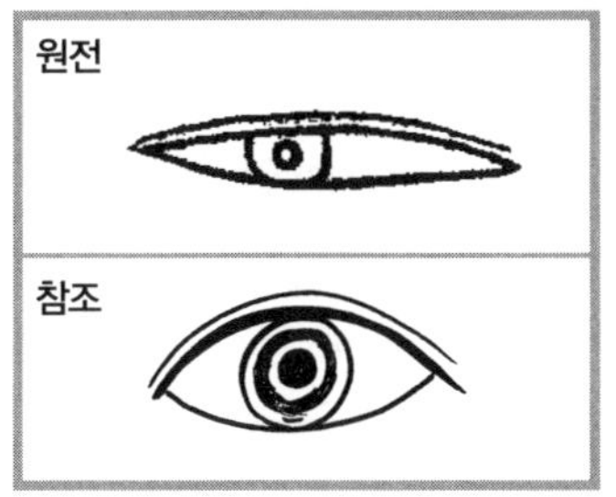

熊目睛圓又匪猪니　徒然力勇逞兇
웅 목 정 원 우 비 저　　　도 연 역 용 령 흉

愚라 坐伸不久喘息急이니
우　　좌 신 불 구 천 식 급

敖氏還能滅也無라
오 씨 환 능 멸 야 무

곰의 눈을 가진 사람은 틀림없이 마지막이 좋지 못하다.

곰 눈은 눈동자가 둥글지만 저안과는 다르니 흉하고 어리석어 까닭 없이 굳센 힘을 다한다. 급하게 호흡하면 오래 살지 못하고 쭉 펴면서 앉으니 오씨가 능히 멸하고 돌아왔으나 아무것도 없다.

* 힘은 세어 적을 이기고 돌아왔지만 지혜롭지 못하여 아무것도 없으니 살길이 막막해진다는 것을 설명하였습니다.

* 곰의 눈을 생각하면 되겠습니다. − 熊 : 곰 웅

* 敖氏(오씨) : 변변치 못한 사람을 조롱하여 일컫는 말

● 鷓鴣目欠謹(자고목흠근): 主不厚富(주불후부)

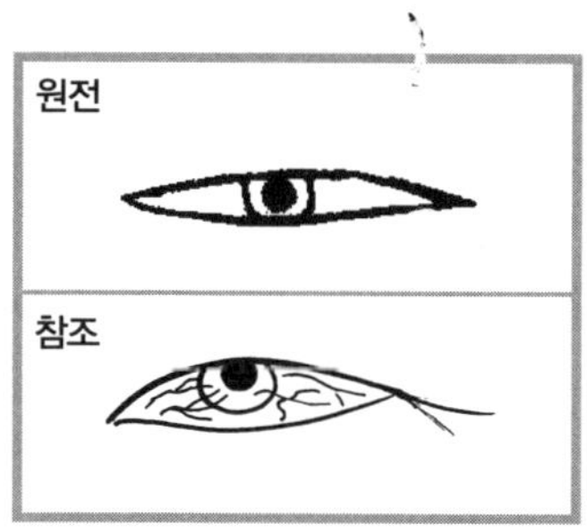

眼赤黃兮面帶紅이오　搖頭行步貌
안 적 황 혜 면 대 홍　　　요 두 행 보 모

非隆이라　小身小耳常看地하니
비 융　　　소 신 소 이 상 간 지

一生終不足珍豊이라
일 생 종 부 족 진 풍

자고안을 가진 사람은 두 번째로 삼가야할 사람이며 넉넉함이 두텁지 못하다.

붉은 적색의 눈에 노란 황기가 섞여 있으며 얼굴은 붉은 기운을 띠고 머리를 흔들며 걷는 모습이 존경을 받을 수는 없다.

몸이 작고 귀도 작으며 항상 땅을 보고 걸으니 일생동안 재물과 음식이 넉넉하게 충족되지 못한다.

* 자고새는 따오기라고도 합니다.

● 蝦目圓露(하목원로): 操心富盛(조심부성)

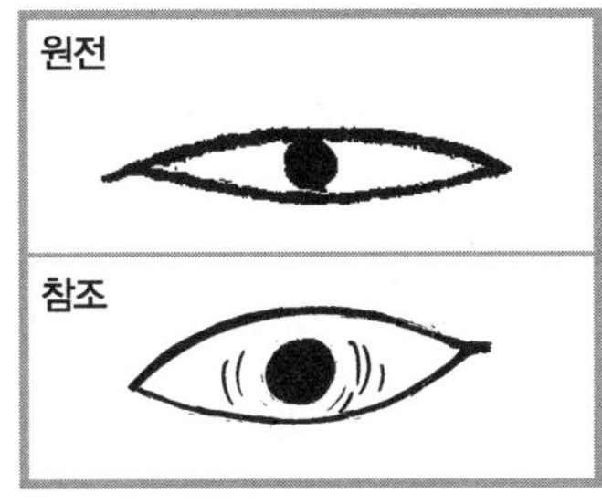

蝦目操心貌卓然하니　英風挺挺自
하 목 조 심 모 탁 연　　　　영 풍 정 정 자

當前이라　迤邅火歲水得志니
당 전　　　　둔 전 화 세 수 득 지

晚末雖榮不延이라
만 말 수 영 불 연

　하목을 가진 사람은 눈이 둥글게 튀어 나와 있으며 마음을 조종하여 부를 이룬다.

　두까비 눈을 가진 사람은 마음을 다스리고 조종하는 꾀가 저절로 뛰어나니 눈앞에 일이 당면하여도 스스로 바르고 곧은 영걸스러운 풍채이다.

　화(火)가 주재하는 나이에는 운이 머뭇거리지만 수(水)의 나이에는 뜻을 얻으니 늦은 말년에는 길게 끌지 않고 바로 발달한다.

　* 하목은 두까비 눈으로 생각하면 되겠습니다. － 蝦 : 두까비 하

● 猫目好閑(묘목호한): 近貴隱富(근귀은부)

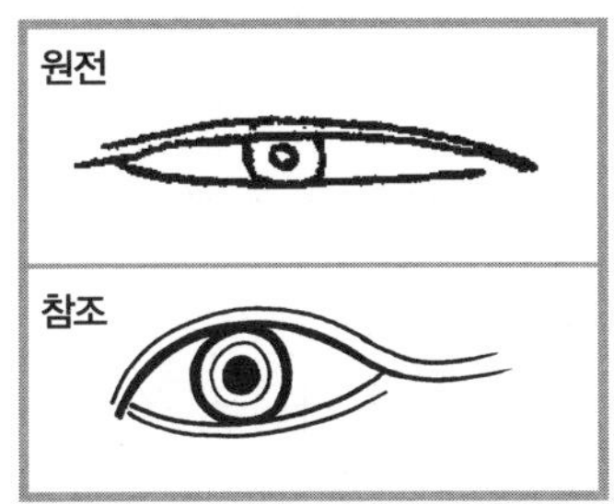

貓目睛黃面貌圓하니　溫純稟性好鮑
묘 목 정 황 면 모 원　　　　온 순 품 성 호 포

鮮이라　有才有力堪任使하야
선　　　　유 재 유 력 감 임 사

常得高人一世憐이라
상 득 고 인 일 세 련

　묘안을 가진 사람은 마음이 느긋하고 한가하며　넉넉한 부자로 귀인 가까이 있지만 나타나지 않는다.

고양이 눈은 눈동자가 노랗고 얼굴이 둥근 모양이니 꾸밈없이 따뜻하고 타고난 성품이 깨끗하고 착하여 사랑스럽다.

재능이 있고 힘이 있어 벼슬을 맡아도 능히 감내할 수 있어 언제나 뛰어난 사람을 얻어 한평생 어여쁘게 사랑 받는다.

* 즉 고양이 눈을 가진 사람은 높은 벼슬을 하는 귀인을 만나 벼슬도 하고 사랑과 총애를 받으며 풍족하게 살아가지만 언제나 겸손하여 자신을 드러내지 않는다는 말이기 도 합니다.

* 貓 : 고양이 묘

● **蟹目衣食足(해목의식족): 頑暴不孝(완폭불효)**

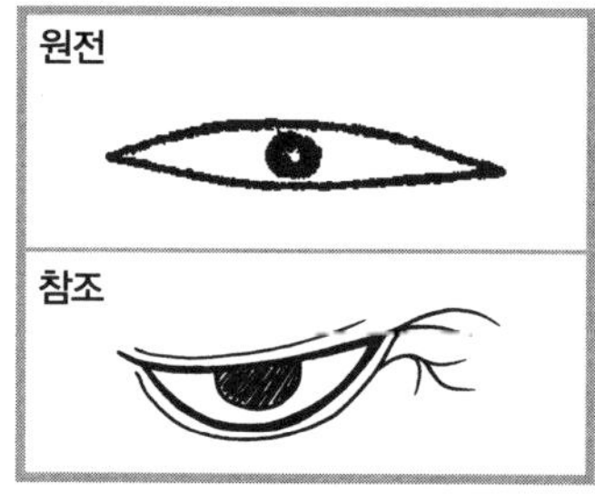

蟹目睛露又頑愚하니　生平賦性喜
해 목 정 로 우 완 우　　　생 평 부 성 희

江湖라 有兒不得供親養하니
강 호　　　유 아 부 득 공 친 양

休問班衣有與無하라
휴 문 반 의 유 여 무

게의 눈을 가진 사람은 옷과 음식은 풍족하나 사납고 완고한 고집으로 효도하지 못한다.

해목은 눈동자가 드러나고 또 어리석도록 완고하니 평생 호수를 좋아하는 성품을 타고났다.

유아기 때에는 친부모의 돌봄을 얻지 못하니 양반 가문의 옷을 입고 있어도 안 입은 것과 같으니 묻지를 말라.

* 해목은 게의 눈을 생각하면 되겠습니다.– 蟹 : 게 해

相鼻

상비

鼻爲中岳이니 其形이 屬土라 爲一面之表오 肺之靈苗也라 故
비위중악　　기형　　속토　　위일면지표　　폐지영묘야　　고

로 肺虛則鼻通하고 肺實則鼻塞故로 鼻之通塞으로 以見肺之
폐허즉비통　　폐실즉비색고　　비지통색　　이견폐지

虛實이니 準頭圓하고 鼻孔不露하며 又得蘭臺廷尉 二部相
허실　　준두원　　비공불로　　우득난대정위　　이부상

應하면 富貴之人이오 年上壽上二部 皆主於鼻故로 主壽之長
응　　부귀지인　　년상수상이부　　개주어비고　　주수지장

短也니 光潤豊起者는 不貴則壽富也오 點黑節薄者는 不賤則
단야　　광윤풍기자　　불귀즉수부야　　점흑절박자　　불천즉

夭라 隆高有梁者는 主壽하고 若懸膽而直截筒者는 富貴하며
요　　융고유량자　　주수　　약현담이직절통자　　부귀

堅有骨者는 壽相이오 準頭豊大하면 與大無害하고 準頭尖細
견유골자　　수상　　준두풍대　　여대무해　　준두첨세

면 好爲奸計오 多生黑子者는 迍蹇하고 多生橫紋者는 主車馬
호위간계　　다생흑자자　　둔건　　다생횡문자　　주차마

傷이오 有縱理紋者는 養他人子하고 鼻梁이 圓而貫印堂者는
상　　유종리문자　　양타인자　　비량　　원이관인당자

此人은 主美貌之妻오 鼻如截筒하면 衣食豊隆하고 孔仰露出
차인　　주미모지처　　비여절통　　의식풍륭　　공앙로출

하면 夭折寒素하며 鼻如鷹嘴하면 取人腦髓하고 鼻有三曲하
요절한소　　비여응취　　취인뇌수　　비유삼곡

면 孤獨破屋하고 鼻有三凹하면 骨肉相抛하며 準頭圓直하면
고독파옥　　비유삼요　　골육상포　　준두원직

得外衣食하고 準頭豊起하면 富貴無比오 準頭帶紅하면 必定
득외의식　　　준두풍기　　　　부귀무비　　　준두대홍　　　　필정

走西東이오 鼻危露骨하면 一生汨沒하고 準頭垂肉하면 貪淫
주서동　　　비위로골　　　　일생골몰　　　준두수육　　　　탐음

不足하고 準頭圓肥하면 足食豊衣하고 準頭尖薄하면 孤貧削
부족　　　준두원비　　　　족식풍의　　　준두첨박　　　　고빈삭

弱하고 鼻聳天庭하면 四海馳名하고 鼻梁無骨하면 必夭壽沒
약　　　비용천정　　　　사해치명　　　비량무골　　　　필요수몰

하고 鼻露見梁하면 客死他鄉하고 鼻準尖斜하면 心事勾加니
　　　비로견량　　　　객사타향　　　비준첨사　　　　심사구가

準頭常欲光潤이오 山根은 不得促折이라 鼻準拱直하면 富貴
준두상욕광윤　　　산근　　　부득촉절　　　비준공직　　　　부귀

無極하고 鼻梁高危하면 兄弟嬴微하고 鼻梁不直하면 欺詐未
무극　　　비량고위　　　　형제영미　　　비량불직　　　　기사미

息하고 鼻孔出外하면 誹謗凶害하고 鼻上黑子면 疾在陰裏하
식　　　비공출외　　　　비방흉해　　　비상흑자　　　질재음리

고 鼻上橫理면 憂危不己하고 鼻柱不平하면 委的他姓하고
　　　비상횡리　　　　우위불기　　　비수불평　　　　위적타성

鼻柱單薄하면 多主惡弱하고 鼻如縮囊하면 到老吉昌하고 鼻
비주단박　　　다주악약　　　　비여축낭　　　도노길창　　　　비

如獅子하면 聰明達士오 鼻高而昂하면 仕宦榮昌하고 鼻上光
여사자　　　총명달사　　　비고이앙　　　사환영창　　　　비상광

澤하면 富貴盈宅하고 鼻頭短小하면 志氣淺少하고 鼻柱廣長
택　　　부귀영택　　　　비두단소　　　지기천소　　　　비주광장

하면 必多伎倆하고 鼻直而後하면 主子諸侯오 鼻有缺破하면
　　　필다기량　　　　비직이후　　　주자제후　　　비유결파

孤獨饑餓라 詩曰 鼻如懸膽身須貴니 土耀當生得地來라
고독기아　　　시왈　비여현담신수귀　　　토요당생득지래

若見山根連額起면 定至榮貴至三台라 鼻頭尖小人貧賤이오
약견산근연액기　정지영귀지삼태　비두첨소인빈천

孔仰家無隔宿錢이라 又怕曲如鷹嘴樣하면 一生奸計不堪言이
공앙가무격숙전　우파곡여응취양　일생간계불감언

라 準頭尖薄最窮波오 鼻上橫紋痣厄多라 露血主貧短無壽오
준두첨박최궁파　비상횡문지액다　노혈주빈단무수

鼻長有壽百年過라 鼻偏左去父先亡이오 右去湏知母亦傷이라
비장유수백년과　비편좌거부선망　우거수지모역상

血孔大而財不聚오 準頭圓厚富而長이라 山根靑色小多拗오
혈공대이재불취　준두원후부이장　산근청색소다요

法令紋深好殺心이라 鼻準如鉤財上壽니 宜垂如膽富年深라
법령문심호살심　비준여구재상수　의수여담부년심

準頭有黶陰中有오 上下有黶左右同이라 梁上有黶陰背上이면
준두유염음중유　상하유염좌우동　양상유염음배상

見時敢道有神功이라 法令紋中黶子惡이니 左邊父死而無覺
견시감도유신공　법령문중염자악　좌변부사이무각

이오 右邊母喪亦如然이니 萬箇之中無一錯이라 四岳低平鼻
우변모상역가연　만개지중무일착　사악저평비

獨高면 貧寒財散相中招오 露齒結喉鼻孔露면 必然饑餓在終
독고　빈한재산상중초　로치결후비공로　필연기아재종

朝라
조

코는 중악이되니 그 형세가 토(土)에 속한다. 한 얼굴에서 가장 특징적으로 나타나는 겉이 되고 폐의 근본이 되는 힘을 얼굴에 옮겨 심어 놓은 곳이기도 하다.

　그런고로 코를 통하여 폐가 비이고 코로 채우면 폐가 가득 차는 고로 (숨 쉬는 모양) 코의 통함과 막힘으로 폐의 비이고 차는 것을 인식하는 것이니 준두가 둥글고 콧구멍이 드러나지 않으며 또 난대 정위(두 개의 콧구멍을 감싸고 있는 살비듬) 두 개의 부위가 서로 받들고 따르면 부귀한 사람이요 년상 수상 두 개의 부위는 모두 코의 주요 부위인고로 수명의 길고 짧음을 주재 한다.

풍요롭게 일어나 윤택하게 빛이 나는 사람은 귀하지 않은 즉 넉넉한 부자로 오래 살고 검은 점이나 마디가 있거나 얇은 사람은 천하지 않으면 일찍 꺾인다.

솟아서 콧대가 높이 있는 사람은 주로 오래 살고 만약 현담비나 곧은 절통비를 가진 사람은 부귀하며 (P.228참조) 뼈가 단단하면 오래살고 준두가 크고 풍륭하면 해를 끼치지 않는 사람일 것이고 준두가 뾰족하고 가늘면 간교한 꾀나 속임수를 쓸것이고 검은 점이 많이 나타난 사람은 장애물이 많아 머뭇거리거나 멈추어지고 가로 주름이 많은 사람은 말이나 수레에 다치고 세로 주름이 있는 사람은 타인의 자식을 기르고 (양자늘임) 콧대가 둥글고 인당과 이어져 통하는 사람은 주로 아름다운 자태를 가진 처를 얻을 것이요 코가 대나무 통을 쪼갠 듯하면(절통비 P.228참조) 옷과 음식이 풍륭하고 콧구멍이 덜리고 드러나면 사물을 절약하고 검소해도 일찍 꺾이며 코가 매의 주둥이와 같으면 사람 뇌의 골수를 빼먹고 코가 세번 굽어 굴곡이 지면(P.227참조) 가옥을 보존하지 못하여 고독하고 콧대에 오목하게 들어간 곳이 많으면 골육(혈친)들이 서로 내 팽개치며 준두가 둥글고 곧으면 의식(옷과 밥) 외의 많은 것이 얻어지며 준두가 풍륭하게 일어나면 부귀를 견줄 수 없다.

준두가 밝은 홍색의 아름다운 기운을 띠면 동쪽이든 서쪽이든 어디든지 가도 반드시 안정될 것이다.

코가 위태롭게 뼈가 드러나면 일생동안 일에 파묻혀 다른 생각을 할 여유가 없고 준두의 살비듬이 드리워지면 음란을 아무리 탐하여도 만족하지 못하고 준두가 둥글고 살찌면 의식(옷과 밥)이 풍족하고 준두가 뾰족하고 얇으면 가난하고 고독하여 깎여서 약하다.

코가 솟아 천정과 이어지면 세상에 이름을 날리고 콧대에 뼈가 없으면 수명이 일찍 다하여 끝나고 콧대가 드러나 보이면 타향에서 마치고 코의 준두가 기울고 뾰족하면 마음에 갈고리 하나가 더 붙어있으니 준두는 항상 윤택하게 빛나야한다.

산근은 급하게 꺾이지 말아야하고 코 끝이 곧게 빙 둘러쳐져 있으면 부귀가 끝이 없으며 콧대가 위태롭게 높으면 형제애가 작은 듯 부족하고 콧대가 바르지 못하면 쉼 없이 속이고 콧구멍이 드러나 밖으로 나오면 비웃고 헐뜯고 욕하여 나쁘게 해하고 코 위에 검은 점들이 있으면 속 내부에 질병이 있고 코 위에 가로 주름이 있으면 위태로운 근심으로 몸이 편하질 못하고 콧대가 고르지 못하면 본인이 다른 성씨를 따르던지 아니면 성이 다른 사람에게 위임을 한다.

콧대만 홀로 얇으면 체력이 약해서 악해지는 경향이 많고 코가 꽉 쬐인 주머니 같으면 늙도록 길하여 번창하고 코가 사비(獅鼻 P.223참조)와 같으면 총명하여 아는 것이 많은 선비요 코가 높아 우러러 보이면 덕이높아 관직에서 벼슬하여 영화롭게 번창하고 코 위가 윤택하게 빛이 나면 집안이 부귀로 가득차고 코머리가 짧고 작으면 의지와 기개가 떨어지고 얕으며 콧대가 넓고 길면 반드시 재주와 수완이 많아 뛰어나고 코가 곧고 두터우면 주로 벼슬아치의 자손이고 코에 결함이 있거나 깨어지면 먹을 것이 없어 굶주리게 된다.

시로 가로대 코가 쓸개를 매달아 놓은 것과 같으면 모름지기 귀한 사람의 신분이니 토(土)성이 빛난다(기름진 옥토를 비유하여 하는 말)는 것은 당연히 태어나면서부터 앞으로 많은 토지를 획득할 것이다. (풍요로운 수확을 의미) 만약 산근이 일어나 이마와 이어져 있으면 기세 있는 귀인으로 삼공까지 이르러 영화를 누릴것이다.

코 끝이 뾰족하고 얇으면 가난하고 교양과 상식이 부족한 사람이요 콧구멍이 위로 덜리면 집에 돈이 모일 틈이 없으며 또 굽어서 매의 주둥이와 같은 모양일까 두려운 것은 일생 간교한 꾀가 말로 다할 수 없기 때문이다.

준두가 뾰족하고 얇은 것은 삶이 파도처럼 사나워 막막하게 하는 첫째가는 모습이요 코 위에 가로 주름이나 사마귀가 있으면 재앙이 많다.

콧구멍이 드러나면 주로 가난하고 짧으면 수명이 없고 코가 길면 백년은 넘게 오래 살 수 있다. 코가 한쪽으로 치우침이 왼쪽이면 아버지 먼저 가시고 오른쪽이면 어머니 에게 어두운 사연이 있다는 것을 알 수 있으며 또 다쳐서 상할 수도 있다.

콧구멍이 크면 재물을 모으기 어렵고 준두가 둥글고 두터우면 넉넉한 재물이 오랫동안 이어진다.

산근이 푸른색이면 어릴 적 매우 비뚤어지게 살았고 깊은 법령의 주름은 걸핏하면 마음에 상처를 자주 준다.

코끝이 갈고리와 같으면 오래 살면서 재물을 긁어모을 것이니 마땅히 쓸개처럼 드리워져야 넉넉한 삶을 맞이하는 나이에 더욱더 넉넉해질 것이다.

코 끝에 검은 사마귀가 있으면 음낭 가운데 검은 사마귀가 있고 사마귀가 위 아래에 있는 것은 좌우에 있는 것과 같다.

콧대 위에 검은 사마귀가 있으면 음낭 등 위에 있으며 두려움을 무릅쓰고 도를 닦으면 불가사의한 공력이 나타나 보일 것이다.

법령 주름가운데 검은 사마귀는 나쁘니 왼쪽 가장자리에 있으면 아버지가 죽더라도 깨닫지 못한다.

오른쪽 가장자리에 있으면 저절로 그렇게 어머니 상을 당하니 만 가지 가운데 한 가지도 어긋남이 없었다.

네 개의 산악이 고르게 낮고 코만 홀로 높으면 가운데 서서 재물을 부르는 모양이나 재물이 흩어져 춥도록 가난하고 치아가 드러나고 결후(울대)가 맺히고 콧구멍이 드러나면 틀림없이 아침 내내 굶주리게 된다.

▨ 相鼻形模 ▨
상비형모

● **龍鼻大貴(용비대귀) – 百世流芳(백세류방)**

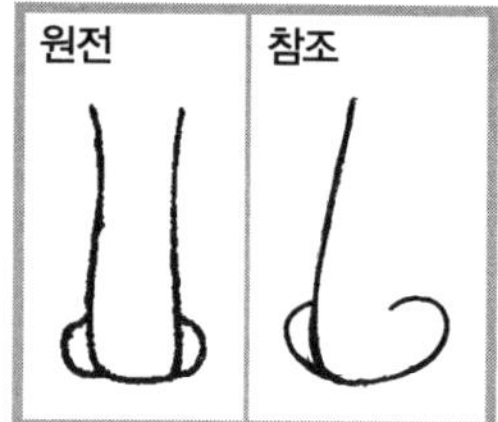

龍鼻豊隆準上齊하고 山根直聳若伏犀라
용 비 풍 룡 준 상 제　　산 근 직 용 약 복 서

鼻梁方正無偏曲하면 位至居尊九鼎時라
비 량 방 정 무 편 곡　　위 지 거 존 구 정 시

용비를 가진 사람은 크게 귀하다. 백세를 살아도 그 명성이 향기롭다.

용비는 풍요롭게 솟아 준두 윗부분이 가지런하고 곧게 솟은 산근은 무소가 엎드려 있는것과 같다. 콧대의 모양이 모가 난듯 단정하고 한쪽으로 굽거나 치우치지 않으면 구정 때부터 존경받으며 살아온 명망높은 가문의 신분이다.

* 명망높은 가문의 태생을 말합니다.

* 구정(九鼎) : 하나라의 우임금이 구주에서 구리를 거둬들여 주도한 솥.(하 · 은 · 주 삼대에 걸친 보물)

● 蒜鼻主富(산비주부) – 結果增榮(결과증영)

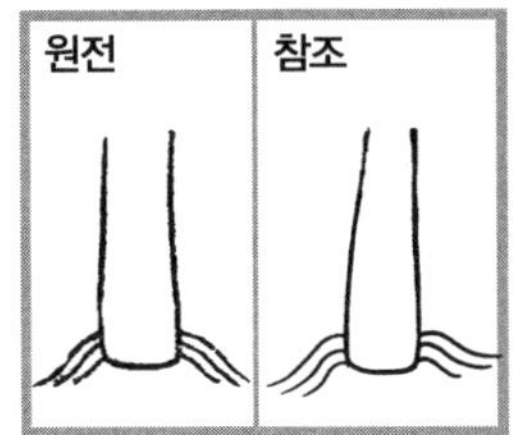

山根年壽俱平小하고　蘭臺廷尉準頭封이라
산근년수구평소　　　난대정위준두봉

兄弟情久心無毒이오　晚景中年家必隆이라
형제정구심무독　　　만경중년가필룡

산비는 주로 부자이다. 어떤 원인에서 생기든 결말은 언제나 더하여 번창하게 한다.

산근 년상 수상이 함께 고르게 작고 난대 정위가 준두를 싸서 덮었다. 마음에 해를 끼치는 독이 없으니 형제간의 정이 오래하고 중년에는 반드시 가정이 융성하게 일어나니 늘그막이 아름답다.

● 虎鼻大富(호비대부) – 富碩馳名(부석치명)

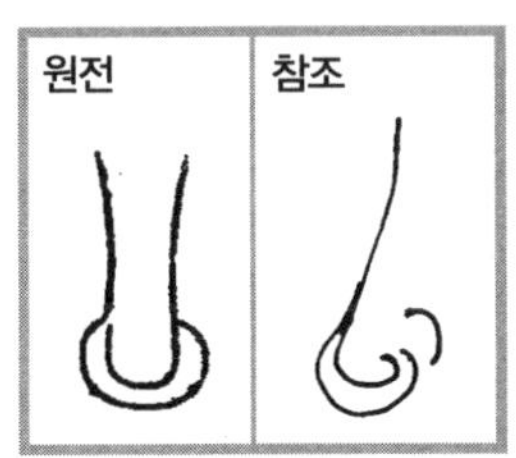

虎鼻圓融不露孔이니　蘭臺廷尉亦須無라
호비원융불로공　　　난대정위역수무

不偏不曲山根大면　富貴名褒世罕夫라
불편불곡산근대　　　부귀명포세한부

호비를 가진 사람은 큰 부자이며 씩씩하고 아름다워 이름을 날린다.

호비는 콧구멍이 드러나지 않아 원만하여 막힘이 없으며 난대 정위는 또 모름지기 없는듯하다. 굽거나 치우치지 않고 산근이 크면 부귀하며 이름을 길이 남기는 세상에 드문 사나이 대장부이다.

221

● **盛囊鼻富貴(성낭비부귀) – 中年榮耀(중년영요)**

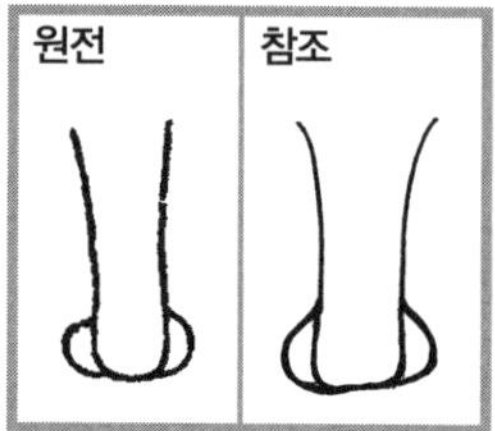

鼻如盛囊蘭廷小하고　兩邊廚灶亦圓齊라
비여성낭난정소　　　양변주조역원제

始末貲財俱大盛이오　功名必定挂朱衣라
시말자재구대성　　　공명필정괘주의

성낭비를 가진 사람은 부귀하며 중년에 영화가 밝게 빛난다.

코는 작은 난대 정위가 가득찬 주머니처럼 생기고 양쪽 가장자리가 부엌의 부뚜막처럼 둥글고 가지런하다. 처음부터 끝까지 크게 이루어 재물을 갖추고 공을 세워 반드시 붉은 옷을 걸치고 다닌다.

* 붉은 옷이란 높은 벼슬의 상징적인 의복임.

● **胡羊鼻富貴(호양비부귀) – 財名雙美(재명쌍미)**

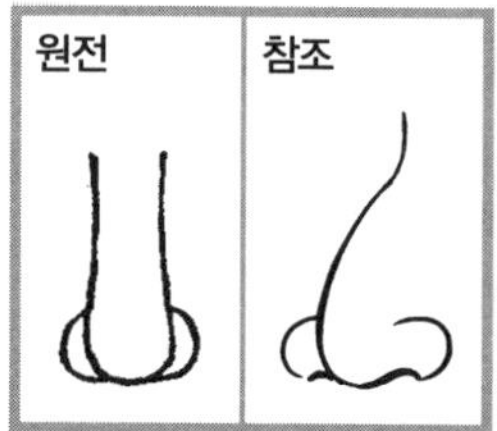

胡羊鼻大準頭豊이니　蘭臺廷尉亦相同니라
호양비대준두풍　　　난대정위역상동

山根年壽無脊露면　人貴當時富石崇이라
산근년수무척로　　　인귀당시부석숭

호양비는 부귀를 누리며 재물과 명예가 함께 아름답다.

호양비는 크고 준두가 풍륭 하니 난대 정위 역시 풍륭하게 똑같으니라. 산근 년상 수상의 콧등이 드러나지 않으면 석숭이 부자일 때 그때처럼 귀한 사람이다.

● 猴鼻主貧(후비주빈) – 疑慮鄙吝(의려비인)

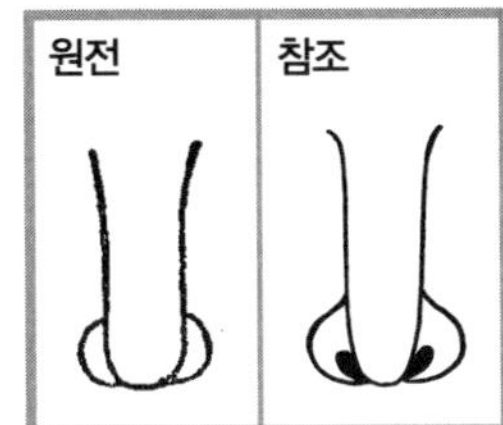

山根年壽平且大하고 蘭臺廷尉更分明이라
산 근 년 수 평 차 대　　　난 대 정 위 갱 분 명

準頭豊紅不露孔이면 雖然富貴恐奸情이
라
준 두 풍 홍 불 로 공　　　수 연 부 귀 공 간 정

후비를 가진 사람은 주로 가난하며 의심이 많아 근심이 많고 추잡스럽게 인색하다.

산근과 년상 수상이 고르고 또 크고 난대 정위가 분명하다. 준두가 붉은 건강한 색으로 풍륭하고 콧구멍이 드러나지 않으면 가령 넉넉한 부자로 귀를 누리더라도 따뜻한 정이 간사한 계략일까 두렵다.

● 獅鼻富貴(사비부귀) – 全形達耀(전형달요)

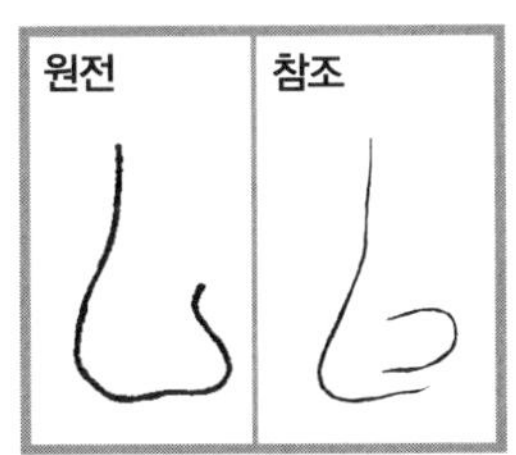

山根年壽略低平하고 準上豊大稱蘭廷이라
산 근 년 수 약 저 평　　　준 상 풍 대 칭 난 정

若合獅形眞富貴오 不然財帛有虛榮이라
약 합 사 형 진 부 귀　　　불 연 재 백 유 허 영

사자비를 가진 사람은 부귀하며 코의 전체 모양이 온전하게 갖추어지면 막힘 없이 뜻을 이루어 빛난다.

산근 년상 수상이 대체적으로 고르게 낮고 코끝위가 크고 풍륭하며 난대와 정위가 알맞게 일어나 있다. 만약 사자의 모양과 같다면 진실로 부귀할 것이요 그렇지 않으면 재물이 겉치레일 것이다.

* 獅 : 사자 사

● **鷹嘴鼻險惡(응취비험악) - 巨惡奸險(거악간험)**

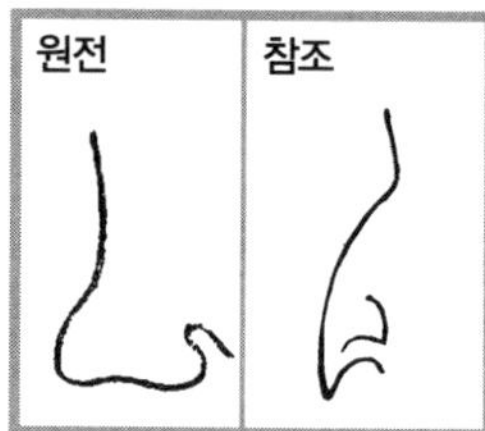

鼻梁露脊準頭尖하고　又如鷹嘴頭唇邊이라
비 량 로 척 준 두 첨　　　우 여 응 취 두 순 변

蘭臺廷尉俱短縮이면　啄人心髓惡奸偏이라
난 대 정 위 구 단 축　　　탁 인 심 수 악 간 편

응취비를 가진 사람은 성질이나 인심이 험상스럽고 모질며 매우 나쁘고 간사하여 위태롭다.

콧대의 등성이 드러나 있고 코끝이 뾰족하고 또 매의 부리처럼 생긴 끝이 입술 근처 가장자리까지 뻗어 있다. 난대와 정위가 짧게 오그라들어 있으면 사람 마음이 골수를 쪼는 간사하고 나쁜 쪽으로 치우쳐있다.

● **懸膽鼻富貴(현담비부귀) - 福祿拱輔(복록공보)**

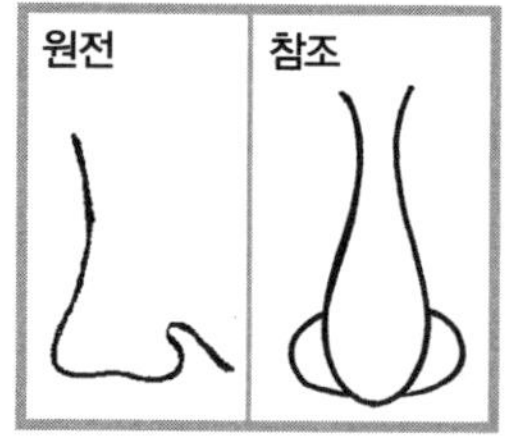

鼻如懸膽準頭齊하고　山根不斷無偏倚라
비 여 현 담 준 두 제　　　산 근 부 단 무 편 의

蘭臺廷尉模糊小면　富貴榮華應壯期라
난 대 정 위 모 호 소　　　부 귀 영 화 응 장 기

현담비는 부귀하며 복록이 빙 둘러 받들어 도운다.

현담비는 끝이 쓸개를 매달아 놓은 모양과 같으며 가지런하게 산근이 끊기지 않고 한쪽으로 의지하듯 기울지 않았다.

난대와 정위가 작아 모양이 분명하지 않으면 기세가 성할 동안만 부귀영화가 응한다.

* 膽 : 쓸개 담

● **狗鼻鼠賊(구비서적) – 竊食懷義(절식회의)**

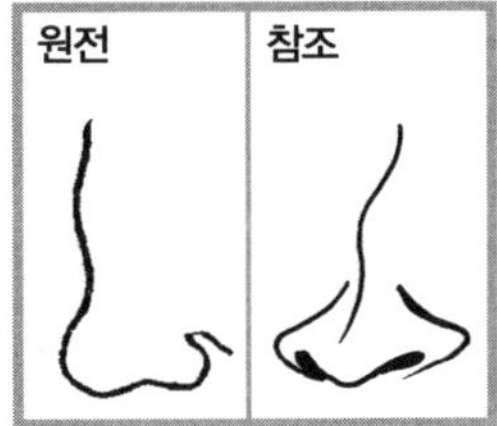

狗鼻年壽起骨峯하고　準頭蘭尉孔邊空이라
구 비 년 수 기 골 봉　　준 두 난 위 공 변 공

此鼻此人主有義나　惟嫌竊取濟時窮이라
차 비 차 인 주 유 의　　유 혐 절 취 제 시 궁

구비를 가진 사람은 쥐와 같은 도적이라 음식을 훔치고 의리를 이용하려 품고 있다.

구비는 년상과 수상의 뼈가 볼록하게 일어나있고 준두와 난대 정위의 콧구멍이 뻥 뚫려있다. 이러한 코를 가진 사람은 주로 의리는 있으나 오히려 어려운 시기에는 몰래 훔쳐가지며 지나려 하는것이 나쁘다.

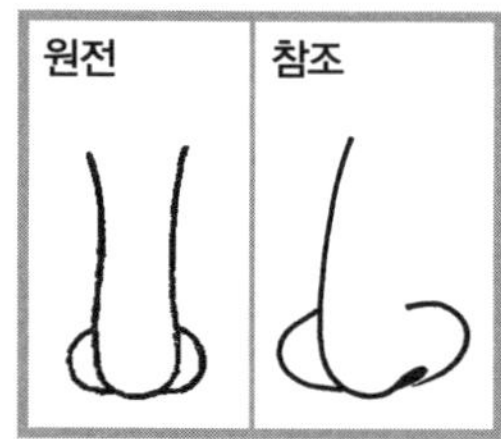

伏犀鼻挿天庭中하고　山根直上印堂隆이라
복 서 비 삽 천 정 중　　산 근 직 상 인 당 융

肉不多兮骨不露면　神淸位立至三公이라
육 불 다 혜 골 불 로　　신 청 위 립 지 삼 공

　복서비는 크게 귀하며 등급을 뛰어넘은 재주를 가진 걸출한 사람
이다.

　복서비는 천정 천중에 바로 꽂히고 산근이 곧게 인당위에 솟아 있
다. 살비듬이 많지 않아도 뼈가 드러나지 않았으면 맑은 신이 지위를
삼공에 이르게 한다.

　　* 伏 : 엎드릴 복, 犀 : 무소 서

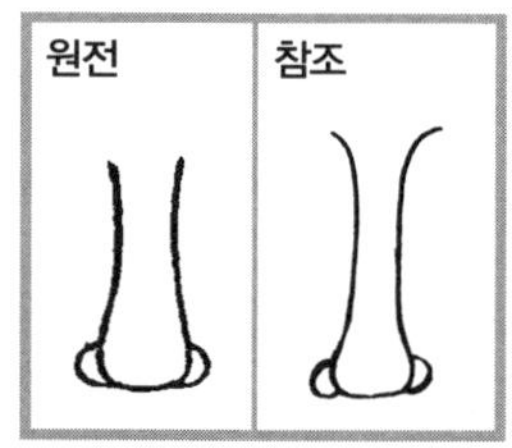

壽年高起如魚脊이오　山根細小準頭垂라
수 년 고 기 여 어 척　　산 근 세 소 준 두 수

骨肉無親晴露白이면　一生衣食主伶微라
골 육 무 친 청 로 백　　일 생 의 식 주 령 미

　즉어비는 가난하고 천하여 자갈을 모 아 물을 막는 어리석음으로
재주가 없다.

　수상과 년상이 고기 등성마루처럼 높게 일어나고 산근이 가늘며

작은 준두가 늘어져 있다. 눈동자의 흰자위가 드러나면 골육이 친절하지 않으며 일생동안 옷과 음식이 혼자 살아도 많지 않다.

  * 鯽 : 붕어 즉

● **牛鼻大富(우비대부) − 容物容人(용물용인)**

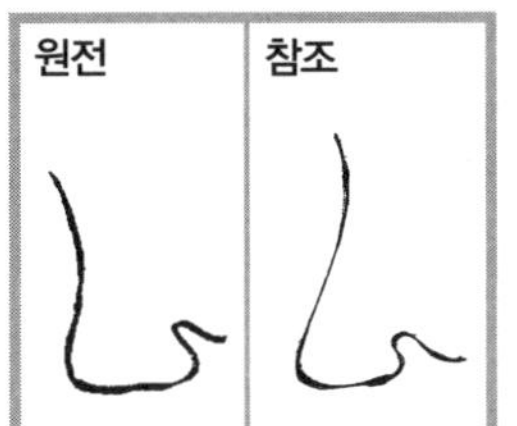

牛鼻豊齊根且深하고　蘭臺廷尉又分明이라
우 비 풍 제 근 차 심　　난 대 정 위 우 분 명

年壽不高且不軟하면　富積金貲家道成이라
년 수 불 고 차 불 연　　부 적 금 자 가 도 성

우비는 큰 부자이며 사물도 받아들이고 사람도 받아들인다.

우비는 풍륭하면서 가지런하며 코뿌리가 또 깊고 난대와 정위가 분명하다. 년상과 수상이 그다지 높지 않고 또 연약하지 않으면 넉넉한 부자로 재물을 쌓으며 훌륭한 가정을 이룬다.

  * 牛 : 소 우

● **三彎三曲鼻主孤(삼만삼곡비주고) − 鰥寡無繼(환과무계)**

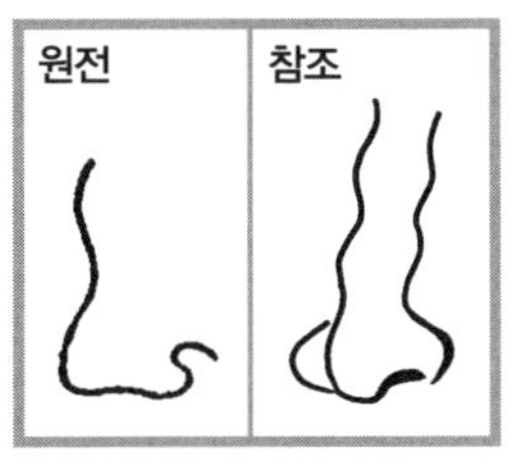

鼻有三彎爲反吟이오　鼻有三曲爲伏吟이라
비 유 삼 만 위 반 음　　비 유 삼 곡 위 복 음

反吟相見是絕滅이오　伏吟相見淚淋淋이라
반 음 상 견 시 절 멸　　복 음 상 견 루 림 림

삼만 삼곡비는 주로 고독하며 홀아비나 과부로 대를 이을 자손이
없다.

코가 삼만비이면 반음의 작용이 있고 코가 삼곡비이면 복음의 작
용이 있다. 반음의 모양으로 보이면 끊어져 없어지는 것이요 복음의
모양으로 보이면 흐르는 눈물을 하염없이 뿌리고 있다.

　* 삼만비는 매사가 이어지지 못하여 끊어지고 없어진다는 것입니다.

　* 삼곡비는 눈물이 마를 새 없이 흘리고 다닐 정도로 삶이 어렵고 슬프다는 것입니다.

● 截筒鼻富貴(절통비부귀) - 性直中和(성직중화)

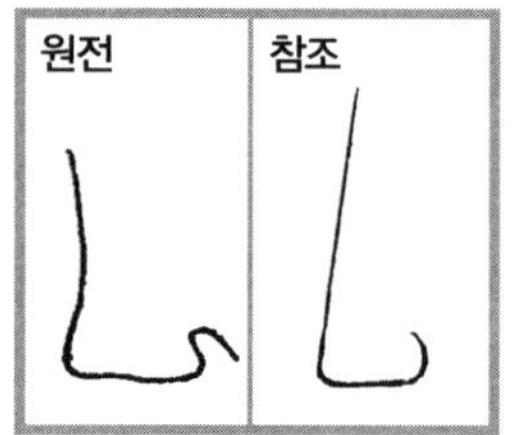

功名富貴截筒佳니　準頭齊直不偏斜라
공 명 부 귀 절 통 가　　준 두 제 직 불 편 사

山根略軟年壽滿이면　中年富貴大成家라
산 근 약 연 년 수 만　　중 년 부 귀 대 성 가

절통비는 부귀하며 성품이 곧고 화평 스럽게 조화로움을 잘 이룬
다. 대나무통을 자른 듯 아름다워 공명과 부귀가 이어지며 준두가 곧
고 가지런하여 한 쪽으로 기울어지지 않았다. 대체적으로 산근이 부
드럽고 년상과 수상이 풍륭하게 꽉 차있으면 중년에 대 부귀를 이루
며 집안을 크게 일으킨다.

　* 筒 : 대통 통, 대나무 이름

● 劍鋒鼻主孤(검봉비주고) – 詭計惡兇(궤계악흉)

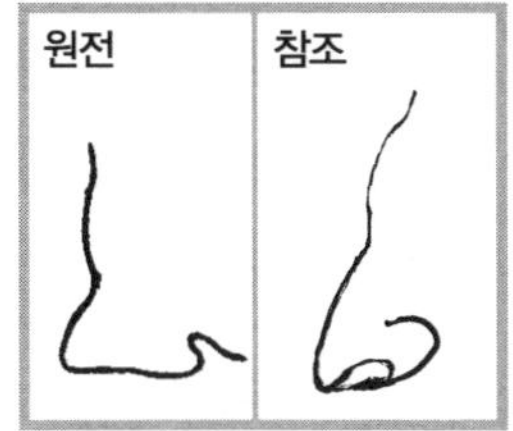

鼻梁露脊如刀背오 準頭無肉灶門關이라
비 량 로 척 여 도 배　　　준 두 무 육 조 문 관

兄弟無緣子剋盡하고 勞勞碌碌主孤單이라
형 제 무 연 자 극 진　　　노 노 록 록 주 고 단

　검봉비는 주로 외로우며 교묘하게 남을 속이고 위험한 꾀로 흉한 사람이다.

　콧대의 등성마루가 칼 등처럼 드러나고 준두에는 살비듬이 없고 난대 정위가 열려있다. 형제와 인연이 없고 자식에게는 힘을 다하여 이기며 수고하고 노력하여도 언제나 홀로 외롭다.

　* 劍 : 칼 검

● 偏凹鼻貧夭(편요비빈요) – 不賤則夭(불천즉요)

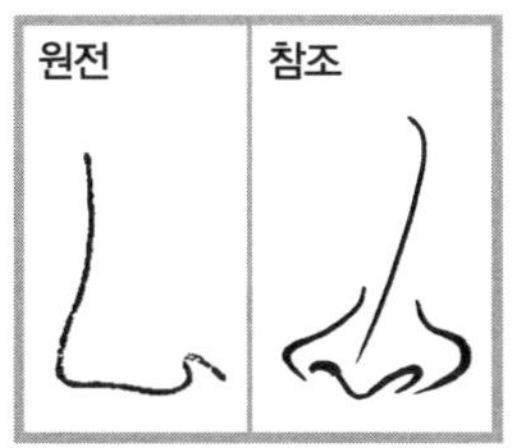

年壽低壓山根小하고 鼻面相生差不多라
년 수 저 압 산 근 소　　　비 면 상 생 차 불 다

準頭臺尉些湏見이면 不夭不貧病相磨라
준 두 대 위 사 수 견　　　불 요 불 빈 병 상 마

　편요비는 가난하고 일찍 꺾이며 천하지 않으면 일찍 사라진다.

　작은 산근이 낮은 년상과 수상을 누르고 있어 얼굴의 모양에서 코가 어울리지 않게 나타나므로 이렇게 생긴 사람은 많지 않다.

준두의 난대 정위가 보잘것없이 적어 보이면 일찍 꺾이지 않고 가난하지 않으면 병을 얻어 곤란을 당하는 모양이다.

● 獐鼻薄義(장비박의) - 貪妬背義(탐투배의)

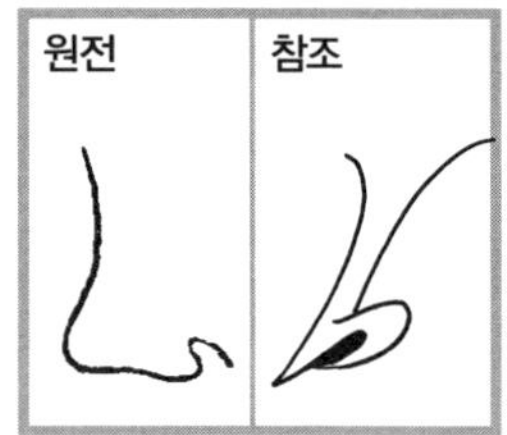

鼻小準尖庭灶露하고 金甲二匱肉繃纏이라
비 소 준 첨 정 조 로　금 갑 이 궤 육 붕 전

徒勞遺蔭難居守니 四復三番迤且邅이라
도 노 유 음 난 거 수　사 부 삼 번 둔 차 전

장비는 의리가 가볍고 탐욕과 질투로 의리를 등진다.

코가 작고 코 끝이 뾰족하고 난대정위의 주변이 드러나고 금궤 갑궤가 한데 묶여있다.

애를 쓰도 보람이 없고 유산을 받아도 지키며 살기 어려우니 세 번 멈추고 네 번째 일어나지만 역시 또 머뭇거리며 나아가지 못한다.

● 孤峰鼻孤獨(고봉비고독) - 榮辱無終(영욕무종)

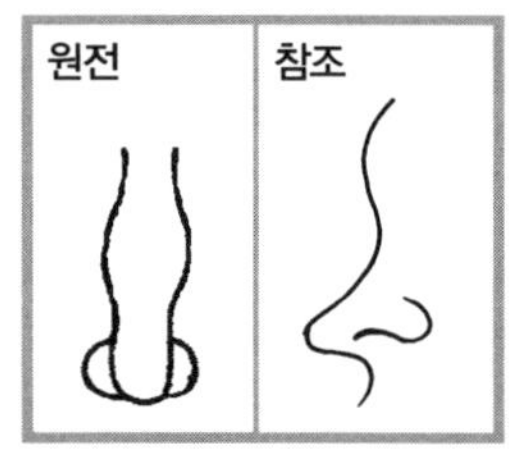

鼻頭無肉灶門開오 兩顴低小鼻巍巍라
비 두 무 육 조 문 개　양 관 저 소 비 외 외

此鼻縱大無財積이니 若爲僧道免哀哉라
차 비 종 대 무 재 적　약 위 승 도 면 애 재

고봉비는 고독하며 영예와 치욕이 끝이 없다.

코머리는 살비듬이 없이 난대 정위가 열려있고 양쪽 뺨은 작고 낮으며 코만 높아 웅장하다. 이러한 코는 세로로 커서 재물을 쌓을 수 없으니 만약 승도가 되면 면할 수 있으니 애처롭고 가련하다.

● 猩鼻有義(성비유의) - 富貴好樂(부귀호악)

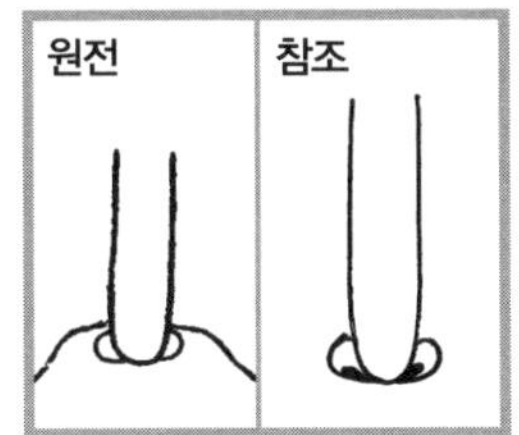

猩猩之相鼻梁高니　眉眼相挨粗髮毛라
성 성 지 상 비 량 고　미 안 상 애 조 발 모

面潤脣掀身廣厚면　寬懷德重貴英豪라
면 활 순 흔 신 광 후　관 회 덕 중 귀 영 호

성비는 의리가 있고 부귀를 누리며 즐기는 것을 좋아한다.

성비는 콧대가 높으며 눈썹과 눈의 모양이 서로 떼밀듯 가깝고 머리카락이나 털이 거칠다. 얼굴이 넓고 입술이 나왔으며 몸이 두텁고 넓으면 덕을 품고 있어 도량이 넓은 귀인으로 뛰어난 인물이다.

* 猩 : 중국에서 상징적 짐승의 이름

● 露脊鼻貧賤(로척비빈천) - 奸究下流(간구하류)

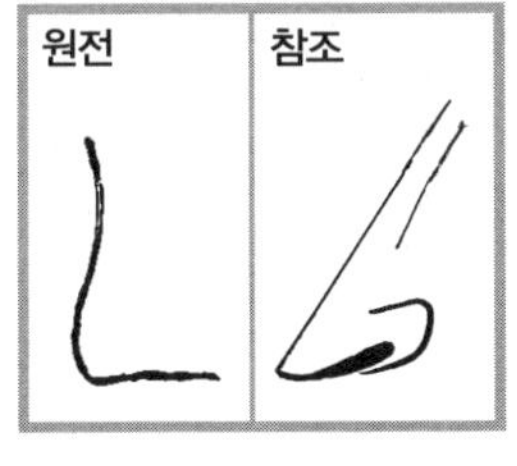

鼻瘦露脊山根小하고　形容粗俗骨神昏이라
비 수 로 척 산 근 소　형 용 조 속 골 신 혼

土有萬物皆零落이니　縱然平穩也孤貧이라
토 유 만 물 개 령 락　종 연 평 온 야 고 빈

콧대 등마루가 드러나면 가난하고 천하며 간사한 꾀만 연구하는 하층에 속하는 사람이다.

콧대의 등마루가 수척하게 드러나며 산근이 작고 사람의 생김새가 거칠고 됨됨이가 속되어 신 이 흐리다. 모든 만물은 시들어 떨어지게 하는 보잘것 없는 코이니 가령 외롭고 가난하여야 편안하고 안정된다.

* 코는 오행상 토(土)에 속하며 토(土)는 흙입니다. 그래서 콧등이 드러나면 풍요로운 옥토가 되지 못하므로 거두어들이는 양이 언제나 보잘것 없으므로 가난하고 외로워 진다는 것입니다.

● **鹿鼻仁慈(녹비인자) – 富貴好義(부귀호의)**

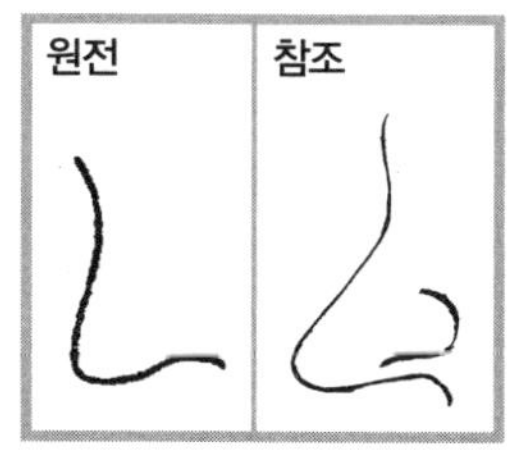

원전	참조

鹿鼻豊齊準更圓하니　情寬步急義仁全라
록 비 풍 제 준 경 원　　　정 관 보 급 의 인 전

驚疑坐起渾無定이나　福祿增添得自然이라
경 의 좌 기 혼 무 정　　　복 록 증 첨 득 자 연

녹비는 어질고 자비로우며 부귀하고 의리가 좋다.

녹비의 코는 준두가 풍륭하고 가지런하며 또 둥글둥글하니 타고난 성질은 도량이 넓고 걸음걸이는 급하며 의리와 인자함을 온전하게 갖추었다. 앉았다 일어나는 소리가 한정없이 소란스런 소리로 모두들 놀라 의심하게 하나 자연적으로 복록이 날로 늘고 더하여 얻어진다.

● 露竈鼻主貧(로조비주빈) - 口食不敷(구식불부)

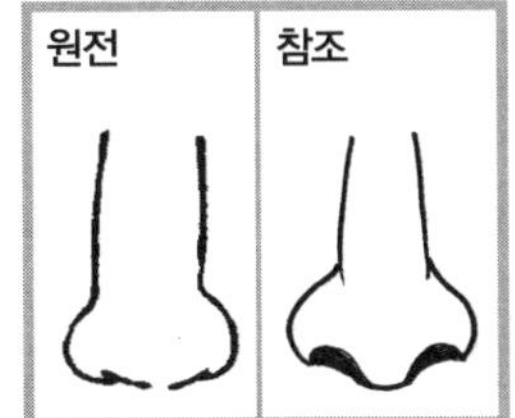

孔大鼻高竅又長이면　須知家下少衣糧이라
공 대 비 고 규 우 장　　　수 지 가 하 소 의 량

艱辛受苦多勞碌이니　永喪他鄉實可傷이라
간 신 수 고 다 노 록　　　영 상 타 향 실 가 상

　로조비는 난대정위가 드러난 뻥 뚫린 코로서 주로 가난하며 식구가 늘어나지 않는다.

　코가 높고 콧구멍이 크고 또 길면 모름지기 의식의 양이 하찮게 적은 집안이라는 것을 알 수 있다. 매서운 쓰디쓴 고생으로 노력은 매우 심하나 가난하고 이지러지니 마침내 타향에서 상하게 되어 오래도록 슬퍼할 것이다.

● 猿鼻不可交(원비불가교) - 妬忌暗欺(투기암기)

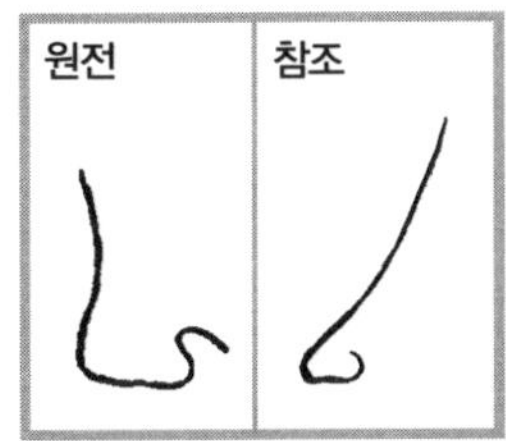

鼻竅小而口頗尖하고　猖狂輕燥不尊嚴이라
비 규 소 이 구 파 첨　　　창 광 경 조 불 존 엄

性靈好怒多憂慮오　　花果常時手好拈이라
성 령 호 노 다 우 려　　　화 과 상 시 수 호 념

　원비를 가진 사람과는 사귀지 말며 질투하여 나쁘고 안 보는데서 속인다.

　콧구멍이 작고 입은 한쪽으로 몰려 뾰족하면 가벼워 침착하지 못하여 미쳐 날뛰니 인품이 높지 못하다. 타고난 영혼은 걱정 근심이 매우 많고 성을 잘 내고 꽃이 피어 열매 맺을 때 손으로 잡아 비틀어 버린다.

* 꽃이 피고 열매를 맺어 익고 나면 따먹는 것을 기다리지 못하고 꽃이 지고 결실을 맺으려 할때 손을 넣어 잡아 비틀어 버리니 모든 일이 허사가 되고 마는 꼴을 설명하였습니다.

相人中
상인중

夫人中者는 一身溝洫之相이니 溝洫이 疏通則水流之而不壅
부인중자　　일신구혁지상　　구혁　　소통즉수류지이불옹

하고 淺狹不深則水壅之而不流하나니 夫人中之長短으로 可
천협불심즉수옹지이불류　　　부인중지장단　　　가

定壽命之長短이오 人中之廣狹으로 可斷男女之多少故로
정수명지장단　　인중지광협　　가단남녀지다소고

人中은 所以爲壽命男女之宮也라 是以로 欲長而不欲縮이니
인중　　소이위수명남녀지궁야　시이　　욕장이불욕축

中深而外濶하고 直而不斜하며 濶而下垂者는 皆善相也오
중심이외활　　직이불사　　활이하수자　개선상야

其或細而狹者는 衣食이 逼迫하고 滿而平者는 迍邅災滯하고
기혹세이협자　의식　핍박　　만이평자　둔전재체

上狹下廣者는 多子孫하고 上廣下狹者는 少兒息하며 上下俱
상협하광자　다자손　　상광하협자　소아식　　상하구

狹而中心廣者는 子息疾苦而難成하고 上下直而深者는 子息
협이중심광자　자식질고이난성　　상하직이심자　자식

滿堂하고 上下平而淺者는 子息不生하며 深而長者는 長壽하
만당　　상하평이천자　자식불생　　심이장자　장수

고 淺而短者는 夭亡하며 人中屈曲者는 無信之人이오
천이단자　요망　　인중굴곡자　무신지인

人中端直者는 忠義之士며 正而垂者는 富壽하고 蹇而縮者는
인중단직자　충의지사　정이수자　부수　　건이축자

夭賤하며 明如破竹者는 二千石祿이오 細如懸針者는 絶子貧
요천　　명여파죽자　이천석록　　세여현침자　절자빈

窮하고 上有黑子者는 多子하고 下有黑子者는 多女하며 中
有黑子者는 婚妻易而養兒難하고 有兩黑子者는 主雙生하며
有橫理者는 至老無兒하고 有竪理者는 主養他子하며 有縱理
者는 生兒宿疾하고 若人漫漫하야 如平如無者는 是謂傾陷이
니 至老絶嗣窮苦之相也오 斜左損父하고 斜右損母라 詩曰 人
中井部水橫紋커든 每到臨船莫進程하라 偏左生男右生女오
上下平平子不成이라 準頭下面是人中이니 溝洫皆從此處通
이라 若是偏枯兼狹窄이면 子孫無分守孤窮이라 人中平淺短何
塡고 無信無兒見者嫌이라 若是直深長一寸이면 定知兒女轉
加添이라

무릇 인중이라는 것은 우리 몸의 봇도랑으로서 막히지 않고 트인 즉 물이 잘 흐르므로 깊지 않은 즉 얕거나 좁거나 막히지 않아야 물이 잘 흐르나니 무릇 인중이 길고 짧은 것으로 수명의 길고 짧음을 가정할 수 있다.

그러므로 인중의 넓고 좁음으로 남녀의 많고 적음을 가를 수 있는 고로 인중은 남녀의 수명을 이르는 곳이다. 인중은 길어야 하고 쭈그러지지 말아야 하며 가운데는 깊고 바깥쪽은 넓어야 하며 곧고 기울지 않아야 하며 넓게 퍼지지 않은 사람은 모두 잘생긴 모양이다.

그 가운데 혹 가늘고 좁은 사람은 의식의 형세가 절박하고 꽉 차서 평평한 사람은 재해로 막혀서 머뭇거리며 나아가지 못하고 위가 좁고 아래가 넓은 사람은 자손이 많고 위가 넓고 아래가 좁은 사람은 아이가 소년이 되면 버리게 되며 위 아래가 함께 좁고 가운데가 넓은 사람은 자식의 질병으로 괴로워하며 하고자 하는 일을 이루기 어렵고 위 아래가 곧고 깊은 사람은 자식이 방 안에 가득 차고 위 아래가 넓고 얕은 사람은 자식을 생산하지 못하며 깊고 긴 사람은 오래살고 얕고 짧은 사람은 일찍 망하여 없어지며 인중이 휘어진 사람은 믿을 수 없는 사람이다.

인중이 단정하게 곧은 사람은 충성스럽고 꿋꿋한 선비이며 바르게 늘어진 사람은 넉넉하게 오래살고 고르지 못하고 쭈그러진 사람은 천하여 일찍 꺾이며 대나무를 쪼갠 듯 뚜렷한 사람은 이천석의 녹이 있다.

바늘처럼 가늘게 생긴 사람은 자손이 끊어지고 가난하며 위에 검은 점이 있는 사람은 아들이 많고 아래에 검은 점이 있는 사람은 딸이 많으며 가운데 검은 점이 있는 사람은 혼인은 쉽게 하지만 아이를 낳아기르기 어렵고 양쪽에 검은 점이 있는 사람은 주로 쌍둥이를 낳으며 가로주름이 있는 사람은 늙도록 아이가 없고 주름이 비루하게 짧게 서있는 사람은 주로 다른 성씨의 자식을 기르며 세로 주름이 길게 늘어져 있는 사람은 오랜 질병이 있는 아이를 낳으며 만약 어떤 사람이 넓게 널려 평탄하게 생겨 인중이 없는 것과 같은 사람은 뒤집어지고 무너지는 것을 가리키고 있다고 생각하는 것이 옳을 것이니 늙어서 후사를 이을 자손이 끊길 것이며 빈궁하여 고생할 모양인 것이다.

왼쪽으로 기울면 아버지를 잃을 것이고 오른쪽으로 기울면 어머니를 잃을 것이다.

시로 가로대 인중은 물이 솟아나는 우물과 같은 부위로서 가로 주름이 있거든 배가 도착할 곳으로 향하여 나아가는 길을 막고 있다고 알려라.

왼쪽으로 치우치면 남아를 낳고 오른쪽으로 치우치면 여아를 낳는다. 위아래가 똑같이 평평하게 똑같으면 어린아이를 성인이 되도록 키우기 어렵다. 준두 아래는 인중이 되니 얼굴의 모든 기운은 인중을 거쳐 각 부위로 통한다. 만약 한 쪽으로 치우쳐 마르고 겸하여 좁게 붙어 있으면 빈궁하고 외롭고 가난하여 자손에 대한 책임을 다하지 못한다.

* 너무 궁색하여 원만하게 키워서 결혼시켜 분가시키기 어렵다는 말을 설명하였습니다.

인중이 평평하고 짧고 얕으면 어찌 만족스러운 모양이라 할 수 있겠는가. 이러한 모양을 가진 사람은 믿음도 없고 아이도 없는 좋지 못한것을 나타내고 있는 것이다. 만약 반듯하게 깊어 길이가 일 촌이면 아이와 처를 비롯한 식솔들이 한결 같이 더하여 영화로울 것이다.

▣ 相口 ▣
상구

口爲言語之門이며 飮食之具오 萬物造化의 所關이며 又爲心
수위언어지문　　음식지구　　만물조화　　소관　　우위심

之外戶니 賞罰之所出이오 是非之所會也라 端厚不妄誕을 謂
지외호　　상벌지소출　　시비지소회야　　단후불망란　　위

之口德이오 誹謗多言을 謂之口賊이니 方潤有稜者는 主壽貴
지구덕　　비방다언　　위지구적　　방활유릉자　　주수귀

하고 形如角弓者는 主官祿하며 橫潤而厚者는 福富하고 正而
　　형여각궁자　　주관록　　횡활이후자　　복부　　정이

不偏하며 厚而不薄者는 衣食하고 如四字면 富足하고 尖而
불편　　후이불박자　　의식　　여사자　　부족　　첨이

反하고 偏而薄者는 貧賤하고 不言口動하고 又如馬口면 飢餓
반　　편이박자　　빈천　　불언구동　　우여마구　　기아

하고 紫黑者는 多滯하고 口開齒露者는 無機하고 有黑子者는
　　자흑자　　다체　　구개치로자　　무기　　유흑자자

主酒食하고 口如含丹이면 不受饑寒하고 口如一撮者는 貧薄
주주식　　구여함단　　불수기한　　구여일촬자　　빈박

하고 口能容拳者는 出入將相하고 口潤而豊하면 食祿萬鍾
　　구능용권자　　출입장상　　구활이풍　　식록만종

하고 無人獨語者는 其賤如鼠라 脣爲口舌之城郭이오 舌爲口
　　무인독어자　　기천여서　　순위구설지성곽　　설위구

之鋒刃이라 城郭은 欲厚하고 鋒刃은 欲利니 厚則不陷하고
지봉인　　성곽　　욕후　　봉인　　욕리　　후즉불함

利則不鈍이니 乃善相也오 舌大口小하면 貧薄折夭하고 口小
이즉불둔　　내선상야　　설대구소　　빈박절요　　구소

而短者는 貧이오 口色은 欲紅하고 口音은 欲淸이며 口德은
이 단 자　　　빈　　　구색　　욕홍　　　　구음　　욕청　　　구덕

欲端이오 口脣은 欲厚니 訣에 曰 口如潑砂하면 食祿榮華하
욕단　　　구순　　욕후　　결　왈 구여발사　　　식록영화

고 口如抹丹하면 不受饑寒하며 口如砂紅하면 富貴相宜하고
　구여말단　　　불수기한　　　구여사홍　　　부귀상의

口如牛脣하면 必是賢人이니 非特口德이라 牛且性純하고
구여우순　　　필시현인　　　비특구덕　　　우차성순

口如角弓하면 位至三公하고 口垂兩角하면 衣食蕭條하고 口
구여각궁　　　위지삼공　　　구수양각　　　의식소조　　　구

不見脣하면 主有兵權하고 口角高低하면 好詐便宜하고 口尖
불견순　　　주유병권　　　구각고저　　　호사편의　　　구첨

如脣하면 與乞爲憐이오 口不見脣하면 威鎭三軍하고 口如縮
여순　　　여걸위련　　　구불견순　　　위진삼군　　　구여축

囊하면 饑死無糧하고 縱然有子나 必主別房이며 口如縮螺면
낭　　　기사무량　　　종연유자　　필주별방　　　구여축라

常樂獨歌오 龍脣鳳口는 不可爲友니 好說不宜하고 常懷粗醜
상락독가　　　용순봉구　　불가위우　　호설불의　　　상회조추

하며 口如丹赤이면 不入蘭關하고 若如女子면 亦得夫憐이오
　구여단적　　　불입난관　　　약여여자　　적득부련

口寬舌薄하면 心好歌樂하나니 如此之人은 永無兇惡이오
구관설박　　　심호가악　　　여차지인　　영무흉악

口邊紫色이면 貪財妨害하고 口未語將脣起면 奸淫在心하야
구변자색　　　탐재방해　　　구미어장순기　　간음재심

常懷不足하고 口中黑子면 食啜皆美라 詩曰 貴者脣紅似潑砂니
상회부족　　　구중흑자　　식철개미　　시왈 귀자순홍사발사

更加四字足榮華라 貧賤如鼠常靑黑이니 破盡田園不佳家라
경가사자족영화　　　빈천여서상청흑　　　파진전원불가가

水星得地口四方하면 榮貴肥家子息昌이라 上下各偏稜角薄하면
수 성 득 지 구 사 방　　영 귀 비 가 자 식 창　　상 하 각 편 릉 각 박

出言毁謗大難防이라 口中四方信宜眞이오 兩角低垂出惡聲이라
출 언 훼 방 대 난 방　　구 중 사 방 신 의 진　　양 각 저 수 출 악 성

脣上紋多子細看하라 靑薄紋川饑死名이라
순 상 문 다 자 세 간　　청 박 문 천 기 사 명

口如吹火少兒孫이오 偏左妨妻婦死逃이라 右畔堅門田産破오
구 여 취 화 소 아 손　　편 좌 방 처 부 사 둔　　우 반 견 문 전 산 파

黑子當脣藥毒頻이라 口如吹火家無子오 面上三紋有義兒라
흑 자 당 순 약 독 빈　　구 여 취 화 가 무 자　　면 상 삼 문 유 의 아

舌上常靑難可斷이니 同胞兄弟也分離라 口紫而方하면
설 상 상 청 난 가 단　　동 포 형 제 야 분 리　　구 자 이 방

廣置田産하고 口如吹火면 到老獨坐하고 口上生紋하면
광 치 전 산　　구 여 취 화　　도 노 독 좌　　구 상 생 문

有約有成이오 輕薄口脣은 慣說他人이라
유 약 유 성　　경 박 구 순　　관 설 타 인

　입은 말을 하는 문이며 음식과 함께한다. 만물을 창조하고 변화시
켜 기르는 대자연의 이치와 관계있는 바이며 또 마음을 나타내는 바
깥의 문이기도 하니 상과 벌이 비롯되는 곳이기도 하며 옳고 그름이
모여 있는 곳이기도 하다.

　* 좋은 말이 나가면 상을 받고 나쁜 말이 나가면 벌을 받는 이치를 설명하였습니다.

　* 옳다는 생각과 그르다는 생각이 입속에 동시에 모여 있다는 것을 말합니다.

　단정하고 온후하여 터무니없는 거짓말을 하지 않는 것을 입으로
짓는 덕(口德)이라 하고 비웃고 헐뜯고 욕하는 말을 많이 하면 입으로
적(口賊)을 만든다고 하니 넓고 각이 지고 모가 난 사람은 주로 귀하

241

게 오래 살고 모양이 활처럼 생긴 사람은 주로 벼슬을 하여 녹봉을 받으며 가로로 넓고 두터운 사람은 넉넉한 부자로 복되고 반듯하고 한쪽으로 치우치지 않으며 두텁고 얇지 않은 사람은 옷과 음식이 걱정 없고 넉 사자(四)처럼 생기면 넉넉하게 만족하는 부자이고 뾰족하거나 뒤집어지고 한쪽으로 치우치고 얇은 사람은 가난하고 천하여 입을 움직인다고 말이 아니고 또 말의 입과 같으면 굶주리고 검은 자줏빛 색의 입을 가진 사람은 하는일이 많이 막히고 입을 열었을 때 치아가 드러나는 사람은 기틀(사람이 살아가는데 있어서 중요한 짜임새)이 없으며 검은 점이 있는 사람은 주로 술을 밥 먹듯이 하고 입이 주사를 머금은 듯하면 춥고 배고프도록 절박하지 않으며 입이 매우 작은 사람은 매우 가난하고 입에 주먹하나 들어가면 장수와 재상의 상이고 입이 넓고 풍륭하면 받아먹을 녹봉이 만종(아주 많은 곡식량)에 달하고 사람 없이 혼자 말을 하는 사람은 쥐처럼 천한 사람이다.

입술은 입과 혀를 보호하는 튼튼한 울타리며 혀는 입의 날카로운 칼이 된다. 성곽은 두터워야하고 칼날은 이롭게 써야 하니 두터운 즉 함정에 빠지지 않고 이롭게 사용하는 즉 우둔하지 않은 것이니 이러한 모양들은 잘 생긴 모양이다.

혀가 크고 입이 작으면 매우 가난하게 살다 일찍 꺾이고 입이 작아서 짧은 사람은 가난한 사람이요 입술의 색은 붉어야 하고 말소리는 맑아야 하며 입에서 나오는 말은 단정하여야 하고 입술은 두터워야 하니 말씀에 가로대 입은 흠뻑 젖은 모래 처럼 입술이 촉촉하면 먹고 살아갈 녹봉이 넉넉하여 영화롭고 입이 화장을 한 것처럼 붉으면 굶주림과 추위에 떨지 않으며 입이 붉은 모래와 같으면 마땅히 부귀를 누릴 모양이고 입이 소의 입술과 같으면 현명한 사람임에 틀림없으니 품격 있는 입이란 특별한 입이 아닌 것이다.

또한 성품이 깨끗하고 입이 활처럼 각이 져 있으면 삼공의 지위에 이르고 입술의 양각이 아래로 드리워지면 쓸쓸하게 한적하고 입이 입술이 보이지 않으면 주로 군사를 움직이는 권세가 있고 입의 양쪽 각이 한쪽은 높고 한쪽이 낮으면 형편이나 조건에 따라 속이는 것을 좋아하고 입이 뾰족하게 나오면 걸인과 함께 있어 불쌍하게 되고 입이 입술이 보이지 않는 입은 삼군을 위엄으로 누르고 입이 움츠려든 주머니와 같으면 먹을 양식이 없어 굶어 죽고 가령 자식이 있으나 대체적으로 따로 떨어져 살며 소라 주둥이처럼 쭈그러지면 즐거운 노래를 언제나 혼자 부른다.

봉의 입에 용의 입술은 친구로 가능하지 않으니 말하기를 좋아하여 마땅하지 못하며 거칠고 수치스러운 생각이 변하지 않는다. 입이 단사와 같이 붉으면 난이 있는 곳으로 들어가지 않으며(난은 혼자 있는 사람의 친구 같은 식물) 만약 여자라면 역시 불쌍히 여길 남편을 만나고 입이 넓고 혀가 얇으면 노래 부르며 노는 것을 즐기고 좋아하나니 이와 같은 사람은 오래동안 함께 하여도 흉악하고 나쁜 사람은 없다. 입 가장 자리가 붉은 자색이면 재물을 탐하고 방해하고 입은 말을 안하는데 입술이 열려 있으면 간음을 할 마음이 있으니 항상 부족한 마음을 품고 있다.

입 가운데 검은 점이 있으면 먹고 마시는 것을 모두 즐긴다.

시로 가로대 귀한 사람의 입술은 흠뻑 젖은 모래처럼 촉촉하고 붉은 입술이며 또 넉사자(四) 입술 모양이 갖추어져 있으면 영화를 누린다.

항상 쥐와 같은 검푸른 색과 같으면 가난하고 천한 사람이니 동산과 밭을 힘 써 깨부수어 살아갈 집도 없어진다. 땅에(이마가 하늘이면 지각은 땅에 속한다) 속하는 입이 넉사자 모가 난 입으로 갖추었으면 수성(水星)을 얻었으므로 이름이 드러나고 귀한 사람으로서 느긋하게 만족한 가정을 이루고 자식이 번창한다.

위 아래 각각 입술을 이루고 있는 능선과 각이 한쪽으로 치우치고 얇으면 하는 말마다 지나치게 남을 헐뜯어 비방하므로 매우 말리기 어렵다.

입 중에서 넉사자 모양의 입은 진실로 믿을 수 있고 입술의 양쪽 각이 아래로 드리워지면 나오는 음성이 좋지 않다. 입술 위에 주름이 많으면 자식을 자세히 살펴라. 입술이 푸르고 얇은 입술에 내 천자(川) 주름이 있으면 주려서 죽을 겉모습이다.

입이 불을 부는 모양과 같다면 어린 자손이 적을 것이요 왼쪽으로 치우치면 처를 방해하고 아내가 죽으면 머뭇거리며 더 나아가지 못한다. 오른쪽으로 치우치면 대문 앞에 든든한 재산이던 밭도 없앤다. 검은 점이 입술에 있으면 피리의 독을 자주 확인하고 방어하여야 한다.

* 피리뿐만이 아니라 입으로 들어가는 모든 것은 독성을 확인하고 방지하여야한다는 것을 알리고 있습니다.

입이 불을 부는 모양의 입과 같다면 집안에 자식이 없고 얼굴에 三자 주름이 있으면 아이를 의리로 맺는다. 혀 위의 색깔이 늘 상 푸르면 가히 결정하기 어려우니 형제와 동포가 나누어져 헤어진다. 연한 붉은 색의 입이 모가 나 있으면 곡물을 생산하는 넓은 밭을 두고 입이 불을 부는 입과 같으면 늙도록 혼자 앉고 입술에 주름이 있으면 이룰 수 있는 약속을 할 것이다. 얇아서 가벼운 입술은 다른 사람을 왈가왈부하는 버릇이 있다.

📖 相口 📖
상구

● **四字口富貴(사자구부귀) – 拔萃出類(발췌출류)**

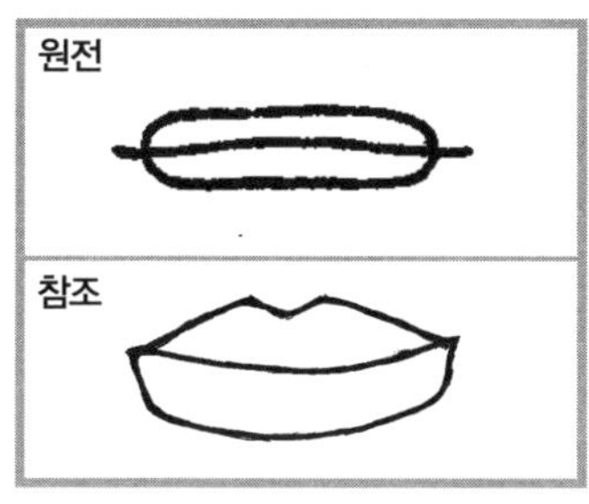

口角光明脣兩齊하고 兩頭略仰不低
구 각 광 명 순 양 제　　　양 두 약 앙 부 저

垂라 聰明更又多才學하야
수　　　총 명 경 우 다 재 학

富貴應須着紫衣라
부 귀 응 수 착 자 의

사자구는 부와 귀를 누리며 여럿 가운데서 우수한 사람으로 골라 뽑힌다. 입술을 이루는 능선이 밝고 윤택하며 위아래 입술이 가지런하고 양 입술 머리가 대체적으로 낮게 늘어지지 않고 약간 위를 향하여 있다.

총명하여 재주와 학식이 뛰어난 사람이 많으며 모름지기 자색의 옷을 입으며 넉넉한 부자로 귀를 누린다.

* 관직의 품계에서 주어지는 옷의 색깔 중 붉은 자색은 높은 품계의 관직을 의미합니다.

● **猪口主凶貧(저구주흉빈) – 終於非命(종어비명)**

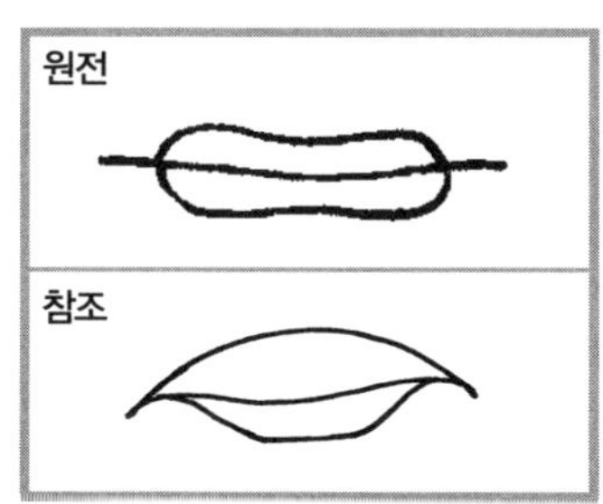

猪口上脣長粗濶이오 下脣尖小角流
저 구 상 순 장 조 활　　　하 순 첨 소 각 류

涎이라 誘人訕謗心奸險하야
연　　　유 인 산 방 심 간 험

落在途中半路邊이라
낙 재 도 중 반 로 변

저구는 가난하고 흉하며 끝까지 천명을 다하지 못한다.

저구는 윗입술이 길고 넓고 거칠며 아랫 입술이 뾰족하고 작으며 입술을 이루는 각의 힘이 약하여 침이 흘러내린다. 사람을 꾀이고 비웃고 헐뜯는 마음이 간교하여 위험하며 길 중간쯤 가다 피로하여 떨어져 버린다.

* 꾀고 비방하며 책임지지 못하고 자신도 지구력이 없어 끝까지 해내지 못하므로 꾀인 사람만 피해를 보며 불쌍하게 된다는 것입니다.

● 方口主貴(방구주귀) - 食祿千鍾(식록천종)

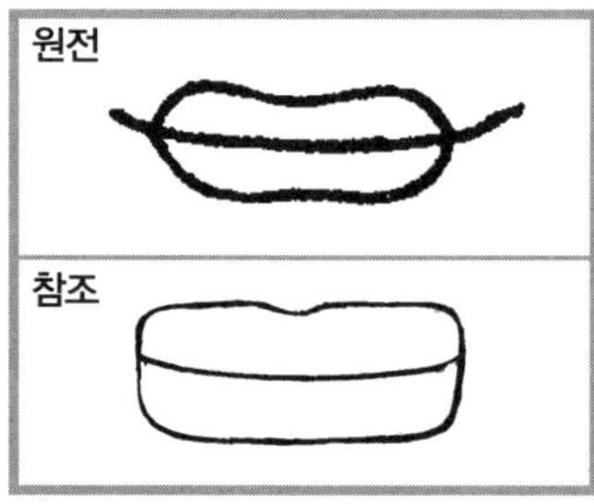

方口齊脣不露牙오 脣紅光潤似硃
방 구 제 순 불 로 아　　　순 홍 광 윤 사 주

砂라 笑而不露齒且白하면
사　　　소 이 불 로 치 차 백

定知富貴享榮華라
정 지 부 귀 향 영 화

방구를 가진 사람은 주로 귀하며 받는 식록이 천종(녹봉의 양)에 이른다. 방구는 입술이 가지런하여 치아가 드러나지 않고 입술이 붉고 윤택한 빛이 주사의 붉은 물감과 같다.

웃어도 하얗게 고른 치아가 드러나지 않으면 부귀영화를 누릴 것이 예정되어 있다.

● **吹火口貧夭(취화구빈요) - 虛花無實(허화무실)**

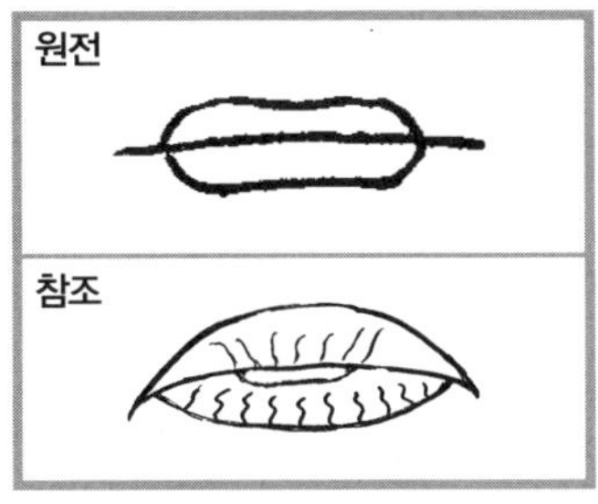

口如吹火開不收하니 嘴尖衣食苦難
구 여 취 화 개 불 수　　　　취 첨 의 식 고 난

求라 生成此口多貧夭니
구　　　생 성 차 구 다 빈 요

廕下須敎破且休라
음 하 수 교 파 차 휴

　취화구는 가난하고 일찍 꺾이며 모자라는 꽃으로 열매를 맺지 못한
다. 불을 불 때 열려있는 입과 같아 거두어들이지 못하니 새의 부리처
럼 뾰족하여 의식을 구하기 위하여 쓰디쓴 고생을 하여도 어렵다.

　이러한 입은 태어날 때부터 매우 가난하고 일찍 꺾이니 보호를 하
며 가리켜도 깨뜨리며 또한 그치게 된다.

● **仰月口富貴(앙월구부귀) - 祿在其中(록재기중)**

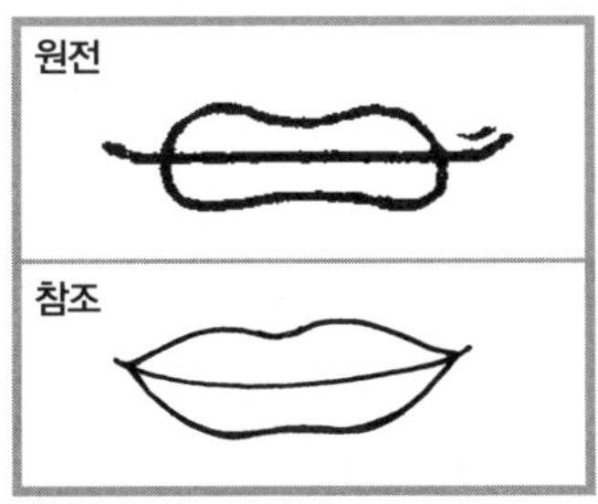

口如仰月上朝彎하고 齒白脣紅似抹
구 여 앙 월 상 조 만　　　　치 백 순 홍 사 말

丹이라 滿腹文章聲價美하니
단　　　만 복 문 장 성 가 미

竟能富貴到朝班이라
경 능 부 귀 도 조 반

　앙월구는 귀한 부자이며 그 가운데 녹봉도 있다. 입은 새벽 높이 떠
우러르는 달과 같이 아름답게 굽었고 하얀 치아에 붉은 입술은 단사
를 바른 것과 같다.

　넉넉한 삶에 문장 또한 아름다워 세상에 알려지니 조회에 참여하

는 벼슬에 올라 능히 부와 귀를 누리게 된다.

  * 이른 아침 등청하여 품계에 따라 늘어서서 임금을 뵈며 공무를 시작하는 관직에 올라 재물과 명예를 함께 누린다는 말입니다.

● 皺紋口主孤(추문구주고) − 浮生碌碌(부생록록)

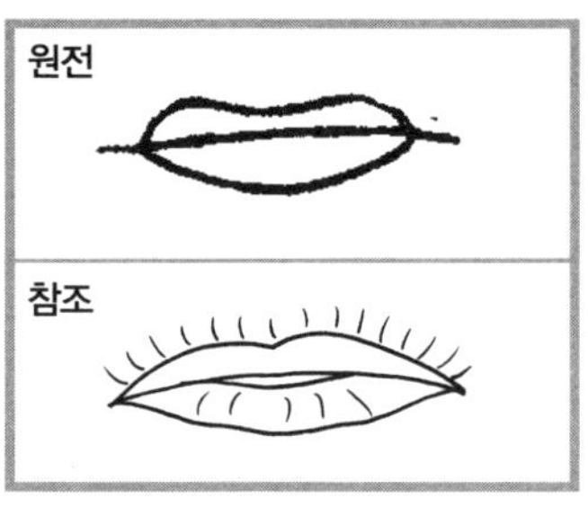

脣上皺紋似哭聲하니 縱然有壽主孤
순생추문사곡성　　종연유수주고

單이라 早年安樂末年敗오
단　　　조년안락말년패

若有一子屬有關이라
약유일자촉유관

  추문구는 주로 외롭게 고르지 않은 자갈땅을 일구며 보잘것없이 떠돌며 산다.

  입술 윗부분이 주름으로 쭈그러지고 곡(사람이 죽었을때 우는 소리)하는 소리를 내니 가령 오래 살아도 주로 홀로 외롭다. 초년에는 비록 안락하게 보내지만 말년에는 패하며 그 외에 상속할 수 있는 자식 하나는 구한다.

● 彎弓口富貴(만궁구부귀) − 特達名揚(특달명양)

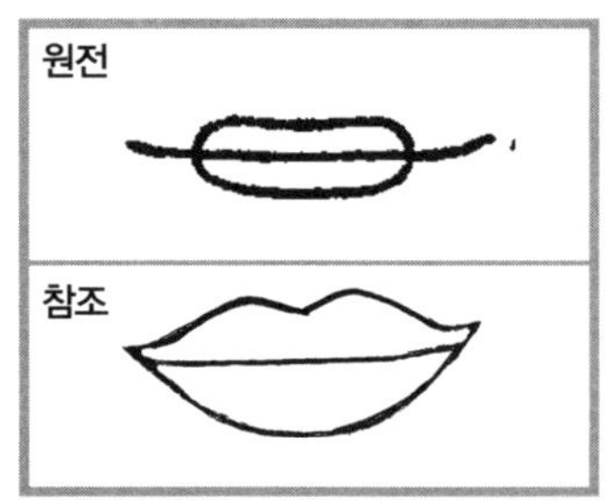

口似彎弓半上弦하고 兩脣豊厚若丹
구사만궁반상현　　양순풍후약단

鮮이라 神淸氣爽終爲用이니
선　　　신청기상종위용

富貴中年福自然이라
부귀중년복자연

만궁구는 부와 귀를 누리며 특별히 총명하여 이름을 드날린다.

입은 완만하게 굽은 활의 반쪽 상현달과 같이 생기고 아래 위 입술이 풍륭하게 두텁고 단사를 바른 것처럼 붉으며 깨끗하다.

신 이 맑고 기운이 시원하여 마칠 때까지 쓰이니 중년 이후에는 저절로 복을 받아 부와 귀를 이룬다.

● 櫻桃口富貴(앵도구부귀) – 聰明秀學(총명수학)

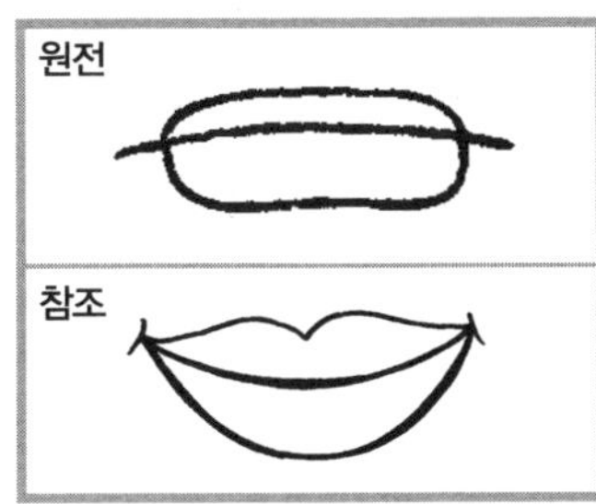

櫻桃口大脣臙脂하니 齒似榴子密且
앵 도 구 대 순 연 지　　　치 사 유 자 밀 차

齊라 笑若含蓮情和暢하고
제　　소 약 함 연 정 화 창

聰明拔萃紫袍衣라
총 명 발 췌 자 포 의

앵도구는 부와 귀를 누리며 총명하여 뛰어난 학자이다.

앵도구는 입술이 크고 연지를 바른 것 같으니 치아가 유자알처럼 빽빽하고 가지런하다. 작은 미소를 머금으면 연꽃처럼 그 정이 온화하고 맑으며 매우 총명하여 많은 무리 가운데 뽑혀 자색의 옷을 입게 된다.

* 품계에 따라 입는 옷 색깔. 자색(붉은 색)의 옷은 삼정승에 속한다.

● 牛口富貴(우구부귀) – 福壽悠遠(복수유원)

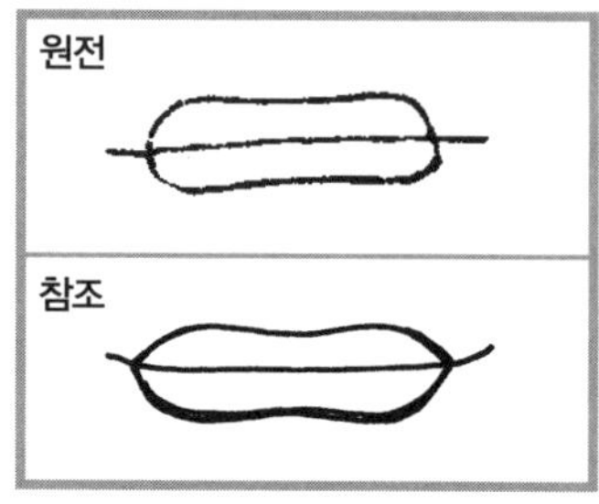

牛口雙脣厚且豊이니 平生衣祿更昌
우 구 쌍 순 후 차 풍　　　평 생 의 록 경 창

隆이라 獨中帶淸心靈巧하야
룡　　　　독 중 대 청 심 령 교

富貴康寧壽若松이라
부 귀 강 녕 수 약 송

우구는 부와 귀를 누리니 복이 많고 오랫동안 장수한다.

　우구는 위아래 입술이 두텁고 또 풍륭하여 평생 좋은 의복과 녹봉이 있으며 또 융성하게 번창한다. 남다르게 뛰어난 재치와 맑은 마음이 건강하고 편안하여 부과 귀를 누리며 오랫동안 사는것이 소나무와 같다.

● 猴口福壽(후구복수) – 慳而且吝(간이차인)

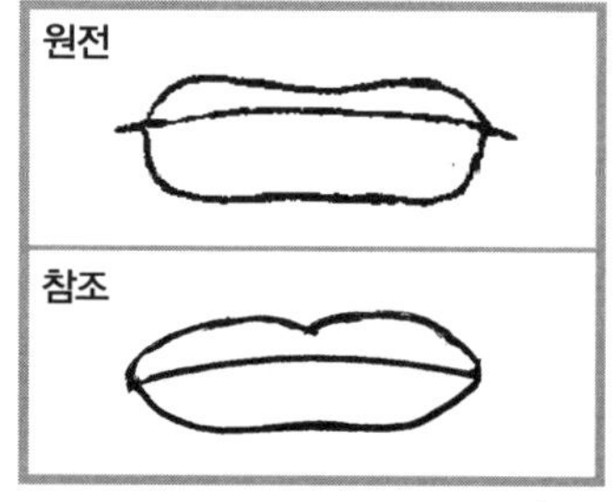

猴口兩脣喜又長하니 脣中破竹更爲
후 구 양 순 희 우 장　　　순 중 파 죽 경 위

良이라 平生衣祿皆榮足이오
량　　　평 생 의 록 개 영 족

鶴算龜齡福壽康이라
학 산 구 령 복 수 강

　후구는 복이 있고 오래 살며 감추어 아끼며 인색하다. 후구는 아래위 입술이 어울리며 또 길고 대나무를 쪼갠 것과 같이 양 입술이 선명하게 아름답다. 평생 의식주가 모두 충족되어 영화롭고 건강하게 학과 거북이만큼 오래 산다.

　* 학과 거북이는 수명이 긴 동물에 속합니다.

● **龍口主貴(용구주귀) - 珠履簪纓(주리잠영)**

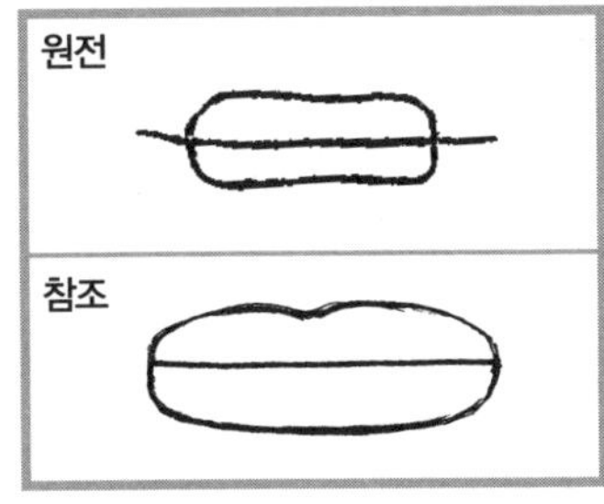

龍口兩脣豊且齊니 光明口角更淸奇
용 구 양 순 풍 차 제　　 광 명 구 각 경 청 기

라 呼聚喝散擁通變하야
호 취 갈 산 옹 통 변

玉帶腰圍世罕稀라
옥 대 요 위 세 한 희

　용구는 주로 귀하며 대대로 벼슬에 나아가는 집안이다. 용구는 아래위 입술이 풍륭하고 또 가지런하니 각이진 입술이 윤택하게 빛이나며 그 맑은 기운이 보통과 다르다. 숨을 모아 소리 질러 흩어진 무리를 불러 모으는 변화의 이치에 통하여 복종시키며 옥대를 허리에 두르는 세상에 드문 사나이이다.

● **鮎魚口貧賤(점어구빈천) - 枉在浮生(왕재부생)**

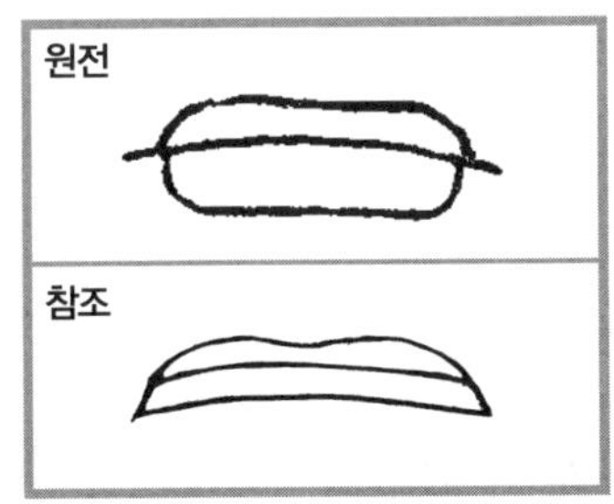

鮎魚口角濶低尖하니 梟薄雙脣又欠
점 어 구 각 활 저 첨　　 효 박 쌍 순 우 흠

圓이라 如此之人主貧賤이니
원　　　 여 차 지 인 주 빈 천

須臾一命喪黃泉이라
수 유 일 명 상 황 천

　점어구는 가난하고 천하며 남에게 복종하고 떠돌며 산다. 점어구는 구각이 넓고 낮으며 뾰족하니 올빼미처럼 박복하고 아래위 입술이 온전하게 갖추지 못하였다. 이렇게 생긴 사람은 주로 가난하고 천하니 잠깐 살다 슬프게 가게 된다.

　* 올빼미는 어미새를 잡아먹는 새로서 불효한 새라고 합니다.

● 虎口主富(호구주부) - 德威並濟(덕위병제)

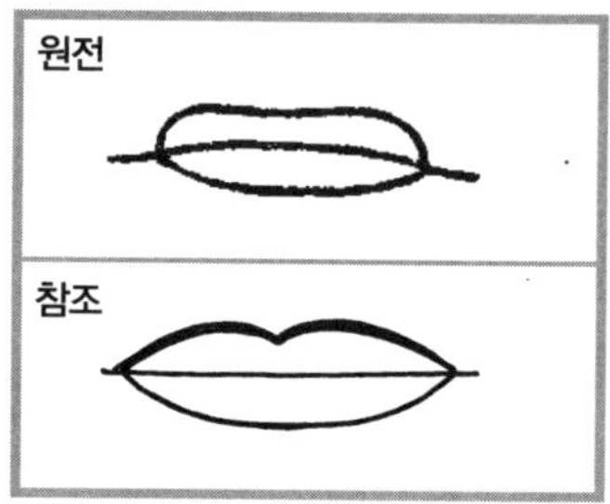

虎口濶大有收拾이니 須知此口可容
호구활대유수습　　　　수지차구가용

拳이라 若然不貴且大富하야
권　　　약연불귀차대부

積玉堆金樂自然이라
적옥퇴금락자연

호구는 주로 부자이며 덕과 위엄을 함께 갖추었다. 호구의 입은 크고 넓으며 어지러운 상태를 안정되게 하는 힘이 있으니 모름지기 이러하게 생긴 입은 주먹을 쓸 것이다. 행여 귀하지 않다면 큰 부자이며 자연적으로 금 은 보화를 쌓아놓고 즐겁게 지낼 것이다.

● 鯽魚口貧夭(즉어구빈요) - 徒然在世(도연재세)

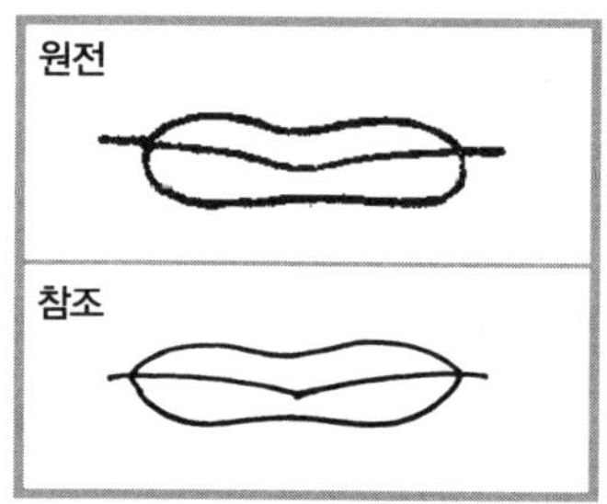

鯽魚口小主貧窮이니 一生衣食不豊
즉어구소주빈궁　　　　일생의식불풍

隆이라 更兼氣濁神枯濕하면
륭　　　갱겸기탁신고습

破敗漂逢運不通이라
파패표봉운불통

즉어구는 가난하고 일찍 꺾이며 세상에서 부질없이 사는 사람이다. 즉어구는 입이 작고 주로 궁색하게 가난하며 일생 의식이 부족하다. 또 기운이 탁하여 신이 메마르거나 습하면 통하지 않는 운을 만나 떠돌며 패하고 깨어진다.

● **羊口主凶貧(양구주흉빈) − 流年虛度(류년허도)**

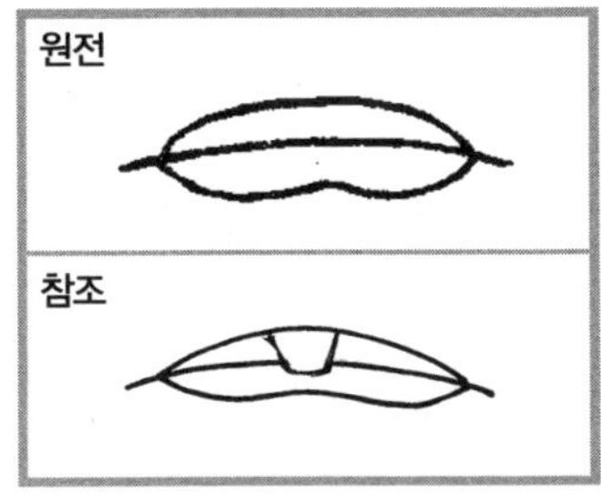

羊口無鬚長且尖이니 兩脣又薄得人
양 구 무 수 장 차 첨　　　양 순 우 박 득 인

嫌이라 口尖食物如狗樣하야
혐　　　구 첨 식 물 여 구 양

賤且貧而凶又遭이라
천 차 빈 이 흉 우 전

　양구는 주로 흉악하고 가난하며 해가 갈수록 비어져 간다.

　양구는 길다란 수염이 없고 또 거칠고 날카로우며 아래위 입술이 얇아 만나는 사람마다 싫어한다. 입이 뾰족하고 음식을 먹는 모양이 개와 같아 천하고 또 가난하며 나아가지 못하여 흉하다.

● **覆船口貧苦(복선구빈고) − 顚沛流離(전폐류리)**

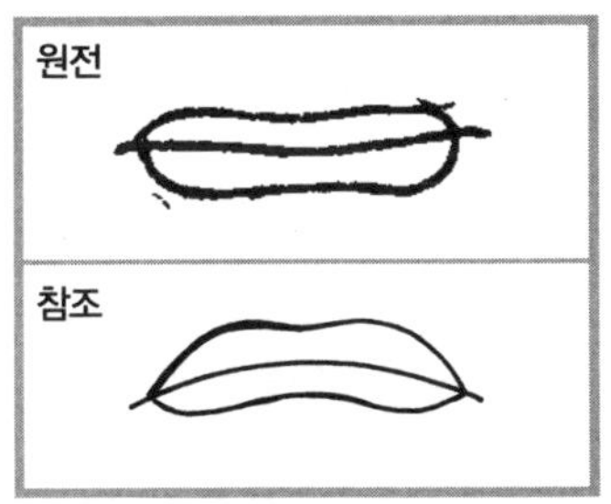

口角渾如覆破船하고 兩脣牛肉色相
구 각 혼 여 복 파 선　　　양 순 우 육 색 상

聯이라 人蓬此口多爲丏니
연　　　인 봉 차 구 다 위 개

一生貧苦不須言이라
일 생 빈 고 불 수 언

　복선구는 쓰도록 가난하며 허둥거리고 넘어지며 정처 없이 떠돌아다닌다. 입술을 이루는 능선이 깨어진 배가 뒤집어진 것처럼 뚜렷하지 않고 아래위 입술의색깔이 소의 살비듬 색깔과 같다. 사람들과 무리지어 떠돌아다니는 이러한 입은 걸인이 되는 예가 많으니 일생을 가난하여 겪는 쓰디쓴 고생을 말로 다할 수 없다.

相脣

상순

爲口之城郭하고 作舌之門戶하니 一開一闔에 榮辱之所繫者
위구지성곽　　　작설지문호　　　일개일합　　영욕지소계자

는 脣也라 故로欲厚而不欲薄이오 欲稜而不欲縮矣며 脣色이
순야　　고　　욕후이불욕박　　욕릉이불욕축의　　순색

紅如丹砂者는 貴而富하고 靑如藍靛者는 災而夭하며 色昏
홍여단사자　귀이부　　　청여람전자　　재이요　　　색혼

黑者는 疾苦惡死하고 色紫光者는 快樂衣食하며 白而豔者는
흑자　질고악사　　　색자광자　　쾌락의식　　　백이염자

招貴妻하고 色黃而紅者는 招貴子하고 蹇縮者는 夭亡하고 薄
초귀처　　색황이홍자　　초귀자　　　건축자　　요망　　　박

弱者는 貧賤하며 上脣이 長者는 先妨父하고 下脣이 長者는
약자　빈천　　　상순　장자　　선방부　　　하순　장자

先妨母하며 上脣이 薄者는 言語狡詐하고 下脣이 薄者는 貧寒
선방모　　상순　박자　언어교사　　　하순　박자　빈한

蹇滯하며 上下俱厚者는 忠信之人이오 上下俱薄者는 妄語下
건체　　상하구후자　　충신지인　　　상하구박자　　망어하

劣이며 上下不相覆者는 貧寒偸盜하고 上下兩相稱者는 言語
열　　상하불상복자　　빈한투도　　　상하양상칭자　　언어

正直하며 龍脣者는 富貴하고 羊脣者는 貧賤하며 脣尖縮者는
정직　　용순자　부귀　　양순자　빈천　　　순첨축자

貧死하고 脣墜下者는 孤寒하며 有紋理면 多子孫하고 無紋理
빈사　　순추하자　고한　　　유문리　다자손　　　무문리

면 性孤獨이니 是以로 脣如鷄肝이면 至老貧寒하고 脣如靑黑
성고독　　시이　순여계간　　지노빈한　　　순여청흑

입의 튼튼한 울타리가 되고 말하는 혀의 열고 닫히는 문이 되니 한 번 열리고 한번 닫힐 때 영예와 치욕이 매달려 있는 곳이 입술이다. 고로 입술은 얇지 않고 두터워야 하고 입술선이 쭈그러지지 않아야 한다.

입술색이 단사를 바른 것처럼 붉은 사람은 귀하고 넉넉하며 쪽 빛처럼 푸르면 재난으로 일찍 꺾이며 색이 어둡고 검은 사람은 좋지 못한 질병으로 죽고 색깔이 자색(건강하게 붉은 색)으로 윤택하게 빛나는 사람은 유쾌하고 즐겁게 살아가며 피부색이 희고 고운 사람은 귀한 처를 얻고 누런 황색에 붉은 사람은 귀자를 얻고 쭈그러지고 반듯하지 못한 사람은 일찍 사라지고 얇고 약한 사람은 가난하고 천하며 윗입술이 긴 사람은 아버지를 방해하고 아래 입술이 긴 사람은 어머니를 방해하며 윗입술이 얇은 사람은 언어가 교활하고 간사하며 아래 입술이 얇은 사람은 일이 뜻대로 되지 않아 춥고 가난하며 위아래 입술이 함께 두터운 사람은 거짓 없이 진심을 다하는 사람이요 위아래 입술이 함께 얇은 사람은 수준이 낮아 그릇된 말을 하는 어리석은 사람이며 아래 위 입술이 서로 덮이지(입이 다물리지 않는 사람) 않는 사람

사람은 춥고 배고파 도적이 되어 훔치고 아래 위 입술이 대칭이 되어
서로 잘 맞는 사람은 말이 곧고 정직하며 용의 입술을 가진 사람은
부귀하고 양의 입술을 가진 사람은 가난하고 천하며 입술이 뾰족하
고 쭈그러진 사람은 가난하게 죽고 입술이 아래로 떨어진 사람은 외
롭고 추우며 입술에 주름이 있는 사람은 자손이 많고 주름이 없는 사
람은 외로이 홀로 있는 성품이니 그러므로 입술이 닭 간의 색깔이면
늙도록 춥고 가난하며 입술이 검푸른 색과 같으면 논밭이 많아도 굶
어 죽는다.

　입술이 붉게 빛나면 스스로 구하지 않아도 풍륭하고 입술 색이 묽
게 검으면 나그네의 독에 베일 것이며 입술이 평평하여 일어나지 않
으면 굶어 죽을 것이니 견주지 마라.

　입술이 이지러져 결함이 있으면 수준이 낮은 천한 사람이라는 것
을 속이지 못한다. 입술이 길고 치아가 짧으면 오래 살며 입술이 반
듯하지 않으면 한계가 있어 말로 설명하기 어렵다.

相舌
상설

夫舌之爲道 – 內與丹元으로　爲號令하고　外與重機로　爲鈴鐸
부설지위도　　내여단원　　　위호령　　　　외여중기　　위영락

이라 故로 善生露液也則爲神之舍軆하고　密傳志慮也則爲心
　　　고　　선생로액야즉위신지사체　　　　밀전지려야즉위심

之舟楫이라 是以로 性命樞機오　一身得失이 有所托也니
지단즙　　　시이　　성명추기　　일신득실　　유소탁야

由是로 古人이 評其端醜하고 戒其妄動也라 故로 舌之形은
유시 고인 평기단추 계기망동야 고 설지형

欲得端而利하고 長而大者는 上相也오 若狹而長者는 詐而賊
욕득단이리 장이대자 상상야 약협이장자 사이적

하고 禿而短者는 迍而蹇하며 大而薄者는 多妄謬하고 尖而
독이단자 둔이건 대이박자 다망류 첨이

小者는 爲貪人이오 引至鼻者는 位列候王하고 剛如掌者는
소자 위탐인 인지비자 위열후왕 강여장자

祿至卿相이오 色紅如硃者는 貴하고 色黑如醬者는 賤이오
록지경상 색홍여주자 귀 색흑여장자 천

色赤如血者는 祿하고 色白如灰者 貧이오 舌上에 有直理者는
색적여혈자 록 색백여회자 빈 설상 유직리자

官至卿監하고 舌上에 有縱紋者는 職任錧殿하고 舌紋有理而
관지경감 설상 유종문자 직임관전 설문유리이

繞者는 至貴하고 舌艷而吐滿口者는 至富하고 舌上에 有錦
요자 지귀 설염이토만구자 지부 설상 유금

紋者는 出入朝省하고 舌上에 有黑子者는 言談虛僞하고 舌出
문자 출입조성 설상 유흑자자 언담허위 설출

如蛇者는 毒害하고 舌斷如掘者는 蹇滯하고 未語而舌先至者
여사자 독해 설단여굴자 건체 미어이설선지자

는 好妄談하고 未言而舌舐脣者는 多淫泆이라 是以로 舌大
호망담 미언이설첨순자 다음일 시이 설대

口小면 語不能了하고 舌小口大면 言語輕快하며 舌小而短이면
구소 어불능료 설소구대 언어경쾌 설소이단

卽是貧寒이오 舌小而長이면 仕宦吉昌이며 舌府交紋이면
즉시빈한 설소이장 사환길창 설부교문

貴氣凌雲하고 舌無紋理면 尋常之人이니 大抵舌欲紅이오
귀기릉운 설무문리 심상지인 대저설욕홍

257

　　무릇 혀의 근원에 대하여 말해보면 혀는 붉은 심장과 같이 으뜸가
는 것으로써 외부에 소리를 나타내어 호령하는 중요한 기관으로 방
울이 된다. 침(액즙)에 젖어 있으면 잘 생긴 것인즉 몸에 머무는 신 인
마음의 배와 노가 되어 생각과 마음을 전달하는 비밀스러운 것이다.

　　이에 생명과 수명에 있어서 매우 요긴한 곳이요 한 몸의 잃음과 얻
음을 맡은 곳이기도 하다. 이것으로 말미암아 옛사람이 좋은 사람 나
쁜 사람으로 품평하며 제멋대로 하는 행동을 경계하였다.

　　고로 혀의 모양은 단정하여야 이로움을 얻을 수 있으며 길고 큰 사
람은 최고로 잘생긴 상이기도 하다. 만약 길고 좁은 사람은 속여서
도적질하고 대머리인데다 짧은 사람은 순조롭지 못하고 막히도록 크
고 얇은 사람은 엉터리로 함부로 말을 많이 하고 뾰족하고 작은 사람
은 탐하는 사람이다.

　　혀가 길어 코까지 가는 사람은 왕을 시중드는 품계에 이르고 손바
닥처럼 튼튼한 사람은 녹봉을 먹는 벼슬을 할 것이며 색이 주사를 바
른 듯 붉으면 귀하고 색이 간장처럼 시커먼 사람은 천하다. 색깔이
피처럼 빨간 사람은 벼슬을 하고 색이 타고남은 재처럼 허연 사람은
가난하고 혀 위에 곧은 주름이 있으면 벼슬이 경감에 이르고 긴 세로
주름이 있는 사람은 대궐과 객사를 오가는 벼슬을 맡으며 혀에 주름
이 둘러 있는 사람은 지극히 귀하고 입안에 버릴 물질이 있을 때처럼

그득한 모양에 말이 고운 사람은 지극한 부자이고 혀 위에 있는 주름
이 아름다운 사람은 나가고 들어오며 고을을 살피고 혀 위에 검은 점
이 있는 사람은 하는 말이 거짓이고 혀를 뱀처럼 내미는 사람은 독하
여 해를 끼치고 끝이 모지라져 끊어지는 소리를 하면 막혀서 순조롭
지 못하고 말을 다하지 않았는데 혀가 먼저 끝나는 사람은 말을 제멋
대로 하는 것을 좋아하고 말이 끝나기 전에 혀로 입술을 핥으는 사람
은 음란함이 매우 끓어 넘친다.

　이에 혀가 크고 입이 작으면 능숙하게 말을 마치지 못하고 혀가 작
고 입이 크면 말이 가뜬하고 유쾌하며 혀가 작고 짧으면 곧 가난한
사나이이다.

　혀가 작고 길면 관직을 맡은 선비로서 길하고 번창하며 혀위의 이
어진 주름이 서로 교차하고 있으면 기운이 고상하고 귀하여 세속의
명리를 초탈하고 혀에 주름이 없으면 보통 사람이니 대체적으로 혀
는 붉은 홍빛이어야 하고 검지 말아야 하며 혀는 붉은 적빛으로 희지
말아야 하며 혀의 모양은 모가 난 듯 방해야 하고 권위있는 혀는 감
추어져 있어어 한다.

論齒
논치

構百骨之精華하야 作一口之鋒刃이니 運化萬物하야 以頥六
구백골지정화　　　작일구지봉인　　　운화만물　　　이이육

府者는 齒也라 故로 欲得大而密이오 長而直하며 多而白者－
부자　치야　고　욕득대이밀　　장이직　　디이백자

佳也니 堅牢密固者는 長壽하고 繚亂疊生者는 狡橫하며
가야 견뢰밀고자 장수 요란첩생자 교횡

露出者는 暴亡하고 疎漏者는 貧薄하며 短缺者는 愚下오 焦
노출자 폭망 소루자 빈박 단결자 우하 초

枯者는 橫夭하며 語不見齒者는 富貴하고 壯而齒落者는 壽促
고자 횡요 어불견치자 부귀 장이치락자 수촉

하고 三十八齒者는 王候오 三十六齒者는 朝郎巨富며 三十
삼십팔치자 왕후 삼십육치자 조랑거부 삼십

二齒者는 中人福祿이오 三十者는 平常之人이며 二十八齒는
이치자 중인복록 삼십자 평상지인 이십팔치

下貧之輩오 瑩白者는 百謀百稱하고 黃色者는 千求千滯하며
하빈지배 형백자 백모백칭 황색자 천구천체

如白玉者는 高貴하고 如鉛銀者는 淸職하고 如榴子者는 福祿
여백옥자 고귀 여연은자 청직 여류자자 복록

하고 如劍鋒者는 壽하고 如粳米者는 高壽하고 如果棋者는
여검봉자 수 여갱미자 고수 여과심자

命短하고 上闊下尖하야 如列鋸者는 性粗而食肉하고 上尖下
명단 상활하첨 여열거자 성조이식육 상첨하

闊하야 如排角者는 性鄙而食茱하며 龍齒者는 子孫顯達하고
활 여배각자 성비이식수 용치자 자손현달

牛齒者는 自身起榮하며 鼠齒者는 貧夭하고 犬齒者는 毒忿
우치자 자신기영 서치자 빈요 견치자 독분

이라 是以로 齒如含玉하면 受天福祿하고 齒如爛銀하면 富貴
시이 치여함옥 수천복록 치여란은 부귀

不貧하며 白密而長이면 仕宦無殃하고 黑而疎縲하면 一生
불빈 백밀이장 사환무앙 흑이소료 일생

災重이오 直長一寸이면 極貴難論하고 參差不齊면 心行詐欺
재중 직장일촌 극귀난론 참차부제 심행사기

라 詩曰 齒密方爲君子儒니 分明小輩齒牙疏라 色如白玉須相
시왈 치밀방위군자유 분명소배치아소 색여백옥수상

稱이면 年小聲名達帝都라 脣紅齒白文章士오 眼秀眉高是貴
칭 년소성명달제도 순홍치백문장사 안수미고시귀

人이라 細小短疏貧且夭니 燈窓費力枉勞神이라
인 세소단소빈차요 등창비력왕노신

불가사의하게 백골이 끌어당기고 얽어 만들어 가장 순수하게 빛나는 한 입의 예리한 부분으로 만 가지 음식을 변화시켜 보내는 턱의 육부(상정이부 중정이부 하정이부)에 속하는 것이 치아이다.

고로 크고 촘촘하고 길고 곧아야 하며 많고 희어야 아름다운 것이니 굳고 튼튼하고 빽빽하고 단단한 사람은 오래 살고 얽혀 어지럽게 겹쳐져 생긴 사람은 교활하고 횡폭하며 드러나 나온 사람은 갑자기 망하며 엉성하게 성긴 사람은 매우 가난하며 짧고 이지러진 사람은 어리석고 수준이 낮은 사람이요 그을린듯 마른 사람이면 젊어서 꺾이며 말할 때 치아가 보이지 않는 사람은 부귀하고 한창나이에 치아가 빠지는 사람은 수명을 재촉하고 삼십 팔개의 치아를 가진 사람은 왕후요 삼십 육개의 치아를 가진 사람은 조정(임금과 국가의 정책을 의논하는 곳)에서 임금을 뵈며 벼슬을 하므로 매우 넉넉한 사람이며 삼십 이개의 치아를 가진 사람은 복록이 있어 삶의 질이 중간은 간다. 삼십 개를 가진 사람은 평범한 보통 사람이며 이십 팔개의 치아를 가진 사람은 하층 부류의 가난한 무리이다.

하얗게 빛나는 사람은 백 가지 일을 고찰하여 설명을 잘하고 누런 색의 사람은 천 가지를 구하여도 천 가지가 모두 막히며 백옥과 같은 사람은 높고 귀하고 납이나 은빛과 같은 사람은 맑게 다스리고 석류 알과 같은 사람은 복이 있어 녹봉이 있고 칼날과 같이 쫙 고른 사람은 오래살고 멥쌀과 같은 사람도 오래 살며(팔십세 이상) 뽕나무 열매 처럼 푸르딩딩한 사람은 수명이 짧고 위가 넓고 아래가 뾰족하게 톱 니처럼 나열된 사람은 고기를 즐겨 먹고 성품이 거칠며 위가 뾰족하 고 아래가 넓어 위에서 아래로 밀듯 하고 가운데가 트여 나열된 사람 은 성품이 추잡스럽고 수유나무 열매를 먹으며 용의 치아를 가진 사 람은 자손이 현명하게 뛰어나고 소의 치아를 가진 사람은 스스로 노 력하며 일어나 이름이 드러나며 쥐의 치아는 가난하고 일찍 꺾이며 개의 치아가 성을 내면 비참하고 참혹해진다.

이로써 옥과 같은 치아를 머금고 있으면 태어날 때부터 복록을 받 고 은빛처럼 빛나면 가난하지 않고 부귀를 누리며 하얗고 빽빽한 치 아가 길면 벼슬을 맡아도 재앙이 없고 검은 치아가 드문드문 이어져 있으면 일생 재난이 거듭되고 곧고 길이가 일촌이 되면 지극히 귀한 사람과 말을 하기 어렵고 어긋나게 만나 가지런하지 못하면 마음과 행동이 달라 속임수를 쓴다.

시로 가로대 치아가 촘촘하여 사이가 뜨지 않고 모가 나 있으면 도 를 배우고 덕을 닦는 훌륭한 학자이니 치아의 사이가 뜨고 성긴 사람 은 소인배임이 분명하다.

백옥과 같은 색으로 모름지기 일컬어지는 모양은 어린 나이에 임 금이 사는 곳에서 이름을 날린다. 붉은 입술에 하얀 치아는 문장에 뛰어난 선비요 빼어난 눈에 눈썹이 높게 난 사람은 귀인이라 함이 옳 을 것이다.

가늘고 작고 짧고 성기면 가난하고 또 일찍 꺾이니 등촉 불 밝히며 밤 늦도록 공부하여도 힘만 낭비되고 부질없이 정신만 피곤하게 할 뿐이다.

* 수(壽) : 장수(長壽)의 줄임말

* 이순(耳順) : 60세. 공자가 60세에 천지 만물의 이치에 통달하고 듣는 대로 모두 이해할 수 있게 되었다는 데서 온 말

* 고수(高壽) : 80세 이상 오래 삶.

* 미수(米壽) : 팔십팔세(88세)

* 희수(喜壽) : 칠십칠세(77세)

* 희수(稀壽) : 칠십세(70세)

相耳
상이

耳主腦而通心胸하야 爲心之司하고 腎之候也라 故로 腎氣旺
이 주 뇌 이 통 심 흉　　　위 심 지 사　　　신 지 후 야　　고　　신 기 왕

則淸而聰하고 氣虛則昏而濁하나니 所以로 聲譽與性行也 -
즉 만 이 청　　　기 허 즉 혼 이 탁　　　소 이　　성 예 여 성 행 야

厚而堅하고 聳而長은 皆壽相也라 輪郭이 分明하면 聰悟하고
후 이 견　　　용 이 장　　개 수 상 야　　윤 곽　　분 명　　　총 오

垂珠朝口者는 主財壽하고 貼肉者는 富足이며 耳內生毫者는
수 주 조 구 자　　주 재 수　　　첩 육 자　　부 족　　　이 내 생 호 자

壽하고 耳有黑子면 生貴子主聰明하고 耳門闊이면 主智遠大
수　　이 유 흑 자　　생 귀 자 주 총 명　　　이 문 활　　　주 지 원 대

하고 紅潤이면 主官이오 白主名望이며 赤黑이면 貧賤이오
홍 윤　　주 관　　백 주 명 망　　적 흑　　　빈 천

耳薄向前하면 買進田園하고 反而偏側하면 居無屋宅이오 左
이박향전　　　매진전원　　　반이편측　　　거무옥택　　　좌

右大小면 迤否妨害하고 光明潤澤하면 聲名遠播하며 塵粗焦
우대소　둔부방해　　　광명윤택　　　성명원파　　　진조초

黑하면 貧薄愚鹵하고 其堅如冰하면 到老不哭하며 長而聳者
흑　　　빈박우로　　　기견여빙　　　노노불곡　　　장이용자

는 祿位오 厚而圓者는 衣食이니 大抵 貴人은 有貴眼而無貴耳
　록위　　후이원자　　의식　　　대저 귀인　　유귀안이무귀이

하고 賤人은 或有貴耳而無貴眼하나니 善相者는 先相其色하
　　천인　　혹유귀이이무귀안　　　선상자　　선상기색

고 後相其形이 可也라 訣曰 耳如提起면 名播人耳하고 兩耳
　후상기형　가야　결왈　이여제기　　명파인이　　양이

垂肩이면 貴不可言이오 耳白於面하면 名滿天下하고 棋子之
수견　　귀불가언　　　이백어면　　　명만천하　　　기자지

耳는 成家立計하고 耳黑飛花하면離祖破家하고 耳薄如紙
이　성가립계　　　이흑비화　　이조파가　　　이박여지

하면 夭死無疑오 輪郭桃紅하면 性最玲瓏하고 兩耳如兎하면
　　요사무의　　윤곽도홍　　　성최영롱　　　양이여토

貧窮無訴오 耳如鼠耳면 貧下早死하고 耳反無輪하면 祖業如
빈궁무소　이여서이　　빈하조사　　　이반무윤　　　조업여

塵하고 耳有垂珠면 衣食有餘오 耳薄無根이면 必夭天年이오
진　　　이유수주　　의식유여　　　이박무근　　　필요천년

耳門廣闊하면 聰明豁達하고 耳有成骨이면 壽命不足하며 耳
이문광활　　　총명활달　　　이유성골　　　수명부족　　　이

下骨圓하면 未有餘錢하고 耳高於目하면 合受師祿이오 高眉
하골원　　　미유여전　　　이고어목　　　합수사록　　　고미

二寸이면 永不貧困이며 耳高輪郭하면 亦至安樂이오 耳有
이촌　　　영불빈곤　　　이고윤곽　　　역지안락　　　이유

刀環하면 五品高官이오 耳門垂厚면 富貴長久하며 耳門如箭
도환　　　오품고관　　　　이문수후　　　부귀장구　　　　이문여전

하면 家貧無依하고 耳有豪毛하면 長壽富貴하고 兼沒災殃이며
　　　가빈무의　　　　이유호모　　　　장수부귀　　　　겸몰재앙

耳如獸耳면 自安自止오 耳門寬大면 聰明財足이오 耳門薄小면
이여수이　　　자안자지　　　이문관대　　　총명재족　　　　이문박소

命短食少라 詩曰 輪郭分明有墮珠면 一生仁義最相宜라
명단식소　　시왈　윤곽분명유타수　　　일생인의최상의

木星得地招文學이니 自有聲名達帝都라 耳反無情最不良이니
목성득지초문학　　　자유성명달제도　　　이반무정최불량

又如箭羽小資粮이라 命門窄小人無壽오 靑黑皮粗走異鄕이라
우여전우소자량　　　명문착소인무수　　　청흑피조주이향

耳生貼腦郭輪成하고 盡有紅光富且榮이라 露反薄乾貧苦相
이생첩뇌곽윤성　　　진유홍광부차영　　　　노반박건빈고상

이오 毛長出耳壽千春이라 耳白過面有高名이오 前看不見貴
　　　모장출이수천춘　　　이백과면유고명　　　전간불견귀

而榮이라 前看見耳多貧苦오 耳上生厭聾不聆이라 下有垂珠
이영　　　전간견이다빈고　　　이상생염롱불령　　　하유수주

肉色光하고 更來朝口富榮昌이라 上尖狼耳 心多殺이오 下尖
육색광　　　갱래조구부영창　　　상첨랑이　심다살　　　하첨

無色不爲良이라 輪部相成이면 有利有名하고 耳內豪毛면 壽
무색불위량　　　윤부상성　　　유리유명　　　이내호모　　　수

命增高오 耳聳朝口면 富貴年高하고 耳生黑子면 厭禍招非라
명증고　　이용조구　　　부귀년고　　　이생흑자　　　특화초비

　　귀는 뇌와 가슴 속을 통하여 마음을 맡고 신장을 살펴 헤아리게 한
다. 고로 신장의 기운이 왕성한 즉 정신이 맑아 총명하고 기운이 모

자라면 어둡고 흐리니 이러한 까닭은 성실한 행실이 평판이 좋은 이 치와 같다. - 두텁고 단단하고 높이 솟고 긴 것은 모두 수명이 길어 오래 사는 모양이다.

윤곽이 분명하면 총명하여 이해력이 강하고 수주(귓밥)가 입을 도우는 사람은 주로 오래 살며 재물도 넉넉하고 귀의 윤곽이 얼굴에 붙어 있는 사람은 만족하는 부자이며 귀 안에 털이 난 사람은 오래 살고 귀에 검은 점이 있으면 주로 총명한 귀한자식을 낳고 귀의 문이 넓으면 주로 지혜가 크고 넓으며 윤택하게 붉으면 주로 벼슬을 하고 하얗다면 주로 이름을 우러러 본다.

검붉으면 가난하고 천하며 귀가 얇고 앞으로 향하면 논 밭 동산을 모두 팔아먹고 뒤집히거나 한쪽으로 기울면 지붕이 없는 집에서 살 것이다.

오른쪽과 왼쪽의 크기가 다르면 가로막고 해하여 안타깝게 안되고 지체되어 되는 것이 없으며 윤택하게 밝게 빛나면 이름이 좋은 평판으로 멀리까지 퍼지며 거친 티끌이 검게 그을린 듯하면 매우 가난하고 어리석어 조잡스럽고 얼음과 같이 굳으면 늙을 때까지 곡을 하지 않으며(부모님이 오래도록 건재하다는 말) 길고 높이 솟은 사람은 녹봉을 받는 자리에 있다.

두텁고 둥글다는것은 옷과 음식이 풍부하니 대체적으로 귀한 사람은 귀는 귀하지 않아도 눈이 귀하며 천한 사람 중에는 혹 귀가 귀하고 눈이 귀하지 않은 사람도 있나니 사람의 상을 잘 보려면 먼저 그 색을 보고 나중에 그 모양을 보는 것이 옳을 것이다.

결단하여 말하면 귀가 끌어 일으키도록 생긴 사람은 이름이 평판 좋게 멀리 있는 사람의 귀까지 전파되고 양쪽 귀가 어깨까지 드리워지면

이루 말을 할 수 없는 귀인이다. (매우 높은 고귀한 사람이라는 말)

귀가 얼굴보다 희면 이름이 천하에 가득하고 기자이는(P.275참조)세밀하게 생각하여 가문을 세워 일으키고 귀가 검고 꽃이 활짝 피듯 열려 있으면 조상을 이별하고 가문을 깨뜨리고 귀가 종이처럼 얇으면 일찍 꺾이는 것을 의심하지 마라.

윤곽이 복숭아 빛으로 붉으면 품성이 제일 산뜻하고 맑으며 양쪽 귀가 토끼의 귀와 같으면 하소연할 때 없이 궁색하게 가난하다.

귀가 쥐의 귀와 같으면 가난한 하층민으로 일찍 꺾이고 귀 바퀴가 없이 뒤집어지면 조상의 유업을 티끌로 날리고 귀에 귓밥이 드리워지면 의식에 여유가 있고 귀가 얇고 뿌리(귓뿔=수주)가 없으면 대체적으로 타고난 수명이 짧다.

귀의 문이 매우 넓으면 총명하여 도량도 넓고 크며 귀에 뼈가 이루어져 있으면 만족하도록 오래 살지 못하며 귀 아래 뼈가 둥글면 돈의 여유가 없고 귀가 눈보다 높으면 스승으로서 녹봉을 받을 것이요 눈썹보다 이촌(길이 단위 – 손가락 마디 두개정도) 가량 높으면 빈곤함이 오래하지 않는다.

귀가 높이 있고 윤곽이 뚜렷하면 역시 즐겁고 편안함을 얻는다.

귀가 칼자루 끝에 달아맨 옥고리처럼 있으면 오품의 높은 관직에 있을 것이요 귀의 문이 두텁게 늘어져 있으면 부귀가 끝없으며 귀가 화살대와 같으면 가문이 가난하여 의지할 곳 없고 귀에 가는 털이 있으면 오래 살고 또 재난이 없어진다.

귀가 짐승의 귀와 같으면 만족된 자신의 삶을 스스로 그치게 한다.

귀의 문이 넓고 크면 총명하여 재물이 만족되고 귀의 문이 얇고 작으면 수명이 짧고 음식물도 부족하다.

시로 가로대 윤곽이 분명하고 수주가 늘어져 있으면(귓밥이 맺혀 있음을 말함) 일생동안 어질고 의리가 있는 최고로 마땅한 모양이다.

목(木)성을 얻으면 본바탕이 문학을 불러일으켜 (문학에 소질 있다.) 임금이 사는 곳까지 평판이 좋게 이름을 날린다.

귀가 뒤집어지면 무정하게 생겨 최고로 못생긴 모습이니 화살의 깃털과 같은 작은 재물과 식량이라. 명문이 좁고 작은 사람은 수명이 길지 못하고 귀의 색깔이 검푸르고 거칠면 다른 동네로 달아난다.

귀의 윤곽이 뇌에 붙어 있는 모양을 이루고 전체가 붉게 빛나면 부자이고 또 발전한다.

뒤집어져 드러나고 말라서 얇으면 가난하여 쓴 고생을 할 것이요 귀에서 긴털이 나오면 수명이 천번의 봄을 맞이한다. 귀가 얼굴보다 하얗고 깨끗하면 이름이 높고 앞면을 보았을 때 귀가 보이지 않으면 귀하고 영화롭다. 앞에서 보았을 때 귀가 보이면 매우 가난하여 고생이 쓰고 귀 위에 검은 사마귀가 있으면 벙어리로서 듣지 못한다.

아래로 늘어진 수주(귓밥)의 피부색이 밝고 이어서 입을 돕고 있으면 넉넉한 부자로 번창하여 영화로울 것이다. 귀의 위가 뾰족하면 사나운 짐승의 귀가 되어 마음이 매우 매서울 것이요 아래가 뾰족하고 색이 없으면 좋은 위인이 못된다.

귓바퀴 부분이 잘 이루어져 있으면 이로와 이름이 드러나고 귀 안에 털이 나면 수명이 점점 늘어날 것이요 귀가 솟아 있고 입을 도우면 해마다 부와 귀가 해마다 높아가고 귀에 검은 점이 있으면 재난을 불러도 재난이 일어나지 않는다.

● **金耳富貴(금이부귀) - 老刑妻子(노형처자)**

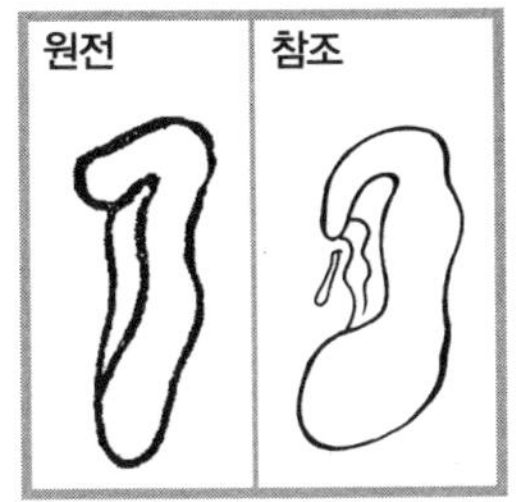

眉高一寸天輪小하고　耳白過面並垂珠라
미 고 일 촌 천 륜 소　　　이 백 과 면 병 수 주

富貴功名於朝野나　只嫌損子末時孤라
부 귀 공 명 어 조 야　　　지 혐 손 자 말 시 고

　금형의 귀를 가진 사람은 부귀하며 늙어서는 처와 자식을 힘들게 한다.

　눈썹 보다 손가락 마디하나 길이 높으며 귀의 윗부분이 작고 얼굴 보다 희며 아울러 수주(귓밥)가 있다. 국가에 공을 세우고 직무에 충실하여 조정과 백성으로부터 이름이 높아 부와 귀를 누리나 다만 처와 자식을 형하여 힘들게 하므로 말년에는 외롭다.

　* 목(木), 화(火), 토(土), 금(金), 수(水) 오행형 중 金形(금형)의 귀를 말합니다.

● **猪耳孤貧(저이고빈) - 貧賤凶亡(빈천흉망)**

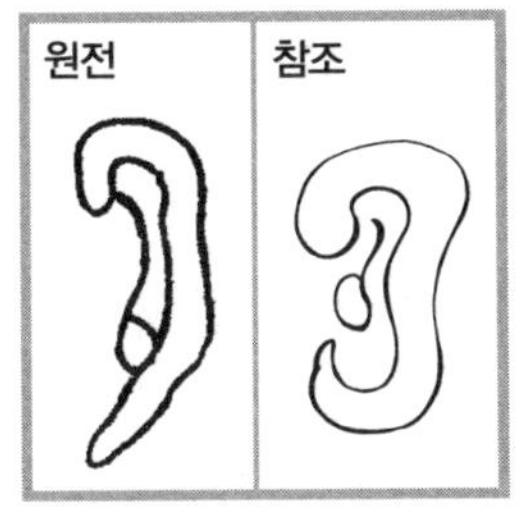

無郭有輪耳雖厚나　或前或後或垂珠라
무 곽 유 륜 이 수 후　　　혹 전 혹 후 혹 수 주

縱然富貴成何用고　晚景多凶災害乎인뎌
종 연 부 귀 성 하 용　　　만 경 다 흉 재 해 호

　저이는 가난하고 외로우며 천하여 흉하게 망한다.

　귓바퀴는 있으나 곽이 없으며 비록 두텁기는 하지만 혹 앞이나 뒤나 수주가 같다. 가령 부와 귀는 이룬다고 하나 어찌 쓰임이 있겠는가.

늙어서는 많은 흉한 재난으로 해로울 것인져.

* 猪 : 돼지 저

● 木耳主貧(목이주빈) – 無隔宿需(무격숙수)

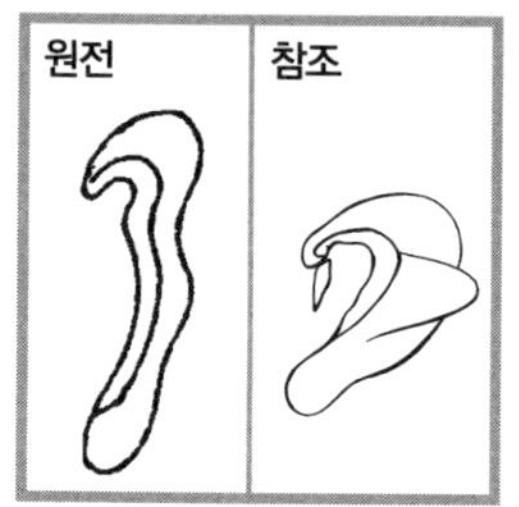

輪飛郭反六親差하니 尤恐貨財不足家라
윤 비 곽 반 육 친 차　　　우 공 화 재 부 족 가

面部若好碌碌度오 不然貧苦定虛花라
면 부 약 호 록 록 도　　　불 연 빈 고 정 허 화

목(木)형의 귀는 주로 가난하여 기다리고 망설일 틈이 없다.

바퀴가 날아갈듯 펴져 있고 곽이 뒤집어져 육친이 어긋나며 더욱 두려운 것은 가정에 재물과 돈이 부족한 것이다. 얼굴의 부분들이 좋아아서 재물이 있다 하더라도 자갈밭을 일구는 어려움을 극복하여야 할 것이요 그렇지 않으면 가난하게 고생하여도 결실을 맺기 어려운 꽃에 불과할 것이다.

● 低反耳主夭(저반이주요) – 耗散山冥(모산산명)

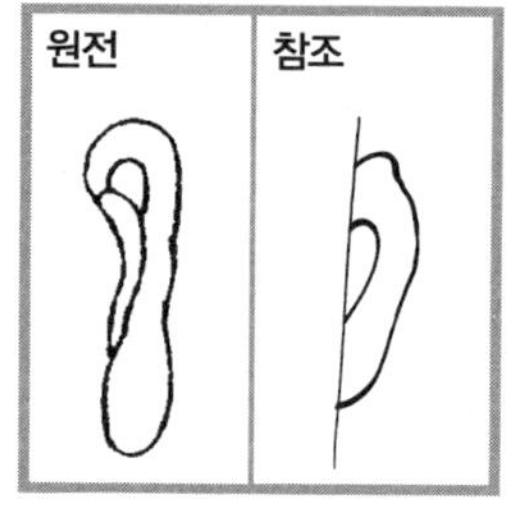

耳低郭反又輪開하니 年幼刑孤又損財라
이 저 곽 반 우 륜 개　　　년 유 형 고 우 손 재

應有家財也消耗니 他年恐死沒人埋라
응 유 가 재 야 소 모　　　타 년 공 사 몰 인 매

낮게 뒤집어진 귀는 주로 일찍 꺾이며 깊숙하던 산이 깎이고 흩어져 없어진다.

* 아무리 많은 재물도 속절없이 없어진다는 설명입니다.

귀가 낮게 있고 바퀴가 열려 펴지고 곽이 뒤집어지니 어려서는 외로움의 벌을 받고 또 재물도 덜어진다. 집안에 쓸 수 있는 재물이 있어도 써서 없어지니 다른 해에 아무도 모르는 곳에서 뭇사람들에 의해 묻혀 죽을까 두렵다.

● 水耳富貴(수이부귀) - 名馳海字(명치해자)

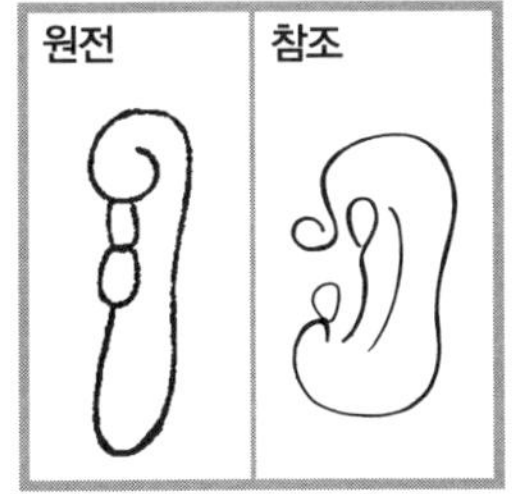

水耳厚圓高過眉하고　又兼貼腦有垂珠라
수 이 후 원 고 과 미　　우 겸 첩 뇌 유 수 주

硬堅紅潤如卓立하면　富貴當朝大丈夫라
경 견 홍 윤 여 탁 립　　부 귀 당 조 대 장 부

수(水)형의 귀는 부와 귀를 누리며 이름이 바다 넘어 알려진다.

수(水)형의 귀는 둥글고 두터우며 눈썹을 지나 높이 있고 또 겸하여 머리에 뇌처럼 붙어 있으며 수주(귓밥)가 있다. 굳고 단단하며 윤택하게 붉으며 높이 바르게 달려 있으면 부와 귀를 누리며 임무를 맡은 관리로써 조회에 참석하는 사내답고 씩씩한 남자이다.

● 垂肩耳大貴(수견이대귀) – 天下一人(천하일인)

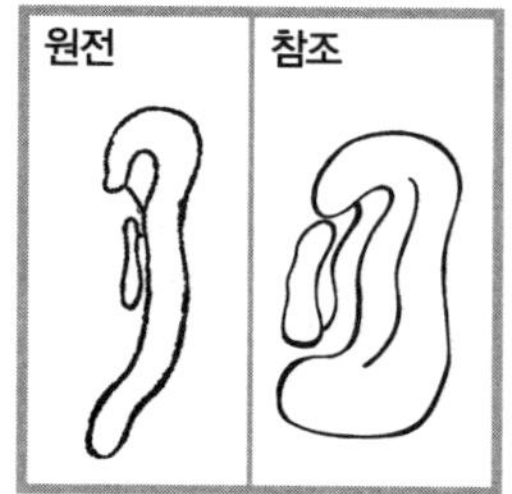

耳後孜豊珠垂肩하니　過眉潤澤色明鮮이라
이 후 자 풍 주 수 견　　　　과 미 윤 택 색 명 선

頭圓額闊形容異면　九五之尊奪尚賢이라
두 원 액 활 형 용 이　　　구 오 지 존 탈 상 현

수견이는 크게 귀하며 하늘 아래 한사람이다.

귀의 뒷부분이 더욱 풍륭하고 수주(귓밥)가 어깨까지 내려오며 눈썹을 지나고 윤택한 색으로 밝고 깨끗하다. 머리는 둥글고 이마가 넓으며 사람의 생김새가 보통과 다르면 어진 사람을 존경하며 45세에는 높은 지위를 쟁취하게 된다.

　* 수견이(垂肩耳) : 귀가 길어서 어깨까지 늘어진 귀입니다.

● 火耳孤壽(화이고수) – 老無安逸(노무안일)

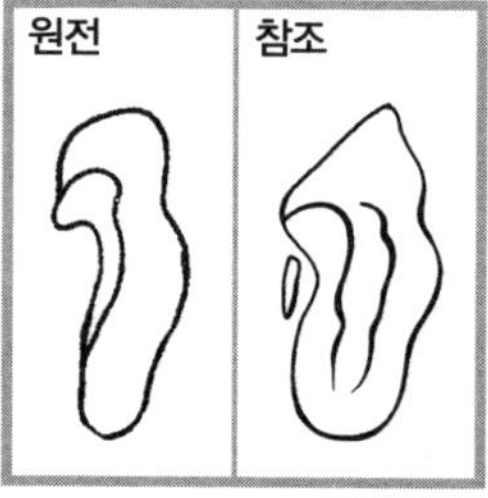

高眉輪堅郭且反하니　縱有垂珠不足誇라
고 미 윤 견 곽 차 반　　　종 유 수 주 부 족 과

山根臥蚕若相應이면　末年無子壽彌加라
산 근 와 잠 약 상 응　　　말 년 무 자 수 미 가

화(火)형의 귀는 외로이 오래 살며 늙어서도 편안히 즐기지 못한다.

눈썹을 지나 높이 있으며 바퀴는 단단하나 곽은 뒤집어 졌으니 따라서 수주(귓밥)가 있어도 자랑할 만큼 잘 생기지 못하였다. 산근과 와잠이 만약 서로 어울린다면 말년에 자식은 없어도 수명은 점점 더 늘어난다.

● 貼腦耳福妻(첩뇌이복처) - 福祿並臻(복록병진)

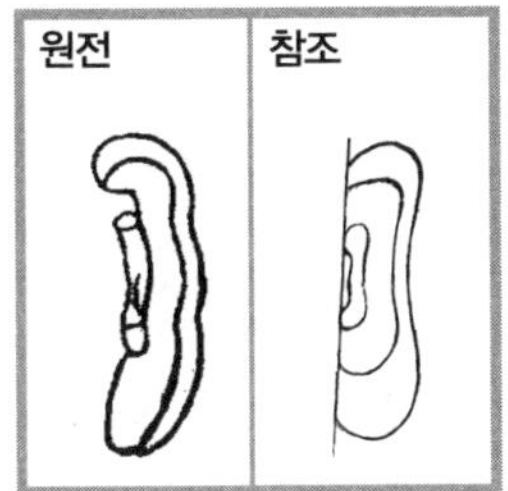

兩耳貼腦輪郭堅하고 壓眉壓眼是高賢이라
양 이 첩 뇌 윤 곽 견　　압 미 압 안 시 고 현

六親皆玉皆豪貴오 百世流芳樂自然이라
육 친 개 옥 개 호 귀　　백 세 류 방 락 자 연

　첩뇌이는 복이 많은 처를 얻으며 녹봉을 받아 복을 누린다. 양쪽 귀가 머리 옆부분에 딱 붙어있는 첩뇌이는 윤곽이 단단하고 눈썹보다 더 눈보다 더 최고로 어질다. 육친 모두가 보석과 같이 잘 생기고 모두가 신분이 높은 귀인으로 꽃다운 이름이 후세까지 저절로 두루 흘러 퍼질 것이다.

● 土耳富貴(토이부귀) - 序列朝班(서열조반)

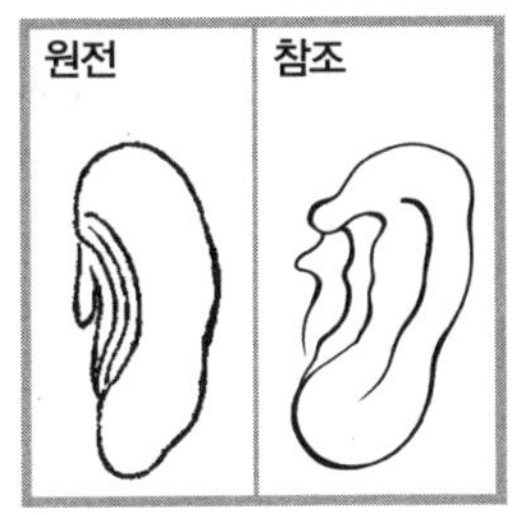

土耳堅厚大且肥하니 潤紅姿色正相宜라
토 이 견 후 대 차 비　　윤 홍 자 색 정 상 의

綿長富貴六親足이오 鶴髮童顔輔佐時라
면 장 부 귀 육 친 족　　학 발 동 안 보 좌 시

　토(土)형의 귀는 부와 귀를 누리며 서열대로 늘어서 조회에 참석하는 관리이다. 토이는 단단하고 두터우며 크고 또 살이 쪄 있으니 반듯하고 아름다운 여자 얼굴빛을 닮은 윤택하고 붉은 귀의 모양이 마땅하다.

육친이 만족되고 부귀가 오랫동안 면면히 이어지며 아이 때부터 흰머리가 나도록 윗사람을 위하여 일을 도운다.

● 開花耳貧賤(개화이빈천) - 賣盡田園(매진전원)

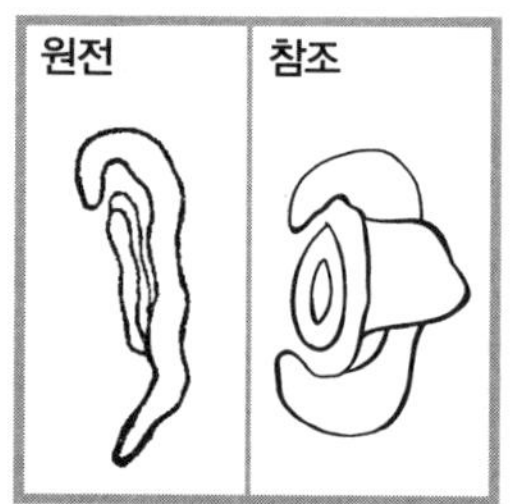

耳輪開花兼又薄하니 縱然骨硬也徒然이라
이 륜 개 화 겸 우 박　　　종 연 골 경 야 도 연

巨萬貨財終破盡하고 末年貧苦不如前이라
거 만 화 재 종 파 진　　　말 년 빈 고 불 여 전

개화이는 가난하고 교양과 상식이 부족하여 논 밭 동산을 모두 팔아먹는다.

귓바퀴가 꽃처럼 열려있고 또 얇으니 가령 뼈가 있어 단단하여도 그저 그럴 뿐이다.

* 개화이는 굳고 단단하여도 더 좋게 달라질 수 없다는 말입니다.

귀한 재물이 많은 거대한 부자라도 마침내 모두 깨어지고 말년에는 예전과 다르게 가난하여 고생한다.

● 棋子耳富貴(기자이부귀) – 興創流遠(흥창류원)

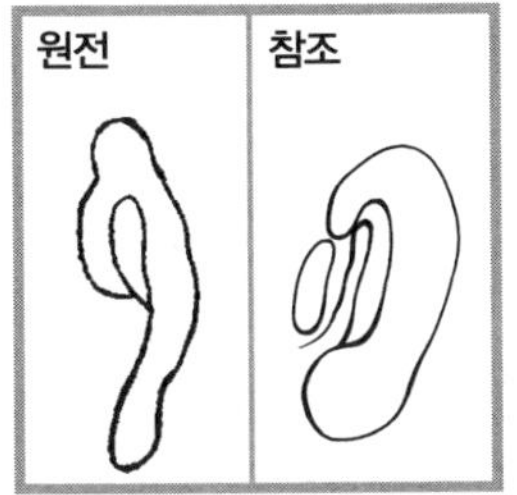

耳圓輪郭喜相扶하니　白手成家貴可圖라
이 원 윤 곽 희 상 부　　　백 수 성 가 귀 가 도

祖業平常自創立하야　中年富貴若陶朱라
조 업 평 상 자 창 립　　　중 년 부 귀 약 도 주

기자이는 부하고 귀하며 만들어 일으킨 업적이 널리 번진다.

귀가 둥글고 윤곽이 서로 돕게 잘 생겼으니 어느것 하나 없어도 집안을 일으키는 귀한 보물이다. 평범한 조상의 유업을 스스로 만들고 일으켜 세우니 중년의 부귀가 도주와 같다.

　* 도주(陶朱) : 중국의 거대한 부자

● 扇風耳破財(선풍이파재) – 敗盡客死(패진객사)

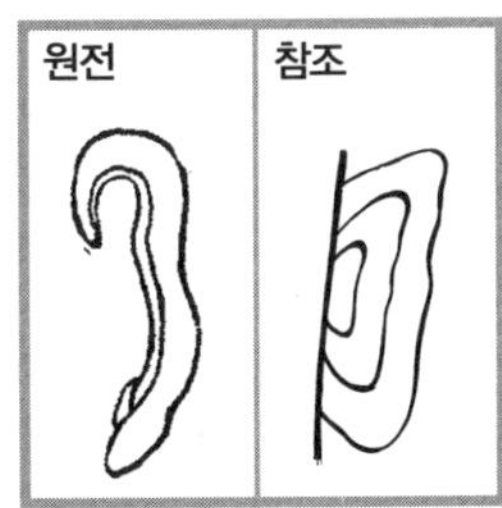

兩耳向前且兜風하니　破盡貲財及朝宗이라
양 이 향 전 차 두 풍　　　파 진 자 재 급 조 종

年少享福中年敗하야　末年辛苦受孤窮이라
년 소 향 복 중 년 패　　　말 년 신 고 수 고 궁

선풍이는 깨어지고 패하여 모두 다 없애고 나그네로 끝난다.

양쪽 귀가 앞으로 나오고 바람에 움직이는 모자인 듯하니 천자로부터 받은 재물을 물려 받아도 모두 깨뜨려 없애버린다. 어렸을 때는 복을 누리지만 중년에 패하여 말년에는 궁색하고 외로워 매운 고생을 하게 된다.

　* 선(扇) : 부채 선

● **虎耳主奸(호이주간) – 威嚴莫犯(위엄막범)**

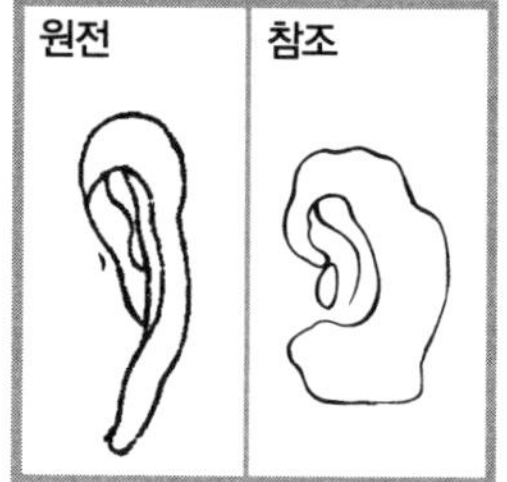

耳小輪郭又皆破하니　對面不見始爲奇라
이 소 윤 곽 우 개 파　　　대 면 불 견 시 위 기

此耳之人多奸險하니　亦能有貴有威儀라
차 이 지 인 다 간 험　　　역 능 유 귀 유 위 의

호이는 주로 간교하며 위엄은 보이지만 해치진 않는다.

윤곽이 작고 또 귀의 모양이 전체적으로 부족하므로 태어난 삶도 길흉의 기복이 크지만 마주 보았을 때 보이지 않고 호이는 기이하게도 보통과 다른 면이 있다.

　* 마주 보아서 보이지 않는다면 좋다는 말입니다.

이러한 귀는 매우 간교하고 위험하니 역시 능력이 있고 위엄이 있는 동작을 갖고 있어 귀(貴)는 얻는다.

　* 호(虎) : 범 호

● **鼠耳主好偸(서이주호투) – 貧寒凶敗(빈한흉패)**

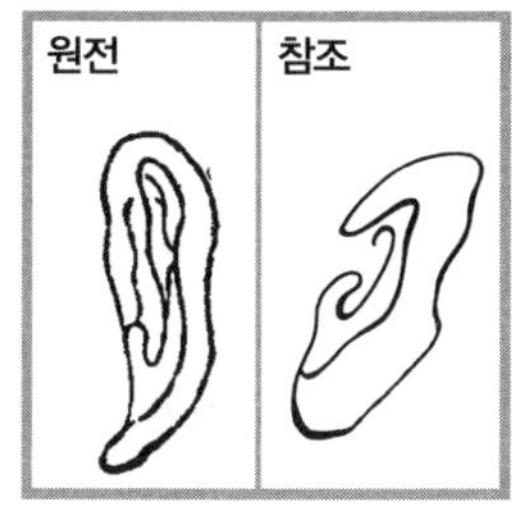

鼠耳高飛根反尖하니 縱然過目不爲賢이라
서 이 고 비 근 반 첨　　　　종 연 과 목 불 위 현

鼠盜狗偸常不改하야 未年破敗喪牢監이라
서 도 구 투 상 불 개　　　　미 년 파 패 상 뢰 감

　서이는 주로 훔치는 것을 좋아하고 춥고 가난하고 흉하게 패한다. 서이는 윗부분이 날아갈듯이 펴져있고 귀뿌리가 뒤집어지고 뾰족하니 가령 눈을 지나 있어도 어질지 못하다. 항상 쥐처럼 훔치고 개처럼 빼앗으려 하는 버릇을 고치지 못하여 말년에는 깨어지고 패하여 감시하는 감옥에서 끝난다.

　* 서(鼠) : 쥐 서

　* 이(耳) : 귀 이

● **箭羽耳破貧(전우이파빈) – 先盈後窘(선영후군)**

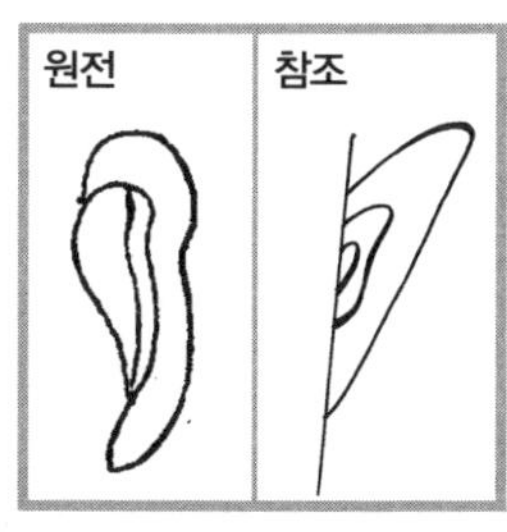

上節高眉寸有餘오 下生箭羽沒垂珠라
상 절 고 미 촌 유 여　　　　하 생 전 우 몰 수 주

父園祖丑家萬頃이나 尤能破敗走東西라
부 원 조 축 가 만 경　　　　우 능 파 패 주 동 서

　전우이는 깨뜨려 가난하고 먼저는 뜻대로 되나 나중은 군색해진다. 눈썹보다 높이 있으며 윗부분에 마디가 생겨 있고 아래에는 수주(귓밥)가 화살대의 깃털처럼 끝나 있다. 조상과 부모가 물려준 가옥과 동

277

산 가축 · 토지를 더욱 일으키려 능력을 발휘하면서 동과 서를 뛰어다니지만 깨뜨리고 패한다.

● 驢耳有壽(려이유수) – 奔馳度日(분치도일)

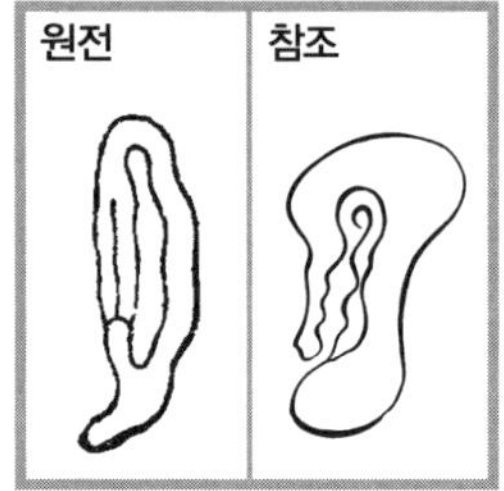

有輪有郭耳雖厚나　又兼軟弱又垂珠라
유 륜 유 곽 이 수 후　　우 겸 연 약 우 수 주

此耳之人必貧苦니　末年凶敗事躊躇라
차 이 지 인 필 빈 고　　말 년 흉 패 사 주 저

　려이는 오래 살며 말을 타고 날마다 바쁘게 빨리 달리지만 하는 것 없이 세월만 보낸다. 귀의 모양은 윤곽이 다 있고 비록 두텁지만 수주(귓밥)까지 전체적으로 너무 부드러워 물렁물렁하다. 이러한 귀를 가진 사람은 틀림없이 가난으로 고생하니 말년에는 하는 일마다 머뭇거리고 지체되어 흉하게 패한다.

　* 려(驢) : 당나귀 려

▣ 達磨祖師相訣秘傳 ▣
달마조사상결비전

九年面壁하니 混混形骸오 一粟回光하니 糠粃世界라 念彼三
구년면벽　　　혼혼형해　　　일속회광　　　강비세계　　　염피삼

千컨대 大千人我 – 空相色相이로다 偈曰 黃河之水天上來
천　　　대천인아　　　공상색상　　　　게왈　황하지수천상래

하니 根深不怕大風擺라 吾從海來로 衣鉢을 盡傳이로대 只
　　　근심불파대풍파　　　오종해래　　　의발　　　진전　　　지

有相家衣鉢을 無人이러니 今日得爾하니 吾事必의라 他年에
유상가의발　　무인　　　　금일득이　　　오사필　　　타년

妄授愚夫하면 是는 逆天也니 戒之愼之하라
망수우부　　　시　　　역천야　　　계지신지

　　아홉 해를 벽만 보고 수행을 하여도 사람의 몸과 뼈가 뒤섞이고 잇달아 일어나 헤아리기 어려웠으나 사라지기 직전의 한줄기 찬란한 작은 빛으로 돌아와 밝아지니 빈 껍질에 쌓여진 덧없는 세계였다.

　* 구년을 벽만 보고 수행을 하여도 사람 모양 하나 제대로 보이지 않았지만 홀연히 밝은 빛을 얻어 깨치고 보니 세상은 덧없는 것 이었다

　　피안의 세계를 생각하며 부처님을 삼천 번 불러보지만 광대무변의 세계에서 사람으로 태어난 나 – 물질로 갖추어진 이 모양의 근원은 비어 있었음이로다.

　* 극락세계를 생각하며 부처님을 삼천 번을 부르지만 넓고 넓은 우주의 큰 세계 안에서 사람인 나로 갖추어진 모양의 근원은 비어 있었다.

　　게송으로 가로대 황하의 물은 하늘 위에서 내려오니 근원이 깊어

거대한 바람이 요동쳐도 두려워하지 않는다.

나도 황하 따라 바다로 가며 옷과 바룻대를 진실로 전하고 싶지만 다만 모양을 보고 깨칠 사람으로서 나의 옷과 바룻대를 전해 받을 사람이 없었으나 오늘 너를 얻었으니 내가 바라던 일이 마침내 이루어졌다.

먼 훗날 어리석은 사람에게 가리켜 주어서 망령되이 하면 이는 하늘을 어기는 것이니 삼가 경계 하여라

* 게왈 – 불가에서 법을 쉽게 깨달을 수 있도록 간단하게 싯귀로 엮어서 읊는 글귀.

* 황하가 흘러 흘러 바다로 가듯이 나도 세월 따라 늙어가면서 나의 상법을 진실로 전하고 싶지만 내가 깨친 상법을 전해 받을 사람이 없었다. 그러나 오늘 내가 너를 찾으므로 내가 깨우친 모든 것을 전하니 행여 먼 훗날 어리석고 그릇된 사람에게 가리켜 제멋대로 하지 않도록 주의하기 바란다. 이는 하늘의 진리를 거스르는 것이니 삼가고 삼가여 경계하여라.

* 의발(衣鉢) : 불가에서 개인의 옷과 밥그릇을 가리키며 이는 바로 그 옷과 바룻대의 주인이 깨친 법을 전해받은 징표를 말한다.

第一法은 相主神이라 神有七
제일법　상주신　신유칠

藏不晦니○藏者는 不露也오 晦者는 無神也며 ○安不愚니○
장불회　장자　불로야　회자　무신야　안불우

安者는 不搖動也오 愚者는
안자　불요동야　우자

不變通也며○發不露니○發者는 發揚也오 露者는 輕佻也며
불변통야　발불로　발자　발양야　로자　경조야

○淸不枯니○淸者는 神逼人이오
청불고　청자　신핍인

枯者는 淸而死며 ○ 和不弱이니 和者는 可親이오 弱者는 可
고 자　　청 이 사　　화 불 약　　　　화 자　　가 친　　　약 자　　가

狎이며 ○ 怒不爭이니 ○ 怒者는 正氣也오 爭者는 戾氣也며 ○
압　　　노 부 쟁　　　노 자　　정 기 야　　쟁 자　　려 기 야

剛不孤니 ○ 剛者는 可敬이오 孤者는 惡이라
강 불 고　　강 자　　가 경　　　고 자　　악

어둡지 않는 눈빛이 숨어 있어야 한다. 숨어 있다는 것은 드러나지 않았고 어둡다는 것은 신이 없다는 것이다. 편안하다는 것은 어리석지 않은 것이니.

편안한 사람은 동작이 흔들리지 않고 어리석은 사람은 변하여 통하지 않으며 비롯된다는 것은 드러나지 않은것이며 피어난다는 것은 크게 떨쳐 일으나는 것이고 드러난다는 것은 언행이 가볍고 신중하지 못하다는 것이다. 맑다는 것은 마르지 않은 것이니 맑은 사람은 복이 가까이 있는 사람이고 마른 사람은 맑음이 없다는 것이며 화평하다는 것은 약하지 않다는 것이니 화평한 사람과 친함이 옳을 것이다. 약하다는 것은 가히 가벼이 볼 수 있을 것이며 위엄 있게 화를 내는 것은 다투는 것이 아니며 꾸짖는 사람은 기운을 바로 잡으려는 것이고 다투는 사람은 기운이 어그러지는 것이다. 굳세다는 것은 외롭지 않은것이니 굳센 사람을 존경함은 옳을 것이요 외롭다는 것은 잘못된 것이다.

* 神(신)에 대하여 일곱가지를 설명하였다.

1. 藏 2. 安 3. 發 4. 淸 5. 和 6. 怒 7. 剛

第二法은 神主眼이라眼有七
제이법　　신주안　　　안유칠

秀而正이니○秀者는 論其光이오 正者는 論其體며○細而長
수이정　　　수자　　논기광　　　정자　　논기체　　　세이장

이니○細而不長이면 小巧之人이오 長이不細則惡矣며○
　　세이부장　　　소교지인　　　장　불세즉악의

定而出이니○定則不露나 然이나 不出이면 愚人也오○出而入
정이출　　　정즉불로　　연　　　불출　　　우인야　　　출이입

이니○出則有神이나 然이나 不入則蕩子也오○上下不白이니
　　출즉유신　　　연　　　불입즉탕자야　　　상하불백

○上白多면必奸하고 下白多면 必刑이오○視久不脫은
　상백다 필간　　　하백다　　필형　　　시구불탈

足神也오○遇變不眊는 有養也라
족신야　　　우변불모　　유양야

　바르다는 것은 빼어나다는 것이니 빼어나다는 것은 빛을 말하는
것이요 바르다는 것은 그 형상을 말하는 것이다.

　가늘고 길어야 하니 가늘고 길지 않으면 재주가 작은 사람이요 길
고 가늘지 않으면 잘못 생긴 것이며 편안하게 빛나야 하니 드러나지
않은 즉 편안한 것이나 빛나지 않으면 어리석은 사람이다. 받아들인
것은 내보내야하는 것이니 신을 소유한 즉 내보낸다는 것이나 방탕
한 사람인즉 받아들이지 못한다. 위아래가 하얗지 않아야 하니 위부
분에 하얀 자위가 많으면 반드시 간교하고 아래에 하얀 자위가 많으
면 반드시 벌 받는다. 오랫동안 보아도 벗어나지 않는 사람은 신 이
충족된 사람이요 우연히 마주 칠때 달라지는 눈동자가 아니면 신 을

길러 소유하고 있는 것이다.

第三法은 人身을 分十分이라
제 삼 법　　인 신　　분 십 분

面이 六分이니○面이 平正不虧損이라야 爲得分數오○身이
면　　육 분　　　　면　　평 정 불 휴 손　　　　위 득 분 수　　　　신

四分이니○身이 堅硬不浮弱이라야 爲得分數라
사 분　　　　신　　견 경 불 부 약　　　　위 득 분 수

얼굴이 육분이니 얼굴이 고르게 반듯하고 이지러지거나 상하지 않아야 육분을 얻었다고 할 수 있는 것이다. 몸이 사분이니 몸이 약하게 들뜨지 않으며 굳고 단단하면 사분을 얻었다고 할 수 있는 것이다.

　* 인체를 10(100%)으로 보았을 때 달마 상법에서는 얼굴과 몸으로 나누어 얼굴을 6(60%) 몸을 4(40%)로 보았습니다.

第四法은 人面을 分十分이라
제 사 법　　인 면　　분 십 분

眼이 五分이니○眼正이라야 心亦正하야 作事終有進이오 正
안　　오 분　　　　안 정　　　　심 역 정　　　　작 사 종 유 진　　　　정

眼心不險而要有神이니 正而無神이면 庸眼也라 作事則不正
안 심 불 험 이 요 유 신　　　　정 이 무 신　　　　용 안 야　　　　작 사 즉 부 정

이오 富貴之人은 一藝者도亦有進이라 最防流麗似니 似是却
부 귀 지 인　　일 예 자　　역 유 진　　　　최 방 유 려 사　　　　사 시 각

爲非라○流者는 廢業이似秀하고 麗者는 好色而似有神하고
위 비　　유 자　　폐 업　　사 수　　　　여 자　　호 색 이 사 유 신

思者는 好惡而似正이니 是非之分에 毫釐千里니 難矣哉라
사자　호악이사정　시비지분　호리천리　난의재

額이 三分이니〇額이 潤平無紋하면 助眼倍精神이라〇潤은
액　삼분　액　활평무문　조안배정신　활

以橫言이오 平은 以直言이오 無紋은 以少年言이니 眼若無
이횡언　평　이직언　무문　이소년언　안약무

秀異神이면 額雖平潤이나 所得이 幾何오 眉, 口, 鼻, 耳 –
수이신　액수평활　소득　기하　미　구　비　이

二分이니〇眉緊鼻端平이오 耳須聳又明이라 海口仰弓形이
이분　미긴비단평　이수용우명　해구앙궁형

면 晚運必亨通이라〇緊者는 眉不疎散也오 端者는 正也오
만운필형통　긴자　미불소산야　단자　정야

平者는 直也오 聳者는 提起也오 明者는 稜角이 分明也오
평자　직야　용자　제기야　명자　능각　분명야

大而有收拾이 爲海하고 兩角이 朝上而不露 – 爲弓이오 晚
대이유수습　위해　양각　조상이불로　위궁　만

運은 專指口言이라
운　전지구언

　얼굴 전체를 10(100%)으로 보고 나누면 눈이 5분(50%)이니 눈이 반듯하여야 마음 역시 반듯하여 하는 일마다 마무리를 하며 나아가는 것이요 눈이 반듯하면 마음이 비뚤지 않고 중요한 신 을 소유하고 있는 것이니 반듯하고 신 이 없으면 어리석은 사람의 눈이라 하는 일마다 바르지 못하다.

　부 귀하는 사람은 한 가지 재능이라도 역시 나아감이 있는 것이다.

　흘러가도록 둑을 쌓는 것이 최고로 좋은 생각이니 물리치는 것이 옳은 것 같지만 아닌 것이다.

　신 이 흐르는 사람은 잘 될 것 같은 영업이 문을 닫고 고운 사람은 신 을 소유하고 있는 것 같지만 여색을 좋아하고 생각하는 사람은 반듯한 것 같지만 잘 생기지 못한 것이니 옳고 그름을 나누는데 가는 털 하나에 천리나 떨어지게 되니 얼마나 어렵겠는가.

　* 이 목 구 비 (귀 눈 입 코) 가운데서도 눈에서 머무는 신 이 제일 중요한 것으로 아무리 잘 하려고 노력 하지만 신 이 충족되지 않으면 되는 일이 없다는 것입니다.

　신 이 충족 된다는 것은 평소에 길러진 신 을 소유하고 있다는 말로서 어떤 신 이 좋지 못한 것인지 잘 설명 해놓은 부분이기도 하며 사실 이 눈빛을 구분하는 일이 상법에서 제일 어려운 것이기도 합니다. 눈빛을 구분할 수 있다면 상법이 경지에 올라 있다고 보아도 될 것며 흐르는 눈 빛, 매우 고운 눈 빛, 평소에 생각하는 듯 한 눈 빛 등은 바른 듯 하지만 모두가 어긋나는 눈빛임을 설명하고 있습니다.

　이것은 아주 세밀한 부분이므로 자칫 실수한다면 바르게 보는 기준에서 천리나 떨어지는 엉뚱한 말을 하게 되어 난감하게 될 수도 있다는 것입니다.

　이마가 3분(30%)이니 이마는 고르게 넓고 주름이 없으면 눈을 도와 정신을 배가시킨다. 넓다는 것은 가로를 말하는 것이요 고르다는 것은 주름이 없는 바를 말하는 것으로써 소년시절 때를 말하는 것이니 눈이 만약 못생겨도 신이 다르지 않다면 이마가 비록 넓지 못하더라도 얻는 이익이나 수입이 어찌 위태롭겠는가.

　* 눈의 모양이 부족하고 이마가 비록 좁다 하더라도 신 이 좋다면 소득이 있다는 말입니다.

　눈썹, 입, 코, 귀를 모두 합하여 2분(20%)이니 눈썹이 탄력있게 잘 생기고 코가 단정하다면 반(10%)이요 귀가 모름지기 높이 솟고 밝으며 입이 활처럼 우러르는 모양이면 반드시 늦게라도 운이 와 모든 일이 뜻과 같이 잘 되어 형통할것이다.

　눈썹이 탄력있게 잘 생겼다는 것은 흩어지거나 거칠고 성기지(드문 드문 있는 것) 않은 눈썹을 말한다.

　단정하다는 것은 반듯하다는 것이오 고르다는 것은 곧다는 것이오 솟았다는 것은 활발하게 살아 있다는 것이오 밝다는 것은 능선과 모서리의 각이 분명하다는 것이다.

　크면 흩어진 물건들을 모두 주워 거두어들일 수 있으니 바다라 하고 입 양 끝 부분이 위로 향하여 모여 있으며 튀어 나오지 않은 입이 활같은 입으로서 늦게 오는 운은 오로지 입에 있다는 말이다.

第五法
제 오법

擇交는 在眼하니 ㅇ眼惡者는 情必薄이라 交之有害나 然이나
택교　재안　　　　안악자　　정필박　　　교지유해　　　연

露者는 無心하나니 不可不詳察也오 ㅇ問貴는 在眼하니
노자　무심　　　　불가불상찰야　　　문귀　　재안

未有眼無神而貴且壽者며 ㅇ問富는 在鼻하니 ㅇ鼻爲土라
미유안무신이귀차수자　　　문부　　재비　　　비위토

土生金하나니 厚而豊隆이면 必富하고 ㅇ問壽는 在神하니 ㅇ
토생금　　　　후이풍륭　　　필부　　　문수　　재신

未有神不足而壽且貴者라 縱貴나 亦夭也오 ㅇ求全은 在聲하니
미유신부족이수차귀자　　종귀　　역요야　　구전　　재성

○士農工商이 聲亮하면 必成하고 不良하면 無終이라○
  사 농 공 상 성 량   필 성   불 량   무 종

上相은 不出此五法하나니 拘於口耳眉額手足背腹之間은 凡
상 상 불 출 차 오 법   구 어 구 이 미 액 수 족 배 복 지 간   범

庸相士也라
용 상 사 야

　가려서 사귀는 것은 눈에 있으니 눈이 못생긴 사람은 틀림없이 얄팍한 정으로 사귀며 해롭다는 것이다. 이에 드러난 사람은 자상한 마음이 없나니 자세히 살피지 않는다는 것은 옳지않다.

　귀(貴)를 묻는 다면 눈에 있으니 신이 없는 눈을 소유한 사람은 귀(貴) 그리고 수명이 부족한 사람이며 부를 묻는다면 코에 있으니 코는 토(土)가 된다. 금은 흙에서 나오니 두텁고 풍륭하면 대체적으로 넉넉하고 수명을 묻는다면 신 에 있으며 부족한 신 을 소유하고 있다는 것은 귀(貴)와 수명이 부족하다는 것이다. 따라서 귀하다면 역시 일찍 꺾인다. 온전하게 모두 갖추었다는 것은 소리에 있으니 선비나 농부 그리고 공인이나 상인이 소리가 좋으면 거의 성공하고 좋지 못하면 이룸이 없다.

　상을 보는 제일 좋은 방법은 이러한 다섯 가지의 법에서 벗어나지 않으니 입 귀 눈썹 이마 손 발 등 배를 가지고 상을 보는 사람은 평범하게 상을 보는 선비이다.

總訣第一
총결제일

人當自悟니 今不析言하노라
인당자오　금불석언

所有十方世界弟子人아 二歸融通하고 走至三昧印하라 如是
소유시방세계제자인　이귀융통　　주지삼매인　　　여시

라야 法輪이 常轉하야 見世尊性相이니 佛法煩惱하야 火色
법륜　상전　　견세존성상　　불법번뇌　　화색

身이라○身相으로 可以見如來否아 犯所有相이皆是虛妄이라
신　　　신상　　가이견여래부　범소유상　개시허망

示諸衆生하노니 無復我相, 人相, 富貴相, 壽者相, 無法相,
시제중생　　무부아상　인상　부귀상　수자상　무법상

亦無非法相이라 示諸衆生하노니 宅心取相이라야 方備諸相
역무비법상　　시제중생　　　택심취상　　　방비제상

하야 卽見如來니라 如來는 有動神, 有靜神, 有出神, 有入神,
즉견여래　　여래　유동신　유정신　유출신　유입신

有窮神하니 五神이 足이라야 卽見如來니라 ○ 如來는
유궁신　　오신　족　　즉견여래　　여래

有肉眼, 有天眼, 有慧眼, 有法眼, 有佛眼하니 五眼이 足이
유육안　유천안　유혜안　유법안　유불안　　오안　족

라야 卽見如來니라 弟子鑑心에 曰 我祖鑑人神妙 - 盡在總
즉견여래　　제자감심　왈 아조감인신묘　진재총

訣第一節 二歸三昧之理나 未易推測일새 不敢妄解하고 聊以
결제일절 이귀삼매지리　미이추측　　불감망해　　료이

臆見으로 略釋第二第三四節之意하노라 身相節에 言耳目口
억견　　약석제이제삼사절지의　　　신상절　언이목구

鼻諸身相이 俱好나 不如心好 故로 曰 宅心取相이라야 卽有
비제신상 구호 불여심호고 왈 택심취상 즉유

相이오 無心이면 相隨心滅耳라 此는 相家에 必有陰騭紋이
상 무심 상수심멸이 차 상가 필유음즐문

在天倉之間也오 神動節은 專言五行하니 動神은 水也라 得
재천창지간야 신동절 전언오행 동신 수야 득

水形者는 宜動이니 其色이 黑하고 靜神은 土也라 得土形者
수형자 의동 기색 흑 정신 토야 득토형자

는 宜靜이니 其色이 黃하고 出神은 木也라 以叢生爲義하나니
의정 기색 황 출신 목야 이총생위의

得木形者는 宜修長淸硬이니 其色이 靑하고 入神은 金也라
득목형자 의수장청경 기색 청 입신 금야

以入物爲義하나니 得金形者는 宜堅小라 其色이 白하고 窮神
이입물위의 득금형자 의견소 기색 백 궁신

은 火야라 得火形者는 尖削하니 其色이 赤이라 生相則和
화 득화형자 첨삭 기색 적 생상즉화

하고 相剋則不和하나니 皆先定其形然後에 隨其色之變而斷
상극즉불화 개선정기형연후 수기색지변이단

其順逆하면 無不驗者라 若具得一形而常有相生之色하야 助
기순역 무불험자 약구득일형이상유상생지색 조

之면 何往不利며 肉眼節은 專論眼이니 我祖相人이 獨重眼
지 하왕불리 육안절 전론안 아조상인 독중안

故로 特擧而申言之라 肉眼者는 眼下爲子宮이니 肉滿足安舒
고 특거이신언지 육안자 안하위자궁 육만족안서

而不妬則爲眞肉眼이니 必有大貴之子하야 享其褒封이오
이불투즉위진육안 필유대귀지자 향기포봉

天色이 蒼碧하니 目睛이 碧如天色者는 謂之天眼이니 必至
천색 창벽 목정 벽여천색자 위지천안 필지

期頤오 慧者는 聰也니 此乃秀目이라 必當文章하야 登臺閣
기이　　혜자　　총야　　차내수목　　　필당문장　　　등대각

이오 法者는 律也오 正也니 眼正而不邪盼하면 其心이 爲端
　　법자　　율야　　정야　　안정이불사반　　　기심　　위단

이라 可以寄生死오 托妻子니 善人君子는 富貴壽考之相也오
　　가이기생사　　탁처자　　선인군자　　　부귀수고지상야

佛以慈悲爲主하나니 眼慈者는 謂之佛眼이라 必好義施仁而
불이자비위주　　　　안자자　　위지불안　　　필호의시인이

福及其子孫이나 然이나 慈眼은 終難識이니 目睛이 不露,
복급기자손　　　연　　　자안　　종난식　　　목정　　불로

不流動, 不仰視而又有光射人하야 可親不可畏라야
불류동　불앙시이우유광사인　　　가친불가외

乃合佛眼耳라
내합불안이

　　총결제 일 – 사람은 마땅히 스스로 깨쳐야 하니 이제 여기서 더이
상 말로 나눌수 없노라.

　　시방세계(팔방에 위아래를 더하면 시방이 된다.)에서 스승의 가르침을
받고 있는 모든 사람들아 오고 가며 돌고 돌아서 지체 없이 달려 잡
념이 없는 오묘한 경지까지 가라. 그와 같이 하여야 불법이 외도와
사견을 깨뜨리고 탈 없이 교화되어 나아가며 늘 돌아가는 삼라만상
의 본체와 현상은 세존을 보는 것이니 부처님께서 설법하시길 시달
려 괴로운 마음이 물질인 몸이 된것이라 하셨다.

　　신체의 모양으로 여래를 본다는 것은 가히 옳지 못하다.

　　무릇 모양을 가지고 있는 모든 것은 어이없고 허무하다. 보이는 모

든 것을 중생이라 하노니 돌아보면 나의 모양, 사람모양, 부귀한 모양, 오래 사는 모양이 없고 천지 만유의 모양도 없고, 역시 천지 만유의 모양이 아님도 없다.

보이는 모든 것을 중생이라 하노니 모양을 마음에 새겨두고 취하여 모든 상을 어우르게 갖춘 즉 여래를 볼 수 있다.

* 모양으로 여래를 본다고 생각하는 것은 진실로 옳지 않으며 보이는 모든 사물은 영원하지 않으니 지금은 보여 있는 것 같지만 곧 없어지는 것이므로 있다고 할 수 없는 것입니다.

* 삼라만상 존재하며 보이는 모든 사물을 불가에서는 중생이라 합니다. 중생은 언제나 가르침을 받으며 마음을 교화해 나아가야 하므로 여래를 마음에 새겨두고 잊지 말고 모든 상을 갖추도록 노력하고 닮아감으로써 여래를 볼 수 있습니다.

여래는 움직이는 신 을 소유하고 있고 고요한 신 을 소유하고 있고 나가는 신을 소유하고 있고 들어오는 신 을 소유하고 있고 궁색한 신 을 소유하고 있으니 이 다섯 가지 신이 충족되어야 여래를 볼 수 있는 것이니라.

여래는 육안을 소유하고 천안을 소유하고 혜안을 소유하고 법안을 소유하고 불안을 소유하니 다섯 가지의 눈이 충족되어야 즉 여래라 볼 수 있는 것이니라.

* 여래는 방편 따라 중생을 제도하시는 분으로써 어디든지 나타나 계시므로 모든 지혜를 한꺼번에 소유할 수 있어야 여래를 알아 볼 수가 있다는 말씀인것 같습니다.

* 즉 다섯 가지의 신 이 충족되지 못하면 여래가 옆에 계셔도 여래인줄 몰라본다는 말씀이 아닐까요.

제자들의 본보기 같은 모범스런 마음에 가로대 나와 조상이 거울에 비친듯 같은 모양이 신통하고 오묘함은 - 총결 제 일절 이귀 삼매 (二歸三昧)에 그 이치가 모두 들어 있으나 쉽게 미루어 생각하면 안될 새 감히 자기 혼자만의 생각으로 제멋대로 이해하고 풀이하지 못하도록 간략하게 제 이절 제 삼절 제 사절을 덧붙여 뜻을 슬기롭게 해석할 수 있도록 하였다.

  * 세상 모든 사람들은 자신의 마음을 본보기로 삼아 자신과 자신의 조상과 그리고 주위의 모든 사람들을 비추어 보면 신통하고 오묘함을 느낄 수 있을 것입니다. 그것을 '총결 제 일절 이귀 삼매' 라는 글귀 안에 해당되는 모든 의미가 포함되어 있으나 자기 혼자만의 생각으로 제멋대로 풀이하며 쉽게 미루어 생각하고 잘 못 헤아릴까 두려워 제 이절 제 삼절 제 사절을 도움이 되도록 이어 놓았다는 것입니다.

  몸의 모양을 설명한 단락에서 말한 귀 눈 입 코 모두를 몸의 모양과 함께 잘 갖추었으나 마음이 좋은 것만 같지 못한 고로 말하대 가지고 있는 모양은 마음을 집을 삼아 자라나므로 모양은 마음을 따라 나타나게 되는것이다. 마음이 없다면 모양이 따라갈 마음이 없을 뿐이다.

  * 모양은 마음을 따라 변하므로 마음이 없으면 모양이 따라갈 마음이 없다는 것입니다.

  이로써 상을 보는 학자들은 천창의 사이에 음즐문이 나타나 있나 살피는 것이 꼭 필요하다.

  * 음즐문이 천창사이에 있어야 한다는 것은 사람으로 태어나 올바른 도리를 다하며 살아갈 수 있도록 갖추고 태어났음을 보여주는 것이기 때문입니다.

  * 그것은 바로 자식의 도리 부모의 도리 형제 또는 친구 스승 등 살아가면서 해야 할 도리가 마음만으로는 부족하므로 마음의 표현을 할 수 있는 복록을 갖고 태어났는지 나타내 보여주는 것이기도 합니다.

　신이 움직이는 것을 분류하여 어떤 틀에 알맞는 정도는 오로지 오행으로 말하니 움직이는 신 은 수(水)이다. 수(水)형을 얻은 사람은 움직이는 것이 마땅하니 그 색이 검고 고요한 신 은 토(土)이다. 토형을 얻은 사람은 고요하여야 마땅하니 그 색이 노랗고 뻗어가는 신 은 목(木)이다.

　식물은 무성하게 자라야 이치에 맞는 것이므로 목(木)형을 얻은 사람은 뛰어나게 길고 맑고 굳세어야 마땅하니 그 색이 푸르고 마음이 흔들리지 않는 굳건한 상태에 들어가는 신 은 금(金)이다. 천지 사이에 있는 모든 만물은 금(金)의 기운이 들어 있어야 법도에 맞는 것이므로 금(金)형을 얻은 사람은 작아도 굳고 단단하여야 마땅하며 그 색은 하얗다.

　가난한 신은 화(火)이다. 화(火)형을 얻은 사람은 깎여서 뾰족하며 그 색은 붉다. 서로 도우는 즉 화평하고 서로 이기려고 하면 화평하지 못하나니 모두 먼저 타고난그 모양을 살핀 뒤에 따라오는 그 색의 변화와 반듯함과 어긋남으로 결단하면 나타나는 표징이 없을 사람이 없다.

　만약 온전하게 갖추어진 한 가지 모양과 늘 상 모습에서 소유하여 나타나는 색이 서로 도우고 있으면 어찌 가도 이롭지 않을 것이며 겉으로 나타나 보이는 눈을 말한 단락에서는 오로지 눈만 말했으니 나와 내 조상의 모습을 상을 보는 사람이 보았을 때 중복된 눈의 어느 하나인 고로 특별한 사실을 들어서 거듭 말하고 있는 것이다.

　＊ 오행형에 대해서는 앞에서도 많이 다루었으므로 그냥 넘어가겠으며 다음으로 오행형 중에서 한가지로 잡혔으면 그 사람이 갖고 있는 피부색깔을 보고 서로 생한

다면 언제 어디를 가나 누구를 만나나 자신을 이롭게 하는 작용이 강한것입니다.

겉으로 나타나보이는 눈은 아래가 자궁이니 살비듬이 아주 만족하면 편안하고 조용하며 투기와 시기가 없는 즉 진짜로 아주 좋은 눈이니 반드시 자식이 큰 귀를 소유하게 되어 천자로부터 많은 땅을 받아 누릴 것이다.

본래 타고난 색이 푸르러 맑은 눈이 하늘색과 같이 푸른 눈을 천안이라 이르니 턱의 나이까지 이른다. (75세 이상 오래 산다는 말이다.)

지혜로운 사람은 총명하니 이러한 눈은 빼어난 눈이라 틀림없이 학문이 출중하여 넉넉한 부자로서 누각과 정자를 지어놓고 불을 밝힌다.

법이라는 것은 기준을 따르는 것이오 바로 잡는 것이니 눈이 반듯하고 그릇되게 (옆으로 비껴보는 등) 움직이지 않으면 그 마음이 단정할 것이다.

삶과 죽음이 눈에 달려 있다고 하여도 옳고 처와 자식을 받쳐주니 잘생긴(관상학적으로) 군지는 넉넉한 귀인으로 오래살수 있는 모양이다.

사랑하여 긍휼히 여기는 마음은 부처님께서 주되는 마음으로 삼은 것이니 사랑하는 눈은 부처님의 눈을 이른다. 틀림없이 의리가 좋으며 베풀어 어진 그 복이 자손까지 이어진다. 그러나 자비롭게 긍휼히 사랑하는 눈을 마침내 알기 어려우니 눈동자가 드러나지 않고 흐르듯 움직이지 않으며 위를 향하여 치켜보거나 사람을 쏘아보듯 하는 빛이 나타나지 않아야 겁먹게 하지않는 옳은 친함이 있는 눈이므로 이에 부처님 눈과 맞는 눈일 것이다.

角庭聳閣早登榮이나 還待印堂明이오 ○邊驛開明文事顯니
각정용각조등영　　　환대인당명　　　변역개명문사현

父母此中管이라 (邊城驛馬는 卽 父母宮也) ○眉淸人鬢可圖
부모차중관　　　변성역마　즉 부모궁야　　　미청인빈가도

名이나 俗眼亦無成이오 ○眉角雙紋入奸門하면 妻妾日紛爭
명　　속안역무성　　　미각쌍문입간문　　　처첩일분쟁

이라○奸門竪紋侵眉角하면 內變防妻作이오 印堂開明眉不
　　간문수문침미각　　　내변방처작　　　인당개명미부

指하면 三十功名至라 (不指는 言眉不連也라) ○眼秀神安鳳與熊
지　　삼십공명지　　부지　언미불연야　　　안수신안봉여웅

이면 富貴足豊隆이오 (鳳目秀熊而極有神而安이라)
부귀족풍륭　　　봉목수웅이극유신이안

○目秀有神睛突出이면 眉骨高相得이라 (眉骨高則能應目睛之
목수유신정돌출　　　미골고상득　　　미골고즉능응목정지

突故로 亦可發科나 但在仕路에 驚險不久라)○淚堂平滿要肉
돌고　역가발과　　단재사로　경험불구　　　누당평만요육

安이니 急則子相殘이오○子宮皮皺紋朝上하면 弑逆終須犯이라
안　　급즉자상잔　　　자궁피추문조상　　　시역종수범

○山根斷折百無成이니 當限死分明이오 ○年壽準頭俱要起나
산근단절백무성　　　당한사분명　　　년수준두구요기

過聳妨兒子라 ○鼻孔掀薄財出入이라 到老家難立이오○兩顴
과용방아자　　　비공흔박재출입　　　도노가난립　　　양관

高起不露骨이면 發在四十六이라 ○顴頤頰口要有情이니
고기불로골　　　발재사십육　　　관이해구요유정

晩運此中分이오 ○鬚淸疎硬最有力하면 五十利名益이라
　만운차증분　　　수청소경최유력　　　오십이명익

○耳當孩運不足憑이니 老幼在精神이오 (老幼耳枯必死라) 五
　이당해운부족빙　　　노유재정신　　　　노유이고필사　　오

官正大百事成이니 五露亦超羣이오 五露는 利水火二形人
　관정대백사성　　　오로역초군　　　오로　　이수화이형인

이라 肉多皮緊壽不永이니 瘦急死尤准이라 ○骨粗肉重步履
　　육다피긴수불영　　　수급사우준　　　골조육중보리

輕하면 到老不安寧이오 ○氣壯行昻眉一字면 文人이 兼武事라
　경　　도노불안녕　　　기장행앙미일자　　문인　겸무사

○莫於淸處信人貴하라 孤夭多因是오 (淸薄者는 夭하고 極而
　막어청처신인귀　　　고요다인시　　　청박자　요　　　극이

有神者는 大貴而孤라)○莫於濁處笑人愚하라 富貴每于斯라
　유신자　대귀이고　　　막어탁처소인우　　　부귀매우사

(富貴者는 多厚重이라)
　부귀자　다후중

　천정에 뚜렷한 골격이 솟아 오르면 일찍 벼슬에 올라 영화로워지
나 인당이 밝게 돌아올때까지 기다려야 한다.

　변지와 역마가 열리고 밝아지면 문장가로 그 이름을 떨치게 되니
부 모의 슬하에 있을 때이다. (변성 역마는 곧 부 모궁이다.)

　맑은 눈썹이 길어 빈발 속으로 들어가는 사람은 이름을 날릴 수 있
는 아름다운 상이라 함이 옳을 것이나 눈이 비속하면 이룸이 없을 것
이요 눈썹에 각이 지고 두개의 주름이 간문에 들면 처와 첩이 날마다
말썽이 생겨 다툴 것이다. 간문의 주름이 세워져 눈썹의 각을 찌르면
변해가는 집안을 처가 만들어가니 (처로 인하여 집안이 나쁘게 변함) 미

리 방비하여야 할 것이요 두개의 눈썹이 서로 이어지지 않고 인당이 밝게 열리면 삼십에 공명이 이른다.

(부지(不指)란 이어지지 않은 눈썹을 말한다.)

빼어난 신 이 봉황의 눈에 곰과 같이 안정되어 있으면 부와 귀가 만족되이 풍륭할 것이요 (봉황의 빼어난 눈에 곰과 같다는 것은 지극히 신 이 안정되어 있는 것을 말한다.)

잘생긴 눈모양에 신을 소유한 눈동자가 신 이 돌출되면 눈썹의 뼈가 높게 나온 모양이어야 한다. (눈썹 뼈가 높으면 눈동자가 나와도 능히 감당하며 고로 역시 과거에 오를 것이나 다만 관리가 되기 위해 나아가는 길에서 오래지 않아 뜻밖의 일에 놀라 위태롭다.)

누당이 고르고 평평하게 살비듬이 안정적으로 꽉 차야 하는 것이 중요한 것은 그 부위가 원만하지 못하면 자식이 사납고 잔인한 모양이다.

자궁(누당)살 가죽에 쭈글쭈글 져 있는 주름이 위를 향하면 신하가 임금을 죽이는 대역죄를 결국엔 일으킨다. 산근이 끊어지면 백가지 일이 이룸이 없으니 삶의 한계에서 죽음과 당면 할것이 분명하다.

년상 수상 준두가 함께 일어나야 하는것이 중요하지만 지나치게 솟으면 아이가 자식이 되는 것을 방해한다.

치켜덜리고 얇은 콧구멍은 재물이 나가고 들어오는 곳으로 늙음에 이르도록 가정을 이루기 어렵다.

양 관골이 높이 일어나되 뼈가 드러나지 않으면 46세에는 일어난다.

관골과 턱시골, 입은 유정하게 생겨야 하는것이 중요하니 가운데를 나눈 나이 이후(약 50세) 늘그막에 운이 오는 것이다.

수염이 맑고 성기고 굳세어 힘이 있으면 최고이며 오십에 이름이 더하여 이로워진다. (오십에는 이름을 날려 더 좋아진다는 것)

귀는 어린아이 때의 운을 만나며 유약하여 의거할 곳이니 늙었을 때나 어렸을 때의 정신이 있는 곳이기도 하다. (늙었을 때와 어렸을 때 귀가 마르면 대체적으로 죽는 경우가 많다.)

오관이 반듯하고 크면 백가지 일을 이루니 오로(귀·눈·코·입·울대 등 다섯 가지가 모두 드러난 모양)는 역시 무리 가운데 뛰어나다.

오로는 수형인과 화형인 두개의 형을 소유한 사람에게 이롭다. 살비듬이 많아 가죽이 굵게 얽으면 수명을 오래하지 못하니 수척하면 급한 죽음을 더욱 부추기게 된다.

뼈가 거칠고 살비듬이 두꺼우며 걸음을 가볍게 밟으면 늙어서 편안하지 못하고 기운이 씩씩하여 위를 보며 걷고 일자 모양의 눈썹이면 학문과 무예를 갖추어 문인겸 무사이다.

쓸쓸하도록 세상을 맑게 살아가며 믿음이 있으면 귀한 사람이다.

고독함은 일씩 꺾이는 많은 원인이 되고 (맑고 얇은 사람은 일찍 꺾이고 신 이 지극히 좋으면 크게 귀하지만 고독하다.)

쓸쓸하다고 불결한 곳에서 비웃으며 살아가는 사람은 어리석은 사람이다. 부귀는커녕 언제나 천하게 되어간다. (부귀한 사람은 모양이 매우 두텁다.)

兩睛이 常鬪하면 粟陣貫朽이反生災니라 ○鬪者는 兩睛이
양 정　상 투　　속 진 관 후　반 생 재　　투 자　양 정

齊鬪向山根也니 性急心險而不好禮하고 因富而生災也라
제 투 향 산 근 야　성 급 심 험 이 불 호 례　인 부 이 생 재 야

拏雙馬浮絲면 役志勞形而多隱利니라 ○驛馬左右에 皆隱隱
노 쌍 마 부 사　역 지 노 형 이 다 은 리　역 마 좌 우　개 은 은

浮黃紅之絲則 有奔馳之勞而亦有小利라 ○善人惡眼이면
부 황 홍 지 사 즉　유 분 치 지 노 이 역 유 소 리　선 인 오 안

妻拏亦可成殃이니라○惡形如神하고 目或突出하며 或色黃
처 노 역 가 성 앙　악 형 여 신　목 혹 돌 출　혹 색 황

이어든 須考其平日是善人而鼻準이 豊隆端正則 因妻子而致
　　수 고 기 평 일 시 선 인 이 비 준　풍 륭 단 정 즉　인 처 자 이 치

訟이나 無大害니 有此相者는 戒性暴絶婢妾이라야 可免殃이라
송　무 대 해　유 차 상 자　계 성 폭 절 비 첩　가 면 앙

漆面銀牙는 技藝多能廣譽니라 ○禍生不測은 必先靑聚
칠 면 은 아　기 예 다 능 광 예　화 생 불 측　필 선 청 취

于印堂이오○位忽超陞은 定見黃浮於年壽라 ○小順大逆은
우 인 당　위 홀 초 승　정 견 황 부 어 년 수　소 순 대 역

只因瑣瑣形神이니 ○瑣瑣中에 亦淸硬故로 小順이라
지 인 쇄 쇄 형 신　쇄 쇄 중　역 청 경 고　소 순

○後發先遁은 必是悠悠堅耐니라 ○此相은 身骨이 必淸硬이
후 발 선 둔　필 시 유 유 견 내　차 상　신 고　필 청 경

나 但因年壽山根이 常帶滯色 故로 多遁滯니 色一開면 卽晚
단 인 년 수 산 근　상 대 체 색 고　다 둔 체　색 일 개　즉 만

發矣라 痣出領前하면 以言取禍니라
발의 　지출령전 　이언취화

○痣在頸下니 衣領之外也라 ○ 壓藏褲內면 因貧得財니라
지재경하 　의령지외야 　염장구내 　인빈득재

○痣在陽物上也라 ○眉間에 靑白이 交加하면 作事成而無敗
지재양물상야 　미간 　청백 　교가 　작사성이무패

니라○眉間은 印堂也오 靑白雜現而不定之色을 謂之交加라
미간 　인당야 　청백잡현이부정지색 　위지교가

○倉上에 糠粃堆積하면 家業散而空이니라 ○天倉에 白色隱
창상 　강비퇴적 　가업산이공 　천창 　백색은

起 － 如糠粃하고 或不時如寒而起粟이면 貧敗無疑라
기 　여강비 　혹불시여한이기속 　빈패무의

眉淸目秀者는 貴나 誰知有極淸媚秀之嫌이리오 ○極淸者는
미청목수자 　귀 　수지유극청미수지혐 　극청자

眉目自覺有俗氣니 必主出家無子오 媚秀者는 如彩塑神像
미목자각유속기 　필주출가무자 　미수자 　여채소신상

이니 可觀而不活動이라 必主虛花不壽라 豊背鵝行者는 富나
가관이불활동 　필주허화불수 　풍배아행자 　부

須知有肉背屍行之異니라 ○肉背者는 全無骨與稜角也오
수지유육배시행지이 　육배자 　전무골여릉각야

屍行者는 肥而色死白也니 二者는 必橫亡暴卒이라
시행자 　비이색사백야 　이자 　필횡망폭졸

司空黃內隱黑하면 財上訟興이오 ○虎耳白中閃紅하면 虛驚
사공황내은흑 　재상송흥 　호이백중섬홍 　허경

財進이니라 ○此二節은 極應이나 惟氣色을 難辨이니
재진 　차이절 　극응 　유기색 　난변

以黃白爲主而黑紅時現이 方是라○二十에 頸項肉壅하면
이황백위주이흑홍시현 　방시 　이십 　경항육옹

定同顔子오 ○五十에 子宮肉起하면 難學商瞿니라
정 동 안 자　　　오 십　　자 궁 육 기　　　난 학 상 구

○商瞿ー五十에 方有子하니 肉起는 妒肉也라 故로 無子라
상 구　　오 십　　방 유 자　　육 기　　투 육 야　　고　　무 자

行來幾度開懷면 燥而難與同樂이니라 ○開懷는 方住步而解衣니
행 래 기 도 개 회　　조 이 난 여 동 락　　　　개 회　　방 주 보 이 해 의

(窮相也라) 別去三番 回首하면 多疑而莫與同憂니라
궁 상 야　　　별 거 삼 번　회 수　　　다 의 이 막 여 동 우

○別後에 頻頻回顧는 疑而心險者니 豈可與之言心이리오
　　별 후　　빈 빈 회 고　　의 이 심 험 자　　기 기 여 지 언 심

奸門陷而殺紋侵하면 剋妻必主二三이오 ○臥蠶厚而光潤多
간 문 함 이 살 문 침　　　극 처 필 주 이 삼　　　와 잠 후 이 광 윤 다

하면 生子定有五六이니라 ○見人에 神色이 數變者는
　　생 자 정 유 오 육　　　　견 인　　신 색　　수 변 자

心㣴謀輕이니 非多疑則膽怯이요 ○聽言에 己盡未知者는
심 감 모 경　　　비 다 의 즉 담 겁　　　청 언　　기 진 미 지 자

心馳病至니 非改常則奸險이라○準頭一點紅이 侵壽하면
심 치 병 지　　비 개 상 즉 간 험　　　준 두 일 점 홍　　침 수

回祿須防이오 (壽乃年壽오 回祿은 火神也라) 脣上數莖靑이
회 록 수 방　　　수 내 년 수　　회 록　　화 신 야　　순 상 수 경 청

入口하면 河伯催促이라 ○準頭黃亮透天庭하고 倉馬仍開者는
입 구　　　하 백 최 촉　　　준 두 황 량 투 천 정　　　창 마 잉 개 자

名高掇이오○天倉驛馬不黃亮而止準頭天庭이
명 고 철　　　천 창 역 마 불 황 량 이 지 준 두 천 정

黃亮者는 中選而不得元魁니라
황 량 자　　중 선 이 부 득 원 괴

印堂紅潤映眉鬢하고 顴頤獨白者는 位超遷이라 ○顴頤不白
인 당 홍 윤 앙 미 빈　　　관 이 독 백 자　　위 초 천　　　관 이 불 백

而印堂眉鬢이 紅潤者는 遷而不超라
이인당미빈 홍윤자 천이불초

神淸氣爽而色潤하면 喜逢險地라도 愈見奇陞이라
신청기상이색윤 희봉험지 유견기승

○險地者는 部位不平順이니 或年當眼而眼惡露하고 或當顴而
험지자 부위불평순 혹년당안이안악로 혹당관이

顴太高之類니 地雖險峻이나 神色勝之也라
관태고지류 지수험준 신색승지야

神奪氣移而色昏하면 雖遇好方이나 難逃卒死니라 ○一時神氣
신탈기이이색혼 수우호방 난도졸사 일시신기

一 足以殺人하나니 部位雖好나 不能挽者는 自作孽耳니
족이살인 부위수호 불능만자 자작얼이

戒之愼之하라
계지신지

破船이라도 遇順風하면 亦能航海오 ○骨格庸而面得正色이
파선 우순풍 역능항해 골격용이면득정색

是也나 然이나 終不永이라
시야 연 종불영

眞玉이라도 不出石이면 空自埋山이라 ○骨格淸健이라도
진옥 불출석 공자매산 골격청건

色滯不開 一 是也니 一開則 廊廟矣라
색체불개 시야 일개즉 낭묘의

形如僧道者는 必孤하고 如神像者는 有女無子니라 ○面如桃
형여승도자 필고 여신상자 유녀무자 면여도

花者는 必夭하고 如橘皮者는 晚得佳兒니라 語對人하고
화자 필요 여귤피자 만득가아 어대인

眼不對人이면 心疑而志則專이나 終非好相識이오 口就食하고
안불대인 심의이지즉전 종비호상식 구취식

食不就口하면 性貪而家必破니 溝瀆之中而己矣라
식불취구　　　　성탐이가필파　　　　구독지중이기의

○眼慈者는 輕財나 財不聚而不缺하고 ○睛黃者는
안자자　　경재　　재불취이불결　　　　정황자

吝財하나니 財雖多而禍侵이라 ○妻子宮에 黃中隱黑하면
린재　　　　재수다이화침　　　　처자궁　　황중은흑

妻子得財中病作하고 ○昔有一人이 妻父死而無子하야 得家産
처자득재중병작　　　석유일인　　처부사이무자　　득가산

千金이라 因而縱欲歿亡하니 卽此色也니 黑在黃上者應이라
천금　　　인이종욕몰망　　　즉차색야　　흑재황상자응

妾女宮에 白中隱紅하면 妾女死亡中訟興이라 ○亦
첩녀궁　　백중은홍　　　첩녀사망중송흥　　　역

有一官長이 因棰婢投井而 去官하니 未曾投井之前兩月에
유일관장　　인추비투정이　거관　　미증투정지전양월

卽現此色이라 甚應不差하니라
즉현차색　　　심응불차

大貴는 逼人 淸이나 最多孤鶴 無子하고 ○大富는 同地厚나
대귀　　핍인　청　　최다고학　무자　　　대부　　동지후

相似肥猪不得終이라 ○脚根이 不着地하고 面皮淸薄者는
상사비저불득종　　　각근　　불착지　　면피청박자

必見敗亡하고 說話多頭縮하고 視瞻不一者는 終遭刑禍니라
필견패망　　　설화다두축　　　시첨불일자　　종조형화

○鐵面이 眞金이니 聲宏器大면 金形이 得金局이오
철면　　진금　　　성굉기대　　금형　　득금국

○行雲流水 ─ 盪折源深이면 水形이 得水局이라 ○木秀骨堅
행운유수　　　탕절원심　　　수형　　득수국　　　목수골견

하고 瘦而不輕步履者는 方爲梁棟이니 木形이 得木局이오
수이불경보리자　　　방위량동　　　목형　　득목국

○火明氣發紅而不燥色潤者는 乃是眞陽이니 火形이 得火局
화 명 기 발 홍 이 불 조 색 윤 자　　내 시 진 양　　　　화 형　득 화 국

이라 厚重者는 主實肥而肉色紅潤이니 還要不滯라 ○鎭靜者는
후 중 자　주 실 비 이 육 색 홍 윤　　환 요 불 체　　진 정 자

主安定而活動不枯오 更要生發이니 土形이 得土局이라
주 안 정 이 활 동 불 고　갱 요 생 발　　토 형　득 토 국

○三十前은 天庭角印이니 印獨爲先이오○四十前은 天倉眉
삼 십 전　천 정 각 인　　인 독 위 선　　사 십 전　천 창 미

眼이니 眼猶爲最라 ○四十後至五十은 鼻顴準人이니 最怕露
안　　안 유 위 최　　사 십 후 지 오 십　비 관 준 인　　최 파 로

骨薄皮오 ○五十後至七十은 頤口齒頰이니 必要鬚淸髭硬이라
골 박 피　오 십 후 지 칠 십　이 구 치 협　　필 요 수 청 자 경

婦人重德은 不媚不輕과 不雄不躁오 ○幼兒易養은 眼定骨堅
부 인 중 덕　불 미 불 경　불 웅 불 조　　유 아 이 양　안 정 골 견

하고 聲健囊黑이라 眼圓顴聳하야 威逼丹霄하면 禍遭刑戮하
성 건 낭 흑　　안 원 관 용　위 핍 단 소　　화 조 형 륙

나니 商鞅之相이오 ○鼻垂鬚軟하면 貪而畏人이라 死不葬身
상 앙 지 상　　비 수 수 연　탐 이 외 인　　사 불 장 신

하나니 鄧通之形이라 ○面麻忌白有鬚者는 通하나니
등 통 지 형　　면 마 기 백 유 수 자　　통

時黑時黃則大通하고○白者는 金也니 水黑은 我生也오
시 흑 시 황 즉 대 통　　백 자　금 야　수 흑　아 생 야

土黃은 生我也라 ○面嬌忌嫩有鬍 者는 利니 時黑時黃則大
토 황　생 아 야　　면 교 기 눈 유 호　자　이　시 흑 시 황 즉 대

利라 ○理與上同하니 上二節은 皆以剛制柔하고 以老成庇니
리　　이 여 상 동　　상 이 절　개 이 강 제 유　　이 노 성 비

輕穉之道라 ○心高語大하고 山根이 陷窄하면 到底無成이오
경 치 지 도　　심 고 어 대　산 근　함 착　　도 저 무 성

○心軟量寬하고 準頭高滿하면 終身財裕니라 ○眉壓眼하고
심연량관　　준두고만　　　종신재유　　　미압안

頤侵顴하면 妻奪夫權하고 ○左奸黑하고 右眉高하면 妾攘妻位
이침관　　처탈부권　　　좌간흑　　우미고　　　첩양처위

니라 ○步垂頭하고 坐抖足하고 笑如哭하고 睡開口하면
　　　보수두　　좌두족　　소여곡　　수개구

不奸則孤오 ○睛淡黃하고 眉聳昻하고 口開張하고 語不揚하면
불간즉고　　정담황　　미용앙　　구개장　　어불양

非貧卽夭라 ○左顴橫紋이 忽起一紋하면 增一紀하고 二紋이면
비빈즉요　　좌관횡문　홀기일문　　증일기　　이문

增二紀하고 三紋이면 壽至期頤오 ○右顴靑氣 － 常凝一月하면
증이기　　삼문　　수지기이　　우관청기　상응일월

得一孫하고 二月이면 得甥하고 三月이면 子生耳順이라
득일손　　이월　　득생　　삼월　　자생이순

○服以白色深淺으로 爲輕重이나 不知日角靑浮者는 服立見
복이백색심천　　위경중　　　불지일각청부자　복립견

이오 ○病以山根靑黑으로 爲生死나 不知眼神走脫이면
　　병이산근청흑　　위생사　부지안신주탈

病必亡이라
병필망

　두 개의 눈동자가 늘 싸우면 벼가 오래되어 썩어 들어가고 돈궤미도 썩어 끊어지므로 많은 것이 도리어 재난으로 나타난다.

　○ 싸운다는 것은 두 눈동자가 똑같이 산근을 향하고 있다는 것이니 성질이 급하여 마음이 위험하고 예의가 없으며 부자가 된 원인이 재난으로 나타난다.

　양 억미궁에 가는 실같은 빛이 뜨면 힘쓰고 노력하는 일꾼의 모양

이고 많이 드러나지 않을수록 좋은 것이다.

○ 역마궁 좌우 모두가 아름다운 황색이나 붉은 빛이 은은하게 나타나야 하지만 실같이 가늘고 길면 바쁘게 달리며 힘 써 노력하여도 역시 작은 이익만이 소유할 뿐이다.

선량한 사람이 눈이 잘 생기지 못하였으면 처와 자식이 재앙이 된다고 하여도 옳을 것이다.

○ 못생긴 눈으로 혹 나오거나 또 누렇다 하더라도 신 이 있으면 모름지기 평상시에 착한 사람이라는 것을 생각하고 코의 중심이 풍륭하고 단정하면 처자로 인하여 말썽이 생겨도 큰 해가 없으니 이러한 모양의 소유자는 사납고 끊는 성품의 계집종과 첩을 경계하여야 재앙을 면할 수 있다.

옻칠을 한 듯 윤택한 검은 얼굴에 은빛의 치아는 재주가 많고 유능하여 명성이 넓게 뻗치느니라. ○ 예측하지 못하는 재화가 일어날 때는 틀림없이 먼저 인당에 푸른빛 비슷한 빛이 모이게 된다.

○ 관직이 갑자기 뛰어 오르는 것은 년상과 수상에서 부터 아름다운 황색의 기운이 떠있는 것이 분명하게 보이게 된다.

○ 작게 나타나는 이치로 크게 거스르는 것의 원인은 다만 잘고 곰상스러운 모양과 신 이니 잘고 곰상스러운 가운데 역시 맑고 단단한 것은 거스르지 않는 작은 이치이다.

먼저는 지체되고 나중에 발달하는 것은 반드시 오랫동안 참으며 견뎌왔다는 것이다. ○ 이러한 모양은 몸과 뼈가 틀림없이 맑고 단단하지만 다만 년상 수상 산근의 색이 언제나 막혀 있었던 고로 많이 지체되어 늦어졌으니 색이 한번 열리는 때인 즉 줄곧 오랫동안 발달하게 된다.

사마귀가 옷깃 앞에 있으면 말이 재앙으로 되느니라. (목 부분 보이는 사마귀) ○ 사마귀는 목 아래(보이지 않게 옷 속에 숨어 있어야 한다.) 에 있어야 하며 옷깃 바깥에 있는 것을 말한다. 두 다리 사이 안에 숨어 있는 사마귀는 가난함으로 인하여 재물을 얻는다. ○ 사마귀가 남자의 양물위에 있는것이다.

눈썹 사이에 푸른색과 흰색이 한데 뒤섞이면 하는 일마다 이루어지며 실패가 없다. 눈썹 사이란 인당을 말한다. 청색과 백색이 섞여서 나타나므로 어느 색이라 명확하게 말을 할 수 없도록 한데 뒤섞인 색을 이른다.

* 즉 더없이 깨끗하고 맑은 색을 말하고 있습니다.

○ 천창 윗부분에 겨와 쭉정이 같은 것들이 쌓여 있으면 한 집안의 재산과 문벌이 흩어져 없어지느니라.

○ 천창에 하얗게 숨은 듯 일어나는 것이 겨와 쭉정이 같은 것들이나 때 아니게 추울 때 돋아 오르는 소름 같은 것들이 일어나면 가난하게 패할 것을 의심하지 말라.

눈썹이 맑고 눈이 빼어나게 잘 생긴 사람은 귀하나 묻는 사람이 누구든 지극히 맑고 빼어난 아름다움을 소유한 것을 알아서 싫어 하리요.(누구를 막론하고 자신이 맑고 아름답게 빼어나게 잘 생긴 것을 알아서 싫어할 사람은 없다는 것이다.)

○ 지극히 맑은 사람에게 눈썹과 눈에 비속한 기운이 나타나는 것을 스스로 인식하면 틀림없이 출가하여 자식이 없고 풍치가 아름답게 빼어나다는 것은 흙을 이겨서 만든 신상과 같은것에 빛이 비치는

것과 같으니 그런대로 좋아도 자세히 살펴보면 생기가 없다. 틀림없이 생명이 없는 꽃으로 주로 오래 살지 못한다.

등이 넉넉하게 두텁고 거위걸음을 걷는 사람은 넉넉하나 모름지기 등의 넉넉한 살비듬을 소유하고 있는 사람이 죽은 사람의 몸뚱이가 걸어가는 것과는 다르다는 것을 알아야 한다. ○ 살비듬이 넉넉한 등이라는 것은 등 전체가 모서리나 각이 진 뼈가 없는 것이다.

죽은 시체가 걸어가는 것은 살이 많이 찌고 피부색이 죽은 사람처럼 하얀 것이니 이 두 가지를 가진 사람은 대체적으로 갑자기 망하고 비명에 죽음을 맞이하게 된다.

사공에 누런 황기운이 둘러처진 가운데 검은 빛이 숨어 있으면 귀중한 재물에 말썽이 일어날 것이요 ○ 하얀 호이(P.1 참조) 가운데 붉은 빛이 아른거리면 실상이 없는 일에 놀라긴 하지만 재물은 점점 늘어난다.

○ 이러한 두 편(사공의 검은 기운과 호이의 붉은 기운)의 내용은 지극히 당연한 말이나 오직 기색을 나누기가 어려우니 황색과 백색을 위주로 하고 흑색과 홍색은 때에 따라 나타나는 것으로 구별하는 것이 옳을 것이다.

이십 세에 목의 살비듬이 막히면 안자(공자가 매우 사랑한 제자)와 같이 될 것이고 ○ 오십에 자궁(와잠)의 살비듬이 일어나면 아는것도 휘둥그레 깜짝놀라 헤아리기 어려우니라.

○ 상구(商瞿)라는 것은 오십에 있는 자식을 내어 놓게 되며 살비듬이 일어난다는 것은 살비듬끼리 서로 시기 한다는 것이다. 그러므로 자식이 없다.

움직이는 거동에서 기색이 열려지는 낌새와 마른 정도가 서로 다른 것들이 즐기는 가운데 함께있으니 분별하기 어려우니라.

* 상대의 움직임 속에서 색깔의 변화와 좋은 기색을 품은 정도와 그리고 윤택함과 마른 정도를 아는 것이 전혀 다른 이질적인 것들이 모여서 함께 즐기는 것만큼 간파하기가 어렵다는 것입니다.

○ 열리는 기색을 품었다는 것은 걷고 멈추는 것이나 옷을 벗는 것에서 퍼져 나오니(궁한 모양도 마찬가지이다) 한 가지를 보더라도 따로 따로 나누어 세 번은 살펴야 한다.

○ 머리를 돌려 있으면 다른 사람들과 같이 함께 걱정하는 것이 아니라 의심이 매우 많은 것이다.

헤어진 뒤에 자주 자주 뒤를 돌아보는 것은 의심하는 마음이 나쁜 사람이니 어찌 말과 마음이 같다고 할 수 있으리오.

간문이 꺼지고 주름살이 찌르면 대체적으로 처를 극하여 두·셋은 되고 와잠이 두텁고 매우 윤택하게 빛나면 오 육 명의 아들을 낳아 있느니라.

○ 사람을 볼 때 신 의 색(기색이 나타나는 모양)이 수없이 변하는 사람은 가벼운 꾀로 무엇을 달라는 마음이니 의심이 많은 즉 담력이 있어 겁이 없는 사람이다.

○ 말을 들을 때 몸을 마음대로 하는 것을 알지 못하는 사람은 마음에 빠르게 병이 들어가고 있는 것이니 평상시와 같이 고치면 간교하고 나쁘지 않다.

○ 준두에 붉은 기운 한 점이 수상을 찌르면 모름지기 화재를 예방하여야 한다.(년상 수상 안에는 수명이 있고 재물이 들어 오면은 에너지가 신

으로 빛난다.)

입술 위에서 물줄기 같은 여러 개의 가느다란 푸른 선이 입으로 들어가면 물귀신이 되는 것을 빠르게 재촉한다.

○ 준두의 누런 황 기운이 아름답게 천정까지 이어지고 천창과 역마궁이 거듭하여 열리는 사람은 이름이 높게 찌를 것이다.

○ 준두의 밝은 누런 황기운이 천정에서 그치고 천창, 역마궁의 누런 황기가 밝지 못한 사람은 중간으로 가려서 뽑히니 우두머리의 자리는 얻지 못한다.

인당의 붉고 윤택한 기운이 빛나 빈발 목까지 비추고 관골과 턱이 각각 하얗게 깨끗한 사람은 더 높은 자리로 뛰어넘어 옮겨간다.

○ 관골과 턱이 하얗게 깨끗하지 못하고 인당과 눈썹 그리고 빈발 사이가 윤택하게 붉은 사람은 옮겨가도 뛰어서 승진되지는 않는다.

신 이 맑고 기운이 시원하고 피부색이 윤택하면 위험한 곳에서도 기쁨을 만나며 이상야릇하게 관위가 오르고 점점 나아져 가는 것을 보게 된다.

○ 위험한 곳에 있는 사람은 부위가 이치적으로 고르지 못하니 혹 맞이하는 해의 눈이 드러나 밉게 생긴 눈과 혹 관골에서 맞이하는 해에 관골이 지나치게 높은 사람이라면 본인이 있는 그곳이 위태로운 곳이나 신 과 색이 좋으면 극복해 나갈 것이다.

신 이 어지러워지면 기가 변하고 색이 흐리면 비록 좋아지다가 급속하게 어려워지며 갑자기 꺾이게 되느니라.

○ 한순간에 나타나는 신 기라는 것은 사람을 죽일 수도 있나니 부위가 비록 좋더라도 능히 감당할 수 없는 사람은 스스로 무너질 뿐이

니 삼가하여 경계하라.

부서진 배라 하더라도 순풍을 만나면 역시 능히 바다를 건널 수 있고 ○ 골격이 변변치 못하더라도 반듯한 색을 얻은 얼굴이 옳을 것이나 그러나 마지막까지 영원하지는 않다.

진귀한 구슬이라도 세상에 드러나지 못하면 산에 묻혀 스스로 나아가지 못하는 것이다.

○ 골격이 맑고 굳세게 생겼더라도 색이 막혀있으면 어려운 운이라함이 옳을 것이니 한번 열리면 재상이나 대신이 되어 정사를 맡을 사람이다.

모양이 승도와 같은 사람은 반드시 외롭고 신(神)의 형상과 같은 사람은 여자는 있어도 자식이 없느니라.

○ 얼굴이 복숭아 꽃과 같은 사람은 대체적으로 일찍 꺾이고 피부가 귤껍질과 같은 사람은 늦게 아름다운 자식을 얻을 것이니라.

마주하여 말을 할 때 눈을 보지 않는 사람이면 의심하는 마음으로 자신의 뜻대로 하고자하나 끝에 가서는 친밀한 사이도 서로 좋지 못할 것이다.

입이 음식을 취하고 음식이 입을 취하지 않으면 이성(異性)을 탐하여 집안을 틀림없이 깨뜨리니 자신의 몸에서 가운데 있는것이 붓도랑이다.

○ 눈이 자비로운 사람은 재물을 가볍게 생각하여 재물을 취하지 않아도 재물에 결함이 없고 ○ 눈동자가 노란 사람은 재물에 인색하나니 재물은 비록 많다고 하나 재난이 되어 다치게 된다.

○ 처와 자식 궁에 노란 황기 가운데 검은 기운이 숨어 있으면 처와

자식으로 인하여 재물을 얻는 가운데 병이 생기고 ○ 옛날에 한 사람이 있었는데 처와 아버지가 죽고 자식도 없었는데 집안에서 천금이 나왔다. 이로 인하여 계속 모두 망하여 죽으니 이러한 색에 따른 것으로 노란 기운 위에 검은 기운이 있는 사람에게 응하는 것이다.

첩녀 궁이 하얀 가운데 붉은 홍기운이 숨어 있으면 첩녀가 죽는 가운데 말썽이 일어난다. ○ 역시 한 사람의 벼슬아치가 있었는데 노비를 회초리로 때리니 우물에 빠져 죽게 되어 관리직을 떠나니 우물에 떨어지기 이 개월 전부터 그러한 색이 나타나 따라 생긴일로서 다하여 응하는 것이 어그러짐이 없는 것이다.(나타난 색이 말하는 의미는 틀림이 없다는 것이다.)

큰 귀(貴)는 맑은 사람에게 다가오나 학처럼 외롭게 자식이 없는 사람이 제일 많고 ○ 매우 넉넉한 부자는 땅과 같이 두터워야 하나 보통 살찐 돼지와 같으면 끝이 좋지 못하다.

○ 걸을 때 발뒤꿈치가 땅에 닿지 않으며 얼굴의 피부가 맑고 얇은 사람은 대체적으로 패하고 망하는 것을 보게 되고 ○ 말을 할 때 매우 머리를 오그라 뜨리고 바라보는 모양이 하나가 아닌 사람은 끝내 벌을 받는 재앙을 만나느니라.

○ 검붉은 빛의 얼굴은 진실로 굳센 금이니 음성이 크게 울리고 도량이 크면 금(金)형이 금(金)국을 얻은 것이다. (금형의 모든 조건을 갖추어 재능과 지혜를 갖추었다는 것이다.)

○ 구름이 가듯이 물이 흐르듯 하고 근원이 깊어 비틀거리지 않으면 수(水)형이며 수(水)국을 얻은 것이다. (움직이는 태도에서 골짜기의 물처럼 요리조리 피하며 흘러가는 것이 아니라 근원이 깊은 큰 강처럼 비틀거리

지 않으며 흘러가는 것과 같은 사람은 수형의 조건을 모두 갖추었다는 것이다.)

○ 목(木)은 빼어나게 골격이 단단하고 여위었으나 밟는 걸음걸이가 가볍지 않은 사람은 큰 기둥이 되는 나무가 되어 뻗어서 퍼지니 목(木)형의 목(木)국을 얻은 것이다.(곧게 빼어난 나무는 약하게 보이나 견고하여 가볍지 않으니 천년의 세월을 살 수 있으므로 목(木)국을 얻은 사람은 목형의 조건을 모두 갖추었다 할 것이다.)

○ 화(火)는 밝은 기운으로 붉게 일어나며 윤택한 색이 마르지 않은 사람은 이에 진실로 양성의 사람이 되니 화(火)형이 화(火)국을 얻은 사람이다.

두터운 사람은 튼튼하게 살이 쪄 있으며 살비듬의 색깔은 윤택하게 붉으니 재빠르고 막히지 않아야 하는 것이 중요하다.

○ 가라앉아 조용한 사람은 주로 안정되이 활동하여 마르지 않고 다시 말해 꼭 일어나야 할 때 일어나는 것이니 토(土)형이 토(土)의 국을 얻은 것이다.

* 토(土)형은 두텁고 또 두터워 무거우나 윤택하여 막히지 않고 조용하지만 필요할 때 민첩하게 움직이면 토(土)형의 조건을 모두 갖추었다고 할 수 있습니다.

○ 삼십 세 전은 천정의 구슬과 같은 각과 인당이니 오직 인당이 먼저가 된다.

○ 사십 세 전은 천창 눈썹 눈이니 그 가운데 눈이 최고이다.

○ 사십 세에서 오십 세 까지는 코와 관골을 갖추어야 하니 최고로 두려운 것이 드러난 뼈와 얇은 피부이다.

○ 오십 세에서 칠십까지는 턱 입 치아 뺨이니 꼭 중요한 것은 맑은 수염과 힘있는 콧수염이다.

부인의 두터운 덕은 가볍지 않음과 요염하지 않음이며 성급하지 않고 씩씩하지 않아야 한다.

○ 어릴 적에 잔병치레 안하고 쉬이 자라는 것은 눈이 안정되고 뼈가 단단하고 소리가 튼튼하고 불알이 검은 것이다.

눈이 둥글고 관골이 솟아 저녁놀과 같은 붉은 하늘을 찌르는 위엄이 있으면 형벌로 죽는 재앙을 만나니 상앙(진나라의 대신으로 진시황제를 도움)의 모양이 이러하였다.

○ 코가 길게 늘어지고 수염이 부드러우면 욕심이 많은 두려운 사람이다.

죽어도 몸을 장사 지내지 못하나니 등통의 모양이 이러하였다.

○ 얼굴은 삼같은 질긴 수염은 싫어하고 하얗고 깨끗한 수염을 가진 사람은 발달하나니 때로 검고 때로 누렇다면 크게 발달하고 하얗다는 것은 금(金)으로서 검은 물을 낳고 누런 흙은 금(金)을 낳는다.

○ 교만한 얼굴은 싫어하고 그토록 아름답게 하는 호수염을 가진 사람은 이로우니 때로 검고 때로 누러면 크게 이로울 것이다.

○ 위에 열거한 이치 가운데 위 두 개의 내용(턱수염과 호수염)은 모두가 부드러운 것이 강한것을 억누르므로써 늙어서 이루어지는 의미를 품고 있으니 가볍고 어린 것들의 이치이다.

* 가볍고 어린 것에 속하는 이치는 모두 큰 어른이 되어야 나타나며 나타나는 그 때가 되어야 이룰 수 있음을 말하였습니다.

○ 이상이 높고 말은 포부가 큰데 산근이 좁게 붙어 있으면 도저히 이룰 수 없고 ○ 마음이 부드러워 헤아림이 넓고 준두가 높고 꽉 차면 마칠 때까지 재물이 넉넉하니라.

○ 눈썹이 눈을 누르고 턱이 관골을 찌르면 처가 남편의 권리를 빼앗아 가장의 노릇을 하고 ○ 왼 쪽의 간문이 검고 오른 쪽의 눈썹이 높으면 첩이 처를 물리치고 그 자리를 빼앗느니라.

걸을 때 머리가 수그러지고 앉으면 발을 떨고 웃음소리가 우는 소리와 같고 잠잘 때 입을 벌리면 간사하지 않은즉 외롭고 눈동자가 묽게 노랗고 눈썹이 솟아 우러르고 입을 열면 길고 크며 말이 명백하지 않으면 가난하지 않은 즉 일찍 꺾인다.

○ 왼쪽 관골에 가로 주름이 갑자기 일어나 하나의 무늬를 이루면 수명이 12년은 증가하고 두 개의 무늬를 이루면 24년은 증가하고 세 개의 무늬를 이루면 수명이 턱으로 돌아 올 때까지이다.

* 100세가 되도록 산다는 것입니다.

○ 오른쪽 관골에 푸른 기운이 1개월 동안 늘 나타나 있으면 손자를 얻을 것이요 2개월 동안 늘 나타나 있으면 아들을 얻을 것이요 3개월 동안 늘 나타나 있으면 60세에 아들을 낳는다는 것이다.

* 또는 손자 팔대까지 보도록 오래 산다는 것입니다.

○ 상복은 하얀색의 진하고 엷음이 무겁고 가벼움이 되나 모를것은 일각에 푸른 기운이 뜬 사람이 상복입는 것을 본 것이다.

○ 산근에 검 푸른색은 병으로 죽느냐 사느냐 하지만 모를것은 안신(눈빛)이 달아나면 병으로 틀림없이 망하는 것이라.

▣ 目光有三脫 ▣
목광유삼탈

두려움이 없는 사람은 깊은 것도 얕다고 생각하므로 나고난 병으로 죽을 운명이니 근심과 걱정없는 눈빛으로 벗어나면 병이 생기고 있는 바이다. 고로 벗어나서 얕음과 깊음을 헤아리지 못하면 병으로 죽을 운명이다.

○ 병이 있는 사람에게 움직임에 한계가 오면 사느냐 죽느냐의 중대한 시기에 놓여있는 것이다. ○ 병이 생긴 이후에 눈빛이 벗어난즉 동자가 움직이지 않는다는것은 죽을 조짐이 되느니라.

○ 어떤 일을 만난 사람은 음양으로써 좋고 나쁨을 나누나니 눈빛에 따라 사건이 변하고 있으니 벗어나는 좌우의 눈을 나누어 그 일의 길 흉의 조짐이 되는것이니 왼쪽은 길하고 오른쪽은 흉하니라.

神色有三疑
신색유삼의

疑於常則陰事不測이니 久疑면 心必歉 이오 ○疑於暫則病悔少
의어상즉음사불측　　　구의　심필겸　　　의어잠즉병회소

侵이니 無心之疑면 小病이 立至오 ○疑於身則死亡이 入見
침　　무심지의　　소병　입지　　의어신즉사망　　입견

하나니 百體改常이면 死之形也라 形爲心役者는 病하고
백체개상　　　사지형야　　형위심역자　　병

事爲心役者는 敗하고 神爲心役者는 亡하나니 有主則虛也오
사위심역　　패　　신위심역자　　망　　유주즉허야

○心爲形役者는 貧하고 心爲事役者는 夭하고 心爲神役者는
심위형역자　빈　　심위사역자　　요　　심위신역자

奸이니 無主則實也라
간　　무주즉실야

　　의심은 언제나 음 적인 일(드러나지 않는 일)로서 이모저모 바르게 재지 못하니 의심을 오래하면 반드시 마음이 원망스러워진다. ○ 잠깐 생기는 의심은 적게 엄습하여 뉘우칠 수 있는 병이니 마음에 의심이 없으면 병이 들어도 작은 병일 것이요 ○ 의심은 몸을 사망하게 하는 것을 보게 되나니 백가지 신체를 늘 상 고치면 죽어가는 모양이라. 모양이 마음을 부리는 사람은 병들 것이요 사건이 마음을 부리는 사람은 패하고 신이 마음을 부리는 사람은 망하나니 주로 아무것도 소유하지 못한다. ○ 마음으로 모양을 부리는 사람은 가난하고 마음으로 일을 부리는 사람은 일찍 꺾이고 마음으로 신을 부리는 사람은 간교하니 주로 결실이 없다.

🔲 總訣第四 專論女相 🔲
총결제사 전론여상

火焰이 上炎하면 未筓而寡하나니 謂星火太上하고 髮際高也
화염 상염   미계이과   위성화태상   발제고야

라 ○水滿流溢하면 垂老而單하나니 謂溝洫이 平滿이라 必
수만유일   수노이단   위구혁   평만   필

無子라 ○日月高懸하면 臨太陰而嬌慘하나니 謂日月角이 高
무자   일월고현   임태음이상참   위일월각   고

起라 必剋夫니 應在三十六八之部라 ○林塚이 茂實하면 屆中
기   필극부   응재삼십육팔지부   임총   무실   계중

正而 龍騰하나니 謂山林塚墓 – 滿起라 必有貴夫니 應在中
정이 용등   위산림총묘   만기   필유귀부   응재중

正之部라 ○印堂에 火土常明하면 相夫登第하고 (火土는 紅黃
정지부   인당   화토상명   상부등제   화토   홍황

之色也라) ○堂舍에 水木이 交錯하면 任意招賢하나니 謂水
지색야   당사   수목   교착   임의초현   위수

木靑黑之色이 常交錯於淚堂精舍之部니 必淫이라 ○耳輪이
목청흑지색   상교착어누당정사지부   필음   이륜

反覆而高提하면 妨夫不一하고 ○眉梢 – 斜散而橫埽하면 破
반복이고제   방부불일   미초   사산이횡소   파

産非常이라○奸門不陷하면 多子且賢하고 ○淚堂에 肉安하
산비상   간문불함   다자차현   누당   육안

면 多女而貴라 ○求子問妾은 定須淸穩而年壽不隆이니
다녀이귀   구자문접   정수청온이년수불륭

謂淸癯之女는 骨勝於肉則氣血이 淸明하야 必有子오 加以行
위청구지녀   골승어육즉기혈   청명   필유자   가이행

藏이 安穩하고 鼻不過高하면 子必多矣오 年壽太高者는
장 안온 비불과고 자필다의 년수태고자

欺夫妨子니라 娶婦問德은 只要潑然而髮膚 － 馨潤이라 ○澁
기부방자 취부문덕 지요발연이발부 형윤 삽

者는 羞也니 知恥愼重也오 默者는 不多言也오 體香髮潤者는
자 수야 지치신중야 묵자 불다언야 체향발윤자

德之潤身也라 項强胸突하면 凌夫剋子而無終이오 ○頭硬胸
덕지윤신야 항강흉돌 릉부극자이무종 두경흉

高는 妬相也니 不止剋子라 ○自己도 亦不壽하고 或貧且寡라
고 투상야 부지극자 자기 역불수 혹빈차과

目弱指堅하면 旺子順夫而長永이라 ○弱者는 眼正而光不外
목약지견 왕자순부이장영 약자 안정이광불외

射也오 指要堅削肉少라 ○陰地 － 不封不樹하면 無子而有私
사야 지요견삭육소 음지 불봉불수 무자이유사

하나니 謂下部 － 無毛니 賤相也라 陽方이 向西向中이면
위하부 무모 천상야 양방 향서향중

有祿而無妬니라 陽方은 面也니 女色은 以白爲上而必欲帶黃
유록이무투 양방 면야 여색 이백위상이필욕대황

潤하나니 爲貴夫子而有德이오 深白淺紅은 淫妬之婦也라
윤 위귀부자이유덕 심백천홍 음투지부야

沉睛蕩足하고 掠鬢 支頤하고 夢中에 驚有私言이라 ○沉은
침정탕족 약빈 지이 몽중 경유사언 침

思也오 蕩搖也니 四者는 皆淫相이라 加以夢中驚動言語면
사야 탕요야 사자 개음상 가이몽중경동언어

必非良婦라 聲淸色定하고 笑寡步安하고 喜處凝無變態니라
필비량부 성청색정 소과보안 희처응무변태

○凝無變態는 喜怒不改常也니 五者는 皆賢女也라○得意則
응무변태 희노불개상야 오자 개현여야 득의즉

向人顚倒- 豈是貞良이리오 ○失意則向人懊怨이 終非久遠이라
향인전도　기시정량　　　　실의즉향인오원　종비구원

眉目이 上指印堂하면 毒殺自罹憲網이오 ○眉目頭- 向上하야
미목　상지인당　　독살자리헌망　　　미목두　향상

直指印堂司空者는 必毒夫殺妾而自犯刑하고 且多縊死니라
직지인당사공자　필독부살첩이자범형　　차다액사

顴準이 高陵年壽하면 妬兇獨守孤孀이라 ○兩顴準頭-
관준　고릉년수　　투흉독수고상　　　양관준두

高於年壽者는 多寡라 考德當於所忽이니 不安排時而容
고어년수자　다과　고덕당어소홀　　불안배시이용

動如常者는 有德이라 ○衍嗣全在不貪이니 寡嗜慾而淸健者
동여상자　유덕　　　연사전재불탐　　과기욕이청건자

는 必多子니라
필다자

불꽃처럼 이마 윗부분의 모양이 좁으면서 높으면 비녀도 꽂지 못하고 과부가 되나니 불의 기운이 시나쳐 발제(머리털이 나는 경계선)가 높은것을 이르는 것이다.

○ 수(水)의 기운이 넘치도록 충만하면 늙어 갈수록 혼자이나니 바로 봇도랑(인중)이 없는 것처럼 평평하면 대체적으로 자식이 없다.

○ 일월이 높게 달려 있다는 것은 음의 기운이 지나치게 임하여 애처로운 과부로서 일각과 월각이 높게 일어난것을 이르니 대체적으로 남편을 이기는 모양으로 삼십 육 팔세쯤이면 알게 될 것이다.

○ 산림 총묘가 아름답게 잘 생겼으면 중정에 이르러 용이 하늘로 오른다고 일컫는 산림 총묘가 꽉 차서 일어나 있으면 반드시 귀한 남

편이 있으니 중정의 부위에 오면 응할 것이다.

○ 인당에 화토(火土)의 기운이 늘 밝으면 남편이 과거에 오른 사람의 모양이다.(火土, 황색의 바탕에 건강하고 윤택한 붉은 색)

○ 당사(누당과 정사)의 부분에 수(水)와 목(木)의 기운이 서로 섞여 있으면 제 멋대로 하고도 착한 것처럼 하나니 일컫는 수목(水木)의 기운은 검고 푸른 기운의 색으로서 누당과 정사의 부위에 언제나 서로 섞여 있으면 틀림없이 음란하다.

○ 귀의 바퀴가 뒤집혀져 높게 걸려 있으면 남편을 방해하여 한사람에 만족하지 않고 ○ 눈썹 끝이 기울고 흩어져 가로로 쓸고 있으면 가업의 재물이 깨어질까 언제나 예사롭지 않아 전전긍긍 하게 된다.

○ 간문이 꺼지지 않으면 자식이 많으며 또 어질고 ○ 누당의 살비듬이 편안하면 여인이 많고 귀하다. ○ 자식을 원하여 물어오는 첩은 모름지기 평온하게 맑고 년상 수상이 일어나지 않은 모양으로 정해져 있으니 몸이 후리후리하게 야위어 보이는 여인은 뼈가 살비듬을 이기는 즉 기혈이 맑고 밝아서 반드시 자식이 있다고 말한다.

위의 내용에 더하여 말해보면 나아가고 물러나는 모양이 편안하고 코가 지나치게 솟지 않으면 자식은 반드시 많이 둘 것이다.

년상과 수상이 지나치게 높은 사람은 남편을 속이고 자식을 방해하니라.

아내를 맞이하여 덕을 물으면 다만 자연스런 활발함과 털과 피부가 윤택하여 향기로운 것인가가 중요한 것이다.

말하기가 껄끄러운 것은 수치스러운 것이니 창피함을 줄 수 있다는 것을 알아 신중해야 한다.

○ 목의 뒷덜미가 강하고 가슴이 튀어나오면 남편을 능멸하고 자식을 이기려 함이 끝이 없다. ○ 머리가 단단하고 가슴이 높으면 질투하는 여인의 모양이니 자식 이기는 것을 그치지 않는다. 자기 자신도 역시 오래 살지 못하고 혹 가난하고 또 혼자이다.

눈은 약하면서 손가락이 단단하게 잘생기면 왕성한 자식과 순한 남편과 함께 오랫동안 잘 살 것이다.

○ 약하다는 것은 눈이 반듯하면서 빛이 벗어나지 않는 것이오.

○ 손가락은 살비듬이 깎여서 적어도 단단한 것이 중요하다.

○ 음지라는 것은 싸거나 막지 않았는데 나무가 자라지 못하는 것이므로 자신의 생활은 있으나 자식이 없나니 아래의 부위를 말해보면 털이 없으니 천한 상이다.

보이는 얼굴부분이 하얀색의 피부에 황기를 겸하면 녹봉도 있고 투기도 없느니라.

양방이란 것은 얼굴이니 여인의 색은 깨끗하고 하얀 피부가 제일이고 반드시 윤택한 황기를 띄이야 하나니 귀한 남편에 자식의 넉이 있고 매우 하얀 피부에 얇게 펼쳐진 붉은 기운은 음란하고 투기하는 여인이니라.

눈동자가 가라앉고 다리를 흔들고 빈발은 턱을 스쳐지나가고 꿈속에서 혼자 말을 하며 놀란 듯 허둥댄다. ○ 가라앉은 눈동자라는 것은 생각하는 것이요 흔들린다는 것이며 이 네가지에 속하게 생긴 여인은 모두가 음란한 모양으로 거기다 꿈속에서 허둥대며 말을 하면 반드시 선량한 부녀자가 아니다.

음성은 맑고 얼굴색은 단정하고 웃음이 많지 않고 걸음을 안정 되이 걸으며 즐거운 곳에서도 엄하게 있으며 태도에 변화가 없어야 하느니라.

○ 엄하게 태도가 변함이 없다는 것은 즐거웠다 성을 냈다 고치지 않고 늘 그대로인 것이다. 이 다섯가지 모양으로 생긴 여인들은 모두 어진 부녀자들이다.

○ 뜻대로 되어 만족하는 즉 사람을 향하여 넘어지는 사람을 어찌 곧고 선량한 사람이라 할 수 있으리요.

○ 뜻과 같이 되지 않은 즉 사람을 향한 원망과 괴로움이 오래지 않아 끝나야 한다.

눈썹과 눈이 인당 위를 가리키면 독약을 먹여 죽여 스스로 법의 그물에 걸려들까 두렵다.

○ 눈썹머리와 눈머리가 위를 향하여 인당과 사공을 바로 가리키고 있는 사람은 반드시 독하게 남편을 죽이는 첩이거나 스스로 법을 어겨 벌을 받고 또 거의 목메어 죽는다.

관골의 높이가 년상 수상보다 높이 솟으면 흉악하게 질투하며 빈방을 홀로 지키는 외로운 과부이다. ○ 양 관골과 준두의 관계는 년상 수상보다 관골이 높은 사람은 거의 과부이다.

생각해보면 덕이 있는 부자도 갑자기 그렇게 되는 바이니 불안하게 몰아 밀칠 때 언제나처럼 조용하게 행동하면 덕이 있는 사람이다.

○ 모든 면에서 자손이 넓게 번성하고 잘 이어나가려면 지나친 욕심을 부리지 말아야 하니 즐기고 싶은 욕구를 적게 하며 튼튼하고 맑으면 대체적으로 자식이 많으니라.

* 욕심을 삼가면서 항상 마음을 맑게 유지하고 튼튼하면 귀한 자식을 많이 두게 된다는 설명입니다.

總訣第五

총결제오

相骨은 先頭次鼻니 不粗不露 - 爲佳오 ○頭骨은 不論前後
상골　선두차비　불조불로　위가　두골　불론전후

左右하고 有者는 必善이오 鼻骨이 露則破敗矣니 不粗不露
좌우　유자　필선　비골　로즉파패의　불조불로

는 統論一身之骨也라 大抵骨勝肉者-佳니라 相肉은 貴直賤橫
통론일신지골야　대저골승육자　가　상육　귀직천횡

이니 不浮不緊이 爲上이라 ○肉要直而順이라 橫肉은 必夭而
불부불긴　위상　육요직이순　횡육　필요이

形浮者는 多夭하고 緊者는 多賤이오 光潤者 - 爲貴니 大抵肉
형부자　다요　긴자　다천　광윤자　위귀　대저육

勝骨者는 凡庸이라 相行은 要重이니 不昻藏者는 重而賤貧이라
승골자　범용　상행　요중　불앙장자　중이천빈

○步貴安詳而尤貴有起伏之狀야니 一於重이면 屍行也라
보귀안상이우귀유기복지상　일어중　시행야

相坐는 要安이니 久彊健者는 安而富貴니라 ○坐如山岳而
상좌　요안　구강건자　안이부귀　좌여산악이

肩背腰 - 須直하야 硬如峯巒之狀이면 必富貴오
견배요　수직　경여봉만지상　필부귀

悠久而肩過於頤하고 筋骨이 倦弱者는 不永之相也라 喜時帶怒
유구이견과어이　근골　권약자　불영지상야　희시대노

는 必是艱辛勞苦之人이오
필시간신노고지인

○怒時反笑는 定主刻厲堅狼之性이라 ○對人頻頻偸視커든
노시반소　정주각려견랑지성　대인빈빈투시

莫交遊하고 ○無人忽忽自言이면 豈堪遠大리오 坐每垂頭면
막교유　　　무인홀홀자언　　기감원대　　좌매수두

心同豺豺오 ○食多淋落이면 身如絮萍이라 ○無痰常吐而吐
심동시채　　식다림락　　신여서평　　무담상토이토

不收면 先富後貧하고 (不收聲也) ○有話欲言而言不足이면
불수　선부후빈　　불수성야　　유화욕언이언부족

有頭無尾니라 (不盡言也) ○疾言而口常撮聚면 必見破屋飄蓬
유두무미　　부진언야　　질언이구상촬취　　필견파옥표봉

이오 ○無事而動每匆忙이면 終是離宗困頓이라 ○紅絲纏眼하고
무동이동매문망　　종시이종곤돈　　홍사전안

山根에 筋起者는 重刑하고 (犯重刑也) ○丹砵抹脣하고 滿面桃
산근　근기자　중형　　범중형야　　단주말순　　만면도

花色者는 浪蕩이라 (而老者貴) ○相之大段이 略備나 然이나
화색자　낭탕　　이노자귀　　상지대단　약비　연

氣色之驗於禍福者는 難於察識일새 再爲爾微辨之하노니
기색지험어화복자　난어찰식　　재위이미변지

不可言傳이오 湏自試之니라.
불가언전　　수자시지

天道－週歲而有二十四節氣하고 人面도 一年에 亦有二十四變
천도　주세이유이십사절기　　인면　일년　역유이십사변

하나니 以五行으로 配之면 無不驗者라 但 氣色이
이오행　　배지　무불험자　단 기색

若妙如祥雲襯日하야 溫粹可愛라야 方爲貴也오
약묘여상운친일　　온수가애　　방위귀야

如枯燥 暗惡이면 不獨難發이라 主脾胃心腹之疾과 水災訟獄
여고조 암악　　불독난발　　주비위심복지질　　수재송옥

之厄이오 又氣色은 最爲難審이니 須於淸明昧爽精氣不亂之時
지액　　우기색　최위난심　　수어청명매상정기불난지시

325

에 觀之면 易見이오 岩隔晚酒色過度하야 易進易退하고

似明不明하며 似暗不暗을 謂之流散이오 似醉不醉하고

似睡不睡를 謂之氣濁이니 此는 難決耳라 愼之愼之하라

夫氣色이 半月一換하고 交一節氣하야 子時則變矣니 欲辨

四時之氣者는 別其氣五行之所屬也라 春靑, 夏紅, 秋白, 冬黑

하고 四季月은 要黃이니 乃四時之正氣也라 在於皮上者를

謂之色이오 皮裏者는 謂之氣니 氣者는 如粟, 如荳, 如絲,

如髮하야 隱於皮膚之內하고 細如春蠶之絲하니 凡察五方正色

컨대 木形人은 要靑이오 火形人은 要紅이오 金形人은 要白

이오 水形人은 要黑이오 土形人은 要黃이니 乃人身之正氣라

木 形色靑하니 要帶黑, 忌白하고 火形은 色紅하니 要帶靑,

忌黑하고 金形은 色白하니 要帶黃, 忌紅하고 水形은 色黑하니

要大白, 忌黃하고 土形은 色黃하니 要帶紅, 忌靑이라 乃五

行生剋之正氣也니라

夫氣는 一而己矣로대 別而論之則有三也니 曰 自然之氣오 曰
부기　일이기의　　　별이론지즉유삼야　왈 자연지기　왈

所養之氣오 曰 所襲之氣라 自然之氣는 五行之秀氣也니
소양지기　왈 소습지기　자연지기　　오행지수기야

吾稟受之라 其清이 常存하고 所養之氣는 是集義所生之氣也
오품수지　기청　상존하고 소양지기　시집의소생지기야

라 吾能自安하야 物不能擾하고 所襲之氣는 乃邪氣也니 爲
오능자안하야 물불능요하고 소습지기　내사기야　위

所存이 不厚하고 所養이 不充則邪氣所襲矣니 推而廣之則有
소존　불후하고 소양　불충즉사기소습의　추이광지즉유

青赤黃白黑五色也니라 神大는 爲神有餘오 神怯은 爲神不足
청적황백흑오색야　신대　위신유여　신겁　위신부족

이니 氣過於神은 爲氣有餘오 氣下於神은 爲氣不足이니
기과어신　위기유여　기하어신　위기부족

宜以意致斷이면 可驗矣라 氣通五臟則有所見이니 世之人이
의이의치단　가험의　기통오장즉유소견　세지인

喜怒哀懼 - 一至於心則氣斯變矣온 又況疾病死生乎아
희노애구　일지어심즉기사변의　우황질병사생호

青色은 木色也니 如晴天日將出之狀而有潤澤이라야 爲正爲
청색　목색야　여청천일장출지상이유윤택　위정위

吉이오 若乾枯凝結하야 閃閃不正而白色者는 爲剋木逆時니
길　약건고응결하야 섬섬부정이백색자　위극목역시

居財帛則破財하고 居父母則父母 - 有疾하고 居子息則子息이
거재백즉파재하고 거부모즉부모　유질하고 거자식즉자식

有疾이오 赤色은 屬火하니 未及이 爲之氣滯라 亦破耗하고
유질　적색　속화　미급　위지기체　역파모하고

主官訟口舌이오 黃色은 屬土하니 木剋土라 爲財하니 主春月
주관송구설　황색　속토　목극토　위재　주춘월

에 財祿이 旺하고 黑爲水之生木이라 雖好나 淡하면 吉하고
재록　　왕　　흑위수지생목　　　　수호　　담　　　길

濃하면 亦主災主禍하고 太重하면 主死亡이라 紅色은 火色也
농　　역주재주화　　　태중　　주사망　　홍색　　화색야

니 如隙中日影之色而有潤澤이라야 爲正爲吉이오 若焦列燥
여극중일영지색이유윤택　　　위정위길　　　약초열조

煩하야 如火焰熾而黑氣者는 主大禍니 居疾厄하면 主死하고
번　　여화염치이흑기자　　주대화　　거질액　　주사

居官祿하면 主囚禁降官失職이오 白色은 爲金하니 主發財大
거관록　　주수금강관실직　　백색　　위금　　주발재대

旺하고 黃色은 火生土라 爲滯氣하니 財憂相半하고 靑色은
왕　　황색　　화생토　　위체기　　재우상반　　청색

爲木生火나 太盛이면 亦主悲憂相半이라 白色은 金色也니
위목생화　　태성　　역주비우상반　　백색　　금색야

如玉而有潤澤이라야 爲正爲吉하고 如粉如雪而起粟者則主外
여옥이유윤택　　　위정위길　　　여분여설이기속자즉주외

孝하고 黑色은 爲泄氣하니 主破財오 又主大病이며 赤爲火라
효　　흑색　　위설기　　주파재　　우주대병　　적위화

剋金하나니 主官災口舌하고 家下虛驚하야 百不如意하고 靑
극금　　　주관재구설　　가하허경　　백불여의　　청

爲木하니 金剋木이라 爲財憂하니 憂喜相半이오 黃色은 土生
위목　　금극목　　위재우　　우희상반　　황색　　토생

金이라 謀事有成하고 百事稱心하나니라
금　　모사유성　　백사칭심

黑色은 水色也니 如漆有潤澤이라야 爲正爲吉하고 若如烟煤
흑색　　수색야　　여칠유윤택　　　위정위길　　　약여연매

而暗色者則 主災니라 白爲金하니 生水라
이암색자즉주재　　백위금　　생수

主有財祿하고 黃色은 土剋水하니 主災라 居兒女하면
주유재록   황색   토극수   주재 거아녀

有疾하고 居財帛하면 主有破오 赤色은 屬火하니
유질   거재백   주유파 적색   속화

多旺이면 反剋爲財하고 太赤하면 亦生官災나 不爲大害하고
다왕   반극위재   태적   역생관재 불위대해

易散爲火하나니 冬三月은 無氣故也오 靑爲滯氣니 主破財하고
이산위화   동삼월 무기고야   청위체기 주파재

又爲災하야 百不如意라 冬有靑色이어든 防春瘟,
우위재   백불여의   동유청색   방춘온

家口病이니 宜求福禳之也니라 四季月엔 年壽宜黃이니
가구병   의구복양지야   사계월 년수의황

如色白이면 主服하고 紅이면 及訟主瘡疾破財하고 若火珠焰
여색백   주복   홍   급송주창질파재   약화주염

發者는 主火災하고 靑主驚恐疾病이오 黑主는 病死亡이오
발자 주화재   청주경공질병   흑주 병사망

黃者는 主疾病失脫이니 以上氣色이 雖現이나 尤要看神色이라
황자 주질병실탈   이상기색 수현   우요간신색

色正而神脫이면 色亦空耳로대 色邪而神旺이면 色終莫能爲
색정이신탈   색역공이   색사이신왕   색종막능위

大禍矣니라
대화의

골격을 본다는 것은 먼저 머리를 보고 다음은 코이니 거칠지 않은
지 드러나지 않았는지 이러한 것을 살핀다는 것은 아름다움을 살핀
다는 것이다.

○ 머리는 앞 뒤 왼 오른쪽은 말하지 말고 소유하고 있으면 모두가

잘 생긴 것이다.

코는 드러나면 깨어지고 패하니 거칠지 않은지 드러나니 않은지 일신(몸)의 뼈이므로 한데 묶어 말한다.

대체적으로 뼈보다 살비듬이 더 좋은 사람이 아름다우니라.

* 살비듬이 뼈를 적당하게 감싸며 남아도는 살비듬이 없는 사람을 아름다운 사람 이라합니다.

살비듬의 모양은 기울지 않고 곧으면 귀하고 가로로 생기면 천한 모양이며 뜨지 않고 굵게 얽어지지 않으면 제일 좋은 모양이 된다.

○ 살비듬에서 중요한 것은 치우치지 않고 곧으며 순조로워야 한 다는 것이다.

가로로 찐 살비듬은 대체로 일찍 꺾이고 떠있는 모양의 사람은 거 의 일찍 꺾이며 굵게 얽은 사람은 거의 천한 사람이다.

윤택하게 빛나는 사람은 귀한 사람이니 대저 살비듬보다 뼈가 많 은 사람은 보통 평범한 사람이다.

행동하는 모양은 매우 중요하니 오르는 감정을 숨기지 못하는 사 람은 거듭하여 천하고 가난하다.

○ 걷는 걸음을 살펴서 안정되면 귀하고 엎드리고 일어나는 모양은 더욱 귀함을 나타내며 한다리로 거듭 걸으면 죽은 시체의 걸음이다.

○ 앉는 모양은 편안한 것이 중요하니 오랫동안 앉아있어도 굳세 게 앉아 있는 사람은 안정되고 귀한 부자이니라. 앉아 있는 모양이 산악과 같고 어깨 등 허리가 곧아서 모름지기 꼿꼿하게 솟은 봉우리 의 모양이면 반드시 넉넉하고 귀하다.

오랫동안 있는 가운데 턱이 어깨를 지나고 근육과 골격이 피로하고 약한 사람은 부귀한 사람이더라도 오래가지 못하는 모양이다.

기쁠 때 성낸 기운을 띤 사람은 대체적으로 매운 고생을 하는 가난한 사람이요.

○ 성을 낼 때 반대로 웃는 사람은 주로 모질게 사납고 굳센 이리의 성정을 갖고있다.

○ 마주하고 있는 사람이 자주 자주 훔쳐보거든 서로 사귀어 놀지 말고 ○ 사람이 없는데 혼자서 명백하지 않은 말을 스스로 하면 어찌 크고 깊은 것을 감당할 수 있으리오.

앉았다하면 마냥 고개가 수그러지는 사람은 마음이 승냥이나 전갈과 같고 ○ 밥을 먹을 때 물을 뿌리듯 흐트러지게 먹으면 몸이 버들가지 부평초와 같다.

○ 없는 가래를 쉴 새 없이 늘 게우고 게위도 거두어지지 않으면 먼저는 부자로 넉넉하여도 나중에는 가난하고 (쉴 새 없이 없는 가래를 긁어 게우느라 말을 끝까지 제대로 못하는 짓) 말을 주고받을 때 하고 싶은 이야기를 충분히 못하면 시작은 있으나 마무리가 없느니라. (말을 다 하지 못하는 것이다.)

○ 말이 빠르고 입을 항상 모으면 대체적으로 회오리바람이 쑥대밭을 쓸어버리듯 집안이 깨어지는 것을 보게 되고 일이 없는데 마냥 바쁘게 몸(손, 발)등 을 움직이면 끝내 조상을 떠나고 몹시 난감해진다.

○ 눈에 붉은 실핏줄이 엉켜있고 산근에 힘줄이 서있는 사람은 무거운 벌을 받고 (무거운 죄를 지어 받는 벌이다.)

입술이 주사를 바른 듯하고 얼굴 전체가 도화색을 띤 사람은 파도처럼 함부로 떠돌아다니며 음란하다. (나이가 들어 늙은 사람이 이러한 모습이라면 귀한 사람이다.)

○ 모양을 보는 큰 단락은 대강 갖추었으나 이어서 기색을 보고 재난과 복을 가늠하는 것은 아는 것을 토대로 자세히 살피는 것이 어려울 새 다시 제자들에게 이르노니 아주 작은 것도 놓치지 말며 더 나아가 자세하게 분별할 것은 말로서 전할 수 없는 것이요 알듯 말듯 야릇한 것은 스스로 견주어 보고 점검하여야 하니라.

* 상을 보는 큰 테두리는 이제 배워서 알고 있으며 기색으로 재난과 복을 알아야 하니 작은 것도 소홀히 하지 말고 항상 연구하여야 한다는 말입니다.

하늘의 도는 일 년에 이십사절기가 두루 돌아가고 사람 얼굴도 일 년에 역시 스물

네번 변하나니 여기에 오행이 매겨지면 표징이 아닌것이 없다.

단 기색이 만약 좀 묘한것은 상서로운 구름은 태양과 친한것 같이 온화하고 순수한것을 사랑을 할 수 있어야 바야흐로 귀한 사람이 된다.

불에 타서 마른 나무처럼 시커넣게 못생겼으면 혼자서 어려워 일어나지 못한다.

주로 복부의 비장 위장 심장의 질병과 물의 재난과 시비구설로 감옥 가는 액이요 또 기색은 자세히 살피기가 최고로 어려우니 모름지기 맑고 밝고 어둡고 시원한 정기가 어지럽지 않을 때에 살피면 쉽게 볼 것이요 늦도록 술과 여자의 틈에서 정도가 지나쳐 얼굴과 몸이 가려지면 나아가는 듯 물러나고 밝은 것 같으면서 밝지 않으며 어두운 것 같으면서 어둡지 않음을 일러 흐르듯 흩어지는 것이라 하고 취한 듯 취하지 않고 졸고 있는 것 같으면서 졸지 않는 것을 일러

기가 탁한 것이라 하니 이러한 것을 결정하기란 어려울 뿐이다. 삼가고 삼가라.

무릇 기색이 15일에 한번씩 바뀌면서 한 절기가 지나는데 자(밤 11시 30분에서 새벽 1시 30분 사이)시에 변하게 되며 사계절의 기운이 변하는 것을 분별하기를 원하는 사람은 분별된 그 기운이 속하는 오행에 소속시켜야 한다.

봄(1, 2월)에는 푸른색 여름(4, 5월)에는 붉은색 가을(7, 8월)에는 하얀색 겨울(10, 11월)에는 검은색 3, 6, 9, 12월은 누런색이 사계절의 기운에 맞는 색이 된다.

피부위에 나타나 있는 것을 색이라 이르고 피부 속에 있는 것을 기라 이르니 기라는 것은 좁쌀과 같은 것이 콩과 같은 것이 가는 실과 같은 것이 터럭과 같은 것이 피부속에 숨어서 가느다란 봄누에의 실 같은 것이 퍼져 있는데 살펴보면 색들은 대체로 다섯 방위의 색에 맞추어져 있다.

목(木)형인 푸른색이어야 하고 화(火)형인은 붉은 색이어야 하고 금(金)형인은 하얀색이어야 하고 수(水)형인은 검은색이어야 하고 토(土)형인은 누런색이어야 하니 이것이 사람의 몸에 맞는 기색이 된다.

목(木)형의 색은 푸르니 검은 색을 띠어야 하지만 흰색은 싫어하고 (水生木, 金剋木)

화(火)형의 색은 붉으니 푸른색을 띠어야 하지만 검은색은 싫어하고(木生火, 水剋火)

금(金)형은 하얀색이니 누런색을 띠어야 하지만 붉은색은 싫어하고 (土生金, 火剋金)

수(水)형의 색은 검으니 하얀색을 띠어야 하지만 누런색은 싫어하고(金生水, 土剋水)

토(土)형의 색은 누런색이니 붉은색을 띠어야 하지만 푸른색은 싫어하므로(火生土, 木剋土)

이에 오행이 서로 도우고 이기는 이치 안에서 맞게 돌아가는 기운의 색이 되는 것이다.

무릇 몸에는 하나의 기로 되어 있는 것이로대 분별하여 말해보면 세 가지가 있으니 자연의 기가 한가지요 길러져 가는 기가 한가지요 엄습해 들어와 뒤집는 기가 한가지이다.

자연의 기는 오행 가운데서 순수하게 빼어난 기이니 이어받아 타고난 기이므로 그 맑은 기가 언제나 존재한다.

길러지는 기는 어버이의 선행이 쌓인 기가 될 것이다. 자신 스스로 능히 안정하여 일어나는 만물에 흔들리지 않을 수 있고 엄습하여 불쑥 나타나는 기는 바르지 못한 기이니 있는바 몸에 베이지 않아야 하고 길리지는 기가 충분하지 않으면 바르지 못한 기가 불시에 엄습하는 바이니 넓게 헤아리는 이것인즉 소유하고 있는 청색, 적색, 황색, 백색, 흑색 이 다섯 가지 색이니라.

신 이 크면 여유있는 넉넉한 신 이 될 것이요 겁먹은 신은 부족한 신 이 되는 것이니 기가 충만하여 나타나는 신 은 여유있는 기가 될 것이요 기운이 떨어져 나타나는 신 은 기가 부족할 것이니 마땅히 자신의 생각으로 궁구하여 결단하면 징험이 옳을 것이다.

기가 오장으로 통하므로 보이는 바로 나타나는 것이니 세상사람들이 기뻐하고 성내고 슬퍼하고 두려워하는 것이다.

순서대로 시작해보면 푸른색은 나무의 색이니 이제 막 떠오르는 태양의 맑은 하늘과 같이 건강하게 빛나는 모습으로 마르지 않아야 한다.

이러한 모습이 반듯한 모습으로 길이 되는 것이요 만약 마른 기운으로 한데 응겨 서 번득이는 모양이 정리되지 못하고 하얀색의 사람은 나무를 자극하기 위해 거꾸로 가는 시절이니 살고있는 재물과 돈이 깨뜨려지고 부모와 함께 살고 있으면 부모에게 질병이 생기고 자식과 함께 살고 있으면 자식에게 질병이 생긴다.

적색은 불의 색에 속하니 원활하지 못하여 기가 막힌 것이다.

역시 소모되고 깨어져 없어지고 주로 관재 소송에 구설이다.

누런 황색은 토(土)에 속하니 목극토(木헨土)로서 재물이 되니 주로 봄에 해당하는 계절에 녹봉과 재물이 왕성하고 물이 되는 검은색은 나무를 자라게 한다.

비록 수생목(水生木)으로서 나무를 자라게 하여 좋기는 하나 엷게 묽어야 길하며 짙으면 도리어 재난을 주재하고 불행을 주재하고 지나치게 시커먼 색깔이면 주로 사망한다.

붉은 홍색은 불의 색이니 틈 사이로 태양이 비치는 것과 같이 윤택하게 나타나야 바른색으로 길하게 된다.

만약 세차게 타오르는 연기에 그을린듯하고 괴로움으로 초췌하게 마른 모습이 타오르는 불꽃과 같거나 시커멓게 타다만 재의 기운과 같은 사람은 주로 큰 재난의 화를 겪게 되니 질병에서 오는 고통과 함께 살아가면 주로 사망하고 벼슬을 하며 녹봉으로 살아가면 직급에서 떨어지거나 관직에서 물러나게 되며 또한 감옥에 갇히게 된다.

하얀 백색은 금(金)이 되니 주로 왕성한 재물이 크게 발달하고 황색은 화(火)가 토(土)를 낳는다.(火生土) 기가 막히게 되면 재물에 근심이 오고 서로 갈라지고 푸른색은 목(木)으로서 불(火)을 생하나 지나치게 성하면 주로 걱정과 슬픔이 있고 서로 깨어진다.

하얀백색은 금(金)의 색이니 옥과 같이 윤택하여야 바른 색이 되어 길하고 눈같이 가루분과 같은 좁쌀알이 일어나면 주로 부모님을 떠나서 효도하고 검은 색은 기를 빼 나가니 주로 재물을 깨뜨린다.

또 주로 큰 병이 생길 수 있으며 검붉은 적색은 불이 되어 금을 이기려(火훼金) 하니 주로 관재구설로 시달리고 집안의 아래에 속하는 사람이나 하찮은 물건에서 생기는 실상이 없는 일로 놀라기도 하여 백가지 일이 뜻과 같지 않고 푸른것은 목(木)이 되니 금(金)이 목(木)을 눌러 이기려 하므로 재물에 근심이 있다.

누런 황색은 토생금(土生金)으로 금(金)을 생하니 도모하는 일마다 이루어지고 백가지 일들이 마음에 맞아든다.

검은 흑색은 물의 색이니 옻칠을 한 듯 윤기 있게 마르지 않아야 바른 색이되어 길하게 된다. 만약 그을음이나 연기같은 어두운 색은 재난을 주재한다.

하얀 백색은 금으로서 수(水)를 생하니(金生水) 주로 재물과 녹봉을 소유할 수 있고 누런 황색은 토극수(土훼水)로 물이 흐르는 길을 막는 고로 주로 재난이 나타난다.

함께 살고 있는 여인이나 아이에게 질병이 생기고 넉넉한 생활이면 주로 깨뜨려 없애는 일이 나타나게 된다.

검붉은 적색은 화(火)의 기운에 속하니 매우 왕성하면 도리어 재물을 없애게 되고 심히 검붉으면 역시 관재가 생기지만 크게 해롭지 않은것은 화(火)는 쉬이 분산 되나니 겨울 세달(해 자 축월- 10, 11, 12월)은 기운이 세지 않은 까닭이다.

푸르면 막힌 기운이니 주로 재물을 깨뜨리고 또 재난이 되어 백가지 일이 뜻과 같지 않다.

겨울에 푸른 청색이 돌면 봄에 가족의 식구에게 도는 유행병을 예방하고자 악귀를 물리쳐 주기를 기원하는 제사를 지내도록 하여 구하는 것이 마땅하다.

사계절의 끝 한달간은 년상과 수상이 윤택한 황색으로 나타나는 것이 마땅하며 하얀 백색과 같으면 주로 상복을 입고 붉은 홍색이면 말썽으로 인한 소송이 미치고 주로 매독이나 창병에 걸려 재물을 깨뜨리고 만약 구슬같은 둥근 불꽃의 모양이 일어나는 사람은 주로 불의 재난(화재)을 조심하여야 한다.

푸른 청색은 주로 두려운 질병에 놀라게 되고 검은 흑색은 주로 큰병으로 인하여 생명이 위험하며 누런 황색은 질병으로 인하여 지나치게 여위게 된다. 이상의 기색이 비록 나타나지만 더욱 중요한 것은 신 의 색을 살피는 것이다.

색은 반듯한데 신이 벗어나면 색 역시 공할 뿐이로대 색이 바르지 못하여도 신 이 왕성하면 색이 나타내는 큰 재난도 결국은 능히 막을 수 있느니라.

▨ 十二宮剋應訣 ▨
십이궁극응결

一. 命宮 (명궁)

印堂平正命宮牢오　骨起天中是富豪라　中嶽明分懸左右하고
인당평정명궁뢰　　　골기천중시부호　　　중악명분현좌우

龍理紋穿五品曹라　只此少年高及하야　名揚天明世間褒라
용리문천오품조　　　지차소년고급　　　　명양천명세간포

又
우

印堂低陷兩眉旁하고　眉更堪交剋父娘이라　眉曲紋生田地破오
인당저함양미방　　　미경감교극부낭　　　　미곡문생전지파

勾絞橫亂被刑傷이라
구문횡난피형상

若生理痣他鄉死오　更見瘡痕卽禍殃이라　便佐爲官少超達하고
약생리지타향사　　　갱견창흔즉화앙　　　　편좌위관소초달

終須貧賤走忙忙이라
종수빈천주망망

　고르고 반듯한 인당은 견고한 명궁이요 골격이 일어나 천중으로 이어지면 큰 부자일 것이다. 쓸개가 매달린 듯한 중악(코)이 밝으며 좌 우가 분명하고 높게 오를 수 있는 힘차게 뻗은 모양이라면 오품의 벼슬은 한다.

　다만 이러한 것이 청년시절에 높이 있어야 널리 이름을 드날리어 세상 사람들이 기리게 된다.

　* 청년시절에 해당하는 약 15세~25세 전을 주재하는 이마의 높은 부분

　또 인당이 낮게 꺼지고 좌 우 눈썹이 멋대로 생기거나 또 서로 사귀면 아버지와 어머니를 극하게 된다.

　눈썹에 구부러진 주름이 나타나면 논 밭이 깨어지고 갈고리 같은 주름이 꼬여 가로로 어지러이 둘러 있으면 형벌로 상한다.

　만약 태어날때부터 사마귀가 있다면 타향에서 죽을까 염려되고 또 부스럼이나 종기로 흉터가 있으면 재앙을 만난다.

　어렸을때는 뛰어나게 발달하여 관리가 되어 편하게 다스리고 도우나 결국은 모름지기 가난하게 되어 매우 바쁘게 달음박질치게 된다.

二. 財帛 (재백)

財帛須發準頭中이니　風門容指正財豊이라　若還右曲妻財散
재 백 수 발 준 두 중　　　풍 문 용 지 정 재 풍　　　약 환 우 곡 처 재 산

이오　左曲渾來居老窮이라
　　　좌 곡 혼 래 거 노 궁

大體斜穿衣食薄이니　準頭枯露厚財空이라　準頭直透天庭貫
대 체 사 천 의 식 박　　　준 두 고 로 후 재 공　　　준 두 직 투 천 정 관

하고　紋亂交眼亦主凶이라
　　　문 란 교 안 역 주 흉

　재백궁은 모름지기 코끝 가운데가 일어나야하는 것으로서 바람이 드나드는(호흡) 모습이 반듯한 것은 풍부한 재물을 가리키는 것이다.

　만약에 오른쪽으로 돌아 굽으면 처와 재물이 흩어질 것이요 윈 쪽으로 굽으면 노년에는 궁색하게 살아갈 것이니 다가오는 미래의 삶

이 밝지 못하다.

커다란 몸이 기울면 해어진 옷에 두텁지 못한 밥을 먹으며 준두가 마르고 드러나면 두터워야 하는 재물이 비어 있는 것이다.

준두가 곧게 천정과 이어지고 눈에는 어지러이 생긴 주름이 서로 사귀면 역시 주로 흉한 것이다.

三. 兄弟 (형제)

眉長過目多兄弟오 頭尾鬢毛準下倫니라 右貌眉長年定永이오
미 장 과 목 다 형 제　　두 미 빈 모 준 하 륜　　우 모 미 장 년 정 영

愁容短促定貧窮이라
수 용 단 촉 정 빈 궁

相交兄弟他鄕死오 孤自粗疎自立門이라 兩顴紋生隨異母니
상 교 형 제 타 향 사　　고 자 조 소 자 립 문　　양 관 문 생 수 이 모

黑生紋亂必多迍이라
흑 생 문 란 필 다 둔

눈썹은 길어서 눈을 지나야 형제가 많고 생김새가 살쩍 머리아래를 향하여 있어야 순리적으로 생긴 것이다.

오른쪽의 눈썹모양이 아름다우면 어른이 되어도 오랫동안 편안할 것이요 짧고 급하게 생기면 궁하게 가난하여 수심으로 가득찬 얼굴이 된다.

양 눈썹이 가깝게 서로 사귀면 형제들이 제 각기 흩어져 타향에서 끝날 것이요 거칠고 듬성듬성 성기면 스스로 고독하고 스스로 일어나야 하는 어귀에 있게 되는 것이다.

양쪽 관골에 주름이 있으면 다른 어머니를 따르게 되니 색이 검어
지거나 주름이 어지러우면 반드시 머뭇거리며 지체되는 일이 많아지
는 것이다.

四. 父母(부모)

음양 부모궁(눈)은 뚜렷하고 분명해야 하는 것이 중요하며 희고 검
은 부분이 분녕하면 사리에 밝으므로 주로 귀하여 영화를 누린다.

감추어진 눈동자에 신 이 숨어 있으면 모름지기 부귀할 것이요 곁
눈질하거나 비껴보면 주로 벌을 받는 이름이 된다.

빼어나게 길어 봉황의 눈과 같으면 재주가 뛰어나 학문을 이룰 것
이요 작고 둥근 것이 거북이 눈과 같다면 사리를 정확하게 분별하는
능력이 매우 뛰어날 것이다.

붉은 실핏줄이 눈동자를 찌르면 모름지기 구부러지며 죽으니 어찌
함이 옳은지 물어오는 사람에게는 쉬라고 권하여라.

五. 男女(남녀)

五爲男女主三陽하니 寬薄何藏子息昌이라 若見臥蠶生在目하고
오 위 남 녀 주 삼 양　　관 박 하 장 자 식 창　　약 견 와 잠 생 재 목

更兼偃月有文章이라
갱 겸 언 월 유 문 장

黑子紋亂見多哭이오 深陷乾枯是少郞이라 紅薄定須生貴子오
흑 자 문 란 견 다 곡　　심 함 건 고 시 소 랑　　홍 박 정 수 생 귀 자

亦招華貴壽延長이라
역 초 화 귀 수 연 장

　　다섯 번째로 남녀궁이 되니 주로 삼양(태양 중양 소양 – 왼쪽 눈)이 속하며 넓고 얇으면 어찌 감추어진(드러나지 않은) 자식이 번창하다 하겠는가.

　　만약 와잠이 눈과 함께 있는 것이 나타나 보이고 또 겸하여 언월골(P.36 참조)이 있으면 문장이 빛난다.

　　검은 사마귀가 있거나 주름이 어지러우면 울어야 할 일이 많고 깊게 꺼지고 마르면 부족한 신랑이 될 것이다.

　　붉은 기운이 아름답게 퍼져 있으면 귀한 아들을 낳을 것이요 역시 머리가 희도록 존경받으며 수명도 길어질 것이다.

六. 奴僕(노복)

奴僕須看兩海門이니 端眉榮淨亦堪倫이라 若生紋亂多奴失이오
노복수간양해문　　　단미영정역감륜　　　약생문란다노실

穿陷偏斜牛馬傷이라
천함편사우마상

地庫平滿他自至오 承漿不陷有來因이라 那看五嶽朝天府오
지고평만타자지　　승장불함유래인　　　나간오악조천부

富貴榮華第一人이라
부귀영화제일인

　노복궁은 모름지기 입으로 들어가는 양쪽 어귀를 잘 살펴야 하니 맑은 빛의 눈썹이 단정하면 역시 순리대로 잘 감당해 낼 수 있다.

　만약 어지러운 주름이 나타나면 많은 노비를 잃을 것이요 구멍이 패이거나 꺼지거나 한쪽으로 기울어지면 소나 말이 다치게 된다.

　지고가 고르게 꽉 차면 타인으로 말미암아 이르는 것이요 승장이 꺼지면 다가올 인연이 나타나지 않는다.

　어떻게 살피느냐면 다섯 개의 산악이 서로 도우면 하늘이 주는 곳간이므로 부귀 영화를 누릴 수 있는 첫 번째의 사람이다.

七. 妻妾(처첩)

魚尾妻宮要廣平이니 光圓一寸是奸門이라 黑生紋亂妻須尅이오
어미처궁요광평　　　광원일촌시간문　　　흑생문란처수극

紋陷凹低被産驚이라
문함요저피산경

潤澤外家財寶進이오 凶紋自己 主徒刑이라 奸門擧劍招凶婦니
윤택외가재보진　　　흉문자기　주도형　　　간문거검초흉부

若不生凶也害名이라
약불생흉야해명

　　어미는 처(아내)의 궁이니 넓고 평평한 것이 중요하며 어미에서 밝고 원만한 손가락 마디하나 정도의 넓이가 간문이 된다.

　　검어지거나 주름이 어지러이 나타나면 모름지기 처를 극할 것이요 주름이 낮게 움푹 패어 깎이면 아이를 생산할 때 놀랄 일이 있다.

　　처첩궁의 주위가 윤택하면 집안의 재물 보화가 날로 늘어날 것이요 흉한 주름은 자신의 몸을 주로 고된 노동의 벌을 받게 한다.

　　간문의 날카로운 칼처럼 세워진 주름은 좋지 못한 처를 부르니 만약 흉하게 살지 않으면 이름을 더럽힌다.

　　* 처첩으로 인한 고통을 안고 살아 가아하는 어려움이 있으며 없을 때는 자신의 몸이 상하거나 명예스럽지 못한 일로 이름을 더럽힐 수 있다는 것이다.

八. 疾厄(질액)

爲人疾厄在山根이니　平滿分明少禍連이라　橫立交如遭疾厄이오
위 인 질 액 재 산 근　　평 만 분 명 소 화 연　　횡 립 교 여 조 질 액

黑生總是死風瘟이라
흑 생 총 시 사 풍 온

若然凹陷須哀哭이니　更與淚堂同其論이라　直聳印堂微微見하면
약 연 요 함 수 애 곡　　갱 여 누 당 동 기 론　　직 용 인 당 미 미 견

高名千古鎭長存이라
고 명 천 고 진 장 존

　사람에게 해당하는 질액궁은 산근이니 고르게 꽉 차서 분명하면
재난이 이어지지 않는다.

　가로나 세로의 주름이 서로 엇갈리면 질병의 고통을 만날 것이요
검게 나타나는 모든 것은 질병으로 위험할 것을 암시한다.

　만약 자연적으로 함몰되었거나 꺼져 있다면 모름지기 슬프게 울
것이니 다시말해 누당을 설명한 말과 같다.

　질액궁(산근)이 곧게 솟아 인당과 그윽하게 만나면 높아진 이름이
오랜 세월 메워져 영원히 남을 것이다.

遷移魚尾在傍邊하니 入鬢如豊祿位遷이라 懸在天倉俱標甲
천 이 어 미 재 방 변　　　　　입 빈 여 풍 록 위 천　　　　　현 재 천 창 구 표 갑

이면 名揚天下是英賢이라
　　　　명 양 천 하 시 영 현

倉門穿陷主無祿이오 毛髮枯焦亦少錢이라 出入更兼傷必死니
창 문 천 함 주 무 록　　　　　모 발 고 초 역 소 전　　　　　출 입 경 겸 상 필 사

庶人離屋少庄田이라
서 인 이 옥 소 장 전

　천이궁은 어미 곁 가로에 있으니 빈발도 속하며 자리가 오르면 녹봉도 넉넉해질 것이다. 천이궁 곁에 있는 천창까지 보기좋게 잘생겨 있으면 어질고 뛰어나 이름을 천하에 드날릴 것이다.

　천창 어귀가 구멍처럼 패이거나 꺼지면 주로 녹봉이 없고 머리털까지 메마르면 역시 돈이 없다. 들어가나 나가나 언제나 위험하여 대체로 목숨이 위태로우며 평범한 사람은 집을 떠나야 하고 토지도 없을 것이다.

十. 官祿(관록)

官祿須看額廣平이니 天庭方正位公卿이라 山林武庫隨神起오
관 록 수 간 액 광 평　　　　　천 정 방 정 위 공 경　　　　　산 림 무 고 수 신 기

驛馬龍宮招外客이라
역 마 용 궁 초 외 객

削弱陷坑無六位오　骨低額窄少前程이라　更兼多黑縱紋起면
삭 약 함 갱 무 육 위　　골 저 액 착 소 전 정　　경 겸 다 흑 종 문 기

任是爲官也剝名이라
임 시 위 관 야 박 명

　관록궁은 모름지기 이마가 넓고 고르게 평평한지 잘 살펴야 하니
천정이 모가 난 듯 반듯하면 직위가 공경이다.

　산림은 무기를 두는 창고로서 신령스런 기운이 일어나고 맴도는
곳이요 역마가 가장 중요한 부위로서 멀리 있는 나그네도 불러들이
는 곳이다.

　약하고 깎이어 구덩이처럼 패여 있으면 육위도 가지지 못하고 머
리의 골격이 낮고 이마가 좁으면 앞으로 가야할 운명이 보잘것없는
것이다. 또 겸하여 매우 검거나 세로 주름이 생겨나면 맡고 있던 관
직명마저 떨어져 나갈 것이다.

　* 육위(六位) : 君 臣 父 子 夫 婦 (군 신 부 자 부 부)

十一. 福德(복덕)

福德宮中看倉庫니　命門顴骨看龍堂하라　方平五指爲朝貴니
복 덕 궁 중 간 창 고　　명 문 관 골 간 용 당　　방 평 오 지 위 조 귀

定出三公作正郞이라
정 출 삼 공 작 정 랑

虧陷元來無六位오　斑痕生處少衣粮이라　凡看爵祿須看此니
휴 함 원 래 무 육 위　　반 흔 생 처 소 의 량　　범 간 작 록 수 간 차

有祿終須福壽長이라
유 록 종 수 복 수 장

복덕궁은 천창과 지고의 사이를 잘 살피고 명문과 관골을 매우 중요한 부위로 살펴라.

관골에서 명문의 사이가 평평하게 다섯 손가락 정도의 넓이는 되어야 귀한 사람으로 존경 받을 수 있으니 올바른 사람은 삼공의 작위까지 출세할 것이다.

이지러지고 패이면 원래부터 육위(P. 322참고설명참조)는 가질 수 없는 것이요 얼룩이나 흉터가 생겨나면 옷과 식량이 줄어들게 된다.

무릇 벼슬의 녹봉을 알려면 모름지기 이러한 것을 살펴야 하니 끝날 때 까지 녹봉을 받으며 수명이 다하도록 복록을 누릴 것이다.

十二. 相貌(상모)

凡人相豫最難窮하니　細認三方十二宮하라　三主星辰無缺陷
범 인 상 예 최 난 궁　　　세 인 삼 방 십 이 궁　　　삼 주 성 신 무 결 함

이면　一生衣食住豊隆이라
　　　　일 생 의 식 주 풍 륭

五星切忌相刑剋이니　部位停分驗吉凶하라　此是神仙眞妙訣
오 성 절 기 상 형 극　　　부 위 정 분 험 길 흉　　　차 시 신 선 진 묘 결

이니　等閒不與誨朦朧하라
　　　　등 한 불 여 회 몽 롱

무릇 사람의 모양을 보고 미리 안다는 것은 내면의 실체까지 연구

하기가 최고로 어려우니 삼방 십이궁은 세밀하게 인식하고 있어야
한다. 삼주와 성신에 결함이 없으면 일생 의 식 주가 넉넉하게 융성
할 것이다.

오성이 베이면 꺼리는 모양으로 이기고 벌받으니 나누어서 정해진
부위를 징표로 길 흉을 살펴라.

이것이 바로 신선들이 펴는 값지고 오묘한 말씀이니 틈 사이로
몰래 모여드는 무리나 정신이 흐리멍덩하면 가르치지 말아야 할 것
이다.

結偈(결게)

鐵舶鐵風이　飛黑海하니　　月明萬里故人來라
철 박 철 풍　　비 흑 해　　　월 명 만 리 고 인 래

爾須先以相家常格部位로　入在門戶而復以此로　悟神而化之면
이 수 선 이 상 가 상 격 부 위　　입 재 문 호 이 부 이 차　　오 신 이 화 지

往古來今이　盡在目中矣리라　時授之於銅柱山中紫龍洞하노라
왕 고 래 금　　진 재 목 중 의　　　시 수 지 어 동 주 산 중 자 룡 동

己上은　達摩祖師의　相法이라
기 상　　달 마 조 사　　　상 법

단단한 철로 만들어진 배는 굳센 바람에도 검은 바다를 나르니 달
밝은 밤에 만리 밖의 친구를 오게 한다.

사람의 바탕을 보는 너는 모름지기 먼저 부위를 항상 속속들이 깊
이 연구하면서 학문을 배우기 시작하여 다시 또 배우고 모양을 바꿔
게 하는 신 을 깨달으면 예부터 지금까지 모든 것이 눈 가운데 있다

는 것을 알 수 있을 것이다.

동주산중 자룡동에서 이것을 줄 때가 되었노라. 그것은 바로 달마조사 상법이다.

* 단단한 쇠로 만들어진 배는 굳센 바람에도 검은 바다를 건너 만리 밖의 친구도 만날 수 있게 하는 것처럼 학문에 있어서 기초가 단단한 쇠로 만들어진 배와 같다면 아무리 멀리 있어 보이지 않는 것도 드러나게 되는 것이니 부위를 세밀하게 연구하여 기초를 튼튼히 하고 신 에 따라 모양이 변해가는 이치와 눈이 매우 중요하다는 것을 알아야 할 것이다.

이제 사람의 바탕을 보는 학문의 큰 줄기를 전한 것이니 위의 본문이 달마조사의 상법이다.

신간교정증석합병
마의선생신상편권지삼

新刊校正增釋合併麻衣先生神相編卷之三

🔲 論四肢 🔲
논사지

夫手足者는 謂之四肢니 以象四時하고 加之以首하야 謂之五
부 수 족 자　　위 지 사 지　　이 상 사 시　　가 지 이 수　　　위 지 오

體하야 以象五行故로 四時不調則萬物이 失關하고 四肢不端
체　　　이 상 오 행 고　　사 시 부 조 즉 만 물　　실 궐　　　사 지 부 단

則 一身이 困苦하며 五行이 不利則萬物이 不生하고 五體不
즉 일 신　　곤 고　　　오 행　　불 리 즉 만 물　　불 생　　　오 체 불

稱則一世窮賤하나니 是以로 手足이 亦象木之枝幹也라 多節
칭 즉 일 세 궁 천　　　시 이　　수 족　　역 상 목 지 지 간 야　　다 절

者를 名爲不材之木이나 然이나 手足은 欲得軟而滑淨하고
자　　명 위 부 재 지 목　　연　　　수 족　　욕 득 연 이 활 정

筋骨이 不露하며 其白이 如玉하고 其直이 如幹하며 其滑이
근 골　　불 로　　　기 백　　여 옥　　기 직　　여 간　　　기 활

如苔하고 其軟이 如綿者는 富貴之人也오 其或硬而粗大하고
여 태　　　기 연　　여 면 자　　부 귀 지 인 야　　기 혹 경 이 조 대

筋纏骨出하며 其粗如土하고 其硬如石하며 其曲如柴하고
근 전 골 출　　　기 조 여 토　　기 경 여 석　　　기 곡 여 시

其肉如腫者는 貧下之徒也니라
기 육 여 종 자　　빈 하 지 도 야

　무릇 손과 발이라는 것은 두 손과 두발(四肢)를 일러 말하는 것이니 때에 따라 변하는 사계절의 모양을 생각하고 머리를 더하여 오체(두 손 두 발 머리)라고 말하며 이것이 오행의 모양인 고로 사계절의 만물이 조화롭지 못하면 발끝이 걸린듯 비틀거리고 사지(두손, 두발)가 단정하지 못하면 몸이 곤란하여 고생스러우며 오행이 원만하지 못하면

만물에 이롭지 못하여 자라나지 않고 오체(두손, 두발, 머리)가 고르지 않으면 한평생 궁하고 천하나니 이것으로 손과 발은 역시 나무의 줄기와 가지를 닮아야 하는 것이다.

마디가 많으면 자질이 부족한 나무의 이름이 되나 이에 손과 발은 부드럽고 깨끗하게 반드러워야 하고 힘줄과 골격이 드러나지 않아야 하며 하얀 빛이 옥과 같고 곧음이 줄기와 같아야하며 매끄러움이 이끼와 같고 부드러움이 솜과 같은 사람은 부와 귀를 누리는 사람이요 혹 굳세거나 거칠게 크고 얽혀 있는 힘줄과 뼈가 튀어나오며 거친 것이 흙과 같고 억세고 굳은 것이 돌과 같으며 굽은 것이 땔나무 가지와 같고 살비듬에는 종기가 난 것과 같은 사람은 가난하고 하천한 사람의 무리이다.

* 사람을 볼 때 몸은 체(體)로 보고 손과 발은 용(用)으로 봅니다.

圖 論手 圖
논수

手者는 其用이 所以執持오 其情이 所以取舍라 故로 纖長者
수자　기용　　소이집지　기정　소이취사　고　섬장자

는 性寬而好施하고 短厚者는 性鄙而好取하며 手垂過膝者는
성관이호시　단후자　성비이호취　수수과슬자

世間英豪오 手不過腰者는 一身貧賤이며 身小而手大者는
세간영호　수불과요자　일신빈천　신소이수대자

福祿하고 身大而手小者는 淸貧하며 手香暖者는 淸華하고
복록　신대이수소자　청빈　수향난자　청화

手臭汗者는 濁下하며 指纖而長者는 聰俊하고 指短而禿者는
수 취 한 자　탁 하　지 섬 이 장 자　총 준　지 단 이 독 자

愚頑이며 指柔而密者는 蓄積하고 指硬而疏者는 破敗하며
우 완　지 유 이 밀 자　축 적　지 경 이 소 자　파 패

指如春筍者는 淸貴하고 指如鼓撻者는 愚頑하며 指如剝葱者
지 여 춘 순 자　청 귀　지 여 고 달 자　우 완　지 여 박 총 자

는 食祿하고 指如竹節者는 貧賤하며 手薄硬如鷄足者는 無智
식 록　지 여 죽 절 자　빈 천　수 박 경 여 계 족 자　무 지

而貧하고 手握强如猪蹄者는 愚魯而賤하며 軟滑如綿囊者는
이 빈　수 악 강 여 저 제 자　우 노 이 천　연 활 여 면 낭 자

至富하고 手皮連如鵝足者는 至貴하며 掌長而厚者는 貴고
지 부　수 피 연 여 아 족 자　지 귀　장 장 이 후 자　귀

掌短而薄者는 賤하며 掌硬而圓者는 愚하고 掌軟而方者는 富
장 단 이 박 자　천　장 경 이 원 자　우　장 연 이 방 자　부

하며 四畔이 豊起而中注者는 富有하고 四畔이 肉薄而中平
사 반　풍 기 이 중 주 자　부 유　사 반　육 박 이 중 평

者는 財散하며 掌潤澤者는 富貴하고 掌乾枯者는 貧窮하며
자　재 산　장 윤 택 자　부 귀　장 건 고 자　빈 궁

掌紅如噀血者는 榮貴하고 掌黃如拂土者는 至賤하며 手薄削
장 홍 여 손 혈 자　영 귀　장 황 여 불 토 자　지 천　수 박 삭

者는 貧하고 長厚者는 富하며 手粗硬者는 下賤이오 手軟細者
자　빈　장 후 자　부　수 조 경 자　하 천　수 연 세 자

는 淸貧하며 掌靑色者는 貧苦하고 白色者는 寒賤하며 掌中
청 빈　장 청 색 자　빈 고　백 색 자　한 천　장 중

當心에 生黑子者는 智而富하고 掌中四畔에 生橫理者는
당 심　생 흑 자 자　지 이 부　장 중 사 반　생 횡 리 자

愚而貧이라 詩曰 貴人十指軟纖纖하니 不但淸閒福自添이라
우 이 빈　시 왈 귀 인 십 지 연 섬 섬　부 단 청 한 복 자 첨

損折定非君子相이니 兇愚可斷不須嫌이라
손 절 정 비 군 자 상　　흉 우 가 단 불 수 혐

大抵人手는 欲軟而長膊이며 欲平而厚骨이며 欲圓이 低니
대 저 인 수　　욕 연 이 장 전　　　욕 평 이 후 골　　　욕 원　　저

腕節은 欲小오 指節은 欲細며 龍骨은 欲長이오 虎骨은 欲短
완 절　욕 소　　지 절　욕 세　　용 골　욕 장　　호 골　욕 단

이니 骨露而粗하고 肋浮而散하며 紋細如絲하고 肉枯如削은
　　골 로 이 조　　　륵 부 이 산　　　문 세 여 사　　　육 고 여 삭

非美相也라 昔在王克正이 死에 身後無主라 其家ㅣ 修佛事할새
비 미 상 야　석 재 왕 극 정　사　신 후 무 주　기 가　　수 불 사

惟一女ㅣ 跪爐於像前이러니 陳搏이 入弔라가 出語人曰
유 일 녀　케 로 어 상 전　　　진 박　입 조　　출 어 인 왈

王氏女를 吾雖不見其面이나 但觀其捧爐手하니 相甚貴라
왕 씨 녀　　오 수 불 견 기 면　　단 관 기 봉 로 수　　상 심 귀

若果男子면 白衣入翰林이오 女子라도 嫁卽爲夫人이라하더니
약 과 남 자　백 의 입 한 림　　여 자　　가 즉 위 부 인

後陳晋公이 爲參知政事에 無妻라 太宗曰 王克正은 江南舊族
후 진 진 공　위 참 지 정 사　　무 처　태 종 왈 왕 극 정　강 남 구 족

이오 一女令淑하니 卿可作配하라하고 敦諭再三하야
　　일 여 영 숙　　경 가 작 배　　　돈 유 재 삼

遂納爲室이러니 不數日에 封郡夫人하고 手垂下膝은 蜀先主
수 납 위 실　　　불 수 일　봉 군 부 인　　수 수 하 슬　촉 선 주

劉備의 身長이 七尺五寸이오 手垂過膝하며 自顧見其耳하고
유 비　신 장 칠 척 오 촌　　수 수 과 슬　　자 고 견 기 이

手白如玉者는 貴하며 手直如筍하면 福壽하고 手滑如苔하면
수 백 여 옥 자　귀　　수 직 여 순　　복 수　　수 활 여 태

福壽하며 龍長虎短이니 臂至肘ㅣ 名이 龍骨이니 象君이라
복 수　　용 장 호 단　　비 지 주　명　용 골　　상 군

欲長而大오 肘至腕이 名이 虎骨이니 象臣이라 欲短而小니라
욕장이대　주지완　명　호골　상신　욕단이소

又云手紋亂剉면 合有福祿이오 永無災禍하며 有橫理紋이면
우운수문난좌　합유복록　영무재화　유횡리문

殺害不須論이오 手有縱理紋者는 位至三公이라 相手有仰하
살해불수론　수유종리문자　위지삼공　상수유앙

고 手行不裝粮하니 手中有仰者는 難得也오 手有三的約이면
수행부장량　수중유앙자　난득야　수유삼적약

必使奴僕하고 (指上紋이 有三行하야 各三道 –是也라) 手一
필사노복　지상문　유삼행　각삼도　시야　수일

約이면 必爲奴며 十指三約이면 並通財食無窮하고 手如虎屈
약　필위노　십지삼약　병통재식무궁　수여호굴

하면 貧寒至骨하며 男手如綿囊하면 祿位至公王이오 (上相
빈한지골　남수여면낭　녹위지공왕　상상

이니 庶人은 名富貴也라) 女手如竿鎗하면 福祿智無疆이라
서인　각부귀야　여수여간쟁　복록지무강

手骨敧橫賤이오 龍呑虎必榮이라 纖纖十指潤하면 知識使人
수골의횡천　용탄호필영　섬섬십지윤　지식사인

驚이오 無骨應斜側이면 貧寒體不平이오 虎强龍又弱하면 尤
경　무골응사측　빈한체불평　호강용우약　우

自望榮昌이라
자망영창

　손이라는 것은 그 쓰이는 바가 집어서 가지는 것이요 그 뜻은 가지
고 버리는 것이다.

　그런 고로 가늘고 긴 사람은 성품이 너그럽고 베푸는 것을 좋아하
고 짧고 두터운 사람은 성품의 도량이 좁고 가지는 것을 좋아하며 손

이 길어 무릎이 지나도록 긴 사람은 세상 사람이 사는 가운데서 영웅 호걸이다.

손의 길이가 짧아 허리를 지나지 못하면 가난하고 천한 몸이며 몸이 작고 손이 큰 사람은 복록이 있고 몸은 큰데 손이 작은 사람은 맑고 가난하며 손이 따뜻하고 향기가 나는 사람은 대대로 지체가 높은 가문이며 손에 땀이 나고 좋지 못한 냄새가 나면 품격이 낮고 탁한 사람이며 손가락이 가늘고 긴 사람은 총명하여 뛰어나고 손가락이 짧고 민머리처럼 뭉뚱한 사람은 둔하고 어리석으며 손가락이 부드럽고 꽉 죄이(손가락을 붙여서 폈을때 사이가 뜨지 않는 모양)는 사람은 재물을 많이 모아 쌓고 손가락이 작게 굳세고 사이가 뜨는 사람은 재물이 깨어지며 손가락이 봄에 돋아나는 죽순과 같이 생긴 사람은 맑고 귀하고 손가락이 북을 두드리는 북채와 같이 생긴 사람은 고집이 세어 어리석으며 손가락이 벗긴 파 것처럼 생긴 사람은 받아 먹을 급료가 있고 손가락이 대나무처럼 마디가 있는 사람은 가난하고 천하며 손이 얇고 딱딱하여 닭발과 같이 생긴 사람은 지혜롭지 못하여 가난하고 손을 맞잡았을때 돼지 발굽에 밟힌듯 강한 사람은 어리석고 미련하여 천하며 부드럽고 매끄러워 솜 주머니를 만지는 것과 같은 사람은 지극한 부자이고 손의 살가죽이 오리 발처럼 이어진 사람은 지극히 귀하며 손바닥이 길고 두터운 사람은 귀하고 손바닥이 얇고 짧은 사람은 천하며 손바닥이 억세고 둥근 사람은 어리석고 손바닥이 부드럽고 모가 난 사람은 넉넉하며 손바닥 네 테두리가 밭두둑처럼 풍륭하게 일어나 손바닥 가운데로 기운이 모여지는 사람은 재물을 넉넉하게 소유하며 손바닥 네 테두리의 살비듬이 얇고 가운데가 평평

한 사람은 재물이 흩어지며 (손바닥 가운데가 凹자 처럼 생겨야 한다.)손바
닥이 윤택한 사람은 부귀하고 손바닥이 메마른 사람은 궁색하게 가
난하며 손바닥이 피를 뿜은 듯 붉은 사람은 귀하여 이름이 드러나고
움켜쥔 흙을 떨어 버리고 난 뒤에 나타나는 누런 손바닥은 지극히 천
하며 손이 깎은 듯 얇은 사람은 가난하고 길고 두터운 사람은 넉넉하
며 손이 거칠고 굳세면 품격이 떨어지는 매우 천한 사람이요 손이 가
늘고 부드러운 사람은 맑고 가난하며 손바닥이 푸른색이면 가난하여
고생하고 하얀색이면 생각이 온전하지 못하고 천박하며 심장에 해당
하는 손바닥 가운데에 검은 점이 있는 사람은 지혜로워 넉넉하고 손
바닥 안 네 귀퉁이에 가로 주름이 있는 사람은 어리석고 가난하다.

시로 가로대 귀한 사람은 열손가락이 부드럽고 가냘프게 생긴 고
운 손이나 단 한가한 맑음 속에는 복은 더 이상 더해 지지 않는다.

*너무 맑은 손 모양은 복록이 더이상 두터워지지 않는다는 뜻입니다.

덜어지고 쪼개진 모양은 군자의 상이 아니니 우둔하고 미련한 사
람으로 잘못 판단하지 않았는지 의심하지 않아도 된다.

대체적으로 사람의 손은 손가락이 길고 부드러워야 하며 뼈를 덮
고 있는 살비듬이 고르게 두터워야 하며 손목 뼈마디는 구부리면 둥
글고 작아야 하고 손가락 마디는 가늘어야 하며 용골(어깨에서 팔꿈치
까지)은 길어야 하고 호골(팔꿈치에서 손목까지)은 짧아야 한다.

뼈가 드러나거나 거칠고 힘줄이 꾸불꾸불 비틀거리며 흩어져 떠
있고 손금이 가는 실과 같으며 살비듬이 깎인듯 메마른 것은 아름다
운 모양이 아니다.

옛날에 왕극정이라는 사람이 있었는데 죽어서 넋이 없는 몸만 남

았다.

그 집에 불법을 공부하며 마음을 닦는 홀로 사는 한 여식이 부처님 탱화 앞에서 무릎 꿇고 향을 피우니 진박이 위로하러 들어가 왕씨녀에게 말을 하기를 내가 비록 얼굴은 볼 줄 모르지만 단 향을 받드는 그 모습을 자세히 살펴보니 매우 귀한 모양이었다.

만약 남자로 태어났다면 깨끗하고 허물없는 선비가 될 것이오.

여자라도 시집을 가면 귀한 사람의 아내가 될 것이라 하더니 후에 진진공이 참지정사(벼슬직위명)가 되어도 아내가 없었다.

태종이 말씀하시길 왕 극 정은 옛적에 강남의 귀족이었으나 지금은 그 여식이 하나 있는데 착하기 그지없어 훌륭하니 그대(진 진 공)의 배필로 삼아라고 하는 임금의 말씀에 세 번 절하고 받들어 좇아 아내로 들이니 이삼일이 안 되어 군부인으로 봉해지고 손이 길어 무릎을 지난다는 것은 촉나라를 세운 유 비의 키는 칠척 오촌이고 손이 길어 무릎을 지났으며 돌아보면 저절로 귀가 보이고 손은 희어서 옥과 같은 사람은 귀하며 손은 곧게 뻗은 죽순의 모양과 같으면 복록과 수명이 길고 손이 매끄러워 이끼와 같아도 복록과 수명이 길며 용골(어깨에서 팔꿈치까지)이 길고 호골(팔꿈치에서 손목까지의 길이)이 짧아야 하니 용골은 상군(윗사람의 모양)이므로 길고 커야 하고 호골은 상신(아랫사람의 모양)이므로 짧고 작아야 한다는 것이다.

또 손바닥의 주름이 여럿이 꺾여서 널려 있으면 반드시 복록이 있어 재앙과 흉액이 오래도록 없을 것이며 가로 주름이 생겨 있으면 허물어뜨리는 해로움이니 말하지 마라.

손바닥의 주름이 세로로 이어져 있는 사람은 삼공의 지위에 있을 사람이요 손의 모양은 예쁘게 잘 생겼는데 손의 움직임이 식량을 준비하지 못하는 것은 손 가운데가 우러르게 잘생긴 사람은 얻기가 어렵다는 것이다.

손에 세 가지의 선이 확실하게 갖추어지면 반드시 노복(하인 종)을 부리고 (세가지의 선이 확실하다는 것은 세 개의 작용이 제대로 이루어지고 있음을 말한다. 감정선 수명선 두뇌선) 손의 주름이 한 개만 있으면 종(하인)이며 열 손가락이 세 개의 선을 아름답게 갖추고 있으면 재물과 음식을 함께 아울러 궁하지 않고 손이 움츠려있는 호랑이같이 오그라들어 있으면 지극히 춥고 가난한 뼈이며 남자의 손이 솜 주머니 같으면 지극히 높은 왕을 받드는 높은 벼슬에 올라 녹봉을 받는다.

(품격이 높은 모양으로 평범한 사람이 이러하면 이름 있는 부자이며 귀인이다.)

여인의 손이 쇠막대기 같으면 복록과 지혜가 굳세지 못하다.

손의 뼈가 기울어 있으면 가로막혀 천하고 용골이 잘생겨 호골을 삼킬듯 하면 반드시 영화롭다.

*용골-어깨에서 팔꿈치까지 길고 호골-팔꿈치에서 손목까지 짧은 모양

가느다란 열 개의 손가락이 윤택하면 사물의 도리를 신속하게 따를 줄 아는 사람이요 곁에서 비껴(옆으로) 보며 응대하는 뼈가 없어야 하는것은 고르지 못하여 춥고 가난한 집안의 몸이되기 때문이다.

용골이 강하고 호골이 약하면 더욱 스스로 바라고 기대하는바 번창하고 영화롭다.

手中有紋者는 亦象木之有理라 木之紋美者를 名爲奇材니 手
수중유문자　역상목지유리　목지문미자　명위기재　수

之有美紋은 乃貴質也라 故로 手不可無紋이니 有紋者는 上相
지유미문　내귀질야　고　수불가무문　유문자　상상

이오 無紋者는 下相이니 深而細者는 吉하고 紋粗而淺者는
무문자　하상　심이세자　길　문조이천자

賤하며 掌上三紋者는 上畫은 應天하니 象君象父라 定其貴賤
천　장상삼문자　상획　응천　상군상부　정기귀천

也오 中畫은 應人하니 象賢象愚라 辨其貧富也오 下畫은 應
야　중획　응인　상현상우　변기빈부야　하획　응

地하니 象臣象母라 主有壽夭也니 三紋이 瑩淨無紋破者는
지　상신상모　주유수요야　삼문　형정무문파자

福祿之相也오 縱理多者는 性亂而災하고 橫理散亂者는 百事
복록지상야　종리다자　성난이재　횡리산란자　백사

破散하며 紋細如亂絲者는 聰明美祿하고 紋粗如礫者는 愚魯
파산　문세여난사자　총명미록　문조여력자　우노

濁賤하며 紋如亂挫者는 一世貧寒하고 紋如散糠者는 一生快
탁천　문여난좌자　일세빈한　문여산강자　일생쾌

樂하며 有穿錢紋者는 主進資財하고 有端笏紋者는 文官朝列
락　유천전문자　주진자재　유단홀문자　문관조열

이며 十指上이 如旋螺者는 榮貴하고 旁瀉如筐篰者는 破財
십지상　여선라자　영귀　방사여광방자　파재

하며 十指上에 橫紋三鉤者는 貴使奴僕하고 十指上에 紋橫
십지상　횡문삼구자　귀사노복　십지상　문횡

一鉤者는 賤被驅使하며 有龜紋者는 將相하고 有魚紋者는
星郎이며 有偃月紋, 車輪紋者는 吉慶하고 有陰騭紋 延壽紋
者는 福祿하며 有印紋者는 貴하고 有田紋者는 富하며 有井
紋者는 福하고 有十紋者는 祿하며 有玉策紋이 上貫指者는
名光萬國하고 有按劍紋이 加權印者는 領軍四海하며 有結關
紋者는 兇逆而妨害하고 有夜(叉)紋者는 下賤而偷竊이니 大
凡紋雖好而或冲破者는 皆有缺陷無成之相也라

손 바닥에 주름을 갖고 있는 사람은 역시 나무가 나타내는 이치를 갖추고 있는 모양이다. 아름다운 무늬를 가진 나무와 같은 사람은 뛰어난 재목이 되어 불리어지니 손에 있는 아름다운 주름은 곧 귀한 바탕을 나타내는 것이다.

그러므로 손에 주름이 없는 것은 마땅하지 못한 것이니 주름이 있는 사람은 상격의 모양을 갖춘 사람이요 주름이 없는 사람은 하격의 모양이니 깊고 가는 사람은 길하고 주름이 거칠고 얕은 사람은 천하며 손바닥 위에 세 개(천문, 인문, 지문)의 주름이 있는데 맨 위의 선은 하늘의 뜻을 나타내는 것으로 임금과 아비가 되어 귀함과 천함의 정도를 나타낸다.

* 천문(天紋) : 감정선

가운데의 선은 사람의 뜻을 나타내는 것으로 어질고 어리석음의 모양이 되어 가난함과 부자를 분별할 수 있다.

* 인문(人紋) : 두뇌선

아래의 선은 대지(땅)의 뜻을 나타내는 것이니 어머니와 신하의 모양이 되어 수명의 길고 짧음을 주재한다.

* 지문(地紋) : 수명선

세 개의 주름이 깨끗하고 밝으며 깨어지는 주름이 없는 사람은 복록의 상이다.

세로로 늘어진 주름이 많은 사람은 함부로 하는 성정으로 재난이 있고 가로 주름이 어지럽게 흩어져 있는 사람은 백 가지 일이 흩어져 깨어지며 가는 주름이 실이 이어진 것 같은 사람은 총명하고 아름다우며 녹봉(봉급)이 있고 손이 조약돌처럼 딴딴하고 주름마저 거친 사람은 어리석고 바보같이 흐리멍덩하여 천하며 주름이 꺾이고 부러져 어지러운 사람은 당대에 춥고 가난하고 쌀겨를 뿌려 놓은 것 같은 사람은 살아 있는 동안 유쾌하고 즐거우며 구멍 뚫린 돈과 같은 주름이 있는 사람은 주로 재물이 쌓여져 가고 반듯한 홀의 모양 같은 주름이 있는 사람은 문관으로서 아침이면 임금님 앞에 서 있을 것이다.

*홀(笏) : 신하가 임금을 뵐 때 조복에 갖추어 손에 쥐는 물건

열 손가락 위에 소라의 돌기와 같은 사람은 융성하게 일어나 귀하고 그렇지 못하여 키 광주리처럼 두루 쏟아지는 사람은 재물을 깨뜨리며 열 손가락 위에 세 개의 갈고리 같은 주름을 가진 사람은 노비와 종을 부리는 귀인이고 열 손가락 위에 한 개의 갈고리 같은 가로 주름이 있는 사람은 노고(勞苦)가 많을 것이다.

구문을 가진 사람은 장수나 재상이 되고 어문을 가진 사람은 중요
한 직책을 가진 사람이며 언월문을 가진 사람, 차륜문을 가진 사람은
아주 길하여 경사스럽고 음즐문을 가진 사람, 연수문을 가진 사람은
복록이 있으며 인문을 가진 사람은 귀하고 전문을 가진 사람은 부자
이며 정문을 가진 사람은 복이 있고 십문을 가진 사람은 녹봉이 있으
며 옥책문이 손가락 위까지 통과하는 사람은 이웃나라까지 그 이름
이 빛나고 막강한 권세를 더하는 안검문이 있는 사람은 사해의 군사
를 다스리며 결관문을 가진 사람은 나쁜 무리가 배반하여 방해하고
야차문이 있는 사람은 남의 것을 훔치는 하천한 사람이니 넓은 의미
에서 비록 주름은 좋으나 혹 깨어지고 잘리는 사람은 모두가 결함이
있는 이루기 어려운 상이다.

▣ 論手背紋 ▣
논수배문

手背之紋은 其驗이 尙矣라 故로 有人和之理하니 五者 - 皆
수배지문　기험　　상의　　고　　유인화지리　　　오자　　개

近於上兩節者는 謂之龍紋이니 主爲天子之師오 下節은 爲公
근어상양절자　　위지용문　　　주위천자지사　　하절　　위공

侯며 中節은 爲使相이오 無名指者는 至卿監하고 小指者는
후　중절　위사상　　　무명지자　　지경감　　　소지자

主朝郎하며 大指者는 巨富오 手背五指皆有橫紋旋繞者는 主
주조랑　　대지자　거부　수배오지개유횡문선요자　　주

封侯王位하며 理貫者는 主拜相이오 手背食指之本을 亦謂之明
봉후왕위　　이.관자　주배상　수배식지지본 역위지명

堂이니 有異紋黑子者는 主才藝高貴오 若能成飛 禽字體者는
당　　유 이 문 흑 자 자　　주 재 예 고 귀　　약 능 성 비　금 자 체 자

又爲淸顯之貴며 大指本에 有橫紋者는 謂之空谷紋이니 至裕
우 위 청 현 지 귀　　대 지 본　　유 횡 문 자　　위 지 공 곡 문　　　지 유

無所不納이라 主大富하고 有繞腕紋이 周旋不斷者는 謂之玉
무 소 불 납　　주 대 부　　　유 요 완 문　　주 선 부 단 자　　위 지 옥

釧紋이니 主人敬愛오 一紋二紋者는 主朝暮之榮하며 三紋以
천 문　　　주 인 경 애　　일 문 이 문 자　　주 조 모 지 영　　　삼 문 이

上者는 主翰苑之貴라 男女 一 皆同하니 其紋이 須得周匝이오
상 자　　주 한 원 지 귀　　남 녀　개 동　　　기 문　　수 득 주 잡

若或斷絕不匝이면 乃取證無驗矣라
약 혹 단 절 부 잡　　　내 취 증 무 험 의

　　손 등의 주름이 나타내는 징험이 오히려 알기 좋았다. 고로 서로의
마음이 통하여 화합하는 이치를 알 수 있었으니 다섯 가지이다.

　　맨 위에 있는 양 마디가 거의 가깝게 있는 주름을 용문이라 말하니
주로 천자(황제)의 스승이 될 것이요 아래 마디가 용문 공후의 벼슬을
하며 가운데 마디가 용문이면 관료의 모양이다.

　　약손가락에 용문이 있으면 경감(벼슬의 품계)에 이르고 소지(새끼 손
가락)에 있는 사람은 주로 조랑 벼슬을 하며 큰 손가락에 있는 사람은
대단히 큰 부자이다. 손 등의 다섯 손가락 모두 가로주름이 돌아 감
겨 있는 사람은 주로 왕위와 귀족에 봉해지며 무늬가 꿰어져 있는 사
람은 주로 재상에 임명된다.

　　집게손가락의 손등 모습도 역시 명당이라 이르니 특이한 주름이나
검은 점을 가진 사람은 주로 재주와 기예에 뛰어나 높고 귀하다.

만약 마음껏 나를 수있는 새금(禽)자 모양이 새겨져있는 사람은 맑은 관리로 귀한 사람이며 큰 손가락 모양에 공곡문이라는 가로주름이 있는 사람은 들이는 것이라곤 없는데도 지극히 넉넉한 사람으로 매우 큰 대단한 부자이다.

손목을 두루 감아 돌아 끊기지 않는 주름을 옥천문이라 이르니 주로 사람들이 존경하고 사랑한다.

주름 한 개 두 개 있는 사람은 주로 아침저녁이 편안하고 영화로우며 세 개 이상의 주름이 있는 사람은 한림원(예문관의 별칭)의 귀한 사람이다.

두루 감아도는 주름은 남녀가 모두 같으니 모름지기 두루 감는 주름인데 만약 돌아가는 중간에 끊기고 잘리면 취할 수 있는 증거 안에서 징표가 없어지는 것이다.

* 손목을 두루 감아도는 주름이 있다는 것은 매우 좋은 징표이지만 도는 주름이 중간에 끊기거나 잘리면 좋은 증거가 사라져 버린다는 것이다.

▦ 手紋 ▦
수문

* 다음에 열거되는 손바닥 주름은 사실 없다고 생각하는 사람들이 많다고 봅니다만 저 개인적으로는 지구촌 어딘가에 아니면 옛날에 있었던 주름들이라 생각하므로 자칫 사실에 맞게 한다는 모자라는 소견으로 실수할까 하여 고치지 않았습니다. 단, 내용에 맞도록 하기 위하여 아주 작은 수정은 불가피 하였습니다.

● **四季紋(사계문) – 惟四時生旺刑剋以定吉凶(유사시생왕형극이정길흉)**

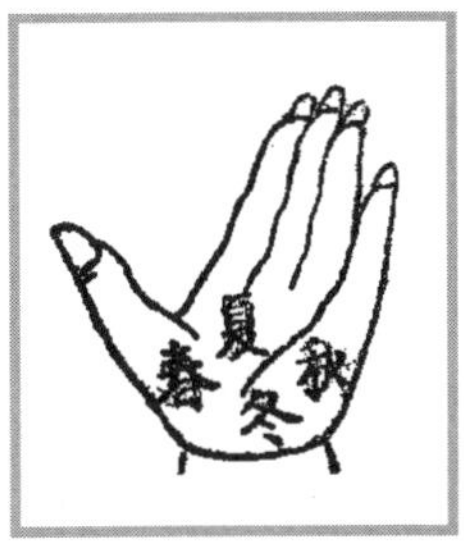

春靑夏赤秋宜白이오 四季之中黑喜冬이라
춘 청 하 적 추 의 백　　사 계 지 중 흑 희 동

秋赤冬黃春見白하고 夏間逢黑總爲凶이라
추 적 동 황 춘 견 백　　하 간 봉 흑 총 위 흉

사계문은 사계절에 맞게 생겨나있어 왕성하고 벌하고 이기는 것이 길 흉으로 정해진다.

봄의 자리는 푸르고 여름의 자리는 붉으며 가을의 자리는 희어야 마땅하며 사계문 중에서 겨울의 자리는 검어야 좋다. 가을의 자리가 붉거나(火剋金) 겨울의 자리가 누렇거나(土剋水) 봄의 자리가 하얗거나 (金剋木) 여름의 자리에 검은 기운(水剋火)을 만나면 모두 흉이다.

● 拜相紋(배상문) — 其紋如琴者昔張良有此紋(기분여금자석장량유차문) 〈大貴〉

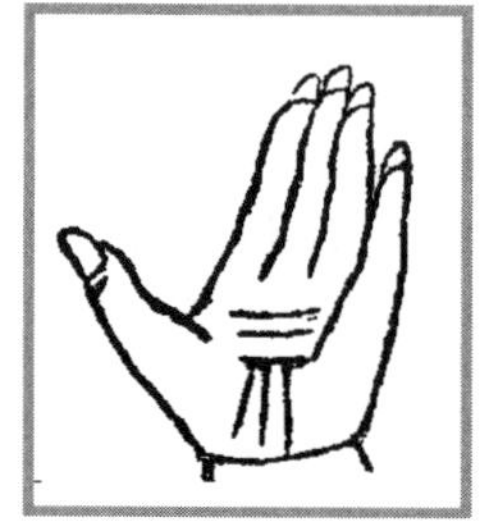

拜相紋從乾位尋하니　其紋好似玉腰琴이라
배 상 문 종 건 위 심　　　기 문 호 사 옥 요 금

性情敦厚文章異하야　常得君王眷顧深이라
성 정 돈 후 문 장 이　　　상 득 군 왕 권 고 심

이 주름은 거문고 줄과 같이 생긴 것이며 옛날 장량에게 이러한 주름이 있었다.

재상이 되어 절한다는 배상문은 하늘의 뜻을 좇아 자기의 위치를 찾으니 보배와 같이 아끼는 거문고의 중요한 부분과 같은 좋은 주름이다.

타고난 본성은 자애로움이 두텁고 문장이 남달리 뛰어나서 항상 군왕이 깊은 애정으로 돌보아 준다.

● 帶印紋(대인문) — 主身帶印爲太師(주신대인위태사) 〈大 貴〉

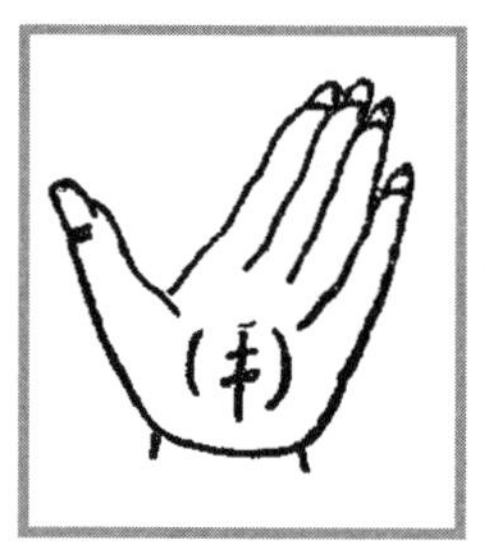

掌上紋如帶印形하면　前程合主有功名이라
장 상 문 여 대 인 형　　　전 정 합 주 유 공 명

莫言富貴非吾願하라　自有淸名作上卿이라
막 언 부 귀 비 오 원　　　자 유 청 명 작 상 경

대인문은 주로 몸에 띠를 두르고 도장을 찍는 귀인의 큰 스승이 된다.

손바닥 위에 띠 같은 모양이 도장을 찍은 듯 선명하면 앞날에 주로 공명이 함께한다. 상대가 원하지 않으면 부귀에 대해서 말하지 마라.

스스로 맑음을 지닌 귀족 중의 귀족으로 유명한 사람이다.

● 鴈陣紋(안진문) - 紋如鴈行者又名朝衙紋(문여언행자우명조아문)

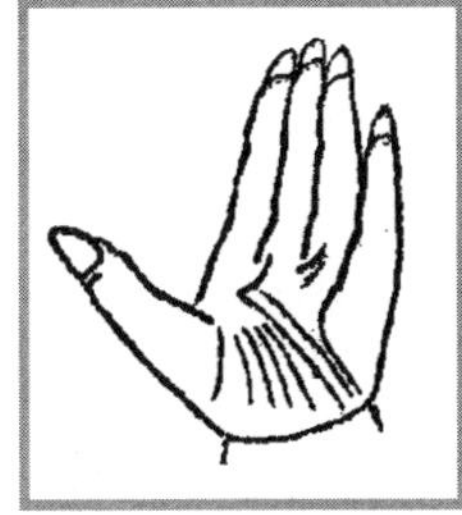

朝衙紋類鴈排行하니　一旦功名姓氏揚이라
조아문류안배행　　　일단공명성씨양

出入皇都爲將相하고　歸來身帶御爐香이라
출입황도위장상　　　귀래신대어노향

안진문은 주름이 기러기가 나는 모양과 같아서 이름하였고 아침 일찍 조정에 출사하는 주름이다.

기러기 늘어서 나는 것과 비슷한 주름은 아침 일찍 조정에 나아가니 한번은 공을 세워 가문과 이름을 드날린다.

임금이 사는 곳을 드나드는 장군이나 재상이 되어 돌아오는 몸에는 임금의 향로속 향기를 띄고 있다.

● 兵符紋(병부문) - 出將入相昔陳平有之(출장입상석진평유지) 〈一品貴〉

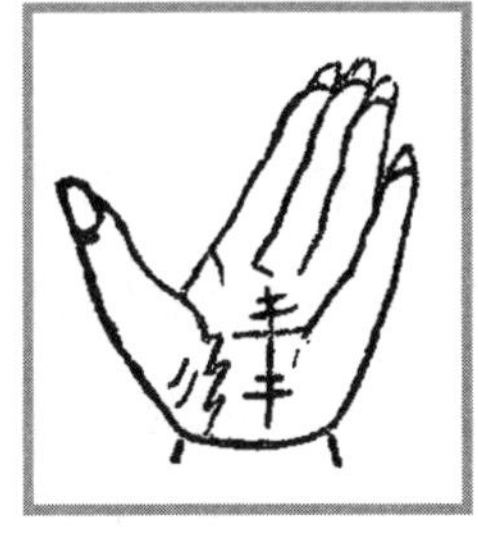

兵符紋現掌中央하면　年少登科仕路長이라
병부문현장중앙　　　년소등과사로장

節鐵定應權要職이니　震戌邊衛擁旌幢이라
절철정응권요직　　　진수변위옹정당

병부문은 나가면 장수가 되고 들어오면 재상이 되는 옛날 진평이

병부문을 가졌다.

병부문이 손바닥 가운데 나타나면 일찍 과거에 올라 오랫동안 벼슬의 관직에 있다.

쇠도 부러뜨리는 요직에서 권세를 누리니 우렁찬 목소리로 국경을 방비하며 지키는 지휘권을 가진 훌륭한 사람이다.

● 雙魚紋(쌍어문) – 文章大器(문장대기)

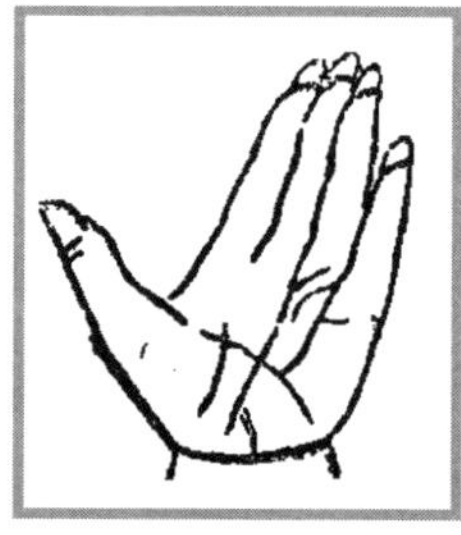

雙魚居放學堂中하면　冠世文章顯祖宗이라
쌍 어 거 방 학 당 중　　　관 세 문 장 현 조 종

紋過天庭更紅潤이면　爲官必定至三公이라
문 과 천 정 경 홍 윤　　　위 관 필 정 지 삼 공

쌍어문은 학문을 하는 사람으로 넓은 기량을 가진 사람이다.

학당을 갖추고 쌍어가 사이좋게 사는것처럼 지어져 있으면 임금의 시조와 중흥의 조(祖)를 빛내는 문장으로 세간에서 으뜸가는 명예를 얻어 신분에 맞는 관(갓, 모자 등)을 쓴다.

주름이 천정을 지나고 또 붉고 윤택하면 반드시 삼공의 지위에 올라 벼슬을 하게 된다.

＊ 얼굴의 부위를 설명하는 부분에서 학당을 참조하여 보면 사학당과 팔학당이 있는데 여기에서 설명하는 것 또한 학당에 더하여 손바닥에도 쌍어문이 있다면 매우 뛰어난 문장가라는 것을 설명하였습니다. 그리고 주름이 천정을 지났다는 말은 앞서 설명한 부분을 참조하면 손바닥을 천문(감정선을 기준) 인문(두뇌선을 기준) 지문(수명선을 기준)의 세 부분을 얼굴의 상정 중정 하정의 부분과 함께 접목시키고 손바닥

에서 주름이 천정을 지났다는 것은 손바닥에서 운명선이 천문(감정선) 부분의 위치를 뚫고 이어져 있는 것을 말하고 있는것 같습니다.

 * 쌍(双) : 둘 쌍, 어(魚) : 고기 어

● 金花印紋(금화인문) – 主男人封侯女夫人(주남인봉후여부인) 〈大 貴〉

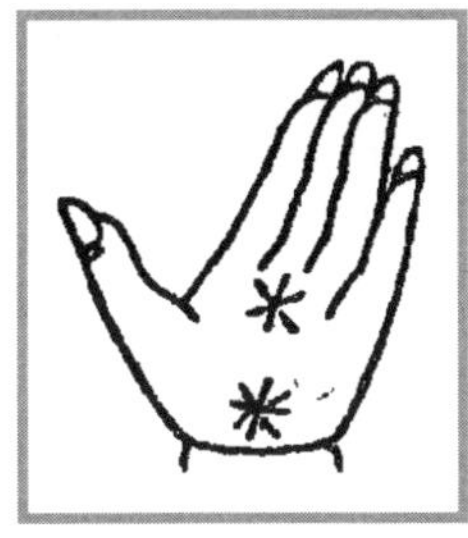

紋帶金花印立身하면　此身富貴不憂貧이라
문 대 금 화 인 입 신　　　차 신 부 귀 불 우 빈

男兒指日封侯相이오　女子他年國內人이라
남 아 지 일 봉 후 상　　　여 자 타 년 국 내 인

금화인 주름은 주로 남자는 높은 관직에 봉해지고 여인은 제후나 귀인의 아내가 된다.

도장을 찍은 듯 금화 주름이 또렷하게 장식되어 있으면 출세하여 가난과 근심이 없는 부귀한 몸이 된다. 남자아이의 손에 있으면 후일 제후의 관직을 받을 모양이요 여자아이이라면 먼 훗날 나라안의 사람이다.

 * 왕의 비빈에 속하는 사람

● 六花紋(육화문) – 六花爲侍從之聯慶(육화위시종지연경)

若人有此六花紋하면　他日深沾雨露恩이라
약 인 유 차 육 화 문　　　타 일 심 첨 우 로 은

可許爲官須作相이니　慶來晚歲耀朱門이라
가 허 위 관 수 작 상　　　경 래 만 세 요 주 문

육화문이 있으면 좇아 모시게 되어 잇달아 기쁠 것이다.

만약 이러한 육화문을 가진 사람이라면 후일 비와 이슬이 깊은 곳까지 촉촉이 적시는 듯한 흡족한 은혜를 받을 것이다.

처음 주어진 벼슬에서 모름지기 바꾸어가며 융성하게 일으킬 수 있으니 늦은 나이에 기쁜일이 찾아들어 임금님이 계시는 붉은 문을 빛나게 한다.

● 懸魚紋(현어문) - 文章立身登科(문장입신등과)

懸魚紋襯學堂全하면 富貴當時正少年이라
현 어 문 친 학 당 전　　　　부 귀 당 시 정 소 년

一擧首登龍虎榜하고 踏龍作馬玉爲鞭이라
일 거 수 등 룡 호 방　　　　답 룡 작 마 옥 위 편

현어문은 뛰어난 학문으로 과거에 올라 자기 기반을 확립하고 출세한다.

안으로는 현어문, 밖으로는 학당을 온전하게 갖추면 소년기를 마치는 그때 바로 부귀와 마주한다. 과거를 보면 한 번에 용처럼 올라 이름이 붙고 말을 훌륭하게 가꾸어 용을 만들어 타려고 채찍질한다.

● 寶暈紋(보훈문) − 封侯富貴(봉후부귀)

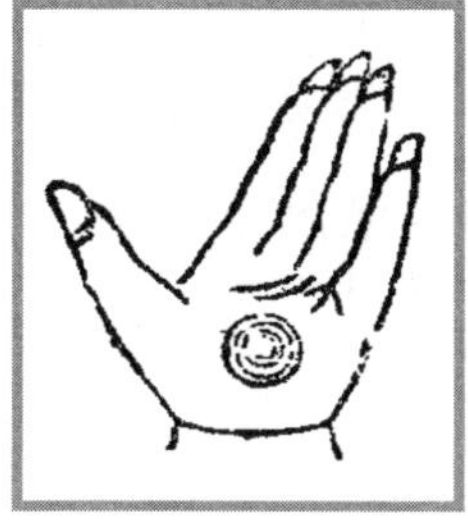

寶暈紋奇異相形하니　端如日暈掌中心이라
보 훈 문 기 이 상 형　　　단 여 일 훈 장 중 심

如環定是封侯相이니　錢樣須多穀與金이라
여 환 정 시 봉 후 상　　　전 양 수 다 곡 여 금

높은 관직이 주어져 부귀를 누린다.

보훈문은 기묘하고 이상한 모양으로 자세히 보면 햇무리 같은 모양이 손바닥 중심에 이루어져 있다. 고리 같으면 벼슬을 하는 재상이 될 것이나 돈모양이면 모름지기 많은 곡식과 재물이라.

● 四直紋(사직문) − 中年富貴(중년부귀)

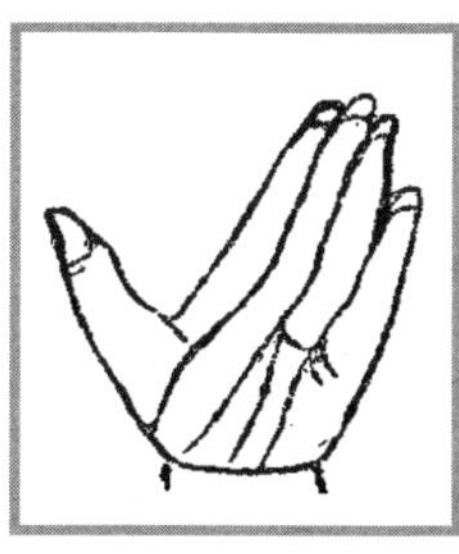

四直名何求오　中年不用愁라
사 직 명 하 구　　증 년 불 용 수

更宜紅潤色이니　一旦便封侯라
갱 의　　윤 색　　　일 단 편 봉 후

사직문은 중년에 부귀를 누린다.

사직이란 이름을 누가 붙였나. 중년에는 근심할 일이 없다.

또 마땅히 그 색은 붉고 윤택하여야 하니 갑자기 어느날 벼슬에 봉해진다.

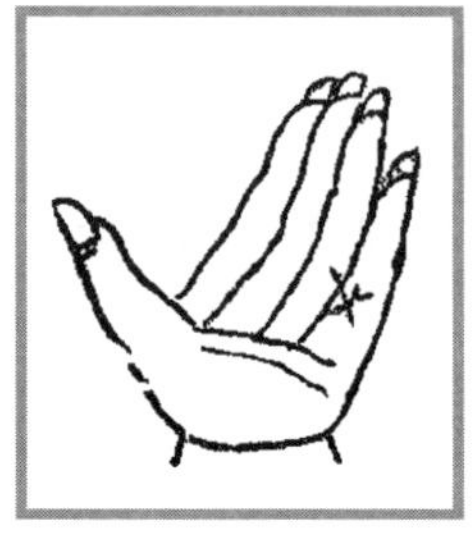

三日精瑩現掌心하면 文章年少冠儒林이라
삼 일 정 형 현 장 심　　　문 장 년 소 관 유 림

須知月闕高攀桂니 四海聲名値萬金이라
수 지 월 궐 고 반 계　　　사 해 성 명 치 만 금

일족(一族)에게 으뜸으로 존경받는 선비로써 갓이나 관(훌륭한 선비에게 명예의 징표로 주어지는 모자의 종류)을 쓰도록 이름이 높다.

손바닥에 깊고 뚜렷한 삼일문이 나타나면 유림에서 제일 어린 문장가로 관을 쓴다.

* 선비들의 무리가 모이는 문중 가운데 제일 나이 어린 문장가로서 천재임을 말하고 있습니다.

모름지기 과거에 급제하여 높은 관직에 있으며 대궐에서 달빛을 볼 것을 알 수 있으니 이름이 만금(엄청나게 많은 돈)의 가치로 바다를 멀다 않고 울려 퍼질 것이다.

* 모든 관원들이 없는 대궐에 남아 달을 본다는 것은 임금님의 돈독한 신임을 나타내고 있습니다.

● 天印紋(천인문) － 生乾位震位爲從之相(생건위진위위종지상)

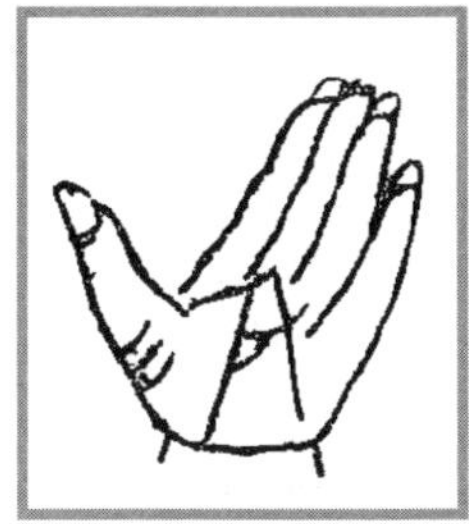

天印紋生乾位上하면 文章才調自榮華라
천 인 문 생 건 위 상　　　 문 장 재 조 자 영 화

爲官平步天街上이오 凡庶堆金積滿家라
위 관 평 보 천 가 상　　　 범 서 퇴 금 적 만 가

　건궁(乾宮)의 자리와 진궁(震宮)의 자리에서 시작하여 뻗쳐 오르는 모양이다.

　천인문이 건궁(乾宮)의 자리에서 시작하여 천문위로 뻗쳐오르면 문장의 재주를 갖추어 스스로 몸이 귀하게 되고 이름을 날린다.

　평범한 벼슬을 하여도 높은 하늘의 거리(임금이 계시는 곳)를 거닐고 무릇 벼슬을 하지 못하는 서민이라 하여도 집안에 금을 가득하게 쌓아 놓을 것이다.

● 金龜紋(금귀문) － 在命宮主富貴 雙全在宅亦好(재명궁주부귀 쌍전재택역호)

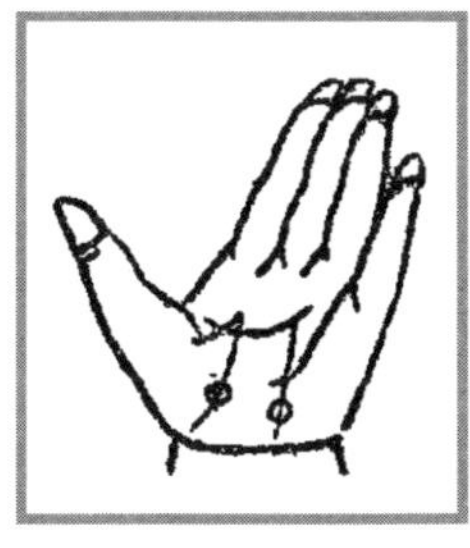

兌宮西岳起隆隆하니 紋似金龜氣象雄이라
태 궁 서 악 기 융 융　　　 문 사 금 귀 기 상 웅

遐算定須過百歲오 居家金寶更雍谷이라
하 산 정 수 과 백 세　　　 거 가 금 보 경 옹 곡

　금귀문은 주로 부귀가 명궁에 있으며 온전하게 잘 생긴 모양의 두 개가 두툼한 살비듬 위에 있으면 역시 좋다.

　태궁 서악이 풍륭하게 일어나 솟으니 금 빛 거북이의 웅장한 기상과 같은 주름이다.

백세가 지나도록 모름지기 긴 수명이 주어질 것이요 금 은 보화가 골짜기를 메우듯 가득한 집에서 살것이다.

● 奇扶紋(기부문) - 紅潤富貴(홍윤부귀)

奇扶紋出無名指하면　膽氣高强難並比라
기 부 문 출 무 명 지　　　담 기 고 강 난 병 비

手紅色潤是多能이니　自是平生招富貴라
수 홍 색 윤 시 다 능　　　자 시 평 생 초 부 귀

기부문은 윤택하게 붉으면 부귀를 누린다.

기부문이 무명지(약지 - 약속의 반지를 끼는 손가락)에 나타나면 높고 강한 대담한 기력을 아우르니 견줄바 없다. 손이 윤택하게 붉으면 매우 능력이 뛰어나게 되니 스스로 평생의 부귀를 불러일으킨다.

● **筆陣紋(필진문) – 登 科(등과)**

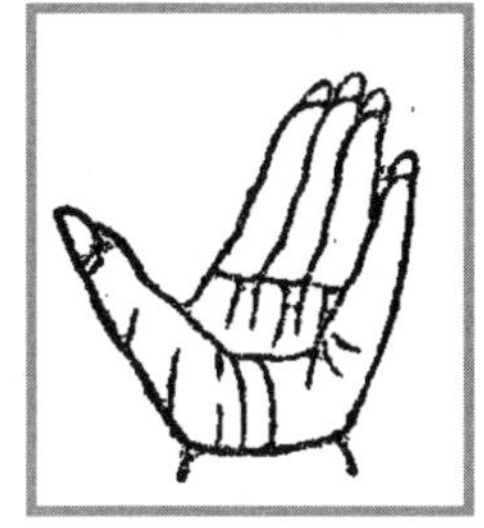

筆陣紋生陣陣多하면　文章德行勝鄒軻라
필 진 문 생 진 진 다　　　문 장 덕 행 승 추 가

中年得意登科第하야　福祿無彊着綺羅라
중 년 득 의 등 과 제　　　복 록 무 강 착 기 라

필진문은 과거에 오른다.

　간간히 끊기고 이어지는 선이 많은 필진문이 생겨나면 덕이 있는 행함과 문장이 뛰어나 공자와 맹자를 앞선다.

　중년에 떳떳하게 과거에 급제하여 아름다운 옷을 입는 복록이 끝이 없다.

● **玉桂紋(옥계문) – 中年發達(중년발달)**

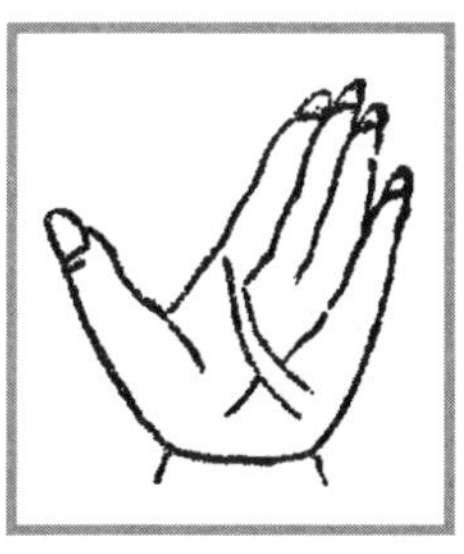

玉桂紋從堂直去하면　爲人膽智必聰明이라
옥 계 문 종 당 직 거　　　위 인 담 지 필 총 명

學堂更得文光顯이면　一定中年作相公이라
학 당 갱 득 문 광 현　　　일 정 중 년 작 상 공

옥계문은 중년에 발달한다.

　옥계문이 명궁을 지나 바로 곧게 빠지면 반드시 대담한 지혜가 있는 총명한 위인이다. 학당이 또 잘 생겨 문장이 드러나 빛나면 중년에는 재상이 되도록 정해져 있다.

● 立身紋(입신문) - 上中帶手印紋(상중대수인문)

立身紋上印堂豊하면 堂堂形貌氣如虹이라
입 신 문 상 인 당 풍　　　당 당 형 모 기 여 홍

他年顯達須垂貴니 終是朝中一相公이라
타 년 현 달 수 수 귀　　　종 시 조 중 일 상 공

입신문은 손의 위와 가운데에 뚜렷한 띠 주름을 말한다.

입신문이 있고 더하여 인당이 풍륭하면 공격도 마다않는 거리낌 없는 모습이다.

다른 해에 벼슬과 덕망이 높아 이름이 세상에 드러나 귀해지니 조회에 참석하는 재상 가운데 한 사람으로 일생을 마칠 것이다.

● 三奇紋(삼기문) - 更有學堂科名及第(경유학당과명급제)

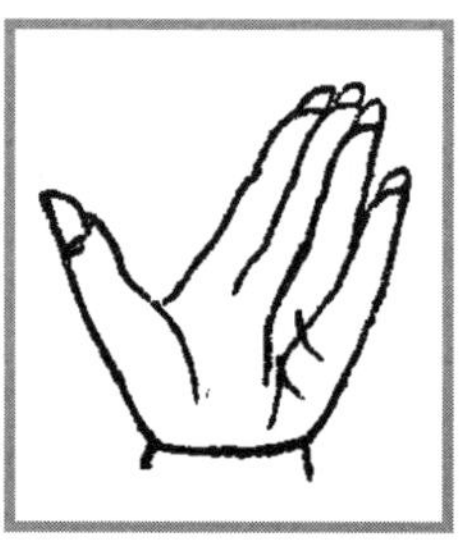

三奇紋現無名指하고　一路分開三箇紋이라
삼 기 문 현 무 명 지　　　일 로 분 개 삼 개 문

生在退宮並堂內면 拜相金門宰相臣이라
생 재 하 궁 병 당 내　　　배 상 금 문 재 상 신

삼기문이 있고 또 학당이 좋으면 과거에 급제하여 이름이 매겨진다.

무명지(약지)에 나타난 주름을 삼기 문이라 하고 한 개의 선에 세 개의 낱개 주름이 나누어져 있다.

궁으로부터 멀리 떨어진 집안에서 귀한 분이 계시는 금문을 향해 재상이 된 신하로 절을 한다.

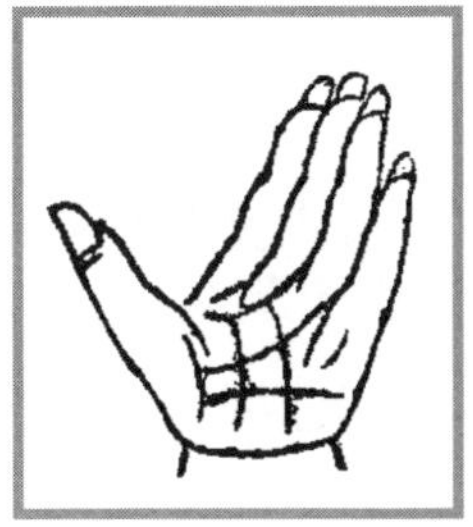

一井紋爲福德人이오 二三重井玉梯名이라
일 정 문 위 복 덕 인　　　이 삼 중 정 옥 제 명

此人一定能淸貴하야 出入朝中佐聖明이라
차 인 일 정 능 청 귀　　　출 입 조 중 좌 성 명

옥정문은 나라를 도와 다스리고 조정의 기강을 세운다.

한 개의 우물 정자와 같은 주름이 있으면 복과 덕이 함께 하는 사람이요 우물 정자가 두 세 개 거듭되면 사다리처럼 의지할 수 있는 귀한 신분이다. 이러한 사람은 맑고 귀하며 타고난 능력이 있어 조정에 드나들며 거룩하고 밝은 임금을 도운다.

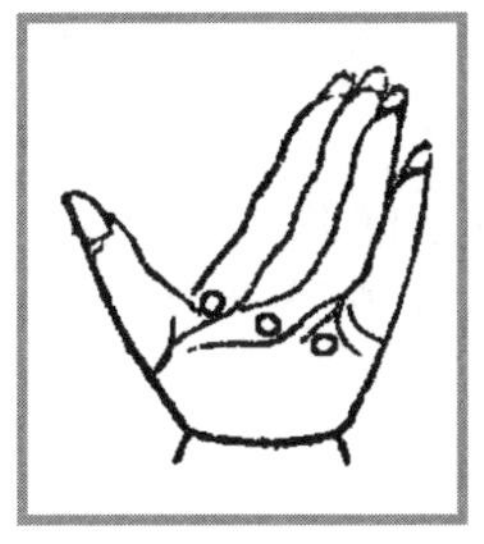

三峰推起巽離坤하야 肉滿高如束樣圓이라
삼 봉 퇴 기 손 이 곤　　　육 만 고 여 속 양 원

光澤更加紅潤色하면 家中金玉有良田이라
광 택 갱 가 홍 윤 색　　　가 중 금 옥 유 량 전

삼봉문은 주로 부귀를 누린다.

손궁과 이궁 그리고 곤궁에서 개의 봉우리가 밀리듯 일어나서 각

각 묶어 놓은듯한 둥근 모양의 살비듬이 높게 꽉 찼다.

윤택하게 빛나고 또 붉은 색이면 집안은 금과 옥 그리고 좋은 밭을 소유하고 있다.

● **學堂紋(학당문1) – 細者貴(세자귀)**

拇指山根論學堂하니　節如佛眼主文章이라
무 지 산 근 논 학 당　　　절 여 불 안 주 문 장

金門選擧須科甲하야　名譽淸高遠播揚이라
금 문 선 거 수 과 갑　　　명 예 청 고 원 파 양

학당문은 귀하여 드물게 있다.

엄지 손가락과 산근 학당을 헤아려야 하니 부처님 눈처럼 생겨있다면 주로 문장이 뛰어나다. 대궐문 안에서 치르는 과거 시험에 수석으로 뽑히어 맑고 높은 명예가 멀리까지 널리 퍼진다.

● **美祿紋(미록문) – 一生安樂(일생안락)**

美祿紋如三角形하니　偏宜三角帶橫生이라
미 록 문 여 삼 각 형　　　편 의 삼 각 대 횡 생

自然衣食常豊足하고　到處追陪自有情이라
자 연 의 식 상 풍 족　　　도 처 추 배 자 유 정

미록문은 살아있는 동안 편안하고 즐겁다.

미록문은 세계의 뿔이 있는 모양과 같이 알맞게 치우친 가로선이

각을 띠게 생겼다. 옷과 밥이 저절로 항상 풍족하고 가는 곳마다 수행원이 따라다니며 스스로 정을 낸다.

● 車輪紋(차륜문) – 主大貴(주대귀)

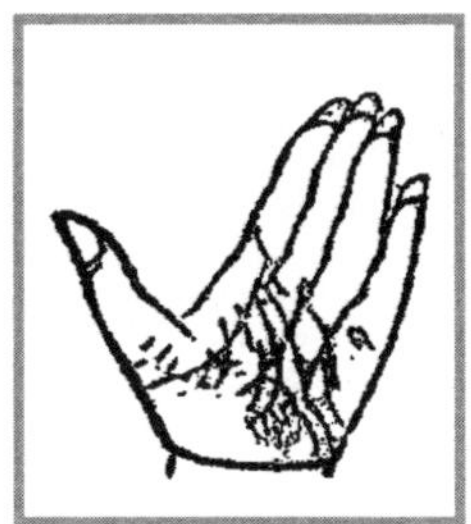

此紋圓滿主車輪이니　必是皇朝舘殿人이라
차 문 원 만 주 차 륜　　필 시 황 조 관 전 인

更看紋全名杖鼓하라　封作諸侯百里臣이라
갱 간 문 전 명 장 고　　봉 작 제 후 백 리 신

　차륜문은 주로 큰 귀를 누린다. 주로 수레바퀴 같은 이러한 주름은 성품이 너그럽고 결함이 없으니 반드시 당대의 조정에서 손님을 접대하고 대궐을 지키는 사람이다. 또 보이는 주름이 온전하면 이름이 장구나 북을 쳐 울리듯 여러 사람의 입에 오르내리며 관작을 받아 백리를 신하로 다스리는 제후가 된다.

● 學堂紋(학당문2) – 多材幹(다재간)

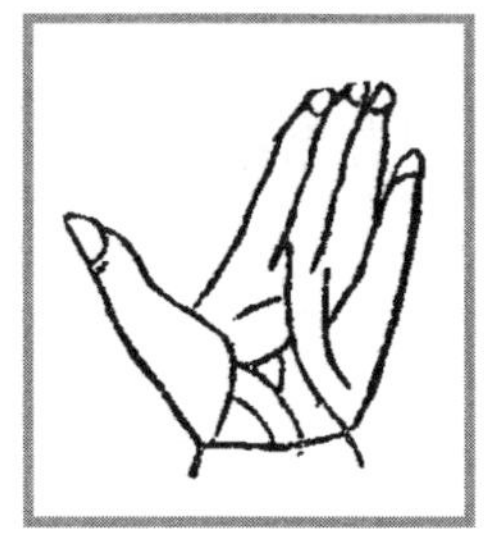

學堂紋小却相宜하니　清貴之中有福隨라
학 당 문 소 각 상 의　　청 귀 지 중 유 복 수

開廣主人爲技藝하야　大事小事巧能爲라
개 광 주 인 위 기 예　　대 사 소 사 교 능 위

　학당문은 많은 재능과 수완을 갖고 있다.

학당문은 가볍게 돌아가는 모양이 마땅하니 귀하고 맑은 가운데 복이 따른다. 넓게 열리면 주로 기술과 예능을 하는 사람이며 큰일이든 작은 일이든 솜씨 있게 처리하는 능력을 갖고 있다.

● 福厚紋(복후문) - 主財喜(주재희)

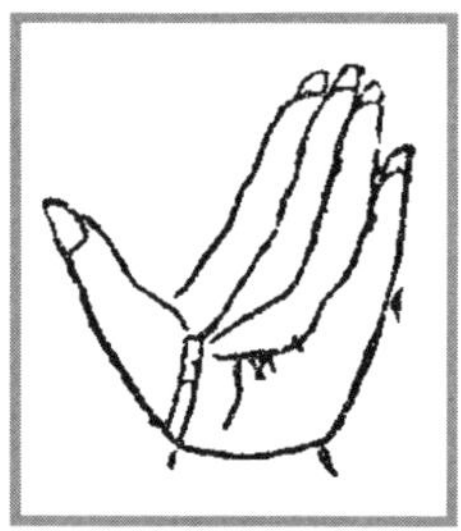

福厚紋生向堂階하면 平生無禍亦無災라
복 후 문 생 향 당 계   평 생 무 화 역 무 재

憐貧好施多陰德하야 必主年高又主財라
연 빈 호 시 다 음 덕   필 주 년 고 우 주 재

복후문은 주로 재물의 기쁨을 누린다. 복후문은 집으로 향하는 섬돌계(층계)처럼 생겼으며 평생 재난이나 재앙이 없다. 불쌍하고 가난한 사람에게 베푸는 것을 좋아하여 쌓인 음덕으로 오로지 해마다 더 많아져 가는 것이 주로 재물이다.

● 異學紋(이학문) - 主爲僧道(주위승도)

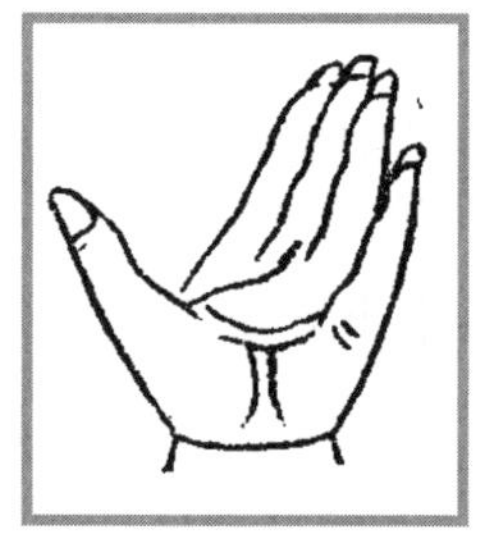

異學紋須別異行이니 聲名常得貴人欽이라
이 학 문 수 별 이 행   성 명 상 득 귀 인 흠

爲僧爲道增殊號오 塵俗還須百萬銀이라
위 승 위 도 증 수 호   진 속 환 수 백 만 은

이학문은 주로 승도가 된다.

이학문은 모름지기 유별나게 특이한 학문을 향하여 나아가니 세상

에 널리 이름을 얻어 귀인도 존경한다.

승녀가 되어 승녀의 길을 가면 특별한 칭호가 거듭 높아지고 티끌 같은 속세로 돌아오면 모름지기 은이 백만이라.

● 川字紋(천자문) – 主長壽(주장수)

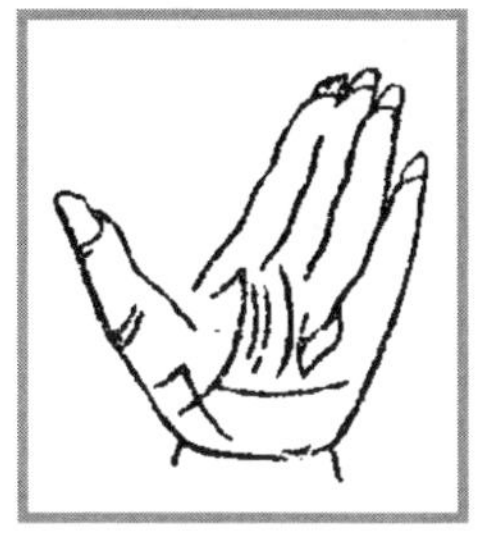

五指俱生川字紋하면 人人益壽更延年이라
오 지 구 생 천 자 문　　　인 인 익 수 갱 연 년

男兒可比商山老오 女子堪如王母仙이라
남 아 가 비 상 산 노　　　여 자 감 여 왕 모 선

천자문은 주로 오랜 수명을 누린다. 다섯 손가락 모두 천자문이 함께 나타나면 개개인의 수명이 갈수록 더하여 늘어난다. 남자 아이가 자라면 상산(산이름)에 있는 백발노인에 견줄 수 있고 여자는 왕모선(곤륜산에 살았다는 선인)처럼 오래 살 수 있다.

● 小貴紋(소귀문) – 衣食足의식족)

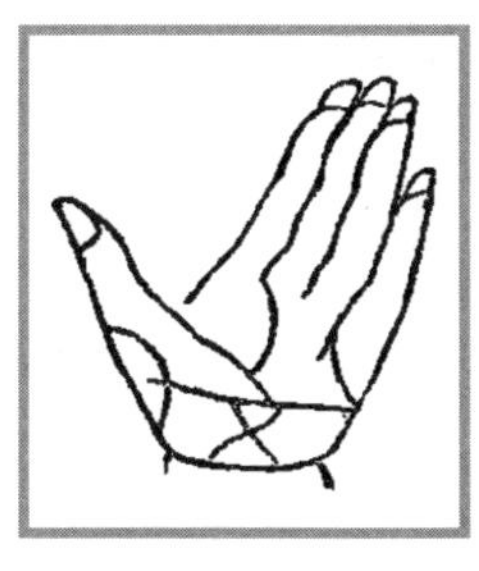

小貴紋奇小貴官하니 縱無官祿積閑錢이라
소 귀 문 기 소 귀 관　　　종 무 관 록 적 한 전

那堪紅潤兼柔軟고 僧道還須管要權이라
나 감 홍 활 겸 유 연　　　승 도 환 수 관 요 권

소귀문은 옷과 음식이 풍족하다.

소귀문은 아래 직급의 벼슬을 하면서 작은 귀를 누리는 것을 말하니 관록은 없어도 이상하게 돈이 나가지 않고 계속 쌓이기만 한다.

윤택하게 붉고 또 부드러우면 어려운 고난도 편안하게 이겨내고 승도는 도리어 모름지기 중요한 권한을 통괄하여 다스린다.

● 折桂紋(절계문) - 榮 顯(영현)

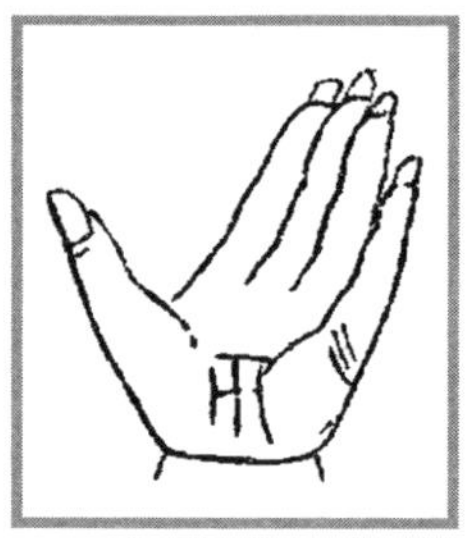

折桂紋名有大材하니 士人及第擢高魁라
절 계 문 명 유 대 재　　　사 인 급 제 탁 고 괴

嫦娥月裡頻相約하니 一日登雲扳桂來라
항 아 월 리 빈 상 약　　　일 일 등 운 반 계 래

절계문은 영달하여 명성이 드러난다. 절계문은 큰 인재가 되어 이름이 드러나니 과거에 급제하여 덕행을 쌓은 선비로써 높은 우두머리로 뽑힌다. 속마음은 충심으로 가득하여 구름타고 오르는 그날 계수나무 가지 꺾어 달나라에 사는 항아에게 주려 자주 서로 언약한다.

● 天喜紋(천희문) - 多福祿(다복록)

立身帶天喜하면 一生多福祉라
입 신 대 천 희　　　일 생 다 복 지

榮旺樂身安이오 事事皆全義라
영 왕 낙 신 안　　　사 사 개 전 의

천희문은 매우 복록이 많다.

천희문을 소유하고 사람의 도리를 다할 수 있는 기반을 확립하면 매우 튼튼한 복밭에서 한평생의 삶을 편안하게 살게 된다.

　몸은 편안하고 마음은 영화로워 즐거울 것이요 하는 일마다 이치에 맞게 돌아가니 모두가 온전할 것이다.

● 三才紋(삼재문) – 一生榮昌(일생영창)

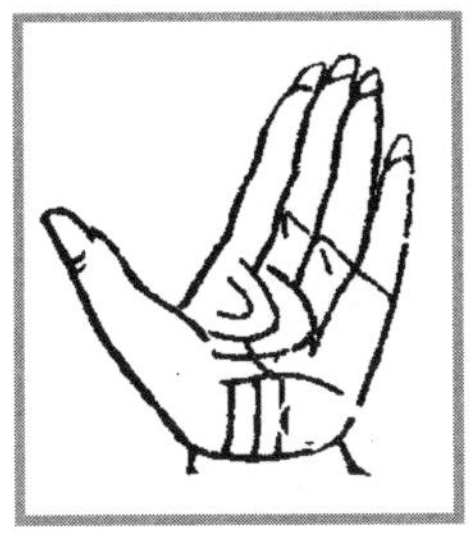

三才紋上得分明하면　時運平生可得平이라
삼 재 문 상 득 분 명　　　시 운 평 생 가 득 평

生命與財俱有氣나　一紋沖破便無情이라
생 명 여 재 구 유 기　　　일 문 충 파 편 무 정

　삼재문은 일생 영화롭게 번창한다.

　삼재문에서 윗 부분이 분명하여 또렷하면 평생 시절에 맞춰 운을 만나니 평안함을 얻을 것이다.

　건강한 수명과 튼튼한 재물을 함께 갖추니 한 주름이라도 잘리거나 깨어지고 갈라지면 허무한 뜻만이 남을 것이다.

● 千金紋(천금문) – 富貴雙全(부귀쌍전)

人生若要問榮華인대　紋若千金直上加라
인 생 약 요 문 영 화　　　문 약 천 금 직 상 가

設使少年人得此라도　當前富貴有人誇라
설 사 소 년 인 득 차　　　당 전 부 귀 유 인 과

천금문은 부와 귀를 함께 누린다.

자기가 만약 영화로운 인생을 성취하기를 바랄 수 있는지 물을진대 천금문의 주름이라면 윗 부분이 더하여 곧게 쭈—욱 뻗어 있어야 한다. 가령 소년 시절에 이러한 주름이 생겼다 하더라도 그 전부터 자랑할 만한 부귀를 누리고 있는 사람이다.

● 銀河紋(은하문) − 主自立(주자립)

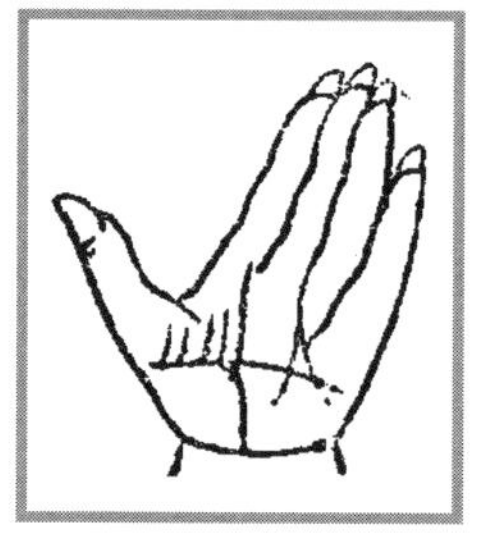

銀河碎在天紋上하면 必主妨妻再娶婦라
은 하 쇄 재 천 문 상　　　필 주 방 처 재 취 부

坎離亂位冲剋破면 不宜祖業自興隆이라
감 리 난 위 충 극 파　　　불 의 조 업 자 흥 룡

은하문은 주로 스스로 출세한다.

은하는 하늘에 있는데 하늘(天)에 해당하는 윗부분의 주름이 잘게 잘려져 있다면 틀림없이 아내의 훼방으로 다시 장가가서 아내를 얻는다.

감궁과 이궁이 서로 침범하고 충돌하여 부딪쳐 어지러우면 조상때부터 내려오는 가업은 마땅하지 못하며 스스로 일어나 융성하게 일으킨다.

● **離卦紋(이괘문) – 主榮貴(주영귀)**

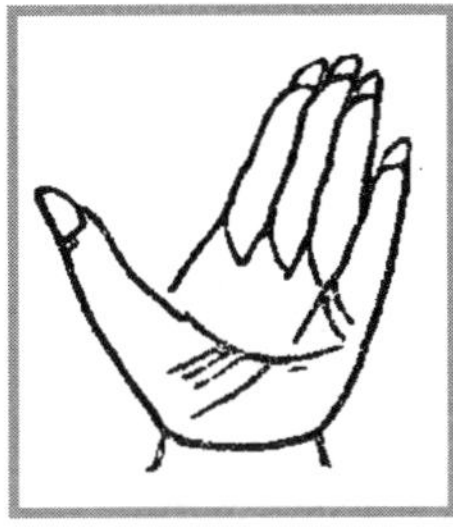

離紋沖破多勞碌이오 坎位如豊稱晚年이라
이 문 충 파 다 노 록   감 위 여 풍 칭 만 년

八卦若盈孤賤相이니 三山要厚主榮昌이라
팔 괘 약 영 고 천 상   삼 산 요 후 주 영 창

이괘문은 주로 귀하게 영화를 누린다.

이궁의 주름이 부딪치고 깨어지면 분주하게 몹시 애써 노력하고 감궁의 자리가 고르게 풍륭하다면 늙어서는 넉넉할 것이다.

만약 팔괘의 궁이 가득차 넘치면 외롭고 천한 모양이니 삼산(세 개의 봉우리)이 두텁게 이루어져 있으면 주로 번창하여 영화롭다.

● **華蓋紋(화개문) – 吉 利(길리)**

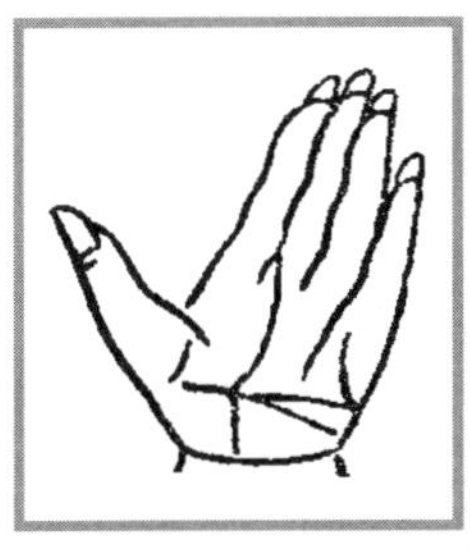

華蓋靑龍陰騭同하니 此紋吉利多陰功이라
화 개 청 룡 음 즐 동   차 문 길 리 다 음 공

或有凶紋加掌上이나 得之爲救不成凶이라
혹 유 흉 문 가 장 상   득 지 위 구 불 성 흉

화개문은 길하고 이롭다.

화개는 신선하게 오르는 신령스런 음즐문과 같으니 이러한 주름이 길하고 이로운것은 많은 음덕의 공덕이다. 혹 손바닥 위에 흉한 주름이 더하여 있어도 나쁜 기운이 일어나지 못하므로 구하고자 하는 것

을 얻을 것이다.

● 震卦紋(진괘문) – 學堂無紋不宜(학당무문불의)

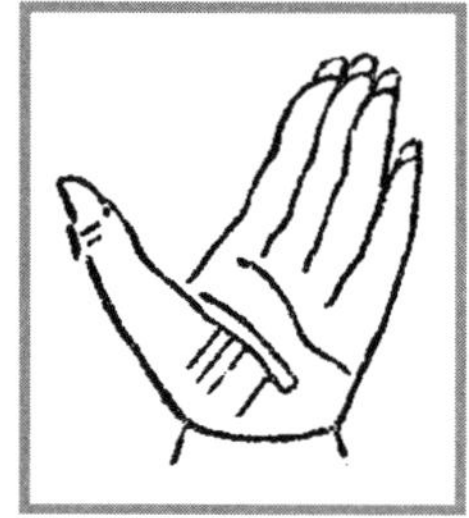

震豐色潤有男兒니 紋細誰知子息稀아
진 풍 색 윤 유 남 아　　문 세 수 지 자 식 희

或遇其中還帶殺하면 只宜招取別兒宜라
혹 우 기 중 환 대 살　　　지 의 초 취 별 아 의

진괘문은 학당에 주름이 없으면 마땅하지 못하다.

누가 자식을 알고자 하면 진궁이 풍륭하고 색깔이 윤택하다는 것은 아들이 있는 것이고 주름이 가늘면 적은 것이다.

혹 그 가운데로 가느다란 띠 살이 돌면 당연히 불러서 다스릴 수 있는 가까운 거리를 두고 아이와 떨어져 있는 것이 마땅하다고 하여라.

● 坎魚紋(감어문) – 富 貴(부귀)

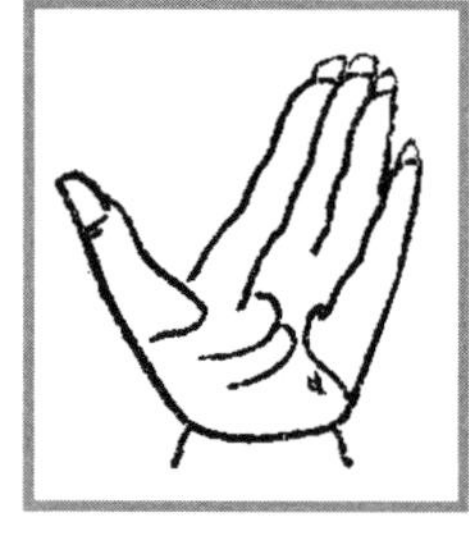

紋理如魚坎位長하면 妻饒相受富田庄이라
문 리 여 어 감 위 장　　　처 요 상 수 부 전 장

因何子受官班爵고 賴得乾宮井字紋이라
인 하 자 수 관 반 작　　　뢰 득 건 궁 정 자 문

감어문은 부귀를 누린다. 이 주름은 물고기가 물속에서 오랫동안 자라고 있는 이치와 같으므로 넉넉한 모양의 처가 갖고 오는 논과 밭을 받아 부자가 된다.

　아들중 누구로 말미암아 벼슬과 관직을 받는것은 건궁의 우물 정자 주름에 힘을 입은 것이다.

● 陰德紋(음덕문) - 福 壽(복수)

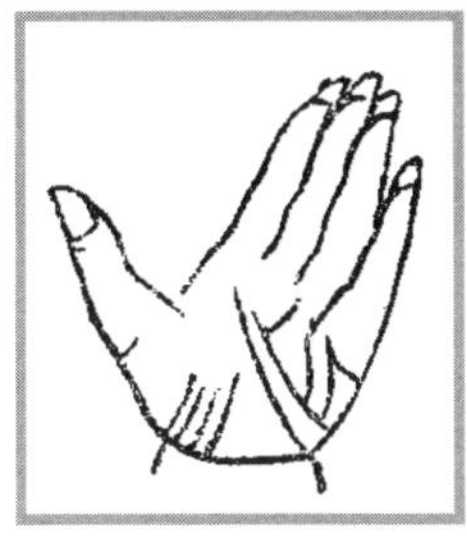

陰德紋從身位生하면　常懷陰德合聰明이라
음 덕 문 종 신 위 생　　　상 회 음 덕 합 총 명
凶危不犯心無毒이오　好善慈悲好念經이라
흉 위 불 범 심 무 독　　　호 선 자 비 호 염 경

　음덕문은 오랜 수명과 복을 받는다.

　신분과 지위가 따라다니는 음덕문이 있으면 총명하고 더불어 보이지 않는 곳에서 덕을 쌓을 것을 항상 생각한다. 마음에 독이 없으니 나쁜 위기가 침범하지 못하고 착한 것을 좋아하고 경문을 외거나 읽는 것을 좋아하며 자비롭다.

● 住山紋(주산문) - 主僧道(주승도)

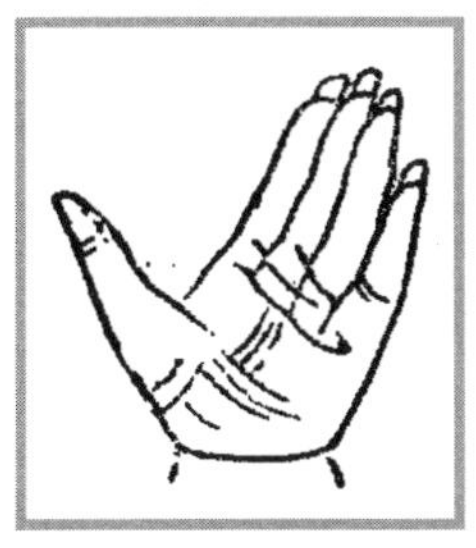

身位斜紋是住山이니　又貪幽靜又貪歡이라
신 위 사 문 시 주 산　　　우 탐 유 정 우 탐 환
老來處世心常動하야　尤恨鴛鴦債未還이라
노 래 처 세 심 상 동　　　우 한 원 앙 채 미 환

주산문은 주로 승녀의 길을 간다. 신분과 지위를 나타내는 사선의 주름이 주로 산이되니 그윽한 고요함을 더듬어 찾아다니는 것을 즐긴다.

세상에 살면서 느꼈던 마음이 늙어서도 늘 살아나지만 돌아가지 못하고 구하지 못한 원앙의 정이 더욱 한스러울 뿐이다.

● **智慧紋(지혜문) - 主心慈(주심자)**

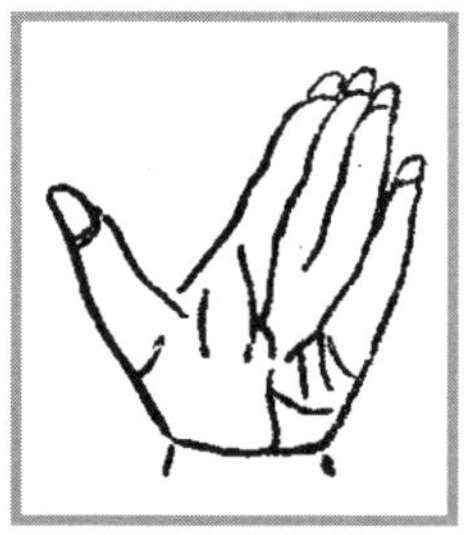

智慧聞名遠譽揚이니　其紋長直象叉鎗이라
지 혜 문 명 원 예 양　　　기 문 장 직 상 차 쟁

平生動作常思慮하야　慈善兼無橫禍殃이라
평 생 동 작 상 사 려　　　자 선 겸 무 횡 화 앙

지혜문은 주로 마음이 자애롭다.

사리를 분별하는 정신적인 능력이 뛰어나 멀리 있는 사람의 귀에까지 들리도록 그 이름을 드날리니 주름이 곧고 길면 그 명성이 더욱 쟁쟁하다.

한평생을 주의 깊게 생각하고 판단하여 행동하며 불쌍한 사람은 그냥 지나치지 않고 마음을 다하여 도와주니 가로 잘리는 재화나 재앙이 없다.

● 隱山紋(은산문) – 主閑靜(주한정)

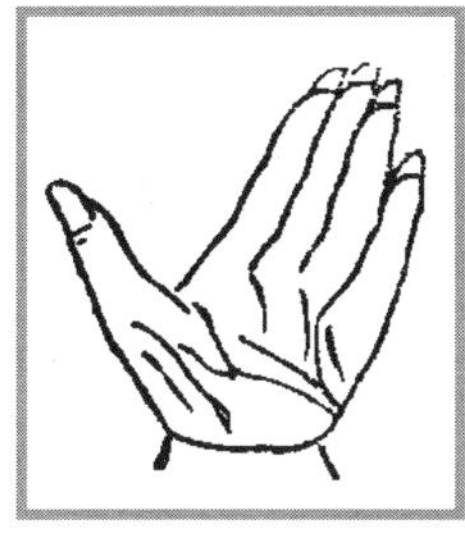

隱山紋在掌中央하니 性善慈悲好吉昌이라
은 산 문 재 장 중 앙　　　성 선 자 비 호 길 창

愛樂幽閑憎鬧熟하야 末年性道往西方이라
애 락 유 한 증 뇨 숙　　　말 년 성 도 왕 서 방

주로 한가하고 고요하다. 은산문은 손바닥 중앙에 있으니 성품이 착하여 자비롭고 좋아 번창하고 길하다.

조용하고 한적한 곳을 좋아하고 즐기니 시끄러운 것을 싫어하여 말년에는 도를 닦은 성품으로 서방 극락세계 왕생할 것이다.

● 山光紋(산광문) – 宜僧道(의승도)

山光紋現好淸閑하야 閑是閑非兩不干이라
산 광 문 현 호 청 한　　　한 시 한 비 양 불 간

此相最宜僧與道니 閑人多是主孤鰥이라
차 상 최 의 승 여 도　　　한 인 다 시 주 고 환

산광문은 승녀의 길을 가는 것이 마땅하다.

산광문이 나타나면 고요하고 한가한 것을 좋아하여 한가하면서 한가하지 않은 양 어기지 못한다. 이러한 모양은 도를 닦는 승녀의 길을 가는 것이 최고로 마땅하니 일 없이 노는 사람이 많고 대체적으로 외로운 홀아비이다.

● 逸野紋(일야문) - 好幽閑(호유한)

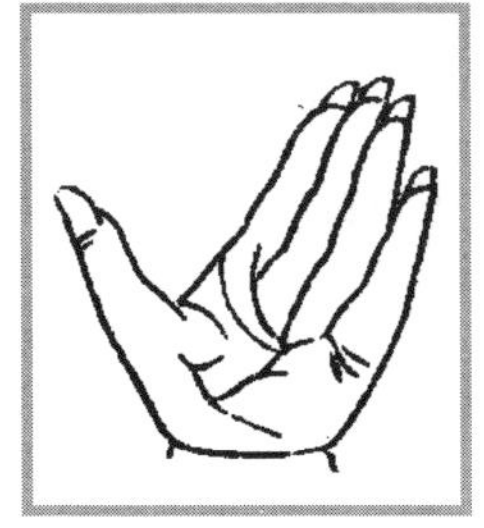

逸野紋從命裏尋이니 兩重直植手中心이라
일 야 문 종 명 리 심　　　　양 중 식 직 수 중 심

性好幽閑饒好術하고 一生嫌鬧怕人侵이라
성 호 유 한 요 호 술　　　　일 생 혐 뇨 파 인 침

일야문은 으늑하고 한적한 곳을 좋아한다.

일야문은 손 가운데 심어놓은 두 그루의 곧은 나무와 같이 생겼으며 싸여있는 것의 형상(양파나 꽃봉오리의 실체를 찾으려 껍질을 벗기다)을 찾으려 멋대로 나아가는 천성을 가졌다. 성품은 넉넉하고 예술을 좋아하며 그윽하고 한적한 곳을 좋아 하고 일생 시끄러운 것을 싫어하여 사람이 들어와 한적한 분위기를 깨뜨릴까 두려워한다.

● 色欲紋(색욕문) - 好 色(호색)

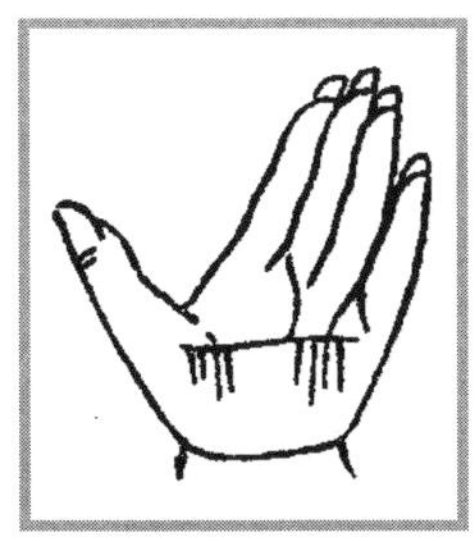

色欲紋如亂草形하니 一生終是好風情이라
색 용 문 가 난 초 형　　　　일 생 종 시 호 풍 정

貪迷雲雨心無歇하야 九十心猶似後生이라
탐 미 운 우 심 무 헐　　　　구 십 심 유 사 후 생

색욕문은 색을 좋아한다.

색욕문은 풀이 어지러이 솟아난 모양과 같으니 일생을 마칠 때까지 풍월의 정취를 좋아한다. 남녀의 정을 탐하고 빠지는 마음이 없어

지지 않아 90세의 마음이 오히려 후세를 이을 젊은 사람과 같다.

● 花酒紋(화주문) - 好酒色(호주색)

花酒紋生向掌中하면 一生酩酊醉花叢이라
화 주 문 생 향 장 중   일 생 명 정 취 화 총

疎狂好用無居積하고 只爲貪迷二八容이라
소 광 호 용 무 거 적   지 위 탐 미 이 팔 용

화주문은 술과 여색을 매우 좋아한다.

화주문이 나타나 손바닥 가운데를 향하면 한평생 꽃이 핀 풀숲에서 몸을 가눌 수 없도록 술에 취하여 산다.

덜렁대며 규범에 벗어나서 행하는 것을 좋아하여 살 수 있는 자리 하나 없어도 오직 이팔청춘의 멋을 탐하느라 길을 잃고 헤맨다.

● 亂花紋(난화문) - 好貪花(호탐화)

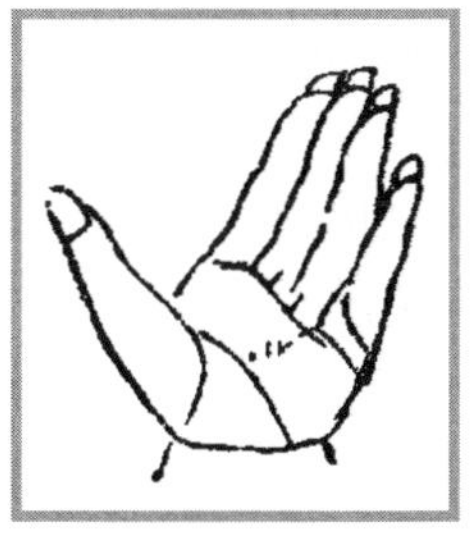

身畔朝生是亂花니 平生天性好奢華라
신 반 조 생 시 난 화   평 생 천 성 호 사 화

閑花野柳時攀折하고 只戀嬌娥不戀家라
한 화 야 류 시 반 절   지 연 교 아 불 연 가

난화문은 꽃을 좋아하여 매우 탐한다.

몸은 아침나절 밭두렁에 어지러이 핀 꽃으로 타고난 천성이 사치스럽고 호화스러우니 평생을 그렇게 살아간다.

한가로이 핀 꽃이나 들에 늘어진 버드나무 가지 꺾으며 오직 아리따운 여자만 그리워하지 가정을 생각하진 않는다.

● 桃花紋(도화문1) – 好風流(호풍류)

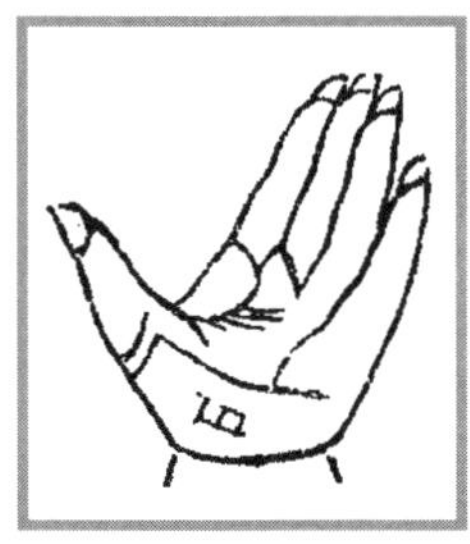

桃花紋現好奢華하야　只愛貪杯又愛花라
도 화 문 현 호 사 화　　　지 애 탐 배 우 애 화

情性一生緣此誤니　中年必定不成家라
정 성 일 생 연 차 오　　　중 년 필 정 불 성 가

도화문은 기생이 있는 곳이나 남녀 간의 정사를 좋아한다.

도화문이 나타나면 사치를 좋아하고 호화스러움을 좋아하여 오직 술잔을 친하여 탐하고 또 여인을 사랑한다. 타고난 마음이 이렇게 일생동안 그릇되니 중년에는 반드시 가정이 이루어지지 못할 것이다.

● 色勞紋(색로문) – 好 慾(호욕)

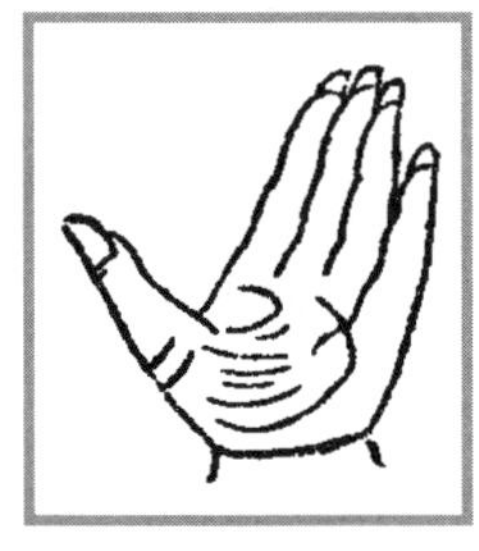

紋似柳葉貴穿河하니　巷陌風花度歲多라
문 사 유 엽 귀 천 하　　　항 맥 풍 화 도 세 다

暮雨朝雲心便喜하야　中年因此患沉痾라
모 우 조 운 심 편 희　　　중 년 인 차 환 침 아

색로문은 이성에 대한 정욕을 지나치게 좋아한다.

주름이 하천에 길게 드리워져 거드름 피우며 일렁이는 버드나무잎

과 흡사하니 도시의 거리를 지나는 꽃바람으로 많은 세월 흘러버린
다. 저무는 저녁부터 아침까지 정욕을 불태우는 기쁨이 중년에는 병
으로 근심의 씨앗이 되어 헤어나지 못한다.

● 花柳紋(화류문) − 愛 慾(애욕)

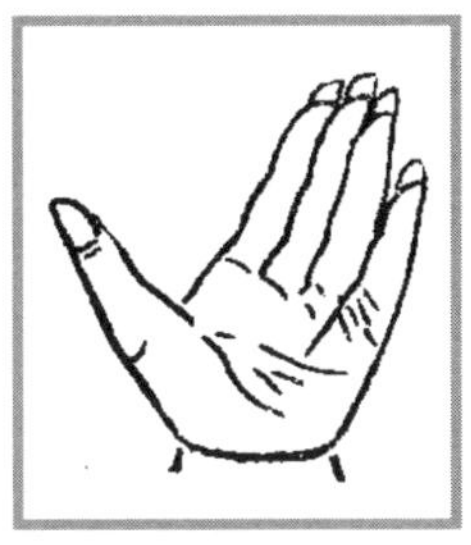

花柳紋生自不憂하니　平生多是愛風流라
화 류 문 생 자 불 우　　　평 생 다 시 애 풍 류

綺羅香裡貪歡樂하야　紅日三竿不與頭라
기 라 향 리 탐 환 락　　　홍 일 삼 간 불 여 두

화류문은 사랑만을 갈구한다.

화류문이 생기면 스스로 두려워 할 줄 모르니 평생 동안 많은 남녀
간의 애정이 바람처럼 흘러간다. 좋은 향기 나는 아름다운 좋은 옷을
탐하고 기뻐하고 즐거워하며 아침 붉은 해가 장대에 삼일이 걸려도
머리가 보이지 않는다.

● 鴛鴦紋(원앙문) − 戀 淫(연음)

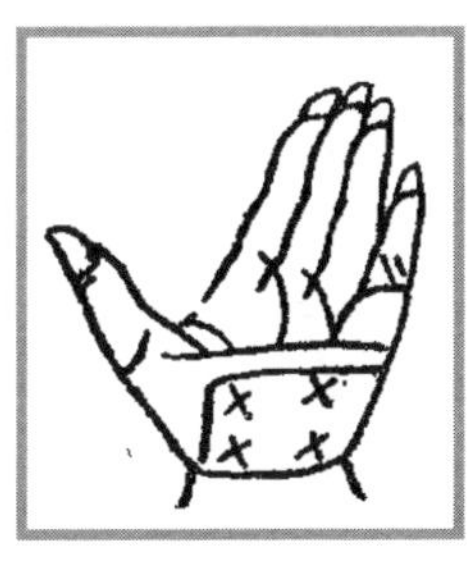

鴛鴦紋現主多淫하니　好色貪杯不暫停이라
원 앙 문 현 주 다 음　　　호 색 탐 배 부 잠 정

暮雨朝雲年少愛하야　老來猶有後生情이라
모 우 조 운 년 소 애　　　노 래 유 유 후 생 정

원앙문은 남녀가 함께 하는 사랑에만 푹 빠져 버리고 싶은 마음만 그리워한다.

원앙문이 나타나면 주로 매우 음란하니 술을 좋아하여 색 탐하는 일을 잠시도 머무르지 않는다. 어린 나이에 시작된 사랑이 저녁부터 아침까지 남녀의 정사에만 전념하여 늙어가면서도 오히려 청춘의 정을 소유하고 있다.

● **偸花紋(투화문) – 好花酒(호화주)**

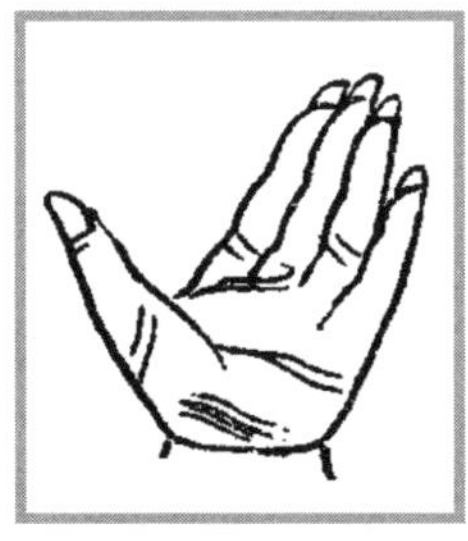

偸花紋現自多非하니　別處風情戀暗期라
투 화 문 현 자 다 비　　　별 처 풍 정 연 암 기

自有好花心不喜하고　一生專戀別人妻라
자 유 호 화 심 불 희　　　일 생 전 연 별 인 처

투화문은 기생을 사이에 두고 먹는 술을 좋아한다.

투화문이 나타나면 스스로 저지른 잘못이 많으니 따로 마련하여 숨어서 만나는 풍월의 정취를 그리워한다. 나면서부터 기생을 좋아하는 마음이나 기쁨을 모르고 일생을 오로지 헤어진 다른 사람의 처를 그리워한다.

● 花釵紋(화차문) – 主色重(주색중)

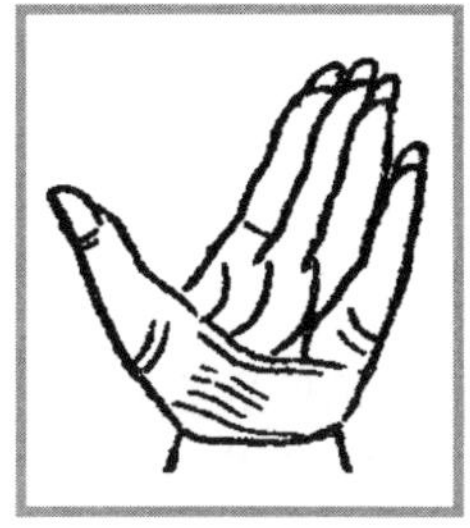

花釵紋現主偸期하니 巷陌風花只自知라
화 차 문 현 주 투 기　　　　항 맥 풍 화 지 자 지

到處得人憐且惜하야 貪歡樂處勝西施라
도 처 득 인 련 차 석　　　　탐 환 락 처 승 서 시

화차문은 주로 색이 거듭된다.

화차문이 나타나면 주로 훔치는 것을 목표로 삼으니 도시의 거리에 나도는 여인만 알고 지낸다.

가는 곳마다 아끼고 어여삐 여기는 사람을 만나 기쁘게 즐기는 것만 탐하며 살고 있는 곳에서는 지나치게 즐기는 서시가 된다.

* 서시 : 가슴앓이로 견디기 어려워 가슴에 손을 대고 짜푸린 모습이 매우 아름다운 여인.

● 魚紋(어문) – 主淸節(주청절)

妻位紋有魚하면 淸貴更何如오
처 위 문 유 어　　　　청 귀 경 하 여

期妻能守節이오 沖破却淫愚라
기 처 능 수 절　　　　충 파 각 음 우

어문은 주로 청렴 결백한 절조가 있다.

처의 부위 주름이 고기모양으로 나타나면 어찌 맑고 귀하게 고쳐서 살지 않으리요.

처의 재량이 뛰어나 끝까지 절개를 지키고 부딪치고 깨어지는 음
란한 어리석음을 물리칠 것이다.

● 桃花紋(도화문2) – 主淫亂(주음란)

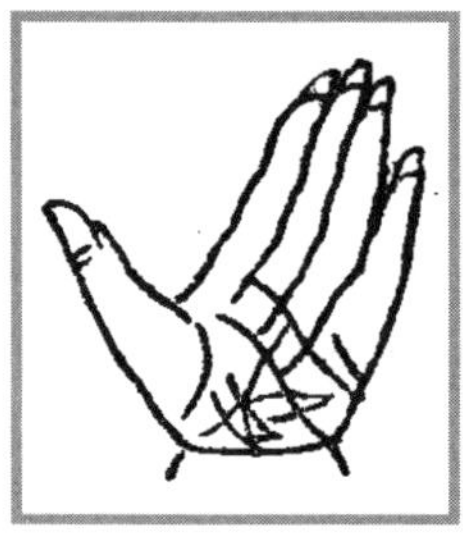

桃花紋現主情邪하니 柳陌花街卽是家라
도 화 문 현 주 정 사　　　유 맥 화 가 즉 시 가

若是中年臨此限이면 夢魂猶戀一枝花라
약 시 중 년 임 차 한　　　몽 혼 유 연 일 지 화

도화문은 주로 음란하다.

도화문이 나타나면 주로 그릇된 본성으로 버드나무 나도는 꽃의
거리가 바로 자신의 보금자리이다.

만약 중년에 이러한 지경에 빠지게 되면 일지화를 그리는 마음으
로 말미암아 넋이 꿈속을 헤맨다.

● 華盖紋(화개문) – 主妻財(주처재)

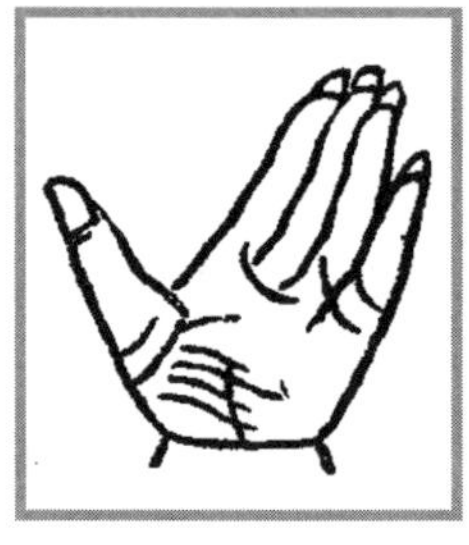

妻宮華蓋蓋朝妻하면 招得妻財逐後來라
처 궁 화 개 개 조 처　　　초 득 처 재 축 후 래

皆是五行並掌相이면 他年更許有兒郞이라
개 시 오 행 병 장 상　　　타 년 갱 허 유 아 랑

화개문은 주로 처로 인하여 재물을 얻는다.

처궁에 아내의 도움을 받는다는 화개문이 있으면 아내를 얻은 이후 재물이 따른다. 얼굴과 몸 그리고 손바닥까지 모두 같은 오행의 모양이면 다가오는 해에는 또 사내아이도 낳을 것이다.

● 朝天紋(조천문) – 主妻淫(주처음)

妻紋朝入向天文하면　妻起淫心侮失尊이라
처 문 조 입 향 천 문　　처 기 음 심 모 실 존

交合遂成雲雨事하야　人倫不正亂家門이라
교 합 수 성 운 우 사　　인 륜 부 정 난 가 문

조천문은 주로 처가 음란하다.

처궁의 주름이 천문으로 모여 들면 아내가 존경하는 마음을 잃어버리고 업신여기고 음란한 마음이 일어난다. 남녀가 합하는 운우지사를 일으켜 사람으로서 지켜야 할 도리를 바로잡지 못하여 가문을 어지럽힌다.

● 妻妾紋(처첩문) – 主妻淫(주처음)

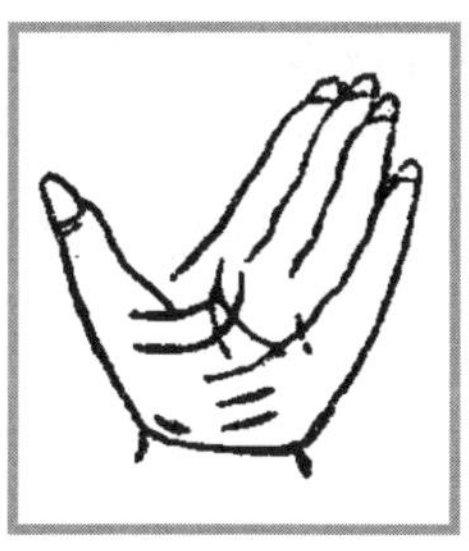

妻紋生入奴僕宮하면　有妻意欲通私事라
처 문 생 입 노 복 궁　　유 처 의 욕 통 사 사

처첩문은 주로 처가 음란하다. 처문이 생겨나서 노복 궁으로 흘러 들면 아내가 정을 통하고 싶어하는 사사로운 욕구가 나타난다.

● 奴僕紋(노복문) - 主妻淫(주처음)

奴僕紋朝入向妻하면　必然奴僕便淫之라
노 복 문 조 입 향 처　　　필 연 노 복 편 음 지

妻心不正奴心壯하야　到此君家有此爲라
처 심 부 정 노 심 장　　　도 차 군 가 유 차 위

노복문은 주로 처가 음란하다.

노복문이 처궁을 향하여 모여들면 반드시 종과 함께 음란한 짓을 익숙하게 한다.

아내의 마음이 반듯하지 못하고 계집종처럼 억세어 차군의 가문을 속이고 기만하는 일이 가까이서 행하여진다.

　* 차군(此君) : 모르는 상대방을 높이어 부르는 말

● 一重紋(일중문) - 主孤獨(주고독)

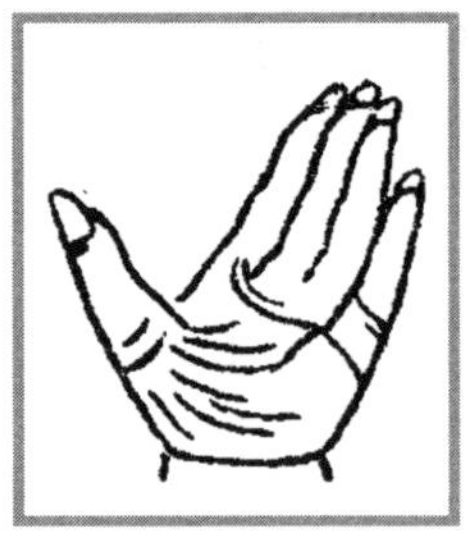

妻妾宮有一重紋하면　沒箇妻奴及第兄이라
처 첩 궁 유 일 중 문　　　몰 개 처 노 급 제 형

若有兩紋並匹畫이면　許君後續有兒孫이라
약 유 량 문 병 필 획　　　허 군 후 속 유 아 손

일중문은 주로 외롭게 혼자이다.

처첩궁에 한 일자의 주름이 중첩되면 처와 노비 그리고 아우나 형이 각 각 따로 따로 숨어서 없는 듯 그렇게 지낸다. 만약 양쪽 주름이 모두 짝을 이루어 지어져 있다면 후사를 이을 아들과 손자는 있음을 약속하고 있다.

● **生枝紋(생지문) － 主妻猾(주처활)**

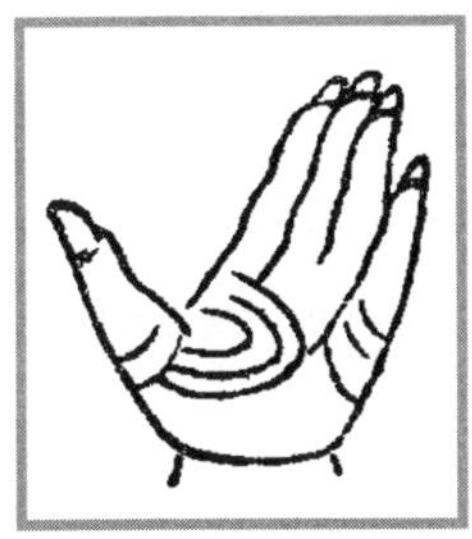

妻位紋生枝하면 天生狡猾妻라
처 위 문 생 지　　　천 생 교 활 처

丈夫能省半은 問子賴施爲라
장 부 능 성 반　　　문 자 뢰 시 위

생지문은 주로 처가 교활하다.

처의 자리에 생지문의 가지가 생겨있으면 천성이 교활하고 광포한 처이다.

남편의 능력이 반은 줄어들게 하는 아내이며 자식을 물으면 베풀어라 하여라.

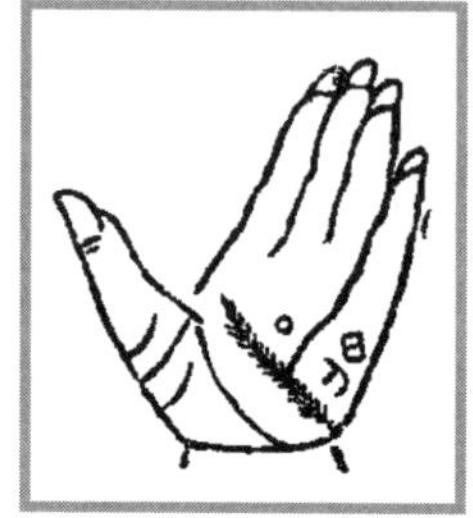

天文劈索朝中指면 此是魁星誠可喜나
천 문 벽 색 조 중 지　　차 성 괴 성 성 가 희

更有二指縫中心이면 少年尅父無所依라
갱 유 이 지 봉 중 심　　소 년 극 부 무 소 의

극부문은 주로 이기고 벌을 받게 된다.

천문이 쪼개어져 새끼를 꼬은 듯한 주름이 가운데 손가락을 지나면 이것은 열심히 노력하면 우두머리가 될 수 있는 조짐이라 기뻐할 수 있으나 솔기를 꿰맨 듯한 주름이 두 개의 손가락 중심에 오면(가운데 손가락을 지나지 못하면) 어릴 때 아버지를 극하여 의지할 곳이 없다.

● 尅母紋(극모문) – 尅 剝(극박)

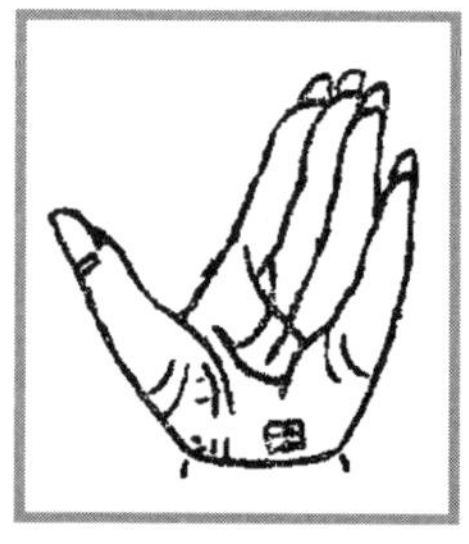

太陰若有紋沖破면 必定親生母見之라
태 음 약 유 문 충 파　　필 정 친 생 모 견 지

若是過房猶自可나 親生必定見遺離라
약 시 과 방 유 자 가　　친 생 필 정 견 유 리

극모문은 이겨서 깎이고 벗겨진다.

만약 태음궁을 찌르고 깨뜨리는 주름이 있으면 틀림없이 자신을 낳은 친어머니를 만나게 된다. 만약 태음궁을 지나면 오히려 스스로 할 수 있게 되나 낳은 친어머니와는 대체적으로 버려져 떨어지게 된다.

● 月角紋(월각문) - 招陰財(초음재)

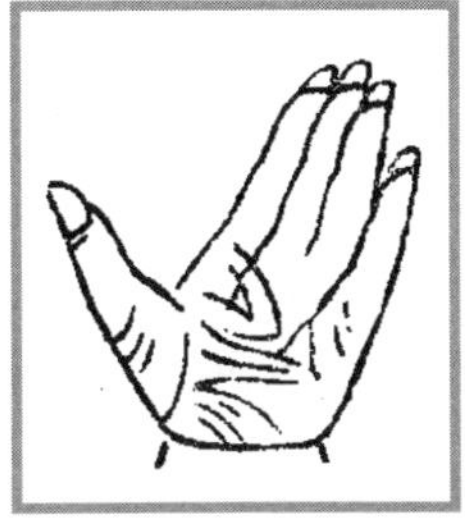

月角陰紋出兌來하면　生平偏得婦人財라
월 각 음 문 출 태 래　　　　생 평 편 득 부 인 재

好事也須常戒忌나　莫教色上惹官非하라
호 사 야 수 상 계 기　　막 교 색 상 야 관 비

월각문은 재물을 불러 들인다.

월각문이 나타나 태궁으로 흐르면 살아있는 평생 오로지 부인으로 부터 재물을 얻는다. 좋은 일이지만 모름지기 늘 삼가는 것을 싫어하여 여색을 즐기는 것만은 윗사람으로 부터 속박을 당하거나 관청으로 하여금 못하게 할 수 없다.

● 過隨紋(과수문) - 主隨母(주수모)

掌法紋名是過隨니　早年無怙不傷悲라
장 법 문 명 시 과 수　　조 년 무 호 불 상 비

豈思却有隨娘嫁하야　拜啓他人作養兒오
기 사 각 유 수 낭 가　　배 계 타 인 작 량 아

과수문은 주로 어머니를 따른다.

손바닥에 흐르는 주름 이름을 과수라하니 다쳐서 슬픈 것이 아니라 일찍 의지할 아버지가 없어서 슬픈 것이다. 소녀가 시집을 가서 따르는 것으로 일찍이 생각을 물리치지 못하여 다른 사람의 아이를

길러 절을 하며 제사를 받들도록 이끌어준다.

● 亡神紋(망신문) − 無信義(무신의)

手中橫直號亡神이니　破了家財損六親이라
수 중 횡 직 호 망 신　　파 료 가 재 손 육 친

到處與人更不足하니　更防性命險難憑이라
도 처 여 인 갱 부 족　　갱 방 성 명 험 난 빙

망신신은 믿음과 의리가 없다.

손바닥 가운데를 가로로 곧게 질러 망신이라 부르니 육친을 잃고 마침내 가산의 재물을 모두 깨뜨리고 끝난다. 가는 곳마다 부족한 사람들이 따르고 어울려 지내니 위험하고 어려운데 의지하고 기대는 타고난 천성을 고치고 금하여야 한다.

● 貪心紋(탐심문) − 心難定(심난정)

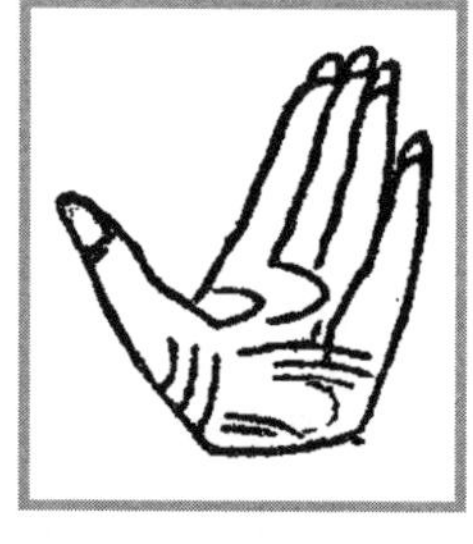

天紋散走有貪心하니　只愛機宜便未深이라
천 문 산 주 유 탐 심　　지 애 기 의 편 미 심

對面生心難定擬하야　他人物事若相欺라
대 면 생 심 난 정 의　　타 인 물 사 약 상 기

탐심문은 복잡하고 어렵고 근심이 많은 마음이다.

천문이 여러 갈래로 흩어져 달아나면 탐하는 마음을 갖고 있으니

오직 사랑하는 마음만 시기나 형편에 잘 맞도록 익숙하게 하나 깊지
못하다. 얼굴을 마주할 때 나타나는 마음은 어려움을 바로잡아 헤아
리나 다른 사람들과 물건에 관한 일이라면 속이는 모양이다.

● **劫煞紋(겁살문) - 妨骨肉(방골육)**

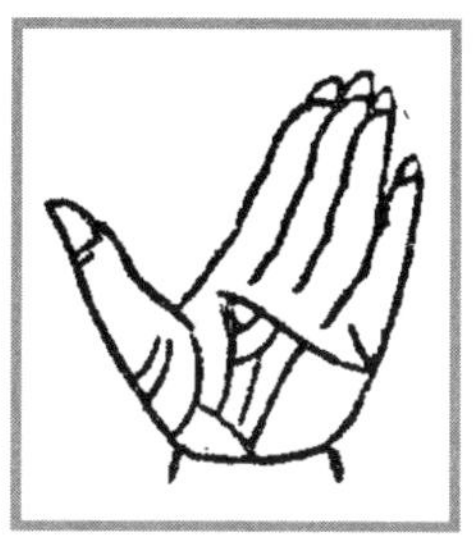

劫煞金紋散亂冲하면　又多成敗又多凶이라
겁 살 금 문 산 란 충　　　우 다 성 패 우 다 흉

初中災了無刑害면　末限須敎得意濃이라
초 중 재 료 무 형 해　　　말 한 수 교 득 의 농

겁살문은 골육을 방해한다.

겁살금문이 어지러이 흩어져 부딪치면 많이 일어나고 많이 패하므
로 흉이 많다. 벌받는 해로움없이 초·중년의 재난으로 끝나면 말년
에는 모름지기 배우고자하는 포부가 두터워 마칠 때까지 가르침을
받을 것이다.

● **三煞紋(삼살문) - 妨妻子(방처자)**

三煞紋侵妻子位하면　妨妻害子空垂涙라
삼 살 문 침 처 자 위　　　방 처 해 자 공 수 루

若然見剋後須輕하면　免致中年孤獨睡라
약 연 견 극 후 수 경　　　면 치 중 년 고 독 수

삼살문은 아내와 자식을 방해한다.

삼살문이 아내와 자식의 자리를 침범하면 아내를 해롭게 하여 자식을 한없이 눈물을 흘리게 한다.

그러나 만약 극한 후의 정도가 짧고 가볍게 나타나면 중년에 홀로 외롭게 잠자는 것은 면하게 된다.

● **酒食紋(주식문) － 酒 祿(주록)**

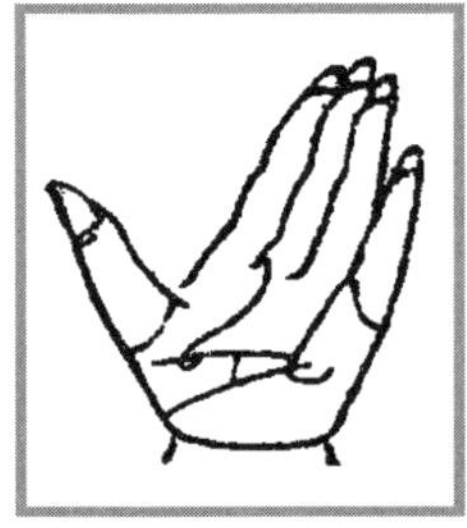

橫來酒食紋何似오 坤上差池入巽宮이라
횡 래 주 식 문 하 사　　곤 상 차 지 입 손 궁

好似斜飛三燕子하야 每進橫直貴交中이라
호 사 사 비 삼 연 자　　매 진 횡 직 귀 교 중

주식문은 술을 먹을 복이 있다.

가로로 이르는 주름이 비슷하여 주식문은 어느것이오.

손궁에서 들어오고 곤궁 위에서는 어긋나게 내려와 도랑을 이루었다. 가로로 곧은 것은 비스듬하게 날아오르는 사이좋은 세마리의 제비와 같다. 주식문은 가로로 곧게 나아가며 서로 교차하는 주름 중에서 아름다운 귀한 주름이다.

● 朱雀紋(주작문) – 主官刑(주관형)

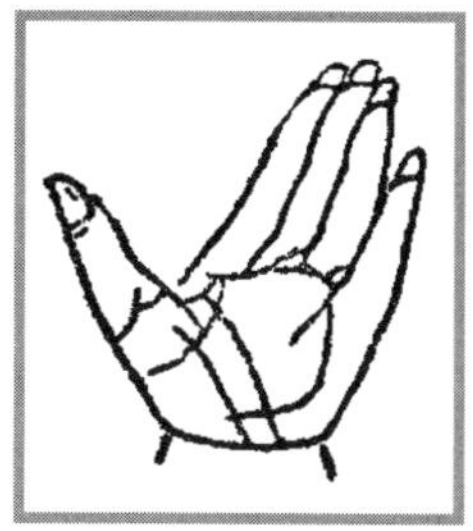

朱雀紋生向掌來면　一生終是惹官非라
주 작 문 생 향 장 래　　일 생 종 시 야 관 비

若有吉紋猶自可나　最恐兩頭口又開라
약 유 길 문 유 자 가　　최 공 량 두 구 우 개

주작문은 주로 관청의 형벌을 받는다.

주작문이 손바닥을 향하여 나타나 내려오면 일생을 마칠 때까지 속이고 거짓말하여 관청을 어긴다. 스스로 옳게 하여 오히려 좋은 주름이 될 수 있게 할 수 있으나 머리에서 두 개의 입이 열릴까 최고로 두렵다.

● 獨朝紋(독조문) – 重之有笏貴郎相靴紋(중지유홀귀랑상화문)

獨朝紋出上郎身하니　若逢靴笏更聰明이라
독 조 문 출 상 랑 신　　약 봉 화 홀 갱 총 명

因官好好難和事니　必定中年祿位升이라
인 관 호 호 난 화 사　　필 정 중 년 록 위 승

독조문이 특이한 것은 홀을 든 벼슬이 높은 사람이 신는 목이 긴 신발 모양이라는 것이다.

독조문은 우수하게 태어나 높은 관직으로 나아가는 몸이니 가죽신을 신고 홀을 드는 관직을 맞이하게 되면 또 다시 총명해진다. 관직

으로 인하여 화합하기 어려운 일도 좋게좋게 이루어 나가니 중년에
는 틀림없이 봉록의 직급이 오를것이다.

🀫 論足 🀫
논족

足者는 上載一身하고 下運百體하나니 爲足之重也라　爲地
족자　　상재일신　　하운백체　　위족지중야　　위지

之象하니 體雖至下而其用은 至大라　是可別姸醜而審其貴賤
지상　　체수지하이기용　　지대　　시가별연추이심기귀천

也니 欲得方而廣하고 正而圓하며 膩而軟하나니 富貴之相也
야　욕득방이광　　정이원　　니이연　　부귀지상야

오 不可窄而薄하고 橫而短이며 粗而硬이니 乃賤貧之相也라
　불가착이박　　횡이단　　조이경　　내천빈지상야

脚下無紋理者는 下賤이오 足下有黑子者는 食祿하며 雖大而
각하무문리자　　하천　　족하유흑자자　　식록　　수대이

薄者는 下賤이오 雖厚而橫者는 貧苦하며 脚下成跟者는 福
박자　　하천　　수후이횡자　　빈고　　각하성근자　　복

及子孫하고 脚下旋紋者는 令譽千里며 脚下平如板者는 貧賤
급자손　　각하선문자　　영예천리　　각하평여판자　　빈천

하고 脚下可容龜者는 富貴하며 足指纖長者는 忠良之貴오
　　각하가용귀자　　부귀　　족지섬장자　　충량지귀

足指端齊者는 毫邁之賢이며 足厚四方者는 巨萬之富오 足排
족지단제자　　호매지현　　족후사방자　　거만지부　족배

三痣者는 兩省之權이니 大抵貴人之足은 小而厚하고 賤人之
삼지자　　양성지권　　대저귀인지족　　소이후　　천인지

足은 薄而大니라 詩曰 貴人足厚多閑樂이오 賤人足薄主奔
족　　박이대　　시왈　귀인족후다한락　　천인족박주분

波라 有痣有紋眞可羨이오 無痣無紋損壽多라
파　유지유문진가선　　무지무문손수다

발이라는 것은 위에 있는 몸을 싣고 아래에서 몸을 온전하게 나르나니 발이란 것은 참으로 중요한 것이다. 그래서 소위 땅과 같은 모양이어야 하며 비록 몸 아래에 있을지라도 그 쓰임은 지극히 크다.

잘생기고 못생긴것을 나누어 귀천을 살피는 것이 옳을 것이니 넓고 모가난 모양이어야 하고 바르고 둥글며 매끄럽고 부드러워야 부귀를 누리는 모양이다.

얇아서 뼈와 살이 달라 붙지 않아야 하고 가로로 짧아 좁지 않아야 하고 거칠고 딴딴하지 않아야 하니 이러하면 바로 가난하고 신분이 낮은 모양인 것이다.

발아래 주름이 없는 사람은 하천한 사람이고 발아래 검은 점이 있는 사람은 넉넉하게 먹고 살 수 있는 록이 있으며 다만 크고 얇은 사람은 하천이요 가로로 두터운 사람은 가난하여 고생하며 발아래 발뒤꿈치가 있는 사람은 복이 있는 자손을 두고 발아래 돌아가는 주름이 있는 사람은 우두머리로서의 명예가 천리를 가며 발아래가 판자처럼 평평하게 생긴 사람은 가난하고 천하며 발아래가 거북이 모양인 사람은 부귀하며 발가락이 가늘고 긴 사람은 충성스런 어진 귀인이요 발가락이 단정하게 가지런한 사람은 성질이 호탕하고 인품이 뛰어나서 어질며 발 사방이 두터운 사람은 만석군의 부자요 발아래 휘어져 홈이 된 부분에 사마귀 세 개가 있는 사람은 두 개의 권한을 아울러 가지니 대체로 귀인의 발은 작고 두터우며 천한 사람의 발은 얇고 크니라. 시로 가로대 두터운 귀인의 발은 느긋하게 즐기고 얇아서 천한 사람의 발은 주로 앞을 다투어 고생한다. 주름도 있고 사마귀도 있으면 참으로 부러운 사람이요. 주름도 없고 사마귀도 없으면 많은 수명도 덜게 되는 것이다.

▦ 論足紋 ▦
논족문

足下 - 軟滑而多紋者는 貴하고 粗硬而無紋者는 賤하며 足
족하　　연활이다문자　귀　　　조경이무문자　　천　　　족

下에 有龜紋者는 二千石祿이오 足下에 有禽紋者는 八位之
하　유귀문자　　이천석록　　족하　유금문자　　팔위지

職이며 足下五指에 有策紋이 上達者는 兩府使相이오
직　　족하오지　유책문　상달자　　양부사상

足下에 有十字一策紋이 上達者는 六曹侍郎이며 足下에 有
족하　유십자일책문　　상달자　　육조시랑　　족하　유

三紋如錦繡者는 食祿萬鍾하고 足下에 有紋如花樹者는 積財
삼문여금수자　식록만종　　족하　유문여화수자　적재

無數하며 足下에 有紋如剪刀者는 藏金巨萬하고 足下에 有
무수　　족하　유문여전도자　장금거만　　족하　유

紋如人形者는 貴壓百官하며 有一策紋者는 福而貴이오 有八
문여인형자　귀압백관　　유일책문자　복이귀　　유팔

螺紋者는富而貴니 兩小指無則是也오 兩小指皆有를 謂之十
나문자　부이귀　양소지무즉시야　양소지개유　위지십

螺紋이니 主性鄙오 十指皆無紋者多破敗矣오
나문　　주성비　십지개무문자다파패의

足下에 有紋이면 大利子孫하고 足下에 龜紋이면 一世淸名
족하　유문　　대리자손　　족하　귀문　　일세청명

이오 足下黑痣면 富貴賢士니라
　　족하흑지　부귀현사

아래에 있는 발에 주름이 많고 부드럽고 매끄러운 사람은 귀하고 거칠고 딴딴하고 주름이 없는 사람은 천하며 발아래에 구문(龜紋)을 가진 사람은 이천석 재물은 있으며 발아래에 금문(禽紋)을 가진 사람은 팔위 안에든 직분은 가질 것이며 다섯 개의 발가락에 회초리 같은 가는 주름이 있으며 막힘없이 높이 깨달은 사람은 중서성과 추밀원(송나라때의 관직)에서 벼슬을 할 상이다.

발아래 열십자 모양의 한 개의 가는 주름이 있고 높이 통하여 발달한 사람은 육조 시랑이며 발아래 수를 놓은 듯한 세 개의 주름은 음식과 녹봉이 만 개의 종을 만들 수 있을 만큼 거대하며 발아래 꽃이 핀 나무와 같은 주름을 가진 사람은 헤아릴수 없을 만큼 많은 재물을 쌓아놓으며 발아래 가위 모양과 같은 주름을 가진 사람은 숨겨놓은 금이 막대하며 발아래 사람 모양과 같은 주름을 가진 사람은 관직에 있는 모든 벼슬아치들 위에서 군림하는 귀한 사람이며 채찍 같은 가는 주름이 한 개 있는 사람은 복록을 누릴 것이요 여덟개의 발가락에 소라 같은 무늬의 주름을 가진 사람은 부자이면서 귀하니 양쪽 작은 발가락에는 그러한 주름이 없어야 한다. 양쪽 작은 발가락까지 모두 있으면 이는 열 개의 발가락에 소라 무늬가 있는것이라 말하며 주로 성품이 더럽고 열 개의 발가락 모두 주름이 없으면 모두 깨뜨리고 패하게 된다.

발아래 주름이 있으면 자손에게 크게 이롭고 발아래 구문이면 한 평생 청렴하다는 평판으로 살아갈 것이다.

발아래 검은 점이 있으면 넉넉하고 귀한 어진 선비이니라.

 * 구(龜) : 거북 구, 문(紋) : 무늬 문

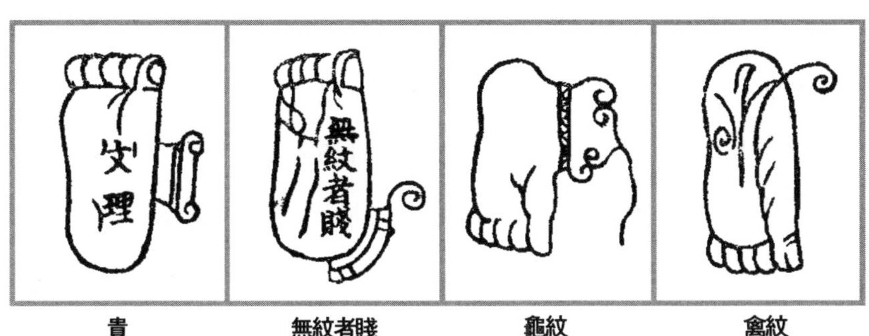

貴　　　　　無紋者賤　　　　龜紋　　　　　禽紋

五代間에 有至人陳搏하니 賜號希夷라 (搏의字는 圖南이니
오대간　유지인진박　　사호희이　　　박 자 도남

精于相法이라 嘗相宋太祖러니 後乘馬入汴이라가 路聞宋太
정우상법　　상상송태조　　후승마입변　　　노문송태

祖卽位하고 大笑墜地曰 天下定矣라하더라 後에 太宗이 召
조즉위　　대소추지왈천하정의　　　후　태종　소

見하니 不仕라 號賜 希夷하니라) 師麻衣하야 (麻衣는 卽 仙
견　　불사　호사 희이　　　사마의　　마의 즉 선

翁也라) 學相할새 論而冬深擁爐而敎之리니 希夷 - 如期而
옹야　　학상　　유이동심옹노이교지　　희이　　여기이

往하야 至華山石室之中하니 (華山石室은 乃麻衣修道之地也
왕　　지화산석실지중　　　화산석실　내마의수도지지야

니 後希夷 - 隱之하니라) 不以言語하고 而度與希夷하니라 (默
　후희이　은지　　　불이언어　　이도여희이　　　묵

而授之也라 但用火而畵字于爐灰中하야 以傳하니 後에 此賦
이수지야　단용화이화자우노회중　　이전　후　차부

文이 有金鎖賦하고 別有銀匙라 歌悉授之하니 希夷 -盡其學
문　유금쇄부　　별유은시라 가실수지　　희이　진기학

焉하니라 金鎖賦銀匙歌는 皆麻衣所作 이라)
언　　금쇄부은시가　개마의소작

당나라 후 5대 10국 시대에 덕을 닦아 지극한 경지에 이른 진 박이란 사람이 있었으니 황제로부터 희이라는 호를 하사받았다.

박이라는 사람의 자는 도남이며 상법에 크게 밝고 자세하였다.

* 자(字) - 이름의 하나. 이름을 중히 여겨 함부로 부르지 않는 관습에서 결혼한 후에 부르기 위하여 짓는 이름에 준한 것.

일찍이 송나라 태조의 상을 본 후에 말에 올라 하남성 변으로 들어가다가 길에서 송나라 태조가 황제의 자리에 올랐음을 듣고 크게 웃다가 땅에 굴러 떨어지며 하는 말 천하는 정해져 있다고 하였더라. 나중에 태종이 불러 들여 만났으나 벼슬을 하지 않겠다하여 호를 희이라 내렸다.

스승인 마의에게 (곧 마의는 세속을 초월한 신선이었다.) 상법을 배울때 깊은 겨울에는 화로를 사이에 두고 가르침을 깨우쳤으며 희이가 다니며 배울때 화산 석실의 가운데 이르러 (화산 석실은 마의가 수행하던 장소였는데 나중에 희이가 은거하는 장소가 되었다.) 말을 하지 않고 희이와 한동아리가 되어 깨닫게 하였다.

침묵 속에서 받은 것이다.

단 불을 사용하고 타고 남은 재 가운데 그림을 그리거나 글자를 써서 전하니 후에 이러한 것들이 학문으로 매겨진 금쇄부가 있게 되었고 또 따로 나누어진 은시가가 있게 되었다. 희이가 정성을 다하여 배운것이다.

금쇄부 은시가는 모두 마의 선사가 지은 작품이다.

麻衣者不知其姓名也　或云古之隱士善相者隱其名後人皆以
마의자부지기성명야　혹운고지은사선상자은기명후인개이

麻衣爲藏相傳也　預知言人　不能先知之也　堯之子
마의위장상전야　예지언인　불능선지지야　요지자

마의라는 사람은 그 성씨와 이름은 알지 못한다.

혹 옛날부터 전해 내려오는 바에 의하면 지혜로우면서도 신비로운 묘한 상을 가진 숨은 선비로서 그 이름은 알려지지 않았으나 먼 훗날의 사람들이 모두 마의라 하였으며 깊이 잠재되어 있던 상법을 전하였다. 아는것을 미리 말하는 사람은 먼저 아는 능력이 없는 것이다. 사람들은 높고 멀리 생각하라.

麻衣先生石室神異賦

마의선생석실신이부

相有前定이나　世無預知니 (一本作早)　註云人之生也에　富貴,
상유전정　세무예지　일본작조　주운인지생야　부귀

貧賤, 賢愚, 壽夭, 禍福, 善惡이　一定于相之形貌, 皮膚,
빈천　현우　수요　화복　선악　일정우상지형모　피부

骨骼, 氣色, 聲音焉이니　山翁이　嗟夫世人이　能無有預知者라
골격　기색　성음언　산옹　차부세인　능무유예지자

非神異以秘授면　豈庸凡之解推리오 (解上聲)　註云欲預知相之
비신이이비수　기용범지해추　해상성　주운욕예지상지

前定인대 非神妙異常之士면 不能知니 然後에 密授此書者 -
전정   비신묘이상지사   불능지   연후   밀수차서자

又豈世俗等下之人의 所能解推哉아하니 意謂必希夷라야
우기세속등하지인   소능해추재   의위필희이

能之也라
능지야

상은 이미 정해져 있으나 삶은 미리 알 수 없으니 (사람의 근본은 일찍이 하나에서 변하여 이루어졌다.) 말씀에 의하면 사람이 태어나서 하나로 고정되어 있는 것 같은 겉모습인 피부, 골격, 기색, 음성에서 귀하고 넉넉함, 가난하고 신분이 낮음, 현명하고 어리석음, 수명의 길고 짧음, 재앙과 복, 좋고 나쁨이 있으니 신선이(마의선사) 탄식하며 세상을 살아가는 사람이 미래를 알지 못한다는 것은 잘된 것이라 하였다. 신은 아니지만 세속의 학문과 다른 상법의 비밀을 전해 받으면 풀어서 헤아릴 수 있으니 어찌 보통 사람이라 할 수 있으리요. (음성을 높게 풀어야 한다.)

말씀에 의하면 이미 정해져 있는 모양에서 미래를 알 수 있지만 신이 아니므로 묘하게 생겨 특이한 선비이면 능히 알지 못한다. 세상에서 속되게 살아가는 하층계급의 사람일지라도 상법에 관한 이 책을 은밀하게 건네받은 후에는 풀어서 헤아리는 능력을 가질 수 있는 바이니 반드시 희이가 이르는 의미라야 능히 풀어 헤아릴 수 있다.

若夫舜目은 重瞳이라 遂獲禪堯之位하고 註云舜은 虞帝오
약 부 순 목　　증 동　　수 획 선 요 지 위　　　주 운 순　　우 제

瞳은 目瞳子也니 言舜이 有重瞳之異相하야 遂受帝堯之禪而
동　　목 동 자 야　언 순　　유 중 동 지 이 상　　수 수 제 요 지 선 이

有天下라 重耳는 騈脅이라 果興霸晋之基하니 註云重耳는
유 천 하　　증 이　　병 협　　과 흥 패 진 지 기　　　주 운 증 이

晋文公의 名이오 騈은 並也니 文公이 有騈脅之奇骨하야
진 문 공　　명　　병　　병 야　　문 공　　유 병 협 지 기 골

果興晋室之基而成霸業이라
과 흥 진 실 지 기 이 성 패 업

發石室之丹書하노니 莫忘吾道하라 剖神仙之古秘하야
발 석 실 지 단 서　　　　막 망 오 도　　　부 신 선 지 고 비

度與希夷하노라 註云麻衣先生이 謂今日 開發石室丹寶之書
도 여 희 이　　　주 운 마 의 선 생　　위 금 일　개 발 석 실 단 보 지 서

하고 剖決古仙秘奧之典하야 授爾希夷하노니
　　　부 결 고 선 비 오 지 전　　　수 이 희 이

吾之相法이 盡於此矣라 當念念不忘이 可也라
오 지 상 법　　진 어 차 의　　　당 념 념 불 망　　가 야

옛말에 따르면 순임금의 눈은 눈동자가 겹으로 되어있어 드디어
요임금에게 인정을 받아 지위를 물려받았다.

말씀에 의하면 순은 우나라의 임금이었다.

눈동자는 눈의 검은 동자를 말하는 것이니 순을 말하면 겹으로 되
어 있는 이상한 눈동자의 모양을 하여 마침내 요임금이 물려준 천하
를 받았다는 것이다.

중이는 통갈비이다.

참으로 훌륭하게 일으켜 으뜸가는 진나라의 터를 닦으니 말씀에 의하면 중이는 진나라 문공의 이름이요 병은 겹쳐 포개진 것이니 문공이 통갈비의 기이한 늑골을 하여 결과적으로 진나라의 왕실을 일으켜 천하를 통일하려는 기반을 이루었다.

석실에서 먼 옛날의 도를 써서 밝혀 드러내니 깨달은 사람의 도를 잊지 말아라.

신선의 옛 비밀을 하나하나 쪼개고 나누어 명백하게 하여 희이에게 베풀어 헤아릴 수 있도록 하노라.

말씀에 의하면 마의 선생이 석실에서 오늘날까지 알려져 오는 슬기와 재능을 써서 널리 열어주고 옛 신선들로부터 깊숙하게 숨겨져 온 바른 가르침을 구별하여 희이 너에게 주노니 나의 상법을 마땅히 항상 마음에 새겨두어 잊지 않는 것이 옳을 것이라 하셨다.

當知骨格은 爲一世之榮枯하고 氣色으로 定行年之休咎니라
당지골격　위일세지영고　　　　기색　　　정행년지휴구

註云骨格은 無易이라 相之體也則一世之榮枯를 可由此而知
주운골격　무이　　　상지체야즉일세지영고　　가유차이지

오 氣色은 旋生이라 相之用也則行年之休咎를 可由此而驗
　기색　　선생　　　상지용야즉행년지휴구　　가유차이험

이니 知者－參之면 人之貴賤이 思過半矣라
　　지자　　참지　　인지귀천　　사과반의

三停이 平等하면 一生衣祿이 無虧하고 註云自髮際로
삼정　평등　　일생의록　　무휴　　주운자발제

至印堂이 爲上停이오 山根으로 至準頭－爲中停이오
지인당　위상정　　산근　　　지준두　　위중정

人中으로 至地閣이 爲下停이니 此는 面上三停也오 頭腰足은
인중　　　　지지각　위하정　　차　　면상삼정야　두요족

爲身上三停也니 古云面上三停은 額鼻閣이오 身上三停은
위신상삼정야　　고운면상삼정　액비각　　　신상삼정

足頭腰니 三停이 平等하면 多衣祿하고 長短이 如差면
족두요　삼정　평등　　다의록　　장단　여차

福不饒則衣祿豊虧를 於此可見이라
복불요즉의록풍휴　어차가견

五嶽이 朝歸하면 今世錢財自旺이라 註云左顴이 爲東嶽하고
오악　조귀　　금세전재자왕　　주운좌관　위동악

右顴이 爲西嶽하고 額爲南嶽하고 地閣이 爲北嶽하고
우관　위서악　　액위남악　　지각　위북악

鼻爲中嶽하니 此五嶽은 欲其朝拱豊隆이오 不欲缺陷破傷이라
비위중악　　차오악　욕기조공풍륭　　불욕결함파상

混儀에 云五嶽이 不正하면 相君終始薄寒이오 八卦 － 高隆
혼의　운오악　부정　　상군종시박한　　팔괘　고융

하면 須是多招財寶則錢財旺相을 於此可見이라
　　수시다초재보즉전재왕상　　어차가견

　　마주 보이는 골격으로 한평생의 성함과 쇠함을 알 수 있고 기색에는 흐르는 해년의 길흉이 돌고 있느니라.

　　말씀에 의하면 골격은 쉽게 변하지 않는 것이다.

　　몸에도 모양이 있는 즉 이러한 것을 통하여 한평생의 성함과 쇠함을 알 수 있고 기색이 돌아 생겨나는 작용은 매년의 길 흉을 보는데 적용한다.

　　즉 흐르는 해년의 길흉은 이러한 기색의 징험으로 말미암아 나타

나 보이는 것을 적용함이 옳을 것이니 상법을 아는 사람이 참고를 하면 사람의 귀함과 천함을 벌써 반 이상은 판단한 것이다.

삼정이 평등하면 일생동안 옷과 재물이 무너지지 않고 말씀에 의하면 발제에서부터 인당까지가 상정이라 하고 산근에서 준두 까지가 중정이라 이르고 인중에서 지각까지 하정이라 이르니 이러한 것은 얼굴을 세 부분으로 나눈 것이다.

- 머리와 허리 다리는 몸의 삼정이니 옛날 말에 의하면 면상 삼정은 이마 코 지각이요 몸의 삼정은 다리 머리 허리니 삼정이 고르게 같으면 옷과 재물이 많고 길고 짧음의 차이가 있으면 복록이 넉넉하지 못한 즉 풍요롭던 옷과 재물이 깎이고 덜어지는 것을 이러한 연유에서 볼 수 있는 것이다.

- 오악이 서로서로 돌아보며 도우면 살아가는 현재 돈과 재물이 저절로 왕성해진다.

말씀에 의하면 좌측 관골을 동악이라하고 우측 관골을 서악이라하고 이마를 남악이라하고 지각을 북악이라 하고 코를 중악이라하니 이러한 오악은 풍륭하게 빙 둘러 모여 서로 도와야 할 것이요 다쳐서 깨어지거나 꺼지거나 이지러지지 않아야 한다.

혼의에 말하길 오악이 반듯하지 못하면 재상이라 하더라도 시작부터 끝까지 삶이 따뜻하고 넉넉하지 못하다.

팔괘(얼굴의 가장자리)의 자리가 높고 풍륭하면 모름지기 많은 재물과 보화를 불러들이게 되는 즉 돈과 재물이 왕성해가는 것을 이러한 연유에서 볼 수 있는 것이다.

頦 爲地閣이라 見末歲之規模하고 註云豊厚者는 富饒하고
해 위지합　　　견말세지규모　　　주운풍후자　　당요

尖削者는 貧薄이니 凡相人末限은 在此라 地閣이 爲水星이라
첨삭자　빈박　　범상인말한　　재차　지각　위수성

屬下停하니 若推金水形人이면 爲佳라 鼻乃財星이라 管中年
속하정　　약추금수형인　　　위가　비내재성　　관중년

之造化니 註云豊隆端正者는 貴顯하고 掀露偏曲者는 下賤이
지조화　주운풍융단정자　귀현　　흔로편곡자　　하천

니 鼻爲土星이라 (屬中停하니 若推土形人하면 最應이라)
비위토성　　　속중정　　약추토형인　　　최응

額方而潤이면 初主華榮하고 骨有削偏하면 早年偃蹇이라 註
액방이활　　초주화영　　골유삭편　　조년언건　　주

云額爲火星이라 乃官祿父母之宮이니 在限爲初라 若方正寬潤
운액위화성　　내관록부모지궁　　재한위초　약방정관활

이면 必主初年榮華오 其骨이 尖削偏陷하면 須見早年不利라
필주초년영화　기골　첨삭편함　　수견조년불리

木淸眉秀는 定爲聰俊之兒오 註云眉分羅計하고 目屬陰陽
목청미수　정위총준지아　주운미분나계　　목속음양

하니 眉宜秀而不宜粗散低垂오 目宜淸而不宜昏暗斜視니
미의수이불의조산저수　　목의청이불의혼암사시

雖未富貴나 必爲聰明俊秀之兒라
수미부귀　필위총명준수지아

氣濁神枯는 必是貧窮之漢이라 註云相中에 言神氣最多는
기탁신고　필시빈궁지한　주운상중　언신기최다

人所難辯이니 觀夫自閣道老云神氣者는 百關之秀裔也라
인소난변　관부자각도노운신기자　백관지수예야

如陽氣舒而山川이 秀發하고 日月出而天地淸明하나니
여양기서이산천　수발　　일월출이천지청명

在人에 爲一身之主오 諸相之驗 故로 淸監에 云大都神氣 -
재인　위일신지주　제상지험 고　청감　운대도신기

賦於人이 有似油兮又似燈이라 氣神不濁人自富니 油淸然後에
부어인　유사유혜우사등　기신불탁인자부　유청연후

燈方明이라하니 然則神氣濁枯者는 終身不達이라
등방명　연즉신기탁고자　종신불달

天庭이 高聳하면 少年富貴를 可期오 註云天庭은
천정　고용　소년부귀　가기　주운천정

位在印堂之上, 髮際之下하니 以其處于至高之位라 故로曰
위재인당지상 발제지하　이기처우지고지위　고　왈

天庭이니 宜高聳如立壁覆肝하고 無痣絞偏陷하며 更兼 五嶽
천정　의고용여입벽복간　무지교편함　갱겸 오악

이 朝拱하면 幼必貴顯이라
조공　유필귀현

　- 턱은 지각이 된다. 말년을 볼 수 있는 본보기가 되고 말씀에 의하면 두텁고 풍륭한 사람은 넉넉한 부자이고 깎인 듯 뾰족한 사람은 부족하여 가난하니 무릇 사람의 모양에 있어서 마지막 한계는 여기에 있다. 지각은 수성(水星)이 된다.

　수성(水星)은 하정에 속하니 만약 금 수(金 水)형으로 헤아린다면 훌륭하다 할 것이다.

　- 코는 재성으로서 토(土)성에 속하며 중년을 조화롭게 다스리니 말씀에 의하면 단정하고 풍륭한 사람은 귀한 사람으로 또한 세상에 알려지고 치켜 덜려 드러나거나 한쪽으로 굽은 사람은 신분이 낮은 천한 사람인 것이다.

(중정에 속하니 만약 토형인이 코가 풍륭 하다면 제일 많이 거두어 가지는 것
이다.)

– 이마가 모가 나고 넓으면 초년이 주로 화려히 번영하고 뼈의 한
쪽이 깎이거나 치우치면 어린 나이에 고생하고 괴로워한다.

말씀에 의하면 이마는 화성이 되며 관록과 부모의 궁이니 초년의
정도를 알 수 있다. 만약 모가난 듯 방한 이마가 단정하고 트여 넓으
면 틀림없이 초년이 영화롭고 이마의 뼈가 뾰족하거나 한쪽으로 치우
치거나 깎이거나 꺼지거나 하면 모름지기 어린 나이의 과정을 이롭지
못하게 본다.

– 빼어난 눈과 맑은 눈썹은 아이 때부터 총명하고 뛰어나게 된다.

말씀에 의하면 눈썹을 라후(왼쪽 눈썹) 계도(오른쪽 눈썹)로 나누고 눈
은 음과 양에 속하니 눈썹은 빼어나야 마땅하고 거칠거나 흩어지거
나 낮게 내려오면 마땅하지 못하다.

눈은 당연히 맑아야 하고 흐리거나 어둡거나 비껴 보는 것은 마땅
하지 못하니 비록 부자나 귀하지는 못하더라도 틀림없이 총명하여
재주와 슬기가 뛰어난 아이이다.

– 기가 탁하고 신 이 마르면 반드시 궁색하고 가난한 사나이이다.

말씀에 의하면 모양을 설명하고 있는 가운데 가장 많이 나오는 기
와 신 은 사람에게 분별해서 말하기 어려운 바이니 사람을 자세히 살
핀다는 것은 스스로 험한 벼랑에 나무로 선반처럼 내매어 만든 길을
노인이 걸어가는 것이며 신 과 기에 대하여 말한다면 빼어난 기운이
백개의 관문을 통하고도 남아서 드러나는 수려한 기운이다.

양기운이 퍼져가면 훌륭하게 솟아난 산천이고 태양과 달이 나타나

면 하늘과 땅이 맑고 밝으니 사람에게 있어서는 한 몸의 주인이 되는
것이다.

삼라만상의 모든 모양에는 미리 보이는 조짐을 경험 하는 고로 살
펴서 보이는 맑음을 대개 신 기로 말하는데 사람에게서 나오는 기름
과 같은것이며 또 등잔불과 같기도 하다.

기와 신 이 흐리지 않는 사람은 자연적으로 넉넉하니 기름이 맑은
연후에 등잔불이 사방을 밝게 비출 수 있으리니 그러한 즉 신 과 기
가 탁하고 마른 사람은 끝까지 발달하지 못한다.

– 천정이 높이 솟으면 소년 시절의 부귀를 기약하고 있고 말씀에
의하면 천정은 인당 위 바로 발제의 바로 아래에 있는 곳으로서 지극
히 높은 자리인 것이다.

그러므로 가로대 천정이라 이름하니 마땅히 높이 솟아 간을 엎어
놓은 듯한 벼랑으로 서 있어야 하고 사마귀나 새끼를 꼰 듯한 주름이
나 한쪽으로 치우치거나 꺼지지않아야야 하며 또 겸하여 오악이 서
로 도우듯 빙 둘러 모여 있으면 어려서부터 반드시 지위가 높아져 세
상에 이름이 알려지니라.

地閣이 方圓하면 晩歲榮華를 定取니라 註云 地閣은 在承漿
지각　　방원　　만세영화　　정취　　주운　지각　　재승장

之下頤頦之間하니 爲田地奴僕之宮이라 若方則貴하고 厚則富
지하이해지간　　위전지노복지궁　　약방즉귀　　후즉부

하며 削薄則貧이니 方而又圓이면 末主榮華라 視瞻이 平正
삭박즉빈　　방이우원　　말주영화　　시첨　　평정

하면 爲人이 剛介心平하고 註云 視不欲偏斜니 若斜視者는
위인 강개심평 주운 시불욕편사 약사시자

其人이 奸邪하고 心必險惡이오 正視者는 心地坦直하고 志氣
기인 간사 심필험악 정시자 심지탄직 지기

剛介니라 冷笑無情하면 作事機深內重이라 註云凡與謀爲에
강개 냉소무정 작사기심내중 주운범여모위

惟冷笑而不言情由者는 其人이 機謀必深而難測하고 心量이
유냉소이불언정유자 기인 기모필심이난측 심량

必重而不輕이라 準頭豊大면 心無毒이오 註云準頭 - 爲土星
필중이불경 준두풍대 심무독 주운준두 위토성

하니 主乎信이라 若豊大如獅子截竹者는 心必善하고 如鷹嘴
주호신 약풍대여사자절죽자 심필선 여응취

者는 性多毒이라 面肉橫生하면 性必凶이라 主云面肉은 卽顴
자 성다독 면육횡생 성필흉 주운면육 즉관

骨이니 與肉俱露而橫生者는 其性이 凶暴라 智慧生於皮毛
골 여육구로이횡생자 기성 흉포 지혜생어피모

하고 註云皮膚 - 細軟光瑩하고 毛髮이 疎秀潤澤者는 必智
주운피부 세연광영 모발 소수윤택자 필지

慧聰明이오 若反此者는 必粗俗也라
혜총명 약반차자 필조속야

若樂觀乎手足이라 註云手指節이 粗大枯梗하고 足背 - 瘦長
약락관호수족 주운수지절 조대고경 족배 수장

乾燥者는 其人이 必辛苦오 若細軟潤澤하며 足若骨肉이 圓
건조자 기인 필신고 약세연윤택 족약골육 원

肥者는 其人이 必逸樂이라 髮際低而皮膚粗하면 終見愚頑이
비자 기인 필일락 발제저이피부조 종견우완

오 註云髮際若額이 凹低하고 皮膚 - 枯燥而粗者는 畢境愚頑
주운발제약액 요저 피부 고조이조자 필경우완

— 지각이 모가 난 듯 둥글면 늦은 나이에 영화를 취하게 되느니라.

말씀에 의하면 지각은 승장의 아래에서 턱(지각, 시골)의 사이를 말하니 밭과 땅 그리고 종과 노비가 되는 궁이다.

만약 모가 난 듯 방하면 귀하고 두터운 즉 부자이며 깎이고 얇은 즉 가난하니 모가 난듯 또 둥글면 말년이 주로 영화롭다.

— 바라보는 모습이 고르고 반듯하면 사람 됨됨이가 강직하고 절개를 굳게 지키며 마음이 정리되어 가지런하다.

말씀에 의하면 바라볼 때 삐딱하게 보지 말아야 하니 만약 삐딱하게 옆으로 본다는 것은 그 사람이 간교하여 반듯하지 못하고 틀림없이 마음이 험상스럽고 모질다.

반듯하게 바라보는 사람의 마음은 평탄하고 곧아 의지와 기개가 굳세어 옳은 일을 지키며 뜻을 굽히지 않는다.

무정하여 비웃는 듯 써늘한 웃음은 일하는 마음 깊은 곳에 거짓이 스며 있는 것이다.

말씀에 의하면 무릇 이와 같이 어긋나는 모든 계책에는 오직 차가운 웃음과 정이 통하는 말이 없는 그 사람의 거짓된 술책은 반드시 깊어서 헤아리기 어렵고 마음의 크기 또한 틀림없이 무겁고 가볍지 않을 것이다.

— 준두가 크고 풍륭하면 마음에 독이 없다. 말씀에 의하면 준두는

토성이 되니 주로 믿음이라 부른다. 만약 사자처럼 크고 풍륭하거나 대나무를 자른 것과 같은 사람은 마음이 반드시 착하고 매의 부리와 같이 생긴 사람은 성정이 매우 독하다.

－ 얼굴의 살비듬이 가로로 나오면 성정이 대체적으로 나쁘다. 말씀에 의하면 얼굴의 살비듬이라고 하는 것은 곧 관골을 말하는 것이니 이와 같이 살비듬이 관골과 함께 드러나 가로로 나온 사람은 그 성정이 사납고 흉하다.

－ 피부의 털은 사리를 정확하게 분별하는 정신적인 능력에 따라 생겨나고 말씀에 의하면 피부라는 것은 섬세하게 연하고 밝게 빛나야 하고 머리털이 성기고(쑥대머리처럼 우거지지 않은 머리털) 빼어나게 윤택한 사람은 틀림없이 귀가 밝고 눈이 예민하여 사리를 정확하게 분별하는 능력이 있다.

만약 이러한 모양과 반대인 사람은 대체적으로 거칠고 비속하다.

－ 손과 발을 자세히 살펴서 고생과 안락함을 말해야 한다.

말씀에 의하면 손가락 마디가 대개 크고 거칠거나 마르고 발등이 매우 여위어 파리하거나 길고 깡마른 사람은 대체로 매운 고생을 면하기 어렵다.

잘게 부드럽고 윤기 있게 빛나야 하며 발은 뼈와 살비듬이 둥글고 살이 찐 사람은 대개 쾌락을 즐기며 편안히 놀기를 즐긴다.

－ 발제가 낮고 피부가 거칠면 끝까지 어리석고 둔하여 재주가 없다.

말씀에 의하면 발제와 이마가 낮게 꺼지고 피부도 마르고 거친 사람은 결국은 고집이 세고 어리석은 무리이다.

－ 손가락 마디가 가늘고 발등이 통통하면 모름지기 총명하여 재주

와 슬기가 뛰어나다는 것을 알 수 있다.

말씀에 의하면 손가락 마디가 가늘고 매끄러워 봄에 올라오는 죽순과 같고 발등이 통통하고 살비듬이 보기 좋게 있는 사람은 틀림없이 재주와 슬기가 빼어난 정숙하고 우아한 사람이다

富者는 自然體厚하고 貴者는 定是形殊니라 註云體貌豊厚者
부자　　자연체후　　귀자　　정시형수　　주운체모풍후자

는 倉庫無虧而必富하고 形相이 淸奇者는 骨格異常而必貴라
　창고무휴이필부　　형상　　청기자　　골격이상이필귀

南方貴宦淸高는 多主天庭豊潤이오 註云南方은 以天庭爲主
남방귀환청고　　다주천정풍활　　주운남방　　이천정위주

라 天庭이 爲額하니 乃火星也라 南人이 若頭額이 豊潤而不
천정　　위액　　내화성야　　남인　　약두액　　풍활이불

偏陷하면 官祿星이 得躔 故로 多爲淸高貴官이라
편함　　관록성　　득전 고　　다위청고귀관

北方公侯大貴는 皆由地閣이 寬隆이라 註云北方은 以地閣
북방공후대귀　　개유지각　　관융　　주운북방　　이지각

爲主라 地閣이 爲頦하니 乃水星也라 北人이 若頤頦寬隆而
위주　　지각　　위해　　내수성야　　북인　　약이해관융이

朝天庭하면 君臣相得局 故로 多爲大貴公侯라
조천정　　군신상득국 고　　다위대귀공후

重頤豊頦은 北方之人이라야 貴此强이오 註云頦頤肥大而若
중이풍함　　북방지인　　　귀차강　　주운해이비대이약

重하고 兩腮豊潤如燕頦은 貴而且强也라
중　　양시풍윤여연함　　귀이차강야

駝背面田은 南方之人이라야 富而足이라 註云脊背豊厚하야
타배면전　　남방지인　　　부이족　　주운척배풍후

類駝峯하고 面貌方圓하야 如田字니 南人이 有此相者는 旣
유 타 봉　　면 모 방 원　　여 전 자　　남 인　유 차 상 자　기

云富足矣라 觀夫上文에 有曰 南方貴宦淸高는 多主天庭이라
운 부 족 의　관 부 상 문　　유 왈 남 방 귀 환 청 고　다 주 천 정

하며 似乎相戾나 廣監에 云浙人은 偏于淸이나 若面背豊厚
사 호 상 려　　광 감　운 절 인　　편 우 청　　약 면 배 풍 후

하야 得此相이면 富貴라
득 차 상　　부 귀

河目海口는 食祿千鍾이오 註云眼爲四瀆之二河也오　口爲
하 목 해 구　　식 록 천 종　　주 운 안 위 사 독 지 이 하 야　　구 위

百納之官海也니 目若光明不露하고 口若方正而不反하면 貴
백 납 지 관 해 야　　목 약 광 명 불 로　　구 약 방 정 이 불 반　　귀

顯食祿之人也니 謂之河目海口者는 言有容納而不反露也라
현 식 록 지 인 야　위 지 하 목 해 구 자　언 유 용 납 이 불 반 로 야

　넉넉한 부자는 자연적으로 몸이 두텁고 귀한 사람은 특히 체형이 짜여져 있느니라. 말씀에 의하면 몸의 겉모습이 두텁고 풍륭한 사람이 천창과 지고가 이지러지지 않으면 틀림없이 부자이고 생김새가 맑고 골격이 보통사람과 다르면 반드시 귀한 사람이다. 남쪽 지방에서 벼슬하는 기품이 높은 사람 거의 모두 주로 천정이 넓고 풍륭하다. 말씀에 의하면 남방은 천정이 위주가 된다는 것이다.

　- 천정은 이마를 가리키니 곧 화성이 된다. 남쪽지방의 사람이 한쪽으로 치우치거나 꺼지지 않으면 관록성의 운행이 궤도를 벗어나지 않은 것이므로 관직에 있는 사람은 맑고 우아한 기품이 다분히 많은 귀한 사람일 것이다.

429

북쪽 지방에 살며 큰 귀를 누리는 귀족들은 모두 오히려 지각이 넓고 풍륭하다. 말씀에 의하면 북쪽지방은 지각이 위주가 된다.

– 지각은 턱이 되니 곧 수성을 말한다.

북쪽 지방에 사는 사람으로서 만약 턱(지고, 지각)이 넓고 풍륭하여 천정을 받들면 임금과 신하가 서로 서로 힘을 합하여 도우는 판이므로 거의 귀족(공후)이 되어 큰 귀를 누리게 되는 것이다.

턱이 풍륭하게 겹쳐진 제비턱을 가진 사람은 북쪽 지방에 살아야 강해져 귀한 사람 이 된다. 말씀에 의하면 턱(지고, 지각)이 살이 쪄 크고 또 겹쳐지고 양쪽 시골(턱의 양 옆)이 윤택하고 풍륭하여 제비턱과 같은 사람은 귀할 뿐만 아니라 세력이 있는 사람이다.

얼굴이 낙타등과 같이 생긴 사람은 남쪽 지방에 살아야 넉넉한 부자가 될 수 있다.

– 말씀에 의하면 남쪽의 사람이 등성마루가 두텁고 풍륭하여 낙타 등의 봉우리와 닮고 얼굴 모양이 모가 난듯 둥글어 밭 전자와 같이 생긴 사람은 이미 넉넉한 부자라고 말을 한다.

위의 내용에 맞추어 자세히 살펴보면 남쪽 지방에 사는 사람으로서 기품이 높은 귀족들은 거의 천정이 위주가 된다.

이러한 모양에 비슷한 어그러진 상으로서 광감에 말하길 쌀뜨물과 같은 뜻밖의 맑음도 얼굴과 등이 두텁고 넉넉한 생김새를 갖추었다면 부귀를 누릴 것이라 하셨다.

눈이 강이 되고 입이 바다가 되면 식록이 천종에 이른다.

– 말씀에 의하면 눈은 사독에서 두 개의 강을 의미하고 입은 백개의 물줄기가 흘러들어 오는 것을 다스리는 바다이다.

　눈이 만약 밝게 빛나며 드러나지 않고 입은 모가 난 듯 방하여 단정하고 뒤집어지지 아니하면 지위가 높아 세상에 알려지는 귀한 사람으로서 식록 지인(벼슬을 하여 그 봉급으로 넉넉한 생활을 이어나가는 사람)이니 드러나거나 뒤집어지지 않아서 눈이 강이되고 입이 바다가 되면 받아 들일 수 있는 모양을 소유하고 있다는 말이다.

鐵面劍眉는 兵權萬萬里니라　註云鐵面者는 神氣 - 黑若鐵
철 면 검 미　　병 권 만 만 리　　　주 운 철 면 자　　신 기　　흑 약 철

色也오 劍眉者는 稜骨이 起如劍脊也니 此相은 乃計羅 - 橫
색 야　검 미 자　　릉 골　기 여 검 척 야　　차 상　　내 계 라　　횡

行于天位하고 水氣遠居于火方이니 非兵權萬里之兆歟아
행 우 천 위　　　수 기 원 거 우 화 방　　　비 병 권 만 리 지 조 여

若神氣 - 忽變而黑色이면 凶矣라
길 신 기　　홀 변 이 흑 색　　　　흉 의

龍顏鳳頸은 女人이 必配君王하고　註云顏貌如龍光之異하고
용 안 봉 경　　여 인　필 배 군 왕　　　주 운 안 모 여 용 광 지 이

頸項이 若鳳彩之非常은 后妃之相이라　燕頷虎額은 男子 -
경 항　약 봉 채 지 비 상　후 비 지 상　　　연 함 호 액　　남 자

定登將相이라　註云頷在頰頤之間하니 骨肉이 豐滿稍起者는
정 등 장 상　　　주 운 함 재 해 이 지 간　　　골 육　풍 만 초 기 자

如燕頷也오 頭額이 方圓하고 口眼이 俱大하야 視有威神者는
여 연 함 야　두 액　방 원　　구 안　구 대　　시 유 위 신 자

如虎頭也니 男子 - 有此면 班超之相이라
여 호 두 야　남 자　유 차　반 초 지 상

相中訣法에 壽夭最難하니 不獨人中이라 惟神是定이니라
상 중 결 법　수 요 최 난　　불 독 인 중　　유 신 시 정

註云相書中訣法에 惟壽夭爲最難知라
주운상서중결법 유수요위최난지

郭林宗觀人八法而不及壽夭者는 非難而何오 不獨曰 人中이
곽림종관인팔법이불급수요자 비난이하 불독왈 인중

爲保壽官이라 欲分明如破竹之形者나 壽夭는 當以神氣爲主也
위보수관 욕분명여파죽지형자 수요 당이신기위주야

니 學者는 參之하라 目長輔采은 榮登天府之人이오
학자 참지 목장보변 영등천부지인

主云輔는 卽星輔眉也오 采은 光也니 若目이 細長而有神하고
주운보 즉성보미야 변 광야 약목 세장이유신

眉淸秀而有光이면 必聰明登第之士라
미청수이유광 필총명등제지사

神短無光하면 早赴幽冥之客이라 註云目神이 短促而無光하고
신단무광 조부유명지객 주운목신 단촉이무광

視瞻無力而昏暗者는 主夭折이라
시첨무력이혼암자 주요절

面皮虛薄하면 三十後는 問壽實難이오 註云虛者肉不稱骨也오
면피허박 삼십후 문수실난 주운허자육불칭골야

薄者는 有皮而無肉也라 故로 經에 云面皮繃急如鼓면 不過
박자 유피이무육야 고 경 운면피붕급여고 불과

三十五 – 此之謂也라
삼십오 차지위야

– 검붉은 빛의 얼굴에 검미는 병사를 다스리는 권세가 만만리에 뻗치니라. 말씀에 의하면 검붉은 빛의 얼굴을 가진 사람은 얼굴에서 풍기는 신기가 검은 흑색이나 검붉은 철색이라.

검미라는 것은 미릉골(눈썹뼈)이 칼등처럼 일어난 것이니 이러한 모

양은 곧 가로로 쭈 욱 늘어선 좌우 눈썹이 이마에 있어 화(火)의 자리
에서 수(水)의 기운이 멀리 떨어져 있으니 전쟁을 방비하는 권세가 만
리에 뻗칠 조짐이다.

만약 신 기가 갑자기 홀연이 변하여 검은 흑색의 기운이면 나쁜 것
이다. * 잘 분별하여 살펴야 할 것이다.

얼굴은 용의 모양이요 봉의 목을 가진 여인은 틀림없이 군왕을 짝
으로 맞이할 것이고 말씀에 의하면 얼굴의 모양이 용과 같이 특이하
게 생겨 밝게 빛나고 봉황의 목과 같이 보통과 다르게 생기면 왕비의
상인 것이다.

– 호랑이 이마에 제비의 턱을 가진 남자는 장수와 재상에 오르도
록 되어있다. 말씀에 의하면 아래턱이라는 것은 지각과 지고의 사이
에 있으니 뼈와 살비듬이 풍만하고 힘 있게 일어난 사람은 제비턱과
같다는 것이다.

– 머리와 이마가 모가 난 듯 둥글고 입과 눈을 함께 크게 갖추고 위
엄 있는 신 을 소유한채 보는 사람은 호랑이 이마를 가진 사람이라
할 수 있으니 남자가 이러한 모습이면 반초의 상이라 하셨다.

– 상을 말하는 내용 가운데 결단하는 법에는 수명의 길고 짧음을
아는 것이 제일 어려우니 인중만 보는 것이 아니라 신 이 꾀하고 다
스린다는 것을 알아야 한다. 말씀에 의하면 상법을 쓴 책에서 결단
하는 법 가운데 오직 수명의 길고 짧음을 아는 것이 가장 어려운 것
이라 하였다.

곽림종의 관인 팔법에 수명이 짧아서 오래 살지 못하는 사람을 안
다는 것이 어찌 어렵지 않겠는가 하셨다. 혼자서 수명을 좌우 할 수

없다는 말은 인중이 보수관이 된다는 것이다.

　대나무를 쪼갠 듯 한 분명한 모양을 한 사람이 수명이 짧은 것은 신기가 위주이니 배우는 사람들은 좇아 따르며 헤아리는데 참고하라.

　- 가려서 도우는 긴 눈은 영화에 오르는 하늘의 곳간을 가지고 태어난 사람이요.

　말씀에 의하면 도운다는 것은 즉 눈썹의 별성이 도운다는 것이며 구별하여 가린다는 것은 빛이니 만약 눈이 가늘게 길고 신을 소유하고 눈썹이 맑고 빼어나며 빛나면 반드시 벼슬에 오르는 총명한 선비이다.

　- 신 이 짧고 빛이 없으면 일찍 저승의 객이 된다. 말씀에 의하면 신이 급하여 짧고 빛이 없고 쳐다보는 눈빛에 힘이 없으며 흐리고 어두운 사람은 주로 일찍 꺾인다.

　얼굴 피부가 얇아서 모자라면 수명을 물어도 삼십후의 삶은 확실하기 어렵다. 말씀에 의하면 피부의 살비듬이 모자라서 뼈와 균형을 이루지 못하는 얇은 사람은 가죽은 있어도 살비듬이 없는 사람이다.

　그러므로 성인의 말씀에 의하면 팽팽한 북과 같은 얼굴 가죽에 오그라들 듯한 힘줄이 감겨 있으면 삼십 오세를 지나지 못한다는 것을 가리키고 있는 것이라 하셨다.

肉色輕浮하면　前四九를　如何可過리오　註云肉者는　骨之榮
육 색 경 부　　　전 사 구　　　여 하 가 과　　　주 운 육 자　　　골 지 영

衛니　體之基本也오　色者氣之精華니　神之胎息也라　肉宜稱骨
위　　체 지 기 본 야　　　색 자 기 지 정 화　　　신 지 태 식 야　　　육 의 칭 골

而實이오 色宜有氣而顯이니 若輕薄浮暗者는 必夭 故로 經에
이실　　색의유기이현　　약경박부암자　　필요고　　경

云肉緩筋寬하고 色又爛하면 三十六前是去程이 正謂此也라
운육완근관　　색우란　　삼십육전시거정　　정위차야

雙條項下면 遇休囚而愈見康强하고 註云 老人頸下에 有兩路
쌍조항하　　우휴수이유견강강　　주운　노인경하　　유양로

生하야 至干項者를 謂之壽條니 主壽考라 人有此條면 若遇休
생　　지우항자　　위지수조　　주수고　　인유차조　　약우휴

囚而不爲凶하고 愈見其康吉矣라 故로 經에 云眉毫不如耳毫
수이불위흉　　유견기강길의　　고　경　　운미호불여이호

오 耳毫不如項下條也라
　　이호불여항하조야

凡頂骨中이면 有疾厄而終無難險이라 註云一作九骨頂中하
범정골중　　유질액이종무난험　　주운　작구골정중

니 蓋謂頂額에 有九骨이나 然이나 人難得俱全이니 恐非是오
개위정액　　유구골　　연　　인난득구전　　공비시

終不若凡骨頂中이 爲有理니 但 凡有奇骨이 生于頂中者는 雖
종불약범골정중　　위유리　　단　범유기골　　생우정중자　　수

有疾厄而 終無虞險이라 古云面無善 이오 頭無惡骨이 是也라
유질액이종무우험　　고운면무선　　두무악골　　시야

骨法은 旋生하고 形容은 忽變하나니 遇吉則推하고 有凶可
골법　선생　　형용　홀변　　우길즉추　　유흉가

斷이라 註云夫人이 未貴之先엔 雖有骨格이나 旣仕之後엔
단　　주운부인　　미귀지선　　수유골격　　기사지후

旋有生長하고 未富之前엔 雖有形容이나 旣富以後엔
선유생장　　미부지전　　수유형용　　기부이후

忽有變更하나니 蓋骨逐貴生하고 肉隨財長而形有五行之分
홀유변경　　개골축귀생　　육수재장이형유오행지분

하고 病生于飽煖하며 憂出于樂極而氣有五色之變하나니 學
병생우포난　　우출우악극이기유오색지변　　학

者 - 仔細推之면 吉凶可斷이라
자　　자세추지　길흉가단

常遭疾厄은 只因根上이 昏沈이오 註云根은 卽 山根이니 位
상조질액　지인근상　혼침　주운근　즉　산근　위

在印堂之下라 與年壽三位로 爲疾病宮하니 宜神色光明이오
재인당지하　여년수삼위　위질병궁　의신색광명

不欲昏이니 暗而不明者는 有疾厄之人이라
불욕혼　암이불명자　유질액지인

頻遇吉祥은 蓋爲福堂이 潤澤이라 註云福堂은 在兩眉之上,
빈우길상　개위복당　윤택　주운복당　재양미지상

華蓋之傍하니 若常明潤而色紅黃者는 恒有吉祥而無凶也라
화개지방　약상명윤이색홍황자　항유길상이무흉야

　　살비듬의 색깔이 가볍게 떠 있으면 어찌 삼십 육세를 넘을 수 있으리요.

　　말씀에 의하면 살비듬이라는 것은 뼈의 혈액과 생기이니 몸을 이루는 토대의 바탕이 되는 것이다.

　　색이라는 것은 기가 나타나는 순수한 빛이니 신이 그 속에서 자라고 있는 것이다.

　　살비듬은 마땅히 뼈와 균형을 이루어야 튼튼할 것이요 색은 기를 소유한 채 나타나 있어야 마땅한 것이니 만약 가볍게 뜨고 얇으며 어두운 사람은 대체적으로 일찍 꺾인다. 고로 성인의 말씀에 살비듬에 힘줄이 띄엄띄엄 느리게 감겨 있고 또 싫증나는 색이면 삼십 육세를 지나는 정도가 되는것이 바르게 이르는 것이라 하셨다.

목 아래에 두 줄의 주름이 있으면 만사가 정지되어 꼼짝 못하게 되어도 점점   성하고 편안해지며 말씀에 의하면 노인이 목 아래에 두 줄의 주름이 생겨서 뚜렷하면 지극히 큰 목으로서 수명의 끈이라 이르며 주로 오래 살게 된다고 하셨다.

이러한 주름을 소유한 사람이라면 꽁꽁 묶여 꼼짝 할 수 없어도 나쁘지 않으며 갈수록 길하여 편안해지는 것을 보게 된다.

그러므로 성인의 말씀에 의하면 눈썹 털은 귀의 털만 못하고 귀의 털은 목 아래의 주름만 못하다고 하셨다.

무릇 머리 가운데 정수리 골격이 있으면 질병의 액이 있어도 마지막에는 어려운 위험이 없어진다.

말씀에 의하면 아홉 개의 뼈가 가운데 정수리 하나를 이루니 정수리와 이마 모두를 가리키는 아홉 개의 골격은 자연적으로 생겨나는 것이므로 사람이 모두를 갖추기 어려우니 없다고 두려워하지 않아도 된다.

마침내 머리 가운데 정수리 뼈가 없어도 이치에는 어긋나지 않으니.

단 기이하게 머리 가운데 큰 정수리가 불쑥 나타난 사람은 모름지기 질병의 액이 있어도 끝내 위험한 걱정은 없어지는 것이다.

옛날 사람들이 말씀하시길 얼굴에 좋은 점이나 사마귀는 없어도 머리에 나쁜 뼈는 없다고 하셨다.

– 뼈가 생겨나는 이치는 돌아흐르며 자리고 모습은 홀연히 변하나니 길한 것을 만나면 밀어주고 나쁜것이 있으면 자를 수 있게 한다.

말씀에 의하면 비록 골격을 갖추고 먼저는 귀하지 않았으나 대개 벼슬을 한 이후에 돌아흘러 크게 자라고 비록 모습을 갖추고 지난 날 넉넉하지 않았으나 대개 넉넉하진 이후에 홀연히 바뀌어져 고쳐 지나니 대체로 뼈는 귀를 따라 생겨나고 살비듬은 재물을 따라 늘어나며 오행에서 나누어진 모양을 소유하고 병이 생기는 것은 지나치게 배불리 먹고 덥게 입는 것이며 지나친 걱정과 극도에 달한 즐거움에서 나오고 소유한 기는 오색으로 변하나니 배우는 사람들은 자세하고 세밀하게 헤아린다면 좋고 나쁨을 판단할 수 있을 것이다.

늘상 질병의 액을 만나는 높은 근원에 해당하는 것은 어둡게 가라앉는 것이다. 말씀에 의하면 질병의 근원을 따르는 즉 산근의 위치는 인당 아래에 있다고 하셨다.

년상 수상과 함께 세 개의 부위가 질병을 담고 있는 집이 되는 것이니 마땅히 신 의 색깔이 밝게 빛나야 할 것이요 어둡지 않아야 할 것이니 어두워 밝지 못한 사람은 질병의 나쁜 액을 갖고 있는 사람이다.

좋은 길운을 자주 만나는 것은 모두가 윤택한 복당에 있다고 할 수 있다. 말씀에 의하면 복당은 양 눈썹 위의 부위이며 별성(눈썹) 곁에서 도와 주고 있으니 항상 밝고 윤택하게 살비듬의 색이 붉거나 누런 사람은 항상 좋은 조짐을 소유하고 있으므로 나쁜 흉은 없게 되는 것이라고 하셨다.

涙堂이 深陷하고 蠹肉이 橫生하며 鼻準이 尖垂하고 人中이
누당   심함   두육   횡생   비준   첨수   인중

平滿하면 尅兒孫之無數하고 刑嗣續之難逃니라 註云下眼眶이
평만   극아손지무수   형사속지난도   주운하안광

爲淚堂하니 宜豊滿不宜深陷이라 眶中에 六虛若腫曰
위 누 당　　　의 풍 만 불 의 심 함　　　광 중　　　육 허 약 종 왈

蠹肉이니 不宜橫生이오 鼻尖이 爲準하니 宜齊大不欲尖垂오
두 육　　　불 의 횡 생　　　비 첨　　　위 준　　　의 제 대 불 욕 첨 수

準下脣上이 形如破竹而仰者 曰 人中이오 又名溝洫이니 宜深
준 하 순 상　　　형 여 파 죽 면 앙 자　　왈 인 중　　　우 명 구 혁　　　　의 심

長不欲平滿이라 盖淚堂이 爲男女子息之宮이오
장 불 욕 평 만　　　개 누 당　　　위 남 녀 자 식 지 궁

準與人中이 乃宮室奴僕之位니 若有此破陷이면 主兒孫之刑
준 여 인 중　　　내 궁 실 노 복 지 위　　　약 유 차 파 함　　　주 아 손 지 형

剋也라 眼不哭而淚汪汪하고 心無憂而眉縮縮은 早無刑剋이면
극 야　　안 불 곡 이 누 왕 왕　　　심 무 우 이 미 축 축　　조 무 형 극

老見孤單이니라 註云若眼不哭泣而兩淚汪濕하고 心無憂愁而
노 견 고 단　　　　주 운 약 안 불 곡 읍 이 양 누 왕 습　　　심 무 우 수 이

雙眉顰縮이면 此는 刑剋孤獨之相也니 古云不哭常如哭하고
쌍 미 빈 축　　　차　　　형 극 고 독 지 상 야　　　고 운 불 곡 상 여 곡

非愁却似愁라 憂驚神不足하면 榮樂半途休라
비 수 각 사 수　　　우 경 신 부 족　　　영 락 반 도 휴

面似橘皮면 終見孤刑이오 註云滿面毛竅면 如塵垢所膩니 俗
면 사 귤 피　　　종 견 고 형　　　주 운 만 면 모 규　　　여 진 구 소 니　　속

云橘皮面이 是也라 有一歌云面色似橘皮면 孤刑定不疑라
운 귤 피 면　　　시 야　　　유 일 가 운 면 색 사 귤 피　　　고 형 정 불 의

雖然生一子나 却換兩重妻라 神帶桃花也면 須兒晩이라 註
수 연 생 일 자　　　각 환 양 중 처　　　신 대 도 화 야　　　수 아 만　　　주

云神色이 如桃花嬌嫩하면 邪淫之人也니 恐生子不早矣라
운 신 색　　　여 도 화 교 눈　　　사 음 지 인 야　　　공 생 자 불 조 의

鬼谷이 云桃花色重仍侵目하면 戀酒迷花寵外妻라하니 信乎
귀 곡　　　운 도 화 색 중 잉 침 목　　　연 주 미 화 총 외 처　　　신 호

求兒 - 必晚也라 肩聳聲泣은 不賤則 孤오 註云肩不欲聳而
구아　필만야　견아성읍　불천즉 고　주운견불욕용이

若寒이며 聲不欲散而如哭이니 有此等者는 貧賤孤刑之相也라
약한　성불욕산이여곡　유차등자　빈천고형지상야

鼻弱梁低면 非貧則夭라 註云鼻梁은 乃年壽之位니 不宜低
비약량저　비빈즉요　주운비량　내년수지위　불의저

曲이라 有若此者는 必傷財壽라 非貧則夭니 古云山根斷 準頭
곡　유약차자　필상재수　비빈즉요　고운산근단 준두

高徹하며 老受波濤- 正謂此也라
고철　노수파도　정위차야

富貴나 平生勞漉은 爲下停長이오 註云廣記에 云中停長하면
부귀　평생노록　위하정장　주운광기　운중정장

近公王하고 上停長하면 幼善祥하고 下停長하면 老吉昌하며
근공왕　상정장　유선상　하정장　노길창

三停이 俱等하면 富貴綿綿이니 若下停이 偏長者는 末雖富
삼정　구등　부귀면면　약하정　편장자　말수부

貴나 末免平生勞漉이라
귀　말면평생노록

貧窮으로 到老不閑은 粗其筋骨이라 註云凡骨格은 宜隆聳淸
빈궁　도노불한　조기근골　주운범골격　의융용청

明하야 與氣肉相滋니 乃富貴安逸之相이오 若粗大暴露不稱
명　여기육상자　내부귀안일지상　약조대폭로불칭

者는 必貧窮奔波之人也라
자　필빈궁분파지인야

星辰이 失陷하고 部位俱虧면 無隔宿之糧하고 有終身之若勞
성진　실함　부위구휴　무격숙지량　유종신지고노

니라 註云如眼爲日月而不明하고 鼻爲土星而不隆하면 此는
주운여안위일월이불명　비위토성이불융　차

星辰之失陷也니 餘皆倣此라 ○ 額位乎天이어늘 宜高而反低
성진지실함야 여개방차 액위호천 의고이반저

하고 頰位乎地어늘 宜厚而反薄이면 此는 部位之偏虧也니 餘
해위호지 의후이반박 차 부위지편휴야 여

亦准此라 相如有此면 貧賤孤苦之人矣니 必終身勞苦而無隔
역준차 상여유차 빈천고약지인의 필종신노고이무격

宿之糧이라
숙지량

三光이 明旺하면 財自天來하고 註云兩福堂及準頭 日 三光
삼광 명왕 재자천래 주운양복당급준두 왈 삼광

이라 若明淨이 不昧하면 主有天財大吉이니 五星은 卽光也라
약명정 불매 주유천재대길 오성 즉광야

六府―高强하면 生富足이니라 註云兩顴兩頷兩額角日 六府
육부 고강 생부족 주운양관양함양액각왈육부

니 若豐隆朝拱者는 不貴則富라
약풍룡조공자 불귀즉부

紅黃滿面하면 發財하야 家自安康하고 註云五色에 惟白黑은
홍황만면 발재 가자안강 주운오색 유백흑

宜秋冬이오 靑宜春이로대 獨紅黃은 四季皆吉하니 若滿面이
의추동 청의춘 독홍황 사계개길 약만면

常帶紅黃之色者는 發財安康之相也라 猜脂呀光이면 剋子하야
상대홍황지색자 발재안강지상야 시지하광 극자

終無了日이라 註云豬脂者는 卽面如塗膏也오
종무료일 주운저지자 즉면여도고야

砑光者는 如帛用砑石碾光之類也니 面色이 有如此者는
아광자 여백용아석년광지류야 면색 유여차자

名沐浴天羅니 主刑이라
명목욕천라 주형

누당이 깊게 꺼지고 좀이 붙은 것 같은 살비듬과 가로로 생겨나고 코끝이 뾰족하게 드리워지고 인중에 홈이 없이 평평하면 자손을 극하여 하나를 키우기 어렵고 형벌이 대를 이어 계속 이어지니 피하기 어려우니라.

말씀에 의하면 눈자위 아래가 누당이라 하니 깊게 꺼지면 마땅하지 못하며 아름답게 풍만하여야 한다.

눈자위 주위의 살비듬이 허하여 종기가 난것같다는 것을 말하면 살가죽에 좀 같은것이 붙어 가로로 줄지어 생겨난 것으로 마땅하지 못하고 오똑하게 솟은 코를 기준으로 하여 뾰족하게 늘어지지 않고 크고 가지런하여야 마땅하다.

코끝 아래 입술 위의 모양은 대나무를 쪼갠듯한 홈이 흐르는 부위를 인중이라 말하고 또 다른 이름은 구혁이라고도 이름하니 마땅히 깊고 길어 넘치듯 평평하지 않아야 한다.

– 남녀를 위한 누당이라 하나 어찌 자식의 궁이라 아니하리요.

* 남녀궁인 누당은 바로 자식의 궁도 된다는 말입니다.

콧마루의 기준은 인중과 함께 노복궁내에 자리하니 만약 꺼지거나 깨어진 이러한 코를 가졌다면 주로 아들과 손자를 벌하고 이기게 되는 것이다.

– 울지 않아도 눈에 눈물이 그렁그렁하고 마음에 근심이 없는데도 움츠려 있는 눈썹은 일찌기 형극이 없으면 나이가 들어갈수록 홀로 외롭게 되는 것을 보게 되느니라. 말씀에 의하면 만약 울지 않는데 양쪽 눈이 눈물에 젖은듯 하고 마음에 근심과 걱정이 없는데 두 눈썹이 불쾌한 듯 찡그리고 있는 이러한 모양은 이기고 벌받아 홀로 외로

운 상이니 옛사람의 말씀에 울지 않으면서 우는 듯한 것은 근심을 물리치지 못하여 근심하고 있는 것과 같다고 하셨다.

– 걱정에 허둥대도록 신이 부족하면 즐거움과 기쁨의 반은 도중에서 그치게 된다.

– 얼굴이 귤껍질과 같으면 마침내 외로운 벌을 받게 될 것이다.

말씀에 의하면 털구멍이 얼굴에 가득하면 그 자리에 기름때 같은 것이 끼이니 보통 그런 얼굴 피부를 귤껍질과 같다고 하는 것이다.

한구절 노래로 불러본다면 얼굴이 귤껍질과 같다면 외로운 형벌은 정해져 있으니 의심하지 말라.

비록 자식 하나는 생긴다고 하지만 돌려보내고 바꾸게 되어 두 번 처를 거느리게 된다.

신 에 도화의 기운을 띠면 모름지기 아이를 늦게 둔다.

말씀에 의하면 신의 색깔이 복숭아 꽃의 요염한 새싹과 같으면 마음이 사특하고 음란한 사람이니 자식을 일찍 두지 못할까 두려울 뿐이다.

귀곡선생이 말씀하시대 도화색이 중복되어 겹치고 거듭하여 눈까지 번지면 술을 좋아하여 여색의 사이를 헤매며 외방의 여인을 사랑한다고 하셨다.

아이를 얻기 바랄 때는 반드시 늦게 있다고 말해야 할 것이다.

어깨는 높고 우는 음성은 천하지 않은 즉 외롭고 말씀에 의하면 어깨는 솟지 않아야 하고 추위에 떠는 것과 같이 음성이 흩어져 우는 것과 같지 않아야 하니 이러한 등등을 가진 사람은 가난하고 천하여 외로움의 벌을 받을 상이다.

코가 약하고 콧대가 낮으면 가난하지 않은 즉 일찍 꺾이니 말씀에 의하면 콧대는 년상 수상 부위의 자리가 모두 속하니 낮거나 굽으면 마땅하지 못하다고 하시며 만약 이러한 사람은 대체로 재물과 수명이 다치게 되어 가난하지 않은 즉 일찍 꺾이니. 옛사람의 말씀에 의하면 산근에서 준두까지 높이 이어져 트여 있으면 늙어서 파도와 같은 격렬한 삶을 겪는다고 그렇게 말을 하여야 바람직할 것이라고 하셨다.

- 부자나 귀한 사람이나 평생 노력을 다하여야 한다는 것은 하정이 긴 것이다.

말씀에 의하여 널리 기재해보면 중정이 긴 것은 왕과 제후를 가까이 하고 상정이 길면 어려서부터 좋은 징조이고 하정이 길면 늙어서 길하여 번창하며 삼정이 고르게 갖추어지면 부와 귀가 끊어지지 않으니 만약 하정이 유난히 긴 사람은 비록 부귀는 누리나 평생 힘쓰는 노력은 면할 수 없다.

- 가난하고 궁하게 늙어 한가한 틈이 없는 것은 근육과 골격이 거친 것이다. 말씀에 의하면 대개 골격은 맑고 밝게 풍륭하게 솟아야 기운과 살비듬이 서로 더하여지니 넉넉하고 귀하게 편안히 즐기는 상이고 만약 거칠어 드러나는 사나운 성정이 매우 심하면 몸과 마음의 균형이 깨어진 것이므로 대체로 궁하게 가난하여 쉴 사이 없는 분주한 삶을 살아가야 하는 사람이라고 하셨다.

별 성들이 빛을 잃어버리고 해당하는 부위가 함께 이지러져 있으면 하룻밤 묵을 틈과 식량이 없으니 몸이 다할 때까지 쓰디쓴 고생이 끝나지 않을 것이다. 말씀에 의하면 눈은 태양이나 달과 같아야 하는데 밝지 못하고 토성인 코가 풍륭하지 못한 것을 별 성들이 함몰되고 그 빛을 잃어버렸다고 하는 것이니 나머지 모든 이치들이 여기에 준

거한 것이라 하셨다.

○ 이마의 부위를 하늘이라 부르거늘 마땅히 높아야 하는데 반대로 낮고 턱의 부위를 땅이라 부르거늘 마땅히 두터워야 하는데 반대로 얇으면 이러한 모양은 부위가 한쪽으로 치우쳐 이지러진 것이니 나머지 부위 역시 이에 의거한 것이다.

이러한 모양을 소유하고 있으면 가난하고 천하여 외롭게 고생하는 사람이니 대개가 쓰고 힘든 고생으로 끝까지 살아가면서 하룻밤 묵을 틈과 식량이 없는 것이다.

– 세 개의 빛이 왕성하게 밝으면 재물이 하늘에서 저절로 들어오고 말씀에 의하면 양쪽 복당과 준두를 아울러 삼광이라 한다.

만약 밝고 깨끗하고 어둡지 않으면 주로 하늘의 재물을 타고나 크게 길하니 오성은 곧 빛나야 한다.

– 육부가 높고 단단하면 만족하는 부자로 타고난 것이다.

말씀에 의하면 양 관골 양 턱 양 이마의 각진 부위를 육부라 말하니 만약 풍륭하고 서로 받들어 도우 듯 생긴 사람은 귀하지 않은 즉 부자이다.

– 보기 좋은 붉은 홍기와 황기가 얼굴에 그득하면 재물이 일어나 집안이 저절로 편안하고 걱정이 없다. 말씀에 의하면 다섯 가지 색에서 오직 흰색과 검은색은 가을과 겨울에 생기는 것이 마땅하고 봄에는 푸른색이 당연한 색이로대 오직 붉은 홍기와 누런 황색만은 사계절에 모두 길하니 만약 이러한 색깔을 언제나 얼굴가득 띠고 있는 사람은 재물이 일어나 가정이 걱정없이 편안한 모양인 것이다.

– 돼지기름을 갈아서 빚은 기름에서 나오는 빛이면 자식을 이기고

이겨서 끝까지 이기지 않는 날이 없다.

말씀에 의하면 돼지기름을 갈아서 빚은 기름과 같은 빛이 흐르는 사람은 즉 얼굴에 돼지기름을 발라 놓은 것과 같은 것이라 하셨다.

갈아서 낸 빛이라는 것은 돌을 맷돌에 갈면 나타나는 빛의 종류로서 비단을 통하는 빛과 같아 얼굴색이 이러한 색과 같은 색을 소유하면 목욕·천라라 이름 하니 주로 형벌을 당한다.

* 沐浴(목욕) : 명리에서 십이운성의 하나. 벌거벗은 채로 물통에 빠지는 음란한 의미.

* 天羅(천라) : 하늘에서 내린 그물.

面皮太急하면 雖溝洫 長而壽亦虧하고註云若面皮與肉이 俱急
면피태급　　　　수구혁장이수역휴　　　　주운약면피여육　　구급

如繃鼓者는 雖然人中이　深長이나　主壽短이라
여붕고자　수연인중　　심장　　　주수단

兩目無神하면　縱鼻梁高而命亦促이라　註云眼爲上相이라
양목무신　　　종비량고이명역촉　　　　주운안위상상

以神爲主하고　骨法이　次之니　若目無神光하면　縱使鼻梁高聳
이신위주　　　골법　　차지　　약목무신광　　　종사비량고용

이라도　亦非壽相이라　眼光如水하면　男女多淫하고　註云眼光
　　　　역비수상　　　　안광여수　　　남녀다음　　　주운안광

은　晴之神光也니　嘗要明淨이오　不宜淚濕 故로　經에　云眼濕
　　청지신광야　　　상요명정　　　불의누습 고　　경　　운안습

多淫慾이오　流光定不祥이라하고　又云光不欲射外오　神不欲
다음욕　　　유광정불상　　　　　우운광불욕사외　　신불욕

流出이니　若目光이　如水하고　兼斜視者는　邪淫之人也라
유출　　　약목광　　여수　　　겸사시자　　사음지인야

眉卓如刀면　陣亡兵死니라　註云眉爲羅計라　其骨勢－直竪似
미탁여도　　진망병사　　　주운미위라계　　기골세　직수사

刀者는　性疾好勇하야　終主暴亡이라
도자　　성질호용　　　종주폭망

眉生二角하면　一生快樂無窮하고　註云二眉　俱有兩尾如角
미생이각　　　일생쾌락무궁　　　주운이미　구유양미여각

而起者는　不貴則安閑之人也라　目秀冠形이면　管取中年遇貴
이기자　　불귀즉안한지인야　　　목수관형　　　관취중년우귀

니라　註云兩目이　細長若冠形하고　黑白이　分明而淸秀者는　主
　　　주운양목　　세장약관형　　　흑백　　분명이청수자　　주

中年顯達이라
중년현달

黃氣發從高廣하면 旬中內에 必定遷官하고 註云黃氣는 壽色
황 기 발 종 고 광　　순 중 내　　필 정 천 관　　　주 운 황 기　　수 색

也오　高廣者는 傍尺陽近邊地하니 此位에 若黃氣見者는 必
야　　고 광 자　　방 척 양 근 변 지　　차 위　　약 황 기 견 자　　필

遷官不久오 庶人이 有此氣者도 亦主喜慶이라
천 관 불 구　서 인　　유 차 기 자　　역 주 희 경

黑色橫自三陽하면 半年期에 須防損壽니라　註云三陽은 在
흑 색 횡 자 삼 양　　반 년 기　　수 방 손 수　　　주 운 삼 양　　재

左目之下하니 若黑色이見此位者는 須防深災不遠이오 亦防
좌 목 지 하　　약 흑 색　견 차 위 자　　수 방 심 재 불 원　　역 방

于疾이니 女人은 在右니라
우 질　　여 인　　재 우

奸門이 靑慘하면 必主妻災오　註云奸門은 爲魚尾後하니 爲
간 문　청 참　　필 주 처 재　　　주 운 간 문　　위 어 미 후　　위

妻宮이라　妻宮靑黑之色은 必主妻妾之災라
처 궁　　처 궁 청 흑 지 색　　필 주 처 첩 지 재

年壽赤光하면 多生膿血이라　註云年壽二位는 在鼻準之上,
년 수 적 광　　다 생 농 혈　　　주 운 년 수 이 위　　재 비 준 지 상

山根之下하니 爲疾厄宮이라　若紅赤之色이 見此位者는 主
산 근 지 하　　위 질 액 궁　　　약 홍 적 지 색　　견 차 위 자　　주

生瘡疾이라
생 창 질

白氣如粉하면 父母刑傷하고　註云白氣는 主喪亡하니 若在
백 기 여 분　　부 모 형 상　　　주 운 백 기　　주 상 망　　약 재

父母宮見者는 必主刑傷이라
부 모 궁 견 자　　필 주 형 상

靑氣侵顴하면 兄弟脣舌이라　註云顴位正面에 若有靑氣侵此
청 기 침 관　　형 제 순 설　　　주 운 관 위 정 면　　약 유 청 기 침 차

位者는 主兄弟唇舌之擾라
위자　　주형제순설지요

山根이 靑黑하면 四九前後에 定多災하고 註云山根은 位年
산근　　청흑　　　사구전후　　정다재　　　주운산근　　위년

壽之上하니 若此位에 常有靑黑之色者는 主災疾이라
수지상　　약차위　　상유청흑지색자　　주재질

法令이 繃纏하면 七七之數를 焉可過리오 註云蘭臺之傍曰法
법령　　붕전　　　칠칠지수　　언가과　　　주운난대지방왈법

令이오 又曰 金縷며 又名壽帶니 宜顯順이라 若繃急而不顯
령　　우왈 금루　　우명수대　　의현순　　　약붕급이불현

하고 纏曲而不順하며 若兼騰蛇 鎖唇下入口者는 皆不壽之
　　전곡이불순　　　약겸등사　쇄순하입구자　　개불수지

相이라
상

女人眼惡하면 嫁則刑夫하고 註云女人之眼은 宜細長而淸秀
여인안악　　　가즉형부　　　주운여인지안　　의세장이청수

니 若圓大凸露而惡이면 必刑夫라 聲刹面橫이면 閨房獨宿이
　　약원대철로이악　　　필형부　성찰면횡　　　규방독숙

라 註云若聲似破鑼하고 面皮橫生者는 主寡居라
　　주운약성사파라　　　면피횡생자　　주과거

　　얼굴 가죽이 지나치게 팽팽하면 비록 붓도랑이 길어도 수명은 역
시 줄어들고 말씀에 의하면 얼굴 가죽과 살비듬이 함께 팽팽하여 북
을 싸고 있는 가죽과 같은 사람은 모름지기 타고난 인중은 깊고 길어
도 주로 수명은 짧다고 하셨다.

　　양 눈에 신 이 없으면 이어서 콧대가 높아도 수명은 역시 재촉한다.

　　말씀에 의하면 재상이 되는데 가장 큰 역할은 눈이다. 이에 신 이

위주가 되고 골법은 그 다음이 되니 만약 눈에 빛이 없으면 가령 콧대가 높고 풍륭하더라도 역시 오래 살 수 있는 모양은 아니다.

– 눈이 물이 흐르듯 빛나면 남녀가 모두 매우 음란하고 말씀에 의하면 눈빛은 정신의 빛으로서 맑게 빛나야 하니 깨끗하고 밝아야 하는 것이 중요하다는 것을 일찍이 경험하였다고 하셨다.

눈물이 고인 것 같은 습기가 있는 것은 마땅하지 못한고로 성인의 말씀에 눈에 습기가 있으면 음탕한 색욕이 많은 것이라 하셨다.

빛이 흐르는 것은 좋지 못한 것이라 하고 또 말하대 빛이 바깥으로 쏘고 있으면 안되고 신 이 달아나듯 흐르면 안되니 만약 눈빛이 물이 흐르듯 하고 겸하여 옆으로 비껴보는 눈을 가진 자는 그릇된 음욕을 지니고 있는 사람이라 하셨다.

– 칼 모양의 눈썹이 세워져 있으면 싸움터에 병사로 나아가 함께 죽느니라. 말씀에 의하면 라후와 계도가 눈썹이 된다고 하셨다.

골격의 기세가 곧게 세워진 칼과 같은 사람은 성품이 빠르고 용감한 것을 좋아하여 마침내 주로 급작스럽게 망한다.

눈썹의 각이 두 개로 나타나면 일평생 기쁨과 즐거움이 그치지 아니하고 말씀에 의하면 두 개의 눈썹 양쪽 꼬리 부분에 각이 지어져 일어난 것은 귀하지 않은 즉 편안하고 한가한 사람이다.

눈이 빼어나게 잘 생겨 으뜸가는 관형안이면 중년에 귀인을 만나 법을 맡아 다스리게 된다. 말씀에 의하면 양 눈이 가늘고 길어 만약 관형안의 모양을 하고 검은 동자와 흰 자위가 분명하고 빼어나게 맑은 사람은 주로 중년에 발달하여 이름이 드러난다.

* 관형안 (P.198 참조)

누런 황기가 일어나고 따라서 높고 넓게 퍼지면 십일 안에 틀림없이 승진하여 옮겨가고 말씀에 의하면 황기는 수명의 색이기도 하다고 하셨다.

높고 넓다는 것은 척양(이마) 주위에 있는 가까운 변지까지 황기가 고르게 나타난 사람은 틀림없이 오래지 않아 벼슬이 올라 옮겨갈 것이요 평범한 사람이 이러한 기운을 소유하여도 역시 주로 기쁘고 경사스러운 것이 되는 것이다.

— 흑색의 검은 기운이 가로로 삼양에 나타나기 시작하면 반년(육개월) 안에 수명이 덜어지는 것을 모름지기 미리 막아야 하느니라.

말씀에 의하면 삼양(태양 · 중양 · 소양)은 왼쪽 눈썹 아래에 있는 부위를 말하는 것이니 만약 검은 흑색 같은 것이 이 부위에 나타나 보이는 사람은 모름지기 무거운 재앙이 멀지 않은 것이니 반드시 막을 준비를 해야 할 것이다. 또한 막아야 할 것은 큰 질병도 되니 여인은 오른쪽이 된다.

간문이 참혹하게 푸르면 대개 주로 처의 재앙이요 말씀에 의하면 간문은 어미에서 이어지는 뒤의 부위이니 바로 처궁이 된다.

처궁에 검푸른 색이 도는 것은 틀림없이 주로 처 첩의 재난이다.

— 년상과 수상이 붉게 빛나면 많은 피고름이 나타나는 것이다.

말씀에 의하면 년상 수상 두 부위는 코끝 위에서 산근의 아래에 있으니 질액궁도 된다. 만약 붉거나 빨간 적색이 이 부위에 나타나 보이는 사람은 주로 창질병(매독)이 생긴 것이다.

— 하얀색의 기운이 가루분과 같으면 아버지와 어머니가 다치는 형벌을 받고 말씀에 의하면 하얀 백기는 주로 잃어서 망하는 것이니 만약

부 모궁에 나타나는 사람은 틀림없이 주로 다치는 형벌에 해당한다.

- 푸른 기색이 관골을 침범하면 입술과 혀같은 형제에 관계된다.

말씀에 의하면 얼굴 정면 관골 부위에 만약 푸른 기운이 침범하는 사람은 주로 입술과 혀같은 형제끼리 시끄러워 지게 되는 것이라 하셨다.

- 산근이 검푸르면 삼십육세 전후에 많은 재앙이 들고 말씀에 의하면 산근은 년상 수상의 위에 있는 부분이니 만약 이 부위가 늘 검푸른색으로 있는 사람은 주로 질병의 재앙이다.

- 법령이 얽혀서 감겨 있으면 어찌 사십 구세를 어찌 넘길 수 있으리요. 말씀에 의하면 난대 정위 곁에서 흐르는 선을 법령이라 말하고 또 금루라 말하며 또 수명의 띠라 말하니 마땅히 순하게 나타나 있어야 한다고 하셨다.

만약 오그라들게 감기거나 분명하지 않은 굽은 선이 얽히어 순조롭지 못하며 또한 등사같은 모양을 겸하여 입술을 쇠고리로 붙들어 맨 듯 입으로 들어가는 사람은 모두 오래 살지 못하는 모양이다.

- 여인의 눈이 못생기면 시집을 가서 남편을 벌 받게 하고 말씀에 의하면 여인의 눈은 가늘고 길어야 아름답게 맑고 빼어나니 만약 크고 둥글고 볼록하게 드러나온 못생긴 눈이면 틀림없이 남편을 벌한다.

- 소리가 짧게 퍼지고 얼굴이 가로로 생기면 부녀자가 거처하는 방에서 홀로 잠잔다.

말씀에 의하면 만약 소리가 깨어진 징소리와 같고 얼굴이 가로로 생긴 사람은 주로 과부 살이라 하셨다.

額尖耳反하면 雖三嫁而未休하고 註云額尖削耳反輪이면 不
액첨이반　　수삼가이미휴　　주운액첨삭이반륜　　　불

利骨肉剋夫頻이 正謂此也라
리골육극부빈　정위차야

顴露聲雄하면 縱七夫之未了라 註云古云剋婿兩顴露오 刑夫
관로성웅　　종칠부지미료　　주운고운극서양관로　　형부

額不平이라 要知三度嫁이면 女作丈夫聲이 正謂此也라
액불평　　요지삼도가　　여작장부성　정위차야

額偏不正하면 內淫而外貌若無하고 註云頭額이 爲諸陽之首
액편부정　　내음이외모약무　　주운두액　위제양지수

하니 不宜偏削이라 若偏而不正하고 及擧止輕浮而不穩重者
　불의편삭　　약편이부정　　급거지경부이불온중자

는 多主淫蕩이라
　다주음탕

步走不平하면 外好而中心最惡이라 註云行步不平正하야 如
보주불평　　외호이중심최악　　주운행보불평정　　여

風擺柳하면 乃蛇行雀躍之相이니 主心險惡이라
풍파류　　내사행작약지상　　주심험악

腮見耳後면 心內狡貪하고 註云腮卽頤也니 頤骨은 不宜大
시견이후　　심내교탐　　주운시즉이야　　이골　불의대

濶露라 古云耳後見重腮면 平生無往來라하니 必主心地狡猾
활로　고운이후견중시　　평생무왕래　　　필주심지교활

貪鄙라
탐비

眼惡鼻勾하면 心中險毒이라 註云古云眼若凸露면 人情難睦
안악비구　　심중험독　　주운고운안약철로　　인정난목

이오 鼻如鷹嘴면 喫人心髓라
　비여응취　　끽인심수

脚跟不着地하면 賣盡田園而走他鄕하고 註云行步穩重하면
각 근 불 착 지   매 진 전 원 이 주 타 향   주 운 행 보 온 중

富而財豊하고 若行步輕浮不停하야 如 雀躍之狀者는 爲破財
부 이 재 풍   약 행 보 경 부 부 정   여 작 약 지 상 자   위 파 재

奔波之相이라
분 파 지 상

鼻竅露而仰하면 卒被外災而終旅舍라 註云經에 曰 鼻仰唇
비 규 로 이 앙   졸 피 외 재 이 종 여 사   주 운 경   왈 비 앙 순

掀及喉結이면 夭亡浪跡死他州라하니 正謂此也라
흔 급 후 결   요 망 랑 적 사 타 주   정 위 차 야

唇不盖齒면 無事招嫌하고 註云不笑而 齒齦이 常露者는 好談
순 불 개 치   무 사 초 혐   주 운 불 소 이 치 은   상 로 자   호 담

人過하야 與衆不和니 經에 云齒疎露唇不合口하고 兩唇尖薄
인 과   여 중 불 화   경   운 치 소 로 순 불 합 구   양 순 첨 박

是非多 - 非此之謂乎아
시 비 다   비 차 지 위 호

溝洫露髭면 爲人少力이라 註云溝洫은 卽人中이니 不宜無髭
구 혁 로 자   위 인 소 력   주 운 구 혁   즉 인 중   불 의 무 자

而少髭而露者는 其人이 必勞碌이라
이 소 자 이 로 자   기 인   필 노 록

印堂이 太窄하면 子晩妻遲하고 註云印堂은 宜豊隆이니 太
인 당   태 착   자 만 처 지   주 운 인 당   의 풍 룡   태

窄若此者는 不惟無官이라 亦且子妻不早라
착 약 차 자   불 유 무 관   역 차 자 처 불 조

縣壁이 昏暗하면 人亡家破라 註云縣壁은 爲奴僕宮하니 宜
현 벽   혼 암   인 망 가 파   주 운 현 벽   위 노 복 궁   의

光潤이라 若氣色이 昏暗者는 主死亡破敗니라
광 윤   약 기 색   혼 암 자   주 사 망 파 패

結喉露齒는 骨肉分離하고 註云結喉者는 喉骨이 若結而高
결후로치　골육분리　주운결후자　후골　약결이고

顯也오 露齒者는 卽脣不盖齒也니 此乃客死招嫌之相이라 骨
현야　로치자　즉순불개치야　차내객사초혐지상　골

肉分離－不亦宜乎아
육분리　불역의호

粗骨急皮는 壽年短促이라 註云骨格이 粗大而露하고 皮肉이
조골급피　수년단촉　주운골격　조대이로　피육

緊急而薄은 皆不壽之相也라
긴급이박　개불수지상야

形容이 俊雅하면 終作高賢하고 註云形容이 若桂林之一枝
형용　준아　종작고현　주운형용　약계림지일지

와 崑山之片玉하야 淸奇俊雅者는 必高尙之士라
곤산지편옥　청기준아자　필고상지사

骨格이 淸奇면 必須貴達이라 註云精神에 翹秀曰 淸이오
골격　청기　필수귀달　주운정신　교수왈　청

古怪異常曰 奇니 有此淸奇之貴格이면 終須貴達이니
고괴이상왈　기　유차청기지귀격　종수귀달

先正이 有云峩峩古怪狀閑雲이오 崑山片玉己琢出이라하니라
선정　유운아아고괴상한운　곤산편옥기탁출

臥蠶이 豊下면 定子息之晩成이오 註云臥蠶은 在眼下하니
와잠　풍하　정자식지만성　주운와잠　재안하

爲子息宮이라 若豊大而陷下者는 生子必晩이라
위자식궁　약풍대이함하자　생자필만

이마가 뾰족하고 귀가 뒤집어지면 모름지기 세 번 시집을 가도 그
치지 아니하리 말씀에 의하면 이마가 뾰족하게 깎이고 귀 바퀴가 뒤

집어지면 골육 친지의 관계가 이롭지 못하고 남편을 자주 이겨 극한 다고하면 바르게 일러주는 것이다. 관골이 드러나고 음성이 웅장하 면 남편을 일곱 번 이어도 마치지 않는다.

말씀에 의하면 옛날에 말하대 양 관골이 드러나면 남편을 이기고 이마가 평평하게 고르지 못하면 남편이 벌을 받는다고 하셨다.

여자가 장부의 음성이면 시집을 세번 가야 한다는 것을 무겁게 알 려주는 것이 바르게 일러주는 것이다.

– 이마가 한쪽으로 기울어지거나 반듯하지 못하면 바깥의 모습은 아닌 것 같아도 안으로는 음란하고 말씀에 의하면 머리와 이마는 모 든 양기운의 으뜸이 되니 한쪽으로 기울어지거나 깎이면 마땅하지 못하다. 만약 한쪽으로 치우쳐 반듯하지 못하고 모든 행동이 가볍게 떠 있어서 평온하지 못한 사람은 거의 주로 음탕한 것이라 하셨다.

– 걷거나 달리는 것이 고르지 못하면 겉으로는 좋아 보이지만 마 음자리는 가장 나쁘다

말씀에 의하면 걸을 때의 모습이 고르고 반듯하지 못하여 고르지 않아 바람에 버드나무 흔들리듯 하면 이것은 곧 뱀이 기어가거나 참 새가 폴짝 폴짝 뛰면서 가는 모양이니 주로 마음이 나빠서 위험하다.

– 귀 뒤로 턱이 보이면 마음속이 교활하고 욕심이 지나치며 말씀 에 의하면 시골(턱 옆부분)은 곧 턱(아래의 전체부분) 부위에 속하니 턱 뼈가 매우 넓게 드러나면 아름답지 못하다고 옛날 선인들이 말씀 하 시며 귀 뒤로 두터운 시골이 보이면 평생 가고 오는 것이 없다고 하 니 틀림없이 주로 마음의 밭이 간교하고 교활하여 욕심이 많고 야비 한 것이다.

- 눈이 못생기고 코가 갈고리같이 생기면 마음 가운데가 독하여 위태롭다.

말씀에 의하면 옛 법에서 말씀하시길 눈이 철자(凸)처럼 드러나면 인정이 화목하기 어렵고 코가 매의 부리와 같으면 사람의 골수를 빼먹는다고 하셨다.

- 발뒤꿈치가 땅에 닿지 않으면 논 밭 동산을 남김없이 모두 팔아먹은 뒤 타향으로 도망가고 말씀에 의하면 걷는 걸음걸이가 무거우면서 평온하면 재물이 넉넉한 부자이고 만약 걷는 걸음걸이가 가볍게 떠 머무름이 없이 참새가 뛰어 걷듯 하는 모양의 사람은 재물이 있어도 모두 깨뜨리며 물결이 일렁이듯 쉴 사이 없는 분주한 상이라 하셨다.

- 콧구멍이 드러나서 위로 덜려 있으면 바깥에서 돌연히 재난을 당하여 무리들과 함께 있던 곳에서 마치게 된다.

말씀에 의하면 옛날 성인들이 말씀하시길 하늘을 향하여 덜려 있는 코와 치켜 덜린 입술 및 목에 결후가 맺히면 목적없이 이리저리 떠돌아 다니다 다른 지방에서 일찍 망하여 죽는다하니 이러한 것들을 바르게 일러 주어야 할 것이라 하셨다.

- 입술이 치아를 덮지 못하면 불평을 일으켜 되는 일이 없고 말씀에 의하면 웃지 않아도 항상 잇몸이 드러나는 사람은 말하는 것을 지나치게 좋아하여 무리들과 함께 화합을 이루지 못하니 성인의 말씀에 치아가 드문드문 있고 입술이 덜려 딱 다물어지지 못하고 위아래 입술이 얇고 뾰족하면 옳고 그름을 구별할 일이 많아서 안 되는 이러한 것을 가리켜 일러 주어야 한다고 말씀 하셨다.

- 봇도랑이 드러나는 수염을 가지면 뒤떨어지는 됨됨이의 사람

이다.

말씀에 의하면 봇도랑은 곧 인중이니 코수염이 없으면 마땅하지 못하고 수염이 없는 듯하여 봇도랑이 보이는 사람은 틀림없이 돌을 깨는 고된 노력을 하여야 한다고 하셨다.

– 인당이 지나치게 좁으면 아내를 늦게 얻으니 자식이 늦고 말씀에 의하면 인당은 풍륭하여야 마땅하니 지나치게 좁다면 이러한 사람은 벼슬을 하는 관직은 생각하지 말고 또한 자식과 아내도 일찍 둘 생각을 하지 말라고 하셨다.

– 현벽이 흐리고 어두우면 사람이 죽고 집 안이 깨어진다. 말씀에 의하면 현벽은 노복궁을 이르니 마땅히 밝고 윤택하게 아름다워야 한다. 만약 기색이 흐리고 어두운 사람은 주로 죽고 패하여 깨어지느니라.

– 목에 결후(목젖)가 맺히고 치아가 드러나면 골육(부모 형제)이 나누어 헤어지고 말씀에 의하면 결후(목젖)라는 것은 목에 뼈가 맺힌 것과 같은 것이 불거져 나오는 것이며 드러난 치아라는 것은 즉 입술이 치아를 덮지 못하는 것을 말하니 이에 불만을 불러들여 바깥에서 생을 마치는 모양이라 하셨다.

골육(부모형제)이 나누어 헤어진다는 것도 역시 적합하지 못한 것을 말한다.

골격이 거칠고 가죽이 지나치게 팽팽하면 살 수 있는 해 수를 재촉하여 짧아지게 된다. 말씀에 의하면 골격이 크고 거칠어 드러나고 살가죽이 팽팽하게 조여들어 얇은 것은 모두 수명이 길지 못한 모양이다.

– 모습이 뛰어나게 우아하면 죽는 날까지 인품이 높게 뛰어나고

말씀에 의하면 모습이 만약 계수나무 숲의 한 가지와 같거나 곤륜산의 옥과 같다는 것은 여러 인재 중에서 뛰어난 사람을 비유하는데 특이하게 맑고 우아한 아름다움이 뛰어난 사람은 반드시 인품과 학문이 높은 선비이다.

골격이 보통과 다르게 맑으면 틀림없이 뛰어난 귀한 선비로써 존경을 받는다.

말씀에 의하면 재능이 뛰어난 정신을 말하는 것은 맑음이라 하셨다.

옛날부터 보통과 다르게 이상야릇한 것을 기(奇)라고 말하니 이렇게 보통과 다른 맑음을 소유한 귀한 사람이면 일생을 마칠 때까지 뛰어나 존경을 받으니 앞에 나신 조상 대대로의 현인들이 한가이 흐르는 구름마냥 기이한 행동모양을 갖춘 모습에서는 엄숙한 위엄이 있었다.

곤륜산의 옥 한조각도 다듬어야 내놓을 수 있다고 하니라.

− 와잠 아래가 풍륭하면 자식의 성공이 이루어진다. 말씀에 의하면 와잠은 눈 아래에 있으며 자식궁이라 이른다고 하셨다.

크고 풍륭하여야 하지만 만약 아래가 꺼져 있는 사람은 자식이 대체로 늦게 태어난다.

涙堂이 平滿하면 須兒郞之早見이라 註云淚堂은 卽眼眶也
누당 평만   수아랑지조견   주운누당   즉안광야

니 若豊滿而不陷者는 生子必早라
약풍만이불함자   생자필조

龍宮이 低黑하면 嗣續을 難得而愚昧하고 註云龍宮은 卽眼
용궁   저흑   사속 난득이우매   주운용궁 즉안

眶이니 爲男女宮이라
광   위남녀궁

若低陷而 色暗者는 子息을 不易得이오 終得이라도 亦愚而
약저함이 색암자 자식 불이득   종득   역우이

不肖焉이라
불초언

陰陽이 明潤하면 男女 易養而聰明이라 註云陰陽은 卽三陽三
음양 명윤   남녀 이양이총명   주운음양 즉삼양삼

陰이니 亦子息宮也라 若明潤澤而不枯陷者는 必男女를 易養
음   역자식궁야 약명윤택이불고함자 필남녀   이양

而聰明이라
이총명

面大鼻小면 一生에 常自艱辛이오 註云正面이 雖大而土星獨
면대비소 일생 상자간신   주운정면 수대이토성독

小면 奔波之相也니 廣記에 云鼻小爲四極이라 勞作無休歇
서 분파지상야 광기 운비소위사극   노작무휴헐

이라하니라
鼻瘦面肥하면 半世에 錢財耗散이라 註云面肥鼻隆이면 錢
비수면비   반세 전재모산   주운면비비융   전

財豊充이오 若面旣肥而鼻高瘦削者는 縱有錢財나 終須耗散
재풍충   약면기비이비고수삭자 종유전재 종수모산

이라
邊地四起하면 過五十에 始得遇亨하고 註云邊地與天庭, 山
변지사기   고오십 시득우형   주운변지여천정 산

林, 郊外로 俱高聳而起者는 主晩年榮達이니 食祿之相也라
림 교외 구고용이기자 주만년영달   식록지상야

輔骨이 隆高하면 纔三九에 則居官位니라 註云輔骨은 卽兩
보골 융고   재삼구 즉거관위   주운보골 즉양

輔角元骨이 是也라 若聳起而隆高면 早得榮達이라
보각원골　시야　약용기이융고　조득영달

明珠出海라 太公이 八十而遇文王하고 註云一本에 增作明珠
명주출해　태공　팔십이우문왕　주운일본　증작명주

出朝大海하니 解明珠爲耳垂珠라 意謂耳珠朝口 爲壽相이나
출조대해　해명주위이수주　의위이주조구 위수상

然이나 與下文不合하니 盖太公이 八十에 遇文王하니 言發達
연　여하문불합　개태공　팔십　우문왕　언발달

之遲오 馬周는 三十에 逢唐帝하니 言發達之早라 若火色鳶
지지　마주　삼십　봉당제　언발달지조　약화색연

肩이 爲馬周之相者는 以火能炎上이오 鳶能飛騰하니 發達之
견　위마주지상자　이화능염상　연능비등　발달지

早 - 宜矣오 若明珠出海로 爲太公之相則未明이라 缺疑 -
조　의의　약명주출해　위태공지상즉미명　결의

可也니 予觀後文컨대 有曰流魂放海면 須防水厄之災라하니
가야　여관후문　유왈류혼방해　수방수액지재

盖謂黑氣入口라 恐明珠出海는 亦指氣色而言이니 學者는
개위흑기입구　공명주출해　역지기색이언　학자

詳之하라 火色鳶肩이라 馬周 - 三十而逢唐帝하니라 註云火
상지　화색연견　마주　삼십이봉당제　주운화

色은 赤色也오 鳶은 鴟類니 飛則肩聳이라 馬周는 赤色而聳
색　적색야　연　치류　비즉견용　마주　적색이용

肩이라 其相이 如此故로 早年騰達하니 盖飛而炎上故也라
견　기상　여차고　조년등달　개비이염상고야

鶴形龜息이라 洞賓之遇仙得仙이오 註云鶴形은 淸奇오 龜息
학형구식　동빈지우선득선　주운학형　청기　구식

은 異常이라 呂洞賓이 有此相이러니 至盧山하야 遇鍾離眞人
이상　여동빈　유차상　지노산　우종이진인

하야 一夢黃粱而得仙道라
일 몽 황 량 이 득 선 도

龍腦鳳睛이라 玄齡之拜相人相이라 註云龍腦者는 頭骨이 巉
용 뇌 봉 정 현 령 지 배 상 인 상 주 운 용 뇌 자 두 골 참

岩高起而顯露也오 鳳睛者는 目細長하고 黑白分明而光彩也니
암 고 기 이 현 로 야 봉 정 자 목 세 장 흑 백 분 명 이 광 채 야

房玄齡이 有此相이라 唐太宗時에 用之爲相이라
방 현 령 유 차 상 당 태 종 시 용 지 위 상

法令이 入口라 鄧通이 餓死野人家하고 註云法令者는 口邊
법 령 입 구 등 통 아 사 야 인 가 주 운 법 령 자 구 변

紋也니 前漢鄧通이 有此紋이라 文帝令許負로 相之하니 指
문 야 전 한 등 통 유 차 문 문 제 령 허 부 상 지 지

其口曰他日에 當餓死하리라 帝曰 富貴在朕이라
기 구 왈 타 일 당 아 사 제 왈 부 귀 재 짐

하고 遂賜通蜀道銅山하야 得自鑄錢이러니 後至景帝하야 令
수 사 통 촉 도 동 산 득 자 주 전 후 지 경 제 영

罷錢하니 通이 餓死하니
파 전 통 아 사

騰蛇 - 鎖唇이라 梁武 - 餓亡臺城上하니라 註云騰蛇는
등 사 쇄 순 양 무 아 망 대 성 상 주 운 등 사

卽法令紋也니 梁武帝 - 亦有此라 帝都健康이러니
즉 법 령 문 야 양 무 제 역 유 차 제 도 건 강

爲侯景의 困臺城하야 飮膳을 被景減損하니
위 후 경 곤 대 성 음 선 피 경 감 손

帝憂憤成疾하야 口若索蜜不得하고 惟曰 荷荷라하더니 遂殂
제 우 분 성 질 구 약 색 밀 부 득 유 왈 하 하 수 조

하니라

– 누당이 고르고 가득하면 모름지기 아이가 멋진 사나이로 신랑이 되는것을 일찍 보게 된다.

용궁(누당의 또 다른 표현)이 낮게 꺼지고 검으면 자손을 얻어 이어가기 어렵고 어리석고 둔하다. 말씀에 의하면 용궁은 눈자위(눈을 둘러싼 전체부위)이니 남녀궁도 된다고 하셨다.

만약 낮게 꺼지고 색마저 어두운 사람은 자식을 쉬이 얻지 못하고 어떻게 얻었더라도 역시 어리석고 못난 아들인지라.

음양(왼쪽 눈과 오른쪽 눈)이 밝고 윤택하면 아들과 딸을 쉽게 기르고 또 총명하다.

말씀에 의하면 음양은 즉 삼양(왼쪽 눈) 삼음(오른쪽 눈)이니 역시 자식궁이다.

만약 밝고 윤택하여 마르지 않고 빛나며 꺼지지 않은 사람은 반드시 총명한 아들과 딸을 쉽게 기를 수 있다.

* 용궁 : 눈을 용궁으로 표현하여 강조하는 것은 눈에는 눈물샘이 있어 언제나 샘솟듯 솟아나와 마르지 않게 적절한 습기를 유지하기 때문입니다.

– 얼굴은 큰데 코가 작으면 자연적으로 일생동안 늘상 고생이다.

말씀에 의하면 바로 본 얼굴은 비록 클지라도 토성(土星)인 코 하나가 작으면 일렁이는 물결처럼 쉴 사이 없이 분주한 모양이니 광감에서 말씀 하시길 코가 작은 것은 네 가지 지극함과 같아서 쉴 사이 없이 열심히 힘쓰고 만들어야 하는 것이다.

– 얼굴은 살찌고 코가 파리하게 수척하면 반평생 돈과 재물이 모두 쓰이고 흩어진다.

말씀에 의하면 얼굴이 살찌고 코도 두텁게 솟으면 돈과 재물이 충

분하게 넉넉하다고 하시며

만약 얼굴은 처음부터 살쪄 있는데 코는 높으면서 파리하게 깎여 있는 사람은 돈과 재물이 계속 생기지만 마지막에는 모두 쓰고 흩어져 없어질 뿐이라 하셨다.

– 변지를 비롯한 주위의 네 군대(천정, 역마, 산림, 교외)가 일어나 풍륭하면 오십세가 지나 시작하여도 형통하게 되고 말씀에 의하면 변지와 천정, 산림, 교외가 함께 풍륭하게 높이 솟아 일어난 사람은 주로 나이가 많아지면서 영화롭게 발달하는 식록지상인 것이다.

– 보골이 높고 풍륭하면 27세에는 그야말로 관직에 오르게 된다.

말씀에 의하면 보골이라는 것은 양쪽 보각에서 으뜸가는 골격이라 하셨다.

만약 솟아 일어나 두텁고 높으면 일찍부터 발달하여 번창한다.

– 바다에서 귀한 구슬이 나온다. 태공이 팔십이 지나 문왕을 만났다. 말씀에 의하면 한번 만에 벼슬을 거듭 오르게 하는 귀한 구슬이 되어 큰 바다를 도운 다는 말을 풀어보면 귀한 구슬이란 귀의 수주(귓밥)를 가리키고 있는 것이라 하셨다.

수주(귓밥)가 가리키는 의미는 입을 도우는 것으로 오래 살게 되는 모양이나 아랫 부분이 둥글게 합하지 못하여 태공의 나이 팔십 세에 늦게 문왕을 만나 발달하였다고 한다. 당나라 때의 마주는 삼십세에 황제를 만나서 일찍 발달하였다고 한다.

만약 보기 좋은 붉은 기색과 솔개의 어깨를한 마주와 같이 생긴 사람이라면 위로 타오르는 불꽃의 능력을 소유한 사람이다.

솔개는 날아오르는 뛰어난 재주가 있으니 일찍부터 발달하는 것이 당연한 것이다.

그러므로 바다에서 나온 귀한 구슬(귓밥)로만 태공이 된 상이라 함은 곧 밝게 살피지 못한 것이다.

둥글어야하는 부분들을 함께 자세히 살피면 의심하던 결점이 있다. 떠돌던 혼이 바다에 다다르면 모름지기 수액의 재난을 예방하여야 한다고 말을 하니 모두가 입으로 들어가는 검은 기운을 일러 가리키는 말이다.

명주출해(바다에서 나온 귀한 구슬 즉 수주-귓밥)가 두려워하는 것은 역시 기색을 가리켜 하는 말이니 배우는 사람들은 골고루 두루두루 상세히 추어야 할 것이다.

* 수주(귓밥)가 아무리 보기 좋게 잘 생겼다 하더라도 수성(입 주위)의 색깔이 밝고 윤택하지 못하고 검은 기운이 드리워져 있으면 잘 생긴 수주라 하더라도 더 이상 좋을 수 없으므로 다가올 재난에 대한 준비를 해야 한다는 것이다.

- 붉은 화(火)의 색에 솔개의 어깨라. 마주는 삼십 세에 당나라 황제를 만났다.

말씀에 의하면 붉은 화(火)의 색은 적색이다. 솔개는 소리개과에 속하는 종류이니 어깨가 솟아오르는 즉 날게 되는 것이다.

마주는 기색이 붉은 적색이며 어깨가 솟았다. 그 모양이 이와 같이 생긴(솔개) 고로 이른 나이에 발달하여 벼슬에 오르니 모두 날아오르는 모양과 위로 타오르는 불꽃의 모양에 의한 것이다.

- 학형 구식이라. 학의 모양에 거북이처럼 숨을 쉰다는 것은 동빈이 신선을 만나 신선의 경지를 얻은 것이다.

말씀에 의하면 학형은 특이하게 맑고 구식은 보통과 다르게 숨을 쉰다는 것이라 하셨다.

여동빈이란 사람의 모양이 학형에 구식의 숨을 쉬니 지극히 깊은 산에서 종이란 사람을 만나 노오란 메조 밥을 한번 짓는 동안의 꿈속 같은 세상에서 참된 선도를 체득하게 되었다.

* 여동빈 : 중국 五代 송나라 초기의 선인으로서 역사적으로 명확한 인물은 아니다.

* 선인 종이(鍾離)를 만나 전수받은 천둔검법과 금단의 비법을 써서 민중을 고통으로부터 구했다고 한다. 전진교와 정명도가 다 같이 그를 조사(祖師)로 보고 계보에 올려놓은 것은 그가 소원은 반드시 이루어 준다는 영험을 지닌 신선으로 인정되어 절대적인 인기와 신앙의 대상이 되고 있다.

— 용뇌봉정이라. 용의 머리에 봉의 눈이라는 말은 방현령이 재상에 임명 되는 모양이다. 말씀에 의하면 용의 머리를 가진 사람은 머리의 골격이 바위가 높이 일어난 것처럼 드러나 나타난 것이라 하셨다.

봉의 눈이라는 것은 눈이 길고 가늘며 검은 눈동자와 흰 자위가 분명하고 빛나니 방현령이 이러한 모양의 소유자인 것이다.

당나라 태종 때에 쓰여 진 상에 대한 것이다.

— 법령이 입으로 들어갔다. 등통이 일반 백성의 집에서 굶어 죽었다.

말씀에 의하면 법령이라는 것은 입 가장자리의 주름이니 전한 시대의 등통이 이러한 주름을 가졌다고 하셨다.

문제가 허부에게 상을 보라고 명령을 하니 그 입을 가리키며 말하길 먼 훗날 굶어 죽으리라 하였다. 문제가 말하길 부와 귀가 짐(문제 자신을 지칭)에게 있다고 하면서 등통에게 촉으로 통하는 구리산을 마음대로 주어서 쇠를 녹여 저절로 돈을 얻게 하였으나 후에 경제 때에 이르러 돈을 만드는 것을 그만두게 명령 하였으니 등통이 굶어 죽게 되었느니라.

 – 등사는 입술 주위의 쇄사슬이다. 양의 무제는 천자가 거처하는 궁 위에서 굶어 죽었다. 말씀에 의하면 등사는 곧 법령의 주름이니 양의 무제가 역시 이러한 모양을 가졌다. 법령이 입술을 사슬로 채우듯 감았던 양무제(464~549) 역시 제왕으로서 강녕을 누렸으나 제후 경(景)이 반란을 일으켜 대성(臺城)에 가둬놓고 음식을 아주 조금씩만 주자 울분에 쌓인 무제가 그 화를 참지 못해 병을 얻어 입을 다물고 음식을 먹지 않다가 그도 결국은 굶어죽고 말았다는 고사가 전해지고 있다.

虎頭燕頷이라 班超 ─ 封萬里之候하고 註云虎頭燕頷은 言頭
호 두 연 함　　　반 초　　　봉 만 리 지 후　　　주 운 호 두 연 함　　　언 두

若虎之頭而圓大하고 頷若燕之頷而垂라 許負 ─ 相班超曰 燕
약 호 지 두 이 원 대　　　함 약 연 지 함 이 수　　　허 부　　　상 반 초 왈　연

頷虎頭는 飛而食肉이라 萬里侯相也라하더니 後果投筆하고
함 호 두　　　비 이 식 육　　　만 리 후 상 야　　　　　후 과 투 필

出玉門關하야 立大功하고 威振四國이러니 後封爲定遠侯하
출 옥 문 관　　　입 대 공　　　위 진 사 국　　　　　후 봉 위 정 원 후

니라 虎步龍行이라 劉裕 ─ 至九重之帝하니라 註云虎步는
　　　호 보 용 행　　　유 유　　　지 구 중 지 제　　　　　주 운 호 보

行而濶이오 龍行은 不動身也니 經에 云虎步龍驟면 位之侯王
행 이 활　　　용 행　　　부 동 신 야　　　경　　　운 호 보 용 취　　　위 지 후 왕

이라하니라 劉裕의 字는 德興이니 彭城人이라
　　　　　유 유　　자 덕 흥　　　팽 성 인

有此相이러니 元熙二年에 授晉禪하야 國號를 宋이라하고 諡
유차상　원희이년　수진선　국호　송　시

武帝라 山林骨起면 終作神仙이오 註云山林은 在郊外髮際
무제　산림골기　종작신선　주운산림　재교외발제

之間하니 有骨而高起者는 以其貴在日月天庭之外故로 但作
지간　유골이고기자　이기귀재일월천정지외고　단작

神仙而已라 金城骨分하면 卽登將相이라 註云 印堂에 有骨
신선이이　금성골분　즉등장상　주운 인당　유골

隆起하야 如分五指하야 貫入髮際曰 金城骨이니 有此骨者는
융기　여분오지　관입발제왈 금성골　유차골자

主大貴라 經에曰 金城分五指면 極品在廓廟라
주대귀　경 왈금성분오지 극품재곽묘

又當知貴賤은 易識이나 限數는 難參이니 註云骨格의 貴賤貧
우당지귀천　이식　한수　난참　주운골격　귀천빈

富는 相所易識이나 若夫氣色의 生剋之限數는 實難參詳也라
부　상소이식　약부기색　생극지한수　실난참상야

決死生之期는 先看形神이오 定吉凶之兆는 莫逃氣色이니라
결사생지기　선간형신　정길흉지조　막도기색

註云人之一身이 以神氣爲主하고 形貌－次之하나니 凡相人
주운인지일신　이신기위주　형모　차지　범상인

之法은 精神氣色으로 以爲要라 何則고 精神은 有衰旺하고
지법　정신기색　이위요　하즉　정신　유쇠왕

氣色은 有生剋이라 詳而觀之則吉凶을 可定이오 死生을 可
기색　유생극　상이관지즉길흉　가정　사생　가

決矣라 睛如魚目하면 速死之期오 註云睛圓露而痴者－則如
결의　정여어목　속사지기　주운정원로이치자　즉여

魚目이니 有此之相은 無光彩라 非壽也라
어목　유차지상　무광채　비수야

氣若烟塵하면 凶災日至라 註云氣色은 宜光顯이오 不欲昏暗
기 약 연 진　　　흉 재 일 지　　　주 운 기 색　　　의 광 현　　　불 욕 혼 암

이니 若氣如烟塵所 曚而昏暗者는 必主凶災라
약 기 여 연 진 소　몽 이 혼 암 자　　　필 주 흉 재

形如土偶하면 天命難逃오 註云形體枯乾하야 與土無異者는
형 여 토 우　　　천 명 난 도　　　주 운 형 체 고 건　　　여 토 무 이 자

不久病亡이라
불 구 병 망

天柱傾敧하면 幻軀將去니라 註云天柱者는 頸項也니 若傾倒
천 주 경 기　　　환 구 장 거　　　주 운 천 주 자　　　경 항 야　　　약 경 도

敧歪而莫起者는 虛幻之軀니 必將死也라
기 왜 이 막 기 자　　　허 환 지 구　　　필 장 사 야

貌如鏤鐵하면 運氣迍邅하고 註云鏤鐵은 飾金曰 鏤鐵이니
모 여 루 철　　　운 기 둔 전　　　주 운 루 철　　　식 금 왈 루 철

言其踈薄也라 一身氣色이 若此踈薄者는 其氣運이 必不通也라
언 기 소 박 야　일 신 기 색　약 차 소 박 자　기 색 운　필 불 통 야

色若祥雲하면 前程亨泰니라 註云若氣色이 明潤하야 若祥雲
색 약 상 운　　　전 정 형 태　　　주 운 약 기 색　　　명 윤　　　약 상 운

而紅黃者는 前程이 必通泰矣라
이 홍 황 자　전 정　필 통 태 의

名成利遂는 三台宮에 俱有黃光이오 註云三台宮은 在兩輔及
명 성 이 수　삼 태 궁　구 유 황 광　　　주 운 삼 태 궁　　　재 양 보 급

額角하니 此位俱有黃氣하면 利遂名成이라
액 각　　　차 위 구 유 황 기　　　이 수 명 성

文滯書難은 兩眉頭에 各生靑氣니라 註云眉頭는 卽輔角也니
문 체 서 난　양 미 두　각 생 청 기　　　주 운 미 두　　　즉 보 각 야

其氣若靑黑하면 文書－必迍邅이라
기 기 약 청 흑　　　문 서　필 둔 전

호랑이 머리에 제비턱이라. 반초가 만리를 다스리는 제후에 봉해졌다.

말씀에 의하면 호랑이 머리에 제비턱이라 함에서 첫머리의 호랑이 머리와 같다는 것은 머리가 둥글고 크며 턱은 제비턱처럼 드리워진 것을 말한다고 하셨다.

허부가 반초의 모양을 보고 하는 말 호랑이 머리에 제비턱으로서 고기를 물고 나르는 모양이라 하며 만리를 다스리는 제후의 모양이라 하더니 후에 과거를 보기 위하여 쓰던 붓을 던지고 옥문관(임금이 사는 대궐 문)을 나서서 큰 공을 세우고 동 서 남 북 여러 나라에 위엄을 떨치니 이후에 제후로 봉해져 먼 지방까지 다스리게 되었느니라.

– 호랑이 걸음에 용의 움직임이라.

유유가 깊고 깊은 구중궁궐에 계시는 임금을 뵈알하였다.

말씀에 의하면 호랑이 걸음걸이는 보폭이 넓고 용의 움직임은 몸이 움직이지 않는 것이니 성인의 말씀에 호랑이 걸음에 용의 민첩함이면 제후나 왕의 지위에 오를 것이라 하니 유유의 자(결혼한 후에 부르기 위하여 지어진 이름)는 덕흥이었고 팽성 사람으로서 이러한 모양이었으니 원희 2년에 진(晋)나라가 사양한 황제의 자리를 이어받아 국

호를 송이라 하고 시호는 무제라 하셨다.

– 산림골이 일어나면 마침내 신선이 될 것이다.

말씀에 의하면 산림은 머리털이 나기 시작하는 발제부분과 교외의 사이에 있으니 뼈가 있어 높이 일어나 있는 사람은 귀(높이 존경받는 품격)가 일각 월각 천정 밖의 골격에 있으므로 얼마 안 있어 한결같이 신선이 되기 위하여 떨쳐 일어날 사람이라 하셨다.

– 금성골이 뚜렷하게 나누어져 있는 즉 장차 장군에 오를 상이다.

말씀에 의하면 인당에서부터 다섯 손가락이 나누어진 것과 같은 골격이 솟아 머리털이 나기 시작하는 발제부분까지 연결되어진 것을 금성골이라 말하니 이러한 골격이 갖추어져 있는 사람은 주로 큰 귀를 누리게 된다고 하셨다.

성인이 말씀하시길 다섯 손가락처럼 나누어진 금성골이 있으면 지극히 높은 품귀로 역대 황실의 조상을 모셔 놓은 묘당에 있을 것이라 하시며 또 귀천은 마주보았을 때 쉽게 알 수 있으나 수명을 헤아리기 위해서 비교하는 것은 어려운 것이니 말씀에 의하면 골격의 귀와 천 그리고 부자와 가난한 것은 모양으로 알기 쉬운 바이나 무릇 기색이 생하고 극하는 이치에서 알 수 있는 수명을 헤아리는 것은 실제로 어려우니 자세히 살펴보아야 한다고 하셨다.

– 태어나서 죽을 때까지 정해져 있는 기간은 모양에서 발산되는 신을 보아야 하는 것이 우선이요 정해진 길 흉의 조짐은 기색인 것이다.

말씀에 의하면 사람의 몸은 신과 기가 위주가 되고 겉모습은 그 다음이니 모든 사람의 모양을 보는 법은 정 신 기색으로 보아야 하는 것이 제일 중요한 것이다.

왜냐하면 정신에는 성하고 약해지는 이치와 기색에는 생하고 극하는 이치가 있기 때문이다. 자세하게 살펴보는 즉 정해진 길 흉을 알수 있을 것이요 결정된 생사를 알 수 있을 것이다.

－ 물고기 눈과 같으면 빨리 죽을 것이요 말씀에 의하면 드러난 둥근 눈은 어리석은 사람인 즉 바로 물고기 눈과 같으니 이러한 모양을 가진 사람에게 빛이 없으면 수명이 없는 것이다.

나타나는 기운이 만약 그을은 연기같이 탁하면 흉한 재난이 이르는 날이다.

말씀에 의하면 기색은 빛이 있어야 마땅한 것이요 어둡지도 흐리지도 않아야 하는 것이니 만약 나타나는 기운이 그을은 연기처럼 몽롱한 바 어두워 혼미한 사람은 대체적으로 나쁜 재난이 주재하게 된다.

－ 모양이 흙으로 빚은 인형과 같으면 하늘이 정해준 운명에서 회피하기 어렵다.

말씀에 의하면 몸의 모양이 마르고 여윈 사람이 토(土)형이라면 병으로 죽을 수 있어 오래 살지 못한다고 하셨다.

－ 천주가 기울면 이제 막 몸의 부분 부분이 미욱하게 변해져 가고 있느니라.

말씀에 의하면 천주라는 것은 목을 말하는 것이니 목이 기울어지거나 넘어지거나 삐뚤면 몸의 원기가 미욱해져 대체적으로 이제 막 죽으려 한다고 하셨다.

* 죽기 직전의 모습을 말하고 있습니다.

－ 겉모습이 강한 쇠붙이에 모양을 새겨놓은 것 같으면 운기(운세의 길흉을 주재하는 기운)가 지체되어 나아가지 못하니 말씀에 의하면 강

한 쇠붙이에 모양을 새겨놓은 것과 같은 사람은 장식용 목걸이나 반지와 같이 아름다운 사람이 꺼려하고 박대하고 멀리하게 된다고 하셨다.

　* 금, 은 보석이 아니라 굳고 강한 쇠붙이로 악세사리를 만들었다면 사람들은 착용하기 싫어하여 쳐다보지 않을 것입니다.

　몸의 기색이 사람들에게 관심을 얻을 수 없도록 성기고 투박하여 등한히 하게 생긴 사람은 기운이 막혀 대개 통할 수 없는 것이다.

　- 색이 만약 상서로운 구름과 같다면 앞으로의 장래가 형통하고 크게 편안할 것이다. 말씀에 의하면 만약 기색이 밝고 윤택하여 상서로운 구름과 같이 붉고 누런 사람은 앞날이 틀림없이 모든 일이 뜻과 같이 잘되어 나갈 것이라 하셨다.

　이름을 얻고 승리하려면 삼태궁에 윤택한 누런빛을 갖추어야 한다.

　말씀에 의하면 삼태궁이란 양 보골에서 이마의 양 모서리까지 이니 이 자리에 명윤한 누런 기운이 함께하면 원활하게 성취하여 이름을 날릴 것이다.

　- 문장이 막히고 글쓰기가 어려운 것은 양쪽 눈썹 머리에 푸른 기운의 색이 나타난 것이다. 말씀에 의하면 눈썹 머리는 곧 보각을 이르는 것이니 그곳의 기색이 검푸른 색이면 문장과 글 쓰는 실력이 좀처럼 나아가기 어렵다고 하셨다.

　- 누런 황색의 기운이 적고 거듭하여 기운이 막히면 공명이 오다가도 오지 않는다. 말씀에 의하면 붉고 누런 기운이 밝은 사람은 기쁨이 오는 기색이라 하셨다.

　검푸르다는 것은 막힌 기운으로서 붉고 누런 기운이 적고 검푸른 기운이 많으므로 공명을 구하여 꼭 될 일도 대개 소유하지 못한다.

靑氣少而喜氣多하면 富貴至而又至니라 註云 黃紅之氣滿面
청기소이희기다　부귀지이우지　주운 황홍지기만면

而無滯氣면 財祿이 疊至也라
이무체기　재록　첩지야

滯中有明하면 憂而變喜하고 明中有滯하면 吉而反凶이라
체중유명　우이변희　명중유체　길이반흉

註云 色若滯而忽明潤者는 憂中에 必有喜하고 色若明而忽暗
주운 색약체이홀명윤자　우중　필유희　색약명이홀암

滯者는 喜中에 必有凶也라
체자　희중　필유흉야

正面에 有黃光하면 無不遂意하고 印堂에 多喜氣하면 謀無
정면　유황광　무불수의　인당　다희기　모무

不通이라
불통

註云 正面은 一寸三分이오 印堂은 在關門之間하니 二部 若有
주운 정면　일촌삼분　인당　재관문지간　이부 약유

紅黃紫喜氣者는 謀爲多遂意니라
홍황자희기자　모위다수의

年壽明潤하면 一歲平安하고 註云 年壽는 在山根之下하니
년수명윤　일세평안　주운　년수　재산근지하

爲疾厄宮이라 若光明不滯者는 其年에 必平安이니 一作懸壁
위질액궁　약광명불체자　기년　필평안　일작현벽

無光하면 財寶將去하고 甲櫃潤澤하면 吉祥鼎來라하니라
무광　재보장거　갑궤윤택　길상정래

金櫃光澤하면 諸吉이 頻來니라 註云 金櫃는 鼻準兩傍이니
금궤광택　제길　빈래　주운 금궤　비준양방

卽 蘭臺, 廷尉라 明潤而不暗者는 吉이라.
즉 난대　정위　　명윤이불암자　길

部位無虧하면 一生平穩하고 氣色有滯하면 終見凶迍이니라
부위무휴　　일생평온　　　기색유체　　　종견흉둔

註云 一身部位無虧破者는 不遭凶險하고 諸位氣色이 不光潤
주운 일신부위무휴파자　　불조흉험　　　제위기색　　불광윤

者는 終有不利라
자　종유불리

形容이 古怪하면 石中에 有美玉之藏이오 註云 形容이 古怪
형용　고괴　　　석중　유미옥지장　　　주운 형용　고괴

者는 不可作下賤看이니 若神氣淸秀하고 動止異常하면 乃濁
자　불가작하천간　　약신기청수　　　동지이상　　　내탁

中淸也라 非石中之玉乎아 學者는 詳之니라
중청야　비석중지옥호　　학자　상지

人物이 巉岩하면 海底에 有明珠之象이니라 註云 如龍準, 龍
인물　참암　　　해저　유명주지상　　　주운 여룡준 용

顔, 虎頭, 虎睛之類니 豈非巉岩之 人物乎아 終遭貴顯이라
안　호두　호정지류　기비참암지 인물호　종조귀현

不可一例而推니 眞若滄海之珠也라
불가일례이추　　진약창해지주야

要之컨대 一辯其色하고 次聽其聲하며 更察其神하고 再觀其
요지　　일변기색　　차청기성　　갱찰기신　　　재관기

肉이니 不可忽之也니라 註云 四者兼之면 萬無一失이라
육　불가홀지야　　　주운 사자겸지　만무일실

眉毛 - 拂天倉하면 出入近貴하고 註云若天倉은 在眼旁하니
미모　불천창　　　출입근귀　　주운약천창　재안방

若眉如新月而拂天倉하면 主聰明近貴也라
약미여신월이불천창　　　주총명근귀야

印堂이 接中正하면 終須利官이라 註云若印堂이 寬隆하야 上
인당　접중정　종수이관　　주운약인당　관륭　　상

接中正이 光潤者는 利乎官祿이라
접중정　광윤자　이호관록

呼聚喝散은 只因雙顴並起于峯巒이오 註云 東西二嶽曰 雙顴
호취갈산　지인쌍관병기우봉만　　주운　동서이악왈　쌍관

이오 峯巒은 言隆而且高也니 若二顴이 隆高하면 其人이
봉만　언융이차고야　약이관　융고　　기인

有聚散之威라
유취산지위

引是招非는 盖謂兩唇이 不遮乎牙道니라 註云 唇不盖齒면
인시초비　개위양순　불차호아도　　주운　순불개치

好說是非之人也니 豈不自招是非哉아
호설시비지인야　기불자초시비재

狼行虎吻은 機深而心事를 難明이오 註云 行而頭低及反顧曰
랑행호문　기심이심사　난명　　주운　행이두저급반고왈

狼行이오 無事咬牙하고 若怒而無笑容者曰 虎吻이니 其人
랑행　무사요아　약노이무소용자왈호문　　기인

兇狼하여 心機難測이라
흉랑　심기난측

猴鼠食은 鄙吝而奸謀 – 到底니라 註云 食而細疾하고 其貌
후서식　비인이간모　도저　주운　식이세질　　기모

– 如懼者曰 鼠食야오
여구자왈　서식

食而不嚼하며 其貌如不足者曰猴食而尼 有如此者는 必鄙俗
식이불작　기모여부족자왈후식이미 유여차자　필비속

慳吝奸邪之人也라
간인간사지인야

　　푸른 기운이 적고 좋은 기운이 많으면 부귀를 이루었지만 또 부귀가 이를 것이다.　말씀에 의하면 누렇고 붉은 기운이 얼굴에 가득하여 막힌 기운이 없으면 녹봉과 재물이 첩첩이 쌓이느니라.

　　- 막힌 가운데 밝음이 있으면 근심이 변하여 기쁨이 되고 밝음 가운데 막힘이 있으면 길이 변하여 반대로 나쁜 흉이 된다.

　　말씀에 의하면 색이 막혀 있는 가운데 홀연히 밝고 윤택함이 나타나는 사람은 걱정이 있는 와중에 틀림없이 기쁨이 있고 색이 밝은 가운데 돌연히 막히고 어두운 사람은 기쁨 가운데 반드시 흉이 있는 것이라 하셨다.

　　- 얼굴 정면에 누런 황기가 밝게 나타나면 뜻을 이루지 않을 수 없고 인당에 나타나면 더 많은 좋은 기운이므로 계책이 통하지 않을 수 없다.

　　말씀에 의하면 정면은 일촌삼분이요 인당은 관문(눈썹과 눈썹)의 사이에 있으니 만약 이 두(얼굴 정면과 인당) 부위에 붉거나 누렇거나 자색의 좋은 기운이 나타나는 사람은 꾀하고 있는 모든 일을 이루게 된다는 의미라 하셨다.

－ 년상과 수상이 밝고 윤택하면 일년은 마음이 편안하고 말씀에 의하면 년상과 수상은 산근의 아래에 있으니 질액궁도 된다고 하셨다.

만약 밝은 빛으로 막히지 않은 사람은 그 해에 반드시 편안할 것이나 현벽궁 하나라도 빛이 없으면 재물 보화가 이제 막 나가려 하고 갑궤가 윤택하면 상서로운 좋은 조짐으로서 앞으로 풍륭한 삶이 다가올 것이다.

－ 금궤가 윤택하게 빛나면 하는 것마다 길함을 자주 대하게 된다.

말씀에 의하면 금궤는 코끝 양쪽 곁이니 즉 난대와 정위라 하셨다.

이 부분이 밝고 윤택하여 어둡지 않은 사람은 좋은 것이다.

－ 부위에 이지러짐(휘어지거나 흉터)이 없으면 한평생 안정되어 편안하고 기색이 막히면 마침내 지체되고 머뭇거리다 흉을 만나게 된다.

말씀에 의하면 몸 부위에 깨어지거나 이지러짐이 없는 사람은 위험하고 흉한 재앙을 만나지 않고 모든 부위의 기색이 윤택하게 빛나지 않는 사람은 마침내 이로움이 없을 것이라 하셨다.

－ 어떤 사람의 모습이 고괴하면 아름다운 옥을 감추고 있는 돌이다. 말씀에 의하면 겉으로 나타나는 모습이 고괴한 사람을 하천한 사람으로 보는 것을 불가하게 하는 것은 빼어나게 맑은 신기이다. 움직이고 멈출 때 나타나는 평범하지 않은 동작은 탁함 속의 맑음이라. 돌 가운데 있는 옥이 아닌지 배우는 학인들은 세밀한 부분까지 자세하게 관찰하여야 할 것이다.

＊ 즉 고괴한 상이라 말할 수 있는 사람은 반드시 맑아야 하며 맑은 가운데 고괴한 사람은 하천한 사람이 아니라는 것인 즉 만약 고괴하게 생긴 사람이 맑지 않으면 하천한 사람이란 것입니다.

- 사람의 됨됨이가 높은 산이나 바위의 모양이면 바다 밑에 있는 밝은 구슬의 모양이다.

말씀에 의하면 준두가 용의 것과 같거나 용의 얼굴이거나 호랑이 머리에 호랑이 눈동자를 한 무리를 어찌 높고 고괴한 바위의 모양이 아니라 하겠는가.

결국은 지위가 높아져 세상에 알려질 것이다.

한 가지라도 빠지면 불가하니 참으로 이와 같다면 푸른 바다의 구슬인 것이다.

 * 고괴한 상의 모양을 설명하면서 한 가지라도 모자라는 모양의 부분이 있다면 고괴지상이 아니라고 하였습니다.

- 중요한 것을 요약하면 첫 번째로 색을 분별하고 다음은 소리를 들으며 또 신을 자세히 살피고 다시 살비듬을 자세히 보아야 하니 급하게 서두르면 안 되는 것이다.

말씀에 의하면 네 가지를 겸하여 살피면 만가지중 한 가지도 잃어버리지 않는다고 하셨다.

- 눈썹 털이 천창을 도우면 귀한 사람들 가까이 드나들고 말씀에 의하면 천창은 눈 곁에 있으니 만약 눈썹이 신월미와 같거나 천창을 도우면 주로 총명하여 귀한 사람들 가까이 있다고 하셨다.

- 인당과 중정이 서로 이어지면 마침내 모름지기 관직을 얻는데 이롭다.

말씀에 의하면 인당이 넓고 풍륭하여 위에있는 중정과 이어지고 윤택하게 빛나는 사람은 관록을 얻는데 이롭다고 말씀 하셨다.

- 부르면 모여들고 꾸짖으면 흩어지는 것은 양쪽 관골에 인한 것

으로 큰 봉우리로 일어나 있는 것이다.

말씀에 의하면 동 서 두 개의 산악은 양쪽의 관골을 말하는 것이며 일어난 봉우리라는 것은 높이 솟은 것이니 만약 양 관골이 높이 솟아 있는 사람은 모여들게 하고 흩어지게 하는 위세를 소유하고 있다고 하셨다.

- 추천하여 등용하는 것과 불러들여 속박하는 것은 다른데 이러한 것을 바르게 전달하여 알리는 것은 모두 양 입술이 바퀴테가 되어 말하여 다스리니 가로막지 못한다.

말씀에 의하면 입술이 치아를 덮지 못하면 옳고 그름을 구분하여 말하는 것을 좋아하는 사람이니 어찌 안되는 것을 스스로 불러 시비하는가 하셨다.

* 남의 말 하는 것을 좋아하는 사람을 스스로 불러들여 함께 남의 말을 하지 말라는 것입니다.

- 이리의 행동과 범의 입은 마음이 생각하는 일과 실제의 일에 거짓이 깊이 깔려 있으니 밝히기 어렵다. 말씀에 의하면 머리를 낮게 숙이고 걷거나 가다가 뒤를 돌아보는 것은 이리의 행동이라 하시며

이를 가는 일(잠을 잘 때 자신도 모르는 사이 아래 위 치아를 마찰시켜 가는 행위)이 없어야 하고 화를 낸 것과 같거나 웃을 줄 모르는 사람을 범의 입이라 말하니 그런 사람은 흉악한 이리와 같은 짐승으로 거짓된 마음을 헤아리기 어렵다고 하셨다.

- 원숭이나 쥐처럼 먹으면 간사한 계책으로 아무리 하여도 끝끝내 보잘것없이 되고 만다.

말씀에 의하면 음식 먹을때 비천하게 빠르게 먹거나 두려워하며 불

안한 모습으로 먹으면 쥐처럼 먹는 것이요 씹지 않고 삼키는 부족한
모습은 원숭이처럼 먹는것이니 이러한 모습을 가진 사람은 틀림없이
어리석고 속된 구두쇠로서 성품이 간교하고 바르지 못한 사람이다.

머리가 걸음 앞에 나가면 처음은 좋지만 나이가 든 만년의 모습은
가난하고 궁색하다.

말씀에 의하면 걸어 다니는 모습이 머리를 낮게 앞으로 숙이고 나
아가거나 다리를 지나치게 잡아 끌어서 걷는 사람은 틀림없이 초년에
는 넉넉하게 여유가 있었으나 말년은 풍족하지 못한 것이라 하셨다.

부엌 아궁이 같은 콧구멍이 뻐끔하게 들려 하늘을 조롱하면 중년에
는 깨어지고 논밭 동산이 줄어들어 흩어진다. 말씀에 의하면 콧구멍은
곧 우물과 부엌이라 하셨다.

뻐끔하게 드러나 하늘을 향해 조롱하면 마땅하지 못하여 주로 중
년에는 깨어지고 패하게 된다.

女人耳反하면 亦主刑夫하고 註云 金木二星이 失纏하면 不利
여인이반　　　역주형부　　　주운 금목이성　　실전　　　불리

夫宮이오 兼有九醜하니 寧不孀居리오
부궁　　　겸유구추　　　영불상거

男子頭尖하면 終無成器니라 註云 頭乃六陽之首니 宜圓大라
남자두첨　　　종무성기　　　주운 두내육양지수　　의원대

若尖小者는 豈富貴之器乎아 觀貴人之相이 非止一途오 察朝
약첨소자　　기부귀지기호　　　관귀인지상　　비지일도　　찰조

士之形은 要稱四大니라 註云 四大는 卽四體也라
사지형　　요칭사대　　　주운 사대　　즉사체야

腰圓背厚라야 方保玉帶朝衣오 註云 腰腹이 圓肥하고 背肩
요원배후　　　방보옥대조의　　　주운 요복　원비　　　배견

이 豊厚는 皆食祿之相也라
풍후　　개식록지상야

骨聳神淸이라야 定主威權忠節이니라 註云 骨節이 巉岩而高
골용신청　　　정주위권충절　　　　주운 골절　참암이고

聳하고 眼神이 淸光而有威는 者居官하면 必威權忠節之臣也
용　　안신　청광이유위　　자거관　　　필위권충절지신야

니 觀夫下文하면 可驗이라
관부하문　　　가험

伏犀貫頂하면 一品王侯오 註云 若有骨이 自印堂으로 聳入腦
복서관정　　　일품왕후　주운 약유골　자인당　　　용입뇌

者曰 伏犀니 主大貴라
자왈 복서　주대귀

輔骨揷天하면 千軍勇將이라 註云 輔骨은 在眉角하니 有骨
보골삽천　　　천군용장　　주운 보골　재미각　　　유골

이 豊起하야 揷入天倉者는 主威權이라
풍기　　　삽입천창자　　주위권

形如猪相하면 死必屍分이오 註云 身肥項短하고 飮食無厭하
형여저상　　　사필시분　　주운 신비항단　　　욕식무염

며 目朦朧而黑白이 不分明者는 猪相也니 多死非命이라
목몽롱이흑백　　불분명자　　저상야　다사비명

眼似虎睛하면 性嚴莫犯이라 註云 目圓大而有神하고 視不轉
안사호정　　　성엄막범　　주운 목원대이유신　　　시불전

而有威者曰 虎睛이니 其性이 必烈이라
이유위자왈 호정　　기성　필열

鬚黃睛赤하면 終主橫災오 註云 古云眼睛赤하면 心性이 急
수황정적　　　종주횡재　주운 고운안정적　　　심성　급

하고 鬚髭黃하면 怒氣强하나니 終招災禍라
　　수 자 황　　　　노 기 강　　　　종 초 재 화

齒露唇掀하면 須防野死니라 註云 兩唇이 不遮牙齒曰 露니
치 로 순 흔　　　수 방 야 사　　　주 운 양 순　　불 차 아 치 왈 로

若又唇掀喉結하면 必死他鄕郊野니라
약 우 순 흔 후 결　　　필 사 타 향 교 야

口唇皮皺하면 爲人이 一世孤單하고 註云 通仙錄에 云口邊皮
수 순 피 추　　　위 인　　일 세 고 단　　　주 운 통 선 록　　운 구 변 피

－若生皺褶有子면 應須出外鄕이니 非孤單而何오
　약 생 추 습 유 자　　응 수 출 외 향　　　비 고 단 이 하

魚尾紋多하면 到老不能安逸이라 註云 魚尾는 在眼角之上하
어 미 문 다　　　도 노 불 능 안 일　　　주 운 어 미　　재 안 각 지 상

니 經에 云魚尾笏紋이 長入目하면 雖云眉壽나 最勞心이라
경　　운 어 미 홀 문　　　장 입 목　　　수 운 미 수　　　최 노 심

二眉散亂하면 須憂聚散不常이오 註云 眉乃弟兄姉妹宮이오
이 미 산 란　　　수 우 취 산 불 상　　　주 운 미 내 제 형 자 매 궁

亦主財星하니 若散而不淸하면 主離耗라
역 주 재 성　　　약 산 이 불 청　　　주 이 모

兩目雌雄하면 必主富而多詐니라 註云 目一大一小曰 雌雄이
양 목 자 웅　　　필 주 부 이 다 사　　　주 운 목 일 대 일 소 왈 자 웅

니 有如此면 雖然財富나 必多譎詐니라
유 여 차　　　수 연 재 부　　　필 다 휼 사

面多班點은 恐非老壽之人이오 註云 黑靑班點이 生于面者는
면 다 반 점　　　공 비 노 수 지 인　　　주 운 흑 정 반 점　　생 우 면 자

神氣衰也니 豈能壽相乎아
신 기 쇠 야　　　기 능 수 상 호

耳有毫毛면 定時長生之客이라 註云 經에 云眉毫不如耳毫오
이 유 호 모　　　정 시 장 생 지 객　　　주 운 경　　운 미 호 불 여 이 호

- 여인의 귀가 뒤집어지면 역시 주로 남편을 벌 받게 하고

말씀에 의하면 금성과 목성 두 개의 별성(양쪽 귀를 지칭)이 서로 얽혀 잃어버리면 남편의 자리가 이롭지 못하고 겸하여 아홉 가지가 못 생겼다면 편안할 것이며 혼자 살지 않을 것이라 하셨다.

* 九醜 : 아홉가지 못생긴 구멍(눈(2), 귀(2), 코(2), 입, 오줌길, 항문)

- 남자의 머리가 뾰족하면 끝내 깊고 넓은 큰 도량을 이루기 어렵다.

말씀에 의하면 머리는 곧 육양의 우두머리 이니 마땅히 둥글고 커야 한다고 하셨다.

만약 작거나 뾰족한 사람에게 어찌 부귀를 소유할 능력을 말할 수 있겠는가.

- 귀인의 모양을 살피는데 한 가지 방법에 그치면 안되고 선비의 모양을 살피는데 도움이 되도록 크게 분류한 네가지가 중요하게 일컬어지느니라.

말씀에 의하면 크게 나눈 네 가지라는 것은 즉 네 가지 몸이라 하셨다.

- 허리는 둥글고 등은 두터워야 하며 아침에 옷을 입고 옥대를 두른 모양이 모가 난 듯한 방한 모양으로 허리에 머물러 있어야 한다.

말씀에 의하면 허리와 배가 둥글게 살찌고 등과 어깨가 넉넉하게 두터우면 모두가 식록지상이라 하셨다.

– 골격이 솟고 신 이 맑아야 주로 위엄과 권세가 있고 충성스런 절개가 있다.

말씀에 의하면 골격의 마디가 보기좋은 바위같이 높게 솟아있고 눈빛이 맑게 빛나고 위엄이 있는 사람이 관직에 머물면 반드시 위엄 있는 권세로서 충성스런 절개가 있는 신하이니 이와같은 내용 안에서 사람을 자세히 살피면 어려운것도 해결할 수 있을 것이라 하셨다.

– 복서골이 정수리와 연결되어 있으면 일품 왕후이다.

말씀에 의하면 인당으로부터 시작하는 골격이 솟아 뇌로 들어가는 것을 복서골이라 말하니 주로 큰 귀를 누리게 된다고 하셨다.

– 보골이 하늘(이마와 연결된 머리)을 뚫으면 천군만마를 거느리는 용맹한 장수이다.

말씀에 의하면 보골은 왼쪽 눈썹 모서리에 있으며 거기에 뼈가 풍륭하게 일어나서 천창까지 연결되어 있는 사람은 주로 위엄 있는 권세가라 하셨다.

* 벼슬을 할 수 있는 몸을 네 가지로 크게 분류하여 설명한 위의 내용을 간략하게 정리해보면 다음과 같을 것입니다.

* 첫째 어깨와 등과 배 허리가 둥글둥글 살찌고 띠를 두른 모양이 모가 난듯 방한 모양이면 식록지상이므로 벼슬을 한다는 것입니다.

* 둘째로 골격이 높이 솟고 신 이 맑은 사람은 위엄 있는 권세로 충절의 신하가 될 것이니 충절지상으로서 벼슬을 한다는 것입니다.

* 셋째로 이마에서 일어나서 정수리에 연결된 복서골을 갖고 있으면 천군만마를 호령하는 일품 왕후의 용맹지상이므로 벼슬을 하여 큰 귀를 누리게 된다는 것입니다.

* 넷째로 눈썹의 각이 진 모서리에서 풍륭한 보골이 일어나 천창까지 연결되어 있으면 주로 위엄 있는 권세를 누리니 위권지상으로서 벼슬을 한다는 것입니다.

– 돼지의 모양과 같으면 죽을 때 몸이 나누어져 죽을 것이다.

말씀에 의하면 몸이 살찌고 목은 짧고 음식을 싫어하지 않으며 눈은 검은 자위와 흰자위가 분명하지 않은 채 달이 구름 속에 가려진 듯 흐릿한 사람은 돼지의 모양을 하였으니 천명을 다하지 못한다고 하셨다.

– 눈이 호랑이 눈동자와 같으면 성품이 엄격하여 죄를 범하지 않는다.

말씀에 의하면 눈이 크고 둥글며 신 이 있고 볼 때 굴리지 않고 위엄이 있는 사람을 호랑이 눈이라 말하니 그 성품이 반드시 엄하고 사납다고 하셨다.

– 수염이 누렇고 눈동자가 붉으면 결국에는 나쁜 재앙을 당한다.

말씀에 의하면 옛날 선인들의 말에 눈동자가 붉으면 심성이 급하고 턱수염이나 콧수염이 누렇게 퇴색되어 있는 사람은 화를 내면 기가 강하여 마침내 재난의 화를 불러들인다고 하셨다.

– 치아가 드러나고 입술이 치켜 덜리면 모름지기 밖에서 죽는 것을 예방하여야 한다. 말씀에 의하면 아래 위 입술이 치아를 가리지 못하는 것을 드러났다고 말을 하니 만약 입술이 치켜 덜리고 결후(울대)가 맺혀 있으면 거의 가족과 고향을 떠나 죽는다고 하셨다.

– 입술 가죽이 쭈글쭈글하면 사람 됨됨이가 한평생 외롭게 혼자이고 말씀에 의하면 통선록(신선으로 통하는 기록)에 입 주변의 가죽이 쭈글쭈글한 주름진 옷처럼 나타나고 자식이 있으면 모름지기 자식이 고향을 떠나야 하는 적적함을 감당해야 하니 어찌 혼자서 외롭지 않

을 수 있겠는가 하셨다.

– 어미에 주름이 많으면 늙어도 편안히 즐기지 못한다.

말씀에 의하면 어미는 눈이 생겨진 모서리 부분의 위에 있으니 성인이 말씀 하시길 어미에 홀과 같은 긴 주름이 눈과 이어져 있으면 비록 눈썹이 수명을 도운다고는 하나 최고로 힘든 마음을 감내해야 하는 것이라 하셨다.

– 두 눈썹이 어지럽게 흩어져 있으면 모름지기 걱정 근심이 모이고 흩어지는 것으로 늘 상 같지 못하다.

말씀에 의하면 눈썹은 곧 형제 자매궁이며 역시 재물을 주재하는 별로서 만약 흩어지고 맑지 못하면 재물이 주로 떠나고 줄어들게 된다고 하셨다.

– 양쪽 눈이 같지 못하여 하나는 크고 하나는 작으면 넉넉한 부를 이루었더라도 속임이 많다.

말씀에 의하면 눈이 하나는 크고 하나는 작은 것을 자웅의 눈이라 말하니 생긴 모양이 이와 같으면 비록 재물이 저절로 일어난 부자인 것 같으나 반드시 남을 속이기 위하여 간사한 꾀를 많이 부렸을 것이니라 하셨다.

– 얼굴에 많은 반점이 있는 사람은 노인이 되도록 오래 살지 못할까 두렵고.

말씀에 의하면 검푸른 반점이 크게 나타난 사람은 신기가 쇠퇴해진 것이니 어찌 능히 수명을 오래하는 상이라 할 수 있겠는가 하셨다.

– 귀에 가는 털이 있으면 오랜 시간을 살 수 있는 손님이다.

말씀에 의하면 성인의 말씀에 눈썹 털은 귀의 털만 같지못하고 귀

의 털은 목의 주름만 같지 못하다고하니 모두가 오래 사는 수명의 상
이라 하셨다.

－ 다리와 등에 살비듬이 없으면 틀림없이 주로 외롭고 가난하다.

말씀에 의하면 대통부에 다리란 것을 말하길 몸의 가지인 까닭에
모든 몸을 실어 나르며 움직이게 하는 것이라 했다고 말씀하셨다.

若枯而無肉이면 必孤貧跋涉之人라
약 고 이 무 육　　　　필 고 빈 발 섭 지 인

胸上生毫하면 性非寬大니라 註云 胸堂上에 生毫者는 其性
흉 상 생 호　　　　성 비 관 대　　주 운 흉 당 상　　생 호 자　　기 성

이 急하나니 經에 云胸上 生毫 非達器라하니라
　　급　　　　경　　운 흉 상　생 호　비 달 기

莫敎四反하라 五六에 必主凶亡이오 註云 四反者는 口無稜
막 교 사 반　　　오 육　　필 주 흉 망　　주 운 사 반 자　　구 무 릉

眼無神 鼻露竅 耳無輪이니 有此四反이면 主有凶亡之事라
안 무 신　비 로 규　이 무 륜　　　유 차 사 반　　　주 유 흉 망 지 사

更忌神昏이니 八九라도 無稱意니라 註云 有此四反하고 更兼
갱 기 신 혼　　　팔 구　　　무 칭 의　　주 운 유 차 사 반　　　경 겸

神氣昏暗者는 至老終不和吉이라
신 기 혼 암 자　　지 노 종 불 화 길

天庭이 高潤하면 須知僕馬無虧오 註云 前文에 云天庭이 高
천 정　　고 활　　　수 여 복 마 무 휴　　주 운 전 문　　운 천 정　　　고

聳하면 少年富貴를 可期라하고 此云高潤은 言旣高而且潤이
용　　　소 년 부 귀　　가 기　　　차 운 고 활　　　언 기 고 이 차 활

면 必居官位而無疑라
　　필 거 관 위 이 무 의

地閣이 方圓하면 必主錢財堆積이니라 註云 地閣이 豊隆하면
지각 방원 필주전재퇴적 주운 지각 풍륭

得乎地오 天庭이 豊隆하면 得乎天이니 得乎天者는 必貴하고
득호지 천정 풍륭 득호천 득호천자 필귀

得乎地者는 必富라
득호지자 필부

臉上에 靑光이 級級하면 貪婪孤貧이오 註云 面上에 靑黑之氣
검상 청광 급급 빈람고빈 주운 면상 청흑지기

- 疊見者는 主孤苦不足이라
첩견자 주고고부족

準頭에 赤色이 重重하면 奔波詭計니라 註云 土中에 有火면
준두 적색 중중 분파궤계 주운 토중 유화

萬物不生之象이니 主奔波오 若酒浸而赤者는 多詭計也라
만물불생지상 주분파 약주침이적자 다궤계야

圓融小巧는 畢竟豊亨이오 註云 五短之形이라도 融和而小巧
원융소교 필경풍형 주운 오단지형 융화이소교

者는 到老富泰니라
자 도노부태

方正神舒는 終須穩耐니라 註云 面目이 方正而神氣舒者는
방정신서 종수온내 주운 면목 방정이신기서자

終必穩重堅耐而吉이라
종필온중견내이길

手脚이 粗大하면 難爲富貴之徒오 註云 手脚大는 貧賤之相
수각 조대 난위부귀지도 주운 수각대 빈천지상

이니 無肉而露筋이면 安能富貴리오
무육이로근 안능부귀

齒鼻齋豊하면 定享庄田之客이라 註云 齒齊而密하고 鼻大而
치비재풍 정향장전지객 주운 치제이밀 비대이

489

豊者는 安享田宅之人也라
풍자　안향전택지인야

手軟如綿하면 閑且有錢하고 掌若血紅하면 富而多祿이니라
수연여면　한차유전　장약혈홍　부이다록

註云 經에 云手如綿軟富可羨이오 色若噀血祿不絕이라
주운 경　운수여면연부가선　색약손혈록불절

眉抽二眉하면 一生常自足歡悮오 註云 前云眉生二角者는 謂
미추이미　일생상자족환오　주운 전운미생이각자　위

尾頭 － 秀起如角也니 但主快樂而已오 此云眉抽二尾者는
미두　수기여각야　단주쾌락이이　차운미추이미자

謂眉首尾淸秀 － 如新月也니 其人이 多戀花酒하야 一生喜樂
위미수미청수　여신월야　기인　다변화주　일생희락

之相也라
지상야

根有三紋하면 中主必然多耗 이라 註云 山根에 若有三紋이
근유삼문　중주필연다모　주운 산근　약유삼문

侵斷者는 多主耗散이니 廣鑒에 云山根에 若有橫紋斷이면 尅
침단자　다주모산　광감　운산근　약유횡문단　극

子刑妻少弟兄이라하니라
자형처소제형

耳白過面하면 朝野聞名하고 註云 神農經에 云耳白過面하면
이백과면　조야문명　주운 신농경　운이백과면

終爲名臣이라하니 昔에 歐陽公이 未貴에 有僧이 相曰 公이
종위명신　석　구양공　미귀　유승　상왈 공

耳白過面하니 名聞天下리라하더니 後에 官至宰相하니라
이백과면　명문천하　후　관지재상

神稱于形하면 情懷舒暢이라 註云 精神者는 一生之根本이니
신칭우형　정회서창　주운 정신자　일생지근본

　만약에 마르고 살비듬이 없다면 대개가 외롭고 가난하여 산을 넘고 물을 건너 여러 지방을 넘나드는 사람이니라.

　- 가슴위에 털이 나면 성품이 크거나 넓지 못하다. 말씀에 의하면 가슴에 털이 나 있는 사람은 그 성질이 급하나니 성인의 말씀에 이르길 가슴에 털이 나면 발달하는 그릇이 아니라 하셨다.

　- 네 가지가 뒤집어지면 가리켜도 소용없다. 삼십 세에 주로 흉하게 망할 일이 있을 것이기 때문이다. 말씀에 의하면 네 가지 뒤집어진 것은 입술에 능선이 없는 것, 눈에 빛이 없는 것, 콧구멍이 드러난 것, 귀의 바퀴가 없는 것이니 반듯하게 생기지 못한 것의 네 가지이니 주로 흉하게 망할 일이 있다는 것이다.

　- 또 신 이 어두우면 좋지 못한 것이니 72세가 되더라도 마음에 드는 일이 없는 것이다. 말씀에 의하면 이렇게 네 가지가 못생기고 또 겸하여 신기까지 어두운 사람은 늙어서 마칠 때까지 조화를 이룰 수 있는 좋은 일이 없을 것이라 하셨다.

　- 천정이 높고 넓으면 모름지기 말과 종도 이지러짐이 없다는 것을 알 수 있다.

　말씀에 의하면 전문(이 책의 앞에 쓴 글)에서 천정이 높이 솟으면 소년 때의 부귀를 기약한다고 하였고 이렇게 높고 넓다고 이르는 말은 이미 언급한 높고 넓은 모양의 그대로 반드시 벼슬하며 살아갈 것이니 의심하지 말라고 하셨다.

- 지각이 모가 난 듯 둥글면 틀림없이 주로 돈과 재물을 쌓일 것이니라.

말씀에 의하면 지각이 넉넉하고 보기 좋게 솟아 있으면 대지의 덕을 얻었다고 말하고 천정이 풍륭하면 하늘의 덕을 얻었다고 말하니 하늘의 덕을 얻은 사람은 반드시 귀하고 땅의 덕을 얻은 사람은 반드시 부자라고 하셨다.

- 뺨 위에 푸른빛의 기운이 겹겹이 둘러 있으면 외롭고 가난하여 금전과 음식에 욕심이 많을 것이다. 말씀에 의하면 얼굴 위의 검푸른 기운이 중첩되어 보이는 사람은 주로 외로이 쓰디쓴 고생을 하여도 언제나 부족하다고 하셨다.

- 코끝에 붉은 색의 기운이 겹쳐있으면 교묘하게 남을 속이는 계책을 세우느라 앞을 다투어 고생하고 애쓴다. 말씀에 의하면 토성(코) 가운데 붉은 색(火)의 기운이 있으면 만물이 자라지 못하는 모양이니 주로 바쁘게 애쓰고 만약 술에서 헤어나지 못하여 생기는 붉은 색과 같다면 간사한 계책이 많은 사람이라 하셨다.

- 원만하게 널리 베푸는 작은 재치는 마지막에 평화로운 즐거움을 누리게 한다. 말씀에 의하면 오단지형(다섯 가지가 모두 짧은 모양)이라도 서로 어울려 갈등 없이 의사가 소통되어 화목하게 하는 작은 재치가 있는 사람은 늙어서도 대단한 부자이니라 하셨다.

- 모가 난 듯 단정하게 펴지는 신 은 끝까지 안온하게 견디어 내느니라.

말씀에 의하면 얼굴과 눈에서 모가 난 듯 방하게 단정한 신기가 펴

지는 사람은 무겁고 굳어 참고 견디니 끝에는 반드시 좋을 것이라 하
셨다.

– 손과 다리가 거칠고 크면 부귀의 무리에 속하기 어렵다.

말씀에 의하면 손과 다리가 큰 것은 가난하고 천한 사람의 모양이
니 살비듬이 없고 힘줄이 드러나면 안정된 부귀를 어찌 능히 누릴 수
있으리요 하셨다.

* 누릴 수 없다는 말입니다.

– 치아와 코가 가지런하고 풍륭하면 논과 밭 그리고 동산의 손님
으로 누릴 것이다.

* 직접 농사일을 하는 것이 아니라 가끔 왔다 갔다 하며 살펴보고 가는 정도를 비
유했습니다.

말씀에 의하면 치아가 빽빽하고 가지런하며 코가 크고 넉넉한 사
람은 많은 토지와 넓은 저택에서 편안하게 누리는 사람이라 하셨다.

– 손이 부드러워 비단결과 같으면 돈이 있어 한가하게 여유 있는
사람이고 손바닥이 피와 같이 붉다면 넉넉한 부자이며 그리고 녹봉
도 많은 사람이니라.

말씀에 의하면 성인이 말씀하시길 손이 비단결같이 부드러우면 고
을에서 최고 가는 부자일 것이요 색이 만약 피를 뿜은 듯하면 복록이
끊이지 않는다고 하셨다.

– 눈썹 좌우 꼬리 두 가닥이 당기듯 있으면 한평생 늘 스스로 즐거
움을 탐닉하다 그릇된 일을 저지른다. 말씀에 의하면 앞에서 말한 눈
썹 모서리가 두 개란 것은 머리와 꼬리를 말하며 뿔처럼 팽팽하게 일
어난 것으로 오로지 주로 유쾌하고 즐거움을 좇아 이어질 것이요, 두

가닥의 꼬리라는 것은 머리와 끝 부분이 빼어나게 맑은것을 이르며 눈썹 처음과 끝이 맑고 빼어나면 신월미와 같으니 그런 사람은 꽃과 술을 좋아 하여 일평생 기쁨과 즐거움 속에 빠져 살아갈 상이라 하셨다.

 - 산근에 세 개의 주름이 있으면 주로 중년에 대체적으로 저절로 재물이 모두 사라져 버린다. 말씀에 의하면 산근에 만약 세 개의 주름이 져 끊겨진 듯한 사람은 거의 주로 재물이 흩어져 사라지니 광감(相法書)에 이르대 산근에 가로 주름이 나타나 끊어지고 있다면 자식을 이기고 처를 벌 받게 하며 형제도 없다고 하셨다.

 - 귀가 얼굴보다 희면 조정과 백성이 그 이름을 듣고 말씀에 의하면 신농경에 이르대 귀가 얼굴보다 희면 끝내 이름있는 신하라 하니 옛적에 구양공이 벼슬에 오르기 전에 한 승녀가 나타나 구양공의 상을 보고 이르길 귀가 얼굴보다 깨끗하니 천하가 그 이름을 들으리라 하더니 이후에 재상까지 올라 벼슬을 하였다고 하셨다.

 - 신 이 균형있게 모양을 도우면 마음속의 생각이 상쾌해지고 즐거워진다.

 말씀에 의하면 정신이란 것은 한평생 살아가는데 근본이 되는 것이니 생김새와 기운이 서로 균형을 이루어 부족함이 없는것을 귀(貴)라 말하고 부족하면 마땅하지 못하니 만약 신 과 형이 함께 만족되어 기울어 지지 않은 사람은 안태지상으로서 마음과 몸이 크게 편안한 사람이라 하셨다.

足生黑子하면 英雄이 獨壓萬人하고 註云 左足은 男吉하고
족생흑자　　　　영웅　　　독압만인　　　주운 좌족　　　남길

右足은 女吉이니 且如安祿山이 少賤하야 事張守珪할새 爲
우족　여길　　　차여안록산　소천　　　　사장수규　　　위

之濯足이러니 少停之而不言이어늘 守珪問之하니
지탁족　　　　소정지이불언　　　　수규문지

日 節度足底에 有黑子故로 少停이로라 珪曰 吾之貴－皆此
왈 절도족저　유흑자고　소정　　　　규왈 오지귀　개차

痣也니라 祿山이 再拜曰 不肖는 雙足俱라하야늘 守珪憂之러
지야　　　록산　재배왈 불초　쌍족구　　　　　수규우지

니 後에 祿山이 領三處節度使하니라
후　　록산　　영삼처절도사

骨揷邊庭하면 威武 揚名四海니라 註云邊庭은 在左輔角髮
골삽변정　　　위무　양명사해　　주운변정　　재좌보각발

際之間하니 若顴이 聳起하야 揷入邊庭者는 主權貴니 廣鑒에
제지간　　약관　용기　　　　삽입변정자　　주권귀　광감

云驛馬連邊地하면 兵權이 主一方이라하니라
운역마연변지　　　병권　주일방

聲自丹田下出하면 有福而亨遐齡하고 註云丹田은 在臍下하
성자단전하출　　유복이형하령　　　주운단전　　재제하

니 若聲自臍下發者는 音韻深遠이라 主壽니 希夷論曰 衆人
약성자제하발자　　음운심원　　　주수　희이론왈 중인

之息은 以喉하고 至人之息은 以臍 라
지식　이후　　지인지식　　이제

骨從腦後橫生하면 發財且增長壽야라 註云腦後에 有骨이 橫
골종뇌후횡생　　발재차증장수　　　주운뇌후　　유골　횡

生曰 玉枕이니 主富壽也라 廣鑒에 云骨自腦生少人知니
생왈 옥침　　주부수야　　광감　운골자뇌생소인지

貴祿綿綿福壽期라 하니라.
귀 록 면 면 복 수 기

地庫 - 光潤하면 晚景이 愈好而得安閒하고 註云地庫는 在兩
지 고 　 광 윤 　 　 만 경 　 유 호 이 득 안 한 　 　 주 운 지 고 　 재 양

頤하니 若光潤豊滿이면 末主稱心快意라
이 　 약 광 윤 풍 만 　 　 말 주 칭 심 쾌 의

懸壁이 色明하면 家宅이 無憂而多吉慶이라 註云懸壁은 解
현 벽 　 색 명 　 　 가 택 　 무 우 이 다 길 경 　 　 주 운 현 벽 　 해

見前하니 若氣色이 不暗者는 吉而無凶이라
견 전 　 　 약 기 색 　 불 암 자 　 길 이 무 흉

土星薄而山林重하면 滯氣多災하고 註云鼻小를 謂之土薄이오
토 성 박 이 산 림 중 　 　 체 기 다 재 　 　 주 운 비 소 　 위 지 토 박

髭多를 謂之山林重이니 若更有滯氣면 必主多災라
자 다 　 위 지 산 림 중 　 　 약 갱 유 체 기 　 필 주 다 재

前相好而後背虧하면 虛名無壽니라 註云前面形相이 雖好而
전 상 호 이 후 배 휴 　 　 허 명 무 수 　 　 주 운 전 면 형 상 　 수 호 이

背後形相이 虧缺不稱者는 言壽不足이라.
배 후 형 상 　 휴 결 불 칭 자 　 언 수 부 족

陰騭에 肉滿하면 福重心靈하고 註云陰騭은 即 淚堂이니 若
음 즐 　 육 만 　 　 복 중 심 령 　 　 주 운 음 즐 　 즉 　 누 당 　 약

豊滿不橫出者는 必聰壽之相也라
풍 만 불 횡 출 자 　 필 총 수 지 상 야

正面에 骨開하면 粟陳貫朽니라 註云正面은 即 兩顴也니 若
정 면 　 골 개 　 　 속 진 관 후 　 　 주 운 정 면 　 즉 　 양 관 야 　 약

骨開闊而不偏陷者는 廣有錢穀之相也라
골 개 활 이 불 편 함 자 　 광 유 전 곡 지 상 야

鬢毛毬織하면 或先富而後貧하고 註云若鬢髮이 濁亂如織毬者
빈 모 구 직 　 　 혹 선 부 이 후 빈 　 　 주 운 약 빈 발 　 탁 난 여 직 구 자

는 其人이 性懶라 縱然財富나 後必貧窮이라
　기인　성나　종연재부　후필빈궁

筋若蚓蟠하면 定少閑而多厄이라 註云額面手足에 靑筋이 亂
근약인반　정소한이다액　주운액면수족　청근　난

生者曰 蚓蟠이니 主辛苦不寧之相이니 寧無厄乎아
생자왈 인반　주신고불녕지상　영무액호

眉稜骨起하면 縱有壽而孤刑하고 註云眉額이 巉巖하면 雖云古
미릉골기　종유수이고형　주운미액　참암　수운고

怪나 若眉稜獨起者는 雖有壽而亦主孤刑이라
괴　약미릉독기자　수유수이역주고형

項下結喉는 恐無兒而客死니라 註云經에 云露齒結喉는 死在
항하결후　공무아이객사　주운경　운로치결후　사재

他州 正此謂也라
타주 정차위야

眼如雞目하면 性急難容이오 註云睛이 圓小而黃曰雞目이니
안여계목　성급난용　주운정　원소이황왈계목

其性 急燥하고 多淫而有誠信이라
기성급조　다음이유성신

步若蛇行하면 毒而無壽니라 註云行而頭手足이 俱動作三折
보약사행　독이무수　주운행이두수족　구동작삼절

狀者曰 蛇行이니 輕而心毒이라 安能壽乎아
상자왈 사행　경이심독　안능수호

色靑橫于正面을 喚作行屍오 註云顴上眼下曰 正面이니 若靑
색청횡우정면　환작행시　주운관상안하왈정면　약청

氣橫生此位者는 主有災疾故로曰 行屍라
기횡생차위자　주유재질고　왈 행시

氣黑暗于耳前을 名爲奪命이라 註云耳前이 命門이니 若有黑
기흑암우이전　명위탈명　주운이전　명문　약유흑

色이 侵者는 有病必難療也라
색 침자 유병필난요야

靑遮口角하면 扁鵲도 難醫오 註云口爲人之司命이니 若兩角
청차구각 편작 난의 주운구위인지사명 약양각

이 靑黑하면 非吉兆오 病人은 必難治니라
청흑 비길조 병인 필난치

黑掩太陽하면 盧醫도 莫求니라 註云太陽은 左目也오 盧醫
흑엄태양 노의 막구 주운태양 좌목야 노의

扁鵲은 皆名醫니 若黑色이 掩乎雙目이면 盧醫라도 莫能治
편작 개명의 약흑색 엄호쌍목 노의 막능치

也라
야

白如姑骨하면 亦主身亡하고 註云若病人이 有白氣如枯骨者
백여고골 역주신망 주운약병인 유백기여고골자

는 體無生氣니 定死而已라 黑若濕灰하면 終須壽短이라
체무생기 정사이이 흑약습회 종수수단

註云又有黑氣若濕灰者는 豈有生乎아
주운우유흑기약습회자 기유생호

貧而恒難은 爲因滿面愁容이오 註云容顔이 常若哭이면
빈이항난 위인만면수용 주운용안 상약곡

必主貧而多難이라 經에 云不醉却如醉하고 非愁却似愁며 笑
필주빈이다난 경 운불취각여취 비수각사수 소

驚痴駭樣은 榮樂半途休라하니라
경치해양 영락반도휴

夭更多災는 盖謂壽根薄削이라 註云年壽山根이 陷薄而尖削
요경다재 개위수근박삭 주운년수산근 함박이첨삭

者는 主疾病而夭라
자 주질병이요

平生少疾은 皆因月孛이 光隆이오 到老無災는 大抵年宮이
평생소질　개인월패　광륭　　도노무재　대저년궁

潤澤이라 註云年壽는 卽 月孛星이니 此位－豊隆有光하면
윤택　　주운년수　즉 월패성　　차위　풍륭유광

平生에 必少疾病이라
평생　필소질병

血不華色하면 少遂多迍하고 註云血以養氣하고 氣以養神하
혈불화색　소수다둔　주운혈이양기　기이양신

나니 血無光華면 中心不足이라 豈稱遂耶아
혈무광화　중심부족　기칭수야

行不動身하면 積財有壽니라 註云行步而不動을 謂之龍驟니
행부동신　적재유수　주운행보이부동　위지용취

貴重之相也라 豈無財壽乎아
귀중지상야　기무재수호

神光이 滿面하면 富貴稱心하고 鬼色이 見形하면 貧愁度日이니라
신광　만면　부귀칭심　귀색　견형　빈수도일

註云神光者는 色紅黃而有光也오 鬼色者는 氣靑黑而多暗也라
주운신광자　색홍황이유광야　귀색자　기청흑이다암야

故로 面有神光하면 利名多遂하고 面有鬼色者는 貧愁日至라
고　면유신광　이명다수　면유귀색자　빈수일지

淹目閉나 有神無色者는 生하고 神脫口開하고 天柱傾欹者는
엄목폐　유신무색자　생　신탈구개　천주경기자

死니라 註云病久에 雖目閉나 有神無色者는 必主生하고 若眼
사　주운병구　수목폐　유신무색자　필주생　약안

無神光하고 口開項倒者는 必死니 天柱者는 項也라
무신광　구개항도자　필사　천주자　항야

五岳이 俱正하면 人可延年이오 七竅－不明하면 壽難再久니
오악　구정　인가연년　칠규　불명　수난재구

라 註云五岳正而不偏陷者는 固爲壽相이나 若耳目口鼻之七竅
주운오악정 이불편함자　　고위수상　　　약이목구비지칠규

反露而不明者는 亦主夭折이라
반로이불명자　　역주요절

華蓋黑色이면 必主卒災오 天庭靑氣는 須防溫疫이니라 註云
화개흑색　　　필주졸재　천정청기　　수방온역　　　　주운

華蓋는 位福堂之傍하니 黑氣侵之면 主有暴疾이오 天庭은 在
화개　위복당지방　　흑기침지　주유폭질　　천정　재

天中之下하니 靑氣生之면 主有溫疫이라
천중지하　　청기생지　주유온역

赤燥生于地閣하면 定損馬牛하고 靑白起于奸門하면 禍侵妻
적조생우지각　　정손마우　　청백기우간문　　화침처

妾이니라 註云地閣이 爲奴僕宮하니 若生紅氣如火而燥者는
첩　　주운지각　위노복궁　　약생홍기여화이조자

主牛馬損傷하고 奸門은 在眼角之前하니 若有靑白二氣면 恐
주우마손상　　간문　재안각지전　　약유청백이기　공

妻妾有災하니라 奸門은 妻妾宮也라
처첩유재　　간문　처첩궁야

三陽火旺하면 必主誕男하고 三陰木多하면 定須生女니라
삼양화왕　　필주탄남　　삼음목다　　정수생녀

註云三陽은 在左眼下하니 紅氣旺하면 必生男하고 三陰은 在
주운삼양　재좌안하　　홍기왕　　필생남　　삼음　재

右眼下하니 靑氣多하면 卽生女也라
우안하　　청기다　　즉생녀야

ㅡ 발에 검은 점이 있으면 영웅이 홀로 만인을 지배하고 말씀에 의
하면 왼쪽 발은 남자에게 길하고 우측 발은 여자에게 길하니 또 안

록산 처럼 매우 보잘것없이 천하여 장수규의 일을 하고 있을 때 발을 씻겨 주다가 말없이 잠시 머물거늘 알맞게 짜여져 잘생긴 발밑에 검은 점이 있어서 잠시 머무는 것인가라고 수규가 물었다. 규가 말하길 내가 귀하게 되어 있는 것은 모두 이 점이 있어서라고 하니라.

록산이 절하며 말하길 못난 저는 두 개의 점이 발에 함께 있다고 하여 수규를 근심스럽게 하더니 후에 록산이 세 곳의 영역을 다스리는 절도사가 되었다.

　* 안록산은 당나라때 현종과 양귀비의 총애를 믿고 세도를 부란 사람입니다.

－ 골격이 변지와 천정에 꽂혀 있으면 위엄 있는 무장으로서 사해에 이름을 떨치니라. 말씀에 의하면 변지와 천정은 왼쪽 보각과 발제 (머리털이 나기 시작하는 부분) 사이에 있으니 만약 관골이 풍륭하게 솟아 일어나서 변지와 천정을 향하여 뻗어 있는 사람은 주로 권세로 귀를 누리니 광감에 이르길 역마궁과 변지가 이어지면 주로 병권 한가지로 나아가야 된다고 하셨다.

－ 소리는 단전 아래에서 나오면 복이 있어 오래도록 누린다. 말씀에 의하면 단전은 배꼽 아래에 있으니 만약 소리가 스스로 배꼽 아래에서 나오는 사람은 소리의 외형이 어우러지는 음성으로서 헤아릴 수 없이 깊은 목소리이다.

주로 오래 살으니 희이 선생이 말하여 가로대 사람이라는 존재 중에서 평범한 무리에 속하는 사람들은 호흡을 목구멍으로 하고 덕을 닦아 지극한 경지에 이른 사람은 배꼽으로 숨을 쉰다고 하셨다.

－ 후두골이 가로로 생기면 재물이 일어나고 또 증가하며 수명 또한 길어진다.

* 뒤 꼭지가 주먹처럼 톡 튀어 나온 모양이 아니라 가로로 양 귀 사이를 이은 듯 둥글둥글한 모양이어야 한다는 것입니다.

말씀에 의하면 뒷골(뒤 꼭지)의 뼈가 가로로 나타난 뼈를 옥침골이라 말하며 이 뼈가 있으면 주로 넉넉한 부자로서 수명도 길다고 하셨다.

광감에 이르길 뇌에 따라 골격이 생겨나니 아무리 작은 것이라도 있는 사람은 지혜로우니 귀(명예)와 록(재물)이 끊이지 않아 복된 삶을 오래도록 누릴 수 있을 것이라 하셨다.

– 지고가 윤택하게 빛나면 늙을수록 그 모습이 점점 좋아져 여유 있게 편안해지고 말씀에 의하면 지고는 양쪽 턱에 있으니 만약 넉넉 하게 가득하고 윤택하게 빛나면 생을 마칠 때까지 즐겁고 유쾌한 마 음을 잃지 않을 것이라 하셨다.

– 현벽의 색이 밝으면 가정에 근심이 없고 좋은 경사가 많으리라.

말씀에 의하면 현벽은 앞에서 보이는 부분에서 벗어나 있으니 만 약 기색이 어둡지 않은 사람은 길하고 흉이 없다고 하셨다.

토성(코)이 얇고 산림(콧수염) 부분이 무거우면 기운이 막혀 재난이 많다.

말씀에 의하면 코가 작다는것은 토(土)성이 얇다는 것을 이른 것이 요 콧수염이 많은 것을 산림이 무겁다고 하였으니 그와 같은 모양에 또 기가 막히면 틀림없이 주로 재난이 많다고 하셨다.

* 상법은 자연의 이치를 사람의 인체에 접목시켜 연구한 학문입니다. 그래서 머리 털 수염털 또는 보이지 않는 털을 비롯하여 모든 털들을 산에서 자라는 나무와 풀에 비유하여 산림이라 말하고 있는 것입니다. 그래서 산림이 산을 풍요롭게 하는 의미를 벗어나 우거진 밀림이 되었을 때는 인체와 조화를 이루지 못하고 있는 것이라 할 수 있습니다.

– 앞 얼굴의 모양은 좋은데 뒤 골격이 이지러지고 삐뚤어지면 이름을 빛내지 못하고 수명 또한 기약할 수 없다.

말씀에 의하면 앞면의 얼굴 모양이 비록 좋다고 하나 머리 뒤의 부분이나 등의 모양이 이지러지고 빠져서 균형을 이루지 못하는 사람은 수명이 부족하다고 말하라 하셨다.

– 음즐에 살비듬이 충만하면 마음의 생각이 신령스러워 복이 거듭하고 말씀에 의하면 음즐은 즉 누당이니 만약 풍만하고 가로로 처지지 않은 사람은 반드시 총명하고 수명이 길어 장수 하는 모양이라 하셨다.

– 정면을 바로 보아 골격이 열려 있으면 군량미만큼 많은 곡식이 쌓여 있다.

말씀에 의하면 정면은 즉 양쪽 관골이니 만약 관골이 활짝 열려 있고 어느 한쪽으로 치우치거나 꺼지지 않은 사람은 넓은 창고에 돈과 곡식이 쌓여 있는 모양이라 하셨다.

– 살쩍머리가 껍질에 붙어있는 가시와 같으면 혹 먼저는 넉넉하여도 후에는 가난하고 말씀에 의하면 만약 수염이나 머리털이 탁하고 어지럽거나 덧 껍질에 난 가시와 같은 그런 사람은 성품이 게으르다. 가령 재물이 넉넉하게 있더라도 후에는 궁색하게 가난하여진다.

– 힘줄이 지렁이가 감아 도는 듯 하면 숨 쉴 틈 없이 재액이 많다.

말씀에 의하면 이마 얼굴 손 다리에 푸른 힘줄이 어지럽게 나타나 있는 사람을 지렁이가 감아 돌고 있다고 말을 하니 주로 맵고 쓴 고생으로 편안하지 못한 모양으로서 편안함은 커녕 없어야 하는 액까지 있구나 하셨다.

– 눈썹뼈의 골기가 일어나면 수명은 길어지지만 외로운 형벌을 받

는다.

　말씀에 의하면 이마에 있는 눈썹이 가파른 바위같이 솟아 있으면 비록 고괴지상이라 하나 눈썹뼈가 홀로 일어난 사람은 비록 수명은 길지만 역시 주로 외로운 형벌을 받는다 하셨다.

　- 목 아래 결후(울대)가 맺히면 아이가 멀리 나가서 죽지 않을까 두려워지니라.

　말씀에 의하면 성인의 말씀에 이르길 치아가 드러나고 결후가 맺히는 사람은 다른 지방에서 죽을 수 있다고 하니 바르게 일러 주어야 할 것이라 하셨다.

　- 눈이 닭의 눈과 같으면 성질이 급하여 제 모습을 갖추기 어렵다.

　말씀에 의하면 눈이 동그랗게 작으며 노오란 눈동자가 닭의 눈이니 그런 성질에는 여유가 없고 급하고 매마르고 매우 음란하지만 정성스럽고 참된 마음은 있다고 하셨다.

　- 걸음걸이가 만약 뱀과 같다면 독이 있어 수명이 길지 못하니라.

　말씀에 의하면 다닐 때 갖추어진 머리와 팔 다리가 세 번 부러진 모양을 하고 흐느적거리며 다니는 사람은 뱀이 기어 다니는 모양이라 말을 하니 가볍고 독한 마음이라 편안한 수명을 능히 이룰 수 있겠는가.

　* 없다는 말입니다.

　- 얼굴 정면에 푸른색이 가로로 퍼져 있는 사람을 부르면 비로소 다니는 시체라 부른다.

　말씀에 의하면 관골 위, 눈 아랫부분을 얼굴에서 정면이라고 말하니 만약 푸른 기운이 가로로 나타난 이러한 사람은 주로 질병의 재난으로 시달리고 있는 고로 걸어다니는 시체라 말을 한다고 하셨다.

- 명문이라 부르는 귀 앞부분의 검고 어두운 기운은 목숨을 유지하는 기운을 빼앗아 버린다. 말씀에 의하면 귀 앞은 명문이니 만약 검은 색이 가라앉아 있는 사람은 앓고 있는 병을 치료하기 어렵다고 하셨다.

- 푸른색의 기운이 입의 양 끝 부분을 가로 지르면 편작도 고치기 어렵고 말씀에 의하면 입은 사람의 목숨을 맡고 있으니 만약 입의 양 모서리가 검푸른색이면 좋은 조짐이 아니므로 병든 사람은 치료하기 매우 어렵다고 하셨다.

- 검은 기운이 태양을 가리면 노의(편작을 지칭)도 구하지 못한다.

말씀에 의하면 태양은 왼쪽 눈이다. 노의 편작은 모든 병을 고치는 명의이나 검은 기운이 두 눈을 가리면 노의(편작)도 다스리지 못하는 병이니 어이할거나 하셨다.

- 뼈가 말라 하얀 것 같으면 역시 주로 몸을 망치고 말씀에 의하면 만약 병든 사람이 뼈가 말라 하얀 것 같이 하얀 사람은 몸 자체에 생기가 없으니 이미 죽을 것이 예정되어 있는 사람이라 하셨다.

- 검은 기운이 타고남은 재와 같다면 결국은 수명이 짧다고 하겠다.

말씀에 의하면 소유한 검은 기운이 만약 물기머금은 재와 같은 사람을 어찌 살아있는 사람이라고 하겠는가 하셨다.

- 항상 어려워 가난한 것은 얼굴에 수심에 찬 모양이 가득하기 때문이다. 말씀에 의하면 얼굴 모양이 항상 우는듯하면 반드시 주로 가난하고 매우 어렵다. 성인의 말씀에 이르대 취하지 않아도 취한 것과 같고 근심이 없으면서 근심스런 얼굴과 비슷하며 놀란듯 어지러이 웃는 어리석은 모양은 인생의 삶에서 반평생은 영화로운 즐거움이

그쳐 있는 것이라 하셨다.

- 수많은 재난과 짧은 수명은 모두 수명을 이루는 근원이 깎이고 얇은 것이기 때문이라. 말씀에 의하면 년상과 수상 산근이 꺼지고 얇고 뾰족하게 깎인 사람은 주로 질병과 수명이 짧다고 하셨다.

- 평생 동안 질병이 적은 것은 모두 월패가 풍륭하게 밝게 빛나는데 있는 것이요 늙을 때까지 재난이 없는 것은 대체로 보아 년궁이 윤택한데 있는 것이다.

말씀에 의하면 년상과 수상은 곧 월패성이니 이 자리가 풍륭하고 밝게 빛나면 평생동안 질병이 반듯이 적을 것이라 하셨다.

- 피가 색으로 아름답지 못하면 작은 것조차도 따라서 매우 어긋나고 말씀에 의하면 피가 기를 기르고 기가 신을 기르나니 피 색깔이 아름답고 깨끗하지 못하면 마음자리 한가운데가 충족되지 못한 것이라 어찌 균형 있는 조화를 이룰 수 있겠는가 하셨다.

- 몸을 움직이지 않고 다니면 재물이 쌓이고 수명이 길어 오래 사느니라.

말씀에 의하면 움직이지 않고 걸음을 옮기는 것은 용이 신속하게 움직이는 것을 가리키니 귀중지상이 되어 매우 귀중한 사람이 되니 어찌 재물이 없고 수명이 길지 않겠는가.

- 빛나는 신 이 얼굴 가득하면 부귀하여 마음이 고르게 조화를 이루고 귀색(鬼色, 여러 가지의 색이 섞여 혼잡되어 있는 모양)이 모양에 나타나면 가난과 근심의 날로 지내게 되느니라. 말씀에 의하면 신 이 빛나는 사람은 붉은 색이나 누런색이 밝게 빛나고 있다. 여러 가지의 색이 섞여 혼잡된 귀색(鬼色)이 나타나는 사람은 기가 검푸르고 매우

어둡다. 그런고로 얼굴에 신이 빛나고 있으면 이로움이 많아 명예를
성취하고 귀색(鬼色)이 나타나는 사람은 가난과 근심의 날이 하지까
지 동지까지라 하셨다. * 일년 내 그렇다는 것입니다.

　- 오래되어 눈이 닫혀져 있으나 신 은 있되 색이 없는 사람은 살고
신이 이탈하고 입이 열려 있고 목이 삐딱하게 기울어진 사람은 살기
어려우니라.

　말씀에 의하면 오랜 병에 비록 눈은 닫혀 있으나 신 이 있고 색이
없는 사람은 반드시 살고 만약 눈에 빛이 없고 입이 열리고 목이 넘
어지는 사람은 거의 죽기 쉬우니 천주라는 것은 목이라 하셨다.

　- 오악이 반듯하게 갖추어지면 타고난 수명에서 살아가는 해수가
늘어날 것이요.

　일곱 개의 구멍이 밝지 못하면 수명을 거듭 오래하기 어려우니라.

　말씀에 의하면 오악이 반듯하고 한쪽으로 기울지 않고 꺼지지 않
은 사람은 고위수상으로 수명이 오래하는 모양이라 굳힐 수 있으나
만약 귀 눈 입 코의 일곱 개 구멍이 드러나고 뒤집어지고 밝지 못한
사람은 역시 주로 일찍 꺾인다.

　- 모두가 검은 흑색이면 반드시 주로 갑작스런 재난이오 천정에
푸른 기운은 모름지기 급성 전염병을 예방하여야 하니라. 말씀에 의
하면 복당의 곁에 화개의 자리가 있으니 검은 기운이 침범하게 되면
주로 사나운 급병이 있고 천정은 천중 아래에 있으니 푸른 기운이 생
기게 되면 주로 급성 전염병이라 하셨다.

　- 마른 붉은 기운이 지각에 크게 돌면 소나 말 가축을 덜게되고 푸
른 청기나 하얀 백기가 일어나 간문을 돌면 처첩에 재앙이 닥치니라.

말씀에 의하면 지각이 노복궁도 되니 만약 붉은 홍기가 마른불과 같은 사람은 주로 소나 말 가축이 상하거나 덜어지고 간문은 눈 모서리 앞에 있는 부분이니 만약 푸른 청기나 하얀 백기 두 개의 기운이 돌면 처첩에 재난이 생길까 두려우니라. 간문은 바로 처첩궁이기 때문이라 하셨다.

– 삼양(왼쪽 눈)에 밝은 홍기가 가득하면 거의 주로 남아를 낳고 삼음(오른쪽 눈)에 푸른 목(木)기운이 밝게 나타나면 모름지기 여아를 낳게 되느니라.

말씀에 의하면 삼양은 왼쪽 눈 아래에 있으니 밝은 홍기가 가득하면 거의 남아를 낳고 삼음은 오른쪽 눈 아래에 있으니 푸른 기운이 많으면 여아를 생산한다고 하셨다.

流魄放海하면 須防水厄 災오 遊魂守宮하면 定主喪身之苦니
유백방해　　　수방수액　재　유혼수궁　　　정주상신지고

라 註云流魂, 遊魄은 皆黑氣也오 大海는 爲口니 有黑色이 入
주운유혼　유백　개흑기야　대해　위구　유흑색　입

口者는 須防水厄이오 宮은 卽龍宮이니 目眶也라 若生黑氣면
구자　수방수액　궁　즉용궁　목광야　약색흑기

多主喪身이라
다주상신

道路 – 昏慘하면 防跌蹼之災오 註云道路는 卽通衢委巷也니
도로　혼참　　방질복지재　주운도로　즉통구위항야

若生滯氣면 陟險不利라
약생체기　척험불리

宮室이 燥炎하면 恐湯火之咎니라 註云宮室은 在廚竈之旁하
궁실   조염   공탕화지구   주운궁실   재주조지방

니 若生結燥之氣면 須愼湯火니라
    약생결조지기   수신탕화

耳根黑子는 倒死路旁하고 承漿深紋은 恐投浪裏니라 註云耳
이근흑자   도사로방   승장심문   공투랑리   주운이

根에 生黑子者는 主客死하고 承漿은 在唇下하니 若生深紋
근   생흑자자   주객사   승장   재순하   약생심문

이면 主有水厄이라
    주유수액

眼堂이 豊厚하면 亦主貪淫하고 註云眼堂은 固宜豊滿이나 若
안당   풍후   역주탐음   주운안당   고의풍만   약

豊而加厚면 亦主貪淫이라
풍이가후   역주탐음

人中이 偏斜하면 必多刑剋이니라 註云人中은 固宜顯正이니
인중   편사   필다형극   주운인중   고의현정

若偏斜者는 亦主刑剋이라
약편사자   역주형극

鬼牙 尖露하면 詭謠好貪하고 註云當門二齒 - 齊大而平固면
귀아 첨로   궤휼호탐   주운당문이치   제대이평고

主誠信이오 若傍齒尖露曰 鬼牙니 其人은 必多詭貪이라
주성신   약방치첨로왈 귀아   기인   필다궤탐

神眉崢嶸하면 凶豪惡死니라 註云二眉豊隆이 固爲壽相이나
신미쟁영   흉호악사   주운이미풍륭   고위수상

若稜骨이 高削이면 性必豪凶하야 死於非命也라
약릉골   고삭   성필호흉   사어비명야

人形이 似鬼하면 衣食不豊하고 註云人形古怪 - 固爲貴相이
인형   사귀   의식불풍   주운인형고괴   고위귀상

나 若形貌 如鬼者는 雖有衣食이나 必不豊也라
　　약형모　여귀자　수유의식　　필불풍야

生相이 若仙하면 平生閒逸이니라 註云形貌 - 淸奇秀異而若
　생상　약선　　평생한일　　　주운형모　　청기수이이약

仙者는 非貴면 必主安閒이라
　선자　비귀　필주안한

穀道亂毛는 號作淫秒오 註云糞門亂毛는 由膀胱氣盛而生이
　곡도난모　호작음초　주운분문난모　　유방광기성이생

니 主人必多淫慾也라
　주인필다음욕야

耳根高骨은 名曰 壽根이라 註云耳後骨起를 名曰壽堂이니
　이근고골　명왈 수근　　주운이후골기　　명왈수당

經云欲人知壽考인대 耳後玉樓成이라
　경운욕인지수고　　　이후옥루성

骨格神淸하면 瘦亦可取오 肉地浮濁하면 肥何足誇리오 註云
　골격신청　　수역가취　　육지부탁　　비하족과　　　주운

骨格은 雖瘦而氣色이 有神者는 有可取之吉이오 皮肉은 雖肥
　골격　수수이기색　유신자　유가취지길　　피육　수비

而不堅潤者는 有不取之凶이라
　이불견윤자　　유불취지흉

目多四白하면 主孤剋而凶亡하고 註云眼如怒睜而露白者는
　목다사백　　주고극이흉망　　주운안여노정이로백자

孤刑하나니 凶亡之相也라
　고형　　　흉망지상야

鼻有二凹하면 必貧窮而孤苦니라 註云二凹는 曲折陷也니 主
　비유이요　　필빈궁이고고　　주운이요　곡절함야　주

破敗刑剋이라
　파패형극

三尖六削은 縱奸巧而貧賤이오 註云三尖은 謂頭準閣이니 尖
삼첨육삭　종간교이빈천　　　주운삼첨　위두준각　　　첨

은 小也오 六削은 謂眉目耳口니 削은 薄也라 又謂之六惡이니
소야　육삭　위미목이구　삭　박야　우위지육오

主貧賤而奸巧也라
주빈천이간교야

四方五端은 雖老謀而富貴니라 註云兩天倉, 地庫 - 方滿而
사방오단　수노모이부귀　　　주운양천창　지고　　방만이

不陷하고 五岳이 端拱而不偏者는 富貴之相이라
불함　오악　단공이불편자　부귀지상

腿長脛瘦면 常年奔走不停이오 註云腿脛이 細長하고 脚行枯
퇴장경수　상년분주부정　　　주운퇴경　세장　각행고

瘦者는 辛苦之相也라
수자　신고지상야

- 바다(입 주위의 수성)에 백이 흘러 방해하면 모름지기 물의 재난을
예방하여야 하고 혼이 떠돌며 궁을 지키면 주로 몸이 죽는 고통이 예
정되어 있느니라.

말씀에 의하면 혼이 흐르고 백이 떠돈다는 것은 모두 검은 기운을
말한다고 하셨다.

큰 바다는 입이 되니 검은색의 기운이 입으로 들어가는 사람은 모
름지기 물의 재난을 예방하여야 하고 궁은 즉 용궁으로서 눈의 흰자
위이다.

만약 검은 흑기운이 생겨나면 거의 주로 몸을 잃게 된다.

- 도로가 참혹하게 어두우면 물갈퀴처럼 빠르게 이어져 넘어질 재

난을 예방하여야 하고 말씀에 의하면 도로는 곧 일반 백성들이 살고 있는 꼬불꼬불하고 지저분한 거리를 통하게 하는 것이니 만약 기운이 막히게 나타나면 추천받기 어려워 이롭지 못하다고 하셨다.

- 궁실이 붉게 마르면 끓는 물과 뜨거운 불의 재앙이 있을까 두려우니라.

말씀에 의하면 궁실은 부엌 아궁이의 곁에 있으니 만약 붉은 기운이 맺혀져 나타나면 모름지기 끓는 물과 뜨거운 불을 조심하여야 한다고 하셨다.

- 귀 뿌리에 검은 점은 길가에서 쓰러져 죽고(이 부분은 의견을 달리하는 분도 있음)승장의 깊은 주름은 사나운 물결 속에 던져질까 두려우니라.

말씀에 의하면 귀 뿌리에 검은 점이 있는 사람은 주로 집 밖에서 매우 위험하고 승장은 입술 바로 아래의 부분을 말하니 만약 깊은 주름이 나타나면 주로 물의 재액이 있다.

- 안당(누당)이 넉넉하게 두터우면 역시 주로 음란함을 탐하고 말씀에 의하면 안당이 넉넉하게 가득차야 하는 것은 한결같이 당연하나 만약 지나치게 풍만하면 역시 주로 음란함을 탐한다고 하셨다.

- 인중이 한쪽으로 기울어지면 틀림없이 형극이 많으니라.

말씀에 의하면 인중은 재삼 바르게 나타나야 하는 것이 마땅하나 만약에 한쪽으로 삐뚤어진 사람은 역시 주로 형극이 많이 따르는 것이라 하셨다.

- 귀아(鬼牙 : 치아의 종류)가 뾰족하게 드러나면 속이고 탐하는 것을 좋아하고 말씀에 의하면 당문치(앞니) 두 개는 크고 가지런하고 고르

고 단단하면 주로 성실한 믿음이 있고 만약 당문치 옆의 치아가 뾰족하게 드러난 치아를 귀아라고 말하니 그런 사람은 대개 속이고 탐하는 일이 많다고 하셨다.

- 신령스런 눈썹이 산처럼 높고 가파르면 오만하고 고약하여 좋지 못하게 죽는다.

말씀에 의하면 두 눈썹은 풍륭한 모양이 원래 오래 사는 장수의 모양이나 만약 눈썹뼈가 깎은 듯 높으면 성품이 거의 오만하고 방자하여 제 명대로 살기 어렵다고 하셨다.

- 하고 있는 행색이 너저분하여 사람답지 못하면 옷과 음식이 넉넉하지 못하고 말씀에 의하면 고괴지상은 확고히 귀한 사람의 모양이나 겉모양의 행색이 너저분하여 귀신과 같은 사람은 비록 옷과 음식은 있으나 반드시 넉넉하지는 못하다고 하셨다.

- 생긴 모양이 신선과 같으면 평생 여유롭고 한가하니라.

말씀에 의하면 겉모양이 맑고 기이하게 빼어나 보통과 달리 신선과 같은 사람은 귀하지 않으면 반드시 편안하고 여유있게 한가하니라.

- 곡도(항문)에 털이 어지러이 난 사람은 남녀 교합을 나누면 까끄러운 미묘함이 만들어져 울부짖는다. 말씀에 의하면 항문에 털이 어지러이 난 사람은 방광의 성한 기운이 생겨나니 주로 매우 음란함을 탐한다고 하셨다.

- 귀 뿌리의 높은 뼈를 수근이라 부른다. 말씀에 의하면 귀 뒤 솟은 뼈가 수당이라 말하니 성인의 말씀에 수명을 알기를 원하건대 귀 뒤 옥루골이 이루어져 있는지 생각 하라고 하셨다.

- 골격의 신 이 맑으면 파리하게 여위어도 취할 수 있고 살비듬이

뜨고 탁하면 어찌 살이 쪄서 만족하다 자랑할 수 있으리요.

말씀에 의하면 골격은 비록 여위어 수척하여도 기색에 신 이 있는 사람은 좋은 운기로 취할 수 있고 피부의 살비듬이 비록 살이 쪄도 윤택하고 단단하지 못한 사람은 좋지 못한 운기로 취할 수 없으니 흉 이라 하셨다.

– 눈에 흰 자위가 사방으로 하야면 주로 이기려 하기 때문에 외롭고 나쁘게 망한다. 말씀에 의하면 눈이 성난 눈동자와 같고 흰자위가 드러난 사람은 외로운 벌을 받나니 흉망지상으로서 흉하게 망하는 좋지 못한 모양이라 하셨다.

– 삼요의 코를 가지면 대개가 궁색하게 가난하고 외롭게 쓰디 쓴 고생을 하니라.

말씀에 의하면 삼요 모양의 코는 굽고 꺾이고 꺼지는 모양이니 주로 깨어지고 패하고 이기려하여 벌 받게 되는 것이라 하셨다.

– 세군데가 뾰족하고 여섯 군데가 깎이면 제멋대로 간사하고 교활하여 가난하고 천하다. 말씀에 의하면 삼첨이란 것은 머리 준두 턱을 이르고 뾰족하다는 것은 없다는것을 의미한다. 육삭이란 것은 눈썹 눈 귀 입이 깎여서 얇은 것을 의미한다. 또 이 여섯가지는 못생긴 것이니 주로 가난하고 천하고 간사하고 교활하다고 하셨다.

– 사방 오단은 모름지기 늙어서도 꾀가 있어 부귀를 누리느니라.

말씀에 의하면 양쪽 천창 양쪽 지고가 모서리가 있는 듯 방(方)하게 원만하고 꺼지지 않고 오악이 단정하게 서로서로 받들어 도우며 한 쪽으로 기울어지지 않은 사람은 부귀지상으로서 부귀를 누리는 모양 이라 하셨다.

- 넓적다리와 정강이가 길면서 살비듬이 수척하면 해마다 바쁘게
돌아가니 머무를 사이가 없다. 말씀에 의하면 넓적다리와 정강이가
길고 가늘어 다니는 다리가 마르고 수척한 사람은 신고지상으로서
매운 고생을 하는 모양이라 하셨다.

唇薄口尖하면 愛說是非不了니라 註云嘴口尖削하고 兩脣이
순 박 구 첨　　　　애 설 시 비 불 료　　　　주 운 취 구 첨 삭　　　양 순

掀薄하면 好說是非之人也라
흔 박　　　호 설 시 비 지 인 야

部位伶俐하면 自然無禍無災하고 紋痣交加하면 到底有嗟有
부 위 령 리　　　자 연 무 화 무 재　　　문 지 교 가　　　도 저 유 차 유

怨이라 註云部位分明而 不駁雜者는 吉祥하고 紋痣亂生于各
원　　　주 운 부 위 분 명 이　　불 박 잡 자　　　길 상　　　문 지 난 생 우 각

位者는 凶이라
위 자　　흉

峨眉鼠食은 非惟吝而且貪하고 註云峨眉는 即眉聳이요 鼠食
아 미 서 식　　비 유 인 이 차 탐　　　주 운 아 미　　즉 미 용　　　서 식

은 解見前하니 有此二相者는 主貪鄙而凶이라
　해 견 전　　　유 차 이 상 자　　주 탐 비 이 흉

劍鼻蜂睛은 不特凶而又賤이라 註云鼻梁削而如劍하고 眼睛
검 비 봉 정　　불 특 흉 이 우 천　　　주 운 비 량 삭 이 여 검　　　안 정

露而不轉하야 如蜂目者는 性暴下賤之人이라
로 이 부 전　　여 봉 목 자　　성 폭 하 천 지 인

男兒腰細면 難主家財하고 女子肩寒하면 孤刑再嫁니라 註云
남 아 요 세　　난 주 가 재　　여 자 견 한　　　고 형 재 가　　　주 운

男子腰細면 福必薄이오 女人肩寒似縮者는 命必毒이라
남 자 요 세　　복 필 박　　여 인 견 한 사 축 자　　명 필 독

頭大額大면 終主刑夫오 聲粗骨粗면 竟爲孀婦니라 註云若女
두대액대　종주형부　　성조골조　　경위상부　　　주운약여

人頭額이 俱大하고 聲音이 粗濁하며 骨多肉少는 皆孤刑之
인두액　구대　　성음　조탁　　골다육소　　개고형지

相也라
상야

眼光口濶은 貪淫求食之人이오 擺手搖頭 氾濫刑夫之婦니라
안광구활　람음구식지인　　　파수요두 범람형부지부

註云眼露光而口濶大者는 貪淫度日하고 頭手輕搖而不重者는
주운안로광이구활대자　　람음도일　　두수경요이부중자

濫淫刑夫니라髮濃鬢重하면 兼斜視以多淫하고 註云髮鬢濃重
람음형부　　발농빈중　　겸사시이다음　　주운발빈농중

而視瞻不正者는 血氣旺而心必邪니主淫蕩이라
이시첨부정자　혈기왕이심필사　주음탕

聲響神淸하면 必益夫而得祿이니라 註云聲音이 響亮하고 眼
성향신청　　필익부이득록　　　주운성음　성량　　　안

神이 淸明者는 益夫食祿之婦也라
신　청명자　익부식록지부야

骨格이 細膩하면 富貴自生淸閑하고 髮鬢이 粗濃하면 勞苦終
골격　세니　　부귀자생청한　　발빈　조농　　노고종

爲下賤이니라 註云骨格이 相稱而細膩者는 淸閑하고 髮鬢이
위하천　　주운골격　상칭이세니자　청한　　　발빈

低亂而粗濃者는 辛苦니라
저난이조농자　신고

皮膚香細는 乃富室之女娘이오 面貌端嚴은 必豪門之德婦니라
피부향세　내부실지여낭　　면모단엄　필호문지덕부

註云皮肉이 淸香而細膩하고 面色이 潤潔而端嚴者는 富貴家
주운피육　청향이세니　　면색　윤결이단엄자　　부귀가

之婦女也라
지 부 녀 야

山根이 不斷하면 必得貴夫하고 部位 停勻하면 應須有子니라
산 근　부 단　필 득 귀 부　　부 위　정 균　　응 수 유 자

註云鼻梁이 不斷者는 配必佳하고 部位 不偏者는 子必有니라
주 운 비 량　부 단 자　배 필 가　　부 위　불 편 자　　자 필 유

髮細光潤하면 稟性溫良하고 神緊眼圓하면 爲人急燥니라
발 세 광 윤　　품 성 온 량　　신 긴 안 원　　위 인 급 조

註云髮細而有光者는 氣必和而性良하고 神緊而目圓者는 氣
주 운 발 세 이 유 광 자　기 필 화 이 성 량　　신 긴 이 목 원 자　　기

必急而性燥니라
필 급 이 성 조

顴高骨凸者는 刑夫未有了期하고 兩耳反薄者는 剋子終無成
관 고 골 철 자　형 부 미 유 료 기　　양 이 반 박 자　　극 자 종 무 성

日이니라 註云顴骨이 高削者는 刑夫不定하고 耳反而薄者는
일　　　주 운 관 골　고 삭 자　형 부 부 정　　이 반 이 박 자

剋子無休니라
극 자 무 휴

手粗脚大는 必是姨婆오 鼻尖頭低는 終爲侍妾이니라 註云手
수 조 각 대　필 시 이 파　비 첨 두 저　종 위 시 첩　　　주 운 수

粗脚大者는 巫姨媒婆之相이오 鼻額尖低者는 姬妾之形이라
조 각 대 자　무 이 매 파 지 상　　비 액 첨 저 자　희 첩 지 형

臥蠶이 明潤而紫色이면 必産貴兒하고 註云眼下에 有肉이
와 잠　명 윤 이 자 색　필 산 귀 아　　주 운 안 하　유 육 이

如蠶臥而紫色이면 必生貴子니라
여 잠 와 이 자 색　　필 생 귀 자

金甲이 豊腴而黃光이면 終興家道니라 註云金甲二匱는 在鼻
금 갑　풍 유 이 황 광　　종 흥 가 도　　주 운 금 갑 이 궤　재 비

- 입술이 얇고 뾰족하면 옳고 그름을 말하는 것을 매우 좋아하여 그치지 못한다. 말씀에 의하면 깎이고 뾰족하여 매의 주둥이 같고 아래 위 입술이 치켜 덜리고 얇으면 옳고 그름을 말하는 것을 좋아하는 사람이라 하셨다.

- 각 자리에 있는 부분(耳 目 口 鼻 眉)들이 눈치가 빠르고 똑똑하면 자연적으로 재앙이 없고 주름이나 사마귀가 뒤섞이면 대개 원망하고 탄식한다. 말씀에 의하면 각 부분의 자리가 분명하고 뒤섞여 혼잡스럽지 않은 사람은 운수가 좋을 조짐이고 주름이나 사마귀가 큰 것이 어지러이 생겨나와 각 부위에 있는 사람은 좋지 못하다고 하셨다.

- 눈썹 뼈가 높고 쥐가 먹는 모습은 오직 인색하기만 하여 아니고 또 욕심이 지나치며 말씀에 의하면 눈썹 뼈가 높다는 것은 즉 솟은 눈썹이요 쥐가 음식을 먹는 모습이란 것은 먹기 전에 흩뜨리는 것이니 이러한 두 가지의 모양을 가진 사람은 주로 욕심이 많고 야비하므로 흉하다고 하셨다.

- 검비에 벌의 눈은 특별히 흉하거나 천하므로 안된다. 말씀에 의하면 콧대가 깎은듯 날카로와 칼등과 같고 눈은 튀어나오고 눈동자가 구르지 않는 벌의 눈과 같은 사람은 성정이 사납고 포악한 하천지 인이라 하셨다.

- 남자는 허리가 가늘면 주로 가정의 재물이 어렵고 여자는 어깨가 움츠러들면 외로운 벌을 받아 두 번 시집을 가게 된다.

　말씀에 의하면 남자의 허리가 가늘면 복이 반드시 얇고 여인은 어깨가 위축되어 쭈그러든 것과 같은 사람은 틀림없이 원망하고 개탄하는 독한 목숨이라 하셨다.

　- 머리가 크고 이마가 크면 결국은 주로 남편을 벌 받게 하고 음성이 거칠고 골격이 거칠면 마침내 과부가 된다.

　말씀에 의하면 만약 여인이 머리와 이마가 함께 크고 음성이 거칠고 탁하며 뼈가 크고 살비듬이 적으면 모두 고형지상으로서 외로운 형벌을 면하기 어렵다고 하셨다.

　- 눈이 빛나고 입이 큰 사람은 음란함을 탐하고 음식을 구하는 사람이요 손을 떨고 머리를 흔들면서 무게가 없으면 음란함이 넘쳐 남편을 벌 받게 하는 아녀자이니라.

　말씀에 의하면 드러난 눈이 빛나고 입이 넓고 큰 사람은 음란함을 탐하며 세월을 보내고 머리와 손을 가볍게 떨고 무게가 없는 사람은 음란함이 넘쳐 남편을 벌 받게 하니라고 하셨다.

　- 머리카락이 짙고 수염이 무겁고 두꺼우며 겸하여 옆으로 비켜보면 매우 음란하고 말씀에 의하면 머리카락이나 수염은 짙고 많아 무겁고 또 옆으로 비껴서보는 반듯하지 못한 사람은 혈기는 왕성하지만 마음은 틀림없이 주로 음란하고 방탕한 사람이라 하셨다.

　- 소리에 울림이 있고 신 이 맑으면 반드시 남편을 유익하게 하여 록(녹봉-봉급)을 얻느니라. 말씀에 의하면 음성이 맑게 울리고 눈 빛이 맑고 밝은 사람은 남편을 유익하게 하며 녹봉과 음식이 넉넉한 지어미로서 식록지부라고 하셨다.

　- 골격이 가늘고 매끄러우면 부와 귀가 스스로 생겨나 한가하며

머리카락과 수염이 거칠고 짙으면 힘들여 애쓰는 수고로 끝내 하천하게 되느니라.

말씀에 의하면 골격이 서로 대칭이 되고 가늘고 매끄러운 사람은 한가하고 머리카락이 낮게 나고 수염이 어지럽고 거칠고 짙은 사람은 매운 고생을 하느니라 하셨다.

- 피부가 가늘고 향기가 나면 곧 부잣집의 아녀자이고 얼굴의 모습이 단정하고 엄숙하면 반드시 신분이 높은 집안의 공정하고 포용성이 있는 부인이니라.

말씀에 의하면 피부의 살비듬이 맑고 향기로우며 가늘고 매끄럽고 얼굴색이 윤택하게 깨끗하고 단정하고 엄숙한 사람은 부귀한 가문의 부녀자이다.

- 산근이 끊기지 않으면 반드시 귀한 남편을 얻고 각 부분의 흩어진 조각조각들의 자리가 고르게 머물러 있으면 모름지기 자식이 있어 화답한다.

* 귀 눈 입 코의 부분들이 고르게 있는 것을 말합니다.

말씀에 의하면 콧대가 끊기지 않은 사람은 배우자가 반드시 아름답고 부위가 한쪽으로 기울지 않은 사람은 자식이 반드시 있느니라 하셨다.

- 머리털이 가늘고 윤택하게 빛나면 타고난 성품이 온화하고 착하며 눈이 둥글고 신이 오그라든 사람은 됨됨이가 마르고 급하니라.

말씀에 의하면, 털이 가늘고 빛이나는 사람은 기운이 반드시 화평하여 성품이 착하고 신이 굳고 눈이 둥근 사람은 기운이 반드시 급하고 성품이 조급하니라 하셨다.

- 관골이 높고 뼈가 돌출된 사람은 남편을 벌 받게 하고 미래의 약속을 끝까지 지키지 못하고 양쪽 귀가 뒤집어지고 얇은 사람은 자식을 극하고 결과적으로 이루어지는 날이 없느니라. 말씀에 의하면 관골이 높게 깎여 있는 사람은 남편을 벌 받게 하는데 한계가 없고 귀가 뒤집어지고 얇은 사람은 자식을 이기려 쉴 사이 없느니라 하셨다.

- 거친 손과 거칠고 긴 다리는 틀림없이 다른 할머니(아버지의 친어머니가 아님)가 있고 뾰족한 머리에 낮은 코는 마침내 기다렸다 모시는 첩이 되느니라.

말씀에 의하면 손이 거칠고 긴 다리는 길고 무녀나 서모 중매쟁이의 상이요 코와 이마가 뾰족하거나 낮은 사람은 곁마누라의 모양이라 하셨다.

- 와잠이 밝고 윤택한 자색(상법에서 매우 좋은 길한 색 – 아주 연한 분홍빛 정도 됨)이면 반드시 귀한 아이를 생산하고 말씀에 의하면 눈 아래에 있는 살비듬이 누에가 누워 있는 것 같고 그 부위의 색깔이 자색이면 틀림없이 귀한 아들을 생산하느니라 하셨다.

- 금갑(왼쪽 오른쪽 콧구멍을 감싸고 있는 부위)이 살이 찐 듯 풍륭하고 아름답게 빛나면 끝에는 가정의 살림살이가 일어나니라.

말씀에 의하면 금궤 갑궤 이궤는 콧구멍 양쪽 옆에 있으니 만약 통통하게 풍륭하고 아름다운 누런 색으로 밝게 빛나는 사람은 틀림없이 가문이 왕성하게 일어난다고 하셨다.

婦人이 口濶하면 先田食粧而後貧하고 註云女人之口 - 濶大
부인 구활   선전식장이후빈   주운여인지구   활대

而無收拾者는 貪食懶作而後貧乏也라
이무수습자 람식란작이후빈핍야

美女 - 背圓하면 必嫁秀士而得貴니라 註云背若圓厚而淸秀者
미녀 배원   필가수사이득귀   주운배약원후이청수자

는 必配良夫라
  필배량부

身肥肉重하면 得陰相而反榮華하고 註云身體肥澤而不虛浮
신비육중   득음상이반영화   주운신체비택이불허부

하고 貌稱女形者는 主榮貴라
    모칭여형자   주영귀

面圓肥腰하면 類男形而亦富貴니라 註云女人이 腰腹肥重하야
면원비요   유남형이역부귀   주운여인   요복비중

似男子形者는 亦主富貴니 此는 榮華富貴之相이나 亦造化自
사남자형자   역주부귀   차   영화부귀지상   역조화자

然之理也라
연지리야

乾姜之手는 女子라야 必善持家하고 註云女子의 皮肉은 固宜
건강지수   여자   필선지가   주운여자   피육   고의

細로대 惟手指 - 腴實不露筋者는 善持家니라
세   유수지   수실불로근자   선지가

綿囊之拳은 男子라야 定興財産이니라 註云若男子 - 手如綿
면낭지권   남자   정흥재산   주운약남자   수여면

軟하면 不求自富니라
연   불구자부

頭小腹大하면 一生不過多食이오 骨少肉多하면 十焉能可過리오
두소복대   일생불과다식   골소육다   십언능가과

註云女人이 頭小肚大者는 不過食多오 若又肉有餘而骨不足
주운여인　두소두대자　　불과식다　약우육유여이골부족

者는 主夭니라
자　주요

眉粗眼惡하면 頻數刑夫하고 聲雄氣濁하면 終無厚福이니라 註
미조안오　　빈삭형부　　성웅기탁　　종무후복　　주

云眉粗亂而眼惡露者는 剋夫하고 聲雄大而氣濁粗者는
운미조난이안오로자　극부　　성웅대이기탁조자

貧薄이라
빈박

眼光如醉하면 桑中之約 無窮하고 註云眼露光面神如醉者는
안광여취　　상중지약　무궁　　주운안로광면신여취자

多淫慾野合之人也라
다음욕야합지인야

媚黶漸生하면 月下之期를 難定이니라 註云笑多嬌媚者는 下
미엽점생　　월하지기　난정　　주운소다교미자　　하

賤之婦也니 經云媚黶漸生이非良婦라하니 豈無月下之期乎아
천지부야　경운미엽점생　비량부　　기무월하지기호

面如滿月하면 家道興隆하고 脣若紅蓮하면 衣食豊足이니라
면여만월　　가도흥륭　　순약홍연　　의식풍족

註云面色이 光潤而無缺陷하고 脣若抹丹而不尖露者는 富貴
주운면색　광윤이무결함　　순약말단이불첨로자　부귀

之相이라
지상

山根黑子는 若無宿疾이면 必刑夫하고 註云黑子生于山根者는
산근흑자　약무숙질　필형부　　주운흑자생우산근자

身無久疾이면 夫必有剋이라
신무구질　부필유극

眼下皺紋은 亦主六親이 若氷炭이니라 註云亂紋侵于眼下者는
안하추문　역주육친　약빙탄　　　　주운난문침우안하자

身必孤而骨肉疎니라
신필고이골육소

齒如榴子하면 衣食이 豊盈하고 鼻若竈門하면 家財傾盡이니
치여유자　　의식　풍영　　비약조문　　가재경진

라 註云齒密光潔하야 如榴子者는 富足하고 鼻竅仰露者는
주운치밀광결　　여유자자　부족　비규앙로자

貧乏이라
빈핍

又當知形如羅漢하면 生子必遲하고 貌若判官하면 得兒尤晩
우당지형여라한　　생자필지　　모약판관　　득아우만

이니라 註云形容이 古怪하야 若羅漢判官者는 生子晩遲니라
주운형용　고괴　약라한판관자　생자만지

三山이 突濶하면 萬頃規模오 四瀆이 淸明하면 終生福氣니라
삼산　돌활　만경규모　사독　단명　종생복기

註云額與兩顴이 高濶하고 耳目口鼻淸明者는 廣遠富貴之相也라
주운액여양관　고활　이목구비청명자　광원부귀지상야

人小聲洪하면 定須超達이오 註云形貌雖小而聲音이 洪亮하면
인소성홍　정수초달　주운형모수소이성음　홍량

本源이 盛大니 終主發達이라
본원　성대　종주발달

頭皮寬厚하면 福壽雙全이니라 註云頭圓象天하고 皮肉寬厚
두피관후　복수쌍전　주운두원상천　피육관후

하며 覆幬之相也니 豈無福壽乎아
복주지상야　기무복수호

- 부인의 입이 크면 먼저는 넉넉하게 밥 먹고 사는체하다가 후에는 가난하고 말씀에 의하면 여인의 입이 매우 크면 어지러운 정신이나 사태를 가라앉힐 수 없고 게을러 누워 놀면서 탐하는 음식만 만들어 먹다가 나중에는 가난하고 고달파진다고 하셨다.

- 아름다운 여인이 등이 둥글면 반드시 빼어난 선비에게 시집을 가서 귀를 누리니라. 말씀에 의하면 등이 만약 둥글고 두터우며 맑고 빼어난 사람은 반드시 어질고 선량한 남편을 배우자로 맞이한다고 하셨다.

- 몸이 살쪄 살비듬이 두터우면 음의 기운을 얻어 반대로 영화롭게 번성하고 말씀에 의하면 몸이 윤택하게 살찌고 살비듬이 부풀어 뜨지 않고 겉모습이 여인의 모양으로 균형을 이룬 사람은 주로 영화롭게 귀를 누린다고 하셨다.

- 얼굴이 둥글고 허리가 살찌면 남자의 모양에 속하지만 역시 넉넉하고 귀하다. 말씀에 의하면 여인이 허리와 배가 살쪄 두터우면 남자와 비슷한 모양이지만 역시 주로 부귀를 누리니 이러한 사람은 영화롭게 번성하는 부귀지상이나 역시 조화를 이루어야 하는 것이 자연의 이치이라고 하셨다.

- 까닭없는 아름다운 손의 여인이라야 반드시 착하고 가정을 보존한다. 말씀에 의하면 여자의 피부는 원래 가늘어야 하는 것이 마땅한대 오직 손가락이 기름지게 자라 줄이 드러나지 않은 사람은 지혜롭게 가정을 보존하니라고 하셨다.

- 솜주머니와 같은 주먹의 남자는 재산이 일어나게 되어 있고 말

씀에 의하면 만약 남자의 손이 부드러운 솜과 같다면 구하지 않아도 저절로 넉넉하니라고 하셨다.

- 머리는 작고 배가 크면 일생 많이 먹어도 지나치지 않고 뼈가 적고 살비듬이 많으면 열가지가 어찌 능히 뛰어나다는 것이 옳을 것이요.

말씀에 의하면 여인이 머리가 작고 배가 큰 사람은 아무리 많이 먹어도 지나치지 않고 만약 또 살비듬이 넉넉하고 뼈가 충분하지 못한 사람은 주로 일찍 꺾이느니라고 하셨다.

- 눈썹이 거칠고 눈이 못생기면 자주 남편을 벌 받게 하고 소리가 크고 탁하면 결국은 복이 두텁지 못하느니라. 말씀에 의하면 눈썹이 거칠고 어지럽고 눈이 드러나서 잘 생기지 못한 사람은 남편을 이기려 하고 음성이 웅장하게 크고 기가 탁하고 거친 사람은 복이 두텁지 못하여 가난을 면하기 어렵다고 하셨다.

- 취한 듯한 눈에서 빛이 나는 사람은 뽕나무 밭 가운데서의 약속이 끝이 없고 말씀에 의하면 눈이 드러난 채 빛이 나고 취한 것 같은 사람은 들에서 맺는 교합도 마다않을 사람으로서 음욕이 매우 많은 사람이라고 하셨다.

- 요염한 보조개가 점점 뚜렷하게 나타나면 달빛 아래의 약속을 지키기 어렵다.

말씀에 의하면 많은 웃음에 보조개가 아리따운 사람은 아녀자로서의 귀한 신분을 갖추지 못하니 성인의 말씀에 요염한 보조개가 점점 뚜렷해지면 선량한 여인이 아니니 어찌 달빛 아래의 기약을 지킬 수 있겠는가라고 하셨다.

* 웃음이 많고 요염한 보조개를 지닌 여인과의 달빛 아래 약속은 처음부터 지켜

질 수 없는 것에 속한다는 말씀이기도 합니다.

- 얼굴이 둥근 달과 같으면 집안을 잘 다스려 재물이 일어나고 입술이 만약 붉은 연꽃과 같으면 옷과 음식이 넉넉하고 여유있게 만족되느니라고 하셨다.

말씀에 의하면 얼굴색이 윤택하게 빛나고 이지러지거나 꺼지지 않고 입술이 단사(붉은 빛이 나는 광물 – 주사라고도 함)를 바른 듯 붉고 뾰족하거나 드러나지 않은 사람은 부귀지상으로서 귀하고 넉넉한 부자의 가족이 될 것이라고 하셨다.

- 산근의 검은 점은 만약 오랫동안 시달린 질병이 없다면 대개 남편을 벌 받게 하고 말씀에 의하면 검은 점이 크게 산근에 있는 사람은 몸에 오랜 질병이 없다면 남편을 틀림없이 이기는 사람이라고 하셨다.

- 눈아래 오그라 든 듯한 아름답지 못한 주름은 역시 주로 육친의 관계가 얼음과 숯불처럼 서로 조화를 이루지 못한다. 말씀에 의하면 어지럽게 난립된 주름이 눈 밑에 깔린 사람은 몸이 반드시 외롭고 골육의 정이 친하지 아니하다고 하셨다.

- 치아가 석류씨와 같으면 옷과 음식이 넉넉하게 항상 가득하고 만약 금궤 갑궤가 열려 있으면 집안의 재물이 줄어들어 죄다 없어진다.

말씀에 의하면 치아가 빽빽하고 깨끗하게 빛나서 석류씨와 같은 사람은 만족하게 넉넉하고 콧구멍이 덜려 드러난 사람은 모자라고 없어서 고달프다고 하셨다.

- 또 당연히 알아야 할것은 나한과 같은 모양이라면 자식(아들)의 생산이 틀림없이 늦고 모양이 만약 판관과 같으면 더욱 늦게 아들을 얻는다.

말씀에 의하면 겉모양이 기이하고 괴상하여 만약 나한이나 판관과 같은 사람은 자식의 생산이 노년 늦게 이루어진다고 하셨다.

- 세 개의 산이 나오고 넓으면 만 이랑의(밭의 넓이-부의 척도) 크기요 사독(귀 눈 입 코) 이 맑고 밝으면 마칠 때까지 복이 있는 기운이 자라나고 있는 것이라.

말씀에 의하면 이마와 양쪽 관골이 높으며 넓고 귀 눈 입 코가 맑고 밝은 사람은 부귀지상으로서 한없이 넓고 끝이 없는 부귀를 누리는 모양이라 하셨다.

- 사람은 작은데 소리가 크면 모름지기 뛰어나게 발달된 사람이다.

말씀에 의하면 겉모양은 비록 작아도 음성이 크고 좋으면 본래의 근원이 샘처럼 끊이지 않아 많이 담을(일반적으로 큰 그릇의 소유자) 수 있으니 마침내 발달하여 이루게 된다고 하셨다.

- 머리둘레가 넓고 두터우면 복과 수명을 함께 갖춘 것이니라.

말씀에 의하면 머리가 둥글어 하늘을 닮고 살가죽이 넉넉하고 두터우면 복주지상으로서 가죽으로 머리를 겹겹이 덮어 가린 모양이니 어찌 복과 수명이 없다고 말할 수 있겠는가.

* 뼈를 둘러싸고 있는 것이 살비듬입니다. 하늘을 닮은 머리가 튼튼하고 넉넉한 두터운 살비듬으로 가죽처럼 감싸 보호하고 있는 사람은 복과 수명이 부족하지 않다는 것입니다.

神氣澄淸利名雙得이라 註云神氣는 解見前하니 若澄淸而不
신기징청이명쌍득 　주운신기 해견전 약징청이불

昏暗者는 富貴 相也오 庸 - 有此면 但主喜吉而己라
혼암자 부귀 상야 용 유차 단주희길이기

面皮 - 繃急하면 壽促無疑은 骨格이 恢弘하면 前程可靠니라
면피 붕급 수촉무의 골격 회홍 전정가고

註云 面肉이 浮薄하고 皮又繃急하면 固非壽相이오 骨相이
주운 면육 부박 피우붕급 고비수상 골상

豊隆하고 五岳이 分明者는 富貴可期니라
풍륭 오악 분명자 부귀가기

少肥氣短하면 難過四九之期오 註云年少而體肥하고 氣短而
소비기단 난과사구지기 주운년소이체비 기단이

促急者는 主夭라
촉급자 주요

唇縮神癡면 焉保 三旬之厄이리오 註云 唇反縮而露齒하고
순축신치 언보 삼순지액 주운 순반축이로치

目無神而如埃면 亦不壽之相也라
목무신이여애 역불수지상야

形骸局促하면 作事猥猿하고 氣宇軒昂하면 一生 快樂이니라
형해국촉 작사외쇄 기우헌앙 일생쾌락

註云 體貌拘縮者는 作爲必不寬이오 局量이 高大者는 無往
주운 체모구축자 작위필불관 국량 고대자 무왕

而不利니라
이불리

鼻梁露骨하면 名爲破祖刑家오 註云 鼻梁薄削하야 露骨如劍
비량노골 명위파조형가 주운 비량박삭 노골여검

脊하면 主破祖業이라
척 주파조업

背脊成坑하면 號曰虛花無壽니라 註云 背脊은 欲隆厚니 如薄
배 척 성 갱   호 왈 허 화 무 수   주 운 배 척   욕 륭 후   여 박

陷而成坑者는 縱然利就名遂나 亦是花多實少오 又主不壽니라
함 이 성 갱 자   종 연 리 취 명 수   역 시 화 다 실 소   우 주 불 수

鼻有三曲하면 不賣屋則賣田하고 註云 鼻粱에 有三曲而不平
비 유 삼 곡   불 매 옥 즉 매 전   주 운 비 량   유 삼 곡 이 불 평

直者는 破敗之人也라
직 자   파 패 지 인 야

面有兩凹하면 必成家而成業이라 註云 天地相朝하고 泰華並
면 유 양 요   필 성 가 이 성 업   주 운 천 지 상 조   태 화 병

拱하면 發達成立之形也라
공   발 달 성 립 지 형 야

- 신 기가 맑고 깨끗하면 재물과 명성을 함께 얻는다.

말씀에 의하면 신 기란 것은 보이는 것 전의 것으로서 보이는 것이 벗겨진 그 전의 것이니 잔잔하고 맑아서 깨끗한 물처럼 깨끗하여 검은 기운이 어지러이 섞이지 않은 사람은 부귀지상이다.

보통 사람이 그러한 신 기를 소유하였다면 한결같이 주로 건강하고 기쁨으로 좋을 것이라 하셨다.

- 얼굴 피부가 붕대에 묶인 듯 착 달라붙어 깎아지른 듯 팽팽하게 군색하면 수명이 짧은 것을 의심하지 말라. 골격이 넓고 크면 남은 앞날은 기댈 수 있다. (골격이 작고 좁은 것에 비하면 골격이 넓고 큰 것은 그래도 수명이 길어질 수 있다는 의미)

말씀에 의하면 얼굴 피부가 가볍게 떠있고 또 붕대로 묶어 놓은 듯 볼륨(나오고 들어감 - 오악)이 없으면 원래부터 장수의 모양이 아니다.

얼굴의 골격 모양이 넉넉하게 도톰하고 오악이 분명한 사람은 부와 귀를 누릴 수 있는 날이 있느니라 하셨다.

－ 여윈 모습에 기가 짧으면 삼십 육세를 지나기 어렵고 말씀에 의하면 나이가 어려서 몸이 살찌고 기가 짧고 급한 사람은 주로 일찍 꺾인다고 하셨다.

－ 입술이 쭈그러져 오그라들고 정신 한 쪽이 빈 듯하면 어찌 재액으로부터 한 달을 지킬 수 있을 것인가. (한 달을 지내기 전에 이승을 떠날 수 있다는 것입니다.)

말씀에 의하면 쭈그러져 휘어지고 치아가 드러나고 눈에 빛이 없이 먼지가 쌓인 것 같이 깨끗하지 못하면 역시 불수 지상으로서 수명이 짧은 모양이라 하셨다.

－ 몸을 이루고 있는 전체적인 뼈의 생김새가 좁고 재촉하듯 급하면 두려운 개가 일하듯 하고 기개와 도량이 왕성하고 높이 오르면 일평생 유쾌하고 즐거우니라.

말씀에 의하면 겉모습을 오그려 구부린 사람은 일을 처리하는데 있어 틀림없이 도량이 넓지 못하고 재주와 도량이 높고 큰 사람은 가고자 하는 곳에 가더라도 이롭지 않은 것이 없는 것이다.

－ 콧대에 살비듬이 없어 뼈가 드러나면 조상의 이름을 깨뜨리어 집안을 온통 힘들게 한다. 말씀에 의하면 콧대의 살비듬이 깎인 듯 얇아서 뼈가 드러나 칼등과 같으면 주로 조상이 물려준 것을 깨뜨린다고 하셨다.

－ 등이 마르고 말라서 구덩이를 이루면 수명이 오래지 못하여 꽃은 피우되 열매를 맺지 못한다고 말을 하니라.

말씀에 의하면 등은 두텁고 풍륭하여야 하니 얇아서 꺼지거나 하여 구덩이처럼 패인 사람은 가령 이로움을 취하고 명예가 따라서 역시 많은 꽃을 피우지만 실속이 적다. 또 주로 수명이 짧으니라고 하셨다.

- 코가 반듯하지 못하고 세 번 굽으면 밭을 팔고 집을 팔고 하여도 안된다. 말씀에 의하면 콧대가 세 번 굽어 고르고 반듯하지 못한 사람은 패하고 깨뜨리는 사람이라고 하셨다.

- 얼굴이 凹 (요)자 처럼 생기면 틀림없이 가정을 이루고 하는 일도 성공한다.

말씀에 의하면 하늘과 땅이 서로 도우고 태산과 화산이 두 손 맞잡아 서로 도우듯 하면 발달하여 뜻한 바를 이루는 사람의 모양이다.

* 하늘과 땅이라는 것은 이마와 턱을 가리키며 태산과 화산은 양 관골과 코의 조화로움을 가리킵니다. 양 관골이 서로 도우 듯 유정하게 생기면 발달하여 이루어 나갈 수 있는 사람의 모양이라는 것입니다.

신간교정증석합병마의선생 신상편권지사

新刊校正增釋合倂麻衣先生神相編卷之四

獐頭鼠目이 何必求官이리오 註云頭削而骨露曰 獐頭오 睛凸
장두서목　하필구관　　　　주운두삭이골로왈　장두　정철

而眼圓曰 鼠目이니 皆不貴之相이라
이안원왈　서목　　　개불귀지상

馬面蛇睛은 須遭橫死니라 註云聲嘶而面長曰 馬面이오 目凸
마면사정　수조횡사　　　주운성시이면장왈　마면　　목철

而睛紅曰蛇睛이니 性粗心毒하야 弟兄不義하고 卒致橫禍니라
이정홍왈사정　　성조심독　　제형불의　　졸치횡화

睛淸口潤하면 文筆高하고 方面大頤는 豊錢財니라 註云目淸
정청구활　　문필고　　　방면대이　풍전재　　주운목청

如點漆하고 口潤若抹丹하면 文章之士也오 面方而大하고 頤
여점칠　　구활약말단　　　문동지사야　면방이대　　　이

豊面潤者는 富家之子也라
풍면활자　부가지자야

語言이 多泛하면 爲人이 心事難明하고 註云語言은 貴乎有
어언　다범　　위인　심사난명　　주운어언　귀호유

倫序니 若言無統緒하고 多泛濫者는 語必妄而無規故로 許負
륜서　약언무통서　　다범람자　어필망이무규고　　허부

有言호대 語言泛泛하면 作事多亂이라하니
유언　　어언범범　　작사다난

其心事를 豈易明이리오
기심사　기이명

容貌－溫和하면 作事에 心懷灑落이니라 註云形容이 如美玉
용모　온화　　작사　심회쇄락　　주운형용　여미옥

之溫潤하고 氣宇－似春風之柔和者는 乃襟懷灑落有德之人
지온윤　　기우　사춘풍지유화자　　내금회쇄락유덕지인

也라
야

骨粗髮重하면 何會剩得一錢이며 註云骨髮粗而露하고 頭毛
골 조 발 중 하 회 잉 득 일 전 주 운 골 발 조 이 로 두 모

厚而蓬하면 此는 貧寒之相也라
후 이 봉 차 빈 한 지 상 야

體細身輕하면 那見停留片瓦리오 註云身體는 貴乎厚重이니
체 세 신 경 나 견 정 유 편 와 주 운 신 체 귀 호 후 중

若行如風擺柳, 一葉舟者는 不夭則貧이라
약 행 여 풍 파 류 일 엽 주 자 불 요 즉 빈

得意中에 面容이 悽慘하면 先富後貧하고 遭窘處에 言貌
득 의 중 면 용 처 참 선 부 후 빈 조 군 처 언 모

溫和하면 早窮晚發이라 註云 得意中至 晚發을 註見下文이라
온 화 조 궁 만 발 주 운 득 의 중 지 만 발 주 견 하 문

巨鰲 – 入腦하면 必作尙書하고 龍骨이 揷天하면 應爲宰輔
거 오 입 뇌 필 작 상 서 용 골 삽 천 응 위 재 보

니라 註云經에 云額角이 入天庭하면 宰相位尊崇이라하니
주 운 경 운 액 각 입 천 정 재 상 위 존 승

若日月角에 有骨이 揷天庭者도 亦猶是也오 巨鰲는 卽額骨
약 일 월 각 유 골 삽 천 정 자 역 유 시 야 거 오 즉 액 골

이요 龍骨은 卽日月角也라
용 골 즉 일 월 각 야

日月角聳하면 必佐明君하고 文武雙全하면 定爲刺史니라
일 월 각 용 필 좌 명 군 문 무 쌍 전 정 위 자 사

註云日月角聳은 卽龍骨揷天也니 固爲貴相이오 若兩顴에 有
주 운 일 월 각 용 즉 용 골 삽 천 야 고 위 귀 상 약 양 관 유

骨 接邊地者曰 文武雙全이니 亦牧伯之相也라
골 접 변 지 자 왈 문 무 쌍 전 역 목 백 지 상 야

眼有三角下面 狼毒孤刑하고 註云眼爲日月하니 宜圓明이오
안 유 삼 각 하 면 낭 독 고 형 주 운 안 위 일 월 의 원 명

不欲三角이라 相有如此면 其心이 不善하야 婦人은 主刑夫
불욕삼각　　상유여차　　기심　　불선　　부인　　주형부

하고 男子는 必剋妻兒니라
남자　　필극처아

鼻帶兩門하면 破財疾苦니라 註云鼻爲土星하니 年壽居之라
비대양문　　파재질고　　주운비위토성　　년수거지

若兩凹侵破하면 不惟破財라 又兼疾苦니라
약양요침파　　불유파재　　우겸질고

骨輕手硬은 必是庸常이오 註云骨骼削而輕하고 手指粗而硬
골경수경　　필시용상　　주운골격삭이경　　수지조이경

者는 庸俗之人也라
자　　용속지인야

眉秀神和는 須知閑雅니라 註云眉目이 淸秀하고 神氣溫和者
미수신화　　수지한아　　주운미목　　청수　　신기온화자

는 不貴則爲淸閑之秀士也라
불귀즉위청한지수사야

聲乾無韻하면 何得 榮華리오 註云聲貴乎淸亮이니 若粗乾似
성건무운　　하득　영화　　주운성귀호청량　　약조건사

破鑼無韻者는 主貧이라
파라무운자　　주빈

　－ 노루 머리에 쥐의 눈으로 어찌 꼭 벼슬을 구할 수 있으리요. 말씀
에 의하면 머리뼈가 깎이고 드러난 골격을 노루머리라 말하고 동그
란 모양에 눈동자가 나온 눈을 쥐의 눈이라 말을 하니 모두 귀하지
못한 모양이라 하셨다.

　－ 말의 얼굴 모양에 뱀의 눈은 모름지기 갑작스럽게 뜻하지 않은
죽음을 만날 수 있느니라. 말씀에 의하면 음성이 말 울듯하고 얼굴이

길면 말의 얼굴이라 말하고 눈이 나오고 눈동자가 붉은 눈을 뱀의 눈이라 말하니 성질이 거칠고 마음이 독하여 형제간에 의롭지 못하고 갑자기 뜻하지 않은 재앙에 이르니라 하셨다.

– 눈동자가 맑고 입이 넓으면 학문과 글쓰기가 높고 모가 난듯 방(方)한 얼굴에 턱이 크면 재물이 넉넉하게 풍요로우니라. 말씀에 의하면 눈이 맑고 눈동자의 작은 점이 매우 검어 옻칠을 한 것과 같으며 입이 넓고 단사를 바른 듯 붉으면 학문에 뛰어난 선비라 하셨다.

큰 얼굴에 모가 난 듯 방(方)하고 턱이 풍부하여 얼굴이 넓은 사람은 부자 집안의 자손이다.

– 말을 할 때 매우 뜨면 됨됨이나 생각하는 마음이 사리에 밝지 못하고 말씀에 의하면 자신의 의사를 전달할 때 하는 발음이 귀를 불러오는 도리의 순서이니 만약 말을 할 때 한 갈래로 이어가는 계통이 없고 매우 떠서 넘치는 사람은 말이 반듯이 규정이 없는 망령된 말이므로 허부가 말을 한 것 중에 발음이 들떠서 침착하지 못하면 하는 일이 매우 뒤얽혀 어지럽다고 하니 생각하는 그 마음을 어찌 쉬이 밝힐 수 있으리오.

* 말을 할 때 발음이 분명하지 못하거나 또는 전체적인 내용이 이어지지 못하고 뒤섞어 말을 하는 사람은 진실된 말이 아니라 망령된 말을 주로 하며 하는 일마저도 무슨 일을 하는지 도저히 알 수 없으므로 함께 하여도 그 마음이 밝지 못하므로 알기 어렵다는 것입니다. – 믿을 수 없는 사람에 속한다는 말과 같다고 하겠습니다.

– 얼굴 모습이 따뜻하고 평화로우면 하는 일마다 품고 있는 마음이 깨끗하고 시원하니라. 말씀에 의하면 사람의 생김새가 아름다운 구슬처럼 화평하고 윤택하고 기개와 도량이 봄바람과 같이 부드럽고 화평한 사람은 마음에 품은 생각 또한 깨끗하고 시원시원하여 유덕

지인으로서 덕을 행하는 사람이다.

- 골격이 거칠고 털이 많아 두껍게 드레지면 어찌 얻은 일전이 남을 수 있을 것이며 더군다나 거듭하여 포갤 수 있겠는가. 말씀에 의하면 골격이 드러나고 털이 거칠고 머리털이 두터워 무성하게 우거진 쑥대밭이면 이러한 모양은 빈한 지상으로서 춥고 배고픈 가난한 모양이라 하셨다.

*골격은 둥근 듯하여 드러나지 않고 털은 맑고 부드러우며 두텁지 않아야 한다는 말입니다.

- 사지(두 팔과 두 다리)가 가늘고 몸이 가벼우면 어찌 기와 한조각인들 머물러 있으리오. 말씀에 의하면 귀는 두텁고 무거운 신체에 있으니 만약 바람에 버드나무 흔들리듯 하거나 한 개의 나뭇잎 같은 작은 배와 같은 사람은 수명이 짧지 않은 즉 가난한 사람이라고 하셨다.

- 뜻대로 되어 만족하는 가운데 얼굴 모습이 슬프도록 참혹하면 먼저는 넉넉한 부자이어도 뒤에는 가난하고 군색한 상황을 만나더라도 말하는 모양이 따뜻하고 알맞게 응하면 일찍이 매우 가난하였어도 늦게라도 발달한다.

말씀에 의하면 뜻대로 되어 만족하는 가운데 늦게 발달하는 것은 아래의 문장을 보라고 하셨다.

- 거오(거골 - 눈썹 모서리에서 뻗은 골격)가 뇌로 들어가면 틀림없이 상서(벼슬의 이름)는 되고 용골이 이마 가운데 쭉 뻗으면 응당 재상이 되어 도우니라.

말씀에 의하면 성인의 말씀에 이마의 모서리에 대하여 말씀 하셨는데 천정으로 들어가면 높은 재상이 되어 존경과 숭배를 받는다고 하며 만약 일 월각에 골이 맺혀 천정으로 뻗은 사람도 역시 이와 같이 된다고 하셨다.

거오는 즉 액골이요 용골은 즉 일 월각이다.

– 일 월각이 솟으면 반듯이 밝은 임금을 도우고 문장과 무예를 함께 온전하게 갖추면 자사(중국의 지방관리 – 송나라 이후 폐지됨)정도의 벼슬은 하느니라.

말씀에 의하면 일 월각 즉 용골이 솟아 하늘(이마)로 뻗으면 원래부터 귀한 상이라 하셨다.

* 세상에 입신하는 권세를 제압해서 제대로 발휘하는 힘은 응결된 골격에서 비롯되므로 일 월각이나 액골 또는 거골 이러한 것은 곧 응결된 기운으로 보는 것이 타당할 것입니다.

– 만약 양쪽 관골에 뼈가 맺혀 변지와 이어져 있는 사람을 문장과 무예를 겸한 사람이라고 말을 하니 역시 목백 지상으로서 목백(태수나 자사등의 지방 장관에 속함)의 벼슬은 하는 상이다.

– 눈이 삼각안이면 이리와 같이 독하여 외로운 형벌을 받고 말씀에 의하면 눈은 태양과 달이 되니 마땅히 밝고 원만하여야 하므로 삼각안은 좋다고 할 수가 없다고 하셨다.

눈의 모양이 삼각안과 같으면 그 마음이 착하지 못하여 부인은 주로 남편을 벌받게 하고 남자는 거의 처와 자식을 이기려 하느니라.

* 꼭 남편과 아내라는 의미이기 보다는 한집에서 함께 동고동락하는 가장 가까운 사람에게 나쁜 기운이 전달되고 받는다는 의미로 해석함이 좋을 것입니다.

– 콧대의 산근에서 콧구멍 양쪽으로 띠를 두르면 질병의 고통으로 재물이 깨어진다.

말씀에 의하면 코는 토성(土星)이 되니 년상과 수상이 있는 곳이기도 하다고 하셨다.

만약 년상, 수상이 凹자처럼 꺼져 있으면 잠식되는 모양이므로 재물만 깨어지는 것이 아니라 또 겸하여 질병의 고통도 함께한다.

- 뼈가 가볍고 손이 굳은 것은 보편적으로 평범한 사람의 상이오 말씀에 의하면 골격이 깎이고 가벼우며 손가락이 거칠고 굳은 사람은 용속지인으로서 품격이 낮은 사람이다.

- 눈썹이 빼어나고 신이 화평한 사람은 모름지기 정숙하고 우아한 사람임을 알아야한다. 말씀에 의하면 눈과 눈썹이 빼어나게 맑고 깨끗하여 신기가 따뜻하고 화애로운 사람은 귀하지 않은 즉 한가하고 여유있는 뛰어난 선비이다.

- 음성이 굳세고 울림이 없으면 어찌 영화를 얻을 수 있으리오. 말씀에 의하면 소리가 정말로 맑으면 귀를 부르니 만약 거칠고 굳세어 깨어진 징소리와 같은 사람은 주로 가난하다고 하였다.

膚澁少光하면 終無安逸이니라 註云皮膚粗澁하고 又無光潤
부 삽 소 광　　　종 무 안 일　　　주 운 피 부 조 삽　　　우 무 광 윤

하면 主辛苦니라
　　　주 신 고

凶婦十惡은 皆言眼赤睛黃이오 註云犯十惡之凶罪者는 多因
흉 부 십 악　　개 언 안 적 정 황　　　주 운 범 십 악 지 흉 죄 자　　다 인

眼有赤縷하고 睛黃而不黑也라
안 유 적 루　　　정 황 이 불 흑 야

死在他州는 蓋爲齦掀唇儇니라 註云死於他鄉者는 多爲齒齦이
사 재 타 주　　개 위 은 흔 순 표　　　주 운 사 어 타 향 자　　다 위 치 은

掀露하고 口脣이 薄儇也라
흔로　　　구순　박표야

形神이 不蘊하면 貧夭兩全하고 註云若形有餘而神不足하고
형신　불온　　빈요양전　　주운약형유여이신부족

惑神有餘而形不足을 皆曰 不蘊이니 如此之人은 不貧則夭니라
혹신유여이형부족　개왈 불온　　여차지인　불빈즉요

觔骨이 不藏하면 懦愚雙得이니라 註云觔中에 顯骨하고 骨生
근골　부장　　나우쌍득　　주운근중　현골　　골생

露觔하야 俱露而不成者는 不懦弱則愚魯矣라
로근　　구로이불성자　불나약즉우노의

眼光이 嘴薄하면 人이 執拗不良하고 註云目露神光하고 嘴薄
안광　취박　　인　집요불량　　주운목로신광　취박

脣趫하야 兼此三者면 不良村强之徒也라
순교　　겸차삼자　불량촌강지도야

齒齧頭搖하면 其性이 奸貪無比니라 註云咬牙作聲曰 齒齧이
치설두요　　기성　간탐무비　　주운교아작성왈 치설

오 恨而擺首曰 搖頭니 咬齒而搖頭는 毒狼之相也라
　한이파수왈 요두　교치이요두　독랑지상야

其人이 必多奸貪이라 前所遺一聯을 附解於此하노라
기인　필다간탐　　전소유일연　부해어차

得意中에 面容이 悽慘하면 先富後貧하고 註云利名得意之中
득의중　면용　처참　　선부후빈　　주운이명득의지중

에 宜喜悅而 面容이 悽愴者는 雖富而後貧이라
　의희열이 면용　처창자　수부이후빈

遭窘處에 顔貌溫和하면 早窮晚發이니라 註云若處困窮之間
조군처　안모온화　조궁만발　　주운약처곤궁지간

하야 不憂愁而反溫和者는 必量寬이니 終必發이라
　불우수이반온화자　필량관　종필발

- 살갗이 껄끄럽고 빛이 없는듯하면 끝내 편안히 즐기지 못하니라. 말씀에 의하면 피부가 매우 까칠하고 또 윤택한 빛이 없으면 주로 매운 고생을 하니라 하셨다.

- 좋지 못한 부인의 열 가지 미운 점은 모두 붉은 눈의 노란 눈동자라고 말을 한다.

말씀에 의하면 열 가지 미운 점을 지니고 나쁜 죄를 지은 사람은 거의 붉은 실핏줄이 둘러있는 눈이고 눈동자는 노란 것으로 검지 않다고 하셨다.

- 다른 지방에서 죽는다는 것은 덮혀 있어야 하는 잇몸이 치켜 덜린 입술로 인하여 드러나면 성질이 경박하고 사납기 때문이다. 말씀에 의하면 타향에서 죽는 사람은 거의 치켜 덜린 입술로 인하여 잇몸이 드러나 있으며 또 입술이 얇으면 거칠고 사납다고 하셨다.

- 모양과 신 을 함께 간직하지 못하면 가난하고 수명도 짧다. 말씀에 의하면 만약 모양에 여유가 있고 신 이 부족하던지 혹 신 이 있고 모양에 여유가 부족한 것은 모두 함께 간직하지 못한 것이라 말을 하므로 이러한 의미와 같은 사람은 가난하지 않으면 일찍 꺾이느니라 하셨다.

- 힘줄과 뼈가 감추어져 있지 못하면 나약하고 어리석은 두 가지가 함께 하고 있느니라.

말씀에 의하면 힘줄 가운데에 뼈가 드러나던지 뼈에 힘줄이 드러나던지 모두 드러나서 이루지 못하는 사람은 나약하지 않은 즉 우둔한 사람이라 하셨다.

- 눈빛이 매의 주둥이 길이처럼 짧게 닿으면 사람이 고집이 세고

끈질겨서 선량하지 못하고 말씀에 의하면 드러난 눈에서 빛이 나오고 매의 주둥이 같이 튀어나온 입술과 날렵하고 재빠른 몸 이 세 가지를 함께 지니고 있는 사람이면 선량하지 못한 야비하고 억센 무리라 하셨다.

－ 이를 갈고 머리를 흔들면 그 성질이 간사하고 지나친 욕심을 견줄 데 없다. 말씀에 의하면 아래위 어금니는 맞물고 그 외 아래 위 잇빨이 맞닿아 흔들때 나오는 소리를 치설(이를 가는 행위)이라 말을 하며 미워하고 원망하며 머리를 흔드는 뜻으로 파수=요두(擺首=搖頭)가 같은 의미이니 치아를 갈고 머리를 흔들면 낭독지상으로서 독하고 사나운 이리의 상이다.

그런 사람은 반드시 매우 간사하고 법을 어기며 탐한다.

앞에 있는 내용에 더하여 하나를 더 이어 붙여 이렇게 하노라.

－ 뜻대로 되어 만족하는 가운데 얼굴 모습이 슬프고 참혹하면 먼저는 넉넉하여도 나중은 가난하고 말씀에 의하면 재물의 이익과 명예를 얻으며 뜻대로 되어 만족하는 가운데의 얼굴 모습은 기쁘고 즐거운 모양이 마땅한데 그러하지 못하고 마음이 몹시 오싹하도록 차가운 사람은 비록 지금은 부자이나 나중은 가난하게 된다고 하셨다.

－ 어렵고 구차스런 장소를 만나더라도 얼굴 모양이 따뜻하고 평화로우면 먼저는 궁하게 가난하지만 늦게라도 일어나니라. 말씀에 의하면 만약 곤란하고 궁한 처지에 놓인 사이에도 근심과 걱정을 하지 않고 반대로 따뜻하고 화애로운 사람은 반드시 관대한 도량을 지닌 사람이니 마침내 틀림없이 일어날 것이라 하셨다.

金形이 得金局이면 逢土라야 可比陶朱오 註云若金形人이
금형　　　득금국　　　　봉토　　　　　가비도주　　주운약금형인

又得金形之正者는 固云金得金이니 剛毅深矣라
우득금형지정자　　고운금득금　　　　강의심의

兼得土局形氣則相生而主財富라 陶朱公은 范蠡也니 能致富
겸득토국형기즉상생이주재부　　도주공　　범려야　　능치부

豪라 自此以後는 論五行之形이니 今將五行相貌하야 總解於
호　　자차이후　　논오행지형　　　금장오행상모　　　　총해어

此하니 後之學者는 當熟記而詳察之니라 木形人은 宜脩長하야
차　　　후지학자　　당숙기이상찰지　　　목형인　　의수장

如木之直하고 色青氣秀라야 得其正也니 若腰偏而背小면 非
여목지직　　　색청기수　　　득기정야　　약요편이배소　　비

木之善이라 火形人은 渾厚上尖하야 如火之炎하고 色赤氣活
목지선　　　화형인　　혼후상첨　　　여화지염　　　색적기활

이라야 得其中也니 或衒露浮燥하면 熛灼之過故로 風鑑에
　　　　득기중야　　혹현로부조　　　표작지과고　　　풍감

云局露를 即曰火오 面深을 即曰土니 似有局露를 皆云火也라
운국로　　즉왈화　　면심　　즉왈토　　사유국로　　개운화야

水形人은 背腰厚圓하고 元氣靜하며 肉重而骨輕이 是其常也니
수형인　　배요후원　　　원기정　　　육중이골경　　시기상야

或觔緩肉流면 此謂枝不輔幹이라 則泛濫而無所守라 形同而
혹근완육류　　차위지불보간　　　즉범람이무소수　　　형동이

相悖也라 金形人은 方而正하고 骨堅而肉實하며 陰陽不欺하고
상패야　　금형인　　방이정　　　골견이육실　　　음양불기

色白而氣剛이라야 得其中矣니 或局促而欹側하고 骨少而肉
색백이기강　　　　득기중의　　혹국촉이의측　　　골소이육

多則柔弱而不堅剛하야 不得乎金之正也라
다즉유약이불견강　　　부득호금지정야

土形人은 面深하고 腰背露하며 形貌軒昻하고 肉輕骨重하며
토형인 면심 요배로 형모헌앙 육경골중

色黃氣瑩이라야 得其稱也니 或骨重肉薄하고 神昏無力하면
색황기형 득기칭야 혹골중육박 신혼무력

乃淹滯之土矣라 自金形得金局으로 至此는 皆論五行之形이라
내엄체지토의 자금형득금국 지차 개논오행지형

歸重於土하니 蓋五行之金木水火 - 無不待土以生者 故로 土
귀중어토 개오행지금목수화 무불대토이생자 고 토

寄旺於四季하니 所謂若兼形則擇其多者하야 卽爲土矣라
기왕어사계 소위약겸형즉택기다자 즉위토의

土局이 得土形하면 見火라야 有如王愷니라 註云若土形人이
토국 득토형 견화 유여왕개 주운약토형인

又得土形之正者는 固云土得土라 富財庫矣니 若又兼得火局
우득토형지정자 고운토득토 부재고의 약우겸득화국

形氣則相生하나니 亦主財富니라
형기즉상생 역주재부

金人이 火旺하면 財散如塵하고 火主金傷이라 錢消如雪이니
금인 화왕 재산여진 화주금상 전소여설

라 註云金形人이 得火局하면 火克金也오 木形人이 得金局
주운금형인 득화국 화극금야 목형인 득금국

하면 金克木也니 二者는 刑剋之相이라
금극목야 이자 형극지상

廣鑑에 云相剋相刑曰 鬼衰니 財錢消散이 不亦宜乎아
광감 운상극상형왈 귀쇠 재전소산 불역의호

火逢光彩하면 帶紅活而愈進家財하고 註云火形人이
화봉광채 대홍활이유진가재 주운화형인

得火局之中하면 固云火得火라
득화국지중 고운화득화

威武－大矣니 又得紅活之形色하면 乃火形純一이라 不爭不
위무　대의　우득홍활지형색　　내화형순일　　부쟁불

奪이니 貴之次也라
탈　　귀지차야

水逢黑肥하면 得圓厚而倍增福壽니라 註云水形人이 得水局
수봉흑비　　득원후이배증복수　　주운수형인　득수국

之稱하면 固云水得水라 文學貴矣니 又得圓厚之體貌하면 乃
지칭　　고운수득수　문학귀의　우득원후지체모　　내

水形純一이라 不爭不奪이니 次貴之相이라 豈無福壽乎아
수형순일　　부쟁불탈　　차귀지상　　기무복수호

火人이 帶木하면 必定榮超하고 註云若上小下濶하고 聲音이
화인　대목　　필정영초　　주운약상소하활　　성음

焦烈하며 初年稍富者는 火形人也니 若身形이 淸秀하고 瘦直
초열　　초년초부자　화형인야　약신형　청수　　수직

而露骨者는 帶木局也니 木能生火라 榮超之相也니라
이로골자　대목국야　목능생화　영초지상

水局이 得金하면 終須快暢이니라 註云形貌－肥圓背負者는
수국　득금　　종수쾌창　　주운형모　비원배부자

固水形人也니 若骨兼方正하고 色白而氣剛者는 得金局也니
고수형인야　약골겸방정　　색백이기강자　득금국야

金能生水라 主一生發達而不阻滯니라
금능생수　주일생발달이불조체

土逢乙木하면 帶潤澤이라야 亦可疏通이오 註云土形得木이
토봉을목　　대윤택　　역가소통　　주운토형득목

면 固相剋而非吉矣나 若土多木少하고 氣色이 潤澤하면 亦有
　고상극이비길의　약토다목소　기색　윤택　　역유

疏通之相也라
소통지상야

木逢微金하면 必斷削이라야 方成器用이니라 註云木形得金
목 봉 미 금　　　필 착 삭　　　　방 성 기 용　　　주 운 목 형 득 금

이 固相剋而非吉矣나 若木多金少하고 形貌 － 軒昂하면 必斷
　고 상 극 이 비 길 의　　약 목 다 금 소　　　형 모　 헌 앙　　　필 착

削而後에 成材器也니라
삭 이 후　　성 재 기 야

水逢厚火하면 以破資財하고 火得微金하면 卒難進益이니라
수 봉 후 화　　　이 파 자 재　　　화 득 미 금　　　졸 난 진 익

註云土旣得剋水라 又土多而水少면 破財無疑오 火旣剋金이라
주 운 토 기 득 극 수　　우 토 다 이 수 소　　파 재 무 의　　화 기 극 금

又火重而金微면 進益實難이라
우 화 중 이 금 미　　진 익 실 난

當看氣色之往來하고 兼觀紋痣之吉凶하며 更審運限之長短
당 간 기 색 지 왕 래　　　겸 관 문 지 지 길 흉　　　갱 심 운 한 지 장 단

하라 註云此三者 與前五行生剋으로 常參而觀之則吉凶이 無
　　주 운 차 삼 자　여 전 오 행 생 극　　상 참 이 관 지 즉 길 흉　　무

遺矣라
유 의

額爲火宿니 管前三十載之榮枯하고 註云額主初限이니 若豊
액 위 화 수　　관 전 삼 십 재 지 영 고　　주 운 액 주 초 한　　약 풍

正隆厚則吉하고 尖削斷凹則凶이라
정 융 후 즉 길　　첨 삭 단 요 즉 흉

鼻乃財星이라 驗中五六年之休咎니라 註云鼻乃財星이라 主
비 내 재 성　　험 중 오 육 년 지 휴 구　　　주 운 비 내 재 성　　주

中限三十年하니 鼻若豊隆高聳則 坐享富貴하고 鼻尖削低陷
중 한 삼 십 년　　비 약 풍 룡 고 용 즉　좌 향 부 귀　　　비 첨 삭 저 함

則破敗하나니 貧賤而休咎를 從可知也니라
즉 파 패　　　빈 천 이 휴 구　　종 가 지 야

承漿地閣은 管盡末年이오 註云 承漿至地閣은 主末限하니
승장지각 관진말년 주운 승장지지각 주말한

若豊厚朝拱者는 吉하고 削尖短少하면 凶이라
약풍후조공자 길 삭첨단소 흉

髮際印堂은 周維百歲니라 註云髮際至印堂은 主一生貴賤이라
발제인당 주유백세 주운발제지인당 주일생귀천

平生造化는 當首取于四强이오 註云 乃子午卯酉는 卽額頰兩
평생조화 당수취우사강 주운 내자오묘유 즉액해양

顴後 是也니 宜豊隆廣厚라 四强이 不宜尖削破陷이니 人生
관후 시야 의풍륭광후 사강 불의첨삭파함 인생

造化는 先觀此四者니라
조화 선관차사자

人世玄機는 須先觀夫三主니라 註云三主는 卽初中末三限이
인세현기 수선관부삼주 주운삼주 즉초중말삼한

是也니 成和子篇에 分五行之形하야 爲三限하니 甚詳이라
시야 성화자편 분오행지형 위삼한 심상

氣色이 明潤하면 爲快順이오 限步ㅡ 崎嶇하면 亦多蹇剝이라
기색 명윤 위쾌순 한보 기구 역다건박

註云 五行幷三限之步運이 若缺陷이면 亦多否難이라
주운 오행병삼한지보운 약결함 역다부난

頭尖額窄하면 固不可以求官이오 色慘神枯하면 兼此何由發
두첨액착 고불가이구관 색참신고 겸차하유발

跡이리오 眼光如鼠면 偸盜之徒오 睛窺若獐하면 橫亡之漢이며
적 안광여서 투도지도 정찬약장 횡망지한

睛凸如蜂目하면 亦註刑傷이오 口匾如鮎魚면 終須困乏이니라
청철여봉목 역주형상 구편여점어 종수곤핍

以上言前五行之形이니 有此體貌면 亦主貧賤孤夭니라
이상언전오행지형 수차체모 역주빈천고요

爲僧者는 頭圓하면 必貴하고 作道者는 貌淸이라야 可榮이
위승자 두원 필귀 작도자 모청 가영

니라 註云自此로 至細辯根基 各求其妙는 皆論僧道니라
주운자차 지세변근기 명구기묘 개론승도

頂突頭圓하면 必住名境하고 註云 頭圓而頂骨高突하고 額潤
정돌두원 필주명경 주운 두원이정골고돌 액활

而上下方正하면 爲僧者 - 必主都網也라
이상하방정 위승자 필주도망야

神淸骨秀면 須加師號니라 註云 眼神이 淸如嚴電하고 骨格이
신청골수 수가사호 주운 안신 청여엄전 골격

秀若龜鶴하면 爲道者必稱師號니라
수약구학 위도자필칭사호

重頤碧眼은 富貴高僧이오 註云 重頤는 主富하고 碧眼은 主
중이벽안 부귀고승 주운 중이 주부 벽안 주

性慧라 廣額秀眉는 文章道士니라 註云 額潤而眉秀者는 文章
성혜 광액수미 문장도사 주운 액활이미수자 문장

之相也라
지상야

耳白過面하면 善世之封이오 顴聳印平하면 天師之爵이라
이백과면 선세지봉 관용인평 천사지작

註云 爲僧者 - 耳白于面하면 必封善世之官이오 爲道者 - 顴
주운 위승자 이백우면 필봉선세지관 위도자 관

與印平하면 必得天師之職이라
여인평 필득천사지직

形貌局促하면 庸俗之徒오 聲骨澄淸하면 富貴之輩니라 註云
형모국촉 용속지도 성골징청 부귀지배 주운

凡僧道 形貌匾淺者는 俗魯하고 聲骨이 淸秀者는 富貴니라
범승도 형모편천자 속노 성골 청수자 부귀

骨粗形俗하면 其人은 老困山林하고 註云 若骨格이 粗露하고
골 조 형 속　　　기 인　　노 곤 산 림　　주 운　약 골 격　　조 로

形貌　塵俗者는 終老山林之相也라
형 모　진 속 자　종 노 산 림 지 상 야

　– 금(金)형이 금국(金局)(얼굴 몸 사지 음성 등 신체를 이룬 구조가 모두 금
형일 때)을 이루면 토(土)를 만나야 도주에 비길수 있다.

　* 범 여의 별칭 – 중국 춘추시대 월나라의 재상, 뒤에 제나라에서 크게 치부하여
소위 도주공의 부를 쌓음. 즉 부의 크기의 상징적 존재에 비길 수 있습니다.

　말씀에 의하면 만약 금(金)형인이 또 반듯한 금(金)형을 이룬 사람은
본래부터 금(金)에 금(金)을 얻었으니 강직하여 굴하지 않음을 감추고
있느니라.

　겸하여 전체적으로 토(土)형의 기운을 얻은 즉 상생(土生金)이 되어
주로 재물의 부자이다. 도주공은 바로 범 여이다. 능력이 있어서 가
득한 많은 재물과 권세를 함께 누렸다고 하셨다.

　– 이 내용으로부터 시작한 다음은 오행의 모양을 말할 것이니 이
에 원하건대 오행의 모양을 보아 모양이 의미하는 내용들을 모두 합
쳐서 풀어야하니 후에 배우는 사람들은 마땅히 익히고 적어서 자세
히 살필 것이니라.

　– 목(木)형인은 마르고 길어야 마땅하며 곧게 뻗은 나무와 같아야
하고 푸른색의 기운이 빼어나야 반듯한 목(木)형의 기운을 얻은 것이
다. 만약 허리가 한쪽으로 치우치거나 등이 좁으면 잘생긴 나무가 아
니다.

　– 화(火)형인은 화애로운 기운과 두터운 인정이 있어야 한다. 윗부

분이 뾰족하여 타오르는 불과 같아야 하고 붉은 색의 기운에 생기가 있어야 맞는 화(火)형을 얻었으니 혹 자신을 자랑하고 어떤 사물이나 경우를 맞이 하였을때 성정이 마르고 떠있으면 심하게 불똥을 튀기며 타들어가는 것인고로 풍감에 말하길 전체적으로 모두 드러나 있는 것인 즉 불이라 말하였다. 두꺼운 얼굴인 즉 토(土)성이 많다고 말하니 비슷하면서 전체의 부위가 드러나 있는 것들 모두 화형(火形)이라 말한다.

　* 화형인의 특징은 열려있는 모양입니다. - 눈이 나오고 콧구멍은 덜려있고 귀는 뒤집어지고 입도 나오며 이마 부분이 뾰족하다고 합니다.

　- 수(水)형인은 등과 허리가 두텁고 둥글고 오행 중에서 으뜸으로 기운이 고요하여야 하며 살비듬은 두껍고 뼈는 가볍게 그렇게 되어 있어야 보통 맞으니 혹 힘줄이 늘어져 살비듬을 흐르면 이것은 줄기를 돕지 않는 가지라 이른다.

　즉 뜨고 넘쳐서는 도리를 지킬 수 없는 것이다.

　하나로 합하여야 하는 모양이 이러하면 어그러진 상이 되어버리는 것이다.

　- 금(金)형인은 모가 난 듯 단정하고 뼈가 굳고 살비듬이 튼튼하며 음양(뼈와 살비듬)이 서로 업신여기지 않고 피부색이 희고 기가 굳세어야 맞게 이루어졌다고 하니 혹 전체적인 흐름이 빠르거나 한쪽으로 기울거나 뼈가 적고 살비듬이 너무 많아 매우 부드럽고 약하여 성질이 굳세고 단단하지 못하면 반듯한 금이 이루어지지 않았다고 말한다.

　- 토(土)형인은 얼굴이 두껍고 허리 등이 드러나며 생긴 모양이 의기가 양양하고 살비듬이 가볍고 뼈가 무거우며 누런색 황기가 빛나

야 이루어 졌다고 일컬으니 혹 뼈는 무거운데 살비듬이 얇고 신 이
흐리고 힘이 없으면 곧 막히고 정체된 흙이 된다.

　－ 스스로 타고난 금(金)형이 전체적인 금국(金局)을 얻어 이루어졌다
고 하는 이러한 것은 모두 오행의 모양을 적용하여 말을 하는 것이다.

　*전체적으로 어떤 오행의 국을 이루었다는 것은 곧 금형의 얼굴에 금형의 몸 그
리고 금형의 손 금형의 음성 외 피부색 등등 소유하고 있는 모든 인소를 금형으로
갖추었을 때 금국을 이루었다고 말을 하며 다른 오행 또한 마찬가지인 것입니다.

　특히 중요한 내용을 좇아가보면 토(土)이니 오행(五行)의 금 목 수 화
(金 木 水 火)가 토(土)에 기대지 않고 살 수 없는 고로 사계절도 왕한 흙
에 의존하고 있으니 이른바 만약 겸한 모양인 즉 가려내면 제일 많은
것이 토(土)형이 된다.

　*사람은 흙에서 나와 흙으로 돌아가고 살아가는 삶을 지탱하게 하는 것 또한 흙
이 됩니다. 명리학에서 토의 기운이 중재하는 가운데 사계절이 분명하게 이루어지는
것 또한 토의 덕이라 할 수 있으니 이렇듯 삼라만상이 흙에 의존하여 유지되고 있으
므로 사람의 오행형 가운데서도 토형인이 제일 많다는 것입니다.

　－ 토(土)형이 전체적인 토국(土局)을 이루면 화(火)를 만나야 왕과 같
은 기개를 소유하고 있는 것이니라. 말씀에 의하면 만약 토(土)형인이
또 토(土)를 얻어서 반듯한 사람은 예부터 토(土)가 토(土)를 얻었다고
말하고 넉넉한 재물이 창고에 가득 차며 만약 또 전체적으로 화국을
이룬 겉모양과 기운을 겸하였다면 화생토(火生土)로 서로 도와주니 역
시 주로 재물이 넉넉한 부자라 하셨다.

　－ 금(金)형의 사람이 화(火)의 기운이 왕성하면 재물이 먼지와 같이
흩어지는 것은 화(火)는 주로 금(金)을 다치게 하므로 돈이 눈처럼 사

라져 가는 것이니라.

말씀에 의하면 금(金)형인이 전체적인 화(火)국을 이루면 화극금(火剋金)으로서 화(火)가 금(金)을 이기게 된다고 하셨다.

- 목(木)형의 사람이 전체적인 금(金)국을 이루면 금극목(金剋木)으로서 금(金)이 목(木)을 이기게 된다.

이 두 개는 서로 극하는 모양의 상이다.

광감에 이르길 서로 이기려 하고 서로 벌 주려하는 모양을 가로대 돈이나 재물이 흩어져 사라지는 것이 귀신이 사라지는 것과 같으니 역시 마땅하지 못하다고 하셨다.

* 명리학에서 말하는 극의 원리에 바탕을 둡니다. 금극목(金剋木), 목극토(木剋土), 토극수(土剋水), 수극화(水剋火), 화극금(火剋金).

- 빛이 나는 화(火)를 만나 살아있는 붉은 기운을 띠면 집안의 재물이 점점 나아지고 말씀에 의하면 화(火)형의 사람이 전체적으로 화(火)국을 이루어 치우치지 않으면 예부터 화(火)형에 화(火)의 기운을 얻었다는 것은 위엄있는 무인으로 크게 된다고 말하였으니 또 살아있는 붉은 기운의 형상과 빛깔이 이루어지면 곧 순수하게 하나로 된 화(火)형인이므로 다투지 않고 빼앗지 않아도 이기니 이어서 존경받는 자리에 도달할 것이라 하셨다.

- 살찌고 검은 기운을 만난 수(水)형인이 둥글고 두터우면 복록과 수명이 배로 더하여지니라. 말씀에 의하면 수(水)형인이 전체적으로 수(水)국으로 이루어져 어울리면 예부터 물이 물을 얻은 것이라 하여 문학으로 귀해진다고 하셨다.

또 둥글고 두터운 신체의 모양을 이루고 있으면 곧 순수하게 하나로 된 수(水)형인이다.

다투지 않고 빼앗지 않으니 이어서 존경받고 귀한 사람이 되는 상이라, 어찌 복록과 수명이 없겠는가.

- 화(火)형인이 목(木)기운을 띠면 반드시 높이 올라 영화롭게 되고 말씀에 의하면 위가 좁고 아래가 넓으며 음성이 타들어가듯 찢어지는 소리로 초년의 작은 부자는 화(火)형인이며 만약 몸의 모양이 빼어나게 맑고 파리하게 곧고 뼈가 드러나는 사람은 전체적으로 목(木)국을 띠고 있는 것이니 나무는 능히 불을 일으키므로 높게 뛰어나는 상이라 하셨다.

- 수(水)국이 금(金)성을 얻으면 모름지기 끝까지 상쾌하게 통달한다. 말씀에 의하면 겉모습이 둥글게 살찌고 등은 짐을 진 것처럼 생긴 사람이 수(水)형인의 본래 모습이니 만약 겸하여 골격이 모가 난 듯 방(方)하게 단정하고 색깔이 하얗고 기가 강한 사람은 전체적으로 금(金)국을 이루었으니 금(金)은 능히 수(水)를 일으킨다. 주로 일생동안 발달하고 막혀서 시달리는 일이 없느니라 하셨다.

- 토(土)가 을목(乙木, 약한 목기운)을 만나면 윤택함을 띠어야 역시 막히지 않고 통할 수 있다. 말씀에 의하면 토(土)형이 목(木)의 기운을 얻으면 원래 나무는 흙을 이기려고 하는 상이라서 좋지 않으나 만약 많은 토(土)의 기운에 목(木)의 기운이 조금 있고 기색이 윤택하면 역시 트이어 통하는 소통지상이라 하셨다.

- 목(木)형이 약한 금(金)의 기운을 만나면 틀림없이 쪼개고 깎아내서 모양 있는 그릇으로 만들어져 쓸 수 있느니라. 말씀에 의하면 금(金)의 기운을 얻은 목(木)형은 원래 서로

이기려 금극목(金剋木)하는 좋지 않는 기운이나 만약 많은 목(木) 기운에 적은 금(金) 기운을 소유한 의기가 양양한 모습이면 틀림없이 쪼개지고 깎여져 나중에는 재능있고 도량이 넓은 사람으로 이루어진다.

– 수(水)형이 무거운 화(火)의 기운을 만나면 의지할 재물이 깨어지고 화(火)형이 적은 금(金)의 기운을 얻으면 어려움이 갑자기 유익하게 나아간다.

말씀에 의하면 토(土)는 이미 수(水)를 이기도록 이루어졌다. 또 많은 토(土)의 기운에 수(土)가 적으면 의심 없이 재물이 깨어진다.

– 화(火)는 이미 금(金)을 이겼다. 또 화(火)의 기운이 무거운데 많지 않은 금(金) 기운이 있으면 유익하게 나아가 열매 맺기 어렵다.

– 마땅히 가고 오는 기색을 살펴야 하고 겸하여 주름이나 사마귀(점)의 좋고 나쁨을 자세히 살펴보아야 하며 또 운의 길고 짧은 한계를 세밀히 살펴야 한다.

말씀에 의하면 이 세 가지는 앞에서 살펴본 오행의 상생 상극작용과 더불어 상을 헤아리고 자세히 살피는 것인 즉 길 흉에서 빠뜨릴 수 없다고 하셨다.

– 이마는 화(火)가 머무는 곳이니 삼 십세 전의 성함과 쇠함을 다스리며 말씀에 의하면 이마는 주로 초년을 한계 지으니 만약 반듯하고 넉넉하게 솟아 두터운 즉 길하고 뾰족하게 깎이고 베이고 요(凹)자처럼 꺼지면 흉한 것이라 하셨다.

– 코는 곧 재물의 별이다. 징험을 해본 가운데 삼십년의 좋고 나쁨이 있었느니라.

말씀에 의하면 코는 곧 재물의 별로서 주로 중년 삼십년을 한계 지으니 코가 만약 넉넉하고 풍성하게 높이 솟은 즉 앉아서 부귀를 누리고 코가 뾰족하게 깎이거나 낮게 꺼진 즉 패하고 깨어지나니 가난하고 천함과 좋고 나쁨을 따라서 알 수 있느니라 하셨다.

– 승장과 지각은 말년 끝까지 맡아서 다스린다. 말씀에 의하면 승장과 지각은 주로 말년을 한계 지으니 만약 넉넉하고 두터워 서로 도우는 사람은 좋고 깎여서 뾰족하고 짧고 좁으면 좋지 못하다고 하셨다.

– 발제(머리카락이 나기 시작하는 부분)와 인당은 백세까지 두루 도는 나이와 맺어져 있다. 말씀에 의하면 발제에서 인당 까지는 주로 일생의 귀천이 매겨져 있다.

평생 이어지는 대자연의 이치는 머리가 크면 마땅히 사강을 취한 것이다.

말씀에 의하면 자 오 묘 유 (子 午 卯 酉)는 즉 이마 턱 양쪽 관골 뒤가 되니 마땅히 넉넉하게 풍성하고 넓고 두터워야 한다. 이마 턱 양쪽 관골이 뾰족하고 깎이고 깨어지고 꺼지면 마땅하지 못하니 인생의 변화하는 이치를 먼저 자세히 살펴야 하는 것 네 가지이다.

– 인간 세상의 심오한 도리는 모름지기 먼저 자세히 살펴야 하는 것이 무릇 삼주이다. 말씀에 의하면 삼주란 것은 즉 초 중 말년을 한계 짓는 것이라 함이 옳을 것이니 성화자 편에 오행의 모양을 나누어 세 개를 한계 지으니 매우 세밀하게 살펴야 할 것이라 하셨다.

– 기색이 밝고 윤택하면 원래부터 명쾌하게 순리적인 사람이 될 것이요 미루어 헤아린다는 것은 삐뚤게 기울면 역시 매우 절름거리

고 깎인 것이다. 말씀에 의하면 오행을 아우르고 한계를 지어 나눈 삼주(삼정)에서 나아가는 명운에 이지러지거나 꺼지면 역시 매우 막히고 어렵다.

* 유년 운을 매겨놓은 나이의 부분이 기울거나 이지러지거나 꺼져 있으면 해당하는 나이에서 매우 어렵고 좋지 못하다는 것입니다.

― 머리가 뾰족하거나 이마가 좁으면 원래 벼슬을 구하는 것이 가능하지 못하다.

신 이 말라서 색깔이 근심이 어린 듯 수척하고 어두우면 일어나야 하는 자취의 까닭을 어찌 아우를 수 있겠는가.

― 눈이 쥐의 눈처럼 빛이 나면 훔치는 도적의 무리요 만약 노루의 머리에 쥐의 눈동자라면 뒤엉켜 망하는 사나이이며 벌 눈에 눈동자가 튀어나오면 역시 주로 벌 받고 다칠 것이요 입이 얇은 메기입이면 마침내 모름지기 어렵고 가난하여 지니라.

이상 앞에서 말한 오행의 모양에 이러한 모습을 소유하였으면 역시 주로 가난하고 신분이 낮으며 외롭고 일찍 꺾이느니라.

― 승녀가 되는 사람이 머리가 둥글면 반듯이 귀하고 도를 닦는 사람은 맑은 모습이라야 번영할 수 있다. 말씀에 의하면 이러한 모습으로부터 지극히 세밀하게 말을 잘하는 근본적인 토대까지 제 각각 구한 묘한 이치가 모두 승도에 대한 것이니라 하였다.

― 머리가 둥글고 정수리가 뾰족하면 틀림없이 살고 있는 지역에서 이름이 있다.

말씀에 의하면 머리가 둥글고 정수리의 뼈가 높이 돌출되고 이마가 넓고 아래 위가 단정하게 모가 난듯 방(方)하면 승녀가 된 사람은 반드시 살고 있는 지역에서 위세가 세어 자신이 법과 같다고 하셨다.

－ 정신이 맑고 골격이 빼어나면 모름지기 스승이라 불러줌이 가할 것이니라.

말씀에 의하면 눈 빛이 맑으며 하는 몸짓이 정숙하고 엄숙하고 골격이 빼어나 거북이와 학과 같다면 가리키게 되어 틀림없이 스승이라 불리어지느니라 하셨다.

－ 푸른 눈에 턱이 두터우면 귀하고 넉넉한 학문이 높은 승녀이다.

말씀에 의하면 두터운 턱은 넉넉함을 주장하고 푸른 눈은 주로 지혜로운 성품을 나타내는 것이니라 하셨다.

－ 넓은 이마와 빼어난 눈썹은 수행하는 선비로서 뛰어난 문장가이다.

말씀에 의하면 이마가 넓고 눈썹이 빼어난 사람은 문장지상으로서 문장가의 상이라 하셨다.

－ 귀가 얼굴보다 희면 착하게 살아온 삶의 작위를 받는다. 관골이 솟고 인당이 고르게 평평하면 반드시 황제 스승의 작위를 받으리라. 말씀에 의하면 승녀의 귀가 얼굴보다 하야면 반드시 좋은 세상을 다스리는 관직을 받을 것이요.

도를 닦는 사람이 관골과 인당이 함께 고르고 평평하면 틀림없이 황제 스승의 직분을 맡게 된다고 하셨다.

 * 불가의 승녀 － 그때는 작위가 주어져 벼슬을 하는 승녀가 될 수 있었다는 것입니다.

－ 겉모습의 생김새가 오종종하여 급하고 빠르면 평범한 속된 무리에 속하고 음성이 깨끗하게 맑으면 넉넉한 부자의 무리에 속하니라.

말씀에 의하면 무릇 승도가 겉모습이 마르고 얇으면 미련하고 속

되고 음성이 맑고 빼어난 사람은 넉넉하고 귀하다고 하셨다.

- 골격이 거칠고 속된 모양이면 그 사람은 늙도록 산림에 묻혀 곤란하게 살아가고 말씀에 의하면 골격의 겉모습이 거칠게 드러난 세상 속의 보통사람과 같은 승녀는 마침내 늙도록 산골에 묻혀 힘들게 살아가는 상이라 하셨다.

貌異神殊면 此輩 遠超雲路니라 註云形貌秀異者는 脩行到人
모 이 신 수　　　차 배 원 초 운 로　　　　주 운 형 모 수 이 자　　수 행 도 인

不到處니라
불 도 처

腹背-豊滿하면 衣鉢이 有餘하고 鼻準이 直齊면 富貴自足이
복 배 　풍 만　　　　의 발　　유 여　　　비 준　　　직 제　　　부 귀 자 족

니라 註云腹背豊滿하고 鼻頭準이 直齊는 皆富相也니 僧道도
　　　주 운 복 배 풍 만　　　　비 두 준　　직 제　　　개 부 상 야　　　승 도

亦然이라
역 연

眉疎目秀면 定近貴而得財하고 註云眉目疎秀면 固常人이라도
미 소 목 수　　정 근 귀 이 득 재　　　　주 운 미 목 소 수　　　고 상 인

近貴得財之相이니 僧道도 亦然이라
근 귀 득 재 지 상　　　승 도　　　역 연

額廣頤豊하면 須居官而食祿이라 註云 天地朝拱하면 固常人
액 광 이 풍　　　수 거 관 이 식 록　　　주 운 　천 지 조 공　　　고 상 인

이라도 官祿之形이니 在僧道도 亦猶是也라
　　　관 록 지 형　　　재 승 도　　　역 유 시 야

鬚髮이 濃重合道貌라도 聲響이라야 始榮하고 註云 鬚髮이
수 발　　　농 중 합 도 모　　　성 향　　　시 영　　　주 운 　수 발

濃重奇異하야 旣爲道貌하고 更若聲音이 響亮이면 早見榮貴
니라 眉目이 平直入僧相이라도 骨淸이라야 方貴니라

註云 眉平而秀하고 目直而朗하야 旣爲僧相하고 更若骨法이
淸古하면 方是尊貴之相이라

視瞻이 不正하면 必定好淫하고 擧止 多輕하면 須知貧賤이
니라 註云若偸竊視而 不正者는 其心이 必淫하나니 僧道는
更甚焉이라

眼若桃花光焰하면 但圖酒色歡娛오 註云 眼神光이 蕩若桃花
色者는 奸心內蒙之相이오 酒色狂淫之徒矣니 僧道는 可知矣라

面如灰土塵曚하면 定主家財破散이니라 註云面貌如灰土하고
氣色이 又若塵曚者는 貧厄之相이 在僧道하야도 亦主破敗疾
厄이라

― 모습과 달리 정신이 남다른 이러한 무리는 심오하게 뛰어나 높
은 지위를 얻어 다스린다.

말씀에 의하면 겉모습이 특이하게 빼어난 사람은 힘써 행하여 이르고자 하는 사람으로서 가는 곳마다 드문 사람이라 하셨다.

− 배와 등이 풍만하면 옷과 음식이 여유 있게 넉넉하고 코끝이 곧고 가지런하면 자연적으로 충족되는 넉넉하고 귀한 사람이다. 말씀에 의하면 배와 등이 풍만하고 콧대가 곧고 가지런하면 모두 넉넉한 부자의 상이니 도를 닦는 승녀도 마찬가지라 하셨다.

− 눈썹이 성기고 눈이 빼어나면 재물을 얻으며 귀(貴) 가까이서 누릴 수 있도록 예정되어 있고 말씀에 의하면 눈썹과 눈이 성기고 빼어나면 원래는 보통 사람이라도 재물을 얻고 귀(貴)가 멀리 있지 않으니 승도도 역시 마찬가지라 하셨다.

− 이마가 넓고 턱이 넉넉하면 모름지기 벼슬을 하고 식록이 있는 것이다.

* 벼슬을 살아 먹고 사는 사람이다. − 요즘은 직업의 종류가 많으므로 직장이 있는 사람으로 해석하는 것이 마땅할 것입니다.

말씀에 의하면 하늘(이마)과 땅(턱)이 서로 받들어 도우면 원래는 보통 사람이라도 관록지형으로서 벼슬을 살아 녹봉을 받아 먹고사는 모양이니 수행하는 승도 까지도 역시 그러하다고 하셨다.

− 도를 닦는 모습이 수염과 털이 많아 짙은 모습이라도 음성에 울림이 있다면 비로소 번영하고 말씀에 의하면 수염과 털이 많고 짙어서 보통과 달리 모습이 기이하여 이미 도를 얻은 모습과 같고 또 음성까지 좋게 울리면 일찍 영화로운 귀(貴)를 만나서 누릴 것이라 하셨다.

− 눈썹과 눈이 평평하고 곧아서 승녀가 될 상이라도 골격이 맑아야 바야흐로 귀를 소유할 것이다. 말씀에 의하면 눈썹이 고르게 빼어

나고 눈은 기울지 않고 또랑또랑하면 이미 승녀의 상이 되고 또 골격이 원래부터 맑으면 존귀지상으로서 사방으로 존경받게 될 것이라 하셨다.

- 바라보는 것이 반듯하지 않으면 틀림없이 음란한 것을 좋아하고 움직이는 동작이 많고 가벼우면 모름지기 가난하고 신분이 낮은 것을 알아야 한다.

말씀에 의하면 만약 훔쳐보듯이 반듯하지 않은 사람은 그 마음이 틀림없이 음란하나니 도를 닦는 승녀는 진실로 개선해야 하는 것이라 하셨다.

- 눈이 만약 도화의 불꽃을 댕기듯 하면 오로지 술과 여자 오락을 즐기는 그림인 것이다. 말씀에 의하면 눈빛이 쓰러질 것 같은 도화색이라는 것은 꿈속에서도 범하는 마음을 가진 상으로 술과 여자로 미친것 같은 음란한 무리이니 수행하는 승녀는 알 수 있다고 하셨다.

- 얼굴이 타고 남은 재와 같은 때가 끼어 어두우면 주로 가정의 재물을 깨뜨리고 흩뜨리게 되어 있느니라. 말씀에 의하면 얼굴 모양이 타고 남은 재와 같고 그 색이 또 먼지와 같은 때가 어둡게 끼어있는 사람은 가난한 액운의 상이라 하셨다.

승녀가 되어 도를 닦고 있어도 역시 주로 질병의 액으로 패하고 깨어진다.

若論限運이면　與俗一同하니　細辯根基하야　各求其妙하라
약 논 한 운　　여 속 일 동　　세 변 근 기　　각 구 기 묘

註云 相中限運은 僧道與俗人이 則同하니 若部位骨法氣色은
주운 상중한운 승도여속인 즉동 약부위골법기색

以僧道俗人으로 基本論之則各求其妙也라
이승도속인 기본논지즉각구기묘야

人生富貴는 皆因前世脩行이오 士處貧窮은 皆因今生作惡이니
인생부귀 개인전세수행 사처빈궁 개인금생작악

未觀形貌하야 先相心田하라 註云 人之富貴貧賤이 固在於相
미관형모 선상심전 주운 인지부귀빈천 고재어상

貌氣色이나 然이나 作善降祥하고 作惡降殃하나니 而心田을
모기색 연 작선강상 작악강앙 이심전

又不可不知也라 故로 唐裴度自讚畫像에 云爾身不長하고 爾
우불가불지야 고 당배도자찬화상 운이신불장 이

貌不揚커늘 胡爲將, 胡爲相고 一片靈台에 丹靑莫狀이라하니
모불양 호위장 호위상 일편영대 단청막장

是知心也者는 乃相之大者也라!
시지심야자 내상지대자야

若問前程인데 先必觀乎氣局이오 欲求先兆면 次則辨其形容
약문전정 선필관호기국 욕구선조 차측변기형용

이니 先以五嶽으로 爲根基하고 後以氣色으로 定禍福하라
선이오악 위근기 후이기색 정화복

註云 言相人之法이 要先奉此四者則吉凶貴賤을 可知其槪矣라
주운 언상인지법 요선봉차사자즉길흉귀천 가지기개의

不爲前世陰功이라도 亦作來生道果니라 註云 學相者 - 窮通
불위전세음공 역작래생도과 주운 학상자 궁통

此理하야 其術이 有益於人이면 其報 - 已極於己하나니 豈待
차리 기술 유익어인 기보 이극어기 기대

來生哉아 志超雲外라야 相合天機니라 註云 麻衣言旣通出世
래생재 지초운외 상합천기 주운 마의언기통출세

之術하야 妙合天機之理면 眞乃神仙之術也哉인져
지술　　묘합천기지리　　진내신선지술야재

壽夭窮通이 莫逃相法하나니 富貴貧賤이 奚出此篇이리오
수요궁통　막도상법　　부귀빈천　혜출차편

智者得之면 自有神仙之見이니 註云 明智之士 – 能精此篇
지자득지　자유신선지견　　주운 명지지사　능정차편

하고 兼得師傳면 日就月將하야 自有神仙之見이라
　　겸득사전　일취월장　　자유신선지견

後之學者는 勿傳庸俗之徒하라 註云 風鑑之術이 千變萬化니
후지학자　물전용속지도　　주운 풍감지술　천변만화

窮通物理 豈夫俗子의 所能學哉아
궁통물리　기부속자　　소능학재

高山流水少知音하야 一片白雲在深處라 註云又謂此篇이 亦如
고산류수소지음　　일편백운재심처　　주운우위차편　역여

流水之操하야 知音者 鮮矣일세 久隱於華山石室白云深處
류수지조　　지음자　선의　　구은어화산석실백운심처

리니 今遇知音希夷 故로 默而授之也라
　　금우지음희이　고　　묵이수지야

悉精妙理하야 參透玄關하면 得之於心하야 應之於目이라 一
실정묘리　　참투현관　　득지어심　　응지어목　　일

覽無遺하리니 方知神異之不誣也리라 註云 苟能悉精此篇之妙
람무유　　방지신이지불무야　　주운 구능실정차편지묘

理하야 參透其中之玄關하야 了然於心目之間而無遺면 方知神
리　　참투기중지현관　　요연어심목지간이무유　　방지신

異賦之妙 – 信不誣矣니 後之學者는 當敬受此篇하고 不可易
이부지묘　신불무의　후지학자　당경수차편　　불가이

而忽之也니라
이홀지야

－ 이어서 운이 흐르는 한계를 말한다면 일반적으로 하는 말과 같으니 근본적인 바탕을 세밀하게 살펴서 분별하는 그 묘함에서 각각 구할 수 있으리라. 말씀에 의하면 상법 가운데 운이 흐르는 한계는 도를 닦는 승녀나 세속에서 사는 사람이나 같으니 골상을 보는 법이나 기색을 보는 기본에서 각 승녀나 속인 모두에게 같이 각각 구하고자 하는 것이 모이고 이루어지는 것이 묘하다고 하셨다.

－ 인생 부귀는 모두 전세(전생 － 불교에서 얘기하는 전생 현생 내생의 하나)의 힘써 닦은 행동에 있는 것이요 선비가 가난하고 궁색한 것은 금생에 잘하지 못하는 것이니 겉모습을 보기 전에 먼저 마음의 밭을 보아라.

말씀에 의하면 사람의 부귀빈천이 원래 겉모습과 기색에 자연적으로 나타나 있으나 착한 일을 하면 복이 내려오고 악한 일을 하면 재앙을 내려오게 하는 그 마음의 밭을 알지 못하면 불가하다고 하셨다.

그러므로 당나라때 배도는 자신의 초상화를 그리는 화가에게 자신을 뻐기며 말하길 그림의 그 몸은 길지 않고 모양을 잘 그리지 않거늘 어찌 하여 한 폭의 나의 모습을 아름답게 그리지 않고 어째서 그 모양인가라 하니 옳은 것을 아는 마음을 가진 사람이 곧 제일 잘난 사람입니다. 라 하였다.

－ 만약 앞으로 가야할 길을 묻는다면 반드시 먼저 살펴야 하는 것이 얼마만의 기를 소유하고 있고 또 소유할 수 있는 정신이라 말할 수 있을 것이요 먼저 무슨 일이 있는지 그 조짐을 알고자 한다면 다음으로 생긴 모양을 나누어 분별할 것이니 먼저 근본 바탕이 되는 오악을 보고 다음에 기색으로 재난과 복을 정리하여라.

말씀에 위하면 사람을 보는 방법을 말하면 먼저 중요하게 챙기는 것 즉 네 가지는 대개 길 흉 귀 천을 알고자 하는 것이라 하셨다.

- 전생에 숨은 공덕을 쌓지 않았더라도 역시 다음 생의 살아가는 결과가 된다.

말씀에 의하면 상을 배운다는 것은 궁하면 통하는 이치를 터득하여 그 펴나가는 학술이 유익하게 하는 사람이면 그 지극한 은혜가 이미 몸에 있으니 어찌 다음 생을 기다리겠는가.

* 상을 보아 말을 하는 사람의 길 흉은 다음 생까지 가지 않고 현재 살아가는 가운데 잘하는 것의 길과 못하는 것의 흉이 바로 바로 나타난다는 것입니다.

- 알고 기억하는 의미들이 구름 밖을 뛰어넘어야 상과 조화의 기밀이 합하여 지니라. 말씀에 의하면 마의선사께서 말씀하시길 이미 세상을 뛰어넘은 학술을 통하여 묘한 하늘의 비밀을 담은 이치와 합하면 진실로 신선의 재능을 가진 것이라고 말씀하셨다.

- 목숨의 길고 짧음과 빈궁과 영달이 상을 보는 법안에서는 피하지 못하나니 부귀빈천이 어찌 이 책을 벗어나리오. 슬기로운 사람이 얻어 지니면 저절로 신선의 경지에서 보게 되니 말씀에 의하면 밝은 지혜를 가진 선비는 능히 이 책에서 자세하고 깊은 의미를 터득할 것이며 겸하여 스승을 맞이한다면 하루가 다르게 한달이 다르게 뛰어나게 되어 자연적으로 신선의 경지에서 보게 될 것이다.

후에 이 학문을 배우는 사람들은 격이 낮고 속된 무리에게는 전하지 말아야 할 것이다.

말씀에 의하면 상학이라는 학술은 변화가 무궁하여 한이 없으니 막혀서 알 수 없었던 사물의 이치를 영달한다는 것은 어찌 속된 사람이 배운다고 능하게 될 수 있겠는가.

한조각 하얀 구름이 머무는 깊고 깊은 곳, 높은 산속 흐르는 작은 물소리를 알아야 한다. 말씀에 의하면 이 책에서 이르는 의미 역시 흐르는 물소리를 알 수 있다는 것은 깨끗하고 맑은 것을 말하는 것이므로 흰 구름만이 머무는 깊은 화산 석실에서 오랫동안 숨어 있으리니 이제 그 소리를 듣는 희이를 만난고로 침묵으로써 가리켜 건네주었다고 하셨다.

묘한 이치를 남김없이 자세히 살펴야 현묘한 도로 들어가는 문을 통과하며 마음이 기대고 있는 것을 얻어야 눈에 보이는 것이다.

많은 내용을 한번에 볼 수 있도록 간명하게 남김없이 전해 놓았으니 어디를 가나 신과 다를바 없이 구별하여 알 수 있으니 업신여기지 말라.

말씀에 의하면 진실로 이 책을 남김없이 세밀하게 살피면 능히 묘한 이치를 터득하여 현묘한 도 가운데로 들어가 저절로 깨달아진 마음의 눈 사이로 빠뜨림 없으면 어디를 가나 신처럼 뛰어날 현묘한 것을 건네주었으니 터무니없는 것이 아니라는 것을 믿어라시며

나중에 배우는 사람은 마땅히 이 책을 존경하여야 하며 소홀히 하거나 바꾸어 고치지 말아라 하셨다.

金鎖賦 麻衣先生撰
금쇄부 마의선생찬

相法百家歸一理하니　文字縱多難以揆라　剛出諸奧妙歌하야
상법백가귀일리　　　문자종다난이규　　　강출제오묘가

盡與後人容易記하노라
진여후인용이기

六害眉心親義絶이니　纔如秋水圓還缺이면　剋妻刑子老不閑
육해미심친의절　　　재여추수원환결　　　극처형자노불한

하고 作事弄巧反成拙이라
작사농교반성졸

山根斷兮早虛花니　祖業飄零必破家라　兄弟無緣離祖宅하고
산근단혜조허화　　조업표령필파가　　형제무연이조택

老來轉見事如麻라
노래전견사여마

眉交面黑神憔悴면　愛管他人事掛懷라　冷眼見人笑一面하면
미교면흑신초췌　　애관타인사괘회　　냉안견인소일면

不知毒在暗中來라
부지독재암중래

乍逢滿面有精神이나　久有原來色轉昏이라　似此之人終壽短
사봉만면유정신　　　구유원래색전혼　　　사차지인종수단

이니 縱然有壽亦孤貧이라
종연유수역고빈

五星六曜在人面하니　除眉之外怕偏斜라　耳偏口側末年破오
오성육요재인면　　　제미지외파편사　　　이편구측말년파

鼻曲迎突四十年이라
비곡영돌사십년

讀盡詩書生得寒하면　文章千載不爲官이라　平生雖有冲天志
독진시서생득한　문장천재불위관　평생수유충천지

나　爭奈鶯雛翼未乾고
쟁내앵추익미건

面大眉寒止秀才오　唇掀齒露更多災라　終朝脚跡忙忙走나
면대미한지수재　순흔치로갱다재　종조각적망망주

富貴平生不帶來라
부귀평생불대래

上停短兮下停長하면　多成多敗道空亡이니　縱然管得成家計
상정단혜하정장　다성다패도공망　종연관득성가계

나　猶如烈日照冰霜이라
유여열일조빙상

下停短兮上停長하면　必爲宰相侍君王이라　若是庶人生得此
하정단혜상정장　필위재상시군왕　약시서인생득차

면　金珠財寶滿倉箱이라
금주재보만창상

形愛恢宏又怕肥니　恢宏榮華肥死期라　二十之上肥定死오
형애회굉우파비　괴굉영화비사기　이십지상비정사

四十形恢定發時라
사십형회정발시

瘦自瘦兮寒自寒하니　寒瘦之人不一般이라　瘦有精神終必達
수자수혜한자한　한수지인불일반　수유정신종필달

이오　寒雖形彩定孤單이라
한수형채정고단

色怕嫩兮又怕嬌니　氣嬌神嫩不相饒라　老年色嫩招辛苦오
색파눈혜우파교　기교신눈불상요　노년색눈초신고

少年色嫩不堅牢라
소년색눈불견뢰

眉要曲兮不要直이니　曲直愚人不得知라　曲者多學又聰俊이
미 요 곡 혜 불 요 직　　곡 직 우 인 부 득 지　　곡 자 다 학 우 총 준

오　直者刑妻又剋兒라
　　직 자 형 처 우 극 아

髭鬚要黑又要稀니　依稀見肉始爲奇라　最嫌濃濁焦黃色이니
자 수 요 흑 우 요 희　　의 희 견 육 시 위 기　　최 혐 농 탁 초 황 색

父母東頭子在西라
부 모 동 두 자 재 서

議論爭差識者稀일새　附于金鎖號銀匙라　眉高性巧能通變
의 논 쟁 차 식 자 희　　부 우 금 쇄 호 은 시　　미 고 성 교 능 통 변

이니　侍待公王在他時라
　　시 대 공 왕 재 타 시

　- 상을 보는 수많은 방법이 한 가지 이치로 돌아가는데 제 멋대로 인 글이 많아 틀을 잡기 어렵다. 의지가 굳어 뛰어난 모든 사람들이 심오하고 미묘하다고 노래하는 매우 중요한 내용을 어렵지 않게 나중의 사람들을 위하여 자세하게 기록 하노라.

　- 육해미를 가진 사람의 마음은 친했던 친구나 친척과 맺었던 의를 끊으니 둥글고 신색이 맑고 깨끗한 얼굴에 가까스로 또 결함이 있으면 처를 극하고 자식을 형하며 늙어서는 여유롭지 못하고 하는 일은 기교가 지나쳐 반대로 이룸이 변변하지 못하다.

　* 육해미(六害眉) : 면상 비급 (p. 230 참조)

　- 산근이 끊어지면 때가 오기 전에 떨어지는 꽃이니 조상때부터 내려오던 가업이 떨어지는 낙엽처럼 틀림없이 깨어진다.

　형제가 인연이 없으며 조상을 떠나고 늙어서는 굴러다니며 일하는

것을 보면 일년초인 삼과 같이 귀하지 못하다.

  * 비단실과 같이 곱고 윤택한 삶에 빗대어 하는 말입니다.

  - 검은 얼굴에 양쪽 눈썹이 서로 붙어있고 모습이 수척하고 지친 듯하면 타인의 집일을 들어주고 있는 것이 보이지 않지만 얼굴은 걸고 다닌다.

  차가운 눈빛에 웃음의 일면이 있으면 은밀한 가운데 올수 있는 독이 있으니 알면 안되는 사람이다.

  - 갑자기 얼굴 가득 정신이 번쩍 들거나 오래전부터 얼굴 색이 어둡게 깔려 있으면 본디 그런 것이다. 이러한 것과 같은 사람은 마침내 수명이 짧으나 가령 가난하고 외로우면 오래 산다.

  - 사람 얼굴에는 오성 육요가 있으니 갖추어지지 못한 눈썹 외에 두려운것은 한쪽으로 치우치거나 기울어진 것이다

  - 귀가 한쪽으로 치우치거나 입이 기울면 노후가 깨어지고 코가 굽거나 뛰어나온 코를 가지면 사십년이라.

  - 남의 집에서 일하며 틈틈이 열심히 공부하는 사람이 고통스러워 하면 문장이 천년의 세월이 가도 벼슬을 하기 어렵다.

  - 평생의 뜻이 모름지기 하늘을 찌르는 의지가 있으나 아름다운 꾀꼬리 날개와 튼튼하지 못한 병아리 날개가 어찌 겨룰 수 있겠는가.

  - 큰 얼굴 희미한 눈썹은 뛰어난 재능도 그치게 하고 입술이 치켜 덜려 치아가 드러나면 많은 재난을 겪는다. 아침 내내 바쁘고 바쁘게 뛰어 다녀도 평생을 두고 부귀가 근처에도 오지 않는다.

  - 상정이 짧고 하정이 길면 가는 길이 비었으니 많이 일으키고 많이 패한다. 가령 집안의 살림살이를 잘 꾸리고 다스려도 마치 강렬하

게 내리 쬐는 햇볕 아래의 서리와 얼음 같다.

- 상정이 길고 하정이 짧으면 틀림없이 재상이 되어 어진 임금을
모시리라.

만약 평범한 보통 사람이 이러한 모습을 얻었다면 금 은 보석 재물
이 상자와 창고에 가득할 것이다.

- 넓고 좋은 모양에 두려운 것은 살이 찌는 것이니 넓고 보기 좋은
모양으로 영화로울 때 살이 찌는 것은 생기가 없어지는 것이라.

- 이십 세에 이르러 살이 찌면 삶의 한계에 다다른 것이고 사십 세
에 넓은 모양이면 재물이 일어나는 시기가 된 것이라.

- 파리한 것은 여위고 마른 것이고 초라한 것은 추운 데서 시작하
는 것이니 수척한 사람과 초라한 사람이 똑같지 않다.

- 정신을 소유한 파리한 사람은 끝내 반드시 발달할 것이요 초라
하게 냉담한 사람은 모름지기 혼자서 외로운 모양의 빛깔인 것이다.

- 색이 두려운 것은 새싹과 같은 연약한 것이고 또 교만한 것이 두
려운 것이니 기가 연약하고 교만한 정신은 너그럽지 못한 모양이다.

- 노년에 새싹처럼 연약한 색이면 매운 고생을 스스로 불러 하게
되고 소년의 연약한 색은 굳고 튼튼하지 못하다.

- 눈썹은 굽어 있어야 바라는 것을 구할 수 있고 곧게 뻗으면 구하
지 못하니 한쪽은 굽고 한쪽은 곧으면 아는 것이 없는 어리석은 사람
이라.

굽은 사람은 많이 배운 총명하고 뛰어난 사람이요 곧은 사람은 처
에게 형벌을 주고 자식을 극한다.

- 콧수염과 턱수염은 검어야 하고 또 성기어야 하니 살비듬이 어

렴풋이 보이면 비로소 느닷없이 편안하게 된다.

최고로 나쁜 것은 진하고 탁한 것과 불에 그을린것 같은 누런색이니 부모는 동쪽에 자식은 서쪽에 있으리라.

– 의견을 주고받을 때 알고 있는 차이로 드물게 다툴새 크게 의지하란 의미로 엮어서 부른 금쇄부와 은시가를 좇아 따라라

눈썹이 높으면 재주 있는 성품으로 능히 변화와 이치에 통하니 관계없는 시간에 존재하는 왕과 벼슬아치들을 기다렸다 모실 것이다.

* 눈과 눈썹은 멀리 떨어져 있을수록 좋다고 합니다. 단 높이 있는 눈썹으로 인하여 이마가 좁아지지 않아야 합니다.

🀫 銀匙歌 🀫
은시가

股肱無包最是凶하니　兩頭如杖一般同이라　雖有祖田并父廕
고굉무포최시흉　　　양두여장일반동　　　수유조전병부음

이나 終須破敗受貧窮이라
　　　종수파패수빈궁

頭痕瘢剝最爲刑이니　羅網之中有一名이라　若不剋妻并害子
두흔반박최위형　　　나망지중유일명　　　약불극처병해자

면 更憂家道主伶仃이라
　　　갱우가도주영정

相中最忌郎君面이니　男子郎君命不長이오　女子郎君好淫慾
상중최기랑군면　　　남자랑군명불장　　　여자낭군호음욕

이니 僧道孤獨郤無妨이라
　　　승도고독극무방

眉毛間斷至顴邊하면 常爲官非賣郤田이라 剋破妻兒三兩個라
미 모 간 단 지 권 변　　상 위 관 비 독 극 전　　극 파 처 아 삼 양 개

야 方敎禍患不相纏이라
방 교 화 환 불 상 전

好色之人眼帶花니 莫敎眼緊視人斜하라 有毒無毒但看眼이
호 색 지 인 안 대 화　　막 교 안 긴 시 인 사　　유 독 무 독 단 간 안

니 蛇眼之人子打爺라
사 안 지 인 자 타 야

無家可靠羊睛眼이니 郤問他人借住場이라 更有禾倉高一寸
무 가 가 고 양 정 안　　극 문 타 인 차 주 장　　갱 유 화 창 고 일 촌

하면 中年尤未有夫娘이라
중 년 우 미 유 부 낭

眼下凹時又主孤니 陽空陰沒亦同途라 卯酉不加鷄卵樣이면
안 하 요 시 우 주 고　　양 공 음 몰 역 동 도　　묘 유 불 가 계 란 양

只宜養子與同居라
지 의 양 자 여 동 거

下頭尖了作凶殃하니 典郤出園更賣塘이라 任是張良能計策
하 두 첨 료 작 흉 앙　　전 극 출 원 갱 매 당　　임 시 장 량 능 계 책

이나 自然顚倒見狼當이라
자 연 전 도 견 랑 당

眼珠暴出惡因然이니 自主家時定賣田이라 更有白睛包一半
안 주 폭 출 악 인 연　　자 주 가 시 정 매 전　　갱 유 백 정 포 일 반

하면 也知不死在牀前이라
야 지 불 사 재 상 전

下頦趨天旺永年이오 邊城不佐也無錢이라 數年荒旱不欠米
하 해 추 천 왕 영 년　　변 성 불 좌 야 무 전　　수 년 황 한 불 흠 미

는 只因上下庫相運이라
지 인 상 하 고 상 운

鼻粱露骨是反吟이오　曲轉些兒是伏吟이라　反吟相見是絕滅
비 량 로 골 시 반 음　　곡 전 사 아 시 복 음　　반 음 상 견 시 절 멸

이오　伏吟相見淚淋漓라
　　　복 음 상 견 루 림 리

眼兒帶秀心中巧하야　不讀詩書也可人이니　手作百般人可愛
안 아 대 수 심 중 교　　불 독 시 서 야 가 인　　수 작 백 반 인 가 애

라　縱然弄假也成眞이라
　　종 연 농 가 야 성 진

薄紗染皂出粟米면　縱有妻時也沒兒라　倘見山根高更斷하면
박 사 염 조 출 속 미　　종 유 처 시 야 몰 아　　당 견 산 근 고 갱 단

五年三次路邊啼라
오 년 삼 차 로 변 제

淚痕深處挑一點하고　眼下顴前起一星이라　左眼無男右無女
루 흔 심 처 도 일 점　　안 하 권 전 기 일 성　　좌 안 무 남 우 무 녀

니　縱然稍有也相刑이라
　　종 연 초 유 야 상 형

髮際低凹又無父오　寒毛生角幼無娘이라　左顴骨出父先死니
발 제 저 요 우 무 부　　한 모 생 각 유 무 낭　　좌 관 골 출 부 선 사

不死不刑便自傷이라
불 사 불 형 편 자 상

士人眇眼陷文星이니　豹齒尖頭定沒名이라　任是文章過北斗
사 인 묘 안 함 문 성　　표 치 첨 두 안 몰 명　　임 시 문 장 과 북 두

나　洽如木屐不安釘이라
　　흡 여 목 극 불 안 정

眉重山根陷破財면　更憂三十二年災라　土星端正終須發이니
미 중 산 근 함 파 재　　갱 우 삼 십 이 년 재　　토 성 단 정 종 수 발

土星不好去無回라
토 성 불 호 거 무 회

寒相之人肩過頸이오　享福之人耳壓眉라　更有親情抬不出은
한상지인견과경　　　향복지인이압미　　　갱유친정태불출

只因形似雨中鷄라
지인형사우중계

大量之人眉高眼이니　眼眉相定不憂愁라　眉粗眼小不相當하면
대량지인미고안　　　안미상정불우수　　　미조안소불상당

寅年吃了卯年糧이라
인년흘료묘년량

印堂三表是鎡基니　只怕下長來犯之라　假如水星來救護면
인당삼표시자기　　　지파하장래범지　　　가여수성래구호

不敎人受此寒飢라
불교인수차한기

上頭須有些橫樣이나　下停不均却壞之라　鶴脚之人成小輩오
상두수유사횡양　　　하정불균각괴지　　　학각지인성소배

蠻蹄姑子是婆姨라
만제고자시파이

八歲十八二十八은　下至山根上至髮이니　有無活計兩頭消라
팔세십팔이십팔　　　하지산근상지발　　　유무활계양두소

三十印堂莫帶殺하라
삼십인당막대살

三二四二五十二는　山根上下準頭止라　禾倉祿馬要相當이니
삼이사이오십이　　　산근상하준두지　　　화창록마요상당

不識之人莫亂指하라
불식지인막난지

五三六三七十三은　人中挑來地閣間이니　逐一推算看禍福하
오사육삼칠십삼　　　인중도래지각간　　　축일추산간화복

라　火星百歲印堂添이라
　　화성백세인당첨

上下兩截分貴賤이오　倉庫平分定有無라　此是神仙眞妙訣이니
상 하 양 절 분 귀 천　　창 고 평 분 정 유 무　　차 시 신 선 진 묘 결

莫將胡亂敎庸夫하라
막 장 호 란 교 용 부

胡僧兩眼名識覺하니　盡識人間善與惡이라　不帶學堂不是賢
호 승 양 안 명 식 각　　진 식 인 문 선 여 악　　부 대 학 당 불 시 현

이니　莫將此法亂相傳하라
막 장 차 법 란 상 전

家風齊楚眉淸秀오　偏促之人庫帶紋이라　抬凳塵埃高一寸은
가 풍 제 초 미 청 수　　국 촉 지 인 고 대 문　　태 등 진 애 고 일 촌

只緣眉似火燒禽이라
지 연 미 사 화 소 금

準頭如橐紅更生하면　或在西時或在東이라　若得兩頭無剋處
준 두 여 탁 홍 갱 생　　혹 재 서 시 혹 재 동　　약 득 양 두 무 극 처

면　假饒凶處不爲凶이라
가 요 흉 처 불 위 흉

更有頤頰開兩井에　準頭須帶兩頭條라　倉庫空倒不由人이니
갱 유 이 해 개 양 정　　준 두 수 대 양 두 조　　창 고 공 도 불 유 인

休說良田多萬頃하라
휴 설 량 전 다 만 경

大脚原來夭折災오　鬚頭可折在層臺라　耳聾眼患因羊刃이니
대 각 원 래 요 절 재　　수 두 가 절 재 층 대　　이 농 안 환 인 양 인

不折夭年也有災라
불 절 요 년 야 유 재

眉頭額角如龍虎면　龍虎相爭定至愚라　接連倉庫反爲災오
미 두 액 각 여 용 오　　용 호 상 쟁 정 지 우　　접 연 창 고 반 위 재

鼻梁高露不安居라
비 량 고 로 불 안 거

若是眉間容二指면　此人開手覺便宜라　眼下若無凶星照면
약시미간용이지　　차인개수각편의　　안하약무흉성조

中年不祿亦豐鼻라
중년불록역풍비

中年倉庫看禾倉이니　禾倉眉陷無屯儲라　須要田園入庫倉이
중년창고간화창　　화창미함무둔저　　수요전원입고창

니 倉庫平滿有禾倉이라
　창고평만유화창

取人性命面上黑이오　換人骨髓眼中紅이라　見人歡喜心中破
취인성명면상흑　　환인골체안중홍　　견인환희심중파

오 見人眉皺太陽空이라
　견인미추태양공

有財不住無他事니　只因倉庫有長鎗이라　露井露灶不得全하면
유재부주무타사　　지인창고유장쟁　　로정로조부득전

那得浮生主晚年코
나득부생주만년

雖然不怕經官府나　只無衣祿也無錢이라　五三六三七十三은
수연불파경관부　　지무의록야무전　　오삼육삼칠십삼

水星羅計要相參이라
수성나계요상참

逐一分明定禍福이니　水星莫被土星覆하라　數篇細語名金鎖賦
축일분명정화복　　수성막피토성복　　수편세어명금쇄부

니 推明禍福令趨躱라
　추명화복영추타

試看人生無歸着은　耳大無輪口無角이라　不在東街賣貨餛이
시간인생무귀착　　이대무륜구무각　　부재동가매화궤

면 便在西街賣餠飥
　편재서가매병탁

– 팔다리에 살이 없어 뼈를 감싸지 못하면 제일 흉하게 되고 윗부분부터 지팡이처럼 생긴 것이 일반적으로 같다. 비록 아버지의 음덕으로 조상의 논밭을 물려받았으나 끝에는 모름지기 깨어지고 패하여 궁색하게 가난해진다.

– 머리에 흉터나 자국이 있거나 깎인 것이 최고의 형벌이 되니 일명 그물 가운데 있다고 하겠다.

만약 처를 극하지 않고 아울러 자식을 해롭게 하지 않으면 다시 집안을 다스리는 데 근심이 생겨 주로 홀로 지내게 된다.

– 모양 가운데 최고로 나쁜 것은 귀공자의 얼굴이니 남자가 귀공자의 얼굴이면 수명이 길지 못하다.

여자가 귀공자의 얼굴이면 음탕한 욕심을 좋아하니 고독한 승녀의 길을 가면 조화롭지 못한 뼈와 살 사이가 괜찮아진다.

– 눈썹 털 사이가 나누어져 있는 간단미가 관골 가까이까지 이르면 고향의 땅을 몽땅 팔아먹지 않으면 항상 관청에 있게 된다.

극하고 깨어져 처와 자식 세 짝을 거쳐야 하니 재화와 환란의 끈에 묶이지 않는 방법을 가리켜야 할 것이다.

– 도화의 눈을 띠면 남녀간의 색정을 좋아하니 감아 돌며 비껴보는 사람은 가리키지 말라.

– 독기가 있고 없고는 오로지 눈을 보아야 하니 뱀눈을 가진 사람은 아비도 때리는 자식이다.

– 양의 눈동자는 기댈 수 있는 가족이 없으니 타인이 시험삼아 사는 곳을 묻는다.

또다시 관골이 일촌 정도 높으면 중년에는 더욱 부부가 함께 하지 못한다.

- 눈 아래(누당)가 옴팍 들어간 사람은 주로 외로우니 남자는 비어 있고 여자는 없어져 역시 같은 삶이다.

묘유(卯酉, 양쪽 관골)의 모양이 옳지 않은 계란 모양이면 다만 양자와 함께 사는 것이 마땅할 뿐이다.

- 머리 아랫부분이 뾰족하게 끝나면 흉한 재앙이 일어나니 고을 만한 동산과 밭을 전당 잡히고 또 못도 팔아먹는다.

꾀는 장량으로 능하여 맡는 것이 옳으나 자연적으로 이리가 나타나 넘어지게 될 뿐이다.

- 눈이 구슬처럼 사납게 튀어나온 것은 잘못된 인연으로 나온 것이니 독립하여 집안을 다스릴 때면 밭을 팔아먹게 되는 것이다.

또 눈동자의 하얀 부분이 반을 싸고 있으면 우물 귀틀 앞에서도 죽지 않는 것을 알아야 한다. * 먼 타향에서 죽음

- 아래턱이 급하면 오랜 세월 하늘(이마)의 기운이 왕성해야 할 것이요 변성이 돕지 않으면 돈이 없다.

수많은 세월에 비가 오지 않아 땅이 황폐하여도 식량이 부족하지 않은 것은 오직 위와 아래의 공간이 서로 이어져 있기 때문이다.

- 콧대가 드러나면 반음이 되는 것이요 굽어서 구르는 것과 같으면 아이 때부터 겪어야 하는 복음이다.

반음의 모양은 끊어져 없어지는 것으로 나타나고 복음의 모양은 흐르는 눈물을 뿌리도록 나타난다.

- 아이 같은 눈을 띠고 빼어나게 잘 생기면 마음 가운데 재주가 있어 시경과 서경을 읽지 않아도 쓸모 있는 사람이니 손으로 갖가지를

쓸모 있게 만들 줄 알아 사랑 받는다. 가령 장난삼아 만든 것이 진기한 물건이 되어 버리는 것이다.

 * 아이의 때가 묻지 않은 순수한 눈을 가진 사람이라면 공부를 하지 않아도 도리를 알아 다할줄 아는 사람이라는 것입니다.

 - 붉은 기색의 좁쌀 같은 것들이 얼굴 전체에 돋아난 사람은 처는 있어도 아이가 없다. 혹시 높은 산근이 끊겨 보이면 오년에 세 번은 길가에서 울게 된다.

 - 깊은 누당에 긁어낸 듯한 흉터가 일점 있고 관골이 일어나 눈 아래 바로 앞까지 오는 별성이라. 왼쪽에 있으면 아들이 없고 오른쪽에 있으면 딸이 없으니 가령 작은 구실만 생겨도 벌받는 모양이다.

 * 아이는 어른이 되도록 키우기 어렵다는 말입니다.

 - 발제가 낮고 꺼지면 아버지가 없고 어려서 이마의 양쪽 모서리에 한모가 자라면 어머니가 없다.

 좌측 관골이 나오면 아버지가 먼저 돌아가시고 죽지도 않고 형벌도 없으면 자신이 다치게 된다.

 - 선비의 눈 하나가 옴팡 꺼진 애꾸눈이거나 표범의 이빨처럼 뾰족하면 이름이 날려다 숨어버린다.

 문장은 북두(제왕)를 넘어 최고로서 맡는 것이 옳으나 잘 맞는 나막신에 못이 있으면 안정되지 않는 것과 같다.

 * 선비의 표범과 같은 뾰족한 이빨은 나무로 만든 나막신에 못이 올라와 있는 것과 같아서 안정된 명성을 이룰 수 없다는 것입니다.

 - 눈썹이 무겁고 산근이 꺼지면 재물이 깨어지며 다시 말해 삼십이세에 재난으로 근심이 있다.

토(土)성이 단정하고 가지런하면 끝내 일어나게 되지만 토(土)성이 잘 생기지 못하면 가버리고 돌아오는 것이 없다.

– 어깨가 목을 지나면 춥게 보이는 모양을 한 사람이고 귀가 높아 눈썹을 지나면 복을 누린다.

또 친하게 지내고 따뜻한 정이 있는 사람에게 볼기를 맞고 나가지 못하는 것은 다만 그 모양이 비 맞은 닭과 같기 때문이다.

– 큰 도량을 지닌 사람은 눈에서 눈썹이 높이 있어 눈과 눈썹이 서로 분명하게 떨어져 있으니 근심과 걱정이 없다.

눈이 작고 눈썹이 거칠어 모양이 서로 어울리지 못하면 묘(卯)년에 식량이 기다리고 있어도 인(寅)년에 머뭇거리며 나아가지 못한다.

* 내년이 되면 형편이 나아질 수 있는데 올해의 상황이 좋지 않아 기회를 놓쳐버리게 된다는 의미입니다.

– 인당에 나타난 석 삼 자는 호미나 가래의 바탕이 되니 하체가 길면 죄를 저지를까 오직 두려울 뿐이다.

수성(입의 유년)에 오면 바뀌어 구제받고 보호받는 것 같지만 그때는 춥고 배고픔을 참고 견디어도 사람들이 가리키지 않는다.

– 아주 작은 가로 모양의 주름들이 이마위에 찍혀 있고 하체가 고르지 못하면 물리쳐야 하는 것을 하지 못한다.

학의 다리로 이루어진 사람은 소인의 무리로서 결혼 전의 여자는 권력에 밟히며 다른 어머니로 할머니가 된다.

* 특히 여성에게 학의 다리는 매우 외로운 모양으로서 젊어서는 권력자와 내연의 관계가 되기 쉽고 결혼을 하여도 자식이 있는 사람과 인연이 되어 계모로서 늙어가기 쉽다는 의미입니다.

- 팔세, 십 팔세, 이십 팔세는 머리카락이 나기 시작하는 곳 아래에서 산근 위까지이며 양쪽 머리 부분(변지 역마 천창을 이루고 있는 양쪽 부분)이 보이지 않으면 생활의 방도가 있는가 하면 없는 것이다.

삼십 세는 인당에 살기를 띠면 안 된다 하여라.

- 삼십 이세, 사십 이세, 오십 이세는 산근 위에서부터 준두 아래에서 그치게 된다.

화창과 녹마가 서로 어울리는 모양이 중요하니 알지 못하는 사람은 함부로 가리키지 마라.

- 오십 삼세, 육십 삼세, 칠십 삼세는 뚜렷한 인중에서 내려와 지각 사이에 있으니 옮아가며 한 개라도 헤아리고 셈하여 복과 화를 살펴야 알 것이다.

백세를 살려면 화성(火星)이 으뜸으로 주관하며 더불어 인당을 살펴야 할 것이다.

- 위 아래를 나누어 자른 것이 귀와 천이요 창고를 나누어 바로잡아 정한 것이 있고 없는 것이다.

이러한 것은 세상을 통달한 사람들의 오묘한 말씀이 되니 이제 확실하게 수긍이 가지 않는 말로 보통 사람을 가리키지 말도록 하라.

- 확실하게 승도의 길을 가는 사람은 두 눈의 이름까지 깨달아서 분별하여야 하니 진실로 아는 사람은 선과 악 사이가 다르지 않다고 할 것이다.

학당을 갖추지 않으면 어진 사람이 될 수 없으니 이러한 법을 제대로 전할 수 없는 모양이면 이제는 안 된다 하라.

- 집안 대대의 예의범절과 기풍은 가지런한 모형에서 나오는 빼어

나게 맑은 눈썹이요 죄어치듯 급박한 사람은 지각의 곳간에 주름을 갖고 있는 사람이다.

- 먼지가 일촌이나 쌓인 걸상에서 볼기를 맞는 것은 오직 눈썹이 이어져 있기 때문으로 날라 다니는 것들이 불에 타는 것과 다를바 없다.

- 주머니 같은 준두에 붉은 기운이 나타나면 서쪽에 있어야 할 때에 동쪽에 있다.

만약 머리의 양쪽이 극(꺼지거나 흉터가 있거나) 하는 곳이 없도록 생겨 있으면 나쁜 곳이 바뀌어 넉넉하게 되므로 흉이 되지 않는다.

* 못생긴 것이나 잘 생긴 것이 같다는 말이 아니라 역마변지 천창이 잘 생기면 잘 못하여 흉이 될 것도 그냥 묻어 간다는 의미일 것입니다.

- 또 노복궁과 지각의 열린 우물에 모름지기 준두가 양 우물의 입구에 코끝의 끈으로 뻗어 있어 창고가 텅 비도록 넘어지는 것은 사람으로 말미암아 안 되는 것이니 만 이랑의 좋은 밭이 있다고 말하기를 그쳐야 한다.

* 우리는 먹고 말할 때 턱을 움직이며 사용합니다. 상학에서 턱은 수(水)성에 속하고 입 속에는 침이 마르지 않도록 계속 생성되므로 또 우물에 비유하기도 합니다. 그래서 양 쪽을 움직이는 우물은 바로 아래턱 전체를 지칭하며 코끝이 끈으로 드리워진 듯한 모양을 바로 응취비-매부리코로 표현하여 날카로운 코끝이 우물의 입구를 위협하고 있는 사람은 많은 재물이 깨어지므로 있다는 자랑은 삼가야 한다는 말일 것입니다.

- 긴 다리는 본디 재난으로 일찍 꺾이고 상투를 한 머리가 높이 있을 때 꺾일 수 있다.

귀가 어둡고 눈에 질환이 있는 것은 양인살에 인한 것이니 젊어서 꺾이지 않으면 재앙이 있다.

– 눈썹 머리와 이마의 모서리 부분을 용과 호랑이라 한다면 용이나 호랑이가 서로 다투는 것은 지극히 어리석은 모양이다. 〈이마가 좁고 낮은 모양〉

곳집이 서로 붙으면 반대로 재난이 된다. 콧대가 높고 뼈가 드러나면 안정된 삶을 살지 못한다.

– 만약 눈썹 사이가 손가락 두 개의 간격이 되면 이러한 사람은 손만 움직여도 형편이나 조건이 편하고 좋은지 깨닫는 사람이다.

눈 아래(누당)에 만약 나쁜 빛을 보내는 작은 점이 없으면 중년에는 록(근로의 대가로 받는 봉급)이 아니라도 역시 넉넉하게 살이 찐다.

＊ 누당에 있는 점은 모두 좋지 못하다. 그러므로 그런 나쁜 점이 없고 인당이 적당하면 중년에는 봉급이 있든지 없든지 상관없이 생활이 넉넉해져 간다는 의미입니다.

– 중년에는 화창의 창고를 잘 살펴야 하니 화창과 눈썹이 이지러지면 견고하게 쌓아놓은 것이 없다.

모름지기 중요한것은 동산과 밭이 천창과 지고에 들어 있으니 천창과 지고는 고르고 꽉 차야 하며 눈을 소유하여야 한다.

얼굴의 색이 검은 빛은 천부적으로 타고난 천성과 천명을 취한 것이요 제멋대로 하는 사람의 마음속은 눈 가운데가 붉다.

만나는 사람(상담하러 오는 사람)이 크게 기뻐하면 마음 가운데가 깨어져 있고 만나는 사람이 눈썹에 주름이 지어지면 태양이 비어 있다. 〈아들을 두기 어렵다는 말〉

＊ 처음 만나 친분이 생기지 않은 상태에서 필요 이상의 큰 기쁨을 나타낸다는 것은 깨어져 있는 마음속이 나타나는 모양입니다. 우리 사람은 어쩌면 슬픈 마음을 덮어 버리고자 상황에 맞지 않는 기쁨을 나타내고 있는지도 모릅니다.

- 하는일 없이 살지 않으면 재물은 소유하게 되나 다만 창고로 인하여 평생 부딪혀 소리가 난다.

드러난 우물 드러난 아궁이 등 모두 드러난 모양으로 온전하지 못하면 늘그막에는 주로 떠돌아 다녀야 하는 삶을 어찌 할꼬.

 * 드러난 우물은 입이 나온 것을 의미하고 드러난 아궁이란 덜려 있는 코 즉 들창코를 의미합니다.

- 비록 관청의 다스림은 두렵지 않다고 하더라도 오직 옷과 음식이 없고 돈이 없는 것이 두려울 뿐이라.

오십 삼, 육십 삼, 칠십 삼세는 수성(입)과 나계(눈썹)가 서로 관여하고 있다.

- 한 개씩 밝음의 한계를 정하여 복과 화를 매기니 토(土)성이 수(水)성을 덮어 입에 닿으면 안 된다.

여러 시문으로 자세하게 말한 책이 금쇄부이니 밝음을 헤아려 재난과 복을 말하도록 몸소 서둘러 취하라.

- 뭇 사람들의 인생을 견주며 이마에 손을 얹고 바라보아도 생각이나 의론이 어떤 결론으로 귀결됨이 없는 것은 귀는 큰데 바퀴가 없는 것이고 입에 각이 없는 것이라. 떡이나 맛있는 만두를 파는 동쪽 거리에 살지 않고 싸라기 떡이나 수제비 파는 서쪽 거리에서 편안하게 살고 있는 것이 모를 일이라는 것이다.

▣ 相形氣色賦 (新增) ▣
상형기색부　　신증

凡觀尺面에 先別 三停이니 骨格은 定一世之榮枯하고 氣色은
범 관 척 면　선 별 삼 정　　골 격　정 일 세 지 영 고　　　기 색

主流年之休咎라 骨格有時旋生하고 形容은 亦或忽變이니라
주 류 년 지 휴 구　　골 격 유 시 선 생　　형 용　역 혹 홀 변

上停은 法天하니 主貴라 自天中으로 至于印堂하고 中停은 法
상 정　법 천　　주 귀　자 천 중　　지 우 인 당　　증 정　법

人하니 主壽라
인　　주 수

自山根으로 至于鼻準하고 下停은 法地하니 主祿이라 自人中
자 산 근　　지 우 비 준　　하 정　법 지　주 록　　자 인 중

으로 至于地閣하니라
　지 우 지 각

上停은 天中, 天庭, 司空, 中正, 印堂이니 凡 五部는 旁連目
상 정　천 중　천 정 사 공　증 정 인 당　　범 오 부　　방 연 목

之上下와 眉之左右하니 並主貴라
지 상 하　　미 지 좌 우　　병 주 귀

主父母, 主君上, 主早年하고 中停은 山根, 年上, 壽上, 準頭
주 부 모　주 군 상　주 조 년　　증 정　산 근　년 상　수 상　증 두

니 凡四部는 旁連目下, 顴面, 耳前하니 並主壽라 主財, 主妻
　범 사 부　　방 연 목 하　관 면　이 전　　병 주 수　주 재　주 처

子, 兄弟, 主中年하고 下停은 人中, 水星, 承漿, 地閣이니
자　형 제　주 중 년　　하 정　인 중　수 성　승 장　지 각

凡四部는 連口中, 上下, 左右腮頤하니 並主祿이라 主田宅, 主
범 사 부　　연 구 중　상 하　좌 우 시 이　　병 주 록　　주 전 택　주

奴僕畜하니 主末年이라
노복축   주말년

三台行運主限이 自一歲至於期頤라 三台는 卽三停이니 詳前
삼태행운주한   자일세지어기이   삼태   즉삼정   상전

行限流年謌, 部位謌하니라
행한류년가 부위가

十三部之界限이 各有所司하니 十二宮之分野를 俱宜細別이
십삼부지계한   각유소사   십이궁지분야   구의세별

니라 詳前總圖하니 命宮(印堂) 財帛(準頭 天倉 地庫) 兄弟
     상전총도   명궁 인당 재백 준두 천창 지고 형제

(兩眉) 田宅(地閣) 男女(兩目上下人中) 奴僕(頦吻) 妻妾(眼尾)
양미   전택 지각   남녀 양목상하인중   노복 해문   처첩 안미

疾厄(山根 年壽) 遷移(兩太陽) 官祿(額) 福德(耳前 及額 兩顴)
질액 산근 년수 천이 양태양 관록 액 복덕 이전 급액 양관

父母(日月角)地有南北之不同하고 南人은 氣淸稍厚하고 北人
부모 일월각 지유남북지부동   남인   기청초후   북인

은 氣厚稍淸하고 淮人은 氣重少(响)하고 秦人은 氣沈少韻이라
   기후초청   회인   기중소 향   진인   기침소운

人有老少之各異라 老人은 不宜色嫩이오 少年은 不宜色枯라
인유노소지각이   노인   불의색눈   소년   불의색고

明中有滯는 水定逢風이오 滯中有明은 雲開見日이니라 部位
명중유체   수정봉풍   체중유명   운개견일   부위

에 有黃色而印準五嶽에 有暗氣하면 必得意中不足이라 靑主
   유황색이인준오악   유암기   필득의중부족   청주

病滯오 白主憂孝오 赤主口舌이오 黑主罷黜死亡이니 吉中有
병체   백주우효   적주구설   흑주파출사망   길중유

凶也오 部位에 有晦氣而印準에 有黃氣明潤이면 必反有喜事
흉야   부위   유회기이인준   유황기명윤   필반유희사

니 凶中有吉也라
흉 중 유 길 야

有一分精神則有一分之福祿하고 有一日之氣色則有一日之吉
유일분정신즉유일분지복록   유일일지기색즉유일일지길

凶하나니 非管輅之神通이면 豈能悟此리오 須天網之鬼眼이
흉   비관로지신통   기능오차   수천망지귀안

라야 乃可傳焉이리라
     내 가 전 언

 무릇 자세히 살펴 볼 때 자를 얼굴에 대고 재듯이 먼저 삼정을 나누
니 골격은 한평생 성함과 쇠함의 한계를 정하고 있고 기색은 주로 유
년의 길흉을 정하고 있다.

 골격은 운명에따라 돌며 나타나고 겉모습은 모두 언제나 갑자기
변하니라.

 상정은 하늘의 이치로 나타나니 귀를 주재하며 천중에서부터 인당
까지이고 중정은 사람의 이치를 나타내니 수명을 주재하며 산근으로
부터 코끝까지이고 하정은 땅의 이치를 나타내니 재물을 주재하며

 인중에서 시작하여 지각까지이다.

 상정은 천중, 천정, 사공, 중정, 인당이 속하니 이 다섯 부위는 눈의
아래 위와 두루 이어져 눈썹의 왼쪽과 오른쪽을 아울러 주로 귀(貴)에
속한다.

 주로 부모, 웃어른, 어린 나이에 속하고 중정은 산근, 년상, 수상,
준두가 속하니 무릇 이 네 가지 부위는 눈 아래와 두루 이어져 관골,
귀 앞 부위를 아울러 수명을 주재한다. 주로 재물, 처와 자식, 형제

그리고 중년을 주재하고 하정은 인중, 수성, 승장, 지각이니 무릇 이 네 부위는 입을 가운데로 하여 아래 위 와 왼 오른쪽의 시골과 턱을 이어주니 모두를 아울러 녹(재물)을 주관하며 주로 집과 밭, 노비나 하인, 가축이 속하며 주로 말년(노년)을 나타낸다.

삼태(상정, 중정, 하정)는 돌아 흐르는 한계를 맡고 있는 것이 일세부터 시작하여 턱의 기간까지이다.

삼태는 즉 삼정이니 앞에서 상세하게 흐르는 유년의 한계를 시가를 지어 불렀고 부위를 노래하였다.

십 삼부위의 한정된 범위는 각각 매겨진바가 있으며 십이궁으로 나눈 부분의 범위도 골고루 갖추고 있는지 세밀하게 풀어내는 것이 마땅하니라.

앞에서 자세하게 모두 그림으로 명궁(인당) 재백(준두 천창 지고) 형제(양 눈썹) 전택(지각) 남녀(양 눈 아래 위 인중) 노복(해문) 처첩(눈 꼬리) 질액(산근 년상 수상) 천이(양 태양) 관록(이마) 복덕(귀 앞에서 이마 양 관골) 부모(일 월각)가 있다.

– 땅에는 남쪽과 북쪽이 있으나 같지 않고 남쪽 사람은 기가 맑고 조금 두터우며 북쪽 사람은 기가 두텁고 조금 맑고 회(강이름 회)쪽 지방의 사람은 기가 무겁고 풍기는 향기는 거의 없으며 진(김속성)쪽 지방의 사람은 기가 가라앉아 있고 풍기는 여운이 거의 없다.

* 중국의 지방에 따라 나타나는 사람들의 특징입니다.

사람은 젊은데서 늙을 때까지 각각 다르다.

노인은 새싹 같은 여린 색은 마땅하지 못하고 젊은이는 색이 마른 것이 마땅하지 못하다. 밝음 가운데 막힘이 있으면 물이 바람을 만나게 된 것이고 막힌 가운데 밝음이 있으면 구름이 열려 태양이 보이는 것이니라. 얼굴 전체적으로는 황색인데 인당과 준두, 오악의 기운이 어두우면 틀림없이 부족한 가운데 살고 있다는 의미를 분명히 알 수 있는 것이다.

푸른색은 주로 질병으로 막힌 것이요 하얀색은 주로 부모의 근심 걱정이요 검붉은색은 주로 시비 구설이요 검은색은 주로 파면하여 쫓아내는 것과 죽음이다.

길한 가운데 흉이 있다는 것이고 전체 부위에 어두운 기운이 깔려 있고 인당을 기준하여 밝고 윤택한 황색의 기운이 있으면 반드시 반대로 기쁜 일이 있으니 흉 가운데 길이 있는 것이다.

하나를 몇 개로 나눈 것의 한 부분에도 정과 신이 있고 그 정과 신이 있는 한 부분에 복과 록이 있고 하루의 기색에는 하루의 길과 흉이 있나니 관로의 신통이 아니면 어찌 능히 깨달을 수 있으리오.

모름지기 하늘이 친 그물을 볼 수 있는 눈을 가졌을 때 전하는 것이 옳을 것이다.

論上停吉氣
논상정길기

離爲官祿之宮이라 橫連坤巽하니 宜高廣而有角이오 額爲南方
이 위 관 록 지 궁　　　 횡 연 곤 손　　　 의 고 광 이 유 각　　　 액 위 남 방

離位하니 左爲巽, 右爲坤이라
이 위　　　 좌 위 손　 우 위 곤

上起天中하야 下止印堂하니 旁連日月, 龍虎角, 尺陽, 武庫,
상 기 천 중　　　 하 지 인 당　　　 방 연 일 월　 용 호 각　 척 양　 무 고

華蓋福堂, 兩眉上이라 通爲官祿宮하니 主貴라
화 개 복 당　 양 미 상　　　 통 위 관 록 궁　　　 주 귀

驛馬는 乃遷移之地라 通號太陽하니 要豊滿而無刑이니라
역 마　 내 천 이 지 지　　　 통 호 태 양　　　 요 풍 만 이 무 형

兩太陽은 乃邊地, 驛馬, 山林, 郊外, 部分故로 爲遷移宮하니
양 태 양　 내 변 지　 역 마　 산 림　 교 외　 부 분 고　 위 천 이 궁

主遠出이라
주 원 출

並宜潤淨紅黃이오 主官祿. 財喜, 出入吉이라
병 의 윤 정 홍 황　　　 주 관 록　 재 희　 출 입 길

不喜昏塵赤黑이니라 赤主口舌爭訟이오 白主傷服折喪이오
불 희 혼 진 적 흑　　　 적 주 구 설 쟁 송　　　 백 주 상 복 절 상

靑主憂驚降黜이오 黑主牢獄死亡이라
청 주 우 경 강 출　　　 흑 주 뢰 옥 사 망

慶雲現于官祿하면 三台八座之尊이오 黃氣中에 有紫氣點點如
경 운 현 우 관 록　　　 삼 태 팔 좌 지 존　　　 황 기 중　 유 자 기 점 점 여

花如豆者 爲慶雲이니 見於額上하고 更得九州黃明하면 必
화 여 두 자　 위 경 운　　　 견 어 액 상　　　 갱 득 구 주 황 명　　　 필

主大拜公侯將相이니 濃厚者는 應在三旬이오 遲則六旬이며 或
주 대 배 공 후 장 상　　농 후 자　　응 재 삼 순　　　지 즉 육 순　　　혹

一年이오 或紫氣如錢如月者는 五七日에 必應하고 若無紫氣
일 년　　혹 자 기 여 전 여 월 자　　오 칠 일　　필 응　　　약 무 자 기

하고 上有紅黃者는 但轉資而己니 蓋紫乃貴氣라 主欽命詔敕
　　상 유 홍 황 자　　단 전 자 이 기　　개 자 내 귀 기　　주 흠 명 조 칙

及面君이니 惟四品以上이라야 有之오 以下는 難得이니 天中
급 면 군　　유 사 품 이 상　　　유 지　　이 하　　난 득　　　천 중

部는 主王侯極品하고 天庭部는 主二品하고 司空部는 主三品
부　　주 왕 후 극 품　　　천 정 부　　주 이 품　　　사 공 부　　주 삼 품

하고 中正部는 主四品하고 印堂部는 主五品이라
　　중 정 부　　주 사 품　　　인 당 부　　주 오 품

紫氣臨于印堂하면 五馬偖侯之貴니라 黃氣中에 有紫氣如仰月
자 기 임 우 인 당　　　오 마 사 후 지 귀　　　황 기 중　　유 자 기 여 앙 월

하야 上應天部, 眉上, 邊驛하고 下應準頭者는 六旬에 有敕命
　　상 응 천 부　미 상　변 역　　　하 응 준 두 자　　육 순　　유 칙 명

之喜하고 或見薦擧及生貴子하며 進田産, 得大財하고 罪人은
지 희　　혹 견 천 거 급 생 귀 자　　　진 전 산　득 대 재　　　죄 인

遇赦하고 若止見紅黃光潤者는 但轉資오 常人은 得財喜新婚
우 사　　약 지 견 홍 황 광 윤 자　　단 전 자　　상 인　　득 재 희 신 혼

生子而己라
생 자 이 이

天中에 見圓光하면 七旬內에 加官進級하고 天中에 有黃白圓
천 중　　견 원 광　　　칠 순 내　　가 관 진 급　　　천 중　　유 황 백 원

光이 如錢하야 發從高廣하고 兼三台에 有黃喜氣면 七日에 必
광　　여 전　　　발 종 고 광　　　겸 삼 태　　유 황 희 기　　칠 일　　필

封拜오 得紫氣면 必面君이라
봉 배　　득 자 기　　　필 면 군

이 궁(이마)은 관록궁이 된다. 곤궁과 손궁(이마의 양쪽 모서리 부분)이 가로로 이어져 있나니 마땅히 높고 넓으며 모서리(각)가 있어야 한다.

이마는 남쪽으로서 이궁에 있으면 왼쪽으로 손궁이요 오른쪽으로는 곤궁이 된다.〈상대를 바라보는 위치〉

위로는 천중이 일어나 있고 아래로는 인당이 있으며 두루 이어서 태양과 달, 용각과 호각, 척양, 무고, 화개, 복당이 양쪽 눈썹위에 자리하고 있다.

통칭 관록궁이라 하고 주로 귀를 맡아 주관한다.

역마는 천이궁자리이다. 통칭 태양이라 부르고 있으니 중요한 것은 넉넉하게 꽉 차야 하늘이 주는 벌이 없을 것이다.

양쪽 태양은 변지와 이어져 있고 역마, 산림, 교외, 부분으로 나누고 천이궁이되니 주로 먼 곳에 출행하는 것을 맡아 주관한다.

아울러 홍색이나 황색의 빛이 깨끗하고 윤택하여야 할 것이요 주로 관록과 재물의 기쁨이 들어가고 나아가는 곳이다.

먼지와 같은 티끌로 어두운 적색이나 검은색은 기쁘지 않다.

적색은 주로 구설 말썽으로 다투게 되고 하얀색은 주로 다치고 꺾여서 상복을 입게되고 푸른색은 주로 벼슬에서 물러나게 되고 놀라는 근심과 걱정이 있고 검은색은 주로 감옥에 갇히고 사망이다.

기쁜 경사스런 빛이 구름처럼 덩이져 관록궁에 나타나면 삼태 팔좌(관직 품계의 총칭)에 올라 존경 받을 것이요 황기 가운데 콩처럼 꽃처럼 아름다운 자기의 빛이 점점이 있고 경사스런 구름이 점점이 피어오르는 것이 이마 위에 나타나며 또 구주에 밝고 누런빛을 얻으면 반드시 주로 공 후 장상의 큰 절을 받으니 진하고 두터운 사람은 한 달내에 응할 것이다.

늦어도 두 달 안에는 그렇게 될 것이며 혹 일 년도 될 수 있다. 혹 둥근 달이나 돈과 같은 자기의 빛이 있는 사람은 삼십 오일에 반드시 응하고 만약 자기의 빛이 아니고 붉은 홍기나 황기가 이마 위에 나타나는 사람은 다만 돈과 재물이 굴러 자신에게로 오니 모든 자기는 곧 귀한 기운이다.

주로 천자의 명령을 국민에게 알리는 문서를 천자 앞에서 받으니 오직 사품 이상이라야 그러한 권한을 소유할 수 있는 것이요 그 이하는 그러한 기회를 얻기 어려우니 천중 부위는 주로 왕후의 지극히 높은 품격이고 천정 부위는 주로 이품이고 사공 부위는 주로 삼품이고 중정부위는 주로 사품이고 인당 부위는 주로 오품이다.

자기가 인당에 크게 내려 앉으면 다섯 말이 끄는 제후의 귀(貴)이니라.

황기 가운데 우러른 달 같은 자기가 이마 위의 부위에 나타나고 눈썹 위, 변지와 역마에 나타나고 아래로는 준두에 퍼지는 사람은 두 달 만에 황제로부터 알리는 기쁜 문서를 소유할 것이요 혹 추천이 되거나 하여 만날 것이요 또 귀한 아들을 낳을 것이며 밭 곡물의 생산이 날로 늘어날 것이요 큰 재물을 얻을 것이고 죄인은 용서를 받을 것이고 만약 윤택하게 빛나는 붉은 홍기나 황기가 그쳐 보이는 사람은 오직 재물만 굴러올 것이요 보통 사람은 재물을 얻어 기쁘고 결혼을 하면 아들을 생산하게 될 것이다.

천중에 둥글게 빛나 보이면 칠십일 내에 벼슬이 오르고 천중에 황기의 바탕에 밝은 흰색의 기운이 둥근 돈 모양처럼 나타나서 높고 넓게 이어서 퍼져나고 겸하여 삼정에 기쁜 황기가 나타나면 칠일 만에 틀림없이 절을하며 관직을 받을 것이요 자기를 얻으면 반드시 임금의 얼굴 앞에 서게 될 것이다.

액각에 반듯한 색이 머물면 삼년 내에 높은 섬돌에 오를 것이다.

일 월 용 호각에 늘 상 황기가 나타나 흩어지지 않으면 이년 안에 나가서는 장수가 되고 들어와서는 재상이 되고 또 자기의 상서로운 기운이 구름처럼 퍼지는 모양이 면 반드시 임금의 얼굴 앞에 서게 되는 것이다.

黃氣發從高廣하면 一季內必轉官資하고 祥雲擁照命宮하면
황 기 발 종 고 광　　　　일 계 내 필 전 관 자　　　　상 운 옹 조 명 궁

旬日中에 當膺天寵이니라 凡黃氣一二點이 如錢, 如月, 或寸
순 일 중　　당 응 천 총　　　　범 황 기 일 이 점　　여 전　　여 월 혹 촌

許或如絲絡하야 自天庭高廣으로 下接印堂眉上하고 旁通兩太
허 혹 여 사 락　　　　자 천 정 고 광　　　　하 접 인 당 미 상　　　　방 통 양 태

陽及準頭懸璧하야 相應者는 官必遷轉이오 士必登科하며 常
양 급 준 두 현 벽　　　　상 응 자　　관 필 천 전　　　　사 필 등 과　　　　상

人은 得財進産이니 濃厚者는 應在一月하고 稍薄者는 六旬
인　　득 재 진 산　　　　농 후 자　　응 재 일 월　　　　초 박 자　　　　육 순

이오 若氣如桂花, 如魚鱗하고 其中에 有紫紅이 隱隱如絲如豆者
약기여계화 여어린 기중 유자홍 은은여사여두자

는 此爲祥雲이니 兼印堂에 有此氣者는 官必超陞이라 大則封
차위상운 겸인당 유차기자 관필초승 대즉봉

侯拜相하고 小則欽取科道, 致仕官起用하고 士子는 高中白衣
후배상 소즉흠취과도 치사관기용 사자 고중백의

得官하며 僧道는 命服이오 戰士는 得勝하며 常人은 獲珍寶
득관 승도 명복 전사 득승 상인 획진보

大財하나니 濃厚者는 應一七하고 稍薄이면 二三七也니 印堂
대재 농후자 응일칠 초박 이삼칠야 인당

에 有紫하면 雖小憂나 不爲害오 若 印堂에 無此氣면 但循資
유자 수소우 불위해 약 인당 무차기 단순자

遷轉而已라
천전이기

絲路顯於上停하면 官職이 駸駸而進하고 額上에 有紅黃絲路
사로현어상정 관직 침침이진 액상 유홍황사로

者는 三十日內에 加官하고 凡人은 百事大吉이라
자 삼십일내 가관 범인 백사대길

红黃見于諸部하면 財源이 滾滾而來 니라
홍황견우제부 재원 곤곤이래

奏書에 瑞氣光濃하면 吉祥可想이오 兩眉頭 爲奏書하니 一
주서 서기광농 길상가상 양미두 위주서 일

部黃光이 與準頭로 相應하면 百事吉昌이오 赤色은 不宜라
부황광 여준두 상응 백사길창 적색 부의

羅計에 黃光發耀하면 財喜頻臻이니라 眉爲羅計하니 眉上이
나계 황광발요 재희빈진 미위나계 미상

黃瑩하면 左主添人進財하고 右主取妻進産이니 在一月하고
황영 좌주첨인진재 우주취처진산 재일월

赤妨訟, 白放父母, 靑憂病, 黑牢獄死亡刑剋兄弟니라
적방송 백방부모 청우병 흑뢰옥사망형극형제

九州黃色하면 喜自天來하고 揚州는 額이오 翼州는 頰오, 豫
구주황색 희자천래 양주 액 익주 해 예

州는 準이오, 荊州는 左太陽이오 徐州는 右太陽이오 靑州는
주 준 형주 좌태양 서주 우태양 청주

左顴이오 梁州는 右顴이오 兗州는 口左오 雍州는 口右니 滿面
좌관 량주 우관 연주 구좌 옹주 구우 만면

瑩하면 必遷官, 登科, 進財하고 若黃點이 如桂花, 粟豆하고
형 필천관 등과 잰재 약황점 여계화 속두

祥雲中에 有玉紋者는 必超陞高第하고 常人은 獲珍寶大財하고
상운중 유옥문자 필초승고제 상인 획진보대재

白衣, 僧道는 皆得官하나니 非常之喜也라
백의 승도 개득관 비상지희야

滿面紫花면 祿隨日至니라 紫氣點點如豆, 如月, 或絲路, 如玉
만면자화 녹수일지 자기점점여두 여월 혹사로 여옥

紋하야 上連天中하고 下貫準頭하며 并正面邊驛諸部者는 主
문 상연천중 하관준두 병정면변역제부자 주

封拜財祿이오 士人은 登科하나니 宜東南西方하고 不宜北方
봉배재록 사인 등과 의동남서방 불의북방

이라 紫氣訣에 云天中川字將軍祿이오 天庭圓錢享貴榮이라
자기결 운천중천자장군록 천정원전향귀영

山根忽見應加職이오 中正如逢定面君이라 懸壁福德皆有要오
산근홀견응가직 중정여봉정면군 현벽복덕개유요

奸門魚尾定妻娠이라 法令如錢遷美職이오 忽來地閣産頻增
간문어미정처신 법령여전천미직 홀래지각산빈증

이라 三台秀氣는 應三場이니 不喜光如油抹이오
삼태수기 응삼장 불희광여유말

三台는 即三停이니 士子入三場에 上主頭場하고 中主二場하고
삼태　즉삼정　　사자입삼장　　상주두장　　　중주이장

下主三場하니 但有黃氣成花하고 如九州黃瑩者는 必中選이오
하주삼장　　단유황기성화　　여구주황형자　　필중선

若先見黃白光이 如油抹者는 必下第하고 有粉紅光澤하고
약선견황백광　여유말자　　필하제　　　유분홍광택

白燄發于科名, 科甲, 印堂, 準頭, 兩顴者는 必帖出剝克也라
백염발우과명 과갑　인당　준두　양관자　　필첩출박극야

　　황기가 높고 넓게 피어 나아가면 한 계절 안에 관직과 재물이 꼭 들어오고 상서로운 기운이 구름처럼 명궁을 안아 비추면 십일 내에 하늘의 사랑이 가슴에 와닿을 것이니라. 무릇 황색의 기운 일 이 점이 돈과 같이 또는 달과 같은 모양이 손가락 마디 크기로 일어나거나 헌 솜의 실낱과 같은 것이 두루 묶여서 천정으로부터 높고 넓게 아래의 인당으로 눈썹 위로 이어지고 양쪽 태양골에서 준두, 현벽까지 미쳐 나타나는 사람은 관직을 틀림없이 높여 옮기고 선비는 반드시 과거에 오르며 보통 사람은 재물을 더 많이 생산하여 얻으니 짙고 두터운 사람은 일 개월 안에 나타나고 조금 엷은 사람은 육십일이다.

　　만약 계수나무 꽃과 같이 나타난 기운 가운데 깨끗한 고기비늘과 같고 그 중에 자색이나 홍색의 기운을 뿜으며 은은하게 콩 모양이나 가느다란 실이 덩이져 서려 있는 사람은 상서로운 좋은 기운이 구름처럼 모인 것이 되어 있고 겸하여 인당에 자기 빛이 나타난 사람은 관직이 반드시 뛰어 오른다.

　　크게는 제후와 마주하여 절을 하고 작게는 학문을 가리키며 존경

받고 선비는 관직에 임용되고 과거를 준비하고 있던 선비는 벼슬이 없던 보통 사람에서 관직을 얻어 높게 되며 승녀의 길을 가는 사람은 신분에 맞는 관복을 입을 것이요 전쟁터에 있는 사람은 승리할 것이며 보통 사람은 진귀한 보석과 큰 재물을 얻나니 짙고 두터운 사람은 칠 일안에 응하고 조금 엷으면 십사일에서 이십일일 이니 인당에 자기 빛이 나타나면 비록 작은 근심이 있을지라도 해로움은 없을 것이다. 그러나 인당에 자기 빛이 없다면 오직 재물을 따라 옮겨 다니는 몸이 된다.

상정에 하얀 비단 같은 윤택한 빛이 나타나면 관직이 빠른 말이 달리듯 빠르게 나아가고 이마 위에 붉은 홍기와 황기 그리고 윤택한 비단결 같은 하얀빛을 가진 사람은 삼십일 내에 관위가 오르고 보통 사람은 모든 일이 매우 잘된다.

붉은 홍기와 황기 모든 부위에 돌면 재물이 끊이지 않고 세차게 흘러들어 오니라.

주서에 경사스러운 좋은 기운이 진하게 밝으면 운수가 좋을 조짐으로 생각하는 것이 옳을 것이라 하셨다.

- 양쪽 눈썹 머리를 주서라 하니 이 한부위의 누런 밝은 빛이 준두와 함께 응하면 백가지 일이 길하여 번창할 것이요 적색(검붉은 색)은 마땅하지 못하다.

라도(왼쪽 눈썹) 계후(오른쪽 눈썹)에 누런빛이 밝게 피어올라 빛나면 재물의 기쁨을 자주 즐기게 되느니라.

눈썹을 라계라 하니 눈썹 위가 누렇게 빛나면 왼쪽은 주로 사람이 불어나고 재물은 더욱 쌓여가고 오른쪽은 주로 처를 가지며 자녀를

생산하니 일개월동안 적색(검붉은 색)이 가시지 않으면 방해하는 말다
툼이 생기며 하얀색은 부모를 방해하며 푸른색은 질병과 검은색은
감옥에 갇히거나 사망 그리고 형제와의 형극으로 서로 이기려 벌을
주게 되느니라.

  - 구주(중국 대륙의 지명을 얼굴의 부위에 적용)에 황색의 빛깔이 돌면
기쁨이 저절로 하늘에서 내려온다.

  이마는 양주요 턱(지각)은 익주요 코(준두)는 예주요 왼쪽 태양은 형
주요 오른쪽 태양은 서주요 왼쪽 관골은 청주요 오른쪽 관골은 양주
요 입의 왼쪽은 예주요 입의 오른쪽은 옹주이니 누런 밝은 빛이 얼굴
가득 빛나면 반드시 관직이 오르고 과거에 급제하며 더 많은 재물이
들어오고 만약 누런 점이 계수나무 꽃이나 노란 좁쌀이나 콩과 같이
덩이진 상서로운 맑은 구름처럼 퍼지는 가운데 아주 귀한 무늬가 나
타난 사람은 우수한 성적으로 관직에 뛰어 오르고 보통 사람은 진귀
한 보배와 재물을 얻고 관직이 없는 선비나 승도도 모두 관직을 얻나
니 보통과 다른 기쁨을 맞이할 것이다.

  - 자기의 빛이 얼굴 가득하면 하지와 동지까지 녹봉이 따르니라.

  자기가 점점이 콩과 같거나 달과 같거나 혹 윤택한 하얀 비단에 매
우 귀한 모양의 무늬가 위로는 천중과 이어지고 아래로는 준두를 꿰
며 바로 보이는 얼굴에서 변지 역마를 포함하여 모든 부위에 두루 퍼
져 있는 사람은 주로 제후에 봉해지고 벼슬에 임명되어 재물과 녹봉
이 주어질 것이다.

  - 학문과 덕행을 쌓은 사람은 과거에 급제하나니 동 남 서쪽은 마
땅하고 북쪽은 마땅하지 못하다.

자색의 기운을 결단하여 말하되 천중의 내 천(川)자 는 장군의 녹이
요 천정에 돈과 같이 둥글면 높은 벼슬로 귀하게 번영하여 누리리라.

산근에 갑자기 나타나 보이면 관직이 오르고 중정에 나타난다면
임금을 만나게 되리라.

현벽과 복덕궁 사이 전체적으로 모여 나타나야 하는 것이 중요하
고 어미와 간문은 처가 임신하면 나타나는 것이기도 하다.

 * 현벽과 복덕궁 사이에 어미와 간문이 포함되어 있다.

법령에 돈과 같은 모양이 나타나면 좋은 관직으로 옮기게 될 것이
요 지각에 돌연히 나타나면 생산하여 기르는 가축들이 자주 자주 더
하여 늘어날 것이다.

– 삼태(삼정)의 빼어난 기운이란 세 마당에 나타나는 것이고 기름이
떠 있는 것과 같은 빛은 기쁘지 않다. 삼태는 즉 삼정이니 덕과 학문
을 닦은 선비의 얼굴 세 마당(삼정)에 위는 주로 머리 마당이고 두 번
째는 가운데 마당이고 세 번째는 주로 아래 마당이라 하니 오직 누런
기운이 꽃으로 이루어져 있고 얼굴 전체적으로 누렇게 빛나는 것과
같은 사람은 꼭 우수한 성적으로 합격하고 만약 먼저는 누런빛이 보
였다가 기름을 바른듯 하얗게 빛나면 반드시 시험에 떨어지고 윤택
한 붉은 가루가 빛나고 하얀 불꽃이 일어나 당기듯 돌면 이름이 합격
명단에서 일등으로 합격할 것이며 인당 준두 양쪽 관골에 있는 사람
은 틀림없이 바람벽에 이름 붙었다 벗겨져 떨어져 나갈 것이다. 〈합격
명단에 있는 모양을 묘사하였음〉

一部黃明하면 占一等이나 惟防火點胭脂니라 士子考試에 三
일 부 황 명　　　점 일 등　　　유 방 화 점 연 지　　　사 자 고 시　　삼

台黃瑩하고 印帶紅絲紅點하고 天中에 有圓光하면 必上等首
태 황 형　　　인 대 홍 사 홍 점　　　천 중　　유 원 광　　　필 상 등 수

選이오 若眉下 黃如結繭橫抹하고 及準頭黃明하며 印有紅絲
선　　　약 미 하　황 여 결 견 횡 말　　　급 준 두 황 명　　　인 유 홍 사

氣者는 中等也오 但眉上黃色하고 印有紅氣而目下頭에 有火
기 자　　중 등 야　단 미 상 황 색　　　인 유 홍 기 이 목 하 두　　유 화

氣者는 又次之며 面無黃氣而眉頭額上에 有紅點하고 顴準이
기 자　　우 차 지　면 무 황 기 이 미 두 액 상　　유 홍 점　　　관 준

粉紅有黯點하며 墻壁이 皆暗하고 兼勾陳, 騰蛇, 玄武 一發動
분 홍 유 암 점　　　장 벽　　개 암　　　겸 구 진　등 사　현 무　　발 동

靑氣者는 必下等退黜也니 官員이 見此면 罷斥하고 庶人이
청 기 자　　필 하 등 퇴 출 야　　　관 원　　견 차　　파 척　　　서 인

見此면 官訟破財니라
견 차　　관 송 파 재

桂花 一 黃九有하면 文占高魁하고 九有는 卽九州니 黃花點片
계 화　　황 구 유　　　문 점 고 괴　　　구 유　　즉 구 주　　황 화 점 편

하고 印有紅紫絲點이면 應速이오 龍虎角紫氣도 亦妙라
　　　인 유 홍 자 사 점　　　응 속　　　용 호 각 자 기　　역 묘

蠟色이 映三台면 等居上列이니라 士子考試에 但眉印, 顴準,
납 색　　영 삼 태　　등 거 상 열　　　사 자 고 시　　단 미 인　권 준

天中, 地閣에 皆有黃氣하면 不滿面而 印有喜紅者는 亦居上
천 중　지 각　　개 유 황 기　　　불 만 면 이　인 유 희 홍 자　　역 거 상

選이라
선

科甲紫黃하면 策名天府하고 科名玉潤하면 獨步文場이니라
과 갑 자 황　　　책 명 천 부　　　과 명 옥 윤　　　독 보 문 장

眉上이 爲科甲이오 眉下 - 爲科名이니 入場二處에 黃紫 - 連
미상　위과갑　　미하　　위과명　　　입장이처　황자　　연

印堂橫發하면 必主大利라
인당횡발　　　필주대리

黃氣少而滯氣重하면 功名이 來又不來하고 面上에 雖有黃氣
황기소이체기중　　　공명이　내우불래　　　면상에　수유황기

而印準, 邊驛之氣 - 暗하면 爲明中有滯也니 凡人이 行事進
이인준　변역지기　　암하면　위명중유체야　범인이　행사진

退하고 飢寒切身者는 爲形滯오 似睡似醉, 似苦似愁者는 爲
퇴　　기한절신자　　위형체　사수사취　　사고사수자　　위

神滯오 言語無力하고 擧止似病者는 爲氣滯오 似明不明, 似
신체　언어무력　　　거지사병자　　위기체　사명불명　　사

暗不暗者는 爲色滯니 形滯는 十年이오 神滯는 八年이오
암불암자　위색체　형체는　십년이오　신체는　팔년

氣滯는 五年이오 色滯는 三年이니 滯氣開則運氣通矣오 如不
기체　오년이오　색체는　삼년이니　체기개즉운기통의　여불

開면 卽 一生偃蹇하나니 兼形相看하라
개면　즉일생언건　　　　겸형상간

靑氣少而明瑩多하면 喜財至而還至니라 玄武, 勾陳에 雖有靑
청기소이명형다하면　희재지이환지니라　현무　구진에　수유청

氣而三合, 準印이 明瑩하면 乃滯中有明이라 反化爲吉也니라
기이삼합　준인이　명형　　내체중유명　　반화위길야

　한 부위가 누렇게 밝으면 제일 좋은 점괘이기는 하나 목구멍만한 크기의 부위에 비계덩이 같은 기름이 겉돌면 오직 화재를 예방하여야 한다.

　덕과 학문을 닦은 선비가 시험을 치르고 삼태(삼정)이 누렇게 빛나

고 인당에 붉은 가는 실이 덩이를 이루어 밝은 기운을 띠거나 붉은 작은 점들이 모인 밝은 기운이 천중에서 둥글게 빛나면 틀림없이 높은 점수로 으뜸으로 뽑힌다.

그러나 눈썹 아래의 황기운이 실 북데기 같이 맺혀 가로로 통과하여 준두까지 누렇고 밝으며 인당에 붉은 홍기운이 나타나는 사람은 중간으로 과거에 합격한다.

단 눈썹 위의 누런 황색과 인당의 붉은 기운과 눈 아랫머리에 불같이 진한 붉은 색의 기운이 나타나는 사람은 또 그 다음이며 얼굴에 누런 기운이 없고 눈썹머리 이마위에 붉은 점이 나타나고 관골과 코 끝이 붉은 가루분같은 작은 알갱이들이 점점이 모여 있으며 얼굴 모양의 틀을 형성하고 있는 울타리 전체가 모두 어둡고 겸하여 구진의 짙누런 기운, 등사의 검붉은 기운, 현무의 거무틱틱한 기운 등 가운데 푸르 댕댕한 청기운이 일어나 감도는 사람은 최 하위의 점수로 물러나게 되니 관리가 이러한 기운의 색깔이 나타나 보이면 파면되어 쫓겨나고 평범한 사람이 이러한 기운의 색깔이 보이면 재판을 일으키거나 하여 재물이 깨어진다.

– 계수나무 꽃이 아홉 개의 주에 누렇게 나타나면 학문의 점괘도 으뜸으로 높게 나오고 구유는 바로 구주이니 누런 꽃 같은 조각들의 점과 붉은 홍색 기운의 점이나 자색의 기운으로 가는 실이나 작은 점들이 인당에 모이면 빠르게 나타난다.

용각과 호각의 자색의 빛도 역시 묘하다.

납색이 삼태(삼정)를 덮으면 위에서 나누어 열거한 그대로이니라.

  * 납색 : 꿀벌의 집을 끓여서 짜낸 기름의 색깔

덕이나 학문을 닦은 선비가 시험을 치르는데 한결같이 눈썹 인당, 관골 준두, 천중, 지각에 모두 나타나는 모든 황색의 기운이 얼굴에 가득하지 않고 인당에만 기쁜 붉은 색의 기운이 나타난 사람도 역시 높은 점수로 뽑힌다.

— 과갑이 자색이나 황색의 기운이면 천신의 관청에 이름을 올려 신하가 되고 과명이 아주 귀한 윤택한 기운이면 과거를 보는 장소 안에서 남이 따를 수 없느니라.

눈썹 위가 과갑이 되고 눈썹 아래가 과명이니 시험장으로 들어갈 때 두 곳에 머물러 있는 황색의 기운이나 자색의 기운이 인당에 가로로 이어져 일어나면 기필코 큰 이익을 이루어 낸다.

— 적은 황색의 기운이 무겁게 막혀 있으면 공을 세운 이름이 널리 알려지다가 다시

그쳐지고 얼굴 위에 비록 황색의 기운이 인당 준두, 변지 역마에서 어두우면 밝아야 할 곳이 막혀 있는 것이니 보통 사람이 일을 거행하면 나아가다가 물러나게 된다.배고픔과 추위에 접히고 깎여져 오그라진 몸을 가진 사람은 모양이 막힌 것이고 졸고 있는 것 같고 취한 것과 같고 고생을 한 사람 같고 근심이 있는 것 같은 사람은 신이 막힌 것이다.

말에 힘이 없고 모든 행동이 병이 있는 것 같은 사람은 기가 막힌 것이다.

밝은 것 같으면서 밝지 않고 어두운 것 같으면서 어둡지 않은 사람은 색이 막힌 것이니 모양이 막힌 것은 십년이요 신이 막힌 것은 팔년이요 기가 막힌 것은 오년이요 색이 막힌 것은 삼년이니 막혀 있던

기가 열리는 즉 바로 운기가 통하게 되는 것이고 그러나 열리지 않은 즉 일생을 고생하고 괴로워하나니 겸하여 모양을 분별하여라.

　– 약간 푸른듯한 기운이 매우 밝고 빛나면 재물의 기쁨이 당장 돌아와 이르르니라.

　탁한 검은 기운과 탁한 누런 기운에 비록 푸른 기운까지 삼합할지라도 준두 인당이 밝게 빛나면 이에 막힌 가운데 나타난 밝음이라 반대로 변하여 좋게 되느니라.

論中停吉氣
논중정길기

中停部位는 所轄이 甚多하니 印堂이 爲命宮이라 最宜平濶
증정부위　소할　심다　인당　위명궁　최의평활

이오 年根은 係疾厄하니 亦要豊隆이니라 土星이 爲財祿之宮
년근　계질액　역요풍륭　토성　위재록지궁

하니 直大爲美하고 羅計는 列兄弟之位하니 長分斯良이라
직대위미　나계　열형제지위　장분사량

子女는 居於龍宮하니 眶宜平滿이오 妻妾은 屬乎魚尾하니
자녀　거어용궁　광의평만　처첩　속호어미

肉忌陷枯니라 並宜光瀅淸明이오 總忌暗昏滯晦니라 耳高朝
육기함고　병의광형청명　총기암혼체회　이고조

海하면 福壽可知오 顴廣侵雲하면 威權必重이니라
해　복수가지　관광침운　위권필중

天倉, 地庫 -豐肥하면 富齊猗頓이오 天倉은 在日角後하고
천 창 지 고 풍 비 　 부 제 의 돈 　 천 창 　 재 일 각 후

地庫는 在地閣旁하니 並主田財라
지 고 　 재 지 각 방 　 병 주 전 재

印綬, 命門이 高瑩하면 福比陶朱니라 命門은 卽耳珠前이오
인 수 　 명 문 　 고 형 　 복 비 도 주 　 명 문 　 즉 이 주 전

印綬는 在其下하니 主福壽라
인 수 　 재 기 하 　 주 복 수

月孛이 光隆하면 平生少疾하고 年宮이 潤澤하면 一歲平安이라
월 패 　 광 륭 　 평 생 소 질 　 년 궁 　 윤 택 　 일 세 평 안

印堂에 黃點如珠하면 禎祥이 疊見하고 紫氣에 祥光如豆
인 당 　 황 점 여 주 　 정 상 　 첩 견 　 자 기 　 상 광 여 두

하면 貴祿이 齊來니라 紫氣는 卽 印堂이니 四時黃明하면 發
　 위 록 　 제 래 　 자 기 　 즉 인 당 　 사 시 황 명 　 발

財稱意하고 病人은 不死하며 官訟得赦하고 百事大和하며 若
재 칭 의 　 병 인 　 불 사 　 관 송 득 사 　 백 사 대 화 　 약

黃氣-如珠如錢者는 官遷職하고 士利考하며 庶人은 得大財
황 기 여 주 여 전 자 　 관 천 직 　 사 리 고 　 서 인 　 득 대 재

하나니 應七十日이오 若黃中에 隱隱見紫絲紫點者는 官超陞
　 응 칠 십 일 　 약 황 중 　 은 은 견 자 사 자 점 자 　 관 초 승

하고 士高第, 生貴子, 得大財하나니 尤宜南方이오 或有小憂
　 사 고 제 　 생 귀 자 　 득 대 재 　 우 의 남 방 　 혹 유 소 우

라도 不能爲害니라
　 불 능 위 해

闕中에 忽見仰月紫하면 章服應頒하고 鼻柱에 橫拖柳葉黃하
궐 중 　 홀 견 앙 월 자 　 장 복 응 반 　 비 주 　 횡 타 유 엽 황

면 錢財橫發이니라 黃色이 向山根年壽하야 橫過眼之上下하야
　 은 재 횡 발 　 황 색 　 향 산 근 년 수 　 횡 과 안 지 상 하

至髮際하고 或自準頭로 過兩顴至命門하야 形如柳葉橫拖하면
지발제　　 혹자준두　 과양관지명문　　 형여유엽횡타

並主大財라 奏書에 黃氣 一斜侵驛馬하면 必高遷하고 兩眉頭
병주대재　 주서　　 황기　 사침역마　　 필고천　　 양미두

爲奏書하니 黃氣 一橫至 邊驛者 九十日에 必遷官得遠財라
위주서　　 황기　 횡지 변역자 구십일　 필천관득원재

岳中에 金光이 上貫司空하면 須赴召니라 準頭에 黃氣如蒸
악중　 금광　 상관사공　　 수부소　　 준두　 황기여증

하야 上至司空者는 必赴召命리라
　　 상지사공자　　 필부소명

就選銓曹는 細察二台黃點이오 凡印堂이 黃明하야 貫奏書入
취선전조　 세찰이태황점　　 범인당　 황명　　 관주서입

邊驛하고 及準頭明瑩者는 宜就選得美職이오 若上中二台,
변역　　 급준두명형자　 의취선득미직　　 약상중이태

眉上眉下, 邊驛, 印堂 兩顴에 有黃色이 如碎米하고 中有紫點
미상미하 변역 인당 양관　 유황색　 여쇄미　　 중유자점

者는 必除要位오 若印上이 紅黃하고 山根이 靑點하며 準顴이
자　 필제요위　 약인상　 홍황　　 산근　 청점　　 준관

赤色者는 必地方不美오 若命門, 懸璧, 暗黑者는 官必不美
적색자　 필지방불미　 약명문, 현벽, 암흑자　 관필불미

하고 且防途路病險이라
　　 차방도로병험

欲除正授인대 但看夾鼻印光하라 凡準頭, 法令, 廷尉에 有黃
욕제정수　　 단간협비인광　　 범준두 법령 정위　 유황

氣夾鼻하고 上徹印堂者는 官必正授오 不然이면 皆假授及閑
기협비　　 상철인당자　 관필정수　 불연　　 개가수급한

散雜職이라
산잡직

三陽에 喜色이 黃濃하면 進財進職하고 博士에 祥光이 紫發
삼양 · 희색 황농 진재진직 박사 상광 자발

하면 生子生孫이니라 眉下-爲太陽, 中陽, 少陽하고 外陽을
생자생손 미하 위태양 중양 소양 외양

爲之博士니 常要明淨이라 若常黃色하면 必有財喜新婚하고
위지박사 상요명정 약상황색 필유재희신혼

忽黃濃帶紅紫氣하면 必生子進職이오 切忌暗黑하나니 幷印準
홀황농대홍자기 필생자진직 절기암흑 병인준

兩顴이 俱暗者는 必失職破財하고 家宅不寧이라
양관 구암자 필실직파재 가택불녕

– 중정 부위는 관할하는 범위가 진실로 많으니 인당을 명궁이라 한다.

넓고 평평하여야 최고로 마땅하며 산근과 년상은 질액궁이라 하니 역시 풍륭하여야 하니라. 토(土)성은 재백궁이니 곧고 크고 아름다워야 하고 라후 계도는 형제궁으로서 두 개로 나누어져 가지런하게 늘어져 있는 이것이 잘생긴 것이다.

자녀는 용궁(자녀궁의 다른 명칭)에서 머물고 있으니 눈자위가 평평하게 꽉 차야 한다. 처첩궁은 어미에 속하니 살비듬이 꺼지거나 마른 것을 싫어하니라.

아울러 마땅히 맑고 밝게 빛나야 하고 모든 것은 어둡고 흐리고 막히고 시든 것은 꺼려하니라.

귀는 높이 있으면서 바다(입)를 도우면 복과 수명을 알 수 있을 것이요 관골은 넓고 구름처럼 두루 뭉실(사납게 튀어나오지 않은 모양) 가라앉아 있으면 남을 복종 시키는 힘이 반드시 크니라.

- 천창 지고가 풍릉하고 도톰하면 가지런하고 아름답게 갖추어진 부자이다.

천창은 일각 뒷부분이고 지고는 지각의 곁에 있으니 함께 재물과 땅을 주재한다.

- 인수, 명문이 높이 솟아 빛나면 복을 도주에 견줄 수 있다. 명문은 바로 귓밥(수주) 앞의 부분이요 인수는 그 아래에 있으니 복과 수명을 주재한다.

- 월패가 솟아 빛나면 평생 질병이 적고 년궁(년상)이 윤택하면 일년이 평안하다.

인당에 구슬과 같은 누런 점이 나타나면 좋은 징조가 겹쳐서 나타나고 콩과 같은 모양에 상서로운 자기의 빛이 나타나면 귀한 명예와 녹봉이 똑같이 갖추어져 오느니라. 자기는 바로 인당이니 사계절이 누렇게 밝으면 마음에 들도록 재물이 일어날 것이고 질병이 있는 사람은 죽지 않으며 관청과 재판 받는 일은 용서를 받을 것이고 백가지 일을 잘 되게 생장 시키는 원기가 된다.

만약 황색의 기운이 돈이나 구슬 모양과 같은 사람은 관직이 오르고 선비는 이익을 속속들이 깊이 연구하며 평범한 사람은 큰 재물을 얻나니 칠십일이면 거두어들일 수 있을 것이다. 또 황색의 기운 가운데 자색의 실 같은 기운이 뭉쳐 드리워지거나 자색의 점들이 모여 은은하게 퍼져 있는 사람은 관직이 뛰어 오르고 선비는 우수한 제자를 두고 귀한 자식을 낳으며 큰 재물을 얻나니 남방(이마)에 나타나는 것이 더욱 마땅할 것이다. 혹 작은 근심이 있어도 능히 해가 되지 않느니라.

- 궐중(명궁 가운데)에 우러르게 생긴 자색의 달 같은 모양이 홀연히

나타나면 문장이나 기호의 무늬를 담은 옷을 하사받고 콧대에 가로로 누런 버드 나뭇잎을 풀어 놓은 듯하면 돈과 재물이 뜻하지 않게 일어 나니라.

누런색이 준두에서부터 시작하여 수상과 년상 산근을 향하고 가로로 눈의 위아래를 지나서 머리털이 나기 시작하는 부분까지 이르고 혹시 양쪽 관골을 지나 명문까지 버들잎을 가로로 풀어 놓은 모양과 같다면 아울러 주로 큰 재물이다.

– 주서에서 황기가 비스듬히 역마를 향하여 침범하면 기필코 높은 관직으로 올라 옮기게 되고 양쪽 눈썹머리를 주서라 하니 황기가 가로로 변지와 역마까지 이르는 사람은 구십일 내에 틀림없이 벼슬을 얻어 옮기며 재물도 멀리서부터 들어온다고 하셨다.

– 오악 가운데 금빛이 빛나 위로 사공까지 이으면 모름지기 부름을 받고 나아 가니라. 코 끝에 누런 황색의 기운이 수증기 같이 올라 위로 사공까지 이르는 사람은 반드시 부름을 받아 나아가는 삶이 된다.

– 고르고 뽑아서 관리로 내 보내는 전조(관리의 선발을 맡아서 하던 기관)는 이태에 누런 점이 있는지 세밀하게 살펴야 할 것이요 무릇 인당이 누렇게 밝아서 눈썹에서 변지와 역마궁으로 이어져 있고 준두까지 밝게 빛나는 사람은 마땅히 뽑혀서 좋은 직분을 맡는다.

그리고 이태는 위(상정)와 가운데(중정)를 의미하고 눈썹 위 아래, 변지와 역마, 인당, 양쪽 관골에 부숴진 쌀가루 같은 황색이 나타나있고 가운데는 자색의 점이 나타나 있는 사람은 기필코 허리에 띠를 두르고 섬돌에 오르는 지위를 얻을 것이다.

* 황제를 뵈알하는 지위에 오른다는 의미입니다.

그리고 인당이 붉으면서 누렇고 산근에는 산근에 푸른 점이 퍼져 있으며 코끝과 관골이 검붉은 색을 가진 사람은 틀림없이 어느 한 방면이 좋지 못하다.

만약 명문과 현벽이 검고 어두운 사람은 관직이 대체적으로 아름답지 못하고 또 길에서 병을 얻어 위험할 수 있으니 예방하여야 한다.

원하건대 바르게 나누어 전할진대 오직 인당에서 코까지 밝게 내려오는지 잘 살펴야 한다.

무릇 준두, 법령, 정위의 누런 황기가 코로 이어지고 인당까지 통하는 사람은 틀림없이 벼슬을 바르게 건네받을 것이다.

코에서 인당까지 통하지 않으면 모두 임시직으로서 한가하고 쓸쓸한 잡직(기술직 – 의학 역학 음양학 산학 율학 등)을 맡게 된다.

– 삼양에 진한 황색이 기쁜 색깔로 나타나면 재물이 날로 좋아지고 맡은바 직분도 날로 발전하며 박사에 상서로운 밝은 빛이 자색으로 피어나면 아들을 생산하고 손자가 태어나느니라.

눈썹 아래를 태양, 중양, 소양이라 하고 외양을 박사라 이르니 항상 밝고 깨끗하여야 한다는 것이 중요하다.

만약 늘 황색의 빛이 빛날 때 결혼을 하면 반드시 재물의 기쁨이 있고 돌연히 진한 황색의 기운에 붉은 홍기나 자색의 기운을 띠면 틀림없이 아들을 낳고 직분이 오른다.

매우 꺼리는 것은 검고 어두운 것이니 인당과 준두를 아울러 양쪽 관골이 함께 어두운 사람은 직장을 잃고 재물이 깨어지고 집안이 안녕하지 못하다.

黃氣 - 山腰連月角하면 大振才名하고 紫金이 根上貫天中하
황기　　　산요연월각　　　　대진재명　　　자금　　　근상관천중

면 高陞爵祿이니라 山根年壽에 常有光潤하면 主無災疾하고
　고승작록　　　　산근년수　　상유광윤　　　주무재질

黃色이면 安樂하며 病人은 卽愈하고 若昏暗하면 多不遂하고
황색　　　안락　　　병인　즉유　　　약혼암　　　다불수

赤血光, 白喪服이오 靑憂患, 黑災厄이니 若 黃色이 上貫兩眉
적혈광 백상복　　　청우환 흑재액　　약 황색　상관양미

下者는 百日內에 財喜遷官하고 上透額角하고 中有紫氣者는
하자　백일내　　재희천관　　　상투액각　　　중유자기자

必超陞하고 白衣得官이라
필초승　　　백의득관

準上金光이 透印堂하면 得祿得妻得貴子하고 準頭, 根人堂에
준상금광　투인당　　　득록득처득귀자　　　준두　근인당

有黃色이 透天庭者는 三七, 四七日에 有財喜, 進産, 娶妻,
유황색　투천정자　　삼칠　사칠일　유재희　진산　취처

生子等事하고 更得三陽諸部相應하면 大貴大財오 - 只有一
생자등사　　갱득삼양제부상응　　　대귀대재　　　지유일

部有之면 亦得財喜니라
부유지　　역득재희

鼻尖紫氣 - 如偃月하면 進財進馬進田庄이니라. - (五十日應)
비첨자기　여언월　　　진재진마진전장　　　　　　오십일응

禾倉에 生黃하면 秀才及第하고 禾倉은 在顴下하니 又主喜信
화창　생황　　　수재급제　　　화창　재관하　　　우주희신

至及移動이오 若帶紫點하면 尤速이라
지급이동　　약대자점　　　우속

蘭臺에 見紫하면 貴客臨門이니라 (主貴人相訪)
난대　견자　　　귀객임문　　　　주귀인상방

明堂에 一點光生하면 雲開見日하고 甲匱에 兩旁黃潤하면
명당　일점광생　　운개견일　　갑궤　양방황윤

財旺稱心이니라
재왕칭심

凡四方이 有滯未開호대 但得準頭 — 一點開發하면 卽漸漸亨
범사방　유체미개　　단득준두　일점개발　　즉점점형

通也라
통야

鼻乃明堂이니 爲一面之主라 其上下左右에 可候五臟六腑之
비내명당　위일면지주　기상하좌우　가후오장육부지

病 故로 爲最要하니 靈樞經에 云明堂者는 鼻也오
병고　위최요　영추경　운명당자　비야

關者는 眉間也오 庭者는 顔也오 藩者는 頰側也오 蔽者는 耳
관자　미간야　정자　안야　번자　협측야　폐자　이

門也니 其間은 欲方이라
문야　기간　욕방

去之十步라도 皆見者는 必壽也니 明堂은 骨宜高起平直이니
거지십보　개견자　필수야　명당　골의고기평직

五臟이 次于中央하고 六腑 — 挾其兩側이라 庭者는 首也오
오장　차우중앙　육부　협기양측　정자　수야

關上者는 咽喉也오 關中者는 肺也오 主官 (卽印堂)은 心也오
관상자　인후야　관중자　폐야　주관 즉인당　심야

直下는 肝也오 肝左 — 膽也오 再下脾也오 準上이 胃也오
직하　간야　간좌　담야　재하비야　준상　위야

中央이 大腸也오 挾大腸은 腎也오 面主以上은 少腸也오 面主
중앙　대장야　협대장　신야　면주이상　소장야　면주

以下는 膀胱子臟也니 五色이 各出其部라 部骨이 陷者는
이하　방광자장야　오색　각출기부　부골　함자

必不免于病이오
필불면우병

但外邪乘間者는 病雖甚이나 不死라 黃赤은 爲風하고 靑黑은
단 외 사 승 간 자　병 수 심　　불 사　황 적　위 풍　청 흑

爲病하고 白爲虛寒이니 察其浮沉하야 以知淺深이라 澤天以
위 병　백 위 허 한　찰 기 부 침　이 지 천 심　택 천 이

觀하면 成敗散搏 하야 以知遠近上下하고 以知病處하나니
관　성 패 산 박　이 지 원 근 상 하　이 지 병 처

終外部走內部者는 病從外人이오 從內部走外部者는 病從內出
종 외 부 주 내 부 자　병 종 외 인　종 내 부 주 외 부 자　병 종 내 출

이며 其色이 沉天上行者는 病益甚하고 其色이 下行如雲散者
기 색　침 천 상 행 자　병 익 심　기 색　하 행 여 운 산 자

는 病方己오 其色이 上銳면 上向하고 下銳면 下向하나니 左右
병 방 기　기 색　상 예　하 향　하 예　하 향　좌 우

도 亦然하고 男女 - 異位니라
역 연　남 녀　이 위

甲匱는 在鼻梁兩旁하니 黃潤하면 旬日에 有財喜니라 金匱光
갑 궤　재 비 량 양 방　황 윤　순 일　유 재 희　금 궤 광

明하면 諸吉이 鼎至하고 (在魚尾下) 金神黃紫하면 百福이 履祥
명　제 길　정 지　재 어 미 하　금 신 황 자　백 복　리 상

이니라 眼角, 天倉, 神光, 天門, 玄武之部를 通謂之金神이라
안 각　천 창　신 광　천 문　현 무 지 부　통 위 지 금 신

魚尾賊門 紅隱隱하면 捕盜有功하고 武官, 捕盜官이 宜見之
어 미 적 문　홍 은 은　포 도 유 공　무 관　포 도 관　의 견 지

니 此處에 有奸賊游軍諸部故也라 須印準, 三陽, 邊驛이 皆明
차 처　유 간 적 유 군 제 부 고 야　수 인 준　삼 양　변 역　개 명

瑩하면 應在二七이라 萬不失一이오 若靑黑色하고 玄武動하
형　응 재 이 칠　만 불 실 일　약 청 흑 색　현 무 동

며 印準이 暗하면 必因公失職이라

天中婦女-紫斑斑하면 誥封益福이니라 婦人이 天中左右에

有紫點如花하면 必受誥封이오 紫色常見者는 壽長이라

魚尾半錢紅潤하면 正配佳人하고 臥蠶一點金明하면 決生貴子니라

龍穴黃圍하면 生貴嗣하고 鳳池紅繞하면 産嬌娥니라

左目-爲龍穴하고 右目이 爲鳳池하니 有黃紅潤하고 紫色이

圍繞眼胞上下하고 印準이 亦紅黃者는 主生貴子하고 眼下靑

黃則生女하며 通主進財遷官하고 若印無色이면 主生子多不育

하고 二宮에 靑色이면 憂病하고 眼下黑色이면 剋子女니라

陰騭紋生하고 佳氣盤旋하면 陰德厚오 子孫痕起하고 印堂挑

列하면 子生成이니라

目下紅黃이 爲陰騭紋이니 上徹福堂, 邊驛, 三陽, 泥沙면 左

生貴子하고 右生貴女니 語에 曰 目下紫氣는 兒女主貴하고

印堂에 有肉痕이 隱隱直下者는 一條一子라하니라

윤택한 누런 황기가 산허리(산근 위)에서 월각으로 이어지면 재능 있는 이름을 크게 떨치고 자금(도자기의 잿물 빛의 한 가지)색이 산근 위에서 천중까지 꿰어지면 벼슬이 오르고 녹봉 또한 높아지니라.

산근과 년상 수상이 언제나 윤택하게 빛나면 주로 질병이나 재난이 없고 황색의 기운이면 마음이 평안하고 걱정이 없이 즐거우며 질병이 있는 사람은 바로 나아지고 만약 어두운 빛이 섞여 있으면 더 이상 나아가지 못하고 검붉은 색이 돌면 피를 부르는 위험한 색이요 하얀 색이 돌면 집안사람의 사망으로 인하여 상복을 입을 색이요 푸른색이 돌면 걱정과 근심, 검은 색이 돌면 재난과 질액을 예방하여야 한다.

그러나 이러한 색깔이 퍼져 있는 가운데서도 황색의 빛깔이 양 눈썹아래에서부터 위를 향하여 이어져 있는 사람은 백일 안에 재물의 기쁨이 있고 관직도 오를 것이며 또 액각(이마의 양쪽 모서리)까지 뻗쳐 있는 가운데 자기의 빛깔이 나타나는 사람은 틀림없이 관직이 뛰어오르고 벼슬을 하지 못하고 있는 사람은 관직을 얻을 것이다.

- 준두(코끝) 위에서부터 진한 황색의 기운이 윤택하게 인당으로 통하면 아내를 얻고 재물을 얻고 귀한 자식을 얻고 준두에서 산근 인당에 이른 황색의 기운이 천정까지 뻗쳐 있는 사람은 이십일일, 이십팔일 안에 재물의 기쁨을 소유하고 생산이 더불어 나아갈 것이며 장가를 가서 처를 얻을 것이며 아들을 낳는 등 많은 기쁜일이 있고 또 삼양(왼쪽 눈)을 비롯한 모든 부위가 서로 응하면 크게 귀해지고 큰 재물의 기쁨을 누리게 된다.

다만 한 부분에 나타나 거기서만 머물러도 역시 재물의 기쁨은 얻을 것이니라.

- 뾰족한 코에 자색의 기운이 초승달 모양과 같으면 재물이 점점 발전하고 가축과 토지도 점점 발전해 나아 가니라. - (오십일 안에)

- 화창에 황색의 기운이 생기면 우수한 재능으로 과거에 합격하고 화창은 관골 아래에 있으며 또 주로 시험에 합격하는 기쁜 소식과 옮기는 변화이고.

만약 자기색의 점을 띠면 더욱 빨리 진행된다.

- 난대에 자색이 나타나면 귀한 손님이 찾아온다.

* 주로 자신의 상을 문의하려고 찾는 사람 중에 난대에 자색이 나타난 사람은 귀한 사람이다.

명당에 일점 밝은 기운이 생기면 구름이 거쳐 태양을 볼 수 있는 것과 같고 금궤 갑궤를 비롯하여 주위가 황색의 기운으로 윤택하면 마음에 중심이 있고 재물이 왕성한 사람이다. 무릇 사방이 막히고 열리지 않았는데 오직 준두(코끝) 일점 열리는 기운이 피어나면 바로 즉시 점점 모든 일이 뜻과 같이 잘되어 나갈 것이다.

코를 바꾸어 말하면 명당(明堂)이니 한 얼굴의 주인이 된다.

코 아래 위 그리고 양 옆에 오장 육부의 병을 물어봄이 옳을 것이다.

그런고로 이 부위가 최고로 중요하니 황제내경 영추에 이르기를 명당이라는 것은 코이며 관은 눈썹 사이의 인당이다. 정(庭)이라는 것은 이마요, 번(藩)이라는 것은 뺨 곁이며 폐(蔽)라는 것은 귀의 문 부위이니 그 사이는 원하건대 방(方)한 모양의 모서리가 있어야 하니라 하셨다.

열 걸음을 걸어가더라도 모두 보이는 사람은 반드시 수명이 길 것이니 명당(코)은 뼈가 마땅히 높게 일어나 평평하고 곧아야 한다.

코는 오장(심장 폐장 비장 간장 신장)이 순서대로 나열되어 있고 육부
(담 위 대장 소장 방광 삼초) 는 그 양측 사이에 끼여 있다.

정(庭)이라는 것은 머리이고 관(인당) 위는 인후(목구멍)이다.

가운데는 폐이고 벼슬을 주관하는 인당은 심장이고 바로 아래에는
간이 있고 간 왼쪽 옆에는 담(쓸개)이 있고 다시 그 아래에 비장이 있
다. 코를 기준하여 위에는 위장이 있고 준두 가운데에 대장이 있고
신장은 대장 사이에 끼어있다.

얼굴에서 주로 윗부분은 소장이고 아래는 방광과 아이를 생산하는
장기가 있으니 다섯 가지 색(청 황 적 백 흑)이 각각 그 부위에서 나오
는 것이다.

그 부위의 골격이 꺼져 있는 사람은 대체로 질병에서 벗어나기 어
렵고 단 외부에서 잘못되는 사이에 옮아온 질병은 모름지기 심하더
라도 죽지는 않는다.

누렇고 검붉은 것은 바람이라 하고 푸르고 검은 것은 질병이라 하
고 하얀 것은 원기가 허하여 추운 것이니 뜨고 가라앉는 것을 잘 살
펴야 얕고 깊은 것을 알 수 있다. 잔잔한 못을 들여다보면 하늘에서
나타나는 흩어지고 뭉쳐져 이루고 패하는 것들을 자세히 살필 수 있
는 것처럼 멀고 가까움과 위와 아래를 앎으로써 병이 머무는 곳을 알
수 있나니 따라서 내부에서 외부로 뜬다는 것은 병이 좋아서 바깥으
로 나온다는 것이다.

따라서 바깥 부분에 나타나는 것을 좇아 내부로 가면 병이 나오는
내부를 찾을 수 있으며 그 색이 이마 위에 가라앉아 얼룩진 사람은
병이 더욱 깊고 그 색이 구름처럼 흩어져 아래에 얼룩진 사람은 몸

어디에 생긴 병이요 그 색이 위로 뾰족하면 위를 향하고 아래가 뾰족
하면 아래를 향하나니 왼쪽과 오른쪽도 역시 마찬가지이고 남자와
여자는 위치가 다르니라.

갑궤는 콧대 양쪽에 두루 있으니 누런 기운이 윤택하면 십일 안에
재물의 기쁨이 있다. 금궤가 밝게 빛나면 모든 일이 길이요 발이 세
개 달린 솥처럼 지극히 안정될 것이다. - (어미 아래에 있다.)

금신도 누런 황기에 윤택한 자기가 빛나면 백가지 복이 상서로움
을 밟고 있나니라. 안각, 천창, 신광, 천문, 현무의 부위를 통 털어 금
신이라 말한다.(P.그림 1 참조)

어미 도적 문에 붉은 홍기가 숨어서 윤택하게 감돌면 도적을 잡아
공을 세운다.

무관이나 포도관에게 나타나는 것이 당연할 것이며 이곳은 간사한
도적과 함께 놀고 있는 것이 나타나니 모든 부위를 다스리는 군(軍)이
되는 까닭이다.

모름지기 인당과 준두, 삼양, 변지와 역마가 모두 밝게 빛나면 십사
일 안에 거두어 들일 것이다. 만에 하나라도 잃어버리지 않을 것이요
만약 검푸른 색과 검은 기운이 감돌아 인당과 준두가 어두우면 틀림
없이 공적인 일로 말미암아 관직을 잃어버리게 된다.

- 결혼한 여인이나 하지 않은 여인이나 천중에 자기가 섞여 있으
면 벼슬과 복이 더욱 증가해 갈 것을 알리고 있는 것이다.

부인이 천중 좌 우에 자기의 기운이 꽃처럼 점점이 나타나면 반드
시 작위나 품계를 받을 것을 알려주는 것이며 자색이 언제나 나타나
있는 사람은 오래 살게 될 것이다.

- 어미에 동전 반쪽 모양의 붉은 홍기가 윤택하면 반듯하고 아름
다운 사람과 짝하고 와잠에 일점 황금빛이 밝게 빛나면 귀한 자식을
낳는다는고 결정되어 있느니라.용혈이 누런색의 기운으로 둘러싸이
면 귀한 자식을 생산하여 대를 잇고 봉지가 붉은 빛으로 둘러 감기면
아리따운 여자 아이를 생산 하니라.

왼쪽 눈을 용혈이라 하고 오른쪽 눈을 봉지라 이르니 윤택한 누런
기운과 붉은 기운의 자색이 눈을 에워 감싸 아래와 위를 보호하고 있
고 인당과 콧대도 역시 붉은 홍기와 누런 황기가 윤택하게 나타나는
사람은 주로 귀한 아들을 낳고 눈 아래가 푸르고 누런 즉 여자아이를
낳으며 재물의 증가와 관직을 옮기는 일을 주로 깨닫게 한다.

만약 인당에 색이 없으면 주로 아들을 낳아도 매우 기르기 어렵고
두 눈의 자리에 푸른색이 돌면 질병으로 걱정하고 눈 아래가 검은 색
이면 부모를 이기려고 하는 자녀이다

- 태어나면서 음즐문이 있고 빙 돌아 흐르는 기운이 아름다우면
음덕이 두터워 자손이 발뒤꿈치로 일어나고(튼튼하고 능력 있는 자식을
의미) 인당이 도톰하게 돋우어져 가지런하게 널려 있으면 자식이 생
기는 어른이 되도록 크느니라.

눈 아래의 붉은 홍기나 누런 황기가 감도는 곳을 음즐문이라 이르
니 위로 복당과 통하며 변지 역마 삼양의 얼굴빛이 좋지 못하면 왼쪽
은 귀한 아들을 생산하고 오른쪽은 귀한 여자아이를 생산하니 말씀
에 가로대 눈 밑의 자색의 기운은 주로 아이와 여자를 귀하게 하고
인당에 은은하게 아래로 곧게 내려오는 주름 같은 흔적이 있는 사람
은 한 줄에 한 자식이 있다고 하니라.

論下停吉氣
논하정길기

下停部位는 專主暮年이라 地閣은 爲田宅之司니 宜朝鼻準이
하정부위　전주모년　　　지각　위전택지사　　　의조비준

오 吻頤는 乃僕馬之地니 喜應天倉이니라
　　문이　내복마지지　희응천창

口如角弓而鬚似戟하면 衣祿無窮하고 溝若破竹而唇抹丹하면
구여각궁이수사극　　　의록무궁　　　구약파죽이순말단

福壽自有니라
복수자유

雙生紫氣夾蘭臺하면 一月中에 定迎勅命하고 食倉은 在法令
쌍생자기협난대　　　일월중　정영칙명　　　식창　재법령

內, 蘭臺外하니 忽有紫氣 – 如虫行者는 一月內에 有勅命至
내　난대외　　　홀유자기　　여충행자　일월내　유칙명지

하나니 兼印準額上看하라
　　　　겸인준액상간

兩道黃光이 來口角하면 百日內에 必轉官銜이니라 士子는 必登
양도황광　내구각　　　백일내　필전관함　　　사자　필등

科니 兼額印準眉看하라
과　　겸액인준미간

帳下紫錢現하면 陰德成名하고 準頭明鏡光하면 神仙有分이
장하자전현　　　음덕성명　　　준두명경광　　　신선유분

니라 帳下는 在蘭臺下人中旁하니 有紫氣 如錢하면 二十日에
　　　장하　재난대하인중방　　　유자기　여전　　이십일

成名有陰功하고 遇災無咎하나니 兼準頭看하라
성명유음공　　　우재무구　　　　겸준두간

準頭 - 色如鏡光하야 冬夏不絕하면 三五年에 必遇仙이라
준두　색여경광　동하불절　삼오년　필우선

內廚 - 黃如半月하면 必獲珍饌하고 內廚는 在法令下하니
내주　황여반월　필획진수　내주　재법령하

主貴人進美食이라
주귀인진미식

法令이 紫若破錢하면 當添姬從이니라 三月內에 應하나니 又
법령　자약파전　당첨희종　삼월내　응　우

主得勅命이오 若黃色이면 進人口니 左進男하고 右進女라
주득칙명　약황색　진인구　좌진남　우진녀

地閣이 紅黃하면 主進田園奴馬하고 學堂이 明淨하면 必逢薦
지각　홍황　주진전원노마　학당　명정　필봉천

剡貴人이니라 四學堂은 目爲官學堂하고 額爲祿學堂하고 齒
섬귀인　사학당　목위관학당　액위녹학당　치

爲內學堂하고 耳爲外學堂하니 又有八學堂하니 天中 日 高明
위내학당　이위외학당　우유팔학당　천중　왈　고명

이오 司空日 高廣이오 印堂日 光大오 眉日 班筍이오 目日 明
사공왈 고광　인당왈 광대　미왈 반순　목왈 명

秀오 耳日 聰慧오 口日 忠信이오 頦日廣德이라
수　이왈총혜　구왈 충신　해왈광덕

懸壁에 色明하면 家宅寧而吉利하고 地閣이 紅瑩하면 晚景
현벽　색명　가택녕이길리　지각　홍형　만경

泰而安閑이니라
태이안한

하정 부위는 오로지 말년을 주재한다. 지각은 토지와 주택을 맡으
니 마땅히 코가 도와야 하며 씹는 턱은 노복과 가축을 상징하는 땅이

니 천창이 기쁘게 잘 응해야 하니라.

　- 입은 활처럼 각이 져 있어야 하고 수염은 세 가닥의 창(戟)모양과 비슷하면 옷과 녹봉에 궁색함이 없고 인중이 대나무를 쪼개 놓은 것 같거나 입술이 붉은 단사를 바른 것 같으면 복과 수명이 태어나면서부터 본래 있는 사람이니라.

　- 난대에 자기의 빛이 두 개가 함께 생기면 일개 월중(15일정도)에 임금의 명령을 받도록 되어 있고 식창은 법령 안에 있으니 난대 바깥으로 홀연히 자기의 빛이 생겨 벌레가 기어가듯 퍼지면 사람은 일개 월안(30일)에 임금의 명령이 이르나니 겸하여 인당과 준두 이마 윗부분을 잘 살펴라.

　- 양쪽 도로(옆 턱 아래 부분)에서 밝은 황기의 누런 빛이 입의 끝 모서리로 내려오면 백일 안에 반드시 성 다음에 붙여 부르는 직함이 굴러 온다.

　* 이 부장님 또는 김 장관님 등

　덕행과 학문을 닦는 선비는 기필코 과거에 합격하니 겸하여 이마와 인당 준두 눈썹을 잘 살펴라.

　- 장하에 돈과 같은 모양의 자기빛이 나타나면 음덕이 있어 명예를 얻고 명성이 높아지며 준두가 거울처럼 밝게 빛나면 신선의 신비로움을 갖고 있느니라. 장하는 난대 아래 인중 곁에 있으니 돈 같은 둥근 자기의 빛이 나타나면 이십일만에 남에게 알려지지 않은 공적이 드러나 명성을 얻고 재난을 만나도 나쁜 해가 없나니 겸하여 준두(코끝)를 자세히 살펴라.

　준두가 거울같이 밝게 빛나는 색이 겨울 여름 끊이지 않으면 삼십

오세의 나이에 반드시 신선을 만난다.

- 내주가 반달처럼 누렇게 빛나면 반드시 진귀한 음식을 대접받고 내주는 법령 아래에 있으니 주로 귀인과의 맛있고 사치스런 음식을 가까이한다.

- 법령에 자색의 기운이 만약 깨어진 동전 모양이면 따르는 곁 마누라가 불어나는 것이 당연하니라.

삼 개월 안에 나타나고 또 주로 임금으로부터의 명령을 받게 된다. 그리고 황색의 기운이 입으로 흘러 들어간다면 왼쪽은 남자이고 오른쪽은 여자이다.

지각이 윤택한 붉은 홍기나 밝은 황기의 기운이 퍼져 있으면 주로 토지와 노복 가축이 불어나고 학당이 밝고 깨끗하면 반드시 천거해 주는 귀인을 만나리라.

얼굴을 네 개의 학당으로 나누면 눈이 관학당이요 이마가 녹학당이요 치아가 내학당이요 귀가 외학당이다.

* 명예와 부를 함께 누릴 수 있는 관직에 뜻을 둔 사람을 위하여 관직의 여부에 대하여 주로 상법이 연구 되었습니다. 그러므로 상법에서 학당은 매우 중요한 의미를 차지하고 있으며 오늘날에 와서도 학당의 중요성은 변함이 없습니다.

또 여덟 개의 학당으로도 나누는데 천중이 고명학당이요 사공이 고광학당이요 인당이 광대학당이요 눈썹이 반순학당이요 눈이 명수학당이요 귀가 총혜학당이요 입이 충신학당이요 턱이 광덕학당이라 한다.

현벽의 색이 밝고 윤택하면 집안이 안녕하고 길하여 유익하며 지각이 붉게 빛나면 늙어서의 모습이 매우 너그럽고 편안하고 한가하다.

論上停凶氣
논상정흉기

光風이 淸明則太虛 - 晃朗하고 烟霾蒙暗則六合이 彌漫하나
광풍 청명즉태허 황랑 연매몽암즉육합 미만

니 神淸者는 霽月秋波오 氣滯者는 濃雲薄霧라 醉不醉而睡不
신청자 제월추파 기체자 농운박무 취불취이수불

睡는 定非發達之象이니 暗不暗而明不明은 豈是飛揚之色이
수 정비발달지상 암불암이명불명 기시비양지색

리오 神宜藏而不宜露니 露則促年이오 神宜光而不宜短이니
신의장이불의로 노즉촉년 신의광이불의단

短則無壽니라 上視者는 傲而下視者는 愚며 斜視者는 奸而怒
단즉무수 상시자 오이하시자 우 사시자 간이노

視者는 惡이라 眼光如水하면 男女多淫하고 目炬若火하면 奸
시자 악 안광여수 남녀다음 목거약화 간

雄嗜殺이니라 睛有赤沙紅縷면 決不善終이오 眼或如鶻如蛇
웅기살 정유적사홍루 결불선종 안혹여골여사

면 皆含毒性이니라 昏眸白露는 惡死奸人이오 赤眼金睛은 凶
개함독성 혼모백로 악사간인 적안금정 흉

亡暴客이라 目尾下垂면 夫妻生別하고 眼弦三角하면 骨肉刑
망폭객 목미하수 부처생별 안현삼각 골육형

戕이라 (又主心毒) 有濃髮之健兒하고 無小頭之貴客이니라
장 (우주심독) 유농발지건아 무소두지귀객

行搖頭而坐低頭면 豈不貧窮이며 臥開眼而食露牙면 自然賤惡
행요두이좌저두 기불빈궁 와개안이식로아 자연천악

이니라 形如土偶하면 壽算難延이오 貌若烟塵하면 行藏必滯
형여토우 수산난연 모약연진 행장필체

니라 面帶悲容이면 定然寒苦오 血不華色이면 多是貧酸이오
　　　면대비용　　　　정연한고　　　혈불화색　　　　다시빈산

(一名歷血頭主不善) 怒面이 靑藍하면 心肝似鬼하고 喜容이
(일명력혈두주불선) 노면　　청람　　　심간사귀　　　　희용

紅艶하면 壽短如花니라 白如枯骨하면 不久人間이오 黑似濕
홍염　　　수단여화　　　백여고골　　　불구인간　　　흑사습

灰면 行歸泉下니라
회　　행귀천하

靑如點染하면 晦氣是侵하고 靑色은 主憂驚疾危이니 或如珠
청여점염　　　회기시침　　　청색　주우경질위　　　혹여주

點하고 或成痕路라 天中靑而光潤하면 必被詔命하고 若枯燥
점　　　혹성흔로　　천중청이광윤　　　필피조명　　　약고조

則死於詔裏니 秋發乃應이라 額上이 靑하면 六十日 憂驚하고
즉사어조리　추발내응　　　액상　청　　　육십일 우경

眉下－靑하면 旬日內에 虛驚하고 印堂靑點은 災厄損財오 山
미하　청　　　순일내　허경　　　인당청점　재액손재　　　산

根, 年壽－靑하면 疾病하고 準頭－靑하면 乃木剋土라 百不
근　년수　청　　　질병　　　준두　청　　　내목극토　　　백불

稱意오 人中이 靑하면 破財하고 地閣이 靑이면 水厄이오
칭의　　인중　청　　　파재　　　지각　청　　　수액

句陳, 騰蛇, 玄武－動하고 皆有靑은 見後라 黑或冥朦하면
구진 등사 현무　동　　　개유청　견후　　흑혹명몽

凶災日見이니라 黑主死亡, 牢獄, 破財니라 額上黑霧는 百日
흉재일견　　　　흑주사망 뇌옥 파재　　　액상흑무　백일

內에 非常之病으로 死亡, 罷斥하고 臉上에 黑氣－如霧하면
내　 비상지병　　　사망 파척　　　검상　흑기　여무

七日에 死하고 印堂이 黑暗하고 耳門黑氣－入口者는 死오
칠일　사　　　인당　흑암　　　이문흑기　입구자　사

山根, 年壽 - 黑하면 大病하고 準頭 - 黑하면 停官, 疾病,
산근 년수　흑　대병　준두　흑　정관 질병

枷鎖, 牢獄至死하나니 二三七에 應하고 人中이 黑하면 急病
가쇄 뇌옥지사　이삼칠 응　인중 흑　급병

하고 人中, 口吻에 黑繞하면 七日에 死하고 承漿이 黑하면
인중 구문　흑요　칠일 사　승장 흑

醉溺死하고 地閣이 黑하면 水厄牢獄, 損奴畜하고 百事不利
취익사　지각 흑　수액뇌옥 손노축　백사불리

하나니 冬月은 稍可하니라
동월　초가

粉色이 變容하면 喪必應하나니 團團片片各宮妨이오 面白如
분색 변용　상필응　단단편편각궁방　면백여

塗粉하고 無光潤者는 必主喪服하나니 若白片白點이 如梅花
도분　무광윤자　필주상복　약백편백점　여매화

梨花하야 團團而見者는 隨宮分斷之니라
이화　단단이견자　수궁분단지

額上은 憂父母니 六旬에 應하고 印堂에 白氣如絲하면 主父母
액상 두부모　육순 응　인당 백기여사　주부모

니 連鼻口耳者는 七十日이오 無父母則 本身이오 山根은 主輕
연비구이자　칠십일　무부모즉 본신　산근 주경

服이니 一白二十日에 應하고 目下는 主子女오 目眉는 主妻妾
복　일백이십일 응　목하 주자녀　목미 주처첩

이니 三七에 應하고 顴上은 主兄弟伯叔이오 耳下, 邊地는 姊
삼칠 응　관상 주형제백숙　이하 변지 시

妹姑姨며 又主傷折이오 年上은 主重喪及祖父母니 應速하고
매고이 우주상절　년상 주중상급조부모　응속

壽上은 主一年哭泣하고 準頭는 主父母니 甚則自身이오 仍破
수상 주일년곡읍　준두 주부모　심즉자신　잉파

財니라 人中은 防毒及産厄이오 地閣은 奴畜이라
재   인중   방독급산액   지각   노축

火光이 照面하면 訟頻遭하나니 點點絲絲諸部畏니라 凡人이
화광   조면   송빈조   점점사사제부외   범인

滿面火色이 면 主官訟이니 若有赤點赤絲 ─ 發露하면 決主
만면화색   주관송   약유적점적사   발로   결주

官事, 火殃, 惡病, 血光之厄이오 天中, 天庭의 赤點은 火殃,
관사 화앙 악병 혈광지액   천중 천정   적점   화앙

兵厄이오, 司空, 中正은 橫事破財하고 印堂, 眉頭는 鬪訟械繫
병액   사공 중정   횡사파재   인당 미두   투송계계

하고 山根, 年壽는 血光, 火殃, 損財, 奴畜이오 準頭는 刑厄,
     산근 년수   혈광 화앙 손재 노축   준두   형액

爭訟이오 赤帶絲路 ─ 如蛆者는 血光, 破財하고 人中은 失物
쟁송   적대사로   여저자   혈광 파재   인중   실물

이오 闈內上下는 口舌이오 承漿은 酒禍오 地閣은 田訟, 小
     위내상하   구설   승장   주화   지각   전송 소

口病이오 目上은 牢獄이오 目下는 疝氣, 疸産厄이라
구병   목상   뇌옥   목하   산기 달산액

焰裏點烟이면 外主官刑家主火오 滿面火色而毛孔中에 有針
염리점연   외주관형가주화   만면화색이모공중   유침

點之靑及赤絲路者는 名火裏烟이니 主人命厄이라 至驗하니라
점지청급적사로자   각화리연   주인명액   지험

薄紗染皂면 肥生癰毒瘦生癆니라 額準顴額에 有火氣하고 帶
박사염조   비생옹독수생로   액준관액   유화기   대

靑點하며 名薄紗染皂而印堂, 眉下, 懸璧이 皆紅者는 肥人은
청점   각박사염조이인당 미하   현벽   개홍자   비인

必發癰疸惡瘡하고 瘦人은 癆病이니 與火裏烟으로 同하니라
필발옹달악창   수인   로병   여화이연   동

비가 갠 뒤에 부는 맑은 바람은 마음도 맑고 밝게 하니 티끌 하나 없이 비어있는 허공도 밝은 것이고 연기와 안개가 덮고 가리어 어두운 것은 육합이 얽히고 멋대로 흩어지나니 신 이 맑은 사람은 쾌청한 달빛이요. 잔잔하고 아름다운 가을물이다.

기가 막힌 사람은 짙은 구름에 엷은 안개라. 취하지 않았는데 취한 것 같고 졸지 않는데 졸고 있는 것 같은 사람은 발달하지 않게 되는 기운의 모양이니 어두운 것 같지 않으면서 어둡고 밝은 것 같으면서 밝지 않으면 어찌 뛰어넘고 날아오를 수 있는 색이라 할 수 있으리오.

신은 감추어져 있어야 마땅하고 드러나면 마땅하지 못하나니 드러난 즉 수명을 재촉하는 것이다.

신은 광선으로 길게 빛나야 마땅하고 짧은 것은 마땅하지 않으니 짧은 즉 수명이 없는 것이다.

위로 보는 사람은 거만하고 아래로 보는 사람은 어리석으며 비껴보는 사람은 간사하고 성을 내서 보는 사람은 악하다.

눈빛이 물빛과 같으면 남녀 모두 매우 음란하고 눈이 횃불 같은 불이라면 간악하여 죽이는 것을 즐기느니라.

눈동자에 붉은 모래알 같은 점들이 뿌려져 있고 붉은 실핏줄이 나타나면 마지막이 좋지 못하다는 것을 결단하여 말한다.

눈이 혹 매의 눈과 같거나 뱀의 눈과 같다면 모두 독을 머금고 있는 성품이니라.

눈동자는 흐린데 흰자위가 많이 드러나면 악하게 죽는 간사한 사람이요 붉은 눈에 황금색 눈동자는 흉하게 망하는 사나운 나그네이다.

눈 꼬리가 아래로 드리워지면 남편과 아내가 살아서 이별하고 눈이 활시위같이 곧아 삼각모양을 이루면 뼈와 살을 나눈 육친에게 말뚝을 박는 형벌이 있다.

(또 주로 마음이 독하다.)

머리카락이 짙게 나타나면 혈기가 왕성한 건강한 남자이고 작은 머리의 귀한 나그네는 없다.

걸을 때 머리를 흔들고 앉아서 머리를 숙이면 어찌 가난하고 궁색하지 않을 것이며 눈을 뜨고 잠자거나 밥 먹을 때 치아가 드러나면 원래부터 천하고 미운 사람이다.

모양이 땅의 모양을 닮으면 늘어나는 수명을 셈하기 어렵고 모습이 만약 연기와 먼지로 찌들어 있다면 나가거나 물러나거나 반드시 막혀 있다.

얼굴이 슬픔을 띤 얼굴이면 차디찬 고생을 하게 되는 것이다.

혈색이 피어나지 않으면 쓰디 쓴 가난으로 매우 힘들 것이고 (일명 역혈두라 하여 주로 선량하지 않다.)

성낸 얼굴이 짙고 검푸르면 참마음이 요망스러운 귀신과 비슷하고 즐거운 모양이 탐스럽게 화색이 돌면 꽃과 같아 수명이 짧다.

뼈가 마른 것처럼 하야면 인간 세상에서 오래하지 못하고 재가 물에 젖은 것처럼 검으면 저승으로 돌아 가니라.

- 푸른 물감이 찍힌 흔적과 같으면 어두운 기운이 가라앉은 때이고 푸른색은 주로 근심과 놀라움 그리고 질병으로 생기는 위기이니 혹 구슬처럼 둥근 점 같거나 혹 뚜렷하게 드러난 흔적을 말한다.

천중이 윤택하게 빛나는 푸른빛이면 반드시 임금으로부터 국민에게 알리는 문서를 받고 만약 윤택함이 없이 마른 즉 안으로 불러들여

서 죽이니 가을에 일어날것이 이에 나타난다.

이마 위가 푸르면 육십일 만에 근심으로 놀라고 눈썹 아래가 푸르면 십일 내에 실상이 없는 일에 놀라고 인당의 푸른 흔적은 재난으로 인하여 재물이 덜어지고 산근 년상 수상 이 푸르면 질병이 있고 준두가 푸르면 이것은 목극토(木剋土)로서 백가지라도 마음에 맞는 일이 없다.

인중이 푸르면 재물이 깨어지고 지각이 푸르면 물의 재난이요 구진, 등사, 현무가 움직이고 모두 푸르면 나중에 보아라.

– 검은 것이 혹 매우 어두우면 흉한 재난이 그날 나타 나니라.

검은 것은 사망, 감옥에 갇힘으로 재물이 깨어진다. 이마 위에 안개가 끼인듯 검으면 백일 안에 세상에 둘도 없는 병으로 사망하게 되고 내쫓겨 그만 두게 된다.

뺨 위에 안개 같은 검은 기운이 뜨면 칠일 만에 죽고 인당이 어둡게 검고 귀문의 검은 기운이 입으로 들어가는 사람은 죽는다.

산근, 년상 수상이 검으면 병이 무겁고 준두가 검으면 관직이 중지 되고 질병과 목에는 칼(죄인의 목에 씌우는 형틀)을 쓰고 발에는 쇠사슬 을 차는 형벌로 감옥에서 죽기까지 하나니 육 칠일 만에 나타나고 인 중이 검으면 갑작스럽게 병이 들고 인중에서 음식을 씹는 입에 검은 기운이 두루 감으면 칠일 만에 죽고 승장이 검으면 술에 취하여 빠져 죽고 지각이 검으면 물의 재난이나 감옥에 갇히고 노복이나 가축을 잃어버리는 백가지 일 모두가 이롭지 못하니 겨울철에는 조금 괜찮 아진다 하는 것이 옳을 것이니라.

– 가루분 같은 색으로 얼굴이 달라지면 반드시 초상(사람이 죽는 일)

을 당하나니 동글동글 맺혀있거나 여러 조각이 각 궁에 흩어져 있는 모양은 방해하고 있는 것을 나타내고 있는 것이다.

얼굴이 가루분을 칠한 것처럼 하얗고 윤택한 빛이 없는 사람은 거의 주로 상복을 입게 되나니 만약 하얀 점이나 하얀 조각과 같은 모양이 매화꽃이나 도화 꽃처럼 동글동글한 것이 나타난 사람은 나타난 그 궁의 육친이 끊어지고 헤어지는 일이 따라 오느니라.

이마 위는 부모의 근심이니 육십일 만에 나타나고 인당에 실낱같은 하얀 기운이 나타나면 주로 부모이니 이어서 코나 입 그리고 귀에 그러한 사람은 칠십일 만에 나타나고 부모가 계시지 않으면 바로 본인의 몸이다.

산근은 주로 가벼운 상복을 입을 일이니(먼 친척의 관계) 일백이십일 만에 나타나고 눈 아래는 주로 자녀이다. 눈 꼬리는 주로 처와 첩이니 이십일일 만에 나타나고 관골 윗부분은 주로 형제 백(伯父母-큰아버지 큰어머니) 숙(叔父母-작은 아버지 작은 어머니) 이고 귀 아래와 변지는 자매(여자 형제) 고모(아버지의 누이) 이모(어머니의 자매)가 주로 상하여 꺾이고 년상은 주로 무거운 초상으로서 조부모(祖父母-할아버지 할머니)로서 빠르게 나타나고 수상은 주로 일 년 동안 소리 내어 슬피 우는 것이고 준두는 주로 부모이니 심한 즉 바로 자신으로서 이로 인하여 재물이 깨어지느니라.

인중은 아이를 낳을 때의 위험이나 독극성 물질을 예방하여야 하고 지각은 가축과 노복이 된다.

불꽃같은 빛이 얼굴에서 비치면 자주 말썽의 시비를 만나게 하니 작은 점들이 모여 이루어진 흔적이나 가는 실낱들이 모인 모양은 모든 부위를 두렵게 하느니라.

평범한 사람이 얼굴 가득 불같은 색이면 주로 관청과의 말썽이니 만약 검붉은 알갱이들이 모여 있거나 검붉은 실낱들이 생겨 겉으로 드러나면 주로 관청과의 말썽(범죄 종류의 사건), 화재의 재앙, 악질 병(잘 낫기 어려운 병), 혈광(피를 흘리는 사고–교통사고 등)의 재앙이다.

천중 천정에 붉은 알갱이들이 모인 검붉은 흔적은 화재의 재앙이나 병사의 재액이요. 사공 중정은 일이 중간에 잘려져 재물을 잃게 되고 인당과 눈썹머리는 관송으로 싸우고 형구에 매달려 옥에 갇히며 산근년상 수상은 피를 부르거나 화재의 재앙, 재물의 손실, 노복이나 가축의 손실이다. 준두는 형벌의 액이요. 송사의 다툼이다. 좁은길 같은 붉은 피가 구더기와 같은 것은 피를 부르고 재물을 깨뜨리며 인중은 물건을 잃어버리고 위내의 위아래는 시비구설이다.

승장은 술로 인한 재난이요 지각은 토지의 문제로 인한 말썽이거나 입에 생긴 병이요 눈 위의 것은 감옥에 갇히는 것이요 눈 아래는 허리 또는 아랫배가 아프거나 아이를 낳을 때 얻은 병으로서 간에 이상이 생긴 병이니라.

– 작은 알갱이들이 모인 흐릿한 기운이 꽃송이 같은 불꽃모양(화과연)이면 밖으로의 일은 형벌이고 집안의 일은 주로 화재이다.

얼굴 가득 불같은 색이고 털구멍까지 바늘 끝 같은 작은 점이 꼭 꼭 박혀있고 푸르고 검붉은 실낱이 널려 있는 모양의 이름이 화과연(꽃송이 모양의 검붉은 빛깔)이니 주로 사람의 목숨을 위태롭게 하는 재난이므로 지극히 위험하다.

– 살비듬이 거친 비단에 얇은 물을 들인 것 같으면 살이 찐 몸이 지

독한 악성 종기를 앓게 되고 여윈사람은 폐병에 걸리게 되느니라.

이마와 준두 그리고 이마와 관골이 불같이 붉고 그 위에 푸른 점을 띤 빛깔의 이름이 박사염조이고 인당 눈썹 아래 현벽이 모두 붉은 사람 중 살이 찐 사람은 틀림없이 지독한 악창이나 아주 흉한 부스럼이 일어나고 마른 사람은 폐결핵이니 화과연으로 인한 것과 같은 것이니라.

* 적색의 모양 중 아주 위험한 화과연과 박사염조를 설명하고 있습니다. 화과연은 붉은 색깔 점들에 푸른 빛이 좁은 길처럼 띠를 이루고 박사염조는 붉은 빛깔에 푸른 점이 얼룩져 있습니다. - 결과는 화과염의 재난이나 박사염조의 재난이나 위험한 것은 같다는 것입니다.

赤橫眉上하면 九十日에 必主凶亡이오 火點額頭하면 一月中
적 횡 미 상　　　구 십 일　　필 주 흉 망　　　화 점 액 두　　　일 월 중

에 須防人命이니라
　수 방 인 명

滿額絳霞면 應有訟이니 (二七日應) 貫天靑氣 - 豈無憂리오
만 액 강 하　　응 유 송　　　(이 칠 일 응) 관 천 청 기　　기 무 우

靑氣貫天庭하면 九十日內에 有不測之憂라 或云靑氣 自髮際로
청 기 관 천 정　　　구 십 일 내　　유 불 측 지 우　　혹 운 청 기 자 발 제

接印하면 不論疾病淺深하고 六十日死오 至鼻梁이면 一月에
접 인　　불 논 질 병 천 심　　　육 십 일 사　　지 비 량　　　일 월

死하고 至人中하면 一七에 死하고 滿面이면 卽日死니라
사　　지 인 중　　　일 칠　　사　　　만 면　　즉 일 사

天庭에 靑點注면 可盧瘟災오 華蓋에 黑朦朧하면 須防卒病
천 정　청 점 주　　가 노 온 재　　　화 개　흑 몽 롱　　　수 방 졸 병

이니라 年上에 鳥雲이 應天岳하면 猻犴難逃오 天岳은 在天
　　　　년상　　조운　　응천악　　　　폐한난도　　천악　　재천

中旁하니 二處에 皆有黑氣하야 甚則瘦死라
　중방　　　이처　　개유흑기　　　심즉수사

鼻梁에 黑霧 – 上天庭하면 閻羅必見이니라 準頭 光하면 可
　비량　　흑무　　상천정　　　염라필견　　　　준두　광　　　가

折一半이라
　절일반

太歲臨門하고 額上이 昏昏하면 常蹇滯하고 邊庭晦氣하고
　태세임문　　액상　　혼혼　　　상건체　　　변정회기

耳邊而 黯黯하면 定迍邅이라
　이변이　암암　　　정둔전

兩太陽, 邊驛 下, 耳前, 懸壁一帶 – 氣不光明者는 百事不遂
　양태양　변역　하　이전　현벽일대　　기불광명자　　백사불수

오 若有黑氣則破財. 失脫牢獄也라
　　약유흑기즉파재　　실탈뇌옥야

黑斑點額하면 死症難醫오 (黑點이 如麻子라)
　흑반점액　　　사증난의　　（흑점　　여마자）

赤氣入邊하면 游魂不返이니라 (主外亡이라)
　적기입변　　　유혼불반　　　　（주외망）

四殺에 黑靑이 見祥하면 臨危致命하고 眉上一寸이 名四殺이
　사살　흑청　　견상　　　임위치명　　　미상일촌　　　명사살

니 黃潤則行兵得勝하고 有黑이면 凶이라
　　황윤즉행병득승　　유흑　　　흉

驛馬에 白虹이 貫頭하면 半路回程이라 驛馬는 宜黃潤이니
　역마　백홍　　관두　　　반로회정　　　역마　　의황윤

若靑黑氣貫之면 車馬有災하고 赤主口舌이오 白氣橫貫天庭則
　약청흑기관지　　차마유재　　　적주구설　　　백기횡관천정즉

半路聞喪也라
반 로 문 상 야

庭前에 梅粉이 團團하면 須憂父母오 堂上에 梨花 — 點點하면
정 전 매 분 단 단   수 우 부 모 당 상 이 화   점 점

必喪弟兄이니라 (正面이 爲堂이라)
필 상 제 형   (정 면 위 당)

眉上에 白光이 如練하면 左損父兮右損娘이오
미 상 백 광 여 련   좌 손 부 혜 우 손 낭

印中에 粉氣 — 似絲면 非喪親兮卽喪己니라 (並詳粉色變容下)라
인 중 분 기 사 사 비 상 친 혜 즉 상 기   (병 상 분 색 변 용 하)

滿面雀斑白焰이면 孝服이 上身하고 天倉雪色連邊하면
만 면 작 반 백 염 효 복 상 신   천 창 설 색 연 변

折傷亡命이니라
절 상 망 명

天倉에 白氣 — 連太陽, 驛馬. 邊城하면 主有折傷이니라
천 창 백 기 연 태 양 역 마 변 성   주 유 절 상

喪門光似錫하면 有哭泣之哀하고 淚堂이 白痕如錫光을 名喪
상 문 광 사 석   유 곡 읍 지 애   누 당 백 흔 여 석 광   명 상

門이라
문

白虎氣環脣中하면 死亡之厄이니라 耳前白氣朝口를 名白虎라
백 호 기 환 순 중   사 망 지 액   이 전 백 기 조 구 명 백 호

　

　— 검붉은 적색이 눈썹 위를 가로지르면 주로 구십일 만에는 대체적으로 흉한 재앙으로 망하게 된다. 이마와 머리에 붉은 알갱이들이 모여 검붉은 반점을 이루고 있는 사람은 일 개월 중(15일 정도)에 모름지기 목숨을 예방하여야 한다.

이마에 진홍빛 노을이 가득하면 송사가 생긴다. -(십사 일만에 나타
난다.)

푸른 청기가 이마를 관통하면 어찌 근심이 없으리오.

푸른 청기가 천정까지 이어지면 구십일 안에 생각지도 못했던 근
심이 나타난다.

혹은 말하되 푸른 청기가 머리카락이 나기 시작하는 발제 부위로
부터 시작하여 인당으로 이어지면 질병의 가볍고 무거움을 말하지
말라 육십일이면 죽는다.

콧대까지 이어지면 일개월 만에 사망하고 인중까지 뻗치면 칠일
만에 사망하고 얼굴 가득하면 그날 바로 죽는다.

- 천정에 푸른 반점이 물이 흐르듯 모여 퍼지면 돌림병의 재난이
라 생각하면 옳을 것이고 화개에 검은 기운이 흐릿하게 어두우면 모
름지기 갑작스런 질병을 예방하여라.

- 년상의 검은 구름이 이마(남악 형산)의 형산에 흘러들면 피할 수
없는 곳에서 사나운 짐승을 만난 듯 감옥을 피하기 어렵고 이마의 남
악은 천중을 중심으로 두루 형성되어 있으니 두 곳 모두 검은 기운이
나타나면 심한 즉 몹시 여위어 죽게 되느니라.

- 콧대에 검은 안개가 위로 천정까지 뻗치면 염라대왕을 반드시
만날 것이니라.

준두가 밝게 빛난다면 위험의 절반은 줄어들 수 있으리라.

- 매년 들어가는 그해(正初)에 이마 윗부분이 어둑어둑하면 항상 일
이 어렵고 뜻대로 되지 않고 변지와 천정을 어두운 기운이 감싸고 귀
의 가장자리가 검어서 어두우면 가는길이 험하여 잘 나아가지 못한

다. 양쪽 태양골, 변지 역마 아래, 귀 앞, 현벽 주위의 일대가 밝게 빛
나지 않는 사람은 백가지 일이 따르지 않고 만약 검은 기운이 나타나
는 즉 재물이 깨어지고 빛이 벗어나면 감옥에 갇히게 된다.

  – 이마에 검은 알갱이가 모여 얼룩덜룩 반점을 이루고 있으면 의
사도 고치기 어려운 죽을 증세이다. – (검은 점이 삼 씨와 비슷하다.)

  검붉은 적기가 변지로 들어가면 돌아오지 않는 떠도는 넋이니라.
(주로 바깥에서의 사망이다.)

  – 사살에 검고 푸른 기운의 조짐이 보이면 위기에 임하여 목숨이
끊어질 지경에 이르고 사살은 눈썹에서 일촌 위의 부분이니 윤택한
누런 황기인 즉 병사로 나가도 승리하고 검게 나타나면 흉이다.

  – 하얀 무지개가 역마에서 머리로 이어지면 돌아오는 길이 반은
줄었다. *돌아오기 어렵다.

  역마는 누런 황기가 윤택하여야 마땅하니 만약 검푸른 기운으로
꿰어져 이어지면 말이 끄는 수레의 재난이 있고 검붉은 적색은 주로
구설시비 말썽이요 하얀 백기가 천정을 꿰어 가로로 이어지는 즉 사
람이 죽는 흉한 말을 반은 들은 것이다.

  천정 앞에 가루분이 동글동글한 매화꽃과 같으면 모름지기 부모에
게 근심이 있고 당상에 배꽃과 같은 모양이 점점이 모여 떠 있으면
반드시 형제의 슬픈 소식이 있느니라. – (정면을 당이라 이른다.)

  – 눈썹 위에 흐물흐물한 것 같은 하얀 빛이면 왼쪽은 아버지를 여
의고 오른쪽은 어머니를 여윈다.

  –인당 가운데 가루분같은 기운이 실처럼 이루어져 있으면 친부모
의 슬픔이 아니면 바로 자기에 게 미치는 나쁜 흉이니라. – (아울러 얼

굴 아래 부분에 변하는 색을 상세히 살펴야 한다.)

얼룩 반점이나 주근깨가 얼굴에 가득하고 하얀 불꽃이 일면 부모님이 돌아가셔 입는 상복으로 몸을 덮고 천창에 눈 같은 하얀색이 이어져 변지에 이르면 꺾어지고 다쳐서 망하는 목숨이니라.

천창에 하얀 백기가 태양 역마 변성을 이으면 주로 꺾이고 다치느니라.

상문으로서 누당이 주석과 같은 빛이나면 소리를 내어 슬피 울 일이 생기고 누당이 주석 빛과 같은 하얀 흔적을 상문이라 이름 한다.

백호의 기운이 입술을 둘러싸면 사망의 재액이니라. 귀 앞에서부터 백기가 입으로 들어가는 것을 백호라 이름 한다.

論中下二停凶氣
논중하이정흉기

印陷坎軻有亂紋則刑傷不免하고 (三一三 限至)
인 함 감 가 유 난 문 즉 형 상 불 면　　　삼 일 삼 한 지

眉交破蕩點黑子則羈旅而亡이니라
미 교 파 탕 점 흑 자 즉 기 여 이 망

眉逆하면 弟兄不睦하고 稜高하면 情性多剛이라
미 역　　　제 형 불 목　　　능 고　　　정 성 다 강

山根이 斷或偏하면 孤貧疾厄하고 鼻梁이 斜或曲하면 奸狡貪
산 근　단 혹 편　　　고 빈 질 액　　　비 량　사 혹 곡　　　간 교 탐

婪이니라
람

耳上亂紋家破敗오 鼻腰生節室分離라 (主妻離)
이 상 난 문 가 파 패　　　비 요 생 절 실 분 리　　　주 처 리

鼻如鷹嘴면 心藏毒이오 竅似針筒이면 性必慳이니라
비 여 응 취　　심 장 독　　　규 사 침 통　　　성 필 간

土星缺陷하면 孤剋可知오 竈孔露昻하면 蓄聚難許니라 (鼻孔)
토 성 결 함　　　고 극 가 지　　　조 공 로 앙　　　축 취 난 허　　　비 공

鮎口는 墦間乞祭오 鳥喙는 轉後無情이니라
점 구　　번 간 걸 제　　오 훼　　전 후 무 정

結侯露齒는 客死他鄉이오 引舌舐唇이면 中藏淫毒이니라
결 후 로 치　　객 사 타 향　　　인 설 첨 순　　　증 장 음 독

髮繁似草是愚夫오 聲破如鑼名大殺이라 (主刑剋)
발 번 사 초 시 우 부　　성 파 여 라 명 재 살　　　주 형 극

赤符破印하면 火厄官非오 朱雀臨堂하면 凶災囚禁이니라
적 부 파 인　　　화 액 관 비　　주 작 임 당　　　흉 재 수 금

印堂에 有赤色如錢을 名赤符, 朱雀이니 百日內에 有官訟,
인당 유적색여전 명적부 주작 백일내 유관송

火厄, 失血, 失職之應이오 赤色이 如絲, 如麻者는 三年官訟
화액 실혈 실직지응 적색 여사 여마자 삼년관송

이오 赤色이 連年壽면 械繫之厄이라
적색 년년수 계계지액

年壽赤光하면 多生膿血하고 眉頭紅氣는 定有橫非니라
년수적광 다생요혈 미두홍기 정유횡비

山根赤連兩臉하면 防血光火燭之災하고 命門紅貫山根하면
산근적연양검 방혈광화촉지재 명문홍관산근

有囚禁法場之厄이니라
유수금법장지액

命門赤色이 發到眉下하야 貫于山根이면 主法死니 應六旬이오
명문적색 발도미하 관우산근 주법사 응육순

右耳는 應一年이라
우이 응일년

準赤은 爲肺病이며 亦主奔波오 鼻歔은 乃酒徒오 常招雀角
준적 위폐병 역주분파 비허 내주도 상초작각

이니라

赤蛆聚于準頭면 火刑爲厄이오
적저취우준두 화형위액

赤文이 如蛆, 如草根이면 主官事火災라
적문 여저 여초근 주관사화재

紅樓垂連法令하면 奴僕虛驚이라
홍루수연법령 노복허경

蘭臺側畔에 有紅絲면 遺精白濁이오
난대측반 유홍사 유정백탁

蘭臺側에 紅絲는 主病이라 下連法令하면 奴僕虛驚하고 上
난 대 측　　홍 사　　주 병　　　　하 연 법 령　　　노 복 허 경　　　　상

聚準頭면 火殃官事라
취 준 두　　화 앙 관 사

年壽眼堂에 橫絳氣면 疝氣腸疼이니라
년 수 안 당　　횡 강 기　　산 기 장 동

年壽橫連兩顴에 有紅點如火를 名飛廉殺이라
년 수 횡 연 양 관　　유 홍 점 여 화　　명 비 겸 살

鼻廉見于顴鼻면 男痔瘡而女産厄이오
비 렴 견 우 관 비　　남 치 창 이 여 산 액

 － 인당이 꺼지면 걸어가는 길이 험하여 뜻을 이루기 어렵고 어지러운 주름이 있은 즉 다치는 형벌을 면하지 못한다. (31세~33세까지 한계이다.)

 － 눈썹이 서로 사귀면 쓸어버리고 깨어지고 반점이나 검은 점이 있으면 나그네로 망하니라.

 － 눈썹이 거꾸로 나면 형제가 화목하지 못하고 눈썹뼈가 높으면 타고난 본성이 매우 굳세다.

 － 산근이 끊어지거나 혹 한쪽으로 기울어지면 외롭고 가난하고 질병의 재액이 있고 콧대가 기울거나 굽으면 간사하고 교활하고 욕심이 매우 많으니라.

 － 귀 위에 주름이 어지러우면 집안이 패하고 깨어지고 코허리에 마디가 맺혀 있으면 안방과 멀어지느니라. (주로 처와의 이별을 말한다.)

 － 코가 매부리의 모양과 비슷하면 마음의 독을 숨기고 있고 콧구멍이 침통과 같으면 성품이 반드시 쩨쩨하니라.

- 토성(코)이 이지러지거나 꺼지면 외로움에 시달릴 것을 알아야 옳을 것이요 콧구멍이 드러나 우러르면 취하여 쌓아두기를 바라기 어렵다. (콧구멍)

- 메기입은 제사지내는 무덤 사이를 다니며 빌어먹고 까마귀 부리는 굴러 처박힌 후에도 정이 없느니라.

- 목뼈가 맺히고 치아가 드러나면 타향에서 나그네로 죽을 것이요 혀를 끌어 입술을 핥으면 음란한 독성을 가운데 숨기고 있다.

- 머리카락이 풀처럼 무성하면 어리석은 사람이고 음성이 깨어진 징과 같은 소리를 대살이라 이름한다. (주로 형벌의 극을 당한다.)

- 붉은 부적 같은 모양이 인당을 어지럽게 하면 관청을 어기고 화재의 재액이 있다.

주작(붉은 새의 이름 - 진한 붉은 빛)이 인당에 내리면 흉하고 나쁜 재난으로 죄인이 되어 감옥에 갇히느니라.

인당에 동전과 같은 검붉은 색이 나타나는 것을 적부라 이름하고 바로 주작도 되니 백일 안에 관청과의 송사, 화재의 재액, 피 흘림, 관직을 잃어버리게 된다.

검붉은 적색의 가느다란 실낱 모양이나 삼 씨와 같은 모양은 관재 소송이 삼년이오 검붉은 적색이 년상 수상으로 이어지면 벌 받는 도구에 얽어 매여 옥에 갇힌다.

- 년상 수상이 검붉게 빛나면 많은 피고름이 나오는 병이 생기고 눈썹 머리의 붉은 홍기는 반드시 가로막진 않을 것이니라.

- 산근의 검붉은 적기가 양 뺨으로 이어지면 촛불의 재난으로 인한 피흘림을 예방하여야 한다.

－ 산근의 붉은 홍기가 명문을 꿰어 이으면 법을 집행하는 장소에 갇히는 재액이 나타 나니라.

눈썹 아래에서 검붉은 적색이 일어나 명문에 이르고 또 산근까지 검붉으면 주로 법과 관계되는 일로 죽으니 육십일 만에 응하고 오른쪽 명문은 일년 걸린다.

－ 콧대의 검붉은 적색은 폐병이 되며 역시 주로 분주하게 고생하고 코로 훌쩍거리거나 콧김을 내쉬는 사람은 술을 좋아하고 잘 마시는 무리로서 쓸때 없는 말다툼을 늘상 부르느니라.

－ 검붉은 적기의 굵은 실핏줄이 구더기처럼 준두에 모여 있으면 불에 타는 형벌의 액을 당한다.

구더기나 풀뿌리 같은 붉은 무늬이면 주로 관청에 관계되는 일과 불의 재난이다.

－ 실처럼 가느다란 붉은 홍기가 드리워져 법령까지 이어지면 노복으로 인하여 크게 놀라거나 헛것을 본다.

－ 난대 옆 도톰한 살비듬에 붉은 실핏줄이 나타나면 잠잘 때 무의식적으로 정액이 나오고 오줌도 뿌옇고 걸쭉하게 나오는 병이 있다.

난대 곁의 붉은 실핏줄은 주로 병이다. 법령 아래로 이어지면 노복(아랫사람)으로 인하여 크게 놀라거나 헛것을 보고 준두 위로 모여들면 화재의 재앙이나 관청과 관계되는 일이 생긴다.

－ 년상 수상 안당에 진홍색 기운이 가로로 뻗고 아랫배가 아프고 불알이 붓고 허리가 아프면 창자에 병이 생긴 것이니라.

년상 수상에서 가로로 양쪽 관골로 나타나는 불같은 붉은 반점을 비렴살이라 이름한다.

비렴살이 코와 관골에 나타나면 남자는 항문 주위에 나는 치질이
나 종기이고 여자는 아이를 생산할 때 치르는 산액이다.

朱雀動于準顴이면 官降調而家鬪爭이니라
주 작 동 우 준 관　　　관 강 조 이 가 투 쟁

準顴이 紅如胭脂 - 爲朱雀發動이니 若兼句陳發動하며 玄武
준 권　　홍 여 연 지　　위 주 작 발 동　　약 겸 구 진 발 동　　현 무

生連하고 但印堂三陽에 有黃氣者는 官必降調오 無黃氣者는
생 연　　단 인 당 삼 양　　유 황 기 자　　관 필 강 조　　무 황 기 자

必罷斥이며 或訟이오 就選及考試에 昆此면 皆不稱意오
필 파 척　　혹 송　　취 선 급 고 시　　곤 차　　개 불 칭 의

居家則兄弟不睦이라
거 가 즉 형 제 불 목

桃花梁頰하면 癆疰行屍오 癆는 病이니 頰紅을 名桃花오
도 화 양 협　　로 주 행 시　　로　　병　　협 홍　　명 도 화

疰는 必死니 小兒疳癆로 同이라
주　　필 사　　소 아 감 로　　동

紅粉塗顴하면 腰俞臗通이라 - (臗槍腰痛也)
홍 분 도 관　　요 유 퀘 통　　　퀘 회 요 통 야

太陽紅黑面如桃면 應遭毒痢오 兩目後紅烟色하고 面上紅者는
태 양 홍 흑 면 여 도　　응 조 독 리　　양 목 후 홍 연 색　　면 상 홍 자

必毒痢라
필 도 리

顴上赤靑脣帶白하면 恐致中風이니라
관 상 적 청 진 대 백　　공 치 중 풍

面上紅氣中有靑點而脣白瞳黃者는 防中風死라
면 상 홍 기 중 유 청 접 이 순 백 동 황 자　　방 중 풍 사

647

赤虫이 遊目下면 婦人産又防刑이오 婦人目下에 有赤虫文이
적충　유목하　부인산노방형　　부인목하　유적충문

면 防産厄刑獄이라
　　방산액형옥

紅艶이 映眼眶하면 女子淫而且妬니라
홍염　영안광　여자음이차투

女子滿面紅艶이 爲桃花殺이니 兼眼上下烏者는 必淫而妬라
여자만면홍염　위도화살　겸안상하오자　필음이투

孕婦準顴에 發火면 産厄難逃오 姙娠溝洫에 帶靑하면 雙生可
잉부준관　발화　산액난도　임신구혁　대청　쌍생가

驗이니라
험

孕婦眼眶上下靑黃하고 人中에 亦靑黃이면 必雙生이니 或云
잉부안광상하청황　인중　역청황　필쌍생　혹운

人中黑子도 雙生이라
인중흑자　쌍생

　준두(코끝)에서 주작(붉은 기운을 가진 새)이 움직이면 관직은 내려
가고 집안은 싸우고 다툰다. 준두와 관골에 연지(여성이 입술이나 볼에
바르는 붉은 화장품)와 같은 붉은 홍기는 주작이 움직이기 시작한 것이
니 만약 겸하여 구진(산근 주위)까지 움직이며 현무(턱 주위)까지 이어
져 내려오고 다만 인당과 삼양(왼쪽 눈)에 누런 황기가 나타난 사람은
틀림없이 관직이 내려가고 누런 황기가 없는 사람은 반드시 쫓겨 물
러나거나 혹 송사가 생긴다.
　시험을 치르거나 작품이나 직장에 당선되어 뽑히는 일에 이러한
기운이 나타나 보이면 모두 뜻대로 되지 않고 한 집에서 사는 형제도

화목하지 못하다.

– 도화(복숭아 꽃)빛이 뺨에 물들면 전염병(결핵)으로 걸어 다니는 시체이다.

* 헬간 병색의 모습이 깔려 있을 때 나타납니다.

노(癆)는 병이니 뺨의 붉은 홍기를 도화라 이름 하고 주(疰)는 전염병으로서 대체적으로 죽으니 어린 아이의 만성 소화불량이나 영양장애와도 똑같으니 주의 바란다.

– 관골에 붉은 가루분을 바른 듯하면 아프던 허리가 점점 더 아파져 간다. (이 내용은 새로 편집된 책에는 빠져 있음)

– 얼굴은 도화(복숭아 꽃빛)빛과 같은데 태양에 검고 붉은 빛이 석여 있으면 지독한 설사병을 만나 괴로움을 당한다.

양쪽 눈 뒤로 붉은 색이 흐릿하고 얼굴 윗부분이 붉은 기운이 도는 사람은 틀림없이 지독한 설사병으로 고생한다.

– 관골 위에 검붉은 적색이나 청색이 돌고 입술에 하얀 띠가 돌면 중풍이 올까 두려우니라.

얼굴 윗부분은 붉은 홍기 그리고 가운데는 청색의 반점이 나타나고 입술이 하얗고 눈동자가 누런 사람은 중풍으로 죽을 것을 예방하여야 한다.

– 눈 아래 붉은 벌레(가느다란 실핏줄의 모양)가 놀고 있으면 부인이 임신하였을 때는 산액을 예방하여야 한다.

부인 눈 아래에 붉은 벌레 같은 무늬가 나타나면 산액으로 인해 꼼짝할 수 없는 형벌을 예방하여야 한다.

– 얼굴색이 탐스럽도록 붉게 도는 빛이 눈자위에 비치면 음란한

여자이고 또 강샘(매우 심한 질투)을 하느니라.

　여자의 얼굴에 탐스럽도록 붉은 빛이 가득한것을 도화살이라 하니
겸하여 눈 아래위가 검은 사람은 틀림없이 음란하고 질투가 매우 심
하니라.

　- 임신한 부인 준두와 관골에 불같은 붉은 빛이 일어나면 아이를
낳을 때 겪는 산액을 피하기 어렵고 임신한 여인의 인중에 푸른 청기
를 띠면 쌍둥이를 낳는 어려움이라고 하는 것이 옳을 것이니라.

　임신한 여인 눈자위 위아래가 푸른 가운데 누렇고 인중에도 역시
푸른 가운데 누르면 반드시 쌍생아이니 혹 가로대 인중에 검은 점도
쌍생아라 말한다.

面色이 熏黃은 經水不調之病이오 眼眶이 灰濕은 崩中帶下
면색　　훈황　　경수불조지병　　　안광　　회습　　붕중대하

之災라
지재

面堂에 靑氣如粧하면 喜私遊子오 鼻柱에 靑筋直貫하면 謀殺
면당　청기여장　　　희사유자　비주　　청근직관　　　매살

親夫니라
친부

女人鼻柱에 有一靑筋이 直上貫額이면 必害殺夫오 面靑이면
여인비주　　유일청근　직상관액　　　필해살부　면청

主淫이라
주음

魚尾 - 微黃하면 因奸得利하며 微靑則妻妾有災오
어미　　미황　　인간득리　　미청즉처첩유재

奸門에 顯赤하면 爲色招非며 顯黑則房帷失偶니라 (應六十日)
간 문　현 적　　　위색초비　　　현흑즉방유실우　　　　응육십일

太陽靑色이면 夫婦常爭하고 臉下赤珠면 陰陽反目이라
태양청색　　　부부상쟁　　　검하적주　　음양반목

目上太陽에 有靑色하고 及目下少男에 有紅點者는 常與妻鬪
목상태양　유청색　　　급목하소남　　유홍점자　　상여처투

하나니 或年壽에 有赤色如豆者도 亦然이라
　　　혹년수　유적색여두자　　역연

奸門靑白이 連外陽하면 婢妾逃走하고 中陽靑痕이 接年上하
간문청백　연외양　　　비첩도주　　　중양청흔　접년상

면 水府厄危니라
　　수부액위

印上點靑하면 官休財損하고 奏書現碧하면 文滯事淹이니라
인상점청　　관휴재손　　　주서현벽　　문체사엄

(兩眉頭)
양미두

勾陳獨動하면 小小憂疑오
구진독동　　　소소우의

兩大皆夾하고 山根靑色을 名勾陳殺이니 主憂疑나 無大害라
양대개협　　산근청색　명구진살　　　주우의　무대해

玄武生丫면 常常妻病이니라
현무생아　상상처병

玄武動而 損牛馬니 不利出行이오
현무동이 손우마　불리출행

玄武ー有三하니 其靑痕이 見于魚尾하야 生丫上嬪門이면 主
현무　유삼　기청흔　견우어미　　생아상빈문　　주

妻病이오 黑及白則剋妻며 見于眉尾하야 上驛馬者는 車馬有
처병　흑급백즉극처　견우미미　　상역마자　거마유

- 얼굴색이 연기에 그슬린듯한 거므틔틔한 누런색은 수(水)가 다스리는 조화를 이루지 못한데서 온 병이요 눈자위가 타고남은 재에 물기가 섞인듯한 검은 회색은 생식기와 관련된 부인병의 재난으로 죽음 가운데 있는 것이다.

- 얼굴이 푸른 청기로 화장한듯하면 사귀는 사람과 즐거이 몰래 만나고 콧대에 푸른 힘줄이 곧게 내려 꿰어 있으면 남편을 해롭게 할 음모를 꾸미느니라.

여인의 콧대에 한 개의 푸른 힘줄이 나타나 곧게 뻗어 위로 이마를 향하면 틀림없이 남편을 해롭게 하고 얼굴이 푸르면 주로 음란하리라.

- 어미가 약간 누르면 간사함으로 인하여 이익을 얻으며 약간 푸르면 처와 첩에게 재난이 있다.

- 간문에 붉은 적기가 나타나면 부르지 말아야 할 색을 위하며 검은 흑기가 나타나는 즉 방에 휘장을 치다가 짝을 잃어버린다.

* 간문의 붉은 적기는 정부와의 통정을 외부에서 한다면 검은 흑기는 정부를 불러 들여 장막을 치고 음란한 짓을 하다가 자기 짝을 잃어버리게 된다는 것입니다.

- 태양에 푸른 청색이 나타나면 남편과 아내가 항상 싸우고 뺨 아래 구슬 같은 모양의 검붉은 적가 나타나면 음과 양(남자와 여자)이 서로 사이가 나쁘다.

눈 위 태양에 푸른 청색이 나타나고 눈 아래 소남자리까지 붉은 반점이 나타나는 사람은 항상 처와 함께 싸우나니 혹 년상과 수상에 콩

같은 붉은 적기가 나타나는 사람도 역시 마찬가지다.

  - 간문에 푸른 청기와 하얀 백기가 외양까지 이어지면 노비와 첩이 달아나고 중양의 푸른 흔적이 년상으로 이어지면 관청이 물의 재액으로 위험하다.

  - 인당 위에 푸른 반점이 나타나면 관직은 그만두고 재물은 줄어지며 눈썹머리가 푸르게 나타나면 문장이 막히고 하던 일은 지체된다.

  - 구진 홀로 변하여도 사소한 근심 의심스럽다.

  산근의 푸른 청색을 구진살이라 이름 하니 주로 작은 근심이 생길까 의심스러우나 큰 해로움은 없다.

  - 현무에 가장 귀 아(Y) 모양이 생겨나 늘상 사라지지 않으면 처에게 병이 있느니라.

  - 현무가 변하면 가축(소나 말)이 줄어들고 바깥으로 출행하여도 이롭지 못하다.

  현무에는 세 가지가 있으니 푸른 흔적이 어미에 나타나는 것 하나요 가장 귀 아(Y) 자 모양이 빈문에 나타나면 주로 처에게 병이 있고 검거나 하얀 즉 처를 극하는 것 둘이요 눈썹 꼬리에서 위쪽 역마까지 나타나면 말이나 수레에 놀라게 되는 것 셋이다.

  눈썹 끝에서 바로 위 우각에 나타나는 사람은 자신의 소나 말이 덜어지거나 자신의 몸에 손해가 끼쳐지리라.

螣蛇發而多憂驚이니 或傷于色이니라
등 사 발 이 다 우 경　　　혹 상 우 색

目下靑色이 爲螣蛇殺이니 主疑惑憂驚事오 犯慾後에 亦有此
목 하 청 색　　위 등 사 살　　　주 의 혹 우 경 사　　범 욕 후　　　역 유 차

色이라
색

二神動于兩觜하고 鼻頭赤則官罰戒而庶破財하고
이 신 동 우 양 자　　　비 두 적 즉 관 벌 계 이 서 파 재

勾陳動于大觜하고 玄武動于小觜而準頭赤者는 官有戒飾罰俸
구 진 동 우 대 자　　　현 무 동 우 소 자 이 준 두 적 자　　관 유 계 식 벌 봉

之事오 凡庶는 破財라
지 사　　범 서　　파 재

四殺發于一堂하고 額間黯則犯枷鎖而係牢獄이니라
사 살 발 우 일 당　　　액 간 암 즉 범 가 쇄 이 계 뇌 옥

大觜小觜眼下에 皆有靑色而 朱雀靑點이 發于準頭眉上하고
대 자 소 자 안 하　　개 유 청 색 이 주 작 청 점　　발 우 준 두 미 상

兼額間年壽에 有靑氣면 必有枷鎖牢獄이오 若朱雀이 不動하
겸 액 간 년 수　　유 청 기　　필 유 가 쇄 뇌 옥　　　약 주 작　　부 동

고 額間이 不靑이면 但休官破財等事而己라
　　액 간　　불 청　　　단 휴 관 파 재 등 사 이 기

眼下常靑하면 三五歲에 破財不了하고 土中有木하면 十年間
안 하 상 청　　삼 오 세　　파 재 불 료　　토 중 유 목　　　십 년 간

虛耗를 何堪이리오
허 모　　하 감

準乃土星이니 最怕木剋이라 若見靑色이면 名爲天羅니 久不
준 내 토 성　　최 파 목 극　　약 견 청 색　　명 위 천 라　　구 불

退면 主十年虛耗하고 百不稱心하며 若更靑黑黯甚者는 必損
퇴　　주 십 년 허 모　　　백 불 칭 심　　약 경 청 흑 암 심 자　　필 손

身剋子라
신 극 자

土星薄而山根重하면 滯氣多災하고 月孛昏而靑黯頻하면 沉綿
토성박이산근중　　　체기다재　　　월패혼이청암빈　　　침면

短壽니라
단 수

山根이 爲月孛이니 昏沉하고 靑黑이 常不散者는 主多病이라
산근　위월패　　　혼침　　청흑　　상불산자는　주다병

難過四九前後也니 久病日沉綿이라
난과사구전후야　　　구병왈침면

色靑橫于正面을 號作行尸오 氣黑暗于耳前을 名爲奪命이니라
색청횡우정면　　호작행시　　기흑암우이전　　명위탈명

靑氣之來는 多自準頭오 黑氣之來는 多自耳前이니 爲命門이
청기지래　　다자준두　　흑기지래　　다자이전　　위명문

라 屬腎하니 色宜白瑩이라 乃金生水오 黑乃腎之色이라 氣現
　속신　　　색의백형　　내금생수　　흑내신지색　　　기현

則主病이오 若橫過面鼻口者는 必死라
즉주병　　　약횡과면비구자　　필사

命門에 黑紋蟋蟀脚을 號作鬼書오
명문　흑문실솔각　　호작귀서

左耳前에 有此紋大小를 號鬼書오 兼人中黑者는 必死라
좌이전　유차문대소　　호귀서　　겸인중흑자　　필사

準頭黑點蜘蛛를 名爲破敗니라 主破家亡身이라
준두흑점지주　　명위파패　　　주파가망신

黑自耳邊入魚尾어든 莫渡江河하고 凡此紋이 見이면 主水厄
흑자이변입어미　　　막도강하　　　범차문　견　　　주수액

이오 有病者는 死라
　　유병자　사

鬖從壽準下歸來면 須防祿命이니라
참 종 수 준 하 귀 래　　수 방 록 명

歸來는 在法令邊하니 有黑氣 - 自年壽로下至此면 必有酒食
귀 래　　재 법 령 변　　유 흑 기　　자 년 수　　하 지 차　　필 유 주 식

色慾之厄이오 自蘭臺下者는 失官失財니라
색 욕 지 액　　자 난 대 하 자　　실 관 실 재

黑烟蔽印이면 性命所關이오 (輕病重死) 暗霧陣根하면 財官俱
흑 연 폐 인　　성 명 소 관　　경 병 중 사　암 무 진 근　　재 관 구

失이니라
실

山根이 如烟暗者는 休官破財하고 又防盜劫이니 三十日應이라
산 근　　여 연 암 자　　휴 관 파 재　　우 방 도 겁　　삼 십 일 응

壽宮鬼印이면 死不待時오 年壽에 有黑이 如指大者를 名鬼印
수 궁 귀 인　　사 불 대 시　　년 수　　유 흑　　여 지 대 자　　명 귀 인

이니 若鼻出冷氣면 卽死라
　　약 비 출 냉 기　　즉 사

年上黑油는 生應無日이니라 年上에 黑氣初起 - 如豬油脂者
년 상 흑 유　　생 응 무 일　　년 상　　흑 기 초 기　　여 저 유 지 자

는 初不傷生이나 過半年不散이면 必死라 家宅不寧은 蓋是
　초 불 상 생　　과 반 년 불 산　　필 사　　가 택 불 녕　　개 시

靑龍黑暗이오
청 룡 흑 암

眉下爲靑龍이니 三陽이 爲家오 三陰이 爲宅이라 黑色이 昏
미 하 위 청 룡　　삼 양　　위 가　　삼 음　　위 택　　흑 색　　혼

昏淡淡하고 或如線者는 家宅이 不寧하고 奴僕災厄하며 兼印
혼 담 담　　혹 여 선 자　　가 택　　불 녕　　노 복 재 액　　겸 인

準, 顴上이 不明이면 罷官, 破財, 橫事니라 子宮有厄은 但
준 관 상　　불 명　　파 관 파 재 횡 사　　자 궁 유 액　　단

看眼下黲烏니라
간 안 하 참 오

眼下黑黲이 如煤니 左男右女니라 眼眶에 黑煤如炭하면 痰飮
안 하 흑 참　　여 매　　좌 남 우 녀　　　안 광　　흑 매 여 탄　　　담 음

生災하고 眼胞는 屬脾하니 若黑 煤炭者는 停痰冷飮之病
생 재　　　안 포　　속 비　　　약 흑　매 탄 자　　정 담 냉 음 지 병

이오 兼天中年準에 有黑者는 死라
　　　겸 천 중 년 준　　유 흑 자　　사

金匱에 黑氣似弓하면 財貨失脫이니라 在目尾下하니 應九十
금 궤　　흑 기 사 궁　　　재 화 실 탈　　　　재 목 미 하　　　응 구 십

日이라
일

力士黑靑遭配遣이오 顴上이 爲力士니 若黑靑하고 兼印有暗氣
역 사 흑 청 조 배 견　　　관 상　　위 력 사　　약 흑 청　　　겸 인 유 암 기

면 必發配오 女主産厄이라
　　필 발 배　　여 주 산 액

黃旛漆黑有災殃이라 鼻柱兩旁이 爲黃旛, 豹尾니 常要潔淨이라
황 번 칠 흑 유 재 앙　　　비 주 양 방　　위 황 번 표 미　　상 요 결 정

有黑氣면 主火殃이라
유 흑 기　　주 화 앙

眼角靑筋이 纏口면 螣蛇니 傷命在他鄕이오 目尾에 有靑紅筋
안 각 청 근　　전 구　　등 사　　상 명 재 타 향　　　목 미　　유 청 홍 근

이 下纏頤口者는 爲螣蛇니 入口면 必外死하고 或餓死라
　　하 전 이 구 자　　위 등 사　　입 구　　필 외 사　　　혹 아 사

下停赤黑이 交加면 大耗라 損財防劫盜니라
하 정 적 흑　　교 가　　대 모　　손 재 방 겁 도

下停一部 – 乾燥하고 有赤黑氣紋이면 爲大耗니 兼印準에
하 정 일 부　　건 조　　유 적 흑 기 문　　　위 대 모　　겸 인 준

- 등사가 일어나면 많은 걱정 근심으로 놀라게 되니 혹 색이 크면 상하게 되니라.

눈 아래 청색을 등사살이라 하니 주로 의심하거나 혹 걱정하던 일로 놀란다. 범죄를 저지르고 난 후에도 역시 이러한 색깔이 나타나리라.

- 두 개의 신 이 움직이는 눈초리가 찢어지고 코머리(준두)가 검붉으면 죄를 지어 벌을 받고 사람과 재물 등 여러 가지가 깨어지고 눈초리와 구진(눈썹 사이)이 크게 변하고 현무가 움직여 눈초리와 준두에 크고 작게 검붉은 사람은 관청을 속여 벌받을 일이 나타나고 여러 가지 재물이나 사람이 깨어진다.

- 사살(눈썹 일촌 위)에 일점의 검은 기운이 일어나고 이마의 사이가 검푸른, 즉 목에 씌우는 칼을 차고 발에는 족쇄를 차고 감옥에 가는 것과 관계있느니라.

- 눈 아래가 항상 푸르면 삼십 오세에 재물을 깨뜨리는데 끝나지 않고

- 토성(코) 가운데 목(木)기운(푸른 청기)이 나타나면 십년간은 줄어서 없어지는 것을 어찌 감당하리요. 준두가 이에 토(土)성이니 제일 두려워하는 것이 극하는 목(木) 기운이다.

만약 푸른 청색의 기운이 보이면 그 이름을 천라라 하니 오랫동안 물러나지 않으면 주로 십년간은 줄어 없어지고 백가지도 마음을 잡지 못하며 더하여 또 푸르고 검은 기운이 심하게 어두우면 주로 자신의 몸을 상하게 하여 자식을 힘들게 한다.

- 토(土)성은 빈약한데 산근이 무거우면 기운이 막혀 재난이 많고 월패(산근)가 푸르고 검은 색이 섞여 검푸르죽죽하면 병이 오래 끌고 수명이 짧다.

산근을 월패라 하니 검푸른색이 어둡게 가라앉아 언제나 흩어지지 않으면 주로 병이 많다. 36세 전후를 지나기 어려우니 오래 끄는 구병이다.

- 정면에서 푸른 청기가 가로로 뻗으면 시체가 걸어 다닌다고 말하고 귀 앞의 검고 어두운 기운을 탈명(빼앗긴 목숨)이라 이름 한다.

푸른 청기가 비롯되는 것은 거의 준두로부터 시작하고 검은 흑기가 비롯되는 것은 거의 귀 앞에서 시작하니 명문이라 한다. 신(腎)에 속하므로 마땅히 색이 희고 깨끗하게 빛나야 금이 물을 잘 생하게(金生水) 된다. 검은 흑 기운은 신(腎)에 속하는 색이므로 주로 병색으로 나타나는 기운이고 만약 얼굴 가로로 코와 입을 지나는 사람은 거의 죽는다.

- 명문에 귀뚜라미 다리 같은 검은 무늬를 귀신이 글을 썼다고 말하고 왼쪽 귀 앞에 이러한 크고 작은 무늬가 나타나면 귀신의 글이라 말하고 겸하여 인중에 검은 흑기가 있는 사람은 거의 죽는다.

- 준두에 거미무늬의 검은 반점으로 이어진 것을 파패(깨어지고 패함)라 말하니라. 주로 가정이 깨어지고 자신의 몸이 망한다.

귀 앞에서부터 시작한 검은 흑 기운이 어미를 지나 변지로 들어가거든 강이나 하천을 건너지 말고 무릇 이러한 무늬가 보이면 주로 물의 재난이요 병이 있는 사람은 죽을 수 있다.

- 수상과 준두 아래 귀래까지 따라서 검푸르죽죽하면 모름지기 녹

(봉급)이 있는 목숨은 예방하여야 하니라.

* 녹이 있는 사람은 벼슬을 하는 사람이다.

귀래는 법령 가장자리에 있으니 검은 흑기가 년상 수상에서 시작하여 아래로 귀래까지 닿아 보이면 틀림없이 술과 음식 그리고 색욕으로 인한 재액이요 난대로부터 시작하여 아래로 있는 것은 관직을 잃고 재물을 잃게 되는 것이니라.

– 그슬린듯한 검은 기운이 인당을 덮으면 천성과 천명에 관계되는 바이요. (가벼우면 병이 생기고 무거우면 죽는다.)

안개가 내려앉은듯한 희미하고 어두운 기운이 산근까지 진을 치면 재물과 관직을 함께 잃어 버리니라.

산근이 그슬린듯 어두운 사람은 관직을 그만두게 되고 재물이 깨어지고 또 겁탈하는 도둑을 예방하여야 하니 삼십일 만에 나타난다.

– 수명의 집인 수상에 귀인(鬼印)이 내리면 기다릴 새 없이 죽고 년상과 수상에 검은 흑 기운이 나타나 손가락만큼 큰 것을 귀인(鬼印 : 잡귀의 도장)이라 부르니 만약 콧구멍에서 차가운 기운이 나오면 바로 죽는다.

– 년상에 기름때 같은 진한 흑 기운은 나타나는 날을 예측할 수 없다.

년 상에서 검은 흑기가 처음 일어나 돼지기름과 같은 사람은 처음은 나타나도 상하지 않으나 육 개월쯤 지나도 흩어지지 않으면 거의 죽는다.

– 집안이 안녕하지 못한 것은 청룡을 어두운 흑 기가 덮고 있는 것이요 눈썹 아래를 청룡이라 하니 삼양이 집이 되고 삼음이 삶이 된다.

검은 흑색이 섞이어 어둠침침하고 검은 그림자처럼 아른아른하거나 혹 줄과 같이 그어져 있는 사람은 집안이 안녕하지 못하고 노복도 재난으로 어려우며 겸하여 인당 준두, 관골 윗부분이 밝지 못하면 관직을 그만두고 재물이 깨어지고 하는 일들이 가로질러져 중단되느니라.

– 자궁에 생기는 질병은 오직 눈 아래가 검푸르죽죽하게 검으니라.

눈 아래 검은 연기가 쌓여 찌들어 버린 것 같은 검푸르죽죽한 색깔이 남자는 왼쪽이 양이 되고 여자는 오른쪽이 양이 되느니라.

(男左女右)

– 눈자위에 숯 같은 그을음이 검게 덮여져 있으면 위장에 물이 괴어 출렁출렁 소리가 나고 가슴이 답답한 병이 생기는 재난이 있다.

눈까풀은 비장에 속하니 만약 숯같은 그을음이 덮여 있는 사람은 막혀서 지체되어 나오는 천식과 관계된 찬 음식에 의한 병이요 겸하여 천중과 년상 준두에 검은 흑기가 나타난 사람은 죽는다.

– 금궤(왼쪽 콧망울)에 검은 흑기가 활 궁자같은 모양이면 모든 재물이 빠져 나가고 잃어버리니라.

눈꼬리 아래에 나타나 있으면 구십일만에 나타난다.

– 력사에 검은 흑기와 푸른 청기가 섞여 함께하면 쇠퇴한다.

관골 윗부분을 력사라 하니 만약 검푸르고 겸하여 인당에 어두운 기운이 나타나면 틀림없이 배우자를 보내는 일을 만나게 될 것이요 여자는 주로 아이를 낳을 때 매우 어려울 것이니 방비하여야 한다.

– 황번이 옷칠을 한 듯 새까맣게 검으면 재앙이 나타난다. 콧대 양쪽 옆을 황번 또는 표미라 하니 언제나 깨끗하여야 한다. 검은 흑기가 나타나면 주로 화재의 재앙이다.

– 안각의 푸른 힘줄이 입으로 얽히면 등사가 되어 타향에서 목숨
이 상할 것이오.

눈꼬리에 푸르고 붉은 힘줄이 아래로 나타나 입과 턱을 이어 묶은
것을 등사라 하니 입으로 들어가면 대체적으로 밖에서 죽고 혹 굶어
죽기도 한다.

– 하정에 검고 붉은 색이 서로 한데 뒤섞이는 것을 대모라 한다. 재
물이 빠져나가고 도둑에게 빼앗기니 방비하여야 한다.

하정의 한 부분이 매마르고 검고 붉은 기운이 뒤섞인 무늬가 나타
난 것을 대모라 하니 겸하여 인당과 준두의 기운이 어두우면 대체적
으로 주로 도둑에게 재물을 빼앗기고 노비와 가축이 줄어들고 빠져
나간다.

地閣黑氣連腮를 名爲五鬼오 (應五十日) 耳下烏雲入海를 是謂
지각흑기연시　　명위오귀　　（응오십일）이하오운입해　　시위

流魂이니라 黑氣 – 自命門入口면 防水厄이니 應一七日이라
유혼　　　　흑기　　자명문입구　　방수액　　　응일칠일

霧蔽壁牆이면 人奴不旺하고 牆壁에 有黑暗氣入口면 奴婢不
무패벽장　　인노불왕　　장벽　　유흑암기입구　　노비불

旺이라
왕

倉庫黑低면 田宅難存이니라 天倉地庫 – 爲財帛이니 兼地閣
창고흑저　　전택난존　　　천창지고　　위재백　　　겸지각

準頭看하라
준두간

竈廚紅焰하면 必損血財하고 竈廚는 在法令邊하니 有紅烟이면
조 주 홍 염　　　　 필 손 혈 재　　　　 조 주　　　 재 법 령 변　　　 유 홍 연

必損血財니라
필 손 혈 재

鼻門黑燥면 謀事難成이니라 赤口紅遮면 招非不免이라 口之
비 문 흑 조　　 모 사 난 성　　　　　 적 구 홍 차　　 초 비 불 면　　　 구 지

上下에 有赤氣或赤點이면 主招是非라
상 하　　 유 적 기 혹 적 점　　　 주 초 시 비

口角白乾하면 痛臨目下하고 耳輪焦黑하면 死在眼前이니라
구 각 백 건　　　 통 임 목 하　　 이 륜 초 흑　　　 사 재 안 전

耳屬腎이라 腎絕則耳焦黑이니 兼命門年壽俱黑者는 死라
이 속 신　　 신 절 즉 이 초 흑　　 겸 명 문 년 수 구 흑 자　　 사

久病朱唇不可醫오 小兒弄色須知險이니라
구 병 주 순 불 가 의　　 소 아 농 색 수 지 험

─ 지각의 검은 기운이 시골까지 이어진 것을 오귀라 이름한다.(오십
일만에 나타난다.)

─ 귀아래 구름같이 까만 기운이 수성(입)으로 들어가는 것을 혼이
떠돌고 있다고 이르는 것이 옳을 것이다.

검은 흑기가 명문에서 시작하여 입으로 들어가면 물의 재난을 방
비하여야 하니 일주 일만에 나타난다.

─ 안개처럼 흐릿한 기운이 장벽(얼굴의 가장자리 귀를 중심으로 위로는
역마 아래로는 현벽까지)을 이루어 입까지 드리워지면 노비(남자종과 여
자종)도 성하지 못하다.

─ 창고에 검은 흑기가 낮게 깔려 있으면 토지와 가택을 보존하기

어려우니라. 천창과 지고를 재백(돈과 비단을 넣어두는 창고)이라 하니 겸하여 지각과 준두를 잘 살펴야 한다.

– 조주가 불꽃같은 붉은 빛이면 틀림없이 피같은 재물을 덜게 되고 조주는 법령의 가장자리에 있으니 붉은 기운에 먼지가 낀 것처럼 거무퉤퉤하게 나타나면 대체적으로 피같은 귀중한 재물이 덜어지느니라.

– 비(鼻)문이 검고 마르면 꾀하는 일을 이루기 어렵다.

– 입은 붉어야 하는데 검붉은 색이 막고 있으면 부르면 안 되는 것을 면하지 못한다.

입의 위아래에 검붉은 적기나 검붉은 점이 나타나면 주로 옳고 그름을 불러들인다. (구설 시비)

– 구각이 하얗게 마르면 눈 아래부터 아파오고 귀 바퀴가 검게 탄듯하면 죽음이 눈 앞에 있다. 귀는 신장에 속한다. 신(腎)이 막히면 귀가 검게 탄듯하니 겸하여 명문과 년상 수상이 함께 검은 사람은 죽는다.

– 오랜 병으로 입술이 붉으면 의사도 고치지 못한다.

– 소아의 농색도 위험하다는 것을 모름지기 알아야 한다.

小兒病에 面色이 時靑, 時白, 時赤, 時黑, 曰弄色이라
소 아 병　　면 색　　시 청　시 백　시 적　시 흑　왈 농 색

法令入口하야 梁武餓亡하고 必病哽噎이오 或因事餓死니 如
법 령 입 구　　　양 무 아 망　　필 병 경 열　　혹 인 사 아 사　　여

梁武帝 – 周亞夫之類라 雖貴不免이라
량 무 제　　주 아 부 지 류　　수 귀 불 면

亂索鎖唇이라 鄧攸絶嗣하니라
난삭쇄순   등유절사

亂紋入口면 男女 - 皆主無子라
난문입구   남녀   개주무자

魚尾短紋은 剋妻可徵其數오 魚尾에 有短紋一條면 剋一妻하고
어미단문   극처가징기수   어미   유단문일조   극일처

若長紋이면 但主勞碌也오 目尾下亂紋은 多主生子逆忤라
약장문   단주노록야   목미하난문   다주생자역오

奸門에 長紋이 入鬢이면 不死于家니라 (必外亡)
간문   장문   입빈   불사우가   필외망

揣骨而知貴賤이니 似不資于眸子오
췌골이지귀천   사불자우모자

聽聲而知吉凶이라 又何待于形容이리오
청성이지길흉   우하대우형용

리오 圓機之士는 不泥于文하고 通變之才는 自符于古니
      원기지사   불니우문   통변지재   자부우고

聊効柳莊之撰賦하야 追續麻衣하고 敢如許負之著書하야
료효유장지찬부   추속마의   감여허부지저서

上班唐擧하노라
상반당거

소아병에 얼굴색이 때때로 푸르고, 때때로 하얗고, 때때로 검붉고, 때때로 검게 변하는 것을 농색이라 말한다.

- 법령이 입으로 들어가서 양의 무제도 굶주려 죽었고 거의 병으로 목이 메이거나 혹 굶주려 죽으니 양의 무제와 같이 주아부도 그와 같은 무리이다.

모름지기 귀한 신분의 사람들이라도 면하기 어렵다.

- 어지럽게 꼬인 동아줄에 입술이 붙들어 매인 것이다. 등통도 그러한바 후손을 이을 수 없었다. 어지러운 주름이 입으로 들어가면 남녀 모두 주로 자식이 없다.

- 어미의 짧은 주름은 처를 극하고 그 수대로 거두어 들일 것이오.

어미에 짧은 주름 한 개가 있으면 처 하나를 극하고 만약 긴 주름이면 단지 주로 몹시 애쓰고 분주하게 힘들것이다. 눈 꼬리아래 어지러운 주름은 주로 자식이 반대하고 거스르는 일이 많다.

- 간문에 긴 주름이 빈발로 들어가면 집에서 편안하게 죽지 못한다. (밖에서 사망) 골격을 재어 귀 천을 알 수 있으니 재물이 없는 것과 자식은 눈동자에 있고

- 또 어찌 겉모습에만 의지 하리요. 음성을 들어서 길 흉을 알라.

- 선비를 살펴보는 중심은 더럽혀지지 않은 위엄 있는 의용에 있고

- 근본을 분석하여 소통시키는 재주는 미래를 예언하는 책이 오래 전부터 시작되었으니

- 마의 선생을 쫓아 뒤를 이어서 유장 선생이 본받아 내용이나 방법을 세고 헤아리고 갖추어 귀를 울려 주시고 허부와 같은 분이 두려움을 무릅쓰고 용감하게 글을 쓰셔서 위로 당거로부터 이어져 내려오노라.

* 당거 : 초나라때의 사람

* 허부 : 한나라때의 관상가.

* 유장 : 본명 : 원 충 철   명나라 때의 관상가. (저서:-유장상법)

麻衣相法

1판 1쇄 인쇄 2010년 6월 4일
1판 7쇄 발행 2020년 6월 9일

원저 | 진희이
편역 | 최인영
펴낸이 | 문해성
펴낸곳 | 상원문화사
디자인 | B_book
주소 | 서울시 은평구 증산로 15길 36(신사동) (03448)
전화 | 02)354-8646 **팩스** | 02)384-8644
이메일 | mjs1044@naver.com
출판등록 | 1996년 7월 2일 제8-190호

ISBN 978-89-87023-88-5 03150

● 책값은 뒤표지에 있습니다.
● 잘못 만들어진 책은 구입처 및 본사에서 교환해 드립니다.